カイロから主要都市への所要時間

	ルクソール	アスワン	アブ・シンベル	アレキサンドリア	ハルガダ	シャルム・イッシェーフ
飛行機	1時間	1時間25分	2時間40分	なし	1時間	1時間
鉄道	8〜10時間	11〜14時間				なし
バス	10時間	なし				〜8時間

※は目安です。

主要都市の

カイロ	1月	2月	3月	4月	5月	6月	7月	8月	9月	10月	11月	12月
最高	19	20	23	28	32	34	34	34	33	30	25	20
最低	9	10	12	15	18	20	22	22	20	18	14	10
ルクソール	1月	2月	3月	4月	5月	6月	7月	8月	9月	10月	11月	12月
最高	23	25	27	35	39	41	41	40	38	35	29	24
最低	5	7	10	16	20	23	24	23	21	17	12	7
アスワン	1月	2月	3月	4月	5月	6月	7月	8月	9月	10月	11月	12月
最高	21	25	30	35	39	41	41	40	38	38	28	24
最低	8	10	14	19	23	25	26	26	24	20	15	11
アレキサンドリア	1月	2月	3月	4月	5月	6月	7月	8月	9月	10月	11月	12月
最高	18	19	20	24	27	29	30	30	30	28	24	20
最低	9	9	11	14	16	20	22	23	21	17	14	10
シャルム・イッシェーフ	1月	2月	3月	4月	5月	6月	7月	8月	9月	10月	11月	12月
最高	22	23	25	30	34	37	38	37	36	31	27	23
最低	13	14	16	20	24	26	27	28	26	23	19	15

エジプトの世界遺産

❶アブ・シンベルからフィラエまでの ヌビア遺跡群 1979年登録／文化遺産
Nubian Monuments from Abu Simbel to Philae

アスワンハイダムの建設により水没の危機にあった遺跡を救おうと、ユネスコが行った遺跡救済キャンペーンで一躍有名になった。アブ・シンベル大神殿、アスワンのイシス神殿など、数々の巨大な神殿が移築された。

❷アブー・ミーナー 1979年登録／文化遺産
Abu Mena

エジプトを中心に信仰されている原始キリスト教の一派コプト教最大の巡礼地。コプトの聖人、聖メナスゆかりの地で、5〜8世紀に繁栄した。12世紀に廃墟となったが、バシリカや浴場跡などが残っている。

❸カイロ歴史地区 1979年登録／文化遺産
Historic Cairo

さまざまな様式のイスラーム建築が数多く残るカイロ。特にマムルーク朝時代（1250〜1517年）の建築は数も多く、評価が高い。

❹古代都市テーベと その墓地遺跡 1979年登録／文化遺産
Ancient Thebes with its Necropolis

古代エジプト中王国と新王国時代に首都になったテーベ（現ルクソール）に残る、数々の神殿や王家の谷などの遺跡群。あのツタンカーメンも3300年以上の間、眠り続けている。

❺メンフィスとその墓地遺跡 ギザからダフシュールまでの ピラミッド地帯 1979年登録／文化遺産
Memphis and its Necropolis - the Pyramid Fields from Giza to Dahshur

古代エジプト古王国時代の首都メンフィスとその周辺に残る遺跡群。ギザにあるクフ王のピラミッドや、巨大なスフィンクスの像などが有名。この地域をぐるりと回れば、ピラミッド建築の技術がいかに完成されたかがよくわかる。

❻聖カトリーナ 2002年登録／文化遺産
Saint Catherine Area

モーセが神から十戒を授かったガバル・ムーサ（シナイ山）はキリスト教、ユダヤ教、イスラーム教の聖地。神々しい御来光を見ようと、山頂を目指す巡礼客が絶えない。ガバル・ムーサの麓にある聖カトリーナ修道院は、ビザンツ時代に創建され、今でも修道士が暮らしている。

❼ワディ・イル・ヒタン 2005年登録／自然遺産
Wadi al-Hitan

「クジラ谷」を意味するワディ・イル・ヒタンからは、クジラが陸上の哺乳類から進化した痕跡ともいえるバシロサウルスを含め、クジラ類の化石が数多く発見されている。これは生物の進化した証拠を示す非常に貴重な記録である。

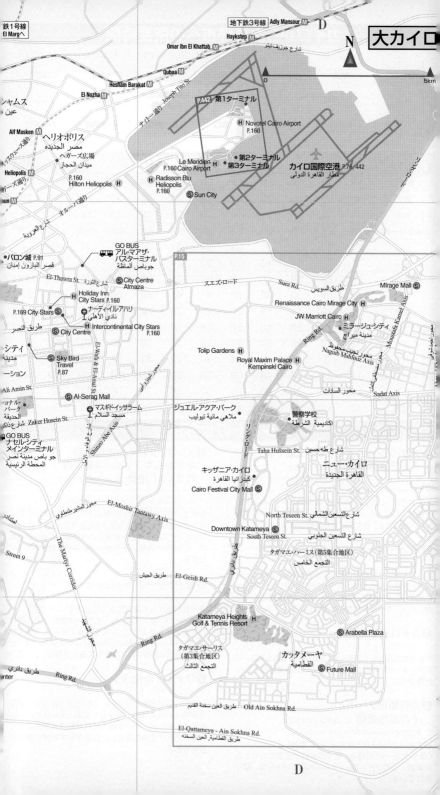

エジプト
EGYPT

地球の歩き方 編集室

COVER STORY

ギザのピラミッドが望めるロケーションに、いよいよ新しい大エジプト博物館 Grand Egyptian Museum が誕生します。すでに企画展や館内ツアーが実施され、ツタンカーメンの移送を待ってグランドオープンとなる予定です。さらにピラミッドエリア内にも循環バスが登場し便利に。進化するエジプト観光、今後に注目です！

EGYPT CONTENTS

出発前に必ずお読みください！

本書で用いられる記号・略号

※このページは記号・表記説明用のサンプルです。

紹介している地区の場所を示します。

掲載地域の市外局番

目的地への行き方

✈ 飛行機

🚃 鉄道

🚌 バス、マイクロバス

🚕 タクシー

⛴ フェリー

エジプトの交通機関

エジプトの公共交通機関は必ずしも時刻どおりに運行しません。また「人が集まると発車する」という、時刻表そのものがないシステムのものもあります。

本書では旅行者の利便性を考え、最多発車時間帯における運行頻度を記しました。最多発車時間帯は一般に午前中で、午後早い時間に運行便数が減るのが普通です。頻発とある場合は、最多出発時間帯において30分に1便程度以上、多発はおおむね1時間に1便程度を目安にしています。季節や状況によって違いますので、現地でお確かめください。公共交通機関を利用するときは、のんびり急がないのが得策です。

市外局番065

紅海最大のリゾート地
ハルガダ Hurghada

الغردقة アラビア語：イル・ガルダア

■ハルガダへの行き方
●カイロ (→P.71) から
✈毎日10便程度
所要約1時間
🚌トルゴマーン (→P.76) 発
アッパーエジプト
13:30、18:30、23:00発
所要6〜7時間 運賃220£E
🚌タフリール発
スーパージェット
9:00、13:00、23:00発
所要6〜7時間 運賃200£E
🚌ラムセスヒルトン横の
マスピロモール前発
ゴーバス
0:30、1:15、1:45、24:00発
所要7時間
運賃260〜400£E
●ルクソール
(→P.192) から
🚌アッパーエジプト
7:00、20:00発
スーパージェット
ゴーバス
8:00、9:35、14:30、15:30発
所要約4時間
運賃150〜230£E
●スエズ (→P.358) から
🚌スーパージェット (EGバス)
7:00、10:00、17:00、20:00発
所要約5時間 運賃170〜195£E
●アレキサンドリア
(→P.327) から
🚌モウイブ・ゲディードゥ発
スーパージェット (EGバス)
9:00、11:00、21:00発
所要約11時間
運賃305〜325£E
●シャルム・イッシェーフ
(→P.303) から
⛴2023年10月現在運休中

スィガーラのハルガダ・マリーナは整備され、おしゃれなレストランが並んでいる

紅海沿岸で最大の都市ハルガダは、世界で最もきれいな紅海のリゾートの基地として、世界中のダイバーに人気がある。

1年中気温が高く、寒さや雨とは無縁のリゾート地ハルガダ。ヨーロッパでは安価な長期滞在型リゾート地としても有名。白いビーチと青い海を求めて、ドイツ人やロシア人などヨーロッパ人観光客が大挙してやってくる。ヨーロッパ主要都市からのチャーター便もハルガダにダイレクトで乗り入れる。これに対応し、南のリゾートホテル群をはじめ、続々と滞在型のホテルが建てられ、おしゃれなレストランやナイトクラブができている。また、ダイビングで有名なだけあり、ダイビングショップは星の数ほどある。

町は20世紀後半から変わりはじめた。上エジプト (ナイル川上流域) から来た5つの主要部族で構成されていた漁村が、外国人を大量に受け入れる観光都市となった。かたやイッダハールにある丘の麓には、ロバが道端にいる庶民の典型的な住宅地が広がる。ハルガダは現代エジプトの縮図のような町でもある。

 旅のモデルルート

ハルガダでは、見どころをせかせかと回るような旅行は向かない。朝から夕方までダイビングに熱中するとか、ちょっとしたクルーズに出るとか、優雅なナイトライフを楽しむとか。とにかく荷物を置いて、のんびり過ごそう。

🐫280

頻出するイスラーム関係の用語

- ●イスラーム＝アッラーを唯一神とする宗教
- ●クルアーン＝イスラームの啓典
- ●ムハンマド＝アッラーに遣わされた預言者。英語でマホメッド
- ●ムスリム＝イスラーム教徒
- ●ラマダーン＝断食月
- ●マドラサ＝イスラーム神学校
- ●マスギドまたはガーマ＝イスラーム教寺院、英語ではモスク
  （正則アラビア語ではジャーマ、マスジド）
- ●スーク＝市場
- ●ミナレット＝尖塔、光塔 (寺院に付属されている高い建造物)

テーマごとに分かれた展示が秀逸
ハルガダ博物館
Hurghada Museum

2020年2月のオープン。展示物はエジプト全土から集められており、特に古代エジプト関係の展示が充実している。展示は装身具、ボードゲーム、狩りの道具など、テーマごとに分かれており、わかりやすい。ラムセス2世の娘であり、妻でもあったメリトアムンの胸像のほか、バフレイヤ・オアシスで発掘された3体のミイラなどがこの博物館を代表する収蔵物なのでお見逃しなく。

マトゥハフ・イル・ガルダア
متحف الغردقة
MAP P.281B

■ハルガダ博物館
☎ 011 1111 8891
URL hurghadamuseum.com
開 10:00～13:00、17:00～23:00
休無休 料200E£ 一般 IV
※クレジットカード払いのみ

メリトアムンはラムセス2世とネフェルタリとの娘で、ネフェルタリの死後にラムセス2世の妻になった

紀元前3100年からあるとされるボードゲーム

バフレイヤ・オアシスで発掘されたミイラは、黄金のマスクをかぶっている

ツタンカーメンの治世に作られた創造神プタハの像

市街地区から歩ける距離にあるのでアクセスしやすい

Information
ダイビングショップ選びは慎重に

ハルガダでは、安くダイビングのライセンスが取れるため、それを目的に行く人は多いはず。そのため、安宿などでは、宿代を安くして客を集め、ダイビングコースなどの勧誘をして、その仲介料を儲けとしているところが多いのが事実。安いコース料で、しかも高い仲介料を取る、ということは当然コースの質が落ちるわけだ。宿泊先ですすめられると、ほかを探すのも面倒だし、断りにくい……なんて考えて、ついつい言われるままに申し込んでしまいがち。

しかし、ダイビングは一歩間違えれば、非常に危険なスポーツだ。ハルガダでは、インストラクターが未熟であることや、器材の質の悪さから実際に事故も起きている。だから、ダイビングをする場合には、必ず自分でダイビングショップを訪れて、右記の項目をチェックしてほしい。日本人が多く利用しているから大丈夫だと思っていても、逆にそれを利用して勧誘していたり、日本人は文句を言わないから、と軽く見られていた

り、また日本人が集中しすぎることで手が足りなくなり、結果的に質が落ちることもある。ほかの旅行者とも情報を交換するようにしたい。

ダイビングショップを選ぶポイント
1) コース内容をきちんと確認する。学科教習、ダイビング理論、エクササイズのないライセンス取得コースはありえない。
2) 誰が教えるのか。インストラクターの能力、できればインストラクターライセンスも確認する。
3) コミュニケーションに問題がないかどうかを確認する。教材、試験問題などに日本語のものがあるか、または英語で大丈夫か。きちんとしているダイビングショップなら、インストラクターとのコミュニケーションがとれない場合、断られることもある。
4) ダイビングショップの器材についても、きちんと整備されているか、自分の目で確認する。

285

アラビア語と英語表記

エジプトでは有名観光地の観光業従事者にはおおむね英語が通じますが、一般には理解されません。そこで本書では観光ポイント、ホテル名、地図上の道名などにできるだけアラビア語を併記しました。読み方はカイロ方言を基準にしましたが、上エジプトやシナイ半島では通じにくいこともあります。そんなときはこの本の単語を見せるとよいでしょう。

欧文表記は、一般的な英語訳を採用しましたが、欧文の綴りは現地でもまちまちになっています。看板やパンフレットと照合する際に必ずしも一致するわけではありません。

右欄の凡例

住 住所
TEL 電話番号
携帯電話番号
Mail Eメールアドレス
URL ホームページアドレス（http://は省略）
開 開館時間
休 休業日
料 入場料
写真撮影料金別途
写真撮影禁止

カメラ撮影についてのみの記載。カメラは不可でもスマホ（携帯）撮影はOKのところが多い。→P.471

フラッシュ撮影禁止

見どころのアラビア語とカタカナ読み

見どころの英語名
世界遺産登録物件には世界遺産と表示してあります。

パラパラマンガのようにページをめくると、ラクダのイラストとカイロの信号機の人物が走り始めます。

地 図
- ❶ 観光案内所
- Ⓗ ホテル
- Ⓡ レストラン
- Ⓢ 商店、旅行会社など
- Ⓑ 銀行
- ✉ 郵便局
- ☎ 電話局
- 🚏 バス停
- 🚌 バスターミナル
- ✈ 空港
- 車両通行止めまたは歩行者専用道路

コラム
Information
お役立ちインフォメーション
Sightseeing
足を延ばしてみよう

住 住所
TEL 電話番号
Mail Eメールアドレス
URL ホームページアドレス
（http://は省略）
開 営業時間
休 休業日

現金
£E エジプトポンド
US$ 米ドル
€ ユーロ
JPY 日本円
クレジットカード
A アメリカン・エキスプレス
D ダイナースカード
J JCB
M Mastercard
V VISA

▌レストラン

アブー・エル・シド Abu El Sid	高級 🍷 エジプト料理

マトゥアム・アブー・イッスィド مطعم أبو السيد

住 157 Sitta wa Shriin Yoliyo St., Zamalek ١٥٧ شارع ٢٦ يوليو، الزمالك
TEL (02)2735 9640
URL www.abouelsid.com
開 13:00〜24:00
休 無休 **⊞**£E **⊟**AMV

Map P.90C2

ザマーレクのにぎやかなエリアにあるレストラン。やや暗い照明にアンティークな家具が配され、エキゾチックな雰囲気が漂う。本格的なエジプト料理が楽しめる。予算の目安は前菜18〜44£E、メインは85£E〜。生ビールなどのアルコール類も出している。

酒類を提供する飲食店には🍷マークを表示しています。ただし、ラマダーン中などは酒類の提供を休止する飲食店も多くあります。

※記号・表記説明用のサンプルです。

▌ショップ

シティ・スターズ City Stars	ショッピングセンター

スィティ・スタルズ سيتي ستارز

住 Omar ibn El-Khattab St., Heliopolis شارع عمر بن الخطاب، مصر الجديد
TEL (02)2480 0500
URL www.citystars-heliopolis.com.eg
開 10:00〜22:00（木・土〜23:00）
休 無休

折込Map大カイロ C2

タフリール広場からタクシーで片道150£E程度。ラムセス広場からアッパース・イル・アカーブ行きのマイクロバスに乗り、City Starsの看板近くで下車。徒歩3分ほど。550もの店が軒を連ねるショッピングセンターだ。コスタ・コーヒーやスターバックス・コーヒーなどのカフェや、フードコード、シネマコンプレックスもある。

※記号・表記説明用のサンプルです。

▌ホテル

アマランテ・ピラミッズ Hotel Amarante Pyramids	高級 折込Map大カイロ B3

フンドゥック・アマランテ・ビラミーズ فندق امارانتي بيرمدس

住 29 Abou Hazem St., El Omraniya ٢٩ شارع أبو حازم العمرانية
TEL (02)3393 0202
URL www.amarantepyramids.com
🛏️🚿🛁🚽 60US$ 〜
🛏️🛏️🚿🛁🚽 75US$ 〜
⊞ US$ € £E
⊟ DMV

ファイサル通りから少し入ったところにある。全153室の4つ星ホテル。以前は日本団体客が多かったが、今はアメリカ人や南欧のツアー客が多い。全室バスタブ付き。ピラミッドまではやや距離があるのでタクシーを利用しよう。📶全館

※記号・表記説明用のサンプルです。

部屋の種類・設備

DOM ドミトリー／相部屋 　🚹 シングルルーム 　🚹🚹 ダブルorツインルーム（料金は1部屋あたり）
一部ホテルの宿泊料金は🛏️🛏️=250US$〜、🛏️🛏️=100US$〜、🛏️=〜100US$で表しています。
※個人旅行者向けの宿泊料金の公式レートを公表していない所は取材時の実勢料金を掲載。
📶扇風機付きの部屋 　A/C エアコン付きの部屋 　🚿 部屋にシャワー付き 　共同シャワー
🛁 部屋にバスタブ付きのシャワールームあり 　部屋のシャワールームにバスタブはない
🚽 部屋にトイレ付き 　共同トイレ 　宿泊料金に朝食が込み 　宿泊料金に朝食は含まれない
📶 無線LAN

■本書の特徴

本書は、エジプトを旅行される方を対象に、個人旅行者が現地でいろいろな旅行を楽しめるように、各都市のアクセス、ホテルやレストランなどの情報を掲載しています。もちろんツアーで旅行される際にも十分活用できるようになっています。

■掲載情報のご利用にあたって

編集室では、できるだけ最新で正確な情報を掲載するよう努めていますが、現地の規則や手続きなどがしばしば変更されたり、またその解釈に見解の相違が生じることもあります。このような理由に基づく場合、または弊社に重大な過失がない場合は、本書を利用して生じた損失や不都合について、弊社は責任を負いかねますのでご了承ください。また、本書をお使いいただく際は、掲載されている情報やアドバイスがご自身の状況や立場に適しているか、すべてご自身の責任でご判断のうえでご利用ください。

■現地取材および調査時期

本書は、2022年7月および2023年9月～10月の現地取材をもとに編集されています。しかしながら、政府機関の窓口変更、道路の封鎖、ホテルやレストランの閉店や値上げなど、社会情勢の変化により変更が出ることがあります。本書のデータは、あくまでも目安と考え、旅行時には最新の情報を入手してください。また、日本の外務省からレベル3「渡航中止勧告」が発出されているシャルム・イッシェーフ、ダハブ以外のシナイ半島全域と、外国人の公共バスでの入境が禁止（2023年10月現在）のバフレイヤ・オアシスは、今年度版での取材を見合わせました。これらの地域の情報は一部を除き2014年のものになります。治安に関する情報は、在エジプト日本国大使館のウェブサイトもご覧ください。URL**www.eg.emb-japan.go.jp**

■通貨と為替レート

エジプトの通貨はポンド（£Eと表記）、補助通貨はピアストル（pt.と表記）です。1£E＝約3円（2024年5月現在）。ホテル料金については各ホテルからUS$（アメリカドル）、€（ユーロ）での回答があった場合は、その通貨単位で表記しています。

■祝祭日の営業について

イード（祭り）やラマダーン（断食月）によるイスラームの宗教行事のための休日や営業時間の変更は記載しておりませんので、現地でお確かめください。

■発行後の情報の更新と訂正について

本書発行後に変更された掲載情報や訂正箇所は、「地球の歩き方」ホームページの本書紹介ページ内に「更新・訂正情報」として可能なかぎり最新のデータに更新しています（ホテル、レストラン料金の変更などは除く）。下記URLよりご確認いただき、ご旅行前にお役立てください。
URL**www.arukikata.co.jp/travel-support**

■投稿記事について

ホテル情報、観光ポイントなど、✐マークがあり、文章の終わりに（　　）で氏名があるものは、すべて読者の体験談です。個人の感性やそのときどきの体験が、次の旅行者への指針となるとの観点から、文章はできるだけ原文に忠実に掲載しています。

また、投稿年のあとの春は2～5月、夏は6～9月、秋は10～11月、12月と1月についてはその旨明記してあり、また、編集室の追跡調査の年を['23]としています。

■博物館の展示

博物館では、展示物をほかの施設に貸し出したり、補修などのために非公開となることもあります。記載されている展示物は変更になることもあります。

■外務省 海外安全ホームページ

2024年3月現在、カイロやナイル川中流域、ヌビア地方などおもな観光エリアにレベル1「十分注意してください」、その他エリアにレベル2「不要不急の渡航中止」、レベル3「渡航中止勧告」が発出されています（→P.13、472）。渡航前には必ず外務省のウェブサイトで最新情報をご確認ください。URL**www.anzen.mofa.go.jp**

ジェネラル インフォメーション

▶旅の会話 → P.44

国 旗
上から赤、白、黒の汎アラブ旗の中央にサラーフッディーン(サラディン)の鷲。

正式国名
エジプト・アラブ共和国
Arab Republic of Egypt
جمهورية مصر العربية アラビア語
グムフーリーヤト・ミスル・アル・アラビーヤ

国 歌 我が祖国 بلادي バラーディ
面 積 約100万1450km²(日本の約2.7倍)
人 口 約1億926万人(2021年)
首 都 カイロCairo。アラビア語でイル・カーヘラ القاهرة。
人口約2138万人(大カイロ)

元 首
アブドゥルファッターハ・エルシーシ
大統領
عبد الفتاح السيسي
政 体
共和国、大統領制
民族構成
アラブ人、少数のヌビア人。
宗 教
イスラーム教スンナ派90%、コプト派キリスト教7%
言 語 アラビア語。カイロ方言が一般的だが、上エジプト、シナイ半島では発音が異なる。観光地では英語も通じる。

通貨と
為替レート

£E

▶通貨と両替
 → P.448

▶旅の予算
 → P.451

通貨単位はポンド£E(アラビア語でギニー)で補助単位がピアストルpt.(アラビア語でエルシュ)。1£E=100pt.≒約3.29円(2024年5月13日現在)。

紙幣は25pt.※、50pt.※、1£E※、5£E、10£E、20£E、50£E、100£E、200£E、硬貨は5pt.※、10pt.※、25pt.※、50pt.、1£E。
※印は流通量が少なく、あまり見かけない。

1 ポンド

10 ポンド

50 ポンド

200 ポンド

5 ポンド

20 ポンド

100 ポンド

1 ポンド

※ 2022 年に新10 ポンド紙幣、2023 年には新20 ポンド紙幣が発行されている。いずれもポリマー製。旧紙幣も使用可能。

※クレジットカードは必携だが、日本円を両替できるところが少ないので、エジプトポンドや米ドルなどの現金が必要となる機会も多い。

電話のかけ方

☎

▶電話
 → P.453

日本からエジプトへかける場合 例 カイロの (02) 1234-5678へかける場合

国際電話識別番号 **010**※	+	エジプトの国番号 **20**	+	市外局番 (頭の0は取る) **2**	+	相手先の 電話番号 **1234-5678**

※携帯電話の場合は 010 のかわりに「0」を長押しして「+」を表示させると国番号からかけられる
※ NTT ドコモは事前に WORLD CALL に登録が必要

エジプトの祝祭日は、固定祝祭日と移動祝祭日（※印）がある。観光地ではあまり影響はないが、それ以外のところでは、何もかも休業するので注意が必要。特にラマダーン（断食月）明けのイードル・フィトルや犠牲祭は最低3日間の祝日が続く。

1/7	コプト教クリスマス
1/25	1月25日革命記念日・警察の日
3/30〜4/1('25) 3/21〜23('26) ※	イードル・フィトル（断食月明けのお祭り）
4/21 ('25) 4/13 ('26) ※	シャンム・イン・ナスィーム（春香祭）
4/25	シナイ半島解放記念日
5/1	メーデー
6/7〜9('25) 5/27〜29('26) ※	イードル・アドハー（犠牲祭）
6/30	6月30日革命記念日
7/8('24) 6/26('25) ※	ムハッラム（イスラーム歴の新年）
7/23	7月23日革命記念日
9/16('24) 9/5('25) ※	マウリド・アンナビー（預言者ムハンマド生誕祭）
10/6	戦勝記念日

祝祭日（おもな祝祭日）

▶ **イスラーム**
→ P.42

▶ **暦と行事**
→ P.430

春香祭では古代エジプトの時代から塩漬けの魚を食べる習慣がある

▶ **生活習慣**
→ P.468

一時廃止されたが、2023年4月にサマータイム（夏時間）が再度導入された。4月と10月頃のサマータイム切り替え日には注意しよう。

銀行
金・土曜定休。8:30〜15:00。一部の5つ星ホテル内にも銀行がある（両替は両替商の利用が一般的）。

役所 金曜定休。9:00〜14:00。
大使館 金・土曜定休。9:00〜12:00。

デパートやショップ
月〜木曜の平日9:00〜20:00、土曜は店によっても異なるがだいたい9:00〜13:00と17:00〜20:00（夏期）、10:00〜18:00（冬期）。大都市では昼休みを取らない店も多い。定休日は金曜。

レストラン
軽食などのスタンドは9:00〜翌1:00。ラマダーン中は日没〜深夜。観光客の行くようなレストランは12:00〜24:00ぐらいまで。ラマダーン中も関係なく営業するところが多い。

遺跡・博物館
基本的に8:00〜16:00だが、夏期は延長することもある。博物館は金曜定休のところもある。

ビジネスアワー

▶ **インターネット**
→ P.454

電圧とプラグ
電圧は220Vで周波数50Hz。コンセントはヨーロッパで広く使われているCタイプのもの。日本から持っていく電化製品は変換アダプターが必要。100-240V対応でない場合は変圧器も必要となる。

映像方式
DVDソフトは地域コードRegion Codeが日本と同じ「2」と表示されていれば、DVD内蔵パソコンでは通常再生できるが、一般的なDVDプレーヤーでは再生できない。ブルーレイソフトの地域コードは日本は「A」、エジプトは「B」なので再生できない。地域コード欄に「ABC」と書かれたリージョンフリーのものであれば再生可能。

電気&ビデオ

エジプトから日本へかける場合 🔰 (03) 1234-5678 または (090) 1234-5678へかける場合

国際電話 識別番号 **00**	+	日本の 国番号 **81**	+	市外局番と携帯電話の 最初の0を除いた番号 **3 または 90**	+	相手先の 電話番号 **1234-5678**

▶ **国内通話** 市内へかける場合は市外局番は不要。市外へかける場合は市外局番からダイヤルする
※電話のかけ方の詳細 → P.453

11

チップ

▶バクシーシとチップ
→ P.468

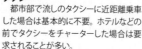

レストランやホテルなどの料金にはサービス料があらかじめ含まれていることが多いが、快いサービスを受けたときはチップを渡そう。

バクシーシはチップに似ているが、イスラームの教え「ザカート（喜捨）」に起源をもつ習慣。チップはサービスへの対価だが、バクシーシの場合は「喜捨」の意味合いもある。

タクシー
都市部で流しのタクシーに近距離乗車した場合は基本的に不要。ホテルなどの前でタクシーをチャーターした場合は要求することが多い。

レストラン
観光客が利用するようなレストランでは料金の10%ぐらいが相場。

ホテル
エジプトにはポーターサービスがあり、高級ホテルや列車では荷物を運んでもらわなくてはならない。20～30£Eほど渡す。

トイレ
空港や博物館のトイレは無料の場合が多い。空港ではチップを渡すことは禁止されている。使用料金が書かれ、管理人のいるトイレもある。何も指示がなく、何らかのサービスを受けた場合は10£E程度を渡す。

飲料水

暑い時期のエジプトでは水分補給は必須。遺跡や砂漠の観光、長距離移動中はミネラルウオーターを携帯しよう。短期旅行者には水道水は向かない。500～

600mℓで5£E、1.5ℓで10£Eが相場。観光地の売店や雑貨店、ホテル、スーパーなど購入する場所によって値段が大幅に変わる。

気候

▶旅の服装
→ P.437

アレキサンドリアやデルタなどは地中海性気候。カイロ周辺の半乾燥気候と半砂漠気候。カイロ以南と東方砂漠、西方砂漠の砂漠気候の4つ。地中海地方は

冬期に雨が降る。この時期のカイロ、アレキサンドリアや西方砂漠はかなり寒い。防寒具を忘れずに。3～5月にはハムシーンと呼ばれる砂嵐が吹く日がある。

カイロと東京の気温と降水量

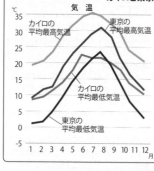

気温

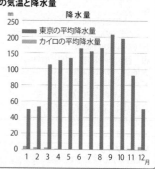

降水量

日本からのフライト時間

▶エジプトへの道
→ P.441

日本からエジプトまでの直行便は、2024年3月現在、エジプトエアーが成田から週1便運航。カイロまで所要約14時間。乗り継ぎ便はヨーロッパや中東諸国の都市経由が一般的。乗り継ぎ時間も含めた所要時間は往路18時間～、復路15時間～。

度量衡

▶アラビア語の数字
→ P.45、P.482

エジプトでは日本と同様にメートル法が用いられている。一般的に、数字はアラビア語の数字を用いる。（٠١٢٣٤٥٦٧٨٩）アラビア語は右から左に読むが、数字は例外で、左から右に綴られる。

時差とサマータイム

日本との時差は7時間なので、日本時間から7時間引けばよい。つまり日本のAM6:00が、エジプトでは前日のPM11:00となる。

サマータイム実施中は時差が6時間となるので注意。サマータイムの実施期間は毎年4月の最終金曜～10月の最終木曜となっている。

12

※本項目のデータは在日エジプト大使館 エジプト学・観光局、日本の外務省などの資料を基にしています。

郵 便

郵便局はアラビア語でマクタバ・バリードゥ。営業時間は8:30～15:00で、金・土曜定休。ハガキを出す人が減ったため、ポストはほぼ機能していない。郵便局から出すのが確実。

郵便料金
日本へのエアメールは、ハガキと20gまでの封書が70ΣE程度。届かないこともよくある。小包はDHLやFedExを利用したほうが安心。

▶郵便
→ P.453

出入国

ビザ
エジプト入国にはビザが必要。30日間有効の観光ビザは、カイロ空港で簡単に取得可能。到着ホールの銀行で25US$のシールを購入してパスポートに貼るだけでOK。ビザはオンラインでも取得可能。ビザの延長は主要都市のパスポートオフィスなどで行う。6ヵ月まで延長することができる。

パスポート
エジプトに入国する際のパスポートの残存有効期間は入国日から6ヵ月必要。入国カードは機内で配られることもあるが、入国審査のホールにも置いてある。出国カードは搭乗手続きの際にカウンターでもらう。

▶出国と入国
→ P.441～447
※ビザや入国の条件は変更もあるので最新情報の確認を。

税 金

TAX

ビデオカメラやノートPCなど高価な電化製品は、入国する観光客が所持して使用する場合は免税で持ち込めるが、所持品のリストを税関に提出する必要がある。ホテルでは付加価値税14%とサービス料12%が加算される。レストランでも12%のサービス料が別途加算されることがある。

安全とトラブル

2019年3月にはカイロ中心部、国立がん研究所付近の道路で爆弾テロが発生し20人が死亡した。集会の場所、政府関係機関には近づかないこと。集会予定場所などの詳細は在エジプト日本国大使館のウェブサイトでも確認しよう。
[URL]www.eg.emb-japan.go.jp

なお、日本の外務省発出の渡航情報で本書掲載の地域は以下のとおり。
●危険レベル3:渡航は止めてください
ダハブとシャルム・イッシェーフを除くシナイ半島全域、リビア国境地帯

●危険レベル2:不要不急の渡航は止めてください
西方砂漠とオアシスの村（スィーワ・オアシス、バフレイヤ・オアシス、ファラフラ・オアシス、ダフラ・オアシス、ハルガ・オアシスなど）

●危険レベル1:十分注意してください
上記以外の全エジプト

編集室補足:
「十分注意してください」の地域は、主要観光地であればある程度コントロールされており、通常どおり滞在することができる。ツアーでも個人旅行の場合でも、より注意をして旅行をすること。
「不要不急の渡航は止めてください」は、「十分注意してください」よりも強い制止を促している。発出されている西方砂漠とオアシスの村へは、個人旅行で行くことは可能だが、編集室としておすすめしない。2024年3月現在、旅行会社を通じての砂漠およびオアシスへの入境は当局の許可が必要となっており、現実的には難しい状況だ。
「渡航は止めてください」は、訪問を避けるべきエリア。

※危険レベル3が発出されている地域は、今年度版では取材を見合わせました。情報は一部を除き、2014年当時のものです。

緊急ホットライン 112
警察署 122 **観光警察 126** **救急車 123** **消防署 180**

▶空港内、出入口での客引き
→ P.473

▶ラクダに乗るときのトラブル
→ P.473

▶タクシー乗車の注意
→ P.86、475

▶チカンの被害
→ P.474

▶エジプトの病気と受診情報
→ P.476～479

年齢制限

レンタカーは会社によっても異なるが、26歳以上から利用が可能。酒類の購入はビールが18歳から、そのほかの酒も含めると21歳から購入可能。タバコは18歳から。

その他

写真撮影
空港や駅などの公共施設、軍事施設での写真撮影は禁止されている。デモや集会にカメラを向けるのもやめよう。

服装
イスラーム寺院、コプト教の教会などの宗教施設はタンクトップ、ショートパンツでの入場は禁止。

▶写真撮影について
→ P.471

新首都計画 New Cairo القاهرة الجديدة
ニューカイロ

現在エジプトの人口は1億人を超え、首都カイロには2000万人近くが集中しているといわれている。政府機関はタフリール広場を中心としたダウンタウンに多く、恒常的な交通渋滞が問題となってきた。

「ニューカイロ」構想は、2000年に大統領令191によって進められてきた大事業。カイロ中心部から15kmほど東にある空港よりもさらに南東に造られ、約500km²のエリアに500万人もの居住者を受け入れるという。

すでに、学校やテーマパーク、ショッピングセンターなど民間機関が稼働、2016年には内務省関連の機関も発足し、今後政府機関の本格移転が予定されている。

売り出し中のアパート。この規模だと4世帯ほどが入居する

住宅建設 ニューカイロは、さまざまなデベロッパーにより、住宅開発が進められている。南欧風のプール付きの邸宅が並ぶエリア、ヴィラと呼ばれる低層集合住宅が並ぶエリアなどいずれも高級志向。ダウンタウンの喧騒を逃れて住む人が多い。

右のような新築物件が並ぶエリアはまだ路面店が少なく、移動販売が大繁盛

カイロ・アメリカン大学

学校誘致 大学や研究機関も増えている。各国のインターナショナルスクールや、語学学校など外国人向けの教育機関も集中している。

ショッピングモール 大小さまざまな商業施設が数え切れないほどできている。フェスティバル・シティ Map P.15A1、ポイント90Map P.15B2、ダウンタウン・カッタメイヤMap P.15B1などのモールが人気。映画館やレストランも充実している。夜のイルミネーションも美しい。

フェスティバル・シティのフードコートで売っているコフタのラップサンド

ミント味のフロート

IKEAやキッザニアもあるフェスティバル・シティ。各国料理が楽しめるフードコートも人気

ファミリーパーク内にある洞窟レストラン

バーベキューができる広場

ライオンもいる動物園

公園や運動施設

もともと砂漠地帯なので、人工の緑地しかない。それぞれの住宅団地には植栽などの緑が豊富だが、まだまだ公園は少ない。そのなかでエリアの北にあるファミリーパークは花壇や池、小動物園がある施設。子ども連れのピクニックにピッタリな場所だ。

ファミリーパーク
Family Park
Map P.15A2
📍Suez Road,
Rehab entrance 2, New Cairo
مدخل الرحاب ٢ , الكيلو ٢٦ طريق السويس
☎011 5966 1880
🕐9:00～22:00　無休
💰150£E(木～土250£E)　🅿100£E

城のような外観の
ケンピンスキーホテル

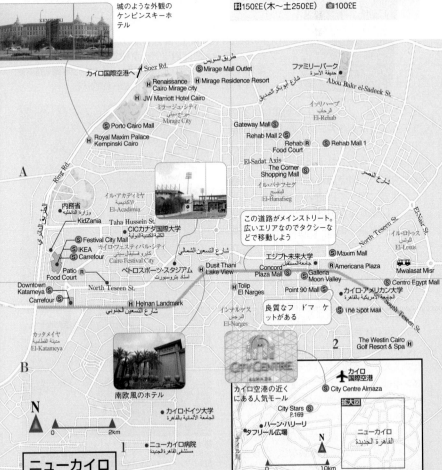

カイロ国際空港へ← Suez Rd.

طريق السويس

● Mirage Mall Outlet
⑤ Renaissance
Cairo Mirage city
Ⓗ JW Marriott Hotel Cairo
Ⓗ Mirage Residence Resort

ミラージュ・シティ
ميراج سيتي
Mirage City

ファミリーパーク
حديقة الأسرة

Abou Bakr el-Sadeek St.
شارع أبو بكر الصديق

イッリハーブ
الرحاب
El-Rehab

⑤ Porto Cairo Mall

Gateway Mall ⑤

Ⓗ Royal Maxim Palace
Kempinski Cairo

Ring Rd.

A

Rehab Mall 2 ⑤
Rehab Ⓡ
Food Court

⑤ Rehab Mall 1

El-Sadat Axis
The Corner
Shopping Mall

イル・バナフセグ
البنفسج
El-Banafseg

シャーレ・ナスル
شارع النصر

内務省
وزارة الداخلية
● KidZania

イル・アカディミヤ
الأكاديمية
El-Acadimia

Taha Hussein St.

CICカナダ国際大学
الكلية الكندية الدولية

شارع التسعين الشمالي

エジプト未来大学
جامعة المستقبل

⑤ Maxim Mall

イル・ロトゥス
اللوتس
El-Lotus

El-Nasr St.
شارع النصر

⑤ Festival City Mall
⑤ IKEA
⑤ Carrefour

カイロ・フェスティバル・シティ
كايرو فستيفال سيتي
Cairo Festival City

Patio Ⓡ
Food Court

ペトロスポーツ・スタジアム
استاد بتروسبورت

Dusit Thani
Lake View

Concord
Plaza Mall

Ⓡ Americana Plaza

Galleria
Moon Valley

Ⓜ Mwalasat Misr

● Centro Egypt Mall

Downtown
Katameya ⑤
Carrefour ⑤

North Teseen St.

شارع التسعين الجنوبي

Ⓗ Helnan Landmark

Tolip
El Narges

Point 90 Mall ⑤

カイロ・アメリカン大学
الجامعة الأمريكية بالقاهرة

El-Teseen (South) Teseen St.

イン・ナルゲス
النرجس
El-Narges

⑤ The Spot Mall

カッタメヤ
مدينة القطامية
El-Katameya

B

南欧風のホテル

● カイロ・ドイツ大学
الجامعة الألمانية بالقاهرة

⑤ City Centre Almaza

The Westin Cairo
Golf Resort & Spa Ⓗ

2

✈カイロ
国際空港

City Stars
P.169 ⑤

拡大図

ニューカイロ
القاهرة الجديدة

カイロ空港の近くにある人気モール

N

0   10km

● ハーン・ハリーリ

● タフリール広場

ナイル川

この道路がメインストリート。広いエリアなのでタクシーなどで移動しよう

良質なフードマーケットがある

N

0   2km

● ニューカイロ病院
مستشفى القاهرة الجديدة

ニューカイロ

グランドオープン 迫る!!

大エジプト博物館
Grand Egyptian Museum

ギザに建設中の「大エジプト博物館Grand Egyptian Museum (GEM)」。間近に迫ったグランドオープンに向けて、イベントや館内ツアーが始まっている。あわせて、展示予定の文化財の修復作業も、大エジプト博物館保存修復センターで急ピッチで進められている。

日本も支援 大エジプト博物館は、タフリール広場にあるエジプト考古学博物館の老朽化と展示スペース不足にともない計画されたもの。日本はエジプトからの要請を受け、国際協力機構 (JICA) を通じて建設に関する円借款を供与するとともに、付属の保存修復センターに対して、文化財の保護・修復・移送等の技術指導や、新しい博物館の運営などソフト面の支援もしている。

プレオープン GEMの展示はツタンカーメンの秘宝がメインになる。現在、黄金のマスクや玉座などはエジプト考古学博物館にあるが、いずれ移送される予定だ。倉庫に眠っている未公開の秘宝も公開されるとのことで、大きな話題となりそうだ。プレオープン中は、エントランスで出迎えるラムセス2世の巨像のほか、大階段に展示される像などが館内ツアーで見学できる。企画展として「古代エジプトを巡る魅惑的な旅」と題するツタンカーメンの没入型体験など、今後もさまざまな企画が予定されている。

1 大エジプト博物館の外壁デザインにはピラミッドの三角が施されている **2** エントランスのライトアップも美しい **3** かつてカイロのラムセス駅前にあったラムセス2世像が池に浮かぶ。記念撮影する観光客も増えてきた

スマホ必携　大エジプト博物館に限ったことではないが、エジプトの博物館や遺跡の多くがカメラ撮影禁止または別料金を設定している。しかし、たいていの施設でスマートフォンでの撮影が許可されている。

GEMでもスマホは必携、なんとフォトスポットも登場した。

撮影するとスマホに画像が転送される

没入型の企画展。過去の世界はもとより紅海の海中など名所にも没入できる

■大エジプト博物館
المتحف المصري ، الكبير
（イル・マトゥハフ・イル・マスリー・イル・ケビール）
Map P.140A2／折込Map大カイロA4

🚌M7、M11、M21、M22、M23でリマーヤ広場下車、徒歩約15分
🚕ギザのピラミッド（クフ王側入口）から約150£E
🏠Alexandria Desert Rd., Kafr Nassar, Al Haram
هضبة الأهرام، طريق الإسكندرية
☎(02)3531 7344　URLvisit-gem.com
🕐9:00～22:00　休無休　💳M V
※クレジットカード払いのみ

●ツタンカーメンの没入型体験＆博物館ツアー
30分間の没入型映像アトラクションと45分間の英語ガイドによる館内見学ツアー（大ホールと大階段）
9:45、10:15、11:30、12:30、13:45、15:00、16:00、17:15、18:30発
上記ウェブサイトから要予約　料1200£E（学生750£E）

英語とアラビア語、そして左に日本語で「博物館」の表記。ツタンカーメンの展示にも日本語の解説板が掲示される

博物館からピラミッドが見える

GEMCC
大エジプト博物館
保存修復センター

大エジプト博物館の近くに、保存修復センターが設置され、展示予定の文化財の修復作業が進められている。この事業にも美術品の移送や修復、10万点にも及ぶ収蔵品のデータベース化など日本が大きく貢献している。

貴重な文化財の梱包や移送は日本が技術指導、エジプトとのチームで行っている

小さな木彫り像も修復を待つ。包帯を巻いたような姿がかわいい

大階段には大きな座像もすでに運び込まれた

保存修復センターにはツタンカーメンの儀式用寝台も運び込まれ、大エジプト博物館移設を前に修復されている

日本とエジプトの専門家による壁画の修復作業。色鮮やかな壁画は約4300年前のもの

緻密な細工が施され、今も色褪せないツタンカーメンの戦車

クフ王「第二の太陽の船」も復原へ！

クフ王のピラミッドそばに存在が確認されていた「第二の太陽の船」は、2011年から発掘作業が始まり、現在はエジプトとNPO法人「太陽の船復原研究所」により、復原準備が進められている。完成後は大エジプト博物館の目玉として展示される予定だ。

ラボには発掘した船のパーツが保管されている

約4500年前の木材をていねいに修復する

NMEC
National Museum of Egyptian Civilization
エジプト文明博物館

エジプト文明博物館は、オールドカイロからイスラーム地区へいたるフスタートと呼ばれる一角に、2021年に開館した博物館。展示の目玉は考古学博物館から移送された王のミイラだ。⇒P.105

アンクが並ぶ古代エジプトの遺物

イスラーム建築部門を代表する窓飾り

先史時代から現代のベドウィン文化まで幅広い展示

考古学博物館のミイラ室に展示されていた王（女王）のミイラ、22体は「THE PHARAOHS' GOLDEN PARADE」と名づけられた葬送の儀式にも似た盛大なパレードで、文明博物館に迎えられた。王家の谷の墓の入口を模した入口から地下へ下りるとラムセス2世、ハトシェプスト女王といった古代エジプトの英雄が眠る部屋へと誘われる。途中にはCGによる展示が。ミイラはスマートフォンでも撮影禁止。敬意をもって見学しよう

19

News

観光に役立つ エジプト最新ニュース

エジプトは大きく変わろうとしている。
インフラを整備し、古代エジプトがより身近になってきた。
これからの快適な旅に期待大！

1 スフィンクス参道が一般公開

参道に並ぶスフィンクス

ルクソール東岸の2大観光地であるカルナック神殿とルクソール神殿。このふたつの巨大な神殿を結ぶスフィンクス参道と呼ばれる古代の道が、2021年11月に一般公開された。記念式典にはエルシーシ大統領も出席し、参道で実際に行われていたオペトと呼ばれる祭りを模したセレモニーが催された。全長は約3km、道の両脇には1000体（うちオリジナルは300体）を超えるスフィンクスや雄羊の彫像が並んでいる。⇒P.199

2 地下鉄3号線が延伸

2022年6月にカイロのイル・アタバ駅からギザ県のイル・キットカット駅までの3号線の延伸が完了した。新たに3駅が開業、なかでもおしゃれなショップやレストランが集まるザマーレクの中心部にあるサファーア・ヘガーズィ駅は使えそうだ。⇒P.82

3号線は通称グリーンライン。
車両もサファーア・ヘガーズィ
駅の入口もターコイズブルー

3 新型車両が続々運行開始

1等は2+1のゆったりシート。電源やパーソナル
TV、運行表示画面も完備。トイレもきれい！

アレキサンドリアのマスル駅

2022年12月、スペインのタルゴ社Talgo製の新型車両がカイロ〜アレキサンドリア間で運行を開始した。次いで2023年2月にはカイロ〜ルクソール間での運行を開始。各路線は順次増便している。シートは1等、2等があり、全席指定。エアコン付きなのはもちろん、座席は広々としていて、2等でも十分快適だ。車内販売、カフェカウンターもある。料金はカイロ〜アレキサンドリアが25〜50US$、カイロ〜ルクソールが50〜60US$。⇒P.456

4 シャルム・イッシェーフ博物館が開館

2020年に南シナイ県初となる考古学博物館がオープンした。ハトシェプスト女王の頭部の像やダフシュール出土の2隻のボートなどが目玉。ほかにワニやネコ、ヒヒなどのミイラや、動物を模した工芸品などが集められている。⇒P.307

復原されたボートの展示

ガラス張りの建物

5 ギザのピラミッドエリア、改革中

音声ガイド付きの大型バスが導入されれば、ツアー車両やタクシーは乗り入れできなくなる予定。下はピラミッドを眺めながら食事ができるレストラン

ギザのピラミッドでは、さまざまな開発工事が進行中。まずクフ王の名を冠したクフズ・レストラン⇒P.168が2022年9月に開業。先に同地域内にオープンしたナイン・ピラミッズ・ラウンジ⇒P.168に対し、こちらはエジプトのスターシェフによるコース料理を楽しめる高級レストラン。2024年には中東・北アフリカのベスト・レストラン50にも選出された。2024年2月にはフランスの老舗パティスリー、ラデュレのレストランもオープンしている。

また、近い将来はエリア内に無料巡回バスが導入される予定。現在、停留所やトイレ、売店などを整備している。

バス停　有料トイレ　　　　売店（予定）

ミイラ工房の発見

エジプト発掘ニュース

　ミイラ工房は、ジェセル王の階段ピラミッドで有名なサッカラ遺跡で発見された。想像を絶するほどの大量の土砂を取り除いた下からそれは現れたのである。古代エジプト人がミイラを作製したことは誰もが知っている。しかしながら、ミイラがどのようにして作られたのかを正確に知る者はいない。これまでヘロドトスら古代ギリシア・ローマの叙述家たちによる記述を根拠として、いわく「黒曜石製のナイフで脇腹を切り開く」とか「鼻の穴から長いかぎ状の道具を差し込んで脳を外に掻き出した」とか、ミイラの製作方法はさまざまに語られてきた。

　今回のミイラ工房の発見は、これまでよくわからなかったミイラ製作の実体を明らかにし、そのうえヘロドトスらの記述が的確であったのかどうかの検証をも可能とした。詳細な研究は今後に委ねられるが、運び込まれた遺体を安置するための石製のベッドが原位置で発見されていたり、遺体にミイラ処置を施すためのナイフなどの道具類が見つかったりしている。

　水分を抜くために遺体にかぶせたナトロンが詰め込まれた壺や遺体から摘出された内臓が入れられた4種類のカノポス壺、さらにミイラの身体に巻き付けた亜麻布さえもがまるで昨日使用されたかのような良好な状態で発見されたのである。（大城道則）

6 バロン城が一般公開へ

カイロ国際空港への道すがら、ヒンドゥー教寺院のような外観がひときわ目を引く建物がある。これはヘリオポリス地区の開発やデルタ地方の鉄道の敷設で知られるベルギー人実業家、アンパン男爵が1911年に宮殿として建てたもの。長い間放置されていたが2022年から一般公開されるようになった。変わった外観はフランス人建築家によるもので、ヒンドゥー教はもちろんクメール様式の影響もみてとれる。⇒P.91

男爵の娘の幽霊が出るといううまことしやかなうわさが囁かれている

支払いシステムや料金の変更 7

エジプトの主要な遺跡の入場料は2023年5月から**クレジットカード払い**（VISA、Mastercardのみ）となった。現金は米ドルもエジプト・ポンドも受け付けない。ただしカードの読み取り機の故障もあるので、もしもの時のためにカードは2～3枚、念のためにエジプト・ポンドも必要だ。⇒**P.438**

また、鉄道は2022年12月15日から、すべての便に外国人特別運賃が適用されることになった。運賃はドル建てで、2023年10月現在、エジプト・ポンド、米ドル、ユーロ、クレジットカードで支払い可能だが、今後は外貨かクレジットカードのみになる予定。

黄道12宮の壁画

エジプト発掘ニュース

エスナ⇒**P.228**にはクヌム神殿という美しいことで知られる神殿がある。これまで5年間かけてクリーニングしてきたが、驚くことに黄道12宮が鮮やかな色で現れた。

同じような12星座の図像ではデンデラ神殿の天井部に描かれたレリーフが有名だが、現在はフランスのルーヴル美術館にある。

見つかったエスナの図像には、雄羊の頭部を持つヘビや、ワニの頭部をもつ鳥、あるいは木星や土星などの恒星が描かれていた。なかでも目を引くのは、まるでギリシア神話に登場する半人半獣のケンタウロスのような外見の射手座だ。人間の姿をした上半身の後頭部にはライオンの仮面を付け、下半身のウマには毒針のあるサソリの尾

とグリフィンのような翼が表現されている。黄道12宮は、占星術が発展していたバビロニアが起源とされ、そこからギリシア経由でエジプトにもたらされた。おそらくその過程に生じた異文化接触により、上述したようなハイブリッドな図像が生まれたのだろう。

エジプトにおける黄道12宮の図像の出現は、古代オリエント世界と東地中海世界とが交わり、大きく動き始めた時代の象徴なのだ。(大城道則)

ユニークな半人半獣の姿

エジプトを満喫するヒント

どこで何が
見られるの?

キーワードで知る簡単エリアガイド

地 中 海

アレキサンドリ

スフィンクスの前はいつも観光客でにぎわっている

カイロ&
ピラミッド

これが見られる

活気あふれるスーク
エジプトを象徴するピラミッド
横たわるラムセス2世

→P.67

西 方 (リ ビ ア) 砂

黒砂漠と白砂漠

砂漠と
オアシス

これが見られる

砂の造形美
砂漠の露天風呂　満天の星
ナツメヤシ　太古の化石

→P.367

ルクソール&
中流域の巨大神殿

これが見られる

王墓を飾る美しい壁画
圧倒的な存在感を誇る
葬祭殿や神殿

→P.175

白砂漠から眺める夕日

アブ・シンベル

これが見られる

ラムセス2世の残した巨大神殿
蒼き水をたたえるナセル湖
おかっぱ頭のハトホル柱

→P.258

ラムセス2世の巨像が鎮座する
アブ・シンベル大神殿

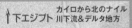
アレキサンドリアの海岸

スエズ運河

ルタ地方

↑下エジプト　カイロから北のナイル
　　　　　　　川下流&デルタ地方

ザ　●カイロ　スエズ　シナイ半島

↓上エジプト
　カイロから南の
　ナイル川上流

聖カトリーナ

シナイ山

シャルム・イッシェーフ

ハルガダ

ルクソール

アスワン

ナセル湖

ヌビア地方

ブ・シンベル

東方砂漠

ナイル川

スエズ湾

ア　カ　バ　湾

紅　海

アレキサンドリア &スエズ運河

これが見られる

地中海　おしゃれな人々
大型タンカー
ロンメル将軍の足跡

➡ P.323

シナイ半島

これが見られる

草木1本寄せ付けない
赤い岩肌
モーセの十戒

➡ P.297

シナイ山からの眺め

紅海リゾート

これが見られる

ナポレオンフィッシュ
タンクを背負うラクダ
青い海

➡ P.274

シャルム・イッシェーフのナアマ・ベイ

ライトアップされた
ルクソール神殿

アスワン

これが見られる

夕日に輝くナイルの川面
イシス神殿
ヌビアの文化

➡ P.242

ナイル川を進むファルーカ

エジプトを満喫するヒント

どこで何が見られるの？

25

ギザの3大ピラミッドの
ベストビューポイントはどこ?

エジプトといえばピラミッド。何はともあれ、
カイロ近郊のギザのピラミッドを見ずには帰れまい。
最大の大きさを誇るクフ王のピラミッド、
スフィンクスを従えたカフラー王のピラミッド、
小さいが均整のとれたメンカウラー王のピラミッド。
どれも威厳に満ちた堂々たる姿だ。
ラクダに乗ってピラミッドへ……。
これこそが、エジプトでなければできない体験!

●詳細は→P.130

ここ見て!

よく見ると、なか
なかの美男子ス
フィンクス。迫
力ある姿を望遠
で狙って!

3大ピラミッド 音と光のショー →P.143

ピラミッドを満喫するなら、音と光のショーに参加してみよう。闇の中に浮かびあがるピラミッドとスフィンクスは大迫力！河岸神殿に映像が照らされ、ショーを盛り上げてくれる。

4500年以上も前からこの地でエジプトを見守ってきたスフィンクス。静寂な夜にわれわれの前に現れ、歴代の王やここを訪れた支配者たちについて語ってくれる。そして、ピラミッドの秘密に迫っていく。

ショーではスフィンクス前にある河岸神殿が映写幕の代わりとして使用される

3つのピラミッドが重なって見える「ピラミッド・パノラマポイント」からの眺め。砂漠に忽然と現れるこの巨大建造物は4500年以上も前に造られた。ラクダに乗って近くまで行くこともできる

27

夕闇に輝く
巨大神殿を巡る

古代エジプトの遺跡のなかで、特に華があるのは巨大神殿。
アブ・シンベル神殿、カルナック神殿など
各地に残る神殿や葬祭殿は枚挙にいとまがない。
夕日に浮かぶ神殿、ライトアップや
音と光のショーなどの美しさもひときわ。
一番いい時間帯を狙って訪れたい。

3

ここ見て！

巨大な列柱が134本！上の方には明かりとりが。列柱のカルトゥーシュ（王名を刻んだヒエログリフ）にも注目！

5

4

① アブ・シンベル大神殿正面のラムセス2世座像→P.260　② ルクソール神殿のライトアップ→P.199　③ イシス神殿では音と光のショーが行われる→P.251　④ カルナック神殿の大列柱室→P.199
⑤ 彩色がよく残るラムセス3世葬祭殿の列柱室→P.211

 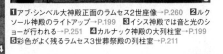

音と光が誘う
古代エジプトへの旅路

アブ・シンベル神殿
音と光のショー
●詳細は→P.262

1 大神殿正面のラムセス2世座像は現在3体しか残っていないが、映像を駆使して創建時の姿を再現　**2** ショーでは神殿をスクリーンとして利用する　**3** 神殿に映し出された壁画も大迫力！

ストーリー　神殿の移設と夫婦愛

　まず、アスワンハイダムの建設によって水没してしまう運命にあったアブ・シンベル神殿の大移動について語られる。神殿のスクリーンにはブロックに切断して運ぶ様子などが映し出され、当時の遺跡移転計画がどれだけ困難だったかを解説する。その後、ラムセス2世と王妃ネフェルタリが登場し、お互いを褒めたたえ始める……。王妃にささげたこの神殿の下でふたりは愛の絆を確かめあう。

静寂な砂漠の夜に光輝く古代遺跡。
崩れかけている遺跡も夜の間だけ往時の姿を取り戻す。
そこで語られるのは歴代の王たちの偉大なる功績。
そして、王女たちの愛のストーリー。
過去と現在が交わる幻想的な空間へようこそ。

カルナック神殿
音と光のショー
●詳細は→P.201

4 ショーはスフィンクス参道の先にある第1塔門からスタートし、ここから聖なる池まで移動する **5** 観客席に座り、神殿のライトアップや大迫力の映像を眺める

ストーリー ファラオの輝かしい栄光

　暗いスフィンクス参道を進むと、光とともに神殿が美しく照らされる。そして、神殿内を移動すると、遠くから歴代のファラオが、それぞれにまつわる像やレリーフにスポットをあて、自らの達成した偉業について語る。やがて神殿全体を見渡せる観客席に着くと、ここからは大規模な音と光のショーが開始。昼とは違う幻想的な風景は旅のすてきな思い出となるだろう。

31

悠久の時を刻むナイルの流れ
西岸に日が沈む極上のひととき

「エジプトはナイルの賜」。
古代から、エジプトの農業はナイル川に支えられ、
高度な文明もナイル川とともに育った。
巨大なピラミッドや神殿を造ることができたのも、
切り出した石を運べる水運があったからこそ。
そして、ナイルの流れは美しい風景をももたらせてくれた。
浅瀬に小舟が浮かぶアスワンの夕景、
西岸の砂漠が真っ赤に燃えるルクソール……。甲乙つけがたい美しさだ。

ルクソールの老舗ホテル「ウィンター・パレス」には夕日の望めるテラスが。
●詳細は→P.218

カタラクト（急流）や小島の
多いアスワンは、変化に富ん
だナイルが楽しめる町。ファ
ルーカ（帆掛け舟）に乗って、
ナイル川の風に吹かれるのも
おすすめ。
→P.247

33

いつ行く？
エジプト旅行のカレンダー

エジプトは暑いという人が多いけれど、冬にはコートが必要なぐらい冷える地域もある。夏の暑さも、熱風の中にいるような上エジプト（ナイル川上流域）と、湿気のあるデルタ地方ではずいぶん印象が違う。また、遺跡の多くは砂漠地帯（あるいは半砂漠）にあるので、日が沈むと急速に冷え込む。1日の気温差が最大で20℃にもなることがあり、夏服だけでは対応できない。

ダハブで会ったアクセサリー売りの女の子

	12月	1月	2月	3月	4月
ラマダーンと祭り				断食月（2025年3月1日）～イードル・フィトル（3月30日～4月1日）	
シーズン	ピークシーズン			3～5月は砂嵐が起きる	
航空運賃の目安 （万円）25 20 15	年末年始● ●	●	●	●	●
カイロ	昼間、日が差せば暑く感じるが、基本的には冬は長袖が必要。夜間は上着も必携だ。安いホテルには基本的に暖房設備はない。			そろそろ暑くなり始める。服装は夏用で、夜の冷え込みに対応するために上着を持っていこう。	
月平均気温（最高／最低）	20/10	19/9	20/10	23/12	28/15
アレキサンドリア	日本人にとってはそれほどでもないが、現地ではストーブを使用するほど寒く感じる。セーターや上着が必要。雨が降る日もたまにある。			3月のうちはまだ少し寒い日もあるが、4月に入ると晴天の暖かい日が多くなる。	
月平均気温（最高／最低）	20/10	18/9	19/9	20/11	24/14
アスワン（ルクソールはやや気温が低い）	昼間は綿の長袖シャツか半袖でも充分。夜間は冷え込むので音と光のショーに行く人は重装備で。砂漠のオアシスの冬はかなり寒い。			3月中旬以降から気温が上がり始め、4月はもう夏と変わらないほど暑くなることも。	
月平均気温（最高／最低）	24/11	21/8	25/10	30/14	35/19
紅海沿岸やシナイ半島	昼間は暑い。水温はやや低いがマリンスポーツが楽しめる。海水浴はちょっと厳しい。夜になると非常に冷えるので上着の準備は必要だ。			リゾート客が多くなるのは、ヨーロッパのイースター（復活祭）以降。ホテルの料金も上がる。	
月平均気温（最高／最低）	23/15	22/13	23/14	25/16	30/20

ネコと一緒にくつろいでいるおじさん

地理と気候

5月	6月	7月	8月	9月	10月	11月
	犠牲祭（2025年 6月7～9日）					
こともある	非常に暑い				ショルダーシーズン	
●ゴールデンウイーク						●
●			夏休み	●	●	
	●	●	●			

		昼間は暑くて市内を歩き回るのはつらい。ゆったりしたスケジュールで早朝や夕方の時間帯を有効に使うこと。			秋の風情は感じられないが、10月になると、30℃を切る日も出てきて、だいぶ涼しくなってくる。	
カイロの夜景	32/18	34/20	34/22	34/22	33/20	30/18	25/14
		日本の夏の暑さぐらい。湿度は日本ほどではないが、カラカラというわけでもない。ほかの地域に比べれば快適。			涼しくて過ごしやすい日が続くが、11月に入るとやや寒くなり、雨が降る日もある。	
アブ・イール海岸	27/16	29/20	30/22	30/23	30/21	28/17	24/14
		この暑さが「エジプトらしい」という人もいるが、ドライヤーの中にいるように感じられるほど非常に暑いので、相応の覚悟で訪れること。			日没後は冷えるので上着の準備を忘れずに。冬になると地元の人はジャケットやマフラーを着用する。	
イシス神殿	39/23	41/25	41/26	40/24	38/24	38/20	28/15
		マリンスポーツをする人は、日焼け対策が必要。プライベートビーチなら肌を出してもOK!			日中はまだ暑い。マリンスポーツは楽しめるが、水温は少し冷たくなる。	
紅海のビーチ	34/24	37/26	38/27	37/28	36/26	31/23	27/19

基本プランから+αの個性派まで
おすすめモデルルート

1 主要な古代遺跡を巡るコース 8〜10日間

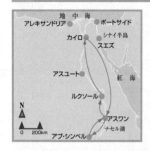

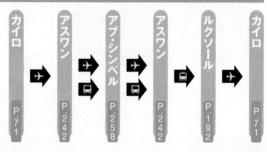

都市間移動がほとんど飛行機でできる効率のよいルート。旅の出発はカイロから飛行機で一気にアスワンへ。2日ほど滞在し、イシス神殿やアスワンハイダム、ファルーカに乗って中洲の島々の見どころを回る。次の日はアブ・シンベルを往復（飛行機が欠航になる可能性もあるので、アスワン発のバスツアーも検討しよう）。アスワンへ戻ったあと、鉄道でルクソールへ移動し東岸と西岸を2日ほどかけて見学する。

カイロでは、エジプト考古学博物館、最大のハイライトであるギザのピラミッドとスフィンクスへ。午後はオールドカイロやイスラーム地区を訪れるとよい。次の日にサッカーラやメンフィス、ダフシュールなどでいろいろな形のピラミッドを見学し、帰国前にハーン・ハリーリなどのスークでおみやげを買おう。

旅の計画を立てるのも楽しみのうち

option 地中海沿岸 デルタ地域の旅 3日間〜

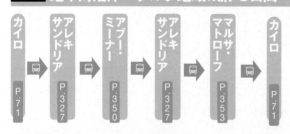

歴史好きであれば、上記の遺跡見学コースに加えて、グレコローマン時代にエジプトの中心だったアレキサンドリアとその周辺にもぜひ行っておきたいところ。

アレキサンドリアには2日ほど滞在し、アレキサンドリア国立博物館やアレキサンドリア図書館、ロイヤルジュエリー博物館、カーイトゥベーイの要塞などを見て回る。世界遺産のアブー・ミーナーへも日帰りで訪れよう。上記のコースと合わせると10日以上、遺跡や博物館を中心とした見どころ巡りなので、最後にリゾート地のマルサ・マトローフに行き、紺碧の地中海を満喫してからカイロに戻ろう。

option 紅海リゾート満喫の旅 4日間〜

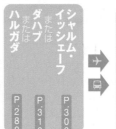

カイロ P.71

シャルム・イッシェーフ または ダハブ または ハルガダ
P.280　P.313　P.303

カイロ P.71

マリンスポーツのメニューはいろいろ

エジプトの魅力は古代遺跡だけじゃない。紅海沿岸は中東最大級のリゾート地帯でもある。紅海沿岸を南に下っていくと、数々のリゾートがあり、シナイ半島の西側、

ビュッフェでランチをどうぞ

アカバ湾にもリゾートは多い。

世界で最も美しいといわれている紅海を楽しむなら、やはりダイビングやスノーケリングに挑戦してみたい。基地となるのはハルガダかシャルム・イッシェーフか、バックパッカーが集うダハブ。いずれもアトラクションやマリンアクティビティの種類が豊富で、のんびりできるビーチもある。滞在するのは1都市で充分だが、ハルガダ〜シャルム・イッシェーフ間をフェリーで渡ることもできるので、ハルガダを経由して、そのままルクソール方面へと抜けてもいい。

2 コンパクトに回る欲張りコース 12日間〜

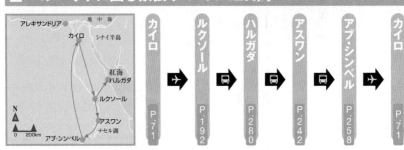

カイロ P.71

ルクソール P.192

ハルガダ P.280

アスワン P.242

アブ・シンベル P.258

カイロ P.71

カイロからルクソールへ飛行機で移動。2〜3日かけて王家の谷やカルナック神殿などの古代遺跡を見学する。紅海も楽しみたいので、バスで約5時間のハルガダへ移動。2泊ぐらいでマリンスポーツを楽しみルクソールへ戻る。ルクソールからアスワンへはナイル川クルーズで。3〜4泊の船旅だが、ガラベーヤ・パーティがあったり、非常に盛り上がる。アスワンではファルー

カ遊びを含めて急ぎ足なら市内見学に2日、アブ・シンベル往復にも1日みておこう。飛行機でアブ・シンベルに向かえば、空からの神殿が楽しめる。カイロまでは寝台列車で戻る。カイロ（ギザ）でピラミッドなどを見学したり、エジプト考古学博物館、シタデルといった見どころを2〜3日かけて巡る。時間があればカイロからアレキサンドリアへ足を延ばすのもよい。

ひとりでも歩ける
旅のキーワード

移動する

●徒歩

　エジプトでは、歩行者優先の思考はない。横断中の人がいても車は平気で突っ込んでくる。また、歩行者も狭い車間でもその間を縫って道路を横断する。観光地で歩いているときも気を抜かないこと。

●いろいろなバス →P.458

　エジプトには鉄道もあるが、便利さからいうとバスがメインの乗り物になる。バスにはエアコンの付いた高級長距離バスから、バンを改造したマイクロバスまで、いろいろあるので使い分けが必要。アラビア語の数字を覚えて行き先の番号を把握しよう。

　市内を走る大型バスは、いつも混んでいて、乗るときも降りるときも命がけ。

エジプト全土を走る長距離バス

●鉄道 →P.456

　エジプトでは、エアコン付き車両を連ねた長距離急行列車が走っており、乗車時間の長いカイロ～上エジプト間の移動では、車内が広い分、バスより楽。エジプト人にも人気が高く、早めに切符を購入しないと売り切れてしまったり、外国人は利用できない列車があったりする。

●動物 →P.461(欄外)

　ロバや馬、ラクダも市内交通、あるいは遺跡やビーチまでの観光客輸送手段として活躍していることがある。ただし、馬車はともかく子供や老人が引いて歩いて

ラクダに乗ってシナイ山を登る

いるような動物は、その背中に乗っても、徒歩のスピードと変わらない。

●タクシー／ライドシェア

　メーター式のタクシーは少なく、ほとんどが交渉制。そのため正確な料金が表示されるUberやCareemなどのライドシェアサービスに人気が集まっている。

●飛行機 →P.456

　カイロ、ルクソール、アスワン、アブ・シンベル、それに紅海沿岸のリゾートだけを訪れる人には、飛行機だけで長距離移動が可能だ(ルクソール～アスワン間は航空便がないのでカイロ経由となる)。国土が広いので飛行機のメリットは充分ある。

●ナイル川の船旅
　　　　　　　→P.236、265、461(欄外)

　クルーズ船がルクソール～アスワン間と、ナセル湖に就航している。ファルーカという白い帆を張った小さな船でも数時間～数泊の旅が可能。水辺から見る神殿も、また感動的だ。ただし進み具合は風任せだ。

ファルーカでナイルを渡るのも楽しい

食べる

●シャワルマ&ターメイヤ

ターメイヤのサンド

エジプトの町角で、大きな肉の塊がくるくる回っていたら、それがシャワルマ。ターメイヤは小さなコロッケで、これまた露店でも揚げている。どちらも指をさして注文すれば、パンに挟んでテイク・アウェイができる。女性のひとり旅でレストランに入りにくいとき、食欲があまりないとき、気軽に食べられる。

●コシャリ ➡P.62

1杯100円程度と安くておいしい庶民のファストフード。米とマカロニが混ざった不思議な食べ物だが、おいしい店には行列ができる。トマト味が基本で、テーブルの酢や唐辛子ソースをかけてアレンジするのがポイント。

安くておいしいコシャリは庶民の味方

●カルカデーヤvsコクテール ➡P.59

エジプトでは暑さのために水分補給を怠らないことが肝心だが、ミネラルウオーターばかりでは飽きてしまう。そこで登場するのが町角のジューススタンド。果物をその場で搾ってくれるのがスタンダードだが、コクテールというミックスジュースも人気。カルカデーヤは紫色のハイビスカスティーでホットでも冷やしてもおいしい。

濃厚な甘さのコクテール

●スイーツ ➡P.60

バクラワに代表されるアラブの菓子は、たいていは歯がうずくほど甘い。日常的に飲む紅茶も、ものすごく砂糖を入れて飲む人が多い。暑いからこそ慣れるとやみつきになる、という人も多いが……。

新鮮な果物を使ったアイスを試してみよう

泊まる

●安宿 ➡P.466

カイロやアレキサンドリアなど大都市の安宿は、ビルの数フロアを使用して営業していることが多い。ホテルの多いエリアでは、上のほうを見ながら探すと、窓のところに看板が出ている。

エジプトの建物は一般に古いので、エレベーターは故障していたり、中途半端な位置でドアが開くなど、乗るのをためらうほど古い場合がある。ビルの7階や8階まで荷物を抱えて上がるのはつらい。エレベーターが使えるかどうか、スタッフなどに確認しておこう。

親切な安宿のオーナーだと、居心地がよく連泊してしまうことも

●ホテルのよし悪し

シャワーとトイレの境目にカーテンなどの仕切りがなく、そこら中が水浸しになる、シャワーのお湯が満足に出ない、トイレットペーパーなどの備品がない、掃除が行き届いていない、クラクションの音などが気になって眠れない、停電もよく起こる……。こういったところが、安宿の欠点。キッチンが使える、宿泊者と情報交換できたりと安宿ならではのメリットもあるが、なんせ当たり外れが大きいのが安宿である。また、従業員がしつこくツアーの勧誘をする、清掃員がチップをねだるなどというスタッフの質によるよし悪しもある。

そういうもんだ、とおおらかに構えるのが安宿で快適に過ごすコツ。何しろ1泊1000円程度の値段で宿泊することができるからだ。それが嫌なら高級ホテルへどうぞ。

買う

●適当にたくさん払ってあげる

エジプトでは、バクシーシ（喜捨）の考えがあるので、金持ちの外国人旅行者に対して余計にお金を払わせることを悪いことだとはあまり思っていない。日本人から見れば同じ商品なのに、「現地の人向けの料金」、「旅行者向けの料金」、さらに「日本人向けのスペシャルプライス」まであって、納得しがたいところがあるだろう。

エジプトで最も苦労するのが、お金を支払うとき。商店で物を買うときはもちろん、切符を買うときや、ミネラルウォーターを1本買うだけでも「いくら？」「ほんとに？」「料金表見せてよ」「高いんじゃない？」「ほかではもっと安かった」などと牽制しながら折り合いをつけていく。また、もらったチケットなどがアラビア語だった場合、手書きで料金が記入されているタイプのものだと、高いのか安いのかさっぱりわからない。一事が万事このとおりだから、真剣に向き合うと非常に疲れる。

解決策はひとつ。神経質にならずに適当にやり過ごすこと。観光客向けのみやげ物屋や乗り物で値切るのはイベントだと割り切り、それ以外のところでは、「絶対に正規料金で買う」と思わないこと。正しい料金などないと思ったほうがいい。

●相場を知る

エジプトの物価は安い。1000円でシングルに泊まることができ、軽食なら100～200円という世界だ。カイロからルクソールまで10時間かかるバスが1200円程度。こんな具合だから、日本の物価思考をガラリと変えないと、どうしても何かと高く見積もりがち。特に、カイロに到着してすぐ砂漠ツアーを申し込んだり、ピラミッドのラクダに乗ったり、ハーン・ハリーリで買い物をするというのは戦う前に敗戦を宣言しているようなもの。まずは見るだけショッピングをして相場を把握することに専念しよう。

旅の予算

泊まる	安宿	1000円～	設備には期待しないこと。ドミトリーは500円程度から
	中級	3500円～	当たり外れの多いクラス。5000円まででいい宿が見つかったらラッキー
	高級	1万円～	外資系の有名ホテルでも古いと1万円ぐらい。景色がよいクラシックホテルなどは高い
食べる	コシャリ	100円～	スパゲティのようでもあり、ピラフのようでもあり……
	ターメイヤサンド	25円～	持ち帰りのできる軽食。内容充実、栄養バランスがよく腹もちもいい
	大衆食堂の定食	350円～	チキンの丸焼き4分の1、パン、サラダのセットでこの値段
	マクドナルド	1000円～	チキンカツサンドのChicken MACDOもおすすめ
嗜好品	タバコ（マールボロ）	350円～	国産のクレオパトラなら150円程度から
	ビール（ステラ）	150円～	酒屋は少なく、大衆食堂ではまず酒を出さない。中高級レストランで500円～
交通	カイロ空港～市内　バス	30円～	エアコン付きの大型バスは100円ほど
	タクシー	1500円ほど	値段交渉が必要。市内から空港だと750円～
	カイロ市内バス	30円～	バスの種類や大きさによっても値段が違う。距離にもよる
	カイロ～ルクソール　バス	1250円～	休憩はあるものの狭い車内に10時間座り続けるのはつらいかも
	飛行機	5000円～	数社が運航している
	鉄道	4500円～	高級寝台列車も走る
観光	エジプト考古学博物館入場料	2250円	見逃せない見どころ
	ギザのピラミッド	2700円	クフ王のピラミッド内はプラス4500円、音と光のショーは3000円
	ルクソール東岸	4750円	カルナック神殿とルクソール神殿。カルナックの音と光のショーは3000円
	ルクソール西岸	5700円	王家の谷、王妃の谷、ハトシェプスト女王葬祭殿の入場料
	アブ・シンベル神殿	3000円	音と光のショーは3000円

1£E＝5円で計算した場合（2023年10月取材時のレート）

読む

アラビア語の数字（→P.45）を覚える

エジプトの公用語はアラビア語。日本人にとってあまりにもなじみがないため、看板の字をひとつとっても、文字の区切りはどこなのか、何と読むのか、意味は何かサッパリわからない人が大半だろう。

そうはいっても、エジプトをひとりで歩くためにはアラビア語が必要だ。会話はまずあいさつから。「アッサラーム・アレイコム」（こんにちは）のひとことで、相手との距離が驚くほど縮まる。人にものを尋

アラビア語の数字が書かれている時計。けっこう便利

バス番号と行き先表示

ねたいときや道に迷ったら、本書のアラビア語表記を見せてみよう。

そして、絶対に覚えなければいけないのはアラビア語の数字だ。バスの番号や値段など、旅行者に大切な数字がみんなアラビア語の数字なのだ。数字は0〜9の10個しかないから、覚えるのはそれほど難しくない。ただし、2と3、7と8など似ているものもあるのでやっかいだ。2ケタの数字を読む場合、1の位を読んでから10の位を読む。例えば25なら5（ハムサ）と（ワ）20（アシュリーン）といった具合。

アラビア語のアルファベット

アラビア語のアルファベットは右から左（数字のみ左から右）へと綴る。また、語頭、語中、語末で形が変わり、アルファベットによっては前のみまたは後ろのみ次の文字とつながるものもある。

読み方の例

フンドゥク（ホテルの意）

- ف の語頭型（後だけつながる）
- ن の語中型（前後につながる）
- د の語末型（前だけつながる）
- ق の独立型（前にも後にもつながらない）

	転写	独立型	語頭型	語中型	語末型
アリフ	a	ا	—	—	ﺎ
バー	b	ب	ﺑ	ﺒ	ﺐ
ター	t	ت	ﺗ	ﺘ	ﺖ
サー	th	ث	ﺛ	ﺜ	ﺚ
ギーム	j/g	ج	ﺟ	ﺠ	ﺞ
ハー	h	ح	ﺣ	ﺤ	ﺢ
ハー	kh	خ	ﺧ	ﺨ	ﺦ
ダール	d	د	ﺩ	ﺪ	ﺪ
ザール	z	ذ	ﺫ	ﺬ	ﺬ
ラーイ	r	ر	ﺭ	ﺮ	ﺮ
ザーイ	z	ز	ﺯ	ﺰ	ﺰ
スィーン	s	س	ﺳ	ﺴ	ﺲ
シーン	sh	ش	ﺷ	ﺸ	ﺶ
サード	s	ص	ﺻ	ﺼ	ﺺ
ダード	d	ض	ﺿ	ﻀ	ﺾ

	転写	独立型	語頭型	語中型	語末型
ター	t	ط	ﻃ	ﻄ	ﻂ
ダー	d	ظ	ﻇ	ﻈ	ﻆ
アイン	'a	ع	ﻋ	ﻌ	ﻊ
ガイン	gh	غ	ﻏ	ﻐ	ﻎ
ファー	f	ف	ﻓ	ﻔ	ﻒ
カーフ	q	ق	ﻗ	ﻘ	ﻖ
カーフ	k	ك	ﻛ	ﻜ	ﻚ
ラーム	l	ل	ﻟ	ﻠ	ﻞ
ミーム	m	م	ﻣ	ﻤ	ﻢ
ヌーン	n	ن	ﻧ	ﻨ	ﻦ
ヘー	h	ه	ﻫ	ﻬ	ﻪ
ワーウ	w	و	ﻭ	—	ﻮ
ヤーウ	y	ي	ﻳ	ﻴ	ﻲ

41

イスラーム

●日常の会話のなかに 表れる「神」という言葉

イスラームとは7世紀にアラビア半島に現れた、セム的一神教の伝統を引く宗教であり、先行するユダヤ教、キリスト教とは兄弟の関係にある。唯一の神のことをアラビア語で「アッラー」というが、「アッラー」という神様が信仰されているわけではない。彼らは神を信じていて、その「神」という言葉がアラビア語でたまたま「アッラー」というだけのことだ。

その「神」という言葉がどれほど日常生活とよく結びついているかを示すのに、「アッラー」というフレーズが入った言葉がアラビア語ではとても多いことが挙げられる。「インシャアッラー（神の思し召しのままに）」という言葉は、しばしばエジプトの人々の無責任さを表すといわれたりするが、むしろ信仰のあつさを示すものと受け取るべきだろう。おかげさまで、というニュアンスで「アル・ハムドゥリッラー」というのもよく使われる。あくびをするときや、びっくりしたときに「ラーイラハイラッラー」などとつぶやく人を見たり、マジ？というような感じで「ワッラーヒ？」と叫んでいるのを聞くと、神が身近な存在だということが実感できる。

1日5回の礼拝が義務づけられている

携帯用のミニ・クルアーン（コーラン）も売られている

●生活の各場面まで 広がるイスラームの規定

イスラームは宗教が根本であるものの、生活習慣や文化といった日常の生活にまで広がっている。だから礼拝の場所であるモスク（→P.108）などの場も、本来は聖的な意味合いはない。礼拝もあえていえば日常の風景のひとこまに過ぎない。

キリスト教は、「聖なるもの」と「俗なるもの」をはっきり区別するが、イスラームでは曖昧だ。したがって神父や司教といった聖職者という概念も存在しない。イスラーム法学者が日常で起こるさまざまな問題を、イスラーム的にはどのように解決すれば正しいのかを教えてくれるが、イスラーム法学者にキリスト教の聖職者機構のような権力機関があるわけではない。

●バクシーシ →P.468

イスラームには「喜捨」、つまり「持てる者が持たざる者に施しを与えるのは美徳」という考えがある。バクシーシ（チップと施しの両方の意味がある）というシステムにも、この考えが根底にある。チップに慣れていない日本人にはなじめないシステムだが、イスラームでは普通のこと。ガーマ（寺院）やマスギド（モスク）では、入場したり、サービスを受けるたびにこのバクシーシが請求されるが、どの場合も高い額を請求されるというわけではない。異常に高い額のバクシーシを請求されたら、もちろん抗議すべきだが、ほとんどの場合はチップと同程度の額を払えば大丈夫。

よくわかる 五行 ＝5つの柱 (アル・アルカーン・アル・ハムサ)

五行とはムスリム (イスラーム教徒)にとって、信仰上の義務であり、信仰の根幹をなす重要な定め。

1 シャハーダ (信仰告白)
شهادة

日本語にすれば「アッラーのほかに神はなく、ムハンマドはアッラーの使徒である」という硬い言葉になるが、礼拝の場ではもちろん、何かあれば口をついて出てくる、いわば決まり文句。

すべての指針となるクルアーン(コーラン)の一節が書かれたキーホルダー

2 サラート (礼拝)
صلاة

エジプトでおもに信仰されているスンナ派では1日5回の礼拝が義務づけられている。時間は夜明け、正午、午後、日没、夜半と定められ、地域や季節によって変わる。この時間になると、アザーンが町に流れてくる。これは「いざや礼拝に来たれ」という呼びかけである。

マスギドでの午後の礼拝

3 ザカート (喜捨)
زكاة

喜捨は自発的に施されるものではなく義務として制度化されている。ザカートとして集められた財産は、貧しい巡礼者、借金を返済できない人など恵まれない人々のために使われる。なお、自発的な喜捨はサダカと呼び、区別されている。「バクシーシ」はこのサダカに含まれ、弱い人は強い人から施されることは当然だ、という意識に基づいた習慣ともいえる。

喜捨は病院の運営にも役立てられる

4 サウム (断食)
الصوم

イスラームでは太陽暦より1年が10日程度短い太陰暦が使われているが、第9月であるラマダーン月には、

ラマダーン月には移動遊園地がやってくる

毎日太陽が昇ってから沈むまでの間、病人や妊婦、旅人など一部の例外を除き、何も食べない。タバコを吸うことや唾を飲むことも禁止される。ただし、旅行者は日中でも食べてよく、ホテルなどのレストランも開いている。しかし庶民的な店は日没後からの開店となる。

5 ハッジ (巡礼)
الحج

第12月の巡礼月 (ズー・アル・ヒッジャ月)の8日から10日まで、余裕のある人は、定められた方法でメッカを訪れることになっている。彼らは帰国するとハッジと呼ばれ、尊敬の対象となる。

家の壁に巡礼の旅を絵に描いている

初めてでも話せる
「旅の会話」

あいさつ

基本的なあいさつ

さようなら
مع السلامة マアッサラーマ

また会いましょう
اشفك تانية アシューファック・ターニヤ

はい أيوه アイワ

いいえ لا ラ

基本単語　代名詞

私 أنا ァナ　あなた(男性) أنت インタ

あなた(女性) أنت ィンティ

彼 هو フワ　彼女 هى ヒヤ

私たち احنا ィフナ

あなたたち انتو イントゥ

Q1 こんにちは (時間に関係なく)
السلام عليكم アッサラーム　アレイコム

Q1の返事：こんにちは
و عليكم السلام ワアレイコムッサラーム

Q2 ありがとう شكرا シュクラン

**Q2の返事：
どういたしまして** عفوا アフワン

Q3 元気？
ازيك
イザイヤック

**Q3の返事：
おかげさまで**
الحمد لله アルハムドゥリッラー

**Q4 お会い
できて光栄です**
فرصة سعيدة
フルサ・サイーダ

**Q4の返事：
こちらこそ**
أهلاً وسهلاً
アフランワ・サハラン

自己紹介

私の名前は〜です ○○ اسمي イスミ〜

日本人です انا يابانى アナ・ヤバーニー

私は学生です انا طالب アナ・ターリブ

エジプトは初めてです اول مرة في مصر
アウウィル・マッラ・フィー・マスル

25歳です عندي خمسة و عشرين سنة
アンディ・ハムサ・ワ・アシュリーン・サナ

●国名、国籍

エジプト	مصر	マスル
日本人	يابانى	ヤバーニー
中国人	صينى	スィーニー
韓国人	كورى	クーリー

●自己紹介の基本単語

会社員	موظف	ムワッザフ
公務員	موظف الحكومة	ムワッザフ・イル・フクーマ
既婚	متزوج	ミトザウウィグ
未婚	اعزب	アージブ
仏教徒	بوذي	ブーズィー
キリスト教徒	مسيحي	マスィーヒ

知らなきゃ困るアラビア語の数字

1	١	ワーヘド	18	١٨	タマンターシャル
2	٢	イトネーン	19	١٩	ティスアターシャル
3	٣	タラータ	20	٢٠	アシュリーン
4	٤	アルバア	25	٢٥	ハムサ・ワ・アシュリーン
5	٥	ハムサ	30	٣٠	タラーティーン
6	٦	スィッタ	40	٤٠	アルバイーン
7	٧	サブア	50	٥٠	ハムスィーン
8	٨	タマニヤ	60	٦٠	スィッティーン
9	٩	ティスア	70	٧٠	サブイーン
10	١٠	アシャラ	80	٨٠	タマニーン
11	١١	ホダーシャル	90	٩٠	ティッスィーン
12	١٢	イトナーシャル	100	١٠٠	ミーア
13	١٣	タラターシャル	150	١٥٠	ミーア・ワ・ハムスィーン
14	١٤	アルバターシャル	200	٢٠٠	ミティーン
15	١٥	ハムサターシャル	300	٣٠٠	トゥルトゥミーア
16	١٦	スィッターシャル	1000	١٠٠٠	アルフ
17	١٧	サブアターシャル	2000	٢٠٠٠	アリフェーン

町の施設

レストラン مطعم マトゥアム

ホテル فندق フンドゥク
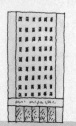

病院 مستشفى ムスタシファ

旅行会社 شركة سياحه シャリキト・スィヤーハ

薬局 صيدلية / اجزاخانه エグザハーナまたはサイデリーヤ

郵便局 بوسطه ポスタ

航空会社 شركة طيران シャリキト・タヤラーン

銀行 بنك バンク

本、文房具屋 مكتبة マクタバ

警察 بوليس ポリース

市場 سوق スーク

博物館 متحف マトゥハフ

大使館 السفارة イッスィファーラ

イスラーム寺院 مسجد / جامع ガーマまたはマスギド

○○はどこですか？
فين؟ ○○ ○○・フェーン？

買う

トイレットペーパー
ورق التواليت
ワラク・トワーリート

カゼ薬
دواء للزكام
ダワ・リッズカーム

電池 بطارية
バターリヤ

下痢止め薬 دواء الإسهال
ダワ・リル・イスハール

カミソリ موس モース

石けん صابون サブーン

ミネラル
ウオーター
مياه معدنية
マイヤ・マアダニーヤ

フルシット・スィナーン
フルシット・スィナーン 歯ブラシ فرشة سنان

タバコ سيجارة
スィガーラ

これいくら？ بكام ده؟ ビカーム・ダー？

○○はありますか？

فى عندك ○○？ フィー・アンダック・○○？

○○をください

○○ من فضلك ○○・ミン・ファドラック

何　これ？ ايه ده؟ エー・ダー？

あれをちょうだい عاوز ده アーウィズ・ダ

小銭を持ってますか？

عندك فكة؟ アンダック・ファッカ？

値切りテクニック

なんでそんなに高いの？ ليه غالى كده؟ レー・ガーリ・ケダ？

わかった。じゃあいくらなら買う？

كويس. قول، بكام؟ クワイス。ウール、ビカーム？

少しまけてよ？ ممكن ترخص شويه؟ モムケン・ティラッヒス・シュワイヤ？

やっぱりいらないや。じゃ、さよなら

مش عاوز. مع السلامة ミシュ・アーウィズ。マアッサラーマ

●買い物の
基本単語・形容詞

高い غالى ガーリー

安い رخيص ラヒース

きれい、かわいい
جميل ガミール

白 أبيض アブヤド

黒 أسود アスワド

赤 أحمر アフマル

青 أزرق アズラック

黄色 أصفر アスファル

緑 أخضر アフダル

○○は今日開いていますか？

○○ المفتوح النهرده؟
○○ イル・マフトゥーハ・インナハールダ

○○は何時から開いていますか？

من الساعة كام ○○ المفتوح؟
ミニル・サーッ・カーム○○イル・マフトゥーハ

入場料はいくらですか？

بكام الدخول؟ ビカーム・イル・ドフール

観光案内所 ❶
مكتب الاستعلامات
マクタブ・イル・イスティウラマート

広場
ميدان ミダーン

ここで（降ります）

هنا كويس ヘナ・クワイエス

●町歩きの基本単語

ここ هنا ヘナ

いや、まだ先
لا، ابعد
ラー、アブアド

左 شمال シマール

右 يمين イミーン

真っすぐ على طول
アラトゥール

近い قريب ウラィイブ

遠い بعيد バイード

●交通機関などの基本単語

切符 تذكرة タズカラ

座席番号 نمرة المكان
ニムラ・イル・マカーン

今日 النهرده
インナハールダ

明日 بكرة ボクラ

朝 صبح スブフ

夕方 مساء ミサーア

町なかで

駅はどこ？ المحطة فين؟ イル・マハッタ・フェーン？

（市内バスの運転手に向かって）どこに行くの？

انت رايح فين؟ インタ・ラーイフ・フェーン？

○○へはどうやって行くの？ ○○ ازاي اروح؟ イザーイ・アルーフ・○○？

タフリール広場に行きたい عاوز أروح ميدان التحرير
アーウィズ・アルーフ・ミダーン・イッタフリール

駅やバスターミナルで

○○までの切符をください تذكرة ل ○○ من فضلك
タズカラッ・リ・○○・ミン・ファドラック

列車は何時に来ますか？ القطار ييجي الساعة كام؟
イル・アトル・イーギ・イッサーア・カーム？

○○行きのバスはありますか？ ○○ فيه أتوبيس ل؟
フィー・オトビース・リ・○○？

次のバスは何時？ الأتوبيس اللي جاي الساعة كام؟
イル・オトビース・イッリ・ガーイ・イッサーア・カーム？

●鉄道の基本単語

درجة أولى 1等 ダラガ・ウーラ　　درجة ثانية 2等 ダラガ・ターニヤ

مكيف エアコン付き ムカイヤフ　　قطر النوم 寝台車 アトル・インノーム

出発時間 مواعيد المغادرة マワイード・イル・ムガーダラ

到着時間 مواعيد الوصول マワイード・イル・ウスール

バスターミナル
محطة الأتوبيس
ムハッテイト・イル・オトビース

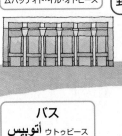

タクシー تاكسى タクスィ

駅 محطة マハッタ

バス أتوبيس ウトゥビース

マイクロバス ميكروباس ミクロバース

通り شارع シャーリヤ

列車
قطر
アトル

見どころ

Q、ここで写真を撮っても
いいですか？
ممكن التصوير هنا؟
モムケン・イッタスウィール・ヘナ？

Qの返事

تفضل どうぞ トゥファッダル

ممنوع ダメ（禁止）マムヌーア

مش ممكن あり得ない、ダメ（不可能）
ミシュ・モムケン

●観光で使う基本単語

トイレ حمام ハンマーム

（男性）رجال ラガール

（女性）سيدات サイエーダート

入口 دخول ドフール

出口 خروج ホルーグ

観光警察 شرطة السياحة
ショルタト・イッスィヤヘーヤ

博物館 متاحف マトハフ

神殿 معبد マアバド

モスク مسجد マスギド

ピラミッド الاهرام イル・アフラーム

泊まる

空き部屋はありますか？
عندك اوضه؟ アンダック・オーダ？

RECEPTION استقبال

●ホテルで使う
基本単語

部屋 اوضة オーダ
シングル اوضة لواحد
オーダトル・ワーヘド

ダブル اوضة اثنين
オーダト・イトネーン

エアコン هوا تكيف
ハワ・タキーフ

朝食 فطار フィタール

シャワー دوش
ドゥーシュ

テレビ تلفزيون
テレフィズィヨーン

故障 مكسور マクスール
断水 ما فش ميه
マーフィーシュ・マイヤ

暑い حار ハール
寒い بارد バーリドゥ
熱い ساخن サーヒン

チェックイン

1泊いくらですか？ بكام فى الليلة ビカーム・フィレーラ

朝食は含まれますか？ الفطار مشمول؟ イル・フィタール・マシュムール

部屋を見せてもらえますか？ ممكن اشوف الاوضة
モムケン・アシューフ・イル・オーダ

○○がある部屋を探しています عاوز اوضة مع ○○
アイーズ・オーダ・マア・○○

滞在中に

鍵をください。205号室です
المفتاح، من فضلك. نمره مائتين و خمسة
イル・ムフターフ、ミン・ファドラック。ニムラ・ミティーン・ウィ・ハムサ

ドアが開きません مش عارف افتح الباب
ミシュ・アーリフ・アフタフ・イル・バーブ

部屋でダニや蚊に刺されました。何とかしてください
فيه ناموس و قراد فى اوضة. ممكن تساعدنى؟
フィー・ナムース・ワ・アラード・フィル・オーダ。モムケン・トゥサーイド・ニー？

お湯が出ません ما فش ميه سخنه
マーフィーシュ・ミヤ・ソフナ

部屋を換えてください？ ممكن تغير لى اوضة؟
モムケン・ティガイヤル・リー・オーダ？

食べる

レストランにて

すみません　لو سمحت　ラウ・サマフトゥ

これいくら?　بكام ده؟　ビカーム・ダー?

サラダは頼んでません　ما قلتش سلطة　マー・ウルティシュ・サラタ

おすすめは?　نصح ب ايه؟　ナスフ・ビッ・エー

○○を持ってきて　○○ادني　アッディニー○○

お会計をお願いします。　حساب، من فضلك
ヒサーブ・ミン・ファドラック

おいしかった　لذيذ　ラズィーズ

この料理は何と言いますか?　اكله دى اسمها ايه؟
アークラ・ディー・イスマー・エー

英語メニューはありますか?　فى عندك مينو بانجليزى؟
フィー・アンダック・ミヌー・ビングリーズィー

お皿をもう一枚ください　عاوز طبق تانيه
アーウィズ・タバウ・ターニヤ

ありがとうございました　شكرا جزيلا　シュクラン・ゲズィーラン

> (指をさして)これ、ください
> دى من فضلك
> ディー・ミン・ファドラック

●レストランで使う 形容詞

大きい　كبير　キビール

小さい　صغير　スガイヤル

たくさん　كثير　ケティール

少し　شويه　シュワイヤ

辛い　حار　ハール

冷たい　بارد　バーリドゥ

甘い、よい　حلو　ヘルワ

2分の1kg　نص كيلو　ノッス・キロ

4分の1kg　ربع كيلو
ロブウ・キロ

ハーフ　نص　ノッス

●レストランで使う 基本単語

皿　طبق　タバウ

コップ　كوباية　クッバーヤ

ティーカップ
فنجان　フィンガーン

フォーク　شوكة　ショーカ

ナイフ　سكينة　スィッキーナ

スプーン　ملعقة　ミルアカ

つまようじ
خله سنان　ヒッラ・スナーン

旅のグルメ

エジプトではどんなものが食べられるの？
そんな疑問にお答えすべく、
エジプト料理をド〜ンと紹介しよう。
メニューのアラビア語も活用してほしい！

どんなレストランがあるの？

高級レストラン

ホテル内などにあるレストラン

　エジプトの高級レストランは、高級ホテル内にあることが多い。また、中華料理や日本食、イタリア料理やフランス料理などといった各国料理店も高級ホテルの中にある。こういった店では、もちろんお酒も置いている。高級なオリエンタルレストランのなかにはベリーダンス・ショーなどもやっているところがある。

ディナークルーズ

　おもにカイロにある船上レストラン。出発はだいたい20:00前後で、22:00頃に戻る。どれもナイル川やカイロの夜景を眺めながら豪勢な食事を楽しむというもの。ジャズバンドの演奏やベリーダンス・ショー（→P.467）なども催される。一緒に踊って盛り上がろう！　エジプト旅行最後の夜の思い出にぴったり。

カイロにある高層ホテル内のレストラン

ディナークルーズ船から夜のカイロを眺める

中級レストラン

主要都市や観光地に多く、こぎれいで客席数もそこそこ多い店。観光客が入りやすいように、英語メニューがあり、店員も英語を話す。値段はそれほど高くない。メニューも豊富で、パスタ類やピザ、シーフードを出す店もある。

このクラスのレストランになると内装にこだわっている店も多い

おしゃれなファストフード

エジプトで人気の外資系ファストフードチェーンは、ケンタッキー・フライドチキン（KFC）やマクドナルド、バーガーキングなどだ。カイロやアレキサンドリア、観光地やリゾート地など外国人が多いスポットにある。店内はエアコンが効いていて涼しいのもうれしい。エジプトの食事をおいしく食べられない人におすすめ。

マクドナルドでは限定グッズも販売しているので要チェックだ！

庶民的な店

大衆食堂

数はあまり多くはないが、地元の人たちでにぎわう名物店がどの町にも1軒はあるはず。店先でコフタを焼いていたり、鳥の丸焼きが回っていたりと食欲をそそる。メインの品数は少なくても、セットメニューにしてくれることが多い。英語のメニューなんてないが、店のオヤジさんが親切な店が多いので、困ることはない。

大衆食堂では庶民的な料理が楽しめる

コシャリ屋（→P.62）

エジプトに来たらぜひ試してもらいたい国民的なメニュー。町の中心やメインストリート、スークなどには必ず何軒かあり、大衆食堂の少ないエジプトでは非常に助かる存在だ。コシャリとは、米、マカロニ、スパゲティ、レンズ豆が混ざったものの上にトマトソースをかけたもの。値段は並で20〜25£E。テイク・アウェイも可。

コシャリはエジプト庶民の味

ターメイヤなどサンドイッチ屋

サンドイッチ屋もシャワルマスタンドと同じく、町のあちこちにある。注文の仕方は簡単。ショーケースの前で、入れてほしい具材を指さすだけ。なかでも最も人気のあるのはターメイヤだ。ターメイヤはそら豆を粉にし、香辛料を入れ団子にして揚げた野菜コロッケ。揚げたてはすごくおいしい。

ターメイヤの屋台はエジプトの朝の風景といってもいいほど

指さし料理図鑑

写真を指さして、アラビア語を見せて注文しよう！

まずはトライ！　エジプト料理の定番はコレ！

アエーシ عيش
エジプトのパン。中央から半分に割いて、中に具材を入れたりペーストをすくったり(→P.56)

トルシー طرشي
野菜のピクルス盛り合わせ

モロヘーヤ ملوخية
クレオパトラの美容の素となったといわれているスープ。専用の包丁で粘るまで刻む

マフシー محشي
ピーマンやズッキーニ、ナスなどの野菜にピラフを詰めた料理

ホンモス حمص
ヒヨコ豆のペースト。豆の食感が少し残っており、ニンニクの風味が効いている

ターメイヤ طعمية
そら豆のコロッケ

タヒーナ طحينة
ゴマのペースト。アエーシとの相性はナンバーワン

ババガヌーグ بابا غنوج
焼きナスのペースト。あっさりとした味が日本人好み

サラダとスープ

　トルシーは屋台やスーパーでよく売られているピクルス。タマネギ、ピーマン、ニンジン、カブ、キュウリなどがある。オリーブは肉厚でおいしい。

　フールは干しそら豆をひと晩かけて煮込んだ料理。あまり味がしないので卓上の塩やレモン汁、シャッタと呼ばれるソースをかけ、アエーシですくって食べる。朝食として屋台が出ていることもある。

　エジプトが原産のモロヘーヤは、ご飯を入れるとお茶漬けのようでおいしい。

クセあり

فول

フール

そら豆の煮込み。アエーシとよく合うので、朝食で出てくることが多い

ملوخية

モロヘーヤ

ネバネバした食感は好みが分かれるが、味はすっきりとしている

طرشي

トルシー

エジプト風ピクルス

زيتون

ザイトゥーン

オリーブは肉厚でおいしい

سلطة بلدي

サラタ・バラディ

季節の野菜サラダ

定番

شوربة عدس

ショルバト・アドゥス

レンズ豆のスープ

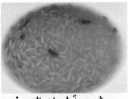

شوربة لسان العصفور

ショルバト・リサーン・アスフール

麦状のパスタが入ったチキンスープ

شوربة خضراء

ショルバト・ホダラーツ

トマトベースの野菜スープ

その他の豆料理やサラダ		
フール・イスカンダラーニ	فول اسكندراني	フールに刻んだタマネギを混ぜたもの
フール・ミダンミス	فول مدمس	フールとレンズ豆をつぶしたもの
フール・ビッゼブダ	فول بالزبدة	バター入りのフール
ファソーリア	فاصولياء	インゲン豆の煮込み
ショルバト・ホンモス	شوربة حمص	ヒヨコ豆のスープ

パンと米料理

パンの伝統は古代までさかのぼり、丸いアエーシを常食にしている。ロズ（ご飯）には極細の短いパスタが入っている。マフシーはピーマンやトマトに米を詰めた料理。

عيش بلدي
アエーシ・バラディ
黒いアエーシ

عيش شامى
アエーシ・シャーミ
白いアエーシ

عيش فينو
アエーシ・フィーノ
朝食やサンドイッチ用に使うアエーシ

عيش البرجر
アエーシ・イル・ブルゲル
精白粉を使ったサンドイッチ用のアエーシ

بقسمات
ボッソマート
ゴマ付き棒状パン

رز
ロズ
極細の短いパスタが入ったライス

صيادية
サヤーディヤ
魚料理に供される味付けご飯

محشى رز
マフシー・ロズ
野菜に米を詰めたもの

肉料理と煮込み料理

シシ・カバーブはご存じ中東の名物料理。香辛料につけて臭みを取った羊の肉を串焼きにして食べる。鶏肉の串焼きはシシ・タウークとも呼ばれる。コフタは羊のひき肉を固めて肉団子にし、香辛料をつけて焼いたもの。

鶏のグリルは定食屋で安く食べられる定番料理。サラダやライスもセットで値段も良心的だ。壺焼きグリルのターゲンやシャクシューカは店によって中の具もさまざま。

مشاوي مشكلة
マシュウィー・ムシュキラ
いろいろな肉が楽しめるミックスグリル

كفتة
コフタ
細長いミートボール

فرخة مشوية
ファルハ・マシュウィー
こんがり焼けた鶏肉のグリル

شيش طاووق
シシ・タウーク
鶏肉の串焼き

定番

حمام محشي
ハマーム・マフシー
米を詰めたハトのグリル

موزة
モーザ
羊の足。意外と柔らかい

クセあり

كبدة
キブダ
レバー。これは素揚げでレバー特有のクセがある

كفتة بالضرب
コフタ・ビッダルブ
エジプト風ソーセージ。スゴッともいう

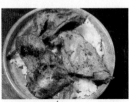

أرنب مشوي
アルナブ・マシュウィー
ウサギのグリル。家庭でよく食べる

شكشوكة
シャクシューカ
煮込み料理。器や具はいろいろ

طاجين
ターゲン
壺焼き料理（タジン）。具はいろいろ

داوود باشا
ダーウード・バシャ
ミートボールのトマト煮込み

كباب الحلة
カバーブ・イル・ハラ
羊肉の柔らか煮

その他の肉料理と食材

シャワルマ	شاورما	回転焼き肉。いわゆるドネルケバブ
スゴッ	سجوق	サラミソーセージ
カバーブ	كباب	串焼き肉
リーシュ・ダーニー	ريش ضاني	ラムチョップ
ムサカ	مسقعة	ナスとひき肉のトマト煮込み
ラフム・ファルーフ	لحم خروف	羊肉
ニーファ	نيفة	子ヤギの肉
ハマーム	حمام	ハト
ファルージュ	فروج	鶏肉（若鶏）
ラフム・アルナブ	لحم أرنب	ウサギの肉
ラフム・イル・イジュル	لحم العجل	仔牛肉
ラフム・ハンズィール	لحم خنزير	豚肉

魚介類

地中海と紅海で取れる海の幸も豊富。ファイユーム近郊のカルーン湖、ナセル湖でも漁業が盛んだ。リゾート地にはシーフードレストランも多い。

سمك مشوي
サマック・マシュウィー
こんがり焼けた魚のグリル

شوربة السمك
ショルバト・イッサマク
魚介たっぷりのスープ

كاليماري مقلي
カリマリ・マアリー
イカのから揚げ

سبيط مقلي
スビエト・マアリー
甲イカの一種の揚げ物

جمبري مشوي
ガンバリ・マシュウィー
エビのグリル

その他の魚介類					
サマック	سمك	魚、魚料理	ボーリー	بوري	ボラ
フィッシーフ	فسيخ	塩漬けの魚	デニース	دنيس	クロダイ（チヌ）
ガンバリ	جمبري	エビ	ムースィー	موسي	ヒラメ、カレイ
アフタボートゥ	أخطبوط	タコ	ボルティ	بلطي	ティラピア
カブーリヤー	كابوري	カニ	ダラーク	دراك	ヨコシマサワラ

🍸 アルコールの楽しみ方 🍸

エジプトはイスラームの国。イスラームでは飲酒を禁止しているので、お酒を飲む人は少ない。しかし、少ないながら酒屋もあるし、中級以上のレストランならお酒を置いている。また、高級ホテルならお酒を出すバーも併設されていることが多い。それでも、お酒のビンを包まずに歩いたり、酔っぱらって歩くと捕まることもあるので気をつけること。特にラマダーン月（断食月）は普段飲酒をする人も戒律を守るようになるので注意しよう。

お酒はどこで買う？
●町の酒屋
カイロやアレキサンドリアなどの大都市には、数は多くないが酒屋がある。外観は日本の酒屋と同じで、多くの種類のお酒を取り扱っているが、ビールなどは冷やしていないことがある。
●空港
エジプトの空港では、国内線と国際線の売店で販売されている。また、制限エリアのレストランでも取り扱っている。

飲み物

新鮮なフルーツをその場でジュースにしてくれるジューススタンドは値段も安く手軽だ。コーヒーは粉を沈殿させて飲むタイプ。インスタントコーヒーはネスカフェと呼ばれる。

شاي
シャーイ
エジプトの人は甘～い紅茶が大好き

قهوة
アホワ
煮出す方式のトルコ式コーヒー

كركديه
カルカデーヤ
甘酸っぱいカルカデ(ハイビスカス)のジュース

كوكتيل
コクテール
季節の果物が入ったミックスジュース

بيرة
ビラ(ビール)
ステラやサッカーラがビールの代表銘柄

その他の飲み物		
アスィール	عصير	ジュース
シャーイ・ミン・ゲール・スッカル	شاي من غير سكر	砂糖なし紅茶
シャーイ・ビ・ナアナーア	شاي بالنعناع	ミントティー
シャーイ・ティイール	شاي ثقيل	カムシーナという小さなグラスで出される。シャーイ・アラブとも呼ばれるベドウィン名物
ナビーズ	نبيذ	ワイン
アホワ・サーダ	قهوة سادة	ブラックコーヒー
ラバン	لبن	牛乳
サフラブ	سحلب	冬の温かい飲み物

🍸 お酒の銘柄 🍸

ビールといえばステラ　星のマークで有名なステラビールStellaは、エジプトのビールの代名詞。創業は1897年と歴史も古い。濃い味でコクがある。サッカーラSakaraは缶やビンにサッカーラの階段ピラミッドのイラストが入っている。こちらはさっぱりした味わい。そのほかにも海外の銘柄があるが、こちらはかなり割高だ。

エジプトのビール各種

クレオパトラも好きだったワイン　古代エジプトではワインは王侯貴族の飲み物とされていた。もちろん現代のエジプトでもワ

銘柄も意外に豊富

インは造られている。銘柄もいくつかあるが、よく目にするのはオマル・ハイヤームという赤ワイン。ロゼならルビ・デジプトRubis d'Egypteというものが有名。優雅なひとときを過ごすのにはよい。

エジプシャン・スイーツ

エジプトの人は甘いものが大好物。エジプシャン・スイーツの特徴は、とにかく甘いこと。特にシロップにどっぷり浸かったバクラワやバスブーサなどは、驚きの甘さかもしれないが、慣れるとやみつきになることも。特に歩き回ったあとや、食後にはこれを食べないと気が済まない人もいるほどだ。おもに菓子屋のほか、スークの屋台などでも売られている。

أم على
オンム・アリー
牛乳にパンなどの生地を浸し、さまざまなナッツやレーズンをちりばめてオーブンで焼いたもの。

كنافة
コナーファ
ナッツとシロップたっぷりのケーキ。チーズ入りもある。見た目ほど甘くはなく、サクっとした食感が美味。

مهلبية
マハラベーヤ
砂糖を加えた牛乳にコーンスターチを入れて温め、とろみをつけたもの。ナッツやシナモンをちりばめることも。

بقلاوة
バクラワ
ナッツを包んだパイ生地を重ねて焼いてシロップをかけた甘〜い焼き菓子。エジプトはもちろん、中東諸国、ギリシア、東欧でも広く食べられる。あまりの甘さにびっくりするかも。

رز بالبن
ロズ・ビ・ラバーン
ミルクベースのライスプリン。お米の形が残っているので、最初は違和感があるかもしれない。上（右）の写真はアイスクリームのトッピング付き。

بسبوسة
バスブーサ
シロップ漬けのケーキ。写真はクリーム（ケシュタ）がトッピングされている。

فطير
フティール
層になった生地の間にカスタードクリームを挟んだフティールは、上にトッピングする具でカスタマイズできる。

قضايف
カダーイフ
ナッツとハチミツがたっぷり入った揚げ菓子。揚げ餃子のようだが、皮は厚く、ハチミツが染みこんでいる。

ジュース

新鮮なフルーツをその場でジュースにしてくれるジューススタンドは安い、早い、うまいの三拍子が揃っており、歩いていてのどがカラカラに乾いたときはオアシスのようにさえ見える。値段も安く、町のいたるところにあるのでぜひ利用しよう。基本的に立ち飲み、前払いだが、店内に椅子があることもある。

町なかのジューススタンドではオレンジとニンジンなら基本的にどの季節でも用意している。そのほかのフルーツは季節によって変化するので、下記の写真とアラビア語を指さして注文しよう。近年はフルーツを冷凍保存し、季節を問わずにさまざまなジュースが飲める店もある。

 **مانجو** マーンゴ マンゴー

 **قصب** アサブ サトウキビ

 **برتقان** ボルトアーン オレンジ

 **ليمون** ラムーン レモン

 موز モーズ バナナ

 **جوافة** ガワーファ グアバ

 **جزر** ガザル ニンジン

 **شمام** シャンマーム メロン

 فراولة ファラウラ イチゴ

 **بلح** バラハ ナツメヤシ

 **بطيخ** ビッティーフ スイカ

 **تين** ティーン イチジク

その他の果物類

ユセフ・ファンディ	يوسف افندي	ミカン	トゥッファーフ	تفاح	リンゴ
ミシュミシュ	مشمش	アンズ	グレープフルーツ	جريب فروت	グレープフルーツ
コンメトラ	كمثرى	洋ナシ	タマル・ヒンディー	تمر هندي	タマリンド
アエナブ	عنب	ブドウ	ドゥーム	دوم	ドームヤシ(ヤシの一種)
ホーフ	خوخ	モモ	ガルギール	جرجير	ルッコラ

エジプトの国民食
「コシャリ」って何?

كشري

エジプトの町で、必ずといってよいほど見かけるのがコシャリ屋。コシャリはエジプト特有の料理で、デルタ地域の南半分から、ルクソールあたりまで供されるポピュラーな軽食。しかし、けっこう奥が深いのだ。

カイロのものは全体的に米の割合が多い店と、米とパスタが均等の店など、コシャリ屋によって配合のバランスが変わってくる。人それぞれコシャリの食べ方があり、また、ソースをかける順番も量も人それぞれだ。さらにコシャリをテイク・アウェイして、上にさまざまなものをのせて食べてみよう。例えばシャワルマやコフタ、ターメイヤも案外いける。いろいろ試して自分なりのコシャリの食べ方を発見しよう。

そんなおいしいコシャリだが、実はこれでおなかをこわす人もけっこう多いので、店選びは慎重に。

■注文の仕方

コシャリ屋のほとんどは前払い形式。ちなみに大盛りは**ケビール**、小盛りは**スガイヤル**。並盛りは**ワスタ**または**アーディ**。お金を払ったらもらったレシートをカウンターに出す。店内と持ち帰りで値段が違う店もある。

食べ方は一緒に運ばれてくるトマトソースをコシャリにかけ、ぐちゃぐちゃと混ぜるだけ。エジプトの人は**ダァア**(スパイス酢)と**シャッタ**(辛いソース)で調整するが、最初のうちは自分の好みもわからないので、店員に任せるのも手だ。店によっては食塩が置かれていることも。

コシャリを徹底大解剖!

トマトソース
味の決め手になるもの

アドゥス(レンズ豆)と**ホンモス**(ヒヨコ豆)
コシャリには欠かせないのがこのふたつ。レンズ豆はレンズの形をした小さな豆。ヒヨコ豆は大粒でコリコリしている

タアレーヤ
サクサクに揚げたタマネギ。これが多いか少ないかでコシャリの食感が決まる

ロズ(ライス)
エジプト米を炊いたもの。味は日本米とあまり変わらない

マカロナ(パスタ)
マカロニと短く切られたスパゲティ。日本人には茹ですぎのように感じるが、コシャリにはこれくらいがちょうどいい

ダァア(スパイス酢)と**シャッタ**(辛ソース)
両方ともお好みで入れる。ただし、シャッタ(写真右)をかけすぎると、かなり辛くなる。ダァアはスパイスやニンニクが入った酢

編集室 オススメ!!
カイロのコシャリ人気店 食べ比べ!

アブー・ターレク Abou Tarek

アブー・ターレク ابو طارق Map P.88B2

住Marouf St. 16, Downtown ١٦ شارع معروف، وسط البلد
TEL(02) 2577 5935
営7:00〜24:00
休無休

●コシャリの名店として知られており、いつも人でにぎわっている。スペシャルという全部のせは小30£E、中40£E、大55£E。テイク・アウェイも同料金。ロズ・ビ・ラバーン（ライスプディング）25£Eの味も一級品だ。

> 私がアブー・ターレクのオーナーです。ウチのコシャリの人気の秘密は硬めに炊いた米やパスタと、濃い味のソース!

サイエド・ハナフィー Sayed Hanafy

サイエド・ハナフィー سيد حنفى

Map P.89C1 住5 Orabi Sq., Downtown
٥ ميدان عرابى، وسط البلد
TEL(02) 2576 9162
営9:00〜翌2:00 休無休

●アルフィ通りの入口にある。派手な看板が目印。小盛り20£E、並盛り25£E、大盛り30£E。テイク・アウェイにすると小盛り15£E、並盛り20£Eになる。

> ウチのコシャリは豆やタアレーヤがいっぱい入ってるから、サクサクだよ!

エル・コドゥワ El Kodwa

コシャリ・イル・コドゥワ كشري القدوة

折込Mapカイロ中心部A1 住El-Kuwait St., El-Dokki
شارع الكويت، الدقى
TEL(02) 3760 3537
営24時間 休無休

●地下鉄ドッキ駅のすぐ近く。タフリール通りから北に少し入った場所にある。小盛り25£E、並盛り30£E、大盛り40£E。店内は新しくて清潔な感じ。

> 自慢は何といってもソースの豊富さ。3種類あるから、何度来ても楽しめるよ!

エル・タフリール Koshary El Tahrir

コシャリ・イッタフリール كشرى التحرير Map P.88B3

住12C Tahrir St., Downtown
١٢٦ شارع التحرير، وسط البلد
TEL(02) 2795 8418
営7:00〜24:00 休無休

> 女の子にも人気でおやつにもぴったりさ!

●カフェ風の店内が好評で、幅広い層から支持されている。小盛り25£E、並盛り30£E、大盛り40£E。テイク・アウェイだと、小盛り20£E、並盛り25£E、大盛り30£E。

アブー・ターレクではテーブルで最後の仕上げをしてくれる

63

エジプト人気みやげ

香水瓶

ハーン・ハリーリ（→P.110）名物ガラスの香水瓶。もちろん中身を入れることも可能。「クレオパトラの香りをいかが」などと言って観光客を誘う。割高だったり壊れていたり、トラブルが多いのもダントツで香水瓶だ。

色も大きさもいろいろある香水瓶。エジプトの砂を入れて持ち帰るのもおすすめ

パピルス

本物はひとつひとつパピルスを重ねていくので、曲げても破れない

パピルスには本物とニセ物がある。本物はどの方向に引っぱっても、少々曲げても破れないが、ニセ物は折り曲げるとパリッと割れてしまう。ピラミッド周辺で、「ゼンブデ、センエン」なんて言って売っているのはもちろんニセ物。

色彩が美しいパピルス。『女三楽士』は人気のデザイン

神殿や王墓のレリーフをモチーフにした絵柄が多い

古代エジプトのモチーフ

古代エジプトをモチーフにしたグッズも人気が高い。ピラミッドやスフィンクスのパワーで運気が上がるかも？

エジプト文明博物館で売られていたスカラベの置物

3大ピラミッドにちなんで3つで1セット

カイロの考古学博物館で売られていたロゼッタストーンのレプリカ

ホルス神の像。ひとつ買うといろいろ揃えたくなる

伝統工芸品

象嵌細工、銅製品の加工など、イスラームならではの装飾を施した工芸品は、品のいいおみやげに。

ランプはインテリアに最適

貝殻を使った象嵌細工はモザイークと呼ばれる

衣料品、アクセサリー

エジプト綿は世界的に有名な高級素材。Tシャツなら文句はないが、ガラベーヤになると、もらっても困るかも。パジャマにぴったりという人もいるけどね。

アスワンのスークで買ったカラフルなヌビア風帽子

パジャマや部屋着にもなるガラベーヤ

妬みや嫉妬などの邪視から守る魔よけのペンダント

スカーフの図柄はエジプトらしいものが揃っている

古代エジプトのレリーフが描かれたTシャツはおみやげの定番

嗜好品

シーシャ（左）を買ったら、専用のタバコの葉（上）も買おう

水パイプの道具など、持って帰るには少々難アリだが、好きな人にはウケるかも。

食べ物

栄養満点のデーツ（左）と甘いアラブ菓子（上）。どちらも日持ちするのでおみやげにおすすめ

● ショップ別おみやげカタログ ●

ノマド
Nomad（→P.170）

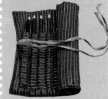

ベドウィン風の刺繍が施されたポーチ

筆箱をベドウィン風にアレンジしたもの。まるで巻物のようだ

ネフェルタリ
Nefertari（→P.170）

ホルスの目がデザインされたエジプトコットンのフェイスタオル

オリーブ石けん（左）とラベンダーの香りの石けん（右）

メトロ
Metro（→P.169）

iSiS Hibiscus

エジプトでよく飲まれているハイビスカスのお茶

クロワッサンにチョコレートが入った人気のお菓子モルト（左）とアラブ菓子のマアムール（右）

トラベルハーモニーが贈る

貴方の願いを叶える
ラグジュアリーな船旅へ

一度は行ってみたい！ 悠久の
ナイル川クルーズ
Nile River Cruise

青い空と緑の岸辺、夜には満天の星空
ゆったりとクルーズをしながら巡る、神秘的な遺跡の数々。
優雅なティータイムを楽しみながら、
古代のロマンに思いをはせてみませんか？

船室（イメージ）
クルーズ船（イメージ）

初めての
個人旅行
でも安心！

ルクソール発
▼
アスワン着
4泊5日

◎ ルクソール

王家の谷と
ハトシェプスト神殿
● カルナック
神殿
● ルクソール
神殿

エドフ神殿

● コモンボ神殿

アスワン ●

アスワン発
▼
ルクソール着
3泊4日

フィラエ神殿
アブシンベル神殿

トラベルハーモニーが選ばれる**理由**

▶ ナイル川クルーズを熟知したスタッフによる
コンサルティング
▶ 経験豊富な現地スタッフによる万全のサポート
▶ 参加人数に応じた自社の専用車をご用意
▶ ナイル川クルーズ前後のホテル等のアレンジ

創業2003年。現地支店があるから安心！

私たちに
お任せください！

滞在や治安への不
安を安心へと変えら
れるよう、万全のサ
ポート体制でお客様
をお迎えします。

※基本的には英語の対応ですが、緊急時は日本語が可能です。

その他の観光もおまかせ

陸上の観光は、参加
人数に応じて、自社
の専用車をご用意
いたします。

トラベルハーモニーは日本で唯一、ナイル川クルーズに特化している旅行会社です。

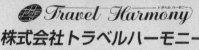
Travel Harmony
株式会社トラベルハーモニー
〒101-0044 東京都千代田区鍛冶町2-5-15 ゆたか倶楽部ビル7F
観光庁長官登録旅行業 第1812号

JATA

ご予約・お問合せ
📞 **050-3334-8213**
（月～金 10:00～18:00 / 土日祝は休み）
✉ info@travelharmony.co.jp

Egypt

喧騒のカイロと ピラミッド

（上）民芸品店が集まるハーン・ハリーリで散策を楽しむ観光客
（右）ラクダと3大ピラミッド

カイロとピラミッド

Cairo & Pyramids

カイロタワーからギザの3大ピラミッドを眺める

カイロ周辺の地形

カイロとギザ（ギザ周辺のピラミッド群）は、ナイル・デルタの付け根部分にある。ナイル河畔は、英語でナイル・バレー（ナイル谷）といわれているように、水の流れによって削られた谷のようになっている。

日本では谷というと、狭く切り立った断崖絶壁を想像するが、緩やかな流れのナイル川が造り出した、広大な低地だ。カイロは、その低地部分にできた町。東側にあるムカッタムの丘という高さ150mほどの丘までが低地部分、さらに東へ行けば東方砂漠へ、逆にナイル川を渡った西側が西方砂漠というわけだ。

ナイル川西岸地域の気候

カイロ周辺の気候は北側の地中海気候と南側の砂漠気候の間ぐらい。雨季は冬で寒暖の差も大きく、冬はとても寒いが夏は暑い。冬のカイロではストーブが必要なほどだ。

ナイル川西岸のピラミッド群のある地域は砂漠。暑くて乾燥している。1日の温度差が大きいことも特徴で、日が沈むと急激に寒くなる。

プランニングのコツ

このエリアで絶対に外せない見どころは、ギザの3大ピラミッドと、エジプト考古学博物館。それぞれに3時間～半日ぐらいは時間をかけたいところ。1日しかカイロで時間が取れない場合は、このふたつとハーン・ハリーリぐらいまでが精いっぱいだろう。カイロでもう1日取れればイスラーム地区とオールドカイロを、さらに1日あれば郊外のピラミッドを見て回ることもできる。

カイロ・ギザ概念図

N
0　　　5km

西岸
ナイル川

■ラムセス駅
■エジプト考古学博物館
中洲 P.98
新市街 P.91
ハーン・ハリーリ
シタデル
イスラーム地区 P.106
ギザのピラミッド P.136
オールドカイロ P.100

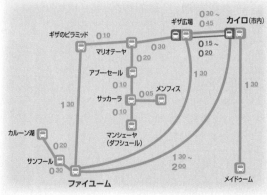

ギザのピラミッド ○10
マリオテーヤ ○20
アブー・セール ○10
サッカーラ ○10
メンフィス ○05
マンシェーヤ（ダフシュール）
カルーン湖 ○20
サンフール ○30
ファイユーム
ギザ広場 ○30 ○45
カイロ（市内）
○15～ ○20
1 30
1 30
1 30～ 2 00
メイドゥーム

※所要時間は目安です。交通状況によって大幅に変わることがあります。

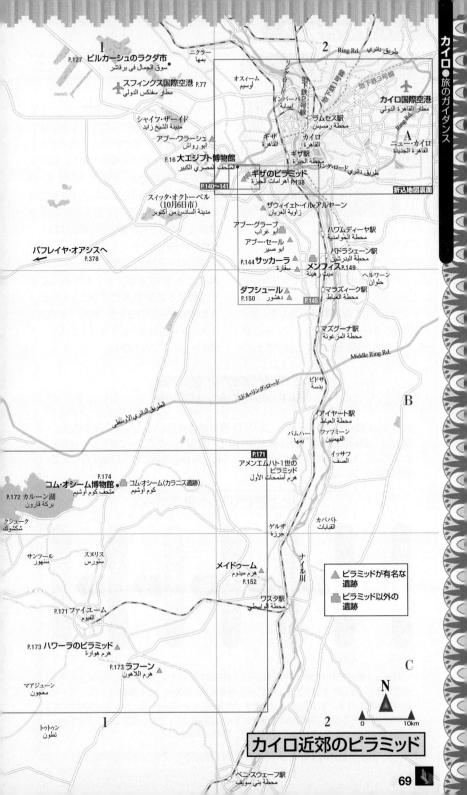

カイロ近郊のピラミッド

ライトアップされたスルタン・カラーウーンのマドラサ

●イスラーム地区

ハーン・ハリーリでおみやげを探すついでに、イスラーム地区を散策するのもいいだろう。フトゥーフ門やズウェーラ門あたりまで行って引き返すのが手軽だが、3〜4時間ほど余裕があればハーン・ハリーリからシタデルまで足を延ばすことができる。

移動のコツ

●公共交通

カイロ市内の公共交通機関は、旅行者にとって必ずしも利用しやすいものではない。地下鉄や一部のバスなら初めてカイロに来た旅行者でも乗りこなすことができるかもしれないが、市内バスやマイクロバスを乗りこなそうと思ったら、ある程度の土地勘とカイロ市内を走る主要道路の概略をつかんでおかないといけない。

●タクシー

流しの一般的なタクシーなら近くの距離で20〜30£Eだが、ホテルの前などで待ち受ける観光客専門のタクシーだといきなり50£Eということも。また、カイロにはメーター式のタクシーが増えている。ライドシェア・アプリも便利。

旅のモデルルート

ピラミッド群やイスラーム地区、エジプト考古学博物館など、カイロとその周辺には、いくら時間をかけても見尽くせないほどの奥深さがある。一つひとつをきちんと見ていこうと思ったら4日は欲しいところだ。自分の興味と滞在日数に合わせて取捨選択していこう。

カイロと主要ピラミッド見学コース

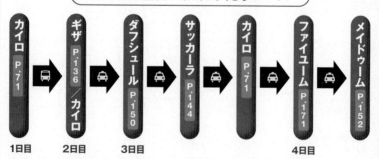

| カイロ P.71 | ギザ P.136／カイロ | ダフシュール P.150 | サッカーラ P.144 | カイロ P.71 | ファイユーム P.171 | メイドゥーム P.152 |

1日目 　2日目 　3日目 　　　　　　　　4日目

カイロと周辺を4日間かけて巡るコース。初日はカイロのイスラーム地区とオールドカイロを見学。翌日はまずギザで3大ピラミッドを見学したあと、カイロに戻り、エジプト考古学博物館を見学。3日目はタクシーをチャーターしてダフシュール、サッカーラとさまざまなピラミッドを巡る。時間があればメンフィスにも寄ろう。そして最終日はファイユームへ行き、カルーン湖とメイドゥームを含めたピラミッドを訪れる。

混沌という言葉が似合う町
カイロ Cairo
القاهرة　アラビア語：イル・カーヘラ

市外局番02

アズハル公園からはイスラーム地区のミナレットが眺められる

■カイロの安全情報
2019年8月にカイロ中心部、国立がん研究所周辺の道路で、車両に爆発物を積んだテロリストによる爆発事件が発生した。以下の在エジプト日本国大使館のウェブサイトで最新の情報を確認しよう。
URL www.eg.emb-japan.go.jp

■カイロへの行き方
✈世界各地から便が発着
✈国内各都市から便がある
🚂ルクソールなど、ナイル川流域や、アレキサンドリア、スエズなどから便がある
●アレキサンドリア
　（→P.327）から
🚂頻発　所要3～4時間
運賃：110£E
🚂マスル駅から1～2時間に1便
所要：2時間30分～4時間
運賃：15～30US$
●ルクソール（→P.192）から
✈毎日頻発　所要：約1時間
🚌ゴーバス
11:00、12:00、12:30、13:00発
所要：約10時間
運賃：290～600£E
🚂VIP、Talgo
9:10、12:40、18:30、19:10、19:20、21:20、22:00発
所要9～10時間
運賃:1等40～60US$、
　　　2等30～50US$
寝台車19:45、20:35、23:15発
運賃:🚹130US$　🚺180US$
●アスワン（→P.242）から
✈毎日5～9便
所要約1時間30分
寝台車16:20、17:15発
所要約13時間
運賃:🚹130US$　🚺180US$
●シャルム・イッシェーフ
　（→P.303）から,
✈毎日8～11便　所要:約1時間
🚌ゴーバス1日25便、スーパージェット1日3便など
所要約7時間　運賃220～450£E

　エジプトを語ることはナイルを語ることであるといわれる。祈りを呼びかけるイスラーム寺院の尖塔からの声、橋の上を通る車の音。ナイルは喧騒に包まれている。それでも、川は悠然と流れる。人口約2000万人ともいわれるこの町で、静かに詩人になりたかったら、騒音が始まる前の朝早くにナイルの流れを眺めることだ。

　川は耕作に適した黒い土を下流に運び、その土が堆積してできあがったデルタにあるのがカイロである。カイロの年間降水量は約25mm。川の水は大切な資源だ。

　昔から、ナイル川流域に人が住み、肥沃なデルタのカイロを中心に、権力争奪のドラマが展開した。王朝の時代に始まり、古代帝国、アラブ、十字軍の時代を経て、オスマン朝、フランス、イギリスに支配された。町は「歴史のカンヅメ」と思えばいいわけで、やっぱり少し歴史を知っていたほうが、カイロがグーンと味わい深く見えること間違いない。「寄木細工の図画」のようだ、とカイロの町を見て言った人がいる。『佳人之奇遇』を著した明治時代の小説家、東海散士（柴四朗）である。100年以上経った今でも印象は変わらない。

　古いものを壊してその上に新しいものを建てたのではなくて、古い町の隣に新しい町を建設していったのがカイロである。南のオールドカイロから、ムカッタムの丘に沿って北へ北へと町は広がっていき、その東北部が現在のイスラーム地区である。その北のほうに、エジプト鉄道の始発駅ラムセス駅がある、というふうに覚えておけばいい。

カイロの歴史

オールドカイロ、これこそカイロの母

　カイロの歴史を振り返ってみよう。古代エジプト古王国時代、あのギザの3大ピラミッドの時代に首都がおかれていたのはメンフィスで、カイロ南方のナイル川西岸にある。太陽神ラー信仰の発祥の地ヘリオポリスも、現在のアイン・シャムスおよびマタレーヤ（カイロ北東部）にある。

　メンフィスもヘリオポリスも、現在のカイロの町から30kmくらいの距離だが、何といっても、カイロの町が形成され、都市として重要な意味をもってくるのは、ローマ帝国時代、バビロン城が築かれてからのこと。

　このバビロン城は、現在のオールドカイロ地区にあった。アムル将軍率いるアラブ軍が、バビロン城を陥落させたのが641年。その翌年にエジプトの征服を完了したアラブ軍は、バビロン城の地を首都に定めた。アムルが、バビロンを攻めるときにテント（フスタート）を据えた地に建てられたのがアムル・モスク（→P.104）である。

　だからこの地は軍事都市（ミスル）であったが、政治、宗教、商業の都市として、以後発展していくことになる。ミスル・アル・フスタート（→P.105）、これが、この都市の最初の名称である。

　このフスタートは、イスラームの正統カリフ（641～658年）、ウマイヤ朝（658～750年）の両時代におけるエジプト州都で、やがて地中海最大の商業都市に成長していく。イスラームの町、カイロを象徴するモスクで、エジプトで最初のイスラーム建築（現在のものは再建されたもの）が、アムル・モスクだ。だからこのオールドカイロ地区こそが、カイロの母体といえるのだ。

　アッバース朝（750～868年）は、フスタートの北にアスカルという新しい町を造った。この政庁がおかれたのが、現在のオールドカイロの市街地というわけ。オールドカイロは、アラビア語では、マスル・イル・アディーマ（旧マスル）という。

北へ北へと町が延びる

　このアスカルの北に、もうひとつ新しい町ができた。アル・カターイーである。アッバース朝が弱体化してくると、アッバース朝から派遣されていたエジプト総督、つまり軍人が実権を握り、事実上の独立政権を確立した。これが、トゥールーン朝（868～905年）であり、イフシード朝（935～969年）である。

　アフマド・イブン・トゥールーンという総督が、アル・カターイーの町に政治の中心をおいたので、今でも、この地に古い建物が残り、現存するエジプト最古のイブン・トゥールーン・モスク（→P.121）も、ここにある。続いてイフシード朝の首都も、この地におかれた。

カイロの語源は？

　アル・カターイーの北に、東西約0.9km、南北約1.2kmの城塞都市を建造した将軍がいる。969年、すでにチュニジアで支配を確立していたファーティマ朝のエジプト遠征軍事司令官ゴウハル将軍がその人。

　彼は当時のファーティマ朝第4代カリフ・ムイッズの名をとって、この都市を、マディーニト・イル・カーヘラ・ムイッズィー（ムイッズの勝利の町）と命名した。このカーヘラ（勝利者）のイタリア語読みが、カイロである。

　歴史上、初めてカイロという都市名が登場したのが、この時期。やがてこのカイロという名が町全体の名前になっていく。

　カーヘラは、政治的中心地として繁栄し、その中心には、970年にアズハル・モスク（→P.110）が、988年には付属のマドラサ（高等教育施設）が設立された。このマドラサが現在のアズハル大学で、「史上最古の大学」と伝えられている。

カターイー城塞のイスラーム地区

　十字軍との戦いで知られる勇将サラーフッディーン（サラディン）はシーア派のファーティマ朝を滅ぼし、スンナ派の復活を宣言した。彼がカイロの南東部ムカッタムの丘の西端に城塞を造り、ここに政治の中心を移したのが1183年のこと。

　以来ここは700年の間、各支配階級の居住区となった。城壁が堅固なことが、いろいろな支配者にとって好都合だったわけである。その間に設けられた城壁は、先のカーヘラを囲んだ城壁の5倍の長さで、今もその一部が残る。ナイルの中洲のローダ島にも、「ローダ城」と呼ばれる城を造り、武器弾薬を貯蔵したのもサラーフッディーンである。

カイロが、紅海を経由する新たな東西貿易の主要中継地になったのがマムルーク朝（1250〜1517年）時代。14世紀初めには、最盛期を迎え、人口約50万の大都市になった。この頃カターイーには、ブルーモスク（→P.119）、スルタン・ハサン・モスク（→P.119）などが建てられ、シタデル（→P.123）の北に、カーイトゥベーイの町もできた。町周辺の地形が、ほぼ現在のようになったのも、この「繁栄カイロ」時代のことだ。当時は、ナイル中洲のゲズィーラ島と東岸のブラーク地区はひとつの巨大なブラーク島であった。それが、ナイル川の氾濫で分断され、かたや陸続き、かたや中洲の現在の姿になった。「エジプトの歴史はナイルの歴史」。地形そのものがそうなのだ。

オスマン朝の支配下に入る16世紀初めから、カイロはアズハル・モスク周辺から西のほうへと拡大していった。現在、一括してイスラーム地区と呼ばれているのが、イブン・トゥールーン・モスク周辺からフトゥーフ門（→P.115）周辺である。

カイロの近代都市開発

エジプト近代史は、1798年のナポレオンのエジプト侵攻から始まる。フランス軍は一時、エジプトを占領したけれども、イギリス、オスマン朝連合軍に敗れて撤退した。その混乱をついたのが、アルバニア出身のオスマン朝軍人ムハンマド・アリである。彼はナポレオンによる占領時にオスマン朝から将校として派遣された後、頭角を現した。彼は実権を握ってオスマン朝から半独立し、近代化政策を次々と進め、対外的にも積極策をとった。

カイロ都市復興計画もこのひとつで、カイロ近代都市の基礎造りが、この時期にずいぶん行われた。しかし、何といっても、カイロの都市化は、19世紀後半の鉄道、通信網の整備が決め手であった。ブラーク地区の港湾施設、ナイルの護岸工事……。近代化によりアブディーン地区、官公庁街、アズバキーヤ地区の繁華街が誕生し、両岸地区は、タラアト・ハルブ広場を中心とする銀行や商社が集まるオフィス街、アスル・イン・ニール地区とつながっていく。

「エジプト革命」が起こったのは1952年。この革命まで、エジプトの事実上の権力者、イギリス総領事の官邸（現在のイギリス大使館）があったのが、タフリール広場の南、ナイル川沿いにあるガーデン・シティ。ナイル川とイスラーム地区に挟まれた、この一帯が新市街である。歴史を追ってくると、こうして、近代ビルの集中するカイロの町の真っただ中に達するというわけだ。

カイロの歴史略年表

4世紀	オールドカイロにバビロン城が建設される
641年	アムル・ブン・アル・アース率いるアラブ軍がオールドカイロを制圧。フスタートを造営
750年	フスタートの北側にアスカルができる
868年	アスカルの北側にアル・カターイーができる
970年	アズハル・モスク完成
973年	町の名前をアル・カーヘラとする
1168年	十字軍の襲撃を恐れ、フスタートに火が放たれる
1169年	サラーフッディーン（サラディン）がカイロを掌握、シタデルを建設
1250年	マムルーク朝興る
1382年	ハーン・ハリーリの市場ができる
1517年	オスマン朝の支配下に入る
1798年	ナポレオン軍がカイロ侵攻
1805年	ムハンマド・アリがエジプト総督に就任
1856年	カイロ〜アレキサンドリア鉄道が開業
1857年	ムハンマド・アリ・モスク完成
1902年	エジプト考古学博物館開館
20世紀初頭	ガーデンシティ、ザマーレク、ヘリオポリスが開発
1952年	イギリスから独立。タフリール広場周辺やコルニーシュ通り、ナイル川の橋が整備される
1955年	ラムセス2世像が駅前に立つ（2006年撤去）
1961年	カイロタワー完成
1987年	地下鉄1号線が開通
2024年	大エジプト博物館開館予定

マムルーク朝時代のカイロ

旅のモデルルート

カイロの主要な見どころは大雑把に分けると、ギザ、エジプト考古学博物館、オールドカイロ、イスラーム地区の4つの地点に集約される。それぞれの地域にどれくらい時間を割くかによってモデルルートはおのずと決まってくる。

1 オールドカイロ半日コース

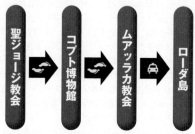

聖ジョージ教会 9:00～9:30 → コプト博物館 9:30～11:00 → ムアッラカ教会 11:00～11:30 → ローダ島 12:00～12:30

中心部から地下鉄で行けるオールドカイロ。アクセスが簡単なうえ、見どころが集中しているので初めてのカイロ歩きはここから。徒歩で半日あればひととおり見学できる。余裕があればローダ島のナイロメーターに行くもよし。さらに北に歩けばローマ水道橋だ。

2 イスラーム地区を中心に回る半日コース

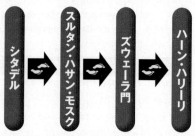

シタデル 9:00～10:30 → スルタン・ハサン・モスク 10:45～11:15 → ズウェーラ門 11:45～12:15 → ハーン・ハリーリ 13:00～15:00

おみやげ屋が集まるハーン・ハリーリ

歴史や宗教にサラっと触れるならこのコースを。まず午前中にシタデル（→P.123）に行き、そこからハーン・ハリーリに向かって歩いていこう。昼過ぎにはアズハル広場に着くはず。周辺のレストランで腹ごしらえをして、すぐ近くのハーン・ハリーリを散策しよう。多くのミナレットに上りたいという人はバクシーシ用の小銭や代用品を持っていくと重宝する。

3 カイロ＆ギザ1日集中コース

ギザ 8:00～10:00 → エジプト考古学博物館 11:00～14:00 → シタデル 15:30～17:00 → ディナークルーズ 19:00～21:00

ギザのピラミッドには時間をかけたい

まずはギザで3大ピラミッドを見学。次にカイロの中心部に戻り、エジプト考古学博物館をゆっくりと見学。遅い昼食を取り、次にシタデルへと移動する。時間に余裕があったら、イスラーム地区のそのほかの施設を見学したり、ハーン・ハリーリでおみやげを買うのもいいだろう。日が暮れたらナイトクルーズに繰り出して、ベリーダンスを満喫しよう。

歩き方

カイロは東西に約10km、南北に約15kmの大都市。だが観光ポイントの集まっている地区は中心からおよそ5km圏内だ。まず次の6つの地域を頭に描いているとわかりやすい。

●**新市街 Downtown**　ナイル川の東に広がる繁華街が町の中心。宿泊施設が充実しており、レストラン、ショップも多い。タフリール広場やタラアト・ハルブ広場から放射状に通りが延びる。

●**中洲 Zamalek & Rhoda**　ナイル川の東岸と西岸の間には中洲（ゲズィーラ島とローダ島）が浮かんでいる。ゲズィーラ島の北部はザマーレクと呼ばれ、世界各国の駐在員も住む古くからの高級住宅街。レストランもしゃれたものが多い。

●**オールドカイロ Old Cairo**　新市街から3kmほど南のカイロ発祥の地で、世界遺産に登録されているエリア。コプト教会が点在しており、イスラーム地区とはまた違った雰囲気が漂う。

●**イスラーム地区 Islamic Cairo**　中心部の東に広がるエリア。この地区も世界遺産として登録されていて、アズハル・モスクやスルタン・ハサン・モスクなど数多くのモスクが並ぶ。おみやげ店などが軒を連ねるハーン・ハリーリがあるのもここ。

●**ニュー・カイロ New Cairo**　カイロ空港の南側に広がる広大な新都市。空港からも近いうえ、大型ホテルやショッピングモールも多い。リングロードを使えばピラミッドエリアへの移動もしやすい。

●**西岸地区（ギザ県）**　ナイル川の西岸は行政区分としてはギザ県にあたる。北からモハンデスィーンやドッキなどの繁華街が広がり、さらに南に行くとカイロ大学やギザ動物園へと続く。ギザ広場から南西に延びるピラミッド（アフラーム）通りを8kmほど行くとギザのピラミッド地区にいたる。

ナイル川を中心に町は広がっていく

新市街の中心、タラアト・ハルブ広場

オールドカイロにある聖ジョージ教会

カイロ市内から見たギザのピラミッド

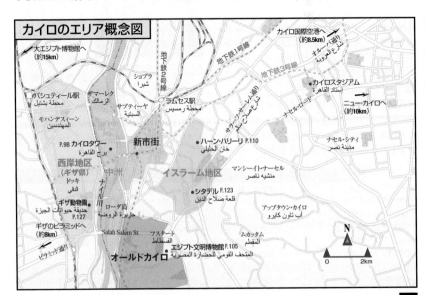
カイロのエリア概念図

カイロと周辺の空港

3つのターミナルを擁するアフリカ屈指の巨大空港

折込Map 大カイロD1	**カイロ国際空港**	مطار القاهرة الدولى
Map P.442-443	Cairo International Airport	マタール・イル・カーヘラ・イッダウリー

URL www.cairo-airport.com

ターミナル間を結ぶシャトルバス

カイロの中心部から約15kmの北東部にある。すいていれば、車で30分ほどの距離だが、午後と夕方のラッシュ時は渋滞のため1時間以上かかることもある。特に出発のときは余裕をもとう。国際線は利用する航空会社によって、出発、到着とも第1～第3ターミナルに分かれている。日本からのエジプトエアーの便が発着するのは第3ターミナルだ。エジプトエアーの国内線も第3ターミナルから出発している（→P.442～443）。

●**ターミナル間の移動** 空港バスターミナルへは無料のシャトルバスまたはタクシー（空港敷地内は短い距離でも50～100£Eかかる）で移動する。シャトルバスはTerminal 1と電光表示されているが、壊れているバスも多い。出口のところで乗れる一般バスはシャトルバスだけなので、何も表示のないバスでも大丈夫だ。バスは、空港バスターミナルを経由してターミナル間を結ぶ。各ターミナルの入口に停車するが表示はない。また、APMと呼ばれるモノレールが運行し、第1～3ターミナルを結ぶが、入国ゲートを越えてしまうと利用できない。

空港から市の中心部へ

●**タクシー** 運転手同士が料金の定額化を図っているので、値段の交渉は難しく、ほとんどの場合300£Eを市内への固定料金として一歩も引かない。所要30分～1時間。

●**ライドシェア・アプリ** ウーバー Uberやカリーム Careemなどがある（利用方法→P.462）。注意したいのが、空港ではライドシェア・アプリ専用の乗り場が定められていること。例えばターミナル3だと、到着ロビーを出て前方にある駐車場に乗り場がある。ただし、各ターミナルで出発地を現在地にすれば、自動的にその乗り場に設定される。

また、カイロ空港では運転手にも注意が必要。空港で車を手配すると高い確率で「キャンセルしてほしい」と頼まれる。これはあれこれ理由をつけて少しでも金額を増やすためだ。この場合必ず言われるのが、空港への入場料（30£E）が追加で必要だということ。出発地・目的地が空港の場合、入場料はアプリで表示される料金に含まれるので支払う必要はない。市街地までの運賃は時間帯やエリアによって差があり150～250£E。

タフリール広場行き356番のバスはこのアラビア語の表示

●**市内バス** シャトルバスで空港バスターミナルへ行き、そこから乗る。バス番号、運賃、行先は下記の表を参照。

運行時間は6:00～23:00頃で、それぞれ10～30分ごとに運行。所要は30分～1時間。

●**リムジン／エアポート・シャトル** 空港内にあるリムジン会社は目的地によって値段が決まっており、先払い制になっている。

	バス番号	運賃	行き先	経由地／運行頻度
CTA （市内大型バス）	356 ٣٥٦	11.5£E	タフリール تحرير	ヘリオポリス、アッバセイヤ、ラムセス駅など。6:00～24:00に1時間ごと。
CTA （市内大型バス）	400 ٤٠٠	6£E	タフリール تحرير	アイン・シャムス大学、アッバセイヤ、ラムセス駅など。およそ10分ごとに運行。
CTA （市内大型バス）	1054 ١٠٥٤	6£E	アフマド・ヘルミ أحمد حلمي	ヘガーズ広場、マタレーヤ、アブード。終点のアフマド・ヘルミはラムセス駅の北口。
CTA （市内大型バス）	1138 ١١٣٨	6£E	イル・マザッラート المظلات	アッバセイヤ、ラムセス駅、オラリー、アフマド・ヘルミなど。終点のイル・マザッラートは地下鉄2号線の駅近く。

■市の中心部から空港へ■

　空港行きのバスはタフリール東、アフマド・ヘルミなどのバスステーションで乗ることができる。新市街からだとラムセス駅周辺を通るが、日中は渋滞するため早めに出発したい。

　ライドシェア・アプリは、空港から市内に行く場合のようなドライバーとのトラブルも比較的少ない。運賃は150〜250 £E（空港への入場料は表示料金に含まれる）。タクシーはドライバーにより変わるが150 £E 〜。

ギザ県に開港した新空港

Map P.69A1 スフィンクス国際空港 Sphinx International Airport

مطار سفنكس الدولي マタール・イル・スフィンクス・イッダウリー

　ギザのピラミッドの北西、カイロ・アレキサンドリア砂漠ロードの近くに2020年1月に開港した空港。ヨーロッパからのLCCが安くて人気

がある。そのほか、ハルガダやシャルム・イッシェーフといったリゾート地へのチャーター便などが発着する。

カイロと周辺の鉄道駅（国鉄駅）

ラムセス駅正面入口（西側）

ナイル川流域主要都市への鉄道ターミナル

Map P.84B1 ラムセス駅

Ramses Station　محطة رمسيس　マハッティト・ラムスィース

🚇地下鉄1号線・2号線ショハダーツ駅すぐ

　エジプト国内各地への鉄道はラムセス駅から出発している。2023年から外国人は専用の売り場でチケットを購入することになった。場所はエスカレーターで2階に上がり左に進み、廊下を右に曲がった突き当たりの部屋。

　一方、ルクソール、アスワン行きの寝台列車はAbelaという民間企業が運営しており、窓口は建物西側（外側に出入口）と、線路を挟んだ反対側にある上エジプト方面チケット売り場の横。

　駅の1階には売店、2階には広々としたカフェがある。構内には自動券売機が設置されているが、2023年10月現在、機能していない。

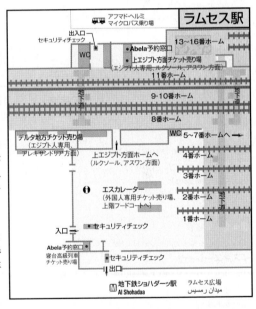

ラムセス駅

アフマド・ヘルミ　マイクロバス乗り場
出入口　セキュリティチェック
WC
Abela予約窓口
上エジプト方面チケット売り場
（エジプト人専用・ルクソール、アスワン方面）
13〜16番ホーム
11番ホーム
9・10番ホーム
8番ホーム
WC 5〜7番ホームへ→
デルタ地方チケット売り場
（エジプト人専用、
アレキサンドリア方面）
上エジプト方面ホームへ
（ルクソール、アスワン方面）
4番ホーム
3番ホーム
エスカレーター
（外国人専用チケット売り場、
上階フードコートへ）
2番ホーム
1番ホーム
入口　セキュリティチェック
Abela予約窓口
寝台高級列車
チケット売り場
セキュリティチェック
出口
地下鉄ショハダーツ駅　ラムセス広場
Al Shohadaa　ميدان رمسيس

将来的にカイロと上エジプトを結ぶ鉄道の拠点に

折込Map 大カイロB2 バシュティール駅

Bashtil Station　محطة بشتيل　マハッティト・バシュティール

　2023年11月に運用が開始されると報道された巨大な駅。ラムセス駅の約3倍の大きさで、同駅一帯の混雑緩和のために建設された。首都圏の新たなターミナル駅、あるいは上エジプトへの玄関口としての役割を担う。今後、

ショッピングモールなどの商業施設が整備され、延伸する地下鉄3号線の駅も開業する予定。2024年4月現在、駅としての運用も列車の運行もまだない。

堂々たる建物

列車の運行はまだない

カイロの長距離バスターミナル

各地からのバスが発着する巨大ターミナル

国内主要都市・観光地へのバスが発着するメインターミナル

Map
P.88B1

トルゴマーン・バスステーション
（カイロ・ゲートウェイ・プラザ）

Turgoman Bus Station
(Cairo Gateway Plaza)

محطة اتوبيس الترجمان

マハッティト・オトビース・イットルゴマーン

🚇地下鉄1号線アフマド・オラービー駅またはナーセル駅から徒歩約10分

　エジプト国内の主要都市、観光地へのバスが発着している新市街のメインターミナル。1階がチケット売り場で乗り場は地下にある。**シナイ半島方面**（イーストデルタEast Delta）や、ハルガダなどの**紅海沿岸方面**（アッパーエジプトUpper Egypt [EGバス EG Bus]、イーストデルタ）、ファラフラ・オアシス、ハルガ・オアシスなどの**西方砂漠方面**（アッパーエジプト [EGバス]）、**砂漠ロード経由アレキサンドリア行き**

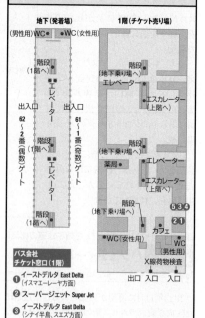
地下のバス乗り場

（スーパージェットSuper Jet）、スエズ、ポート・サイドなどの**スエズ運河方面**（イーストデルタ）などの路線がある。かつてはルクソールやアスワンへの直通バスも運行していたが、2023年10月現在、トルゴマーン発の便はない。ルクソール行きのバスはラムセス広場周辺のアッパーエジプト（EGバス）やスーパージェットのオフィスから出ている。治安上の問題から、シナイ半島のヌエバア、ターバーへの直行バス、バフレイヤ・オアシス行きのチケットは外国人は購入できない。チケット売り場そばにはカフェがあり、地下の乗り場には飲み物やお菓子を売る売店がある。

ハルガダ
【Upper Egypt (EG Bus)】 13:30、18:30、23:00	220£E

シャルム・イッシェーフ
【East Delta】 8:00、13:00、18:00	220£E

ダハブ（シャルム・イッシェーフ経由）
【East Delta】 8:00、13:30	230£E

アレキサンドリア
【Super Jet】 7:00〜23:00の1時間に1便程度	110£E

マルサ・マトローフ
【West & Middle Delta】 6:45、11:00、14:30、20:30、翌1:00	185£E
【Super Jet】 6:00、10:00、13:30、14:00	230£E

ポート・サイド
【East Delta】 6:10〜19:00の2時間に1便	80£E

イスマエーレーヤ
【East Delta】 8:00〜24:00の3時間に1便	55£E

スエズ
【East Delta】 7:00	45£E

スィーワ・オアシス
【West & Middle Delta】 22:00	300£E

ファラフラ・オアシス
【Upper Egypt (EG Bus)】 7:00、16:00、18:00	185£E

ダフラ・オアシス
【Upper Egypt (EG Bus)】 19:00、20:00、21:00	300£E

ハルガ・オアシス
【Upper Egypt(EG Bus)】 19:00、20:00、22:00	270£E

カタカナは行き先、**欧文**は運行バス会社
時刻、料金は2023年10月現在

トルゴマーン・バスステーション
（カイロ・ゲートウェイ・プラザ）

地下（発着場）
（男性用）WC ● ●WC（女性用）
階段（1階へ）
エレベーター
出入口　出入口
62〜2番（偶数）ゲート　61〜1番（奇数）ゲート
階段（1階へ）
エレベーター
階段（1階へ）

1階（チケット売り場）
階段（地下乗り場へ）
エレベーター
エスカレーター（上階へ）
階段（地下乗り場へ）
薬局　エレベーター
エスカレーター（上階へ）
階段（地下乗り場へ）
❺❸❹
❷❶
カフェ
●WC（女性用）　WC（男性用）
X線荷物検査
出口　入口　入口

バス会社 チケット窓口（1階）
❶ **イーストデルタ East Delta**（イスマエーレーヤ方面）
❷ **スーパージェット Super Jet**
❸ **イーストデルタ East Delta**（シナイ半島、スエズ方面）
❹ **ウエスト＆ミドルデルタ West & Middle Delta**
❺ **アッパーエジプト（EGバス）Upper Egypt (EG Bus)**

ネット予約も可能なゴー・バスGO BUSの起点

Map P.88A2 **ゴー・バス・タフリール** (アブドゥル・ムンイム・リヤド)

GO BUS Tahrir
(Abdul Munim Riad)

موقف جو باص عبدالمنعم رياض

モウイフ・ゴー・バス・アブドゥル・ムンイム・リヤド

マスピロ・モールというショッピングセンターの前にオフィスがある

🚇地下鉄1・2号線アッ・サーダートSadat駅から徒歩約15〜20分
🚌タフリール下車、徒歩2〜3分

　主要都市に路線をもつGO BUS(ゴー・バス)社のカイロ市内中心部のメインターミナル。正式名称はないが、タフリールまたはアブドゥル・ムンイム・リヤドと呼ばれ、ラムセス・ヒルトンの東側にある。ゴー・バスのほか、スーパージェットやイーストデルタのオフィスもあり、アレキサンドリア、シャルム・イッシェーフ、ハルガダ行きなど一部の便はここで乗車可能。ゴー・バスはラムセス駅近くのオラリーでも乗車できる。ニューカイロ方面のナセル・シティやカイロ国際空港に近いアル・マアザにも大きなターミナルを持っている。

ルクソール (ケナ経由)	240 ~	**ダハブ**	
[GO BUS] 0:05、1:40、13:05、17:35、20:00、20:45、23:30	490£E	[GO BUS] 8:00〜14:00、18:00〜翌5:00の1〜2時間に1便	350£E
アスユート	170 ~	**アレキサンドリア**	100 ~
[GO BUS] 0:30、0:44、7:15、12:30	320£E	[GO BUS] 0:50、5:30、7:45、8:50、10:30、14:30、15:30、19:30、20:50	135£E
ハルガダ	230 ~	**マルサ・マトローフ**	270£E
[GO BUS] 24時間、1〜2時間に1便	575£E	[GO BUS] 0:25、0:50、1:55、2:40、3:30、4:10、6:40、7:40、7:45、8:40、11:10、14:10	
シャルム・イッシェーフ	220 ~	**ポート・サイド**	90 ~
[GO BUS] 24時間、1〜2時間に1便	450£E	[GO BUS] 7:10、9:30、16:15、22:00	120£E

カタカナは行き先、**欧文**は運行バス会社　時刻、料金は2023年10月現在

デルタ地域へのセルビスとナイル川流域のバスとセルビス

折込Map 大カイロB1 **アブード・バスステーション**

Aboud Bus Station موقف عبود モウイフ・アブード

🚌ラムセス駅からマイクロバスで10〜15分
🚇地下鉄2号線マザッラト駅から徒歩約20分

アブードの長距離バス乗り場

　ルクソール、エスナ、エドフ、エナなど中部、上エジプト方面 (アッパーエジプト)の路線が発着する。隣にはデルタ方面へのセルビス (乗り合いマイクロバス→P.460) が並ぶ。また、カイロ〜アレキサンドリア (農業ロード) のセルビスの始発点でもある。旅行者はあまり使わないため英語は通じないことが多く、アラビア語表記がほとんど。市内へはマイクロバスがラムセス駅との間を往復している。マイクロバスはアフマド・ヘルミ広場の北側に多い。

西方オアシスと上エジプトへの起点

折込Map 大カイロB4 **ムニーブ・バスステーション**

Mounib Bus Station محطة المنيب マハッティト・イル・ムニーブ

🚇地下鉄2号線ムニーブ駅から徒歩約10分

　上エジプトやバフレイヤ・オアシス方面へのバスが発車する。バフレイヤ・オアシスの便はトルゴマーンよりも多いので、チケットが入手できない場合はこちらで乗車すればよい。また、バスターミナルに隣接したセルビス乗り場でも、バフレイヤ・オアシス行きの便がある。
※2023年10月現在、ムニーブ・バスステーションで外国人が長距離バスのチケットを買うには外国人居住許可証の提示が必要。観光ビザしかもっていない旅行者は利用できない。

地下鉄ムニーブ駅周辺

リングロード
Ring Rd. الطريق الدائري
アッパーエジプト
長距離バス乗り場
(リングロード高架下)
Salah Salam St. شارع صلاح سالم
El Balm El Azam. شارع طريق
P.85
マイクロバス乗り場
(ベニ・スウェーフ、メイドゥーム行き)
N
0 100m
ムニーブ駅
El Monib Ⓜ
市内バス

カイロ地下鉄路線図

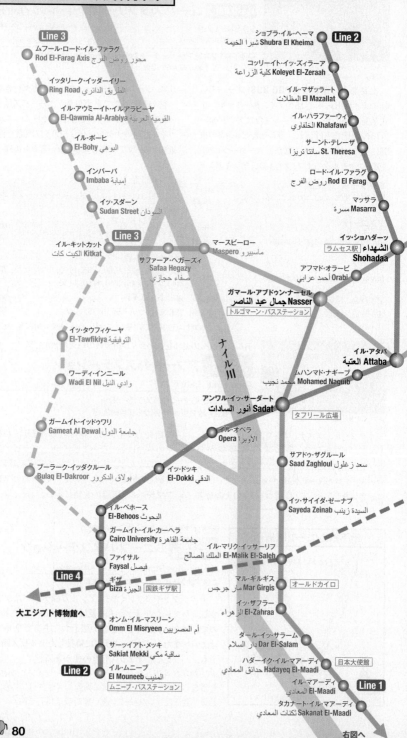

Line 3

ムフール・ロード・イル・ファラグ
Rod El-Farag Axis محور روض الفرج

イッタリーク・イッダーイリー
Ring Road الطريق الدائري

イル・アウミーイト・イルアラビーヤ
El-Qawmia Al-Arabiya القومية العربية

イル・ボーヒ
El-Bohy البوهي

インバーバ
Imbaba إمبابة

イッ・スダーン
Sudan Street السودان

イル・キットカット
Kitkat الكيت كات

Line 3

マースピーロー
Maspero ماسبيرو

サファーア・ヘガーズィ
Safaa Hegazy صفاء حجازي

イッ・タウフィケーヤ
El-Tawfikiya التوفيقية

ワーディ・インニール
Wadi El Nil وادي النيل

ガームイト・イッドゥワリ
Gameat Al Dewal جامعة الدول

ブーラーク・イッダクルール
Bulaq El-Dakroor بولاق الدكرور

イル・ベホース
El-Behoos البحوث

ガームイト・イルカーヘラ
Cairo University جامعة القاهرة

ファイサル
Faysal فيصل

ギザ
Giza الجيزة 国鉄ギザ駅

Line 4

大エジプト博物館へ

オンム・イル・マスリーン
Omm El Misryeen أم المصريين

サーツィアト・メッキ
Sakiat Mekki ساقية مكي

イル・ムニーブ
El Mouneeb المنيب

Line 2

ムニーブ・バスステーション

ショブラ・イル・ヘーマ
Shubra El Kheima شبرا الخيمة Line 2

コッリーイト・イッ・ズィラーア
Koleyet El-Zeraah كلية الزراعة

イル・マザッラート
El Mazallat المظلات

イル・ハラファーウィ
Khalafawi الخلفاوي

サーント・テレーザ
St. Theresa سانتا تريزا

ロード・イル・ファラグ
Rod El Farag روض الفرج

マッサラ
Masarra مسرة

イッ・ショハダーア
الشهداء ラムセス駅
Shohadaa

アフマド・オラービ
Orabi أحمد عرابي

ガマール・アブドゥン・ナーセル
Nasser جمال عبد الناصر
トルゴマーン・バスステーション

イル・アタバ
Attaba العتبة

ムハンマド・ナギーブ
Mohamed Naguib محمد نجيب

アンワル・イッ・サーダート
Sadat أنور السادات タフリール広場

イル・オペラ
Opera الأوبرا

サアドゥ・ザグルール
Saad Zaghloul سعد زغلول

イッ・ドッキ
El-Dokki الدقي

イッ・サイイダ・ゼーナブ
Sayeda Zeinab السيدة زينب

イル・マリク・イッサーリフ
El-Malik El-Saleh الملك الصالح

マル・ギルギス
Mar Girgis مار جرجس オールドカイロ

イッ・ザフラー
El-Zahraa الزهراء

ダール・イッ・サラーム
Dar El-Salam دار السلام

ハダーイク・イル・マアーディ
Hadayeq El-Maadi حدائق المعادي 日本大使館

イル・マアーディ
El-Maadi المعادي Line 1

タカナート・イル・マアーディ
Sakanat El-Maadi تكنات المعادي

ナイル川

右図へ

カイロの地下鉄

URL www.cairometro.gov.eg

3号線の車両。冷房も効いている

現在開通している路線はイル・マルグ・イル・ゲディーダとヘルワーンの1号線（**Line 1**）、ショブラ・イル・ヘーマとギザのイル・ムニーブを結ぶ2号線（**Line 2**）、ムフール・ロード・イル・ファラク〜アドリ・マンスールを結ぶ3号線（**Line 3**）の3つ。駅名表示には英語表記もあるが、必ずしもアラビア語に対応している訳ではない。

ラッシュ時の地下鉄ナーセル駅。自動改札機に通した切符は出るときにも必要なのでなくさないこと

観光客にとってはラムセス駅〜タフリール広場間の移動のほか、オールドカイロやゲズィーラ島のザマーレクなどに行くのに便利。

また、ギザ駅まで地下鉄2号線で行って、そこからタクシーやミニバスでピラミッドに行くことができる。この方法だと、タフリール広場周辺の渋滞を避け、交通費の節約にもなるのでおすすめ。

● **地下鉄の料金と切符** 料金は移動距離（駅数）によって異なり、6〜15£E。切符は窓口か券売機で購入できる。

チャージ式のICカードもあるが、あまり普及していない。カードは窓口で購入でき、料金は50£E（うちカード代が25£E）。

● **乗り換え駅** 1号線と2号線の乗り換えはラムセス駅直結のショハダーツ駅Shohadaa（旧ムバーラク駅）、タフリール広場のアンワル・アッ・サーダート駅Sadatの2ヵ所。2号線と3号線の乗り換えはイル・アタバ駅Attabaということを覚えておこう。

● **女性専用車両** 中間の2両は女性専用車両なので注意しよう。ドア上やホームに女性専用を示すピクトグラムが表示されている。

地下鉄の中央の車両は女性専用なので男性は要注意

● **拡大する路線** 3号線はイル・キットカット駅から分岐し、2号線のガームイト・イル・カーヘラ（カイロ大学）駅へ接続する工事が進んでいる。2024年に開通予定で、将来的にはカイロ国際空港とも接続する。また、ギザ郊外とカイロ南部を結ぶ4号線も工事が進んでいる。

地下鉄の車内

カイロのLRT

カイロLRT**Cairo LRT**は2022年7月に一部開通した都市型鉄道システム。カイロ国際空港にほど近い地下鉄3号線終点の**アドリ・マンスール駅Adly Mansour**から東に進み、バドル駅で南の新行政首都New Administrative Capitalに行く路線と北のラマダーン月10日市10th of Ramadan City方面に分岐する。運賃は最初の3駅まで10£Eで、移動距離（駅数）により最大20£E（9駅以上）。7:30頃〜21:00頃に運行している。

ナイル川の水上バス

ナイル川を渡る水上バス

水上バス（ナイルバスNile Bus）はカイロで最も歴史ある公共交通。渋滞のないナイル川をゆっくりと進んでいく。下流にある中洲のワッラク島とギザを結び、8:00〜22:00頃に運航。タフリール広場北側のテレビ塔前にメインの桟橋があり、ギザ動物園、オールドカイロなどに行く。観光客が利用しやすい区間は、オールドカイロ〜カイロ大学〜タフリールなどだ。

カイロの市内バスとおもなターミナル

タフリール東の大型バス乗り場

市内バスは5:00～23:00頃に運行(ラマダーン中は翌2:00まで運行)。マイクロバスは深夜でも走っている。バスにはフロント上部と出口ドア(前のドア)の右に、番号と行き先がアラビア語で書かれている。料金は大型のバスが6～8£E、小さいバスが5～7.50£E。白色や緑色のエアコン付きバスは10～20£E。下記に挙げたターミナルのほかにも、シタデル西のイッサイイダ・アイシャ、ハーン・ハリーリ東側のイッディラーサなど、いくつものターミナルがある。

●**運行管理のコントローラー** おもな市内バスターミナルには必ずコントローラーと呼ばれる運行指示係の詰所があり、どの番号のバスに乗ればいいかここで係員に聞くのが一番確実。

●**アプリと連動するバス** ムワサラット・ミスルMwasalat Misrが運行するエアコン付きバスは、アプリ(→P.440)と連動し、バスの現在地やルートがわかってとても便利。タフリール西とギザのピラミッド周辺を結ぶM7番、ナセル・シティとギザのピラミッド周辺を結ぶM11番バスは利用価値が高い(→P.136)。30分ごとの運行で運賃は20£E。
URL mwasalatmisr.com

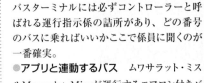

大型バスやマイクロバスなど、さまざまなバスが発着する
Map P.88A2 **タフリール** (アブドゥル・ムニム・リヤド)
Tahrir
(Abdul Munim Riad)
تحرير (عبدالمنعم رياض)
タフリール (アブドゥル・ムニム・リヤド)
🚇地下鉄1・2号線アッ・サーダート駅から徒歩10～15分

タフリール東の空港行き356番のバスはここから。車体の色は白だったり黄緑だったりとまちまち

広場名からアブドゥル・ムニム・リヤドと呼ばれるが、行き先の表示はタフリールとなっていることが多い。ここのバスターミナルは東側とナイル川寄りの西側のふたつがあり、それぞれ行き先別に分かれている。本書では西側をタフリール西、東側をタフリール東と呼ぶ。広場からの移動はエジプト考古学博物館北の地下道を使うと便利。

●**タフリール西** ナイル川西岸のモハンデスィーン方面が発着。利用できそうなのはギザのピラミッド方面(クフ王側入口)行きM7番、シタデル方面に行く154番(١٥٤)、160番(١٦٠)などだ。

●**タフリール東** アッバセイヤや空港方面など、北東部へのバスが多く発着。空港行きの356(٣٥٦)番エアコン付きバスもここから。空港行きは一般バスの400番(٤٠٠)も発着。

北東部への便が発着する
Map P.84B1 **アフマド・ヘルミ**
Ahmad Helmy
أحمد حلمي
🚇地下鉄1号線・2号線ショハダーツ駅から徒歩約5分

地下鉄ショハダーツ駅からは、ラムセス駅構内の地下道を通って行く。カイロ国際空港行き1054番(١٠٥٤)はここが始発。ターミナルの脇を通るアフマド・ヘルミ通りを走る1138番(١١٣٨)も空港に行く。

ピラミッドエリアへの入口
折込Map 大カイロB3 **ギザ広場**
Giza Square
ميدان ・ イル・ギーザ ミダーン・イル・ギーザ
🚇地下鉄2号線ギザ駅から徒歩約15分

カイロ大学に隣接しており、ギザ動物園や地下鉄ギザ駅にもわりと近いバスターミナル。ギザのピラミッド行き900番(٩٠٠)のほか、ニューカイロ方面行きのバスがある。

イスラーム地区や西岸への便が発着
Map P.89D2 **アタバ広場**
El-Attaba Square
ميدان العتبه ミダーン・イル・アタバ
🚇地下鉄3号線イル・アタバ駅から徒歩すぐ

アタバ広場北側の立体駐車場の下にバスターミナルがある。

大学正門の周囲にバス停が点在する
折込Map カイロ中心部A2 **カイロ大学**
Cairo University
جامعة القاهرة ガームイト・イル・カーヘラ
🚇地下鉄2号線カイロ大学駅から徒歩約10分

カイロ大学正門周辺に点在。ムワサラット・ミスル(→上記)の起点のひとつ。

カイロのマイクロバスと乗り場

ワゴン車を改造したマイクロバス

カイロの地理に少し慣れれば、タクシー代わりに使える便利な移動手段。バスよりも値段は多少高いが、乗り降りは自由で、必ず座れるので旅行者も利用しやすい。特にラムセス駅周辺にはアフマド・ヘルミ、ラムセス広場、オラリーという乗り場が点在しており、ピラミッドやイスラーム地区への移動に便利。シダデルの西にあるイッサイイダ・アイシャの乗り場もオールドカイロやギザ広場、ギザのピラミッドへの移動に便利。

●**バス乗り場に併設** マイクロバス乗り場は、大型バス乗り場の横や近くに併設されていることが多い。行き先の表示はアラビア語のみだが、普通は運転手が行き先を連呼

イッサイイダ・アイシャのマイクロバスターミナル

しているのでわかりやすい。また、行き先ごとに車が列を作っているので、満席の場合は後ろの車に乗ればよい。料金は5£E〜。

●**料金は車内で払う** 乗り込んだら、運転手に運賃を支払う。後ろのほうに乗ってしまった場合、前の人にお願いして運転手に渡してもらおう。

●**途中で降りるとき** 特にバス停などはないので、好きな場所で降ろしてもらえる。目的の場所に着いたら「エウエフ ヘナ ラウ サマフトゥ（ここで降ります）」と言っておろしてもらおう。

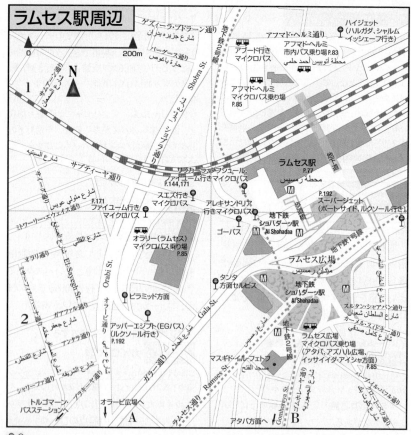

ラムセス駅周辺

Map P.88A2 タフリール（西側）

Tahrir تحرير

🚇地下鉄1・2号線サーダート駅から徒歩約10〜15分

　ギザ方面のタフリール西の大型バス乗り場の横にある。おもな行き先はマアーディ、ヘルワーン、ファイサル、ギザのピラミッドなど。

Map P.84B1 アフマド・ヘルミ

Ahmad Helmy أحمد حلمي

🚇地下鉄1号線・2号線ショハダーツ駅から徒歩約5分

ラムセス駅北口の西側に広がるマイクロバス乗り場

　ラムセス駅の北口から出て左側がマイクロバス乗り場で、右側が市内バス乗り場になっている。マイクロバス乗り場からは、アッバセイヤ、マアーディ、ヘルワーンなど、カイロの各方面への便が発着している。デルタ方面のバスやセルビスが発着するアブード行きの便は、アフマド・ヘルミ通り沿いから発着する。

Map P.84B2 ラムセス広場

Ramses Square ميدان رمسيس ミダーン・ラムスィース

🚇地下鉄1号線・2号線ショハダーツ駅からすぐ

ラムセス広場のマイクロバス乗り場。モスクの東側にマイクロバスが並んでいる

　ゴムホレーヤ通りGomhoreya St.の北側。モスクの東側にあたる。おもな行き先はアタバ、アズハル広場（フセイン）、イッサイイダ・アイシャ（シタデルの西側）などで、イスラーム地区に行くときに便利。

Map P.84A2 オラリー

Qolali القللي

🚇地下鉄1号線・2号線ショハダーツ駅から徒歩約5分

ワゴン車の車体をそのまま使ったマイクロバスが集まるオラリー

　ラムセス駅の西側にある。乗り場は南北に長く、停まっている車の数も多い。おもな行き先はピラミッド方面で、ファイユーム行きの便もある。行き先表示ではラムセスと書かれることが多い。

Map P.107C1 イッサイイダ・アイシャ

El-Sayeda Eisha السيدة عائشة

🚇ラムセス広場からマイクロバスが便利

　シタデル（→P.123）からサラーフ・サーリム通り沿いに少し行った所。ラムセス駅、アタバ、ギザ方面へ出ている。ラムセス駅、アタバ行きはシタデル寄り、オールドカイロやギザ方面はサラーフ・サーリム通り沿い、イッサイイダ・アイシャ・モスクの横から頻発。

折込Map 大カイロB3 ギザ広場

Giza Square ميدان الجيزة ミダーン・イル・ギーザ

🚇地下鉄2号線ギザ駅から徒歩約15分

ギザ広場の乗り場

　乗り場はいくつかに分かれており、高架下からはイッサイイダ・アイシャ（シタデル方面）、ヘルワーン、ファイサル、マアーディ行きが出ている。市内バスターミナルに隣接する乗り場からはピラミッドやファイユーム行きも出ている。

折込Map 大カイロB4 ムニーブ

Mounib المنيب

🚌ピラミッド方面バスなどでマリオテーヤ下車

　地下鉄ムニーブ駅前の広場がマイクロバスのターミナルになっている。ここからはメイドゥームやファイユーム、ベニ・スウェーフといったカイロ以南行きのマイクロバスが出ている。西方砂漠行きのアッパーエジプトバスが発着するムニーブ・バスステーションの横もマイクロバス乗り場になっており、バフレイヤ・オアシスなど西方砂漠方面行きのマイクロバスが発着している。

Map P.141A4 マリオテーヤ

Marioteya المريوطية

🚌ピラミッド方面バスなどでマリオテーヤ下車

高架下にマイクロバスが並ぶ

　ギザ市内のアフラーム通り沿いにあるピラミッド病院（مستشفى الهرم ムスタシファ・イル・ハラム）を越えた橋のたもと。数は多くないが、サッカーラ、ダフシュールなどの遺跡へ行くことができる。

カイロのタクシー

カイロのタクシーは白に黒のライン

タクシーはカイロの地理に不慣れな旅行者にとって、便利な交通手段だが、メーターを使うタクシーと使わないタクシーがある。

●**メーターを使わないタクシー**　カイロのタクシーの主流は、メーターがあっても「壊れている『新料金に対応していない」などの理由で使いたがらない。また、メーターが付いていないタクシーもある。そういうタクシーを利用する場合は、事前に料金を交渉するのがセオリーだが、短距離は運転手に聞いてもボッたくられるだけだ。支払いは欄外の目安を参考に、車を降りてから窓越しに渡そう。

●**料金の相場**　最初の1kmで5£Eが現地の相場（外国人観光客にはさらに高い料金が請求されることが多い）。ナイル川を渡るとやや割高になる。相場どおりなら観光客には文句を言ってくるのが普通で、ドライバーが執拗に抗議しなければOKくらいに考えよう。タクシーのトランクに入れるような大きな荷物がある場合は、通常の端数を切り上げるチップよりも多めに料金を上乗せして請求する習慣がある。

タクシー料金の目安

タフリール広場の周辺地域で乗車した場合
（距離は最短距離の目安）

ハーン・ハリーリ	**40£E**（約3km）
ザマーレク	**40£E**（約3km）
シタデル	**40£E**（約7km）
ギザのピラミッド	**150£E**（約13km）
トルゴマーン・バスステーション	**30£E**（約1km）
ラムセス駅	**30£E**（約2.5km）
カイロ空港 （空港内入場料別途）	**150～200£E** （約20km）

●**メーター式タクシー**　町ごとにミニバスやタクシーの色が決まっているが、カイロでは白地の車体に黒いチェックのデザインが主流。料金は時間・距離併用型。メーターが付いていたら、必ず「使ってくれる？（指をさしてメーター、OK？など）」と聞いてから乗車すること。なお、近年はインフレが激しくメーターの更新がままならないタクシーも多い。そ

のため「プラスいくらか」を要求する場合も多く、メーターどおりの料金だとトラブルになることもある。

●**ホテルから乗る「リムジン」**　4～5つ星ホテルでベルマンが手配するタクシーは「リムジン」と呼ばれ、通常のタクシーとは別の料金体系。こういったホテルでは流しのタクシーを止めてくれたり、料金交渉をしてくれないので注意。

■■ライドシェア・アプリ（UberやCareem）■■
詳しい使い方→P.462

●**ライドシェア・アプリに必要なもの**　カイロではウーバーUberやカリームCareemなどのライドシェア・アプリが利用できる。利用とアカウント登録にはスマートフォンと、Wi-Fiもしくは現地のSIMカードが必要。料金交渉や行き先の説明などが不要なので旅行者にも便利な交通手段。

カリームの操作画面。周囲にいる登録車両が表示される

ウーバーは日本語での操作が可能。ひろう時や移動している時に車の現在地がわかるのでとても便利。表示される額を支払えばいいし、クレジットカードを登録すれば、現金のやりとりも必要ない。

●**行き先の方角と一方通行に注意**　カイロの中心部であればドライバーも多いので、5分ぐらいで車を手配することができる。大通りの場合は進行方向、また市街地は一方通行も多いので遠回りになることもある。乗車場所の指定はホテルなどわかりやすい場所にするとよい。

Geely Grand 7　ب ن 6773

ライドシェア・アプリを使うときは、アラビア語の数字を覚えておけば呼んだ車のナンバーを確認できる

■両替・郵便・電話■

●両替 銀行や両替所はタフリール広場からアタバにかけて、アスル・インニール通りやタラアト・ハルブ通り沿いに多い。いくつかの高級ホテル内にも銀行があり、両替ができる。ただし、日本円を両替できるところは多くない。また、日本円から米ドルやユーロへの両替をしてくれるところはほとんどない。

●ATM ATMの数は多く、クレジットカードでのキャッシングならほとんどのATMで可能。

●郵便 郵便局は市内各所に点在しており、手紙やはがき、小包などを送ることができる。国際宅配便会社のDHLは、新市街のアブデル・ハーリク・サルワット通りにある。

●電話 電話局はタフリール広場やラムセス通りなどにある。公衆電話はほとんどない。あってもほぼ壊れている。

■旅の情報収集■

●観光案内所 アドリ通り、ギザのピラミッドのクフ王側入口の2ヵ所にある。情報量や正確性に関してはあまり期待しないほうがいい。

●書店 タラアト・ハルブ広場周辺やアスル・イン・ニール通り、高級ホテル内では英語の書籍が購入可能。ガイドブック、地図など英語の書籍が最も充実しているのは、カイロ・アメリカン大学構内の書店。

■インターネットカフェ■

インターネットカフェはタフリール広場やタラアト・ハルブ広場周辺に点在している。ほかにも、マクドナルドなどのファストフード店やカフェではWi-Fiを無料で使うことができる。

■ビザの延長■

30日以上滞在する場合、ビザの延長か外国人居住カードの取得が必要。手続きはアッバセイヤ地区にあるパスポート・移民局でできる。カイロのパスポート・移民局は特に混むので、各都市の移民局で手続きしたほうが早い場合もある。場所は地下鉄3号線のイル・アッバセイヤ駅から徒歩約15分。ただし、手続きにはかなり時間がかかり、英語が通じないことがほとんど。旅行者であれば一度近隣諸国に出国して、再度空港や国境で30日のビザを取ったほうが早いこともある。

■現地発着ツアー・旅行会社■

現地発着ツアーをうまく活用すれば、限られた日数でもスムーズに回ることが可能だ。しかし、悪徳業者も多く、料金に内容がともなわないようなツアーを組まれたりする場合もあるので注意が必要だ。とくに、空港やピラミッド周辺で声をかけてくる業者がいるので注意しよう。安宿で人数を集めるツアーも、タクシーやミニバスを何人かでチャーターするだけという場合も多い。安全や保険の有無などきちんと吟味してツアーへの参加を決めよう。

■DHL
Map P.89C2
住38 Abd El-Khalk Tharwat St., Downtown
٣٨ شارع عبد الخالق ثروت, وسط البلد
TEL16345
開10:00～20:00(土～18:00)
休金

■カイロの観光案内所
●アドリ通り
Map P.89C2
住5 Adly St., Downtown
٥ شارع عدلي, وسط البلد
TEL(02) 2391 3454
開9:00～17:00　**休**無休
●ギザのピラミッド前
Map P.141B3
開9:00～17:00　**休**無休

■カイロ・アメリカン大学構内の書店 AUC Bookstore
Map P.88A3
TEL(02) 2797 5929
URLwww.aucpress.com
大学構内に入るのにパスポートなど身分証が必要。
開10:00～18:00　**休**金

■パスポート・移民局
Passports, Emigration & Nationality Administration
折込Map大カイロC2
住17 Al-Sikka Al-Bidaa St., Abbasiya
١٧ شارع السكة البيضاء, العباسية
TEL(02) 2794 4926
URLemoves.moi.gov.eg/en
開7:00～15:00　**休**金
必要書類、手続きの手順
→P.435

■現地ツアー主要予約サイト
●Veltra
URLwww.veltra.com
●Viator
URLwww.viator.com

■日本語対応可能な現地旅行会社
●スカイバード・トラベル Sky Bird Travel
折込Map大カイロC2
空港送迎、航空券やホテル、クルーズなどの手配が日本語で可能。
TEL(02) 2270 2305(担当:山下)
TEL(02) 2270 2306
URLskybirdtravel.net
Mailtravel@skybirdtravel.net

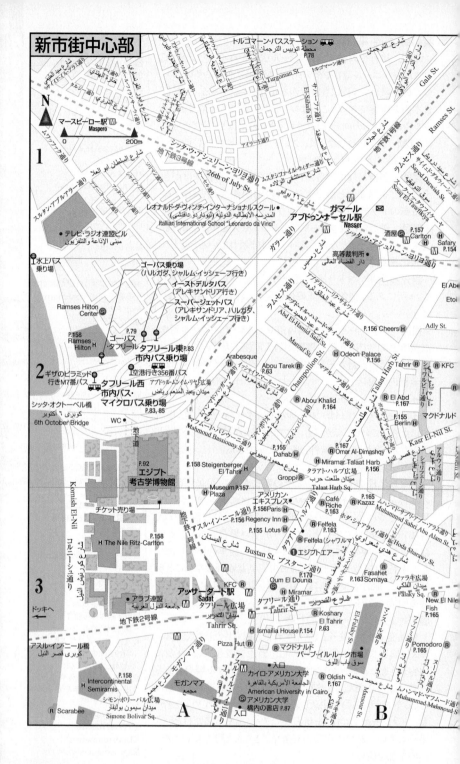

新市街中心部

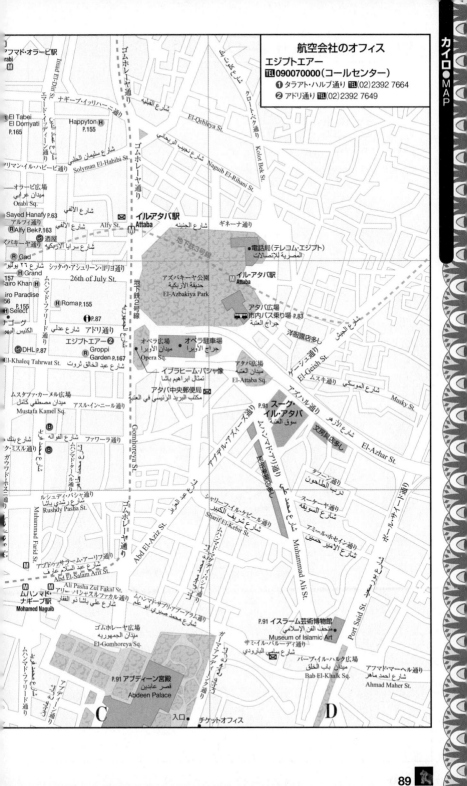

航空会社のオフィス

エジプトエアー
TEL 090070000（コールセンター）
❶ タラアト・ハルブ通り TEL (02) 2392 7664
❷ アドリ通り TEL (02) 2392 7649

アフマド・オラービ駅
rabi Ｍ

イマド・エッディーン通り

ゴムホレーヤ通り

クロートベック通り

شارع كلوت بك

El-Qehleya St.

ناجيب الريحاني

ナギーブ・イッリハーニ通り

Naguib El-Rihani St.

Kolot Bek St.

❸ El Tabei
El Domyati
P.165

エッディーン通り

Happyton Ｈ
P.155

سليمان الحلبي

シャーリマン・イル・ハビービ通り
Solyman El-Habibi 通り

شارع الألفي
Orabi Sq.

オラービ広場
ميدان عرابي
Orabi Sq.

Sayed Hanafy P.63

アルフィ通り

Ｒ Alfy Bek P.163

シャーリ・イル・ビビ通り
イルアタバ駅
Attaba

Alfy St.

شارع الجنينة

ギネーナ通り

شارع الألفي

✉ 郵便局

●電話局（テレコム・エジプト）
المصرية للاتصالات

酒屋
Ｓ

サラヤ・イル・アズビ通り
Ｓ Gad

地下鉄3号線

イル・アタバ駅 Ｍ
Attaba

シッタ・ウ・アシュリーン・ヨリヨ通り

الجديد

157
Cairo Khan
iro Paradise
56

Ｈ Grand

26th of July St.

アズバキーヤ公園
حديقة الأزبكية
El-Azbakiya Park

アタバ広場
市内バス乗り場 P.83
جراج العتبة

Ｈ Select

Ｈ Roma P.155

地下鉄2号線

アドリ通り

❶ P.87

洋服雑貨店多し

ガーミジ通り
El-Geish St.

ナゴーグ
الكنيس اليهو
通り

エジプトエアー ❷

Ｒ Groppi
Garden P.167

オペラ広場
جراج الأوبرا
Opera Sq.

オペラ駐車場
ミダン・アルオブラ
ميدان الأوبرا

アタバ広場
ميدان العتبة
El-Attaba Sq.

スーク・イル・ムスキ通り
شارع الموسكي

Musky St.

Ｓ DHL P.87

El-Khaleq Tahrwat St.

シャーリ・アブドル・ハーリク・サロワト通り

イブラヒーム・パシャ像
تمثال ابراهيم باشا

アタバ中央郵便局 ✉
مكتب البريد الرئيسي في العتبة

P.87 スーク・
イル・アタバ
سوق العتبة

文房具店多し

El-Azhar St.

مصطفى كامل
Mustafa Kamel Sq.

ムスタファ・カーメル広場

アスル・イン・ニール通り

シャーリ・イル・アズバル通り

مساكن

Ｂ

シャーリ・バンク・ミズル通り
شارع بنك

アブデル・アジーズ通り

ファワーラ通り

مأذن الطاحون

タフニ通り
مأذن الطاحون

ガウワド・ホスニ通り

Ｂ

عبد العزيز

スーキーヤ通り
شارع السويقة

ルシュディ・パシャ通り
شارع رشدي باشا
Rushdy Pasha St.

شارع كبير
シャーリ・イル・ケビール通り
Sharif El-Kebit St.

アミール・ホセイン通り
شارع الأمير حسين

Muhammad Farid St.

ムハンマド・ファリード通り

Abd El-Aziz St.

ゴムホレーヤ通り

Gomhoreya St.

محمد علي
Muhammad Ali St.

ムハンマド・アリ通り

Port Said St.

アブドッサラーム・アーリフ通り
شارع عبد السلام عارف
Abd El-Salam Arif St.

Ｍ

Ｍ Ali Pasha Zul Fakal St.

ムハンマド・
ナギーブ駅
Mohamed Naguib

アリー・パシャ・ズルファカル通り
شارع علي باشا ذو الفقار

ムハンマド・サブリ・アブラーラム通り
شارع محمد صبري ابو علم

P.91 イスラーム芸術博物館
●متحف الفن الإسلامي
Museum of Islamic Art

サミ・イル・バルーディ通り
شارع سامي البارودي

ゴムホレーヤ広場
ميدان الجمهورية
El-Gomhoreya Sq.

ムハンマド・ファリード通り

アブディーン通り

バーブ・イル・ハルク広場
ميدان باب الخلق
Bab El-Khalk Sq.

アフマド・マーヘル通り
شارع احمد ماهر
Ahmad Maher St.

P.91 アブディーン宮殿
قصر عابدين
Abdeen Palace

C

入口 ●　チケットオフィス

D

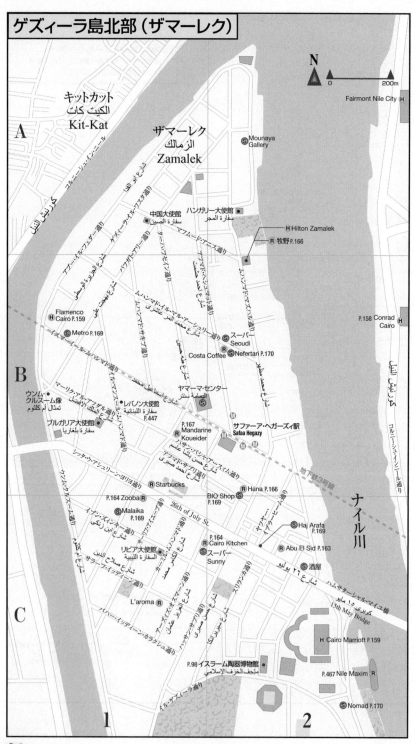

ゲズィーラ島北部（ザマーレク）

キットカット
الكيت كات
Kit-Kat

ザマーレク
الزمالك
Zamalek

Fairmont Nile City H

Ⓢ Mounaya Gallery

中国大使館
سفارة الصين

ハンガリー大使館
سفارة المجر

H Hilton Zamalek

R 牧野 P.166

Flamenco H
Cairo P.159

Ⓢ Metro P.169

スーパー
Seoudi

Costa Coffee Ⓢ Nefertari P.170

P.158 Conrad H
Cairo

ウンム・
クルスーム像
تمثال ام كلثوم

ブルガリア大使館
سفارة بلغاريا

ヤマーマ・センター
اليمامة سنتر Ⓢ

マーリク・アル・アフダル通り
レバノン大使館
سفارة اللبنانية
P.447

P.167
Mandarine R
Koueider

サファーア・ヘガーズィ駅
Ⓜ Safaa Hegazy

Ⓡ Starbucks

P.164 Zooba R

Ⓢ Malaika
P.169

R Hana P.166

BIO Shop Ⓢ
P.169

26th of July St

Ⓢ Haj Arafa
P.169

P.164
Cairo Kitchen R

スーパー
Ⓢ Sunny

Ⓡ Abu El Sid P.163

Ⓢ 酒屋

地下鉄3号線

ナイル川

ハムサ・コマーシャル・マイエ橋
كوبرى ١٥ مايو
15th May Bridge

L'aroma R

P.98 イスラーム陶器博物館
متحف الخزف الإسلامي

H Cairo Marriott P.159

P.467 Nile Maxim R

Ⓢ Nomad P.170

N
0   200m

新市街 Downtown Cairo

وسط البلد

アラビア語:ワスト・イル・バラド

贅沢三昧の豪華宮殿　　　　　　アスル・アブディーン
アブディーン宮殿

قصر عابدين

Abdeen Palace　　　　　　　　　Map P.89C3

　その豪奢な生活でエジプト経済を破綻させた、ムハンマド・アリ朝のイスマイール王の贅沢な建築物。代々、王の住居だったが、1952年のナセル革命後は大統領府所有になった。巨大な建物の内部は一般公開されており、「武器」「大統領寄贈品」「装飾品とメダル」「歴史的文書」「銀食器」の5つのテーマに分かれた展示を見ることができる。入口は宮殿の東側で、道路を挟んで向かいにチケット売り場がある。

フスタートの発掘品もある　マトゥハフ・イル・ファンヌ・イル・イスラーミー
イスラーム芸術博物館

متحف الفن الإسلامي

Museum of Islamic Art　　　　　Map P.89D3

　オールドカイロにある廃墟フスタートからの発掘品をはじめ、芸術工芸品などを展示している見応えのある博物館。各時代ごとに展示室が分かれており、イスラーム進出以来の歴史を追うように見学できる。特に木細工が豊富で、その緻密さには感嘆する。

緻密で美しいイスラーム美術を堪能しよう

何でも揃う　　　　　　　　　スーッ・イル・アタバ
スーク・イル・アタバ

سوق العتبة

El-Ataba Market　　　　　　　　Map P.89D2

　アタバ市場は、「台所」の名にふさわしく、肉、野菜、魚などあらゆる食料が売られている。細い道は迷路のように入り組んでいる。丸裸の羊や、鶏の頭をはね、肉の塊となるべくさばかれる光景など、庶民の生活の匂いを強く感じさせる。また、スークの周りでは家電製品の店が並び、裏路地には電気部品のジャンク屋まである。木曜の夜がにぎやか。

ヒンドゥー教寺院を模した　アスル・イル・バローン・アムバーン
バロン城

قصر البارون إمبان

Baron Empain Palace　　折込Map大カイロC2

　ヘリオポリス地区の開発やデルタ地方の鉄道敷設でも知られる、ベルギー人実業家アンパン男爵が1911年に建てた宮殿。設計は東洋風建築を得意とするフランス人建築家のアレクサンドル・マルセルによるもの。見た目どおり、ヒンドゥー寺院にインスパイアされ、仏教の影響も見られる。内部では宮殿や宮殿の立つヘリオポリスの歴史に関する展示が見られる。

アブディーン宮殿

■アブディーン宮殿

🏠Kasr Abdeen Sq., Downtown
ميدان قصر عابدين, وسط البلد
🕐9:00〜14:00　🚫無休
💴100£E（学生50£E）

■イスラーム芸術博物館

🏠Port Said St., Downtown
شارع بور سعيد, وسط البلد
☎(02)2390 9930
🌐www.miaegypt.org
🌐egymonuments.gov.eg
🕐9:00〜17:00　🚫無休
💴270£E（学生135£E）
['24年秋以降 340£E（学生170£E）]
🚗※クレジットカード払いのみ

イスラーム芸術博物館

雑多な雰囲気のスーク・イル・アタバ

■バロン城

🚇地下鉄コッリーイト・イル・バナート駅から徒歩約10分
🏠El-Montaza, Heliopolis
شارع العروبة, مصر الجديدة
☎(02)2735 4532
🌐egymonuments.gov.eg
🕐9:00〜18:00　🚫無休
💴180£E（学生90£E。屋上は別途120£E）
['24年秋以降220£E（学生110£E）]
▬MV※クレジットカード払いのみ

地元の女性に人気がある

詳説！ エジプト考古学博物館

歴代のファラオの財宝が眠る、あまりにも有名な博物館。
エジプトにおける数々の至宝が展示されている。
館内は広く、展示物も圧倒的に多いので、じっくり見るとなると何日あっても足りない。

Map P.88A2
📍Tahrir Sq.　ميدان التحرير
🌐egymonuments.gov.eg
🕐9:00〜19:00　※最終入場18:00　🈳無休
💰450£E(学生225£E)　['24年秋以降550£E(学生275£E)]
💳──MV　※クレジットカード払いのみ ⊗
カイロ・バス→P.137 ※以下は2023年10月現在の情報。ツタンカーメンの展示は、ギザの大エジプト博物館に移される予定。王家のミイラの展示はエジプト文明博物館(→P.105)にすでに移送済み。

1835年に開館し、1902年に現在の建物に移転した歴史ある博物館

エジプト考古学博物館の興味深い展示物

●"暮らし"がわかる副葬品　来世を現世の延長としてとらえていた古代エジプト人にとって、埋葬にともなう副葬品は、常に来世における日々の生活に役立つためのものだった。金銀財宝だけではなく、家具や食べ物、そして化粧道具などの日用品も一緒に墓に埋葬した。

　また現物に加えて、墓の壁面には副葬品が絵や文字で記されていた。それはたとえ副葬品が壊れたり腐敗したりしても、死者が呪文を唱えれば、それらが実物として現れると信じられていたから。そしてさらに日用品や食物が途切れないために農業や漁業の様子を壁画に描いたり、パン職人の模型などを副葬品として埋葬した。

　副葬品や壁画からは、古代エジプト人たちの実際の生活をも知ることができる。

●古代エジプトの宝飾品　現代人と同様に古代エジプト人も高価な宝飾品に憧れ、それらを副葬品とした。特にエジプトでは黄金とラピスラズリというふたつの原材料が好まれていた。

　ラピスラズリは、濃い青色の中に金色の細片が入っている石。黄金とラピスラズリは、最高の組み合わせとして古代エジプト人たちの憧れの的だった。

●ウシャブティ　ウシャブティは、「こたえる者」という意味をもつ、呪術的なミイラの形をした小像のことである。ウシャブティは、来世において、必要なときに墓主が呼び出せば死者の身代わりとなって労働に従事してくれると考えられていた。

　材質はファイアンス、木、青銅など。時代とともにその数を増し、セティ1世の王墓からは、1000体近くのウシャブティが発見されている。

ユヤとトゥヤの墓から出土したウシャブティ

●カノポス箱　ミイラから取り出した内臓を収めていた石製や陶器製の容器のこと。4つひと組で用いられ、それぞれホルス神の息子である4人の神の頭部が模された蓋が備えられていた。

　人頭のイムセティ神は肝臓、猿の頭部のハピ神は肺、ジャッカルの頭部のドゥアムテフ神は胃、そしてハヤブサの頭部をもつケベフセヌエフ神には腸が、それぞれ入れられていた。古代エジプト人にとって肉体の保存は最重要課題であったため、これらの最も重要な4つの内臓も遺体同様ていねいに保存された。

カノポス箱(上)とカノポス箱が入っていた黄金の厨子(下)

1階

1階は時代（王朝）別に展示されている。右の地図の順路に従って時計回りで、古王国、中王国、新王国と時代に沿って見学できる。とにかく、展示物の

数はかなり豊富なので、事前に少し勉強しておくとさらに楽しめるかも。通路にも立像などがあるから、じっくり見て回ろう。

（　）内は作品番号

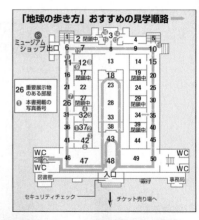

「地球の歩き方」おすすめの見学順路

26　重要展示物のある部屋
❶　本書掲載の写真番号

【37号室】
書記座像
The Egyptian Scribe（141/43）
端正な顔つきの書記座像は美術の教科書にも出てくるからよく知られているが、実際はガラスケースに入った高さ50cmほどの小さなもの。

【37号室】
カ・アペル像
Ka aper（Sheikh el Balad）
（140/40）
村長（シェイフ・エル・バラド）の像ともいわれる。エジプト史上発見されている最古の実物大木像。実際のカ・アペルはサッカーラの神官だった人物。

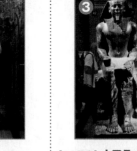

【42号室】カフラー王座像
Khafra and Horus（138/131）
アブ・シンベル近郊で採掘された、地球上で最も固い石のひとつ、閃緑岩製の像で、王の力強さを象徴している。ホルス神が翼を広げて王の頭を抱えているのは、王権の安泰を約束する祝福のポーズといわれる。

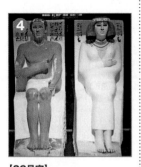

【32号室】
ラーホテプとネフェルトの座像
Prince Rahotep and his wife Nofret（223/27）
美しく彩色された高さ1mくらいの像。古王国時代の傑作。

【32号室】
セネブと家族の像
Seneb the dwarf and his family（6055/39）
身体的なハンディキャップを乗り越えて活躍したセネブと家族の仲むつまじい像。

【42号室】
クフ王座像
King Khuhu（143）
高さ7.5cmのこの小さな像こそ、かのクフ王の姿を伝える現存する唯一の像。見逃さないように。

【11号室】
ハトシェプスト女王のオシリス柱頭部
Head from an Osiride Statue of
Queen Hatshepsut（94）

ルクソールのハトシェプスト葬祭殿の第3テラス正面にあるオシリス列柱の頭部。付けヒゲや赤色の皮膚は男性を表す象徴で、女王ではなく王として振る舞った彼女の姿をよく表している。

【26号通路】
メンチュヘテプ2世座像
Montuhotep II

【12号室】
ハトホル礼拝堂 Hathor Shrine（445/138）

雌牛はハトホル女神の化身。後ろの礼拝堂の壁面には、ハトシェプスト女王と、雌牛の腹の下で乳を飲むトトメス3世が描かれている。

【6～7号通路】
ハトシェプスト女王のスフィンクス
Granite Sphinx of Queen Hatshepsut
（6152）

新王国時代で最も有名な出土物。石灰岩製で、破片を集めて修復された。

【12号室】
トトメス3世立像
Thutmosis III
（400/62）

【10号通路】
ホルス神に守られる子供時代の
ラムセス2世像
Ramses II as a child
protected by the god Horun（6245）

指しゃぶりをする幼いラムセスの姿がユニーク。

[3号室] アマルナ美術

3号室は、アテン神と呼ばれる太陽神だけを信仰する宗教改革を行い、アマルナ美術を生んだアクエンアテン王に関わる展示。下の写真を含め全部で4体のアクエンアテン王の巨像があるが、すべてカルナックのアテン神殿に建てられたもの。細面に長く真っすぐな鼻、ふくよかな腰の表現に後のアマルナ美術へのつながりが感じられる。

アマルナ美術が展示されている第3室。小さな彫像の表情も見逃さないで

アクエンアテン王の巨像
King Akhenaten（6015、6016、6182）

2階

2階は、遺物の種類ごとに部屋が分かれているから、どこから見始めてもいい。しかし何といってもツタンカーメンの秘宝が一番人気だ。黄金のマスクのある狭い部屋はいつも超満員なのでじっくり見たいのなら開館と同時に黄金のマスクの部屋へと向かおう。

[3、4号室]
タニスの王墓の財宝
The Treasure of the Royal Tombs of Tanis
末期王朝のタニス（サーン・イル・ハガル）の王墓からの出土品を展示している。隣のツタンカーメンの部屋には及ぶべくもないが、金銀の副葬品には一見の価値がある。

[27号室]
供物を運ぶ女性像
Offering bearer carrying a square basket（6081/74）
この部屋には、生活や仕事の様子が表現されたミニチュアが展示されている。牛の頭数調査 Meket Ra's Models（6080/76）も有名だ。

[29号室] パピルス文書
この部屋には色鮮やかに表現されたパピルス文書が集められている。ヒエログリフ（聖刻文字）やヒエラティック（神官文字）、デモティック（民衆文字）、コプト文字、ギリシア文字なども展示されている。

2F

ツタンカーメンの黄金のマスク

ツタンカーメンの秘宝（P.96）

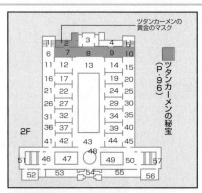

[27号室]
櫓を漕ぐ舟
Models of rowing boats

[37号室] 40人編成のエジプト人槍隊
Model of a regiment of infantry（3345/73）

【2号室】
ツタンカーメンの黄金のマスク
Funerary mask of Tutankhamun

エジプト考古学博物館で最も人気の高い展示物。
宝飾の部屋は暗くされており、いっそう黄金が輝
きを増す。なお、ミイラはルクソールの王家の谷
の王墓内で公開されている。

【8号通路】
ツタンカーメンの玉座
Throne of Tutankhamun(179)

ツタンカーメンとその妻が描かれた玉座。ひじかけ
は翼、脚はライオンの足をモチーフにしている。

【8号通路】
ツタンカーメンの立像
Ka Statue of Tutankhamun

墓の入口を守っていた2体で1対の立像。顔の表情などにアマルナ美術の影響が見られる。

【7号通路】
アヌビス神の厨子
Anubis Shrine

精悍な顔立ちのアヌビス神像がのった厨子。

ツタンカーメンの財宝

ホルス神のペンダント

スカラベとウアジェト神のブレスレット

ウアジェト神の目のペンダント

ウアジェト神の装飾品

ネクベト神の装飾品

スカラベの胸飾り

胸飾り

スカラベのブレスレット

ヌト神の胸飾り

■カイロタワー
TEL(02)2736 5112
開9:00〜24:00 休無休
料250£E
回転レストランのミニマムチャージ300£E

■オペラハウス
TEL(02)2739 0188
URL www.cairoopera.org

バレエ団では日本人も活躍。エジプトを舞台にしたアイーダは人気の演目

■イスラーム陶器博物館
アタバ広場から103番（シッタ・ウ・アシュリーン・ヨリヨ通り〜ガラー通りでも乗車可能）でマリオット・ホテル下車。徒歩約3分。
TEL(02)2273 73298
※2023年10月現在、見学不可

イズニックの水差しなど充実した展示

ゲズィーラ島 Gezira Island
الجزيره
アラビア語：イル・ゲズィーラ

　ゲズィーラ島はカイロ市内を流れるナイル川の中洲のひとつ。島のほぼ中央部にカイロタワーがあり、北部はザマーレク地区になっている。

空から眺める360度の大パノラマ　　　ボルグ・イル・カーヒラ
カイロタワー　　　برج القاهرة
Cairo Tower　　　折込Mapカイロ中心部A1

　タフリール橋をゲズィーラ島へ渡ってすぐ北に行き、左へ曲がると上エジプトの象徴ロータス（ハス）をかたどったカイロタワーがある。高さ187m、東京スカイツリー®には及ぶべくもないが、展望台からは、カイロ市街はもちろん、天気がよければギザのピラミッド、シタデル、ナイルデルタまでも見渡せる。回転式の展望レストランやカフェテリアもある。

現代美術と音楽を知ろう　　　ダール・イル・オーペラ・イル・マスレイヤ
オペラハウス　　　دار الاوبرا المصرية
Cairo Opera House　　　折込Mapカイロ中心部A1

　オペラハウスはエジプトの美術や音楽など芸術を鑑賞する場として、1985年に日本のJICAの協力で建設が開始され、1988年にこけら落とし公演が行われた。

　ここではバレエや声楽、楽器の授業などが行われており、文化的教育の一端を担っている。バレエ、オペラ、コンサートなどのイベントが年間を通して数百本開催され、観光客が楽しむことも可能だ。イベント開催日のみ館内の博物館も見学可能。

世界屈指の陶器コレクション　　　マトゥハフ・イル・ハザフ・イル・イスラーミー
イスラーム陶器博物館　　　متحف الخزف الاسلامى
Islamic Ceramics Museum　　　Map P.90C2

　マリオット・ホテル横の瀟洒な建物がイスラーム陶器博物館。ここにはウマイヤ朝からオスマン朝にいたるイスラーム時代のエジプト歴代王朝をはじめ、トルコ、イラン、シリア、北アフリカ、イベリア半島など、イスラーム世界の各地域の陶器を集めている。なかでもマムルーク朝やオスマン朝時代の、鮮やかなブルーの陶器コレクションは必見。これだけの量と質のイズニックやキュタフヤ産の陶器コレクションはトルコ本国でもお目にかかれないほどだ。各王朝や産地ごとのデザインを比べてみるのもおもしろい。

　博物館の建物自体も、ムハンマド・アリの孫にあたるアムル・イブラーヒームの宮殿だっただけあり、調度品や装飾も見応えがある。建物の裏にはオブジェがあちこちに置かれている。

98

ロ一ダ島 Roda Island

جزيرة الروضة

アラビア語:ゲジリート・イッ・ロ一ダ

ロ一ダ島はゲズィーラ島の南側にある中洲。オールドカイロ地区と隣接している。

マナステルリ橋の瀟洒な姿

オールドカイロとロ一ダ島を結ぶ橋　クブリ・マナステルリ
マナステルリ橋　كوبري مانسترلى

Manasterly Bridge　Map P.101A

ロ一ダ島とオールドカイロを結ぶノスタルジックな橋。地元の人たちはフランス橋などともいうが、どちらにしても橋の名前はあまり知られてはいない。

ナイル川を見渡せる宮殿　アスル・イル・マナステルリ
マナステルリ宮殿　قصر المانسترلى

Manasterly Palace　Map P.101A

マナスティル（現在の北マケドニアのヴィトラ）出身のハッサン・フアド・パシャによって1851年にロ一ダ島の南西端に建てられた宮殿。19世紀のオスマン朝で流行したロココ様式を取り入れた装飾は豪華絢爛。テラスからはナイル川を眺めることもできる。敷地内にはウンム・クルスーム博物館とナイロメーターがある。

●**ナイロメーター**　かつて定期的に氾濫していたナイル川では、洪水を事前に予測するため、水位を計るナイロメーターが流域のあちこちに設置された。ここもそのひとつで、トゥール一ン朝時代の716年に造られた。観測所には木造のナイロメーターが中に納められている。構造は単純で、深い縦穴を掘り、ナイル川と地下トンネルで結ぶ。川の水位が上昇すると、縦穴内の水位も上がる仕組みだ。

●**ウンム・クルスーム博物館**　エジプトだけではなく、アラブ世界でも愛された女性歌手ウンム・クルスームにまつわる品を集めている。館内には彼女が身にまとっていたステージ衣装やトレードマークのサングラス、各国首相からの感謝状などが展示されている。ビデオルームでは彼女の生涯のドキュメント番組が流されている（アラビア語のみ）。

豪華絢爛　マトゥハフ・アスル・イル・マニアル
マニアル宮殿博物館　متحف قصر المنيل

Manial Palace Museum　折込Mapカイロ中心部A2

ムハンマド・アリ朝末期に摂政を務めたムハンマド・アリ・タウフィーク（1875〜1955年）のために建てられた宮殿で、内部が一般公開されている。実際に彼が住んだ建物は豪華絢爛で一見の価値あり。ほかに歴代君主の肖像画と玉座が展示された建物、モスク、時計塔、小さな生物博物館などがある。入口は北側にある。

■**マナステルリ橋**
🚇地下鉄マル・ギルギス駅から徒歩約15分
🚌アイン・シャムス発ミニバス352番マナステルリ橋行きが、ラムセス駅やガラー通り、コルニーシュ通りを経由する。

■**マナステルリ宮殿**
🕐9:00〜16:00
🚫無休　💰100£E（学生50£E）
['24年秋以降120£E（学生60£E）]

マナステルリ宮殿の天井装飾

●**ナイロメーター Nilometer**
مقياس النيل
🕐9:00〜15:30　💰100£E
●**ウンム・クルスーム博物館**
Umm Kulthum Museum
متحف ام كلثوم
📞(02)2363 1467
🕐9:00〜14:00
🚫無休　💰20£E　📷20£E

ウンム・クルスームのパスポート

■**マニアル宮殿博物館**
🕐9:00〜16:00　🚫無休
💰180£E（学生90£E）
['24年秋以降220£E（学生110£E）]
💳M V
※クレジットカード払いのみ

ムハンマド・アリ朝の歴代君主の肖像画がずらりと並ぶ

オールドカイロの路地

オールドカイロ Old Cairo
المصر القديمه
アラビア語：マスル・イル・アディーマ

オールドカイロはカイロ発祥の地だけあって、エジプトの歴史を肌で感じられるような雰囲気の町。マル・ギルギス駅に降り立つと、目の前にはローマ時代の塔と壁が見える。この壁の内側は、いわば観光名所だらけだ。

オールドカイロ地区には、今でもコプト教徒がかなりいる。コプト教（→P.103）というのは、原始キリスト教会の流れをくむといわれる一派。コプト教会をよりどころにしていた人たちは、アラブ軍が侵入する以前、ビザンツ帝国の圧政から逃れるべく、抵抗運動を続けていた。だから、アラブ人が入ってきたとき、彼らは対ビザンツ戦でアラブ軍に協力した。

イスラーム化していく状況下でも、コプト教徒たちはキリスト教を守り、古代エジプト語を源流とするコプト語を守った。現在はエジプト総人口のおよそ1割ほどのコプト教徒がいるとされている。宗教行事のときにコプト語を使うほかは、アラビア語を使用する。

また、この地域にあるフスタート陶器センターとスーク・イル・フスタートでは、伝統工芸の保護や後継者の育成を行っている。フスタート陶器センターは政府のバックアップを受け、陶芸やガラス工芸など工芸品も販売している。

■オールドカイロへの行き方
🚇地下鉄1号線が便利。タフリール広場のアッ・サーダート駅からヘルワーン行きに乗り、4つ目のマル・ギルギス駅下車 運賃6£E
🚌アフマド・ヘルミからバス1073番 ガーマ・アムル行き。8£E。イッサイイダ・アイシャから83番。

周囲にはみやげ物店やカフェ、レストランもある

マル・ギルギス駅に入ってきた地下鉄。右上に見えているのが聖ジョージ教会

■聖ジョージ教会
肌を露出した服装では中に入れないので、くれぐれも服装には注意しよう
🏠7 Church St., Old Cairo
كوم غراب، مصر القديمة
🕐8:00～16:00
🚫無休 🎫無料
📷ミサの時間は内部撮影不可

駅からきれいなドームが見える　カニースィト・マール・ギルギス
聖ジョージ教会
كنيسة مارجرجس
世界遺産 Greek Orthodox Church of St. George　Map P.101B

聖ジョージ教会の内部

日曜に聖ジョージ教会へ行けば、礼拝にやってくる人々の姿を見ることができる。入口の階段の反対側には、みやげ物屋が並び、コプト織などを売っている。

現在は教会となっているこの建物、ほとんどが地下に埋もれている。建物自体がかなり傷んでいるうえ、内部は薄暗い。そのため厳粛さを余計に感じる。

この教会は、イエスの家族が難を逃れるためエジプトに渡ったという伝承に述べられている、一行が身を寄せた場所に建てられている。この一角に教会が集中しているのも、この伝承のためである。

聖ジョージ教会から道沿いに北へ少し進み、階段を下りると掘割の歩道がある。中世ヨーロッパを思わせる石畳が続き、沿道には聖ジョージ女子修道院や聖ジョージ修道院、聖バーバラ教会などが点在する。

駅からきれいなドームが見える　イル・カニースィト・イル・ムアッラカ
ムアッラカ教会
الكنيسة المعلقة

世界遺産 The Hanging Church　　　Map P.101B

ムアッラカ教会の祭壇

■ムアッラカ教会
🕐9:00～17:00
休無休　料無料 ⊗

ムアッラカ教会の内部は身廊が4つ
ある珍しい造り

バビロンの塔の横にある教会で、正式名称は聖母マリア・コプト正教会。創建は3世紀に遡り、10世紀に大きく拡張された。かつてはコプト教皇の住居としても使用された。教会内にあった聖画などはコプト博物館で見られる。

聖家族が立ち寄ったともいわれる場所　カニースィト・アブー・セルガ
聖セルジウス教会
كنيسة ابو سرجه

世界遺産 Church of St. Sergius　　　Map P.101B

■聖セルジウス教会
🕐9:00～16:00
休無休　料無料

入口は階段を下りた所にある

　303年に殉教した、ローマ帝国の役人である聖セルジウスと聖バッカスに捧げられたバシリカ様式の教会。教会のある場所は、イエスの家族がエジプトに避難したときに過ごした洞窟としても知られる。教会は5世紀にその洞窟の上に建てられ、その後焼失したあとに何度も再建された。教会の全体が再建されたのはファーティマ朝の12世紀。イエスの家族が過ごした洞窟は翼廊の中央部分の下にあったといわれ、地下部分が公開されている。

聖セルジウス教会の地下

ロープ島南部＆オールドカイロ

ミニ特集

初期キリスト教がよくわかる中身の濃い博物館
コプト博物館

　コプト博物館は、コプト文化の記念碑的な芸術品や文書、フレスコ画、彫刻、壺、コプト織などを展示している博物館。時代でいえば、グレコローマン時代から、アラブ・イスラーム国家へと移行する頃。

美術品の中にはそれ以前の古代王朝時代からの影響も見られ、興味は尽きない。コプト語をはじめ、各国語で書かれた古い聖書なども残る。

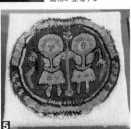

■1アダムとイブがテーマのモザイク画 ■2緻密な装飾が施された象嵌細工の棺 ■3寄せ木細工など、アラブの伝統工芸がステンドグラスのデザインに生かされている ■4半円形の壁面に刻まれたイエス。精悍な顔付きだ ■5 7・8世紀に作られた円形のタペストリー。杖を持ったふたりの人物を描いている ■6メトロ駅の目の前にあるコプト博物館 ■7コプトのイコンではイエスを抱く聖母マリアの題材にも牛などの動物が登場する

■コプト博物館　Map P.101B
URL egymonuments.gov.eg
開9:00～17:00
料230£E（学生115£E）
['24年秋以降280£E（学生140£E）]
MV　※クレジットカード払いのみ
ビデオ撮影不可

コプトって何？

　コプト教とは、エジプトを中心とした原始キリスト教の一派である。

　エジプトにおけるキリスト教の宣教は、紀元40年頃から福音書を書いた聖マルコによってアレキサンドリアから始まったといわれている。2世紀にはほぼ国内全土に広がり、エジプト人の多くはキリスト教徒になった。当時のアレキサンドリアは、ローマ、アンティオキアと並ぶ古代キリスト教の中心地であったが、アレキサンドリアのクリスチャンはキリスト単性論（キリストの人性よりも神性を尊重する）者であったため、451年のカルケドン公会議では異端の宣告を受けた。その後は独自の総主教を立てて孤立の道を歩んでいたが、7世紀のアラブ軍によるエジプト征服でイスラームへの改宗者が相次ぎ、コプト教会勢力はかなり衰えた。

　ところでコプト教徒は、ローマ皇帝ディオクレティアヌスの時代に残酷きわまりない迫害に遭遇し、多くの殉教者を出したことを記憶しておくため、ディオクレティアヌスが即位した284年をコプト元年とするコプト暦を用いている。これは太陽暦であるが、彼らはしばしば殉教暦とも呼んでいる。祝祭の日取りは、コプト正教派は、基本的に東方諸教会と同じで、カトリックと合同した新派は西方教会に従っている。そのため同じコプト教でも正教派のクリスマスは1月7日であって、新派は12月25日になっている。

103

ベン・エズラ・シナゴーグの内部

史料的価値の高い文書が見つかった　マアバドゥ・ベン・エズラ

ベン・エズラ・シナゴーグ

世界遺産 Ben Ezra Synagogue　　معبد بن عزرا　　MAP P.101B

　8世紀、ファーティマ朝の時代に聖ミカエル教会跡に建てられた。聖ミカエル教会は時の支配者、カリフ・ハーキムによって閉鎖され、土地と建物はユダヤ人コミュニティに売られた。現在の建物は1890年、エルサレムの大ラビ・アブラハム・ベン・エズラによって改修、増築が行われたものである。この工事中に大発見があった。シナゴーグの地下から何万点にも及ぶ文書が発見されたのだ。これらは9～19世紀のもの。当時の社会を知る貴重な史料である。

アムル・モスクの中庭

アフリカで最初のイスラーム寺院　ガーマ・アムル・ブヌル・アース

アムル・モスク

世界遺産 Amr Ibn el-As Mosque　جامع عمرو بن العاص　　Map P.101B

　641年にエジプトを征服したアラブ軍の総司令官アムル・ブン・アル・アースに由来。彼は、バビロン城北側にフスタート（テントの意味）を建て、ビザンツ軍のこもるバビロン城を陥落させた。そしてエジプト州首都を建設し、イスラーム寺院を建

Information

中世のユダヤ社会の様子を今に伝えるゲニザ文書

　ゲニザGenizahとは、ヘブライ文字の書かれた文書や儀礼用具のうち、すでに使用されなくなったものを保管しておくためにシナゴーグ（ユダヤ教の会堂）などの建物に併設された保管所を指すヘブライ語である。中世のユダヤ共同体では、ユダヤの伝統に基づいてヘブライ語で「神」の名前の書かれた紙を破棄しないよう、使用済みの大量の紙がゲニザに貯えられて保存されてきた。このなかで、特に19世紀末にフスタート（オールドカイロ）のパレスティナ系のエズラ・シナゴーグのゲニザから発見された大量の文書が「カイロ・ゲニザ」（以下ゲニザ文書と表記）と呼ばれる。

　全体で25万枚以上にもなるゲニザ文書の原本は、現在イギリス、アメリカ、フランス、ハンガリー、ロシア、イスラエルなどを中心とする世界各地の19の図書館および幾人かの個人により分散して所有されているが、大半はイギリスのケンブリッジ大学図書館やオックスフォード大学のボドリアン図書館に所蔵されている。

　ゲニザに使用済みの紙を貯蔵する習慣は、19世紀にいたるまで継続されてきたため、発見された文書の書かれた年代の幅は9世紀から19世紀までと広いが、その大部分は10世紀半ばから13世紀半ばに集中している。そしてこれらの文書が書かれた場所は西はスペインから東はイ

ンドに及ぶ。

　25万枚余りの紙の内訳は、礼拝用の詩、宗教書の断片などに代表される文学的文書とユダヤ共同体の日常生活について書かれた記録文書に大別されるが、記録文書はすべて合わせても1万枚余りで、ゲニザ文書全体のほんの一部を占めるに過ぎない。記録文書の約半数は公私両面にわたる手紙、商業上の往復書簡であり、以下種々の契約書や婚姻・離婚などの証書、ラビ（ユダヤ教律法学者）法廷の裁判記録、帳簿、計算書などと続く。

　文学的文書のほぼすべてがヘブライ語で書かれているのに対し、記録文書の大部分はヘブライ文字表記のアラビア語で書かれている。ゲニザ文書は、中世ユダヤ社会およびイスラーム世界、また当時の東西交易の様子を解明しようとする社会経済史の分野に大きく貢献するものとして、今後のさらなる研究が待たれている。

（嶋田英晴）

立した。首都の名がイル・フスタート、その寺院がアムル・モスクである。建物自体は13世紀以降に再建されたものだが、建設当時は、屋根にヤシの葉を葺いただけの簡素なものだったという。フスタートのイスラム教徒が増えるにつれて拡張され、827年には現在の縦120m、横110mの大きさになった。これは現在のカイロのモスクのなかでも最大級。

見渡す限り砂色に染まる荒れ果てた廃都　イル・フスタート

フスタート

الفسطاط

世界遺産 Fustat　　　　　　　折込Map大カイロB3

　アムル・モスクの後方に広がる荒地が、アラビア語でエジプトの語源でもあるミスル＝軍営都市の廃墟、フスタート。かつて、商業の一大中心地として繁栄した都市でもある。1167年、エルサレム王国のアモーリー1世はエジプト進撃を開始。カイロに迫った1168年、この地が占領、要塞化されることを恐れたファーティマ朝は、自らの手でフスタートを焼き払った。フスタート陶器センターでは、陶器などが販売されている。

フスタートにある　イル・マトゥハフ・イル・カウミー・イル・ハザール・マスレイヤ

エジプト文明博物館
المتحف القومي للحضارة المصرية

National Museum of Egyptian Civilization　折込Map大カイロB3

広々としたメインホール

フスタート公園の南端に2021年にグランドオープンした博物館。先史時代から現代まで約5万点の遺物を収蔵している。

●**メインホール**　エジプトの歴史を物語るさまざまな考古資料を展示。3万5000年前の人骨や、紀元前1000年のレザーテント、カルナック神殿で見つかったアクエンアテン像、トトメス4世の戦車など貴重な考古資料が展示されている。

●**王家のミイラ**　メインホールの地下では、エジプト考古学博物館から移された、王17体、女王3体、計20体のミイラを展示。多くのミイラが眠っていた王家の谷の墓の内部をイメージしているため、各展示室は真っ暗。名だたるファラオのミイラが次々に展示され、圧巻のひとこと。

●**テキスタイルホール**　テキスタイル博物館の展示品を移設し、2022年にオープンした。古代エジプトからの繊維産業の変遷を展示している。また、ムハンマド・アリ王朝の宝飾品の数々や最後の王妃、ナリマン・サディークのドレスなども展示。

古代エジプトから現代にいたるまでのテキスタイルをふたつのフロアに展示

■**フスタート**
※2023年10月現在、開発工事のため入場不可

ところどころに遺構が残る

■**フスタート陶器センター**
Map P.101B
⏰10:00〜15:00
休金・土　料無料

■**エジプト文明博物館**
住El-Fustat St.
شارع الفسطاط
TEL(02)2525 5588
URLnmec.gov.eg
URLegymonuments.gov.eg
⏰9:00〜17:00
（金9:00〜17:00、18:00〜21:00）
休無休　料500£E（学生250£E）
MV
※クレジットカード払いのみ
王家のミイラの展示は写真撮影不可

付近ではさまざまな開発工事が進められている

紀元前1300年に作られたアクエンアテンの像

王の力強さと功績をたたえるトトメス4世の戦車

■モスクやマドラサでの写真撮影

管理人によって撮影許可の基準は曖昧なので、明確な基準はなく、撮影後にバクシーシを要求される場合もある。また、礼拝の時間に許可なく撮影するのはマナー違反なので、状況を判断してから撮影しよう。

イブン・トゥールーン・モスクのミナレットからイスラーム地区を眺める

■イスラーム地区へ

🚌イスラーム地区へはカイロの各地からバスやセルビスが出ているが、どこを目的にするかでアクセスが異なる。アズハル地区、イッサイイダ・アイシャへはラムセス広場、またはアフマド・ヘルミ広場からマイクロバス、西端のイッサイイダ・ゼーナブへは地下鉄やバスの利用が便利。

■イスラーム地区はバスの便がほとんどない

イスラーム地区中心部は細い路地が多く、一部の大きな通りを除いてバスの便はない。徒歩での移動が基本となる。

ムイッズ通りの町並み

イスラーム地区 Islamic Cairo

القاهرة الإسلامية

アラビア語:イル・カーヘラ・イル・イスラーミーヤ

エジプトの世界遺産といえば、ピラミッドや神殿などの古代遺跡が有名だが、カイロのイスラーム地区のイスラーム建築群も世界遺産に登録されており、その数は600以上にのぼる。とはいえ、資金不足などから調査、修復があまり進んでおらず、なかには焼失してしまったものもある。

カイロは、ファーティマ朝からマムルーク朝にかけて、イスラーム世界の中心として長い間繁栄してきた。また、「1000のミナレットをもつ町」と形容されるように、高い所から眺めれば、雑踏の間にミナレットが林立しているのがわかる。現在でもこの地区は中世の面影を色濃く残すカイロの下町であり、屋外博物館のように実際の建物を見比べながらイスラーム建築の変遷をたどることができる。

ひと口にイスラーム地区といってもその範囲は広い。北はフトゥーフ門から南はシタデル、東は死者の町まで、南北約4km、東西約2kmの範囲にわたり、大小さまざまな建築物が点在している。アズハル広場周辺、ホセイン〜フトゥーフ門周辺、ズウェーラ門〜スルタン・ハサン・モスク周辺、シタデル〜イブン・トゥールーン周辺、死者の町の5つに分けられる。イスラーム地区を歩くときも、この区分を頭に入れておいたほうが効率的に見どころを回れる。

イスラーム地区のサンセット

イスラーム地区概念図

フトゥーフ門

ナセル門

P.113〜115
ホセイン〜フトゥーフ門周辺

ゴズ・ホ・・・・
公園

アズバキーヤ
公園

・・・通り

タラアト・
ハルブ広場

スルタン・カラーウーンのマドラサ

スルタン・バルクークのハーンカー
ハーン・ハリーリ

P.110〜112
アズハル広場周辺

ホセイン・モスク

アズハル・モスク

・・・通り

死者の町
P.125〜126

ズウェーラ門

カーイトゥベーイの墓とモスク

アズハル公園

ズウェーラ門〜スルタン・ハサン・モスク周辺
P.116〜120

ブルーモスク

スルタン・ハサン・モスク

リファーイー・モスク

サイイダ・ゼーナブ・モスク

シタデル〜イブン・トゥールーン周辺
P.120〜125

シタデル

イブン・トゥールーン・モスク

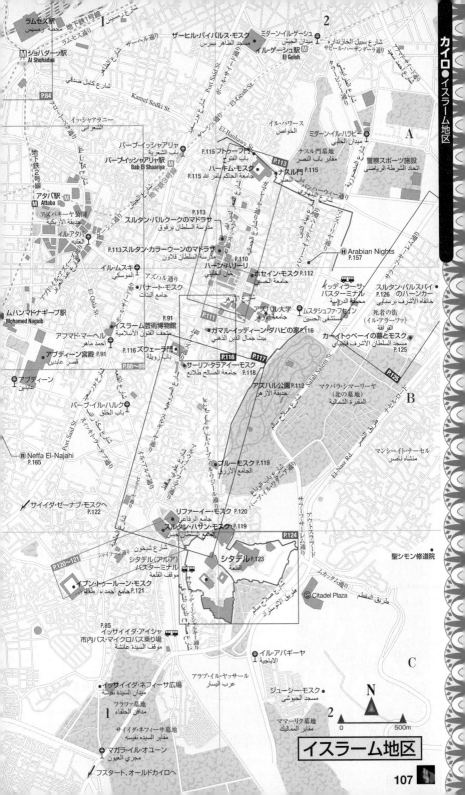

イスラーム地区

図説 モスクの歩き方

カイロのイスラーム地区は1300年以上もの歴史がある。
しかもこれらのイスラーム建築の多くは世界遺産に登録されている。
これほどまでに長い歴史の建築物を多く集めた町は、
世界中どこを探してもここカイロしかない。

❶天井ドームとシャンデリア

丸いドームをもつイスラーム建築は、カイロでは
マムルーク朝時代に多く造られた。シャンデリ
アはムハンマド・アリ・モスクのものが美しい。

ムハンマド・アリ・モスクの天井ドーム

ムハンマド・アリ・モスクのシャンデリア

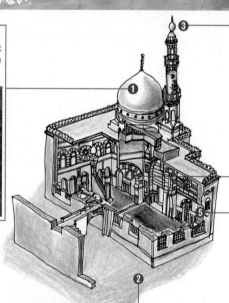

モスクでウドゥーをする人

❷礼拝前に身を清める

礼拝前の沐浴はウドゥーと呼
ばれている。手→口→顔→
腕→足の順番で洗っていく。
入口や中庭などにウドゥーを
する泉亭がある。

❸ミナレット

建築様式の違いはドームの形状などいろいろなところに現れるが、最もわかりやすいのはアザーンを呼びかける場所、ミナレットの外観の装飾だろう。

カイロは「1000のミナレットをもつ町」として知られ、多彩な種類のミナレットが見られる。時代ごとに建築様式が変更されることによって、ミナレットもまた変化してきた。

また、ミナレットからの風景も美しく、特にイブン・トゥールーン・モスクは高さが40mもあるので、壮大なパノラマが楽しめる。

Ⓐイブン・トゥールーン・モスク（9世紀、トゥールーン朝）
Ⓑハーキム・モスク（11世紀、ファーティマ朝）
Ⓒスルタン・カラーウーンのマドラサ
　（13世紀、マムルーク朝）
Ⓓズウェーラ門（15世紀、マムルーク朝）
Ⓔアクマル・モスク（12世紀、ファーティマ朝）
Ⓕホセイン・モスク（19世紀、オスマン朝）

見学のマナー

靴カバー

本当は靴を脱いで入場しなければならないが、脱ぐ代わりに靴カバーを貸し出すところも。利用したら5£Eほどのバクシーシを。

スカーフ

女性がモスクに入る際、スカーフの着用は必須。入口で貸し出していることも多い。利用したら5£Eほどのバクシーシを払う。

❹ミンバルとミフラーブ

ミンバルは金曜の集団礼拝で使用される説教壇。ミフラーブはメッカの方向を示すくぼみで、タイルで装飾されていることもある。

木製のミンバル

ミフラーブはモスク内部で最も重要

❺霊廟

モスクの内部には、その建物にゆかりのある人物の墓があることも多い。

ブルーモスク内にある霊廟

■アズハル広場周辺へ

🚌マンスーリーヤ通りとサラーフ・サーレム通りの間に、イッディラーサ・バスターミナルがあり、カイロ市内各地から大型バスが運行している

🚐ラムセス広場からマイクロバスが頻発している

🚕タフリール広場から30〜35£E

■アズハル・モスク

🕐10:00〜16:00（マドラサ）
　10:00〜21:00（モスク）

🈵無料だが、礼拝の時間は避けよう。クルアーンを音読中の人が多いのでじゃましないように。

アズハル・モスクの中庭

アズハル・モスク

■アブル・ダハブ・モスク

🕐9:30〜17:00　🈵無休

💴60£E（学生30£E）

アブル・ダハブ・モスクの入口

■ハーン・ハリーリ

🕐9:00〜23:00頃

🈵無休

アズハル広場周辺は、19世紀に今のカイロ中心部ができるまで、カイロの中心として栄えたエリア。特に、中心を南北に走るムイッズ通りMuiz St.周辺は、当時の人々

アズハル公園から眺めたイスラーム地区

の生活を彷彿とさせるような庶民の活気でいっぱいだ。みやげ物屋で有名なハーン・ハリーリのスークもここにある。

イスラーム世界の最高学府をもつ　　　　イル・ガーマ・イル・アズハル
アズハル・モスク
世界遺産 The Mosque of el-Azhar　　　Map P.111B2

الجامع الأزهر

アズハル広場に面して建つ、由緒ある寺院。創建は970年、ファーティマ朝の将軍ゴウハルによる。988年には付属のマドラサ（高等教育施設）がカリフ・ムイッズによ

アズハル・モスクでお昼寝する人たち

って建てられ、これが現在のアズハル大学となった。今に残るイスラーム世界最古の高等学府である。ファーティマ朝の時代には、シーア派の教えが広められて、イスラーム世界各地に派遣されて布教活動をするダーイー（布教者）養成の役割も果たしていた。

しかしアイユーブ朝の時代に入ると、サラーフッディーン（サラディン）はスンナ派であったため、アズハルのマドラサは閉鎖された。後にバフリー・マムルーク朝3代スルタン、バイバルス1世によって再開され、やがてスンナ派学問の中心地となっていく。近代になってからは、1936年の法令でモスクとマドラサに分けられた。

マムルーク朝とオスマン朝が混ざり合う　　ガーマ・アブー・イル・ダハブ
アブル・ダハブ・モスク
世界遺産 The Mosque of Abu Dhahab　　　Map P.111B2

جامع أبو الذهب

アズハル・モスクの横に建っている。オスマン朝時代の1774年に建てられた。アブル・ダハブとは金持ちという意味。ミナレットなどにはマムルーク朝の雰囲気も残している。

カイロの一大おみやげセンター　　　　ハーン・イル・ハリーリ
ハーン・ハリーリ
世界遺産 Khan el-Khaliili　　　Map P.111

خان الخليلي

ハーン・ハリーリの歴史は長く、14世紀末には市場ができていたらしい。19世紀初めには12の大バザールがひとつになっ

多くの露店が建ち並ぶハーン・ハリーリ

ハーン・ハリーリのベデスタン入口

たといわれているが、今残っているのはここだけ。大半がみやげ物屋で、旅行者が必ず立ち寄る観光名所だ。

ホセイン・モスク西側の一帯が、ハーン・ハリーリのバザール。バザールの中は細い道がくねくねと曲がりながら何本にも分かれていて、まさに迷路。その迷路の両側にみやげ物屋がびっしりと並ぶ。金銀銅などの金属細工や食器、宝石類、革細工、木箱に貝の裏側をモザイク模様に切り貼りした象嵌細工の工芸品、アラバスター（古代から彫刻に用いられた石）製品、シーシャ（水パイプ）など、何時間見ても飽きない。

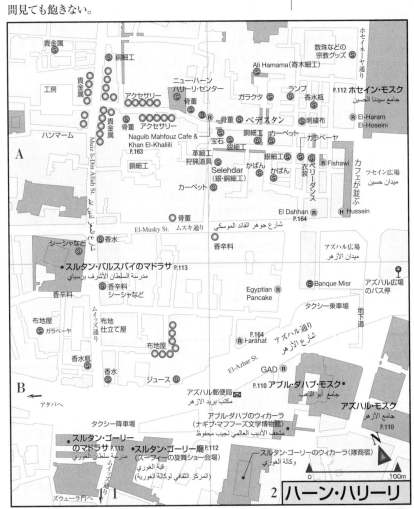

ハーン・ハリーリ

■ホセイン・モスク

🕐9:00〜23:00　🚫無休

男性と女性の入口は別々になっている。異教徒は入場を断られることもある。　⑤

高いミナレットのホセイン・モスク

■スルタン・ゴーリーのマドラサ

🕐9:00〜21:00

🚫無休　🅿寄付歓迎

■スーフィーの旋舞ショー

Map P.111B1

スルタン・ゴーリー廟の屋内ステージでは、スーフィーの旋舞ショー（タンヌーラ）を鑑賞できる。毎週水曜18:00、19:30の2回開催。開場は1時間前から。ビデオ撮影禁止。

🅿94£E

タンヌーラと呼ばれる旋舞

■アズハル公園

🕐9:00〜22:00　🚫無休

🅿35£E

入口は南東のメインゲートとその北東にあるゲートのふたつのみ。イスラーム地区方面には抜けられないので注意。

緑豊かなアズハル公園

有名な巡礼地として由緒ある

ガーマ・イル・イマーム・イル・ホセイン

ホセイン・モスク

جامع الإمام الحسين

世界遺産 The Mosque of el-Hussein　　　Map P.111A2

アズハル・モスクからアズハル通りを渡った所に、大きな広場がある。ラマダーンやイード、預言者ムハンマドの生誕祭など、祭礼のときには礼拝の儀式でとてもにぎわう。この広場に隣接する建物が、ホセイン・モスクだ。

ファーティマ朝はシーア派政権だったが、そもそもシーア派とは第4代カリフ、アリを真の指導者、初代イマームとする人々のこと。そしてファーティマとは、預言者ムハンマドの四女でアリの妻だった女性の名前。ファーティマ朝のカリフはアリとファーティマの次男ホセイン（第3代イマーム）の末裔といわれている。このホセインは、680年にイラクのカルバラーの地でウマイヤ朝と戦って戦死したが、なんと500年近くも後の1153年に彼の頭蓋骨と思われるもの（ちなみに胴体はイラクにある）が、ファーティマ朝のカイロに持ち込まれた。ホセイン・モスクは、このことをきっかけに建てられた。現存の建物は19世紀に建てられたものだ。

スークの入口にある　マドラシト・イッスルターン・カーンソーフ・イル・ゴーリー

スルタン・ゴーリーのマドラサ

مدرسة السلطان قانصوه الغوري

世界遺産 The Mosque of el-Ghuri　　　Map P.111B1

スルタン・ゴーリーのマドラサのイーワーンとムイッズ通りまで広がるスーク

ムイッズ通りの左右にあり、ここからズウェーラ門まではとてもにぎやかなエリア。混雑で身動きがとれなくなることもあるほどだ。このマドラサや周辺のゴーリーと名のつく一連の建物は、ブルジー・マムルーク朝末期のスルタン・ゴーリーによって1504〜05年にかけて建てられた。王朝が衰退の過程にあってなお、これだけのものが造れるとは驚きだ。マドラサと対をなすのが彼の廟。鍾乳石のような入口の装飾はとても優美だ。

丘の上からイスラーム地区を見物　ハディーキト・イル・アズハル

アズハル公園

حديقة الأزهر

El-Azhar Park　　　Map P.107B2

イスラーム地区の東端、サラーフ・サーリム通りとサラーフッディーン（サラディン）の城壁とに挟まれた小高い丘にある公園。緑で覆われた公園内は、人工の池や噴水などが造られ、何とも涼しげ。ここからのイスラーム地区の眺めは絶景だ。公園内には、レストラン、カフェ、ピザ屋などもあるので、イスラーム地区の喧騒を遠くに聞きながら、のんびりと食事を楽しんではいかがだろう。

ホセイン～フトゥーフ門周辺

　ズウェーラ門からフトゥーフ門へ向かって延びるムイッズ通りは、ファーティマ朝時代からの目抜き通りだが、現存する建物はあまりない。現在はムイッズ通りに沿ってマムルーク朝時代の壮麗なマドラサなどが並ぶ。ハーン・ハリーリを抜けたら、ぜひ歩きながら楽しみたい。ムイッズ通り、ハーン・ハリーリから北へと見どころを紹介してみよう。

スパイスとつながりのある　マドラシト・イッスルターン・アシュラフ・バルスバイ
スルタン・バルスバイのマドラサ

مدرسة السلطان الأشرف برسباي

世界遺産 The Mosque of el-Ashraf Barsbay　　**Map P.111B1**

　1422年の創建。ハーン・ハリーリのメインストリートであるムスキ通りを西に行き、香水屋の角の向かいにある。バルスバイはブルジー・マムルーク朝のスルタン。キプロス島を陥落させ、短い間ではあったが、香辛料の通商路を管理下においた。周辺には香辛料の店も多い。

見応えのある　マドラシト・イッスルターン・アラーウーン
スルタン・カラーウーンのマドラサ

مدرسة السلطان قلاوون

世界遺産 The Madrassa of Sultan Qalawun　　**Map P.113B**

　バルスバイからムイッズ通りを少し北に行くと、左側に見える大きな建物がスルタン・カラーウーンのマドラサだ。バフリー・マムルーク朝第8代スルタン・カラーウーンが1284年に建てたもの。マドラサとスルタン・カラーウーンの廟、回廊の奥には当時の病院の跡がある。注目すべきは入口の装飾。内部には美しいステンドグラスやモザイクもある。当時としては驚くほど設備が整っており、高度な手術も可能だった。

カラーウーンと並んで大きな　マドラシト・イッスルターン・バルクーク
スルタン・バルクークのマドラサ

مدرسة السلطان برقوق

世界遺産 The Madrassa of Sultan Barquq　　**Map P.113B**

　スルタン・カラーウーンのすぐ隣。1384年から86年にかけて、ブルジー・マムルーク朝の初代スルタン・バルクークによって建てられた。バルクークはコーカサス地方出身のチェルケス人の軍人奴隷だった。彼は、権力者の内紛をうまく利用し、軍人奴

■**スルタン・バルスバイのマドラサ**
圖13:00～20:00頃
圏寄付歓迎　⊗
■**スルタン・カラーウーンのマドラサ**
圖8:00～17:00
圏180£E(学生90£E)
(共通チケットに含まれる)

■**ムイッズ通り共通チケット**
ムイッズ通りにあるおもな見どころ(8ヵ所)への入場は、共通チケットが必要。チケットはスルタン・カラーウーンのマドラサ内で購入できる。
圏180£E(学生90£E)
['24年秋以降220£E(学生110£E)]
見学できるのは
1)スルタン・カラーウーンのマドラサ
2)スルタン・バルクークのマドラサ
3)バシュターク宮殿
4)スルタン・ナースィルのマドラサ
など

ホセイン～フトゥーフ門

フトゥーフ門　　カーヘラの城壁
باب الفتوح
P.115　　P.115ハーキム・モスク　P.115ナスル門
جامع الخليفة الحاكم بأمر الله
カーイトゥベーイのウィカーラ
وكالة قايتباي
☒
サビール・ソリマン・アガ・スィラフダール
سبيل سليمان أغا السلحدار　P.114
ベイト・スハイミ
بيت السحيمي
Le Riad H　　ベイト・ハラザティ
P.157　　بيت الهراوي
ベイト・ムスタファ・ガアフル
بيت مصطفى جعفر
サビール・クッターブ　P.114
アブドゥル・ラフマーン・ケフダー
سبيل وكتاب عبد الرحمن كتخدا
バシュターク宮殿　P.114
قصرالأمير بشتاك
ハマム
スルタン・バルクークのマドラサ
مدرسة السلطان الظاهر برقوق　P.113
スルタン・ナースィルのマドラサ
مدرسة السلطان الناصر
織物博物館
スルタン・カラーウーンのマドラサ
チケット売り場　مدرسة السلطان قلاون　P.113

P.111

P.112 ホセイン・モスク
جامع سيدنا الحسين
ホセイン広場
ميدان حسين

スルタン・バルスバイのマドラサ
مدرسة السلطان الأشرف برسباي
P.113
アズハル・モスク
جامع الأزهر
El-Azhar St. アズハル通り　P.110

左段

■スルタン・バルクークの
　マドラサ
開9:00～17:00
図180£E（学生90£E）
（共通チケットに含まれる）

スルタン・カラーウーンのマドラサ
（左）とスルタン・バルクークのマドラ
サ（右）

■バシュターク宮殿
入口は表通りから路地を入っ
た所にある。表通りに面した
部分は1階が商店なので見逃し
やすい。
開9:00～17:00
図180£E（学生90£E）
（共通チケットに含まれる）

ムイッズ通りからはバシュターク宮殿
の外壁が見えるが入口は道に面して
はいない

■サビール・クッターブ・アブド
ゥル・ラフマーン・ケトフダー
※2023年10月現在、入場不可

きめ細やかな装飾は一見の価値あり

■サビール・ソリマン・アガ・
スィラフダール
Map P.113A
開8:00～17:00
図180£E（学生90£E）
（共通チケットに含まれる）

右段

隷の身分からスルタンにまでかけあがった人物。入口を通って中庭へ出ると4つの部屋がある。イスラーム・スンナ派の4大法学派にそれぞれ割り当てられており、最盛期には100人以上の学生がここで学んでいたといわれている。

　スルタン・カラーウーンのマドラサとの間にある、バフリー・マムルーク朝最盛期のスルタン・ナースィルの廟とマドラサは、入口の装飾やミナレットが見どころ。

かつての栄華をしのぶ

アスル・イル・アミール・バシュターク

バシュターク宮殿

قصر الامير بشتاك

世界遺産 Bishtak Palace　　　Map P.113B

　スルタン・バルクークの北向かいにあるのが、バシュターク宮殿だ。宮殿というには少し貧相だが、実は、これは東大宮殿の一部に過ぎない。

　ファーティマ朝最盛期のカリフ・アジーズは、10世紀末にムイッズ通りを挟んで東西に巨大な宮殿を建てた。これはバイナル・カスライン（ふたつの宮殿の間の意味）と呼ばれ、東大宮殿と西小宮殿は地下道で結ばれていたという。東大宮殿には1万2000人の奴隷、1000頭の馬がいて、西側のカーフル（楠）庭園には、世界中から珍しい動植物が集められていたという。

　第6代カリフ・ハーキムは、1005年にこの宮殿の一角に神学、法学、哲学、数学、天文学などの研究機関、ダール・アル・ヒクマ（知恵の館）を設けた。その蔵書はなんと10万冊といわれている。しかし、ファーティマ朝を滅亡させたサラーフッディーン（サラディン）は図書を二束三文で売り飛ばしてしまい、その役割を終えてしまった。

　今はほとんど崩れ落ち、かなり無惨な姿をさらしているが、屋上からの景色はなかなかすばらしい。

上が学校、下が井戸

サビール・クッターブ・アブド・イッラフマーン・ケトホダ

サビール・クッターブ・アブドゥル・ラフマーン・ケトフダー

سبيل وكتاب عبد الرحمن كتخذا

世界遺産 Sabil-Kuttab of Abd Al-Rahman Katkhuda　　Map P.113B

　バシュターク宮殿の斜め向かいの交差点にあり、凝った装飾でひときわ異彩を放っている。現在モスクになっているサビール・クッターブ・シェイフ・ムタッハルも、同じ名前で呼ばれることがある。これはオスマン朝時代の1764年に建てられたもので保存状態もよい。階下が共同井戸（サビール）になっており、上階が子供たちの初等教育の場（クッターブ）という、エジプトで独自に発展した公共施設だ。

　イスラーム地区にはこのようなサビール・クッターブがいくつも残っている。ここから約200m北に行った所にあるサビール・ソリマン・アガ・スィラフダールもそのひとつで、6ヵ月分の貯水量を誇る地下貯水池を見学できる。

謎多きカリフの
ハーキム・モスク

ガーマ・イル・ハリーファ・イル・ハーキム・バーアムリッラー

جامع الخليفة الحاكم بأمر الله

世界遺産 The Mosque of El-Hakim　　　Map P.113A

🕐9:00〜20:00頃
礼拝時は見学不可

モスクの回廊とミナレット

　ムイッズ通りの北端東側、城壁沿いにあり、ファーティマ朝第6代カリフ、ハーキムが1013年に完成させた、カイロ最初の石造りのモスク。1017年、突然ハーキムを生き神として崇拝する人々が現れ、ハーキムも、自らを神がこの世に現れた救世主としたという。この派閥が後にイスラームと決別したドルーズ派を生むこととなっていく。このモスクは十字軍の捕虜の牢獄として使われたり、ナポレオンの要塞として使われたので、かなり荒れ果てていた。現在の建物は20世紀に入って再建されたものだ。だから床もピカピカ。よく電動ワックスマシーンで磨いている。

ミフラーブの前はアーチで仕切られ、シャンデリアなどがあり、ほかの部分とは区別されている

　ハーキムは、シーア派色を強め、キリスト教徒やユダヤ教徒を迫害、弾圧し、エルサレムの聖墳墓教会を破壊したことでも知られる。彼の最期にも謎が多く、1021年のある夜、ムカッタムの丘近くの砂漠に忽然と消えたともいわれている。ちょっとミステリアスな歴史でもある。従来は狂信的なカリフだと評価されてきたが、近年は見直しが進められてきている。

1000年間カイロを見守ってきた
フトゥーフ門とナスル門

バーブ・イル・フトゥーフ・ワ・バーブ・インナスル

باب الفتوح و باب النصر

世界遺産 Bab el-Futuh and Bab el-Nasr　　　Map P.113A

ハーキム・モスクのミナレット

丸みをおびたフトゥーフ門

　ムイッズ通りの北端がフトゥーフ（征服）門、ハーキム・モスクを挟んでその約150m東がナスル（勝利）門。ズウェーラ門と同じくカーヘラの城壁にあった門だ。ズウェーラ門と比べると、上部は塔のような造りにはなっておらず、高さはズウェーラ門ほどはない。ナスル門は角張った造りで、フトゥーフ門は巨大な円柱が2本立ち並んでいる感じ。また、門とともにカーヘラの城壁がかなり残っているのも、ズウェーラ門と違う。フトゥーフ、ナスル両門ともに迫力があり、威圧感を覚える。

巨大なナスル門

　ナスル門を入ってすぐ左の建物はカーイトゥベーイのウィカーラと呼ばれている。ウィカーラとは規模の大きな隊商宿のこと。巡礼の頃になると、各地からメッカに向かう人で大変にぎわったといわれているが、現在はほとんど残っていない。このウィカーラは数少ない生き残りのひとつだ。ズウェーラ、フトゥーフ、ナスル各門の今の姿は、11世紀終わりにファーティマ朝第8代カリフ、ムスタンスィルのもとで軍事司令官を務めたバドル・アル・ジャマリー将軍によって建て直された。

フトゥーフ門から共通チケットで城塞に上がれる。新しいブロックで補強されているが、その途中に古代エジプトの石材を使ったことがわかるよう、ヒエログリフやレリーフが残されている。写真はラムセス2世のカルトゥーシュ

婦人服を扱う店が多い、ズウェーラ門近くのムイッズ通り

　スルタン・ゴーリーのマドラサからムイッズ通りを南へ入ると、道の両端にさまざまな店がひしめく庶民のスークがある。みやげ物屋が多いハーン・ハリーリとは比べものにならないくらい庶民の熱気が渦巻く。またアズハル・モスクからズウェーラ門にかけての地域には、古い家が残っている。2階の出窓が外に張り出たマシャラベーヤと呼ばれる造りのものだ。

金持ちの豪邸だった
ガマル・イッディーン・ダハビの家
ベート・ガマール・イッディーン・イル・ダハビ

بيت جمال الدين الذهبي

世界遺産 House of Gamal el-Din el-Dhahabi　　　Map P.116

　このあたりは道が入り組んでいてわかりにくいが、ムイッズ通りから少し東に入った所にある。中庭を囲むように建物があり、部屋がいくつにも分かれている。この地域のなかで最も保存状態がよく、マシャラベーヤの装飾がとてもきれいだ。ダハブがアラビア語で黄金を意味するように、ガマル・イッディーン・ダハビは17世紀に金の取引で財をなした人物。

ガマル・イッディーン・ダハビの路地はマシャラベーヤの出窓が目印

■ガマル・イッディーン・ダハビ
圏9:00～17:00
圏60£E(学生30£E)

もとは牢獄だった
ムアイヤド・モスク
ガーマ・イル・ムアイヤド・シェイフ

جامع المؤيد شيخ

世界遺産 El-Muayyad Mosque　　　Map P.117A

ムイッズ通りから行く場合、ここの道へ入っていくとガマル・イッディーン・ダハビの家がある
■ムアイヤド・モスク
圏8:00～20:30　圏寄付歓迎

　ムイッズ通りを南に行くとズウェーラ門が見えてくる。右側に隣接するのが、1415年に建てられたムアイヤド・モスク。入口にある大きな鉄扉とその上の装飾が美しい。中庭は木々の茂る庭園だ。

入口の鍾乳装飾が美しい

　以前は牢獄がここにあり、これを建てたスルタン・ムアイヤドはスルタンに即位する前、彼自身もここに投獄されていた。スルタンとなったムアイヤドは牢獄を取り壊して、モスクを建てたが、処刑場だけは残った。オスマン朝との戦いに敗れたマムルーク朝最後のスルタン、トマン・ベイはここで処刑され、首はズウェーラ門につるされたという。

中世カイロの南端は処刑門
ズウェーラ門
バーブ・ズウェーラ

باب زويلة

世界遺産 Bab Zuwayla　　　Map P.117A

　ムイッズ通りの終点はここズウェーラ門。創建は1092年、フトゥーフ門、ナスル門と並んで現存する3つの城門のひとつ。処刑された罪人の首がよくこの門につるされていたそうだ。

アタバへ

アズハル通り　アズハル・モスクへ

P.112 スルタン・ゴーリーのマドラサ مجموع السلطان الغوري

P.112 スルタン・ゴーリー廟

衣料品スーク

スルタン・ゴーリーのウィカーラ(隊商宿) وكالة الغوري

P.116 ガマル・イッディーン・ダハビの家 بيت جمال الدين الذهبي

ムハンマド・アリーのサビール سبيل محمد علي

タバーナ・モスク مسجد الطباخ

P.116 ムアイヤド・モスク جامع المؤيد شيخ

ズウェーラ門 P.116 باب زويلة

N

0　　100m

アズハル通り～ズウェーラ門

ズウェーラとは、このエリアにファーティマ朝の傭兵として駐屯していたベルベル人の部族の名前。巨大な塔が2本天空にそびえていて、地面から塔のてっぺんまで、門全体を1枚の写真に収めるのはとても無理。

この2本の塔はムアイヤド・モスクのミナレットとして建てられた。このミナレットの上からはイスラーム地区の大パノラマが広がる。また、ズウェーラ門の見どころを解説したパネルもある。

ズウェーラ門〜スルタン・ハサン・モスク周辺

ズウェーラ門から南はカーヘラの城壁の外側。アイユーブ朝やマムルーク朝時代になって発展した街区だ。ハーン・ハリーリのほうから歩いてきて、ズウェーラ門を抜けると、道が3つに分かれている。

■ズウェーラ門
圏9:00〜16:30
圏60£E（学生30£E）

ズウェーラ門の上にそびえる尖塔は、正式にはムアイヤド・モスクのものだ

ズウェーラ門周辺

P.116 ムアイヤド・モスク
ナフィーサ・イル・ベイダのウィカーラ
アフマド・マーヘル通り
ボール・サイード通りへ
ズウェーラ門 P.116
サーリーフ・タラアイー・モスク
P.118 18世紀の家
イスハーキ・モスク
テント職人の店
カサバ・ラドワーン・ベイ
アスラム・イッ・スィラフダール・モスク
アフマド・ミフマンダール・モスク
A
カーイトゥベーイの家
マリダーニー・モスク P.118
P.112 アズハル公園
サラーフッディーン（サラディン）の城壁
カーニー・ベク・モスク
ベート・ラッザーズ
ウンム・スルタン・シャアバーンのマドラサ
P.119 ブルーモスク
イブラーヒーム・アガの家
B
スリマーニーヤのタキーヤ
アミール・アリーン・アク宮殿
アミール・イルマス・モスク
イルガイ・ユースフィー・モスク
コシャリ・イル・ムアッリム
ゴウハラ・ララ・モスク
カーニー・ベイ・イッラフマーン・モスク
N
P.120 リファーイー・モスク
アザブ門
スルタン・ハサン・モスク P.119
チケット売り場
マフムディーヤ・モスク
シタデル P.123
0 200m

タペストリーに刺繍をするテント職人。小さな布はおみやげにもぴったり

テント以外にもあらゆる布製品が売られているカサバ・ラドワーン・ベイでおみやげを選ぶのも楽しい

屋根に覆われているカサバ・ラドワーン・ベイ

ムアイヤド・モスク周辺のスーク

カーニー・ベグ・モスクの前では小さな
スークが開いていた

静かな朝のダルブ・イル・アフマル通り

ズウェーラ門を出て、そのまま真っすぐヒヤミーヤ通り El-Khiyamiya St.を行けば、屋根付きのスーク、カサバ・ラドワーン・ベイに入る。このあたりにテント職人の店が並ぶ。ここで作られたテント生地は、11世紀にはすでにファーティマ朝の軍隊に納入されていたという。店先では、職人さんがタペストリーに刺繍を施したり、修繕している。

カサバ・ラドワーン・ベイを抜けると、通りの名はイッ・スルギーヤに変わる。この通りにはオスマン朝時代の建物がいくつか残っている。通りを直進すると、ムハンマド・アリ通り Muhammad Ali St.に出る。左前方には、スルタン・ハサンとリファーイーの双子のモスクが見えるはずだ。

ズウェーラ門を出たら右に曲がってアフマド・マーヘル通り Ahmad Maher St.を直進すれば、ポール・サイード通り Port Said St.に出る。通りを渡った所にイスラーム芸術博物館がある。

ダルブ・イル・アフマル通り～シタデル周辺

ズウェーラ門を抜けて左へ。見どころが多いのはこの通り。道は少し広いので、ミニバスもたまに通る。

■サーリフ・タラアイー・モスク
🕐14:00～18:00
💰寄付歓迎

ズウェーラ門の目の前
サーリフ・タラアイー・モスク
ガーマ・イッサーリフ・タラアイー
جامع الصالح طلائع
世界遺産 The Mosque of Salih Tala'i　　　Map P.117A

サーリフ・タラアイー・モスク

ズウェーラ門を抜けてすぐ左に見えるのが、サーリフ・タラアイー・モスク。ファーティマ朝最後のカリフ・アーディドの宰相サーリフ・タラアイーが建てた。規模はそれほど大きくはないが、中庭の連続アーチの装飾など、均整がとれ洗練された建築は、ファーティマ朝期におけるイスラーム建築様式の到達点ともいわれる。

ダルブ・イル・アフマル通りをさらに行くと左側に見えるのが、1480年に建てられたイスハーキ・モスク（マスギド・アブー・ヘリバ）Ishaki Mosqueだ。マムルーク朝後期の典型的なモスクで、1階部分が店舗になっている。さらに通りを行くと右側に見えてくるのが、1325年に建てられたアフマド・ミフマンダール・モスク Ahmad Mihmandar Mosque。ここも正面入口の装飾が美しい。

マムルーク朝後期の美しい建築のひとつ、イスハーキ・モスク

ファラオ時代の石柱がある
マリダーニー・モスク
ガーマ・イル・マリダーニー
جامع المارداني
世界遺産 The Mosque of el-Maridani　　　Map P.117A

■マリダーニー・モスク
※2023年10月現在、修復工事のため閉鎖中

アフマド・ミフマンダール・モスクから道沿いに行った右側にある。スルタン・カラーウーンの家臣、アルトゥンブガによって1340年に完成した。内部のアーチはファラオ時代の石柱を用いて造られている。美しいミナレットは典型的なマムルーク朝

様式だが、そのなかでも最も古いものだそうだ。

　マリダーニー・モスクから南へ行くと、右側に見えてくる大きな建物が、**ベート・ラッザーズ**Beit Al-Razzazと、**ウンム・スルタン・シャアバーンのマドラサ**Madrasa of Umm al-Sultan Sha'banだ。

青い花柄タイルが美しい
ブルーモスク（ガーマ・アズラク）

イル・ガーマ・イル・アズラック

الجامع الأزرق

世界遺産 The Blue Mosque　　　　　　**Map P.117B**

外観は意外と質素

　ブルーモスクといえば、本家はイスタンブールにあるスルタン・アフメット・ジャーミィ。こちらのブルーモスクはもとの名前をマスギド・アクスンクルといい、マムルーク朝時代の軍人、シャムスッディン・アクスンクルによって1346年に建てられた。アクスンクルとはトルコ語で「白い鷹」という意味。

　では、なぜブルーモスクと呼ばれるのか。オスマン朝時代になって、エジプトに赴任してきた総督のイブラヒーム・アガがホームシックになり、わざわざブルータイルの名産地だったトルコのイズニックから1652年にタイルを取り寄せ、故郷のブルーモスクに似せて、内装を青くしたからだ。しかし、現在まで残っているのはミフラーブの周りのみ。中庭の南の部屋には3つの霊廟があり、タイルで飾られているのがイブラヒーム・アガの墓。このほかにもアクスンクルの墓や、アクスンクルが仕えていたスルタンの息子、アラアッディーンの墓もある。

　ブルーモスクに隣接しているのは、イブラヒーム・アガの家。さらにバーブ・イル・ワジール通りを南へ直進していくと、カイロのランドマークであるムハンマド・アリ・モスクが見えてくる。突きあたりを右に行けばスルタン・ハサン・モスクが見える。

世界最大級のイスラーム建築
スルタン・ハサン・モスク

ガーマ・イッスルターン・ハサン

جامع السلطان حسن

世界遺産 The Mosque of Sultan Hassan　　**Map P.117B、121**

　アタバ広場からムハンマド・アリ通りを直進すると現れる双子のような巨大建造物。右側にあるのがスルタン・ハサン・モスク。マムルーク朝建築を代表するひとつとあって、その威容に圧倒されることだろう。内部には4つのイーワーンがあり、最奥部に霊廟がある。またミナレットは90mの高さ。以前は上ることができたが、安全上の問題から現在は禁止されている。

夕暮れ時のスルタン・ハサン・モスク

マリダーニー・モスクはマムルーク朝様式のミナレットが目印

■ブルーモスク
🕐9:00〜16:30
礼拝時は見学不可
💰無料
📷携帯電話のカメラのみ可

美しいイズニックタイル

■スルタン・ハサン・モスク
🚌タフリール西から大型バス154、160番　運賃:6£E
🚌アフマド・ヘルミ広場から407番　運賃:6£E
ミニバス、イッサイイダ・アイシャ行き　運賃:7.50£E
🕐9:00〜16:30
💰180£E（学生90£E）
['24年秋以降220£E（学生110£E）]
リファーイー・モスクとの共通券

チャハル・イーワーンと呼ばれる4つのアーチ部をもつスルタン・ハサン・モスクの中庭

■リファーイー・モスク

🕐9:00〜16:30
🎫180£E（学生90£E）
['24年秋以降220£E（学生110£E）]
スルタン・ハサン・モスクとの共通券

内部を照らすシャンデリアも相当の大きさがある

イブン・トゥールーン・モスクのミナレットを上るとパノラマが楽しめる

最後のシャーが眠る

リファーイー・モスク

世界遺産 The Mosque of el-Rifai　　Map P.117B、121

　スルタン・ハサン・モスクと並んで建つ。こちらは建造が新しく、20世紀に入ってからのもの。リファーイー教団の創始者、シャイフ・リファーイーのザーウィエ（聖者の墓）の跡地に造られた。リファーイーの墓をはじめ、ムハンマド・アリ朝のフアード1世（在位1917

アミール・イルガイ・モスクのドームとミナレット

〜36）、イラン革命で亡命した最後のシャー、パフラヴィー2世（在位1941〜79)の墓がある。

　また、この建物のある横の道からスーク・イッスィラーフ Souq El-Silahに入ると、右側に1373年建造の**アミール・イルガイ・モスク**がある。バフリー・マムルーク朝の名建築のひとつとされている。

スルタン・ハサン・モスク〜イブン・トゥールーン周辺

　スルタン・ハサン・モスクとリファーイー・モスクの間を抜けると、サラーフッディーン・アイユービー広場に出る。この広場の横にあるのが、1567年建造の**マフムード・バシャ・モスク**。その隣にあるのは、枝分かれしたミナレットをもつ、**カーニー・ベーイ・イッサイフィーのマドラサ**。ここからイブン・トゥールーン・モスクへは、サラーフッディーン・アイユービー広場から西へ延びるサルビーヤ通り（シャ

■モスクでの寄付

モスク内の服装規定はそれぞれ違うが、最近は厳しい傾向にある。とくに女性は裾までの長いスカート（肌が見えなくてもスキニーパンツ不可）と、スカーフ姿を求められることがある。羽織るものや簡単なスカートを貸してくれるので指示に従おう。靴カバー、下足入れの使用を促されることも多い。その場合は、帰りに5〜10£E程度を寄付しよう。

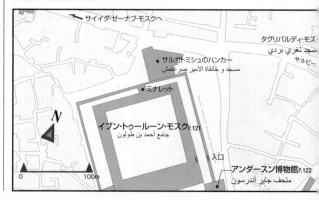

サイイダ・ゼーナブ・モスクへ →

タグリバルディ・モス
مسجد تغري بردي

サルガトミシュのハンカー
مسجد و خانقاة الامير صر غتمش

サルビー

ミナレット

イブン・トゥールーン・モスクP.121
جامع أحمد بن طولون

N

入口

アンダースン博物館P.122
متحف جابر أندرسن

0　　　　100m

イフーン通り）を通っていこう。しばらく行くと、1479年創建のサビール・クッターブ・カーイトゥベーイが左側に見える。地下貯水槽や美しい装飾のある共同井戸などが公開されている。その先にあるのが1413年創建の**カーニー・ベーイ・イル・ムハンマディ・モスク**。さらに行くと、道の両脇に2本の尖塔が見える。このふたつの建物は14世紀半ばに、アミール・シャイフーンによって建てられた。北側がモスクで南側がハーンカー（イスラーム神秘主義の修行場）だ。

　次の交差点の北側には、19世紀に建てられた**サビール・ウンム・アッバース**がある。1440年創建の**タグリバルディ・モスク**の前を通っていくと、左側に見えてくるのが**イブン・トゥールーン・モスク**。入口は左に曲がって少し行った所だ。

カーニー・ベーイ・イル・ムハンマディ・モスク

道の両側にミナレットがそびえるアミール・シャイフーンのハーンカー（右）とモスク（左）

カイロに現存する最古のモスク　ガーマ・アフマド・イブン・トゥールーン
イブン・トゥールーン・モスク
جامع أحمد بن طولون

世界遺産 The Mosque of Ibn Tulun　Map P.120

■**イブン・トゥールーン・モスク**
圏9:00～16:00
圏無料
内部に入ると靴にカバーをかぶせてくれる。バクシーシは5£Eほど。

　バグダッドのアッバース朝カリフの支配から独立して、エジプトにトゥールーン朝を開いたアフマド・イブン・トゥールーンによって、879年に完成した。中庭を囲む回廊の柱は、隅に円柱を埋め込んだ巨大なれんが角柱で支えられ、非常に重厚な印象を与える。

回廊に囲まれている中庭

珍しいらせん階段付きミナレット

　また、高さ40mのミナレットは、外側にらせん階段が付いた独特の形状。これはトゥールーンが青春時代を過ごしたイラクのサーマッラーの大モスクを真似たもの。頂上からは、カイロの下町をはじめギザのピラミッドまで大パノラマが広がっている。ミナレットは、入口を入って回廊を右へ行った所の扉から外に出て左側。

イブン・トゥールーン周辺

121

■アンダースン博物館

URLegymonuments.com
開9:00〜16:00
料60£E（学生30£E）
['24年秋以降100£E（学生50£E）]

━MⅤ
※クレジットカード払いのみ

マシャラベーヤの装飾が美しい

■サイイダ・ゼーナブ・モスク

バクシーシを払うと奥の廟に入れてもらえる
🚌タフリール西から大型バス160、154番
運賃:6£E
🚌アフマド・ヘルミ広場から134番
運賃:8£E
🚌ギザ広場から306番
🚇イッサイイダ・ゼーナブ駅下車。徒歩約15分
開8:00〜22:00
料寄付歓迎 ⊗

サイイダ・ゼーナブ・モスク

高台にあるムハンマド・アリ・モスクはシタデルエリアの目印となる

オスマン朝時代をかいま見る　　マトゥハフ・ガーイル・アンダルソン

アンダースン博物館

متحف جاير أندرسون

世界遺産 **Gayer-Anderson Museum**　　Map P.120

博物館の中庭

　オスマン朝時代の2軒の邸宅を、1930年代にイギリス人の美術収集家アンダースンがひとつに改装した。

　エジプトの伝統文化に通じていたアンダースンは、邸宅を原形に復原し、それに合う家具などの調度や美術工芸品を集めてオスマン朝時代の裕福な商人の暮らしぶりを再現した。ハーレムに女性が隠れる小部屋や、噴水も設けられた2階の居間など、小さいながらも、なかなか見応えがある。

庶民を見守るおっかさん的存在　　ガーマ・イッサイイダ・ゼーナブ

サイイダ・ゼーナブ・モスク

جامع السيدة زينب

The Mosque of Sayyida Zeinab　　Map P.107B1外

サイイダ・ゼーナブ・モスク内部の美しい装飾

内部のアーチも美しい

　イスラーム地区の南西端、イブン・トゥールーン・モスクの北西、ボール・サイード通りとナースィリーヤ通りの角にある。この界隈はサイイダ・ゼーナブ・モスクの門前町。アズハル周辺同様、活気に満ちたカイロの下町としていつも大勢の人でにぎわっている。

　サイイダ・ゼーナブはウム・ハーシム（預言者ムハンマドの孫娘）として民衆にあがめられ、そのモスクにあるランプの油は万病に効くと信じられている。ゼーナブの廟の前で、病気治癒の祈願のために祈ったり泣いたりしている人々がいることもある。

　その向かいには、美しい装飾をもつ、サビール・クッターブ・スルタン・ムスタファがある。オスマン朝中期の建築で、スルタン、ムスタファ3世によって建てられた。窓の装飾は典型的なオスマン朝様式のものだ。

シタデル周辺

　ムハンマド・アリ・モスクは、カイロ観光のハイライトのひとつでもある。シタデルの入口はサラーフ・サーリム通り沿いにある。サラーフッディーン・アイユービー広場止まりのバスに乗るとシタデルをぐるっと1周しなければならない。シタデルの南西にあるイッサイイダ・アイシャ・バスターミナルからでもかなり歩く。便数は少ないが、各地からサラーフ・サーリム通りのシタデル正面を通るバスがある。

政治の中枢として機能してきた

シタデル

イル・アルア

القلعة

世界遺産 The Citadel　　　　　　　　　Map P.107C1・2

人気観光地なので多くの人が訪れる

十字軍を打ち破った中世アラブ世界の英雄にしてアイユーブ朝の創始者サラーフッディーン（サラディン）が、1176年、対十字軍の拠点としてムカッタムの丘の一角に建設した城塞。アラビア語ではカルア（カイロ方言ではアルア）と呼ぶ。

サラーフッディーンの死後も建設が進められ、マムルーク朝、オスマン朝の支配を通して19世紀のムハンマド・アリの時代まで、カイロ市内を一望できるここシタデルが支配の中枢として機能した。ここには、軍事博物館、ムハンマド・アリ・モスクをはじめ、マムルーク朝やオスマン朝時代の建物や、城壁から延びる何本もの塔、イギリス支配時代の牢獄など、見どころが多い。時間があれば、城内を探検してみよう。

大きなドームが特徴

スレイマン・パシャ・モスク

マスギド・ソリマン・パシャ・イル・ハーディム

مسجد سليمان باشا الخادم

世界遺産 The Mosque of Sulayman Pasha　　　Map P.124

軍事博物館の東側にある。カイロで最初の大きなドームをもったオスマン朝様式のモスク。1528年にオスマン朝の軍人スレイマン・パシャによって、聖者廟の上に建てられた。

いろいろな武器を展示

軍事博物館

イル・マトゥハフ・イル・ハルビ・イル・カウミ

المتحف الحربي القومي

The Military Museum　　　　　　　　Map P.124

ゆっくり見ると1時間近くかかる

シタデルの北側にあり、中世から、現代の中東戦争にいたるまでの武器や絵画、銅像、模型などが並んでいる。博物館出口には戦闘機や戦車の実物も展示されている。

アザブ門は、スルタン・ハサン・モスクの前にあり、シタデルの中からは行けない

🚌タフリール西から大型バス154、160番　運賃:6£E

🚌アフマド・ヘルミ広場からイッサイイダ・アイシャ行きミニバス運賃:7.50£E

🚌ギザ広場からもマイクロバスが出ている。イッサイイダ・アイシャのバスターミナルからはサラーフ・サーリム通りを通るマイクロバスが頻発している。また、アズハル地区のイッディラーサ・バスターミナルとイッサイイダ・アイシャ、オールドカイロのアムル・モスクを結ぶ大型バスやミニバスがサラーフ・サーリム通りを通るので便利。

URLegymonuments.com

🕐8:00～17:00

💰450£E（学生225£E）
[´24年秋以降550£E（学生275£E）]

💳M V

※クレジットカード払いのみ

🚫一部不可　🚫一部不可

■スレイマン・パシャ・モスク
シタデルのチケットに含まれる

3つの小ドームの上に大ドームが載るスレイマン・パシャ・モスクの内部

■軍事博物館
シタデルのチケットに含まれる

ラムセス3世像など古代エジプト関連の展示も見られる

高台の上に建つカイロのランドマーク

ムハンマド・アリ・モスク

ガーマ・ムハンマド・アリ

جامع محمد علي

世界遺産 The Mosque of Muhammad Ali | Map P.124

ドームやミナレットにオスマン朝様
式の影響が見られる

オスマン朝の支配下にあったアラブ諸州のなかでもエジプトはいち早く近代化したが、その基礎を築いたのが、ムハンマド・アリである。1857年に完成したこのムハンマド・アリ・モスクは、イスタンブールのジャーミー（モスク）を真似て造った。そのため、いくつもの巨大なドームと鉛筆形の2本の高いミナレットをもつ。これはエジプトのほかのモスクにはほとんど見られない特徴だ。日暮れ時、薄あかね色に染まったムハンマド・アリ・モスクのシルエットはとても美しい。また、内装も外観に負けないくらい豪華。大きなシャンデリア、たくさんのランプ、それを取り巻くステンドグラス。光が織りなすハーモニーは、とても荘厳な雰囲気だ。

普段は、ランプもシャンデリアも消えているが、金曜のお昼の祈りが終わった直後は、まだ明かりが

内部の壮麗さでは、イスラーム地区で抜きんでている

トラーブ・ディーン・アイユービー広場
ميدان صلاح الدين الأيوبي
こちらから入場はできない
文書館
鍛冶屋の塔
برج الحداد

トブハーネ(旧大砲工場)
مستودع الأسلحة القديم
新門
باب جديدة
P.123 スレイマン・パシャ・モスク
جامع سليمان باشا الخادم
砂の塔
برج الرملة

アザブ門
باب العزب
警察博物館
متحف الشرطة
軍事博物館 P.123
المتحف الحربي القومي

アフマド・イル・ケトホダー・モスク
مسجد أحمد كتخدا
イマームの塔
برج الإمام

ナースィル・ムハンマド・モスク
جامع الناصر محمد
ムカッタムの塔
برج المقطم

ムハンマド・アリ・モスク
جامع محمد علي
P.124
キルキヤーンの塔
برج القرقيعان
トゥルファの塔
برج الطرفة
チケット売り場

貨幣鋳造所
جامع

カウハラ宮殿
قصر الجوهرة

N

0　　200m

シタデル

シタデルの見どころ〈番外〉

●アザブ門
1754年、オスマン朝の軍人のラドワーン・ケトゥフダーによって建てられた。11世紀の建築物である、フトゥーフ門を真似て造られたものだ。

ナースィル・ムハンマド・モスク

●ナースィル・ムハンマド・モスク
ムハンマド・アリ・モスクの横にある。1335年にマムルーク朝スルタン、ナースィル・ムハンマドによって建てられた。回廊はファラオ時代の石材が用いられている。ミナレットはイランで見られるようにタイルで覆われているが、これはイランのタブリーズから移住してきた人々によるといわれている。

ともっていてとても美しい。天井ドームの四隅には、初代4人のカリフの名が描かれた円盤が飾ってある。入口の右にあるのは、ムハンマド・アリ廟。もちろん内部も見学できる。

中庭北端には、ルクソール神殿のオベリスクを贈ったお返しに、フランス政府から贈られた時計塔が飾ってある。動かないことで有名な時計だったが、2021年ついにエジプト人技師により修理が完了した。シタデルは高台にあるので、モスクの南西からはイスラーム地区、さらにカイロ全景、晴れた日はギザのピラミッドのシルエットまで見渡せる。

ムハンマド・アリ・モスクの中庭

死者の町（北の墓地）

なんだか怖そうな名前だが、ミイラやゾンビのすむ町ではない。イスラーム地区の最東端。アズハル通りを真っすぐ東へ行くと、サラーフ・サーリム通りにぶつかる。この通りを北に少し行くと歩道橋が見える。この歩道橋の上から東側を見てみよう。ここでしか見ることのできないような、変わった風景が広がっている。実はムカッタムの丘の麓は全部中世からの墓地。マムルーク朝のスルタンや高官たちもこの地を選んで自らの墓を建てた。大きなマドラサやスーフィーの修練場などを併設して、自らの信仰心と権威を後世に示し、聖者廟なども多かったこの地で、死後の安息を得ようとしたのだろうか。いわばマムルーク朝時代の王家の谷のようなもの。現在は2万人を超える人々がこの地域に住んでいる。このあたりは観光客はあまり行かない地域だが、保存状態もよく、マムルーク朝を代表する壮麗な建物が並んでいる。時間と興味があれば、ぜひとも足を運んでみたい。

小さな広場にある　　カブル・カイトバイ・ウィ・マスギド
カーイトゥベーイの墓とモスク

قبر قايتباي و مسجده

世界遺産 The Mosque of Sultan Qaitbey　**Map P.125B**

サラーフ・サーリム通りの歩道橋を渡って、死者の町に入り、通りを真っすぐ行った突きあたりの広場の右側にある。1£E札を持っている人は表側を見てみよう。それがカーイトゥベーイの墓とモスクだ。カーイトゥベーイはアレキサンドリアの要塞など数多くの建築物を残したが、そのなかでも傑作といわれるのが、彼が眠るこのモスク（1474年建立）である。

外観はもとより、ステンドグラスや絨毯の下に見える大理石の床板など、内部の豪華な装飾も見どころだ。管理人にバクシーシを払えば屋上にも出られる。

死者の町（北の墓地）

ヘリオポリスへ

スルタン・イナルのハーンカー
خانقاه السلطان الأشرف إنال

アミール・クルクマースのマドラサ
مجموعة الأمير قرقماس

A

サラーフ・サーリム通り

スルタン・バルクークのハーンカー　P.126
خانقاه الناصر فرج بن برقوق

ガーニーベクの墓
قبة جاني بك الأشرفي

サブア・バナートの墓
قبه سبع بنات

リファーイーの墓
قبه الرفاعي

スルタン・バルスバイのハーンカー　P.126
خانقاه الأشرف برسباي

ハディーガ・ウンム・イル・アシュラフの墓
قبة خديجة أم الأشرف

アフマド・アブー・セイフのタキーヤ
تكية أحمد أبو سيف

B

歩道橋

P.125 カーイトゥベーイの墓とモスク
مجموعة السلطان الأشرف قايتباي

アズハル・モスク、ハーン・ハリーリへ

アズハル公園、シタデルへ

0　　300m

■カーイトゥベーイの墓とモスク
🕘9:00〜21:00　💰寄付歓迎　🚫
※2023年10月現在、カーイトゥベーイの墓は修復工事のため閉鎖中

歩道橋から眺めた死者の町。保存状態がよい建物が多い

カーイトゥベーイの墓とモスクはミナレットが目印

■スルタン・バルスバイの ハーンカー
カーイトゥベーイの前の道を北へ真っすぐ行くと右側にある
🕐9:00～13:00
🎫寄付歓迎

■スルタン・バルクークの ハーンカー
🕐9:00～21:00
🎫寄付歓迎

アミール・クルクマースのマドラサは長期修復中

2本のミナレットが印象的なスルタン・バルクークのハーンカー

ドーム装飾の発展段階を示す ［ハーンカー・イッスルターン・バルスバイ］

スルタン・バルスバイのハーンカー

خانقاه السلطان بارسباي

世界遺産 The Complex of Sultan Ashraf Barsbey　**Map P.125A**

洗練された幾何学模様が彫り込まれたドーム、まさに傑作

　カーイトゥベーイの墓とスルタン・バルクークのハーンカーの間にあるのがスルタン・バルスバイのハーンカー（イスラーム神秘主義の修道場）。建造は1432年で、年代的にはスルタン・バルクークのハーンカー、スルタン・バルスバイのハーンカー、カーイトゥベーイの墓の順。年代順に見ていくと、マムルーク朝のドームの装飾がどのように移り変わっていったかがわかる。モスクの中にある木製のミンバルも必見。ミナレットはオスマン朝時代に加えられた。

マムルーク朝建築の傑作 ［ハーンカーファラジュ・イブン・バルクーク］

スルタン・バルクークのハーンカー

خانقاه فرج ابن برقوق

世界遺産 The Khanqah of Sultan Farag Ibn Barquq　**Map P.125A**

幾何学紋様が美しい木製のミンバル

　バルスバイのハーンカーからさらに北に行くと、ひときわ大きな建物が右側に見えてくる。それがスルタン・バルクークのハーンカー。1400年にバルクークの息子、スルタン・ファラジによって建造が始まり、1411年に完成した。中庭がとても広いのが印象的だ。

　スルタン・ファラジは10歳で即位した後、2度も退位させられ、23歳のときにダマスカスで殺害されたという悲劇のスルタンだ。ハーンカーの2階に上ったら、窓から北側を眺めてみよう。緑の庭園と墓地の風景が広がっている。ここから前方左側に見えるのがアミール・クルクマースのマドラサ（イスラーム神学校）である。長い間修復中のために中には入れない。さらに階段を上って屋上に出ると2対のドームと尖塔がある。これらに施された緻密なデザインはとても美しい。

動物園は庶民の憩いの場

西岸地区 West Side

مدينة الجيزة

アラビア語：マディーニト・イル・ギーザ

人間観察もおもしろい

ギザ動物園

ハディーキト・イル・ハヤワーン・ビル・ギーザ

حديقة الحيوان بالجيزة

Giza Zoo | **折込Map大カイロ B3**

　1891年に開園した歴史ある動物園。園内にはエッフェル塔で知られるギュスターヴ・エッフェルが設計したつり橋もある。この動物園には、ペットネコの原型であるヨーロッパネコ（古代エジプトが世界で初めて野生ネコを家畜化したといわれている）など珍しい動物もいる。係員にバクシーシを渡して、ライオンやトラに触ったりする人もいて、カイロっ子の休日風景がかいま見られる。道路を挟んで北側にはオルマン植物園がある。

■ギザ動物園
入口はいくつかあり、カイロ大学のほうからも入場可。ピラミッドやギザ行きのバスはすべて動物園の前を通る。
URL gizazoo.gov.eg
※2023年10月現在、改修工事のため閉鎖中

足を延ばしてみよう

Sightseeing

ビルカーシュのラクダ市

Camel Market in Birqash　Map P.69A1

سوق الجمال فى برقاش　スーッ・イル・ガマール・フィ・ビルカーシュ

待機しているラクダ

　ビルカーシュはカイロから北西へ約35kmにあり、エジプト最大のラクダ市が開かれる場所としても知られている。ラクダ市は毎日開催されるが、金曜の6:00〜12:00が取引時間のピークで数百頭のラクダが取引される。ラクダはエジプト国内のみならず、スーダンやソマリアなど、近隣諸国からも連れてくる。
　ラクダ市ではラクダの取引やトラックへの詰め込む様子などを見ることができる。また、市場内を全速力で逃げまどうラクダや棒を振り回しながらラクダを追いかける仲買人も多く見かけるので、とばっちりを受けないよう常に周囲に気を配ろう。もちろん、仲買人の取引の邪魔にならないように。

■ビルカーシュのラクダ市への行き方

🚌タフリール西からマイクロバスでインバーバへ（所要約20分）。インバーバではニクラー方面へ行くマイクロバス乗り場（折込Map大カイロB2）で降ろしてもらおう。マイクロバスに乗ったらニクラーの橋で下車（所要約40分）。ニクラーの橋と線路を越えた所にある小型トラック乗り場からラクダ市へ（所要約20分）。

インバーバ発ニクラー行きのマイクロバス

目印となるニクラーの橋

🚕カイロ市内からタクシーをチャーターして行くのが一般的。ラクダ市の場所がわからないドライバーが多いので、ホテルのスタッフなどと相談しよう。

簡単に逃げられないよう、ラクダの片足を結びつけている

ファラオ村で古代エジプト体験

古代エジプトを現代に復活させたファラオ村。
パピルスが生い茂る運河のクルーズや、
再現された王墓や遺跡の見学など、
楽しみながら知識を深めよう。

　ファラオ村のクルーズでは、遊覧船で細い運河をゆっくりと進みながら、エジプトの神や偉大なファラオについて解説を聞く。次いで古代エジプトの伝統的な農作業や漁、パピルス作りや香水などの伝統的産業を役者が実演してくれる。

　遊覧船で説明が終わると、下船して神殿へ。復元された神殿内を見学し、内部の仕組みについて学ぶ。このほかに古代エジプトの貴族と農民の家も復元されており、当時の生活に触れることができる。

　このあとに続くのは博物館の見学。15もある博物館は、一つひとつが特定のテーマに沿った簡潔な展示がされている。なかでも特に興味深いのはツタンカーメンの墓だ。

ツタンカーメンの墓はルクソールで公開され、副葬品はカイロのエジプト考古学博物館に収蔵されている。しかし、ここでは墓の中に副葬品が置かれ、発掘当時の様子を忠実に再現している。本物を見ていない人はもちろん、両方とも見た人も興味をひき付けられる。そのほか、ピラミッド建設博物館ではピラミッドがどのように建てられたか、3つの仮説をそれぞれ模型によって紹介している。

　ファラオ村では博物館以外にも、ファラオニック・スタジオで古代エジプトのコスチュームで記念撮影したり、アート・センターで、おみやげを探したりと、丸1日たっぷり楽しむことができる。

■ファラオ村 Pharaonic Village

Map P145A2

🚗タフリール広場からタクシーで70£E前後

🏠3 El Bahr El Aazam St., Giza

٣ شارع البحر الأعظم , الجيزة

URLwww.pharaonicvillage.com

⏰9:00〜20:00(冬期〜19:00)　休無休

💰550£E

◎別料金のエリアあり

ツアー、もしくは団体で行かないと、遊覧船が出発しない。少人数で行くと人数が集まるまで待たなければならない。

見学の最後は、ゆっくりとナイル川クルーズ

遊覧船に乗りながら英語で古代エジプトの産業を紹介してくれる。左はパピルス作りの様子

副葬品の置かれた位置まで忠実に再現されたツタンカーメンの墓

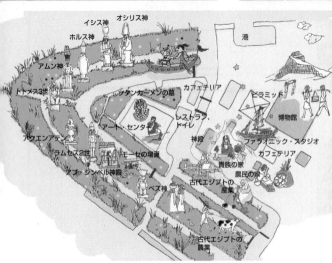

有力な仮説をもとに再現されたピラミッドの建築作業図

香水瓶の実演販売もある

カイロから日帰りで訪れるピラミッド群

3大ピラミッド。手前にある小さなふたつのピラミッドはメンカウラー王妃のピラミッド

世界に名だたる3大ピラミッドは、カイロから西約13kmのギザにある。でもピラミッドといってもギザだけではない。エジプトにはギザのピラミッドのほかに、サッカーラの階段ピラミッド、ダフシュールの屈折ピラミッドなど、大小無数のピラミッドがある。こうした建築工法の試行錯誤を経てできたのが、ギザの3大ピラミッド。宇宙的神秘を秘めたあの四角錐の美しさは、ピラミッドの造営技術と人間の美意識が見事に融合した到達点といえるだろう。

大型バスが乗り入れるクフ王側入口のチケット売り場

スフィンクス側入口のチケット売り場は比較的すいている

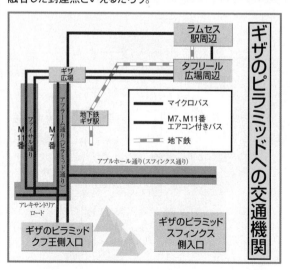

ギザのピラミッドへの交通機関

ラムセス駅周辺

タフリール広場周辺

ギザ広場

地下鉄ギザ駅

マイクロバス

M7、M11番エアコン付きバス

地下鉄

アブルホール通り（スフィンクス通り）

M11番

ファイサル通り

M7番

アフラーム通り（ピラミッド通り）

アレキサンドリアロード

ギザのピラミッドクフ王側入口

ギザのピラミッドスフィンクス側入口

旅のモデルルート

この地域は砂漠で暑いので、早朝を有効に使うこと。昼下がりから夕方が一番暑い。帽子やサングラスは必携だ。レストランや売店も乏しいので水と軽食を持っていこう。

ギザのピラミッドだけで、徒歩で熱心に回れば半日がかり。ギザのピラミッド付近で客を引くタクシーには要注意。ラクダや馬で回るツアーも内容や金銭面でのトラブルが多い。また、開場すぐであれば人もそれほど多くないので、行列や混雑を避けたい人は早めにチケット売り場に並んでおこう。

1 ギザのピラミッドハイライト

カイロ市内 7:00～7:30 → ギザのピラミッド 8:00～10:00 → サッカーラ、メンフィス 13:00～15:00

時間はないけれど、ギザの3大ピラミッドだけでは物足りない人におすすめのコース。タクシーをチャーターして（前日までに手配して値段交渉しておくのも手）朝早く、ギザのピラミッドに行こう。その後、サッカーラとメンフィスへ。タクシーの料金は1台400～500 £Eをみておこう。ギザのピラミッドをゆっくり見学しても昼過ぎには戻ってこれる。戻ったらランチ。アレキサンドリアロード沿いには、少し高いがレストランも数軒ある。スフィンクス側出口のKFC（→P.168）で、ピラミッドを眺めながらランチを取るのもよいだろう。

午後からはサッカーラとメンフィスへ。まずはメンフィスの博物館を見学し、その後サッカーラへ移動。サッカーラは広範囲に遺跡が点在しているので、見学には最低でも1時間はみておきたい。

2 サッカーラ街道の遺跡群欲張り1日コース

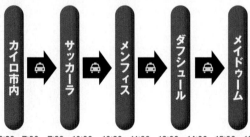

カイロ市内 6:30～7:00 → サッカーラ 7:30～10:00 → メンフィス 10:30～11:00 → ダフシュール 13:00～14:00 → メイドゥーム 15:00～16:00

タクシーをチャーターし、サッカーラ街道を南下しながら、点在するピラミッド群を見学するコース。こちらのコースも朝早いスタートだ。のどかな田園風景が両側に続くサッカーラ街道には、レストランが

ほとんどない。簡単な昼食と飲み水を多めに持参したい。途中に数軒あるホテルのレストランを利用するという手もある。ダフシュールの入口にあたるマンシェーヤの村には、雑貨屋が数軒あるので、飲料水やお菓子ぐらいなら補給できる。すべて回ると駆け足になってしまうので、じっくり見学したい人は距離が離れたメイドゥームは省略するほうがよい。サッカーラとダフシュールだけなら、カイロから半日で回ることもできる。

サッカーラの遺跡群は見どころを1周すると約10kmにもなる。暑い夏は冷房の効いたイムホテプ博物館で休憩するなどして対処しよう。ダフシュールも赤のピラミッドと屈折ピラミッドはかなり離れているので、遺跡近くまで直接乗り付けられるタクシーが威力を発揮する。ちなみに赤のピラミッド内部の通路は傾斜が相当きつい。日頃運動していないと、あとでかなりの筋肉痛に襲われることもある。

ピラミッドの謎

世界の7不思議といわれたピラミッドは、近年内部に新しい部屋が発見されたりと、まだまだ調査や研究の途上だ。何しろ4500年も前の建造物、未知の部分も多い。珍説が飛び出すのもピラミッドの未知なる力ゆえ。そう思えばロマンが広がるというものだ。ここでは諸説を幅広く紹介するが、解答は各人の想像にお任せしよう。

ミステリー**1** ピラミッドは**何のため**に造られたの？

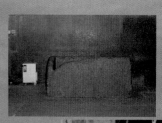

クフ王のピラミッドの玄室

仮説**1** ピラミッドは「墓」!?

王が建てた巨大建造物の使い道として、最も合理的なのは王墓だ。

内部には玄室と呼んでいる部屋があり、棺桶のような石もある。

一方で、墓ではないという説の最大の根拠は、これまでどのピラミッドからも王の遺体が出てこないこと。副葬品や壁画がなく、同じ王が複数個建造した例があることも理由だ。

では王墓ではなかったのかというと、それを否定できるだけの明確な理由もまたない。ピラミッドは王墓の発展過程のなかで出現することから、やはり王墓として考えるべきなのかもしれない。

クフ王のピラミッドの回廊

仮説**2** ピラミッドは「記念建造物」!?

当時の来世観を伝えているピラミッドテキストには「天への階段が彼（王）のために造られる。それによって天に昇るために」という呪文が刻まれている。王はその死後、天へと昇り、星となり、太陽神とともに天空を巡るのだと考えられていた。

ピラミッドの建設はその方法のひとつであり、王が天へと駆け上る階段を具現化したという説。

ミステリー2

いまだ解明されない
ピラミッドパワー
ってホント?

クフ王ピラミッドの入口

パワー1 ピラミッドの中では腐らない!?

クフ王のピラミッド内部でミイラ化した死骸が見つかったことから、ピラミッド内部ではものが腐らないとする説。相似形に造った模型でも、バラの花が長持ちする、ワインやタバコの味がまろやかになるなどといわれた。

パワー2 頭がよくなる!?

ピラミッド内部では集中力が増す、頭の冴えがよくなるという説。この説の流行時は子供部屋をピラミッド型にする人もいた。ギザのピラミッドでは、瞑想すると悟りが得られると信じて、玄室で座禅を組んでいる欧米の若者がときどきいる。

仮説3 ピラミッドは「公共事業」!?

メンデルスゾーンによって提唱された「ピラミッド公共事業説」によると、ナイル川の氾濫期に農業ができない人のために、国家のもとで行われた公共事業であるという説。壁画などから、現物支給により賃金が支払われていたことや、奴隷を使った強制労働ではなかったことがわかっている。

ミニ特集 ピラミッドの造り方

ピラミッド建設は農閑期の
失業対策という説もあり、
公共事業の役割を担っていたという。
王に感謝する落書きも発見されている。

　ピラミッドの建築方法はまだ充分に解明されてはいない。その驚嘆すべき正確な方位の測量技術や、ピラミッドの基底部を水平に設定する方法、また現代の技術をもってしても困難であろう巨大な石材の切り出しと輸送の方法、そしてそれら膨大な量の石材を積み上げるためにどのような傾斜路が用いられたのかは、いまだ謎のままである。ここでは、広く知られている仮説をいくつか紹介する。

★ステップ1 方位を決める

　太陽を利用して北の方角を見つける方法や、星が昇った地点と没した地点を利用し北の方角を見つける方法などが推測されてきた。

★ステップ2 土台を平にならす

　硬い岩盤の地を選び、縦横に樋を造り水をためて水平を定める計測方法。水位線で岩盤を削り、最終的に樋を埋めれば水平になる。ただしほかの方法を提唱している学者もいる。

ステップ**3** 石を切り出す / 日干しれんがを造る

　古王国時代のピラミッドの建設方法を記したレリーフなどは何も残っていないが、新王国時代になると、日干しれんがを造ったり、大きな石を動かしたりする作業風景が描かれるようになった。ピラミッドには日干しれんがで造られたものと、切り出した石材を使用したものがあるが、石材については、石切場での調査と壁画などに描かれた様子などから、切り出しや運搬方法の解明が進んでいる。

ステップ**4** 石を運ぶ

　大きな石を運ぶためには、まず傾斜路を造り、石をソリに載せて大勢の人が引いたと考えられている。しかし、どのように傾斜路をつけたかは、これまでにも数多くの説が歴史家や考古学者のみならず建築家などの視点から提唱されてきた。現時点では、直線傾斜路を用いたという説が妥当ではないかと考えられている。

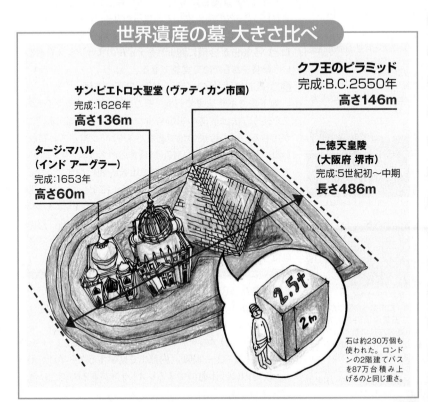

世界遺産の墓 大きさ比べ

サン・ピエトロ大聖堂（ヴァティカン市国）
完成：1626年
高さ136m

クフ王のピラミッド
完成：B.C.2550年
高さ146m

タージ・マハル（インド　アーグラー）
完成：1653年
高さ60m

仁徳天皇陵（大阪府 堺市）
完成：5世紀初～中期
長さ486m

2.5t
2m

石は約230万個も使われた。ロンドンの2階建てバスを87万台積み上げるのと同じ重さ。

■ギザのピラミッドへの行き方

●地下鉄ギザ駅から
地下鉄でギザ駅まで行き、そこからマイクロバスやタクシーで行くと、市街地の渋滞を避けることができる。タクシーだと50£E程度。マイクロバスはギザ駅の東口か、西口から出てアフラーム通りを渡り、ピラミッド方面に少し行った所に乗り場がある。5〜10£E。

●タフリール西から
🚌M7番のエアコン付きバス（アプリと連動→P.83）が30分ごとに運行。クフ王側の入口に近いメナ・ハウス周辺に着く。
運賃:20£E

●タフリール広場、ラムセス広場などから
🚌ナセル・シティとピラミッド周辺を結ぶM11番バス（アプリと連動→P.83）が30分ごとに運行。メナ・ハウス周辺に着く。
運賃:20£E

●ラムセス駅周辺から
🚌マイクロバス（オラリー発）
運賃:5.50£E

●カイロ市街地から
🚕タクシー
運賃:片道150£E〜。ウーバーやカリームだと片道130£Eが目安。

●カイロ国際空港から
🚕タクシー
運賃:片道400£E〜。ウーバーやカリームだと片道350£Eが目安。

タフリール西に停車するM7番ピラミッド行きのバス

ギザ駅のプラットホーム

■カイロ市内への帰り方
クフ王側の入口を出て、M7、M11番のバスに乗るのが確実だが、スフィンクス側から出てしばらく進んだアブルホール通りでもバスなどをつかまえることができる。ピラミッド周辺はタクシーも多い。

ギザ Giza
الجيزة
アラビア語:イル・ギーザ

ギザのピラミッドは今から約4500年ほど前、古代エジプト王国第4王朝の時代に造られた。4500年という時間と巨大な存在の前では、言葉なんてもはや何の力ももたない。まずは自分の目で見て、そのスケールの大きさに圧倒されてもらうしかない。

2022年にピラミッド地域内にオープンしたクフズ・レストラン（→P.168）

ピラミッドの観光シーズンは冬。夏はカイロから近いとはいえ半砂漠地帯でかなり暑い。夏だったら早朝に行ったほうがいい。ピラミッドに圧倒される前に砂漠の暑熱に圧倒されるなんてことになりかねない。もちろん、イメージどおりの砂漠を体験することはできるけれど。

ピラミッドは高台にある。バスを降りてしばらく歩き、大きなピラミッドの前に立つと、はるかカイロの町が見渡せる。突然足元の砂漠が終わって緑が始まる様子を見ると、カイロという都市が砂漠に囲まれたナイルの大オアシスであるという事実をあらためて実感できる。

■カイロからギザのピラミッドへの行き方

地下鉄でギザ駅まで行き、そこからタクシーやマイクロバスを使う方法は渋滞の影響も少なくおすすめ。安く行くことができるのは、市民の足であるバスやマイクロバス。慣れていないと使いづらいが、M7、M11番のバスはエアコン付きで、アプリでバスの位置もわかるので比較的使いやすい。マイクロバスはどれに乗ればいいかわからないことも多いが、運転手が「ハラム（ピラミッド）」と連呼しているのですぐにわかる。タクシーやライドシェア・アプリだとカイロ市内からは130£E〜。相乗りする相手がいれば、かなり安く行くことができるのでうまく活用したい。

■ 歩き方

●時間をたっぷり取って見学しよう
ギザ広場とピラミッドを結ぶ道路が、ピラミッド通りPyramid St.。チケット売り場はクフ王のピラミッドの手前と、スフィンクス側の2ヵ所。ここでピラミッドエリアのチケットを買う。すべてのピラミッドを駆け足で回っても2〜3時間。内部まで見学するなら半日がかりだ。敷地内には休憩のできるレストランがあるので、ひと息入れながら観光しよう。

●悪質な商売人に注意　世界的に有名なピラミッドだが、その周りを徘徊する一部の人たちの悪質さにおいても、また有名である。「チケットを拝見。ピラミッドの入口はこっちだよ」と言ってラクダ乗り場に連れていくのも彼らの常套手段。ガイドや物売り、ラクダ引きなど、とにかく「しつこい」の一語に尽きる。必要ないなら「ミシュ・アーウィズ（女性ならミシュ・アーウィザ）」、「アイ・ドント・ウォント」、「いらないよ」など、どんな言葉でもいいから、きっぱり断ろう。

せっかくエジプトに来たのだからラクダの背にゆられてピラミッドを1周するのもいいけれど、とにかく法外な値段をふっかけてくるので、乗る前に負けずに値切ること。ラクダと一緒のところを記念撮影してやるとか何かとうまいことを言っておいて、カメラを人質に取って、身代金に大金をふんだくった悪徳ラクダ引きもいる。馬車や馬に乗って観光することもできるが、料金をふっかける点はラクダと同様。トラブルの傾向と対策はP.472参照。

ピラミッドの入口に並ぶ観光客

●登頂は厳禁　ピラミッドは表装石が崩れているので階段状になっている。近づいて見ると一つひとつの石がとても大きいことがわかる。古代のピラミッド建設の技術力をあらためて実感する。なお、登頂（?）は禁止されている。上空は風がとても強く、過去には吹き飛ばされて墜落死する人もいたらしい。

■バスでのアクセスの注意
ピラミッド周辺は再開発が進められている。すでに完成している新ゲートの運用が始まれば、ピラミッドエリアには、無料バスなど指定交通機関で入構するようになり、原則として現在の出入口は閉鎖される予定。カイロやギザからのバス番号やバス停は大幅に変更が予想されている。

観光用の馬車でピラミッドエリアを回ることもできる

ラクダや馬車、馬の公定料金は1時間500£Eと決められてはいるが……

音声ガイド付きのバスが循環する予定

Information

カイロ・パスとルクソール・パス

カイロとルクソールの主要な見どころを網羅したパスが販売されている。多くの見どころを訪問予定であれば、お得になる場合もある（入場料、パス料金ともに頻繁に値上げされるので要確認）。パスがあればチケット購入の際、列に並ばなくてもよくなる。

圏カイロ・パス
　130US$または120€
　（学生70US$または60€）
※ルクソール・パス（→P.197）を提示すれば半額。
●有効期間　5日間
●必要書類
・パスポート　・パスポートの写真ページのコピー
・写真1点（パスポートサイズ）
●購入場所
ギザのピラミッド地域、エジプト考古学博物館、シタデル
※2回目のパス購入時は書類の提出は不要。

カイロ・パスで無料になるおもな見どころ
※本書で紹介している見どころのみ掲載
・ギザのピラミッド地域
・サッカーラのピラミッド地域
・メンフィス博物館
・ダフシュールのピラミッド
・エジプト考古学博物館
・コプト博物館
・イスラーム芸術博物館
・アンダースン美術館
・マニアル宮殿博物館
・シタデル
・ナイロメーター
・リファーイー・モスク
・ムイッズ通り
・ズウェーラ門
・スルタン・ゴーリーのマドラサ

親 → カフラー王のピラミッド 子 ←

建造:B.C.2520年頃
1辺の長さ:215m

メンカウラー王の 子
ピラミッド

建造:B.C.2490年頃
1辺の長さ:103m

表層石が残っている
のがカフラー

一番小さいのがメン
カウラー

ギザの3大ピラミッド GIZA

　クフ王のピラミッドは、まさにピラミッドの王様。当時「クフの地平線」と呼ばれていた巨大なピラミッドは、平均2.5トンの石を約250万個積み上げて造られ、基底部に使われた石には15トンを超えるものもあるともいわれている。

　ピラミッド内部には、地下の玄室、女王の部屋、王の玄室や大回廊などが存在している。王の玄室は、当初はおそらくほかのピラミッドと同様に地下に造る予定だったが、何らかの理由で、王の遺体は地下の玄室ではなくこの王の玄室に安置されたのではないかと考えられている。

　王の玄室の上には、通称「重力軽減の間」と呼ばれている5つの空間がある。一般的に石材にかかる重さを拡散させるために造られたと考えられているが、本当のところはまだわかっていない。

　この空間は大回廊と王の玄室の探査中に発見され、その後その上をさらに調べるために、なんと爆薬で穴が開けられた。現在では考えられない荒っぽい方法だ。

　1837年にその場所でクフ王の名前と治世年の記述が発見された。ヘロドトスの著書の中でクフ王のものと述べられていた大ピラミッドは、この発見から確認された。

　真ん中にあるのはカフラー王のピラミッド。クフ王のピラミッドの傾斜角度が51度50分であるのに対して、カフラー王のピラミッドの角度は、53度10分とさらに急角度

親 **クフ王のピラミッド**

建造：B.C.2550年頃
1辺の長さ：230m

元の高さを示す棒が
立っているのがクフ

スフィンクス側の入口付近（→MapP.141B3）から3大ピラ
ミッドを眺めると、横一列に並んでいるように見える

スフィンクス神殿前は絶好の記念撮影ポイント

音と光のショーではピラミッドとスフィンクスもライトアップされる

に造られていた。

このピラミッドの特徴は、スフィンクスが付属していること。スフィンクスは、高さ20m、長さは57mあり、巨大な天然の岩山を基に造られていた。

メンカウラー王のピラミッドは、前のふたつよりもかなり規模の小さなものだ。一説によると、メンカウラー王の治世にエジプトはその強大な力を失いつつあったからであるともいわれている。メンカウラー王のピラミッドの、表面の化粧石は、残存部分から想像すると、これまでのピラミッドのような石灰岩ではなく、花崗岩であったことから、外見が少し赤っぽかったのではないかと考えられている。

古王国時代に盛んに建造されたピラミッドはその後も造られ続けた。ただし古王国時代のように巨大なものは造られること

はなかった。中王国時代には、それなりに規模の大きなピラミッドが造られたのだが、財政難により、その建築方法は雑になり、以前のものには到底及ばなかった。材料もこれまで使用されてきた高価な石材に代わり、昔のように日干しれんがが使用され、崩れやすくなってしまう。そうしてピラミッド建設は衰退していった。

ピラミッド・パノラマポイント（→MapP.140C2）からの眺め。
入口からは1.5kmほど離れている。タクシーかラクダで行こう

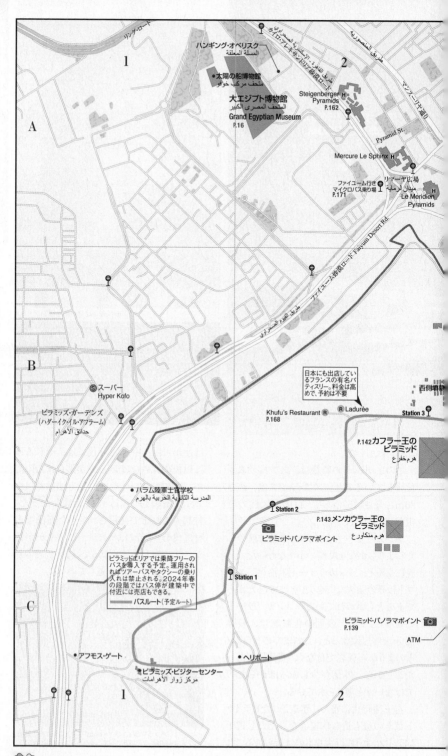

1

ハンギング・オベリスク
المسلة المعلقة

2

●太陽の船博物館
متحف مركب خوفو

طريق القاهرة الإسكندرية الصحراوي / كارت الفيوم الصحراوية

Steigenberger
Pyramids **H**
P.162

大エジプト博物館
المتحف المصري الكبير
Grand Egyptian Museum
P.16

Pyramid St.

マンスーリヤ運河口

A

Mercure Le Sphinx **H**

ファイユーム行き
マイクロバス乗り場 P.171
محطة ميكروباص الفيوم

リマーヤ広場
ميدان الرماية

Le Meridien
Pyramids **H**

ファイユーム砂漠ロード Faiyum Desert Rd.
طريق الفيوم الصحراوي

B

> 日本にも出店してい
> るフランスの有名パ
> ティスリー。料金は高
> めで、予約は不要

S スーパー
Hyper Kofo

ピラミッズ・ガーデンズ
(ハダーイク・イル・アフラーム)
حدائق الأهرام

Khufu's Restaurant **R**
P.168

R Ladurée

西側墳墓

Station 3

P.142 カフラー王の
ピラミッド
هرم خفرع

●ハラム陸軍士官学校
المدرسة الثانوية الحربية بالهرم

Station 2

ピラミッド・パノラマポイント

P.143 メンカウラー王の
ピラミッド
هرم منكاورع

> ピラミッドエリアでは乗降フリーの
> バスを導入する予定。運用され
> ればツアーバスやタクシーの乗り
> 入れは禁止される。2024年春
> の段階ではバス停が建築中で
> 付近には売店もできる。
> ━━ バスルート（予定ルート）

Station 1

C

ピラミッド・パノラマポイント
P.139

ATM

●アフモス・ゲート

●ヘリポート

ピラミッズ・ビジターセンター
مركز زوار الأهرامات

1

2

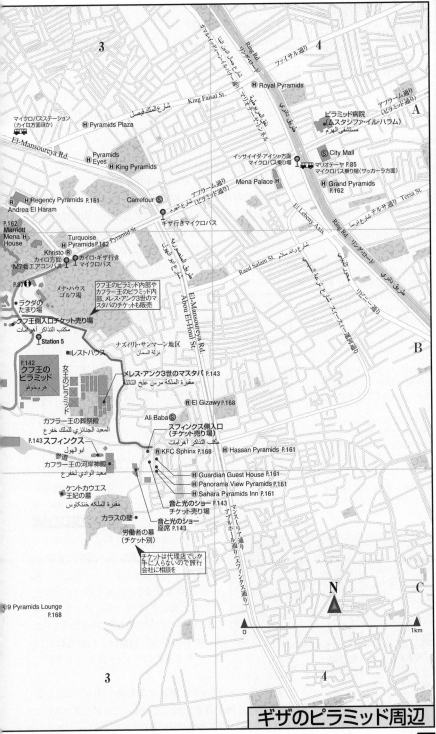

3

4

H Royal Pyramids

アフラーム通り
（ピラミッド通り）

King Faisal St.

ピラミッド病院
●ムスタシファ・イル・ハラム

A

マイクロバスステーション
（カイロ方面ほか）

H Pyramids Plaza

El-Mansourcya Rd.

S City Mall

Pyramids
Eyes

H King Pyramids

イッサイイダ・アイシャ方面
マイクロバス乗り場

マリオテーヤ P.85
マイクロバス乗り場（サッカーラ方面）

Mena Palace H

H Grand Pyramids
P.162

R Regency Pyramids P.161

アフラーム通り
（ピラミッド通り）

El Lebeny Axis

Tersa St.

Andrea El Haram

Carrefour S

Raed Salam St.

Ring Rd. リングロード

ギザ行きマイクロバス

P.162
Marriott
Mena H
House

Turquoise
H Pyramids P.162

Pyramid St.

Khristo R

H カイロ方面
M7番エアコンバス

R カイロ・ギザ行き
マイクロバス

クフ王のピラミッド内部や
カフラー王のピラミッド内
部、メレス・アンク3世のマ
スタバのチケットも販売

P.87

●ラクダの
たまり場

メナ・ハウス
ゴルフ場

El-Mansourcya Rd.
Abou El-Houl St.

B

クフ王側入口チケット売り場

Station 5

レストハウス

ナズィリット・サンマーン地区

P.142
クフ王の
ピラミッド

女王の
ピラミッド

メレス・アンク3世のマスタバ P.143

カフラー王の葬祭殿

R El Gizawy P.168

Ali Baba S

P.143 スフィンクス

参道
カフラー王の河岸神殿

スフィンクス側入口
（チケット売り場）

R KFC Sphinx P.168

H Hassan Pyramids P.161

H Guardian Guest House P.161

ケントカウエス
王妃の墓

H Panorama View Pyramids P.161

H Sahara Pyramids Inn P.161

カラスの壁 ●

労働者の墓
（チケット別）

音と光のショー P.143
チケット売り場

音と光のショー
座席 P.143

チケットは代理店でしか
手に入らないので旅行
会社に相談を

N

C

R 9 Pyramids Lounge
P.168

0   1km

3

4

ギザのピラミッド周辺

クフ王のピラミッド前にあるチケット売り場

■ギザのピラミッド地域
Map P.69A2、P.140～141
URL egymonuments.com
圖7:00～17:00
圉540£E(学生270£E)
['24年秋以降700£E(学生350£E)]
━━M V
※クレジットカード払いのみ。
2024年4月に自動券売機が設置された。
※原則として当日の出入りは自由。出るときに係員に確認しよう。2023年10月現在、入場口やピラミッド以外でチケットを職員に掲示する必要はない。それ以外の場所で掲示を求められた場合は、まず正式な職員かどうか確認しよう。

■クフ王のピラミッド内部
チケットはメナ・ハウス側のチケット売り場で販売されている。
圖7:00～12:00、13:00～17:00
圉900£E(学生450£E)
['24年秋以降1000£E(学生500£E)]
📵携帯電話のカメラはOK

■カフラー王のピラミッド内部
※2023年10月現在見学不可

最も有名なピラミッド

クフ王のピラミッド

世界遺産 The Pyramid of Khufu　Map P.141B3

ハラム・ホーフー
هرم خوفو

　マリオット・メナ・ハウス(→P.162)の前の坂を上っていくと正面に見えるピラミッドがクフ王のピラミッドだ。本来の高さは146mだったが、現在は頂上部がなくなったため137m。頂上の中央に立っている鉄の棒は本来の頂上を示している。避雷針ではない。かつて表面は外装用の化粧岩で覆われていたが、今では全部盗まれてごつごつした石がむき出しになっている。

　内部への入口は盗掘用として開けられた場所。入口でチケットチェックがある。まず細いトンネルを少し歩く。それから回廊を上る。途中背中をかがめて歩かなければいけない場所もある。大回廊を通って花崗岩でできた玄室へ。別に壁画があるわけでもない。でも石を積み上げた中にこんな空間がポッカリとあるのが、ちょっと信じられないような気がする。玄室の両側の壁に穴がふたつ開いており、片側には送風機がはめ込まれている。

重力軽減装置
王の玄室
換気孔
換気孔
控えの間
石棺
大回廊
女王の部屋
(向こう側に早稲田隊発見の部屋)
フランス隊発見の砂の部屋
通路閉鎖
石材鎖
もとの入口
現在の入口
補助通路
地下の玄室
0　　　　50m

クフ王の
ピラミッド断面図

頂に化粧石が残る

カフラー王のピラミッド

世界遺産 The Pyramid of Kharfe　Map P.140B2

ハラム・ハフラア
هرم خفرع

頭頂部に残る化粧板が目印

　カフラー王のピラミッドは、3つのピラミッドの真ん中に位置する。高さ143m、クフ王のピラミッドよりもやや小ぶりだが、保存状態が大変よく、表面を覆っていた化粧岩も上部と下部の一部にそのまま残っており、エジプトで最も美しいピラミッドだといわれている。内部は、回廊も比較的広く、クフ王のピラミッドに比べてすいている。

　カフラー王のピラミッド正面には葬祭殿があり、ここから参道が真っすぐ河岸神殿に通じている。これらをまとめてピラミッドコンプレックスと呼んでいる。

3つのうちで一番小さな
メンカウラー王のピラミッド

ハラム・メンカーウラア

هرم منكاورع

世界遺産 The Pyramid of Menkaura　　**Map P.140C2**

　3大ピラミッドの一番奥にあり、高さも65.5mと、3つのうちで最も小さい。ここまで来ると人は少なくなり、暗い玄室にひとりで入るのはちょっと勇気がいりそう。

　メンカウラー王のピラミッドの向こうは、もう西方（リビア）砂漠。南側には王妃のピラミッドが3基ある。

保存状態のよいマスタバ
メレス・アンク3世のマスタバ

マクバラ・イル・マリカト・メラス・アング・イッターリタ

مقبرة الملكة مرس عنخ الثالثة

世界遺産 Meres Ankh Ⅲ Tomb　　**Map P.141B3**

　1927年に発見されたメレス・アンク3世のマスタバ（長方形の大墓）は、2012年に修復を終え公開された。マスタバの主メレス・アンク3世は、クフ王の孫娘でもありカフラー王妃でもあった。マスタバの壁面には、農作業や狩猟など、さまざまな場面が描かれている。奥の部屋に並ぶ10体の女性像には、メレス・アンク3世と彼女の母ヘテプ・ヘレスや、娘たちの像もある。西側の部屋には、埋葬室に通じる階段があり、メレス・アンク3世のミイラの石棺はここで発見された。

頭は人間、体はライオン! なぞなぞを出すことでも有名!
スフィンクス

アブル・ホール

أبو الهول

世界遺産 The Great Sphinx　　**Map P.141B3**

　人面獣身で有名なスフィンクスは、アラビア語でアブル・ホール（畏怖の父）といい、ファラオや神を守護する聖獣とされている。全長57m、高さ20m。カフラー王のピラミッドと同じ時代に造られ、頭はカフラー王に似せたという説も。しかしアラブ人の侵入後、鼻が削られ、イギリスにヒゲを取られたその顔は、畏怖というよりむしろ愛敬がある。そのヒゲは現在イギリスの大英博物館にあって、エジプト政府は返還交渉中。

闇の中に浮かび上がるピラミッド
音と光のショー

アルド・イッソートゥ・ワ・ッダウ

عرض الصوت والضوء

Sound and Light Show　　**Map P.141B3**

　水〜土曜の夜に2回ずつ、ピラミッドやスフィンクスに照明を当てて、古代エジプトの歴史を語る音と光のショーが行われる。所要約1時間。各国語で行われる。闇の中に効果音とともに浮かび上がるスフィンクスやピラミッドは確かに迫力がある。日本語による上演は行われていないが、日本語のオーディオガイドがある。また、ショーの行われる時間は夏でも相当冷えるので、上着持参のうえで行ったほうがいい。冬場は必ず厚着すること。

音と光のショーで浮かび上がるピラミッド

■メンカウラー王のピラミッド内部
チケットはメナ・ハウス側のチケット売り場で販売されている。
🕒ギザのピラミッド地域と同じ
💰220£E（学生110£E）
［'24年秋以降280£E（学生140£E）］
📷携帯電話のカメラはOK

手前がメンカウラー王のピラミッド。奥はカフラー王

■メレス・アンク3世のマスタバ
チケットはメナ・ハウス側のチケット売り場で販売されている。
🕒午後は閉まることが多い
💰120£E（学生60£E）
［'24年秋以降200£E（学生100£E）］
📷携帯電話のカメラはOK

奥の部屋には10体の女性像が並ぶ

■音と光のショー
📞015 5311 3161
🌐soundandlight.show
💰20US$（VIP席26US$）
●夏期
水〜土
1回目（英語）20:30〜、
2回目（スペイン語）21:30〜
●冬期
水〜土
1回目（英語）19:30〜、
2回目（スペイン語）20:30〜
※日本語オーディオガイド込み。時間は変更の可能性があるので事前に確認を。2回目は木曜を除き最低5名以上参加で催行。

■サッカーラ（→Map P.145）
　への行き方

🚖カイロ市内からタクシーをチャーターして500£E程度が相場。見学時間、訪れる見どころによっても料金は若干変わる。
🚌オラリーやラムセス駅の西（→Map P.84）から直行のマイクロバスが運行。
●カイロからマリオテーヤへ
🚌カイロ市内からピラミッド行きのバス、マイクロバスならすべて、マリオテーヤを通る。目印はピラミッド病院。
●マリオテーヤからサッカーラへ
🚌ピラミッド通りを横切るマリオテーヤ運河の橋付近から、アブー・セール行きマイクロバス（所要約20分。5£E）に乗る。アブー・セールでサッカーラ行きマイクロバス（5£E）に乗り換え。ピラミッドに行きたいと言えば、最寄りの十字路で降ろしてくれる。所要約10分。
　マリオテーヤ発サッカーラ行きマイクロバスや、ギザ広場発の大型バス335番は、マリオテーヤ運河沿いに南下するので、最寄りの交差点で降りてから遺跡までは2km以上ある。アブー・セール乗り換えがベスト。
運賃:6£E

サッカーラ Saqqara

سقارة

アラビア語：サッアーラ

歩き方

　ギザの南約10km。サッカーラは、エジプトでのピラミッド建設の第一歩をしるしたといわれるジェセル王の階段ピラミッドがあることで有名だ。6重の階段状になったこのピラミッドは、高さ60m、基底部140m×128mと、ギザのピラミッドよりは小ぶりだが、その形状は独特なもの。階段ピラミッド西側の小高い丘からは、北にギザ、アブー・セールのピラミッド、南にはダフシュールのピラミッドなどが眺められ、絶好のポイントになっている。

　のどかな風景が広がるサッカーラは周辺に観光用のカーペットスクールが点々と並ぶ。スクールといっても教えるわけではなく、観光客向けに実演して見せるだけだが、ツアーだとたいていどこかの店に立ち寄っている。

●サッカーラの遺跡は広大だ　アブー・セールからのバスを降りて西へ10分ほど歩くと、警察のチェックポイントとチケット売り場がある。サッカーラのピラミッドへは共通チケットで入場できるが、新王国時代の墳墓群や、一部のマスタバ、セラペウムなどへの入場は別料金なので、あらかじめチケット売り場で購入しておこう。

　階段ピラミッドを中心とするピラミッドコンプレックスや、その周辺に点在するマスタバ群、ウナス王のピラミッド、テティ王のピラミッドなどは、西側の高台の上に点在しており、徒歩ですべて見るためには丸1日かかる。

　2023年10月現在、ペピ1世のピラミッド以南のいわゆる南サッカーラの遺跡群は原則として非公開。北サッカーラだけなら、徒歩でもなんとか回ることができる。

サッカーラ街道の交通の起点、マリオテーヤ

アブー・セールのマイクロバス乗り場

広いので時間を取って見学したい

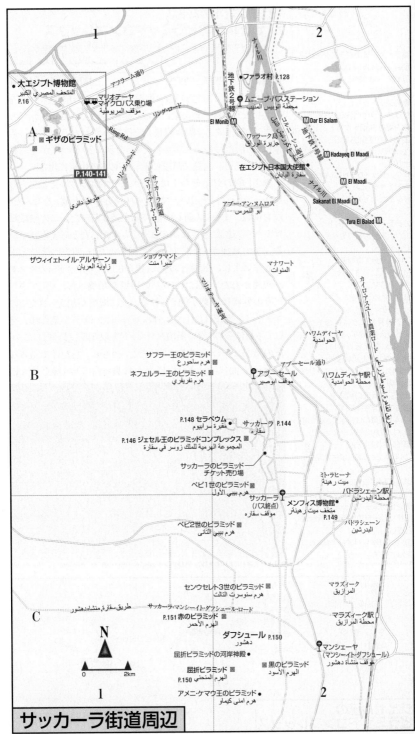

サッカーラ街道周辺

ジェセル王のピラミッドコンプレックス

イル・マグムーア・イル・ハラメーヤ・リル・マレク・ゾーセル・フィ・サッアーラ

المجموعة الهرمية للملك زوسر في سقارة

世界遺産 The Djoser Complex　　　　　　　　　　　　　Map P.147

■**サッカーラのピラミッド地域**
URL egymonuments.com
圖8:00～16:00
⊗一部不可
●共通チケット
サッカーラのピラミッド地域への入場は共通チケットが必要。
圝450£E(学生230£E)
['24年秋以降600£E(学生300£E)]
━M V
※クレジットカード払いのみ
見学できるのは
1)ジェセル王の
　ピラミッドコンプレックス
2)テティ王のピラミッド
3)ウナス王のピラミッド
4)イドット
5)イムホテプ博物館
6)カゲムニのマスタバ
7)ティのマスタバ
8)プタハホテプと
　アクティホテプのマスタバ
以下の見どころは共通チケットでの入場不可。900£E(学生450£E)['24年秋以降1000£E(学生500£E)]で上記共通チケットと下記1)、2)、3)のすべてを見学できる
1)新王国時代の墳墓群
圝330£E(学生165£E)
['24年秋以降400£E(学生200£E)]
2)メレルカのマスタバ
圝150£E(学生75£E)
['24年秋以降200£E(学生100£E)]
3)セラペウム
圝270£E(学生135£E)
['24年秋以降340£E(学生170£E)]
■**ジェセル王のピラミッド内部**
圖サッカーラのピラミッド地域と同じ
圝220£E(学生110£E)['24年秋以降280£E(学生140£E)]　▧

　東西277m、南北545mの周壁に囲まれ、階段ピラミッドを中心にセド祭殿、葬祭殿といった建物が残っており、ピラミッドコンプレックス（複合建築）の仕組みがわかりやすい。周壁に1ヵ所だけある入口から入り、2列に20本の柱が並ぶ柱廊を抜けると、北側に階段ピラミッドのある中庭に出る。

　第3王朝のジェセル王は、それまでのエジプトでは見られなかった「石材」を用い、マスタバ（長方形の大墓）をなんと6段も重ね、まったく新しい形の墓を造り上げた。この階段ピラミッドの建設過程は次のようなものだったと考えられている。まず地面から下に向かって掘られた4m四方の竪坑と王の玄室の上に、通常どおりに1辺が63mで高さが8mのマスタバが築かれた。次にマスタバの周壁が増築され、そしてさらにその外側に増築が加えられる。次に増築が加えられたこのマスタバを第1段目として、4段の階段ピラミッドが造られ、そしてさらにその4段の階段ピラミッドを取り囲むようにして、6段の階段ピラミッドが加えられたというもの。石だけで造られた墓の表面には、きれいに磨かれ真っ白に光り輝く石灰岩

マスタバを重ねていった結果、階段ピラミッドになった

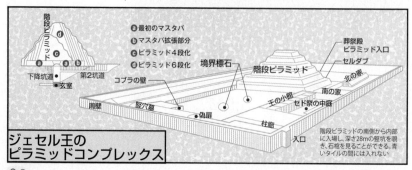

ⓐ最初のマスタバ
ⓑマスタバ拡張部分
ⓒピラミッド4段化
ⓓピラミッド6段化

階段ピラミッド
ⓓⓒⓑ　ⓐ
下降坑道　第2坑道
玄室

境界標石
コブラの壁
竪穴墓
偽扉

葬祭殿
ピラミッド入口
セルダブ
階段ピラミッド
北の家
南の家
王の小館
セド祭の中庭
柱廊
入口
周壁

階段ピラミッドの南側から内部に入場し、深さ28mの竪坑を覗き、石棺を見ることができる。青いタイルの間には入れない

ジェセル王の ピラミッドコンプレックス

が用いられたという。

　南にある壁は高く、その上部にはコブラの装飾があるので見逃さないように。中庭には2ヵ所にB字を横たえたような基礎が残っているが、これはセド祭で王が周りを走る儀式に使われた標石。中庭の東側には王の小館と呼ばれる建物があり、その裏側がセド祭の中庭。ジェセル王を表した未完成の彫像が建っている。セド祭の中庭を北へ抜けると、正面に南の家と呼ばれる建物がある。内部にはヒエログリフが残っているが、これは新王国時代の旅行者がジェセル王の名を書き残した落書きだ。

　南の家の裏側には北の家があり、さらに階段ピラミッドの北側には葬祭殿やジェセル王の座像が見つかったセルダブ(密室)がある。

ピラミッドテキストが見られる
テティ王のピラミッド

ハラム・イル・マレク・ティティ

هرم الملك تتي

世界遺産 The Pyramid of Teti　　　　**Map P.147**

　テティ王のピラミッドは崩れかけの丘のような状態になっている。内部にはピラミッドテキストと呼ばれるヒエログリフ文書がある。これは前王ウナスがそのピラミッドで始めたもので、王の魂が来世で出合う困難を乗り越え、永遠に生きるための呪文が書かれたものだ。

文字が刻まれた
ウナス王のピラミッド

ハラム・イル・マレク・ウーナース

هرم الملك أوناس

世界遺産 The Pyramid of Unas　　　　**Map P.147**

　ウナス王のピラミッドは古王国時代に造られたピラミッドのなかでも最小のもの。ほとんど崩れかけの丘のような状態になっている。内部にはピラミッドテキストと呼ばれる、神々への讃歌や王の正しさなどを表現したヒエログリフ文書があるが、残念ながら入場することはできない。

テティ王のピラミッド内部から発掘されたピラミッドテキスト

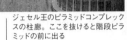
ジェセル王のピラミッドコンプレックスの柱廊。ここを抜けると階段ピラミッドの前に出る

■ピラミッドやマスタバでの写真撮影
管理人によって撮影許可の基準は曖昧なので、明確な基準はなく、撮影後にバクシーシを要求される場合もある。顔料が残っている壁画が見られる墓内部はフラッシュ禁止。

■テティ王のピラミッド
圏サッカーラのピラミッド地域と同じ
■ウナス王のピラミッド
圏8:00～12:00

崩れかけて瓦礫のようになっているウナス王のピラミッドだが、内部には貴重なヒエログリフ文書が残っている。びっしりと刻まれた文字は壮観だ

サッカーラ

・ティのマスタバ P.148
カゲムニのマスタバ P.148
スフィンクス参道 墓の道
・セラペウム P.148
メルレカのマスタバ
ネクロポリス (第1王朝)
テティ王のピラミッド P.147
هرم الملك تتي
・マリエットの家跡
駐車場
トイレ
プタハホテプとアクティホテプのマスタバ P.148
ウセルカフ王のピラミッド
P.148 ジェセル王のピラミッドコンプレックス
猫の墓地
階段ピラミッド الهرم المدرج
イムホテプ博物館 P.148
駐車場
P.147 ウナス王のピラミッド
هرم الملك أوناس
イルカプタハのマスタバ
カフェ R
トイレ
駐車場
サッカーラ・アブー・セールへ
クヌムヘテプとニアンクフヌムのマスタバ P.148
イドット
聖エレミア修道院
セケムケト王の未完成ピラミッド
マヤの墓 P.148
ウナス王の河岸神殿
チケット売り場
ホルエムヘブの墓 P.148 معبد حور محب
警察のチェックポイント
Pharous R

N
0　　　400m

階段ピラミッドの設計者を記念した

イムホテプ博物館

マトゥハフ・イムホテプ

متحف إمحوتب

Imhotep Museum　　　Map P.147

サッカーラの階段ピラミッ
ドを造ったのは、当時の宰
相であり建築家でもあった
イムホテプ。それまで日干
しれんがや木材が一般的
だったエジプトの建築は、
彼の登場とともに、巨大な
石材が使われるようになった
のだ。

展示品の数は多くはないが、テーマに沿った
わかりやすい展示が魅力のイムホテプ博物館

　イムホテプ博物館は、そんな古代エジプトの天才建築家の
名を冠した博物館。サッカーラで発掘された品を多数展示し
ているが、特に建築、美術、工芸に特化している。イムホテ
プの手がけた建築の一部を展示しながら、彼の古代エジプ
ト建築に与えた影響を解説したり、壁画や彫像から古代エ
ジプトの美意識を探ったりと、エジプトのほかの博物館では
見られないユニークな内容。特に注目すべきは第3ホール。
階段ピラミッドのコンプレックスから出土した壁は、ファイア
ンスといわれる青いタイルが埋め込まれた大変美しいものだ。

動物のミイラもあった

マスタバとセラペウム

マクバラ・スラービウム・サッアーラ

مقبرة سرابيوم سقارة

世界遺産 **Tombs and Serapeum**　　　Map P.147

サッカーラには多数のマ
スタバ（長方形の大墓）があ
り、美しい彩色壁画が描か
れたいくつかの内部を見る
ことができる。見逃せない
のは、メレルカのマスタバと
ティのマスタバ。メレルカの
マスタバは32もの部屋があ

メレルカのマスタバの偽扉に立つ等身大のメ
レルカ像

る古王国時代最大級のもので、テティ時代の宰相であったメ
レルカと、その妻でテティの娘、その息子の墓だ。隣にある
カゲムニのマスタバも内部を見ることができる。

　かつては141のスフィンクスが並んでいたスフィ
ンクス参道を西に行くと、ティのマスタバがある。
規模は小さいが美しい彩色壁画が壁一面に描
かれ、必見だ。ほかにも、プタハホテプとアクテ
ィホテプのマスタバや第5王朝時代のマスタバ群
の内部も見ることができる。ティのマスタバとの
間には、聖牛アピスのために造られたというセラ
ペウムがあり、巨大な地下大回廊と、雄牛のミイ
ラが納められた石棺も公開されている。

補修工事を終えたセラペウム。回廊に沿って大きな石棺
が並んでおり、この中に雄牛のミイラが納められていた

メンフィス Memphis

ميت رهينة

アラビア語：ミト・ラヒーナ

アラバスター (雪花石膏) 製のスフィンクスで有名なメンフィスは、古代エジプト古王国時代には首都として栄えた。メンフィスの名前はペピ1世のピラミッドを意味するメン・ネフェルがギリシア語風に訛ったものとされている。

メンフィスの最盛期は第6王朝時代で、プタハ神信仰の中心地となった。古代エジプト時代の歴史家マネトはメンフィスの名前をヒ・ク・プタハ (プタハ神の魂が宿る場所) と記している。第18王朝以降、テーベが都になるとしだいに衰退していった。しかしペルシア支配時代に勢いを取り戻し、グレコローマン時代もアレキサンドリアに次ぐ第2の都市として栄えた。7世紀のイスラーム流入以降、町は廃墟となり、その石材も周囲の村々へと消えていった。

横たわるラムセス2世像の大きさに偉大さを実感　マトゥハフ・ミト・ラヒーナ

メンフィス博物館 متحف ميت رهينة

Menphis Museum	Map P.149

建物の1階には、脚の一部が欠けたラムセス2世の巨像が横たわったまま保存されている。この像は体長が15mもあり、2階の回廊から見下ろすこともできる。また、建物を出てすぐ前の広場の真ん中に、1912年に発見された長さ8mぐらいのスフィンクスがある。ギザのスフィンクスは顔が一部崩れているが、こちらは比較的良好な状態。

ミト・ラヒーナの集落の中には、プタハ神を祀った神殿跡がある。聖牛アピスのミイラを作るために使用された解剖台がある。

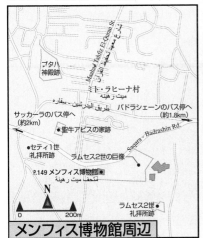
メンフィス博物館周辺

■メンフィスへの行き方

メンフィスのあるミト・ラヒーナ村への起点はサッカーラ村。サッカーラ行きマイクロバスの終点でミト・ラヒーナ方面に乗り換える。博物館へ行く分かれ道まで5分ほど。博物館までは徒歩10分ほど。
運賃：3£E

■サッカーラ村への行き方

●マリオテーヤ運河から
🚐マイクロバス　運賃：6£E
●ギザ広場から
🚌大型バス937番　運賃：6£E

■メンフィス博物館

🌐egymonuments.com
🕐8:00〜16:00
💰150£E(学生75£E)
['24年秋以降200£E(学生100£E)]
💳Ⓜ Ⓥ ※クレジットカード払いのみ

メンフィス博物館入口

メンフィス博物館中庭にあるスフィンクス像

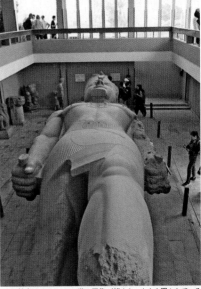
館内ではラムセス2世の巨像が横たわったまま置かれている

■ダフシュール
(→Map P.145)への行き方
ダフシュールはサッカーラ村の
さらに南。ピラミッドへの起点
はマンシェーヤ(マンシーイト・
ダフシュール)だ。サッカーラ
村で乗り換えるのが一般的。マ
ンシェーヤからはトゥクトゥク
で50£E。

●サッカーラ村から
🚌頻発　運賃:3.50£E
●マリオテーヤから
🚌1日数便　運賃:7.50£E
マンシェーヤからチケット売り
場までは2kmほどある

■ダフシュールのピラミッド
URLegymonuments.com
🕐8:00〜16:00
🎫150£E(学生75£E)
['24年秋以降200£E(学生100£E)]
※クレジットカード払いのみ 　—MV

■屈折ピラミッド
赤のピラミッドから南へ約2km
の位置にある。ここからダフシ
ュールへは抜けられない。

ダフシュール Dahshur
دهشور
アラビア語:ダフシュール

ダフシュールのピラミッド内部への入口

ダフシュールにはふたつ
のピラミッドがある。これ
らはスネフェル王のものと
され、ピラミッドの成り立ち
を考証するうえで、考古学
上貴重なものだ。スネフェ
ル王はクフ王の父にあたる
人物。メイドゥームをはじめ全部で4つのピラミッドを造ったと
考えられている。

遺跡の周囲に休憩できるような施設は何もない。ひたすら
歩くので必ず水を持っていこう。カイロからマイクロバスで行
こうと思っている人は朝早く出発することも大事。

途中で計画を変更した
屈折ピラミッド
イル・ハラム・イル・ムンハニ
الهرم المنحني

世界遺産 The Bent Pyramid　　　　　　　Map P.151

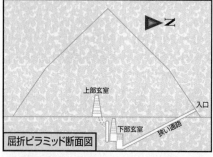

上部玄室
下部玄室
入口
狭い通路
屈折ピラミッド断面図

高さ105mの真ん中(下から50mぐら
い)の地点で角度が変わっているので、
屈折ピラミッドと呼ばれている。下部の
傾斜は52度、上部は43度22分と傾斜が
緩くなっているわけだ。なぜ屈折してい
るのかというと、石を積み上げていく過
程で、角度が急勾配過ぎて石の重量を
支えきれなくなったためだと推測されて
いる。以前は建設中に王が亡くなったた

角が崩れているのは、後に人々が建築資材として持っていったからだ

め、工事を短縮するために角度を変えたのだという説もあったが、現在では亀裂を石膏で補修した跡が確認されていることから、この説は放棄されている。

赤のピラミッドの内部

緩やかな傾斜の真正ピラミッド　イル・ハラム・イル・アフマル

赤のピラミッド
الهرم الأحمر

世界遺産 The Red Pyramid　　　**Map P.151**

■赤のピラミッド
チケット売り場から西へ約2kmの位置にある
⊗

　北のピラミッドは、赤っぽい石が使われているので赤のピラミッドと呼ばれている。断面が二等辺三角形の真正ピラミッドとしては最古のものとして有名だ。屈折ピラミッドと同じ失敗を繰り返さないよう、石材を斜め積みではなく、平行に積む方法がとられて建造された。赤のピラミッドの角度は、屈折ピラミッドの上部とほぼ同じ43度22分だった。この角度は、手に握った砂漠の砂を下に落としてできる砂山の角度とほぼ同じ。砂粒をピラミッド建設用の石材と考えてみると、安定性抜群であったと考えられている。

　玄室までの階段はけっこう急なので、体力に自信がない人は注意しよう。また、内部はかなり臭い。マスクかハンカチを用意しよう。

玄室　　前室　　入口
狭い通路

赤のピラミッド断面図

赤のピラミッドは現存する真正ピラミッドとしては世界最古のもの

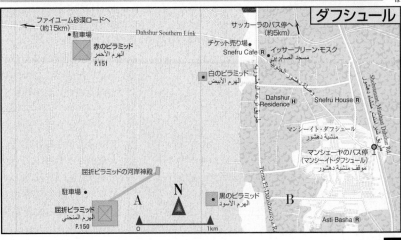

ダフシュール

ファイユーム砂漠ロードへ
（約15km）
Dahshur Southern Link
駐車場
赤のピラミッド
الهرم الأحمر
P.151

サッカーラのバス停へ
（約5km）
チケット売り場
Snefru Cafe ℝ
イッサーブリーン・モスク
مسجد الصابرين

白のピラミッド
الهرم الأبيض

Dahshur
Residence ℍ
Snefru House ℝ

マンシーイト・ダフシュール
منشية دهشور

マンシェーヤのバス停
（マンシーイト・ダフシュール）
موقف منشية دهشور

屈折ピラミッドの河岸神殿
駐車場
屈折ピラミッド
الهرم المنحني
P.150

A

N

黒のピラミッド
الهرم الأسود

B

0　　　1km

Asti Basha ℝ

●地下鉄ムニーブ駅（→Map
P.79）から
🚐マイクロバスが頻発
所要：約1時間30分
メイドゥームの村の手前でピラ
ミッドが見えてくる。バス道路
から遺跡までは約2km。
●ワスタから
メイドゥームの町まで約3km、
遺跡までは約12km。ワスタか
らトゥクトゥクで50£E。

■ピラミッドやマスタバでの
写真撮影
管理人によって撮影許可の基
準は曖昧なので、明確な基準
はなく、撮影後にバクシーシを
要求される場合もある。

■メイドゥームのピラミッド地域
🕐8:00〜16:00
💰150£E（学生75£E）
📷✕
入場料はピラミッド北側の管
理事務所で払う

■崩れピラミッド
🕐メイドゥームのピラミッド地
域と同じ

石積みが崩れ落ちたピラミッド

メイドゥーム Meidum
ميدوم
アラビア語：メイドゥーム

ナイル川を離れてファイユーム（→P.171）に行く途中の砂漠に、忽然と現れるのが、このメイドゥームのピラミッド。表装石が崩れたため、3段の階段状となっている。これが、古代エジプト史上初めて建造された真正ピラミッドとピラミッドコンプレックスだ。

ジェセル王の階段ピラミッドのあとに、セケムケト王の階段ピラミッド、サッカーラ北方のザウィイエト・イル・アルヤーンのカーバ王の未完成の階段ピラミッドなどが、相次いで造られた。そして、スネフェル王の治世の間に、ピラミッドの形式は、いわゆる階段ピラミッド状のものから四角錐へと大いなる変貌を遂げる。

偽りのピラミッドとも呼ばれる
崩れピラミッド
ハラム・イル・カッダーブ
هرم الكذاب

The Pyramid of Meidum　　　　　Map P.152

メイドゥームのピラミッドは、古王国時代のフニ王が着手し、息子のスネフェル王が完成させたといわれている。石材はほかのピラミッドと同様、カイロ南のトゥーラ産石灰岩。最初は7段の階段ピラミッドとして建設されたが、その後ひと回り大きい8段の階段ピラミッドになり、最後に瓦礫を詰め化粧板を載せた四角錐ピラミッドとして完成した。

しかし、現在では石積みが崩れ落ち、台形のような形になってしまっている。そのためアラビア語では「ハラム・イル・カッダーブ（＝偽りのピラミッド）」と呼ばれている。崩れた理由は、内側のピラミッドの外壁がなめらかであったため外側の瓦礫との接合が弱かった点や、土台は自然の岩盤だったが一部が砂の上に建てられた点、ピラミッドの内側のブロックの築き方が悪かった点などが挙げられている。

崩れた時期はまだわかっていないが、この外壁が崩れたために当時建設中だったダフシュールのピラミッドは、途中から傾斜を変え崩れにくくしたので屈折ピラミッドになったという説もある。このピラミッドは、建造法を知る手がかりとなる大変貴重なものだ。

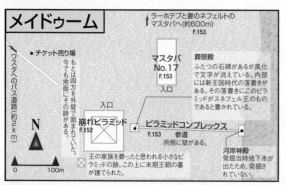

メイドゥーム

ワスタへのバス道路（約2km）

●チケット売り場

もとは四方を外壁で囲まれていた。今でも地面にその跡がある。

ラーホテプと妻のネフェルトの
マスタバへ（約600m）
P.153

マスタバ
No.17
P.153
入口

葬祭殿
ふたつの石碑があるが風化で文字が消えている。内部には新王国時代の落書きがある。その落書きにこのピラミッドがスネフェル王のものであると書かれている。

入口

崩れピラミッド
P.152

ピラミッドコンプレックス
P.153
参道
両側に壁がある。

N

0　　100m

王の家族を葬ったと思われる小さなピラミッドの跡。その上に末期王朝の墓が建てられた。

河岸神殿
発掘当時地下水が出たため、発掘されていない。

🐫 152

エジプト史上初の
ピラミッドコンプレックス
The Pyramid Complex　　イル・マグムーア・イル・ハラミーヤ　المجموعة الهرمية
Map P.152

●**葬祭殿**　同時期にできたダフシュールのものと同様、こぢんまりした神殿。中庭に祭壇とふたつの石灰岩製の石碑があるのみ。もとは王の名や肖像が刻んであったのだが、風化してしまった。内壁の一部に新王国時代に書かれた落書きがあり、このピラミッドがスネフェル王のものであると明記されている。

●**参道、河岸神殿**　両側を壁に囲まれた幅3m、長さ210mの参道が農地に向かって延び、その先に河岸神殿がある。約100年前に発掘を始めたが、地下水が多いために作業が難しく、現在も完全には発掘されていない。

高度な芸術品が多く発見された
マスタバ
Tombs　　マスタバット・フィルオーン　مصطبة فرعون
Map P.152

　ピラミッドの北と東に広がるマスタバ群は、古王国時代最も栄えた第4王朝の初期に泥れんがで造られたもの。なかでもふたつのマスタバが有名。スネフェル王の王子ラーホテプと妻のネフェルトの墓からは、エジプト美術史上最高傑作といわれる「夫婦座像」が発見された。またネフェルマアット王子と妻のイテットの墓からは有名な「鴨の図」が発見された。現在は両方ともエジプト考古学博物館（→P.92）に展示されている。

　東側では、すぐ隣にある埋葬者不明の17番のマスタバが見もの。ここは南側の入口から入り、地面を這ったり、階段を下ったりして行くので、ちょっとした冒険ができる。地下10mの玄室に石棺が置かれている。玄室はT字型に広がっており、埋葬者の位の高さをしのばせている。この墓はふたつの特徴があり、どちらも、墓が完成する前に埋葬者が死亡したことを物語っている。ひとつはミイラが肉を除かれ骨だけの状態で麻でくるまれていたことで、これは古王国時代だけに見られる方法だ。そしてもうひとつは、地下の玄室に行く通路が1本もなかったことである。現在は古代の盗掘者が開けた穴から階段を通っていく。

■**ピラミッドコンプレックス**
図メイドゥームのピラミッド地域と同じ

ピラミッドの東側にある葬祭殿

■**マスタバ**
図メイドゥームのピラミッド地域と同じ

かなり崩れている17番のマスタバ

17番のマスタバの玄室にある石棺

カイロのエジプト考古学博物館の32号室で見ることができるラーホテプとネフェルトの座像

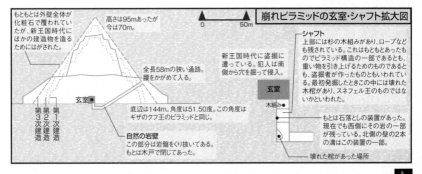

崩れピラミッドの玄室・シャフト拡大図

もともとは外壁全体が化粧石で覆われていたが、新王国時代にほかの建造物を造るためにはがされた。

高さは95mあったが今は70m。

全長58mの狭い通路。腰をかがめて入る。

新王国時代に盗掘に遭っている。犯人は南側から穴を掘って侵入。

玄室

第3次建造　第2次建造　第1次建造

底辺は144m。角度は51.50度。この角度はギザのクフ王のピラミッドと同じ。

自然の岩壁
この部分は岩盤をくり抜いてある。もとは木戸で閉じてあった。

シャフト
上部には杉の木組みがあり、ロープなども残されている。これはもともとあったものでピラミッド構造の一部であるとも、重い物を引き上げるためのものであるとも、盗掘者が作ったものともいわれている。最初発掘したときこの中には壊れた木棺があり、スネフェル王のものではないかといわれた。

玄室
木組み

もとは石落としの装置があった。現在でも西側にその岩の一部が残っている。北側の壁の2本の溝はこの装置の一部。

壊れた棺があった場所

カイロとギザのホテル&レストラン&ショップ

星の数ほどあるホテルのなかからお気に入りを見つけよう

HOTEL

日本からホテルへの電話

| 国際電話識別番号 010 | + | 国番号 20 | + | 市外局番の最初の0を取った掲載の電話番号 |

大観光都市カイロには多くのホテルがある。1泊2万円以上する外国資本の高級ホテルから1泊1000円のドミトリー形式の宿まで、バラエティに富む。目的や予算に応じて選ぼう。安宿はタフリール広場～タラアト・ハルブ通り、オラービ広場～シッタ・ウ・アシュリーン・ヨリヨ通りやアドリ通りに多い。また、空港のタクシーの運転手が勝手に連れていくようなホテルはツアーの勧誘がしつこいことも多い。客引きを通すと値段が上がることもあるので自分で探すのが原則。

新市街中心部の経済的、中級ホテル

| サファリ Safary Hotel | 経済的　Map P.88B1 |

فندق سفاري フンドゥク・サファリ

4 Souq El-Tawfiqiya, Downtown
٤ سوق التوفيقية، وسط البلد
TEL (02)2577 8692
DOM 🛏🚻🛁🛗📶💰 100£E
🚹🚻🛁🛗📶💰 220£E
🚹🚻🛁🛗📶💰 250£E
CARD US$ £E ━ A M V

ビルの最上階にある。日本人長期旅行者が多く滞在する有名な安宿でアットホームな雰囲気。ドミトリーは男女別。洗濯機は1kgにつき1US$で利用可。
📶全館

| イスマイリア・ハウス Ismailia House Hotel | 経済的　Map P.88A3 |

فندق الاسماعيلية هاوس フンドゥク・イスマイリヤ・ハウス

1 Tahriir Sq., Downtown
١ ميدان التحرير، وسط البلد
TEL (02)2796 3122
🚹🚻🛁🛗📶💰 350£E
🚹🚻🛁🛗📶💰 550£E
🚹🚻🛁🛗📶💰 750£E
🚹🅰🅲🚻🛁🛗📶💰 900£E
CARD US$ € £E ━ 不可

タフリール広場に面し、受付はビルの8階。日本人や韓国人の利用が多い。7階の部屋からはタフリール広場を見下ろすことができる。ビルのエレベーターがかなり遅いのが難点。
📶全館

ハッピートン Happyton Hotel
経済的　Map P.89C1

فندق هابيتون フンドゥク・ハービトゥン

🏠10 Aly El-Kassar St., Emad El-Di
١٠ شارع على الكسار عماد الدين
🕾(02)2592 8600
✉info@happylifehotel.com
🛏🅰🅒📶🔲300£E
🛏🅰🅒📶🔲🔲500£E
💳£E　🚫不可

ゴムホレーヤ通りから少し入った所にある。建物は古いが、7階まである比較的規模の大きなホテルで、エレベーターも付いている。両替可能。
📶レセプション周辺

ダハブ Dahab Hostel
経済的　Map P.88B2

فندق دهب フンドゥク・ダハブ

🏠26 Mahmoud Bassiouny St., Downtown
٢٦ شارع محمود بسيوني, وسط البلد
🕾(02)2579 9104
🌐www.dahabhostel.com
🛏🅰🅒📶🔲400£E
🛏🅰🅒📶🔲🔲500£E
💳US$ € £E　💳MV

ホテルが3軒入ったビルの最上階にある。室内はシンプルで狭いが、サロンなど共同スペースは、ホテル名のとおり、シナイ半島のリゾート地、ダハブの雰囲気。朝食は40£E。エアコン付きの部屋は🛏700£Eで、トリプルだと700～800£E。　📶全館

ロータス Lotus Hotel
経済的　Map P.88B3

فندق لوتس フンドゥク・ロトゥス

🏠12 Talaat Harb St., Downtown
١٢ شارع طلعت حرب, وسط البلد
🕾(02)2575 0627
🛏🅰🅒📶🔲🔲600£E
🛏🅰🅒📶🔲🔲700£E
💳US$ € £E
💳MV

タラアト・ハルブ通り沿いにある老舗ホテル。ロビーなどにはクラシカルな雰囲気が残り、客室は古いが清潔にされているので安心。エレベーターあり。
📶レセプション周辺

セレクト Hotel Select
経済的　Map P.89C2

فندق سلكت フンドゥク・セレクト

🏠19 Adly St., Downtown
١٩ شارع عدلى, وسط البلد
🕾(02)2393 3707
🅰🅒📶🔲🔲500£E
🛏🅰🅒📶🔲🔲600£E
💳US$ € £E
🚫不可

シナゴーグを警備する警察詰め所を横目に、路地を入った奥に入口がある。全24室。ホテルは8階にあり、7階までエレベーターで行ける。部屋のバルコニーからは新市街が眼下に見渡せる。
📶全館

ベルリン Berlin Hotel
経済的　Map P.88B2

فندق برلين フンドゥク・ベルリーン

🏠2 El-Shawarby St., Downtown
٢ شارع الشواربي
مقترع من شارع قصر النيل, وسط البلد
🕾(02)2395 7502
✉berlinhotelcairo@hotmail.com
🛏🅰🅒📶🔲25US$
🛏🅰🅒📶🔲🔲35US$
💳US$ € £E　🚫不可

カイロの老舗ホテル。長期滞在者向けの客室もある。ラマダーン中もビールを提供するカフェを併設しており、紅茶やコーヒーなどが注文できる。空港送迎やタクシーの手配(ホテル専属ドライバー)可。
📶全館

ローマ Pension Roma
経済的　Map P.89C2

بنسيون روما パンシィオン・ローマ

🏠169 Muhammad Farid St., Downtown
١٦٩ شارع محمد فريد, وسط البلد
🕾(02)2391 1140
🌐www.pensionroma.com.eg
🛏🅰🅒📶🔲🔲345£E
🛏🅰🅒📶🔲🔲700£E
💳£E
🚫不可

落ち着いた雰囲気とシックな部屋で各国の旅行者に人気が高い。全39室の部屋は広々としていてとても清潔。ファン、バス、トイレ付きの客室もある。家具はアンティーク調。
📶全館

カイロ・パラダイス Cairo Paradise Hotel

経済的 Map P.89C2

فندق كايرو بارادايس フンドゥク・カイロ・バラダイス

住41 Sherif St., Downtown
٤١ شارع شريف، وسط البلد
TEL(02)2396 4220
Mail cairoparadisehotel@yahoo.com
†A/C🖥🚿📶700£E〜
††A/C🖥🚿📶850£E〜
💳US$ € £E ━M V

シェリーフ通り沿いに建つビルの6階にある全19室のホテル。茶系でまとめられた内装はこのエリアの同クラスのホテルのなかではトップクラス。スタッフの応対も好印象。バルコニー付きの部屋もある。 📶全館

リージェンシー・イン Regency Inn

経済的 Map P.88B3

فندق ريجنسي إن フンドゥク・リーゲンスィ・イン

住15 Talaat Harb St., Downtown
١٥ شارع طلعت حرب، وسط البلد
TEL(02)2390 5031
†A/C🖥🚿📶650£E
††A/C🖥🚿📶950£E
💳US$ € £E
━A M V

パリス（→下記）と同じビルの3階にある。手頃な価格で、客室も簡素だが、清潔で立地も悪くない。スタッフは親切で、朝食の評判もよい。全8室で、少し高めだがバルコニー付きの部屋がおすすめ。 📶全館

パリス Paris Hotel

中級 Map P.88B3

فندق باريس フンドゥク・バリース

住15 Talaat Harb St., Downtown
١٥ شارع طلعت حرب، وسط البلد
TEL(02)2395 0921
URL www.hotelpariscairo.blogspot.com
†A/C🖥🚿📶800£E
††A/C🖥🚿📶1200£E
💳US$ € £E ━不可

タラアト・ハルブ通りのフェルフェラ（テイク・アウェイ専門店）のビル4階にある。安宿だったが、オーナーが代わりおしゃれな中級ホテルに生まれ変わった。キッチン、洗濯機は無料で利用可。 📶全館

チアーズ Cheers Hostel

中級 Map P.88B2

فندق تشيرز フンドゥク・チールズ

住34 Talaat Harb St.,
Yacoubian Bldg., Downtown
٣٤ شارع طلعت حرب، وسط البلد
TEL(02)2577 0879
†A/C🖥🚿📶850£E
††A/C🖥🚿📶950£E〜
💳US$ € £E ━M V

タラアト・ハルブ通りのにぎわうエリアにあり、ホテルが数軒入っているビルの4階にある。モダンなホステルといった雰囲気で、若いスタッフが親切に迎えてくれる。部屋は冷蔵庫、テレビ付き。サロンでの交流もできる。 📶全館

オデオン・パレス Odeon Palace Hotel

中級 Map P.88B2

فندق أوديون بالاس フンドゥク・オーデヨン・バーラース

住6 Dr. Abd El-Hamid Said St.,
Downtown
٦ شارع عبد الحميد سعيد، وسط البلد
TEL(02)2577 6637
†A/C🖥🚿📶47US$
††A/C🖥🚿📶59US$
💳US$ € £E
━不可

アブデル・ハミド・サイード通り沿いにある中級ホテル。館内は古びているが、客室の床やバスルームは改装済み。部屋の手入れが行き届いているので快適に滞在することができる。 📶全館

ミーラマール・タラアト・ハルブ Miramar Talaat Harb

中級 Map P.88B2

فندق ميرامار طلعت حرب フンドゥク・ミーラマール・タラアト・ハルブ

住8 Talaat Harb Sq., Downtown
٨ ميدان طلعت حرب، وسط البلد
TEL(02)2576 2371
†A/C🖥🚿📶35〜45US$
††A/C🖥🚿📶50US$
💳£E ━M V

タラアト・ハルブ広場に面した便利な立地の宿だがエレベーターがないのが難点。全12室でセントラルヒーティング完備。タフリール通りに系列ホテルあり。 📶全館

カールトン Carlton Hotel

中級　Map P.88B1

فندق كارلتون フンドゥク・カールトゥーン

📍21 26th of July St., Downtown
٢١ شارع ٢٦ يوليو, وسط البلد
TEL(02)2575 5022
†A/C🛁🗄▥🖵45US$
††A/C🛁🗄▥🖵60US$
💱US$ € £E
💳ADJMV

ホテルが集まる一角にある大きめの中級ホテル。全体的にクラシックな雰囲気で、改装された客室もある。1階にはレストラン、屋上にはルーフトップバーなど設備も充実している。ランドリーサービスもあり。
🛜全館

カイロ・ハーン Cairo Khan Hotel

中級　Map P.89C2

فندق كايرو خان フンドゥク・カイロハーン

📍12 26th of July St., Downtown
١٢ شارع ٢٦ يوليو, وسط البلد
TEL(02)2392 2015
†A/C🛁🗄▥🖵60US$
††A/C🛁🗄▥🖵80US$
💱US$ £E
💳不可

シッタ・ウ・アシュリーン・ヨリヨ通り沿いに点在する中級ホテルのひとつ。入口は狭いが、ドアマンが陽気に迎えてくれ、エレベーターでレセプションへ上がる。改装済みの部屋は高級感があり、バスタブ付きの部屋もある。繁華街の中心に位置しているので、何かと便利。
🛜全館

ミュージアム・プラザ Museum Plaza Hostel

中級　Map P.88A3

فندق ميوزيم هاوس フンドゥク・ミューズィウム・ハウス

📍2 Champollion St., Downtown
٢ شارع شمبليون, وسط البلد
TEL(02)2574 6674
†A/C🛁🗄▥🖵1200£E〜
††A/C🛁🗄▥🖵1455£E〜
💱US$ € £E
💳MV

エジプト考古学博物館まで徒歩1分という絶好の立地に建つ中級ホテル。外観は殺風景だが、中は清潔でスタッフも親切。ボリュームのある朝食の評判も高い。バルコニーからはタフリール広場が見渡せる。キッチン使用可。
🛜全館

イスラーム地区のホテル

アラビアンナイツ Arabian Nights Hotel

経済的　Map P.107A2

فندق أرابيان نايتس フンドゥク・アラビヤン・ナイツ

📍10 El-Aaded St., El-Darrasa
١٠ شارع عاضدد, الدراسة
TEL(02)2596 9086
📱010 2041 0330
†A/C🗄▥🖵500£E
††A/C🗄▥🖵700£E
💱US$ € £E
💳ADJMV

フセイン広場の北東にあるホテルで全29室。イスラーム地区を巡るには最高の立地だが、周囲にレストランは少ない。バス、トイレ共同の客室もあり、それぞれ100£E程度安い。朝食はフール（煮豆）が付くエジプトスタイル。
🛜全館

ル・リアド Le Riad

高級　Map P.113A

فندق الرياض フンドゥク・イル・リヤード

📍114 Muiz Li Din Allah St., El-Gamaleya
١١٤ شارع المعز لدين الله الفاطمي الجمالية
TEL(02)2787 6074
📱011 0119 0190
URLwww.leriadcairo.com
†/††A/C🛁🗄▥🖵250US$〜
💱US$ € £E　💳MV

エジプト人がオーナーのデザイナーズホテル。客室の内装や調度品は全室異なる。客室によってはスパシャワー付きのバスルームもある。屋上のカフェ Bergwanからの眺めも自慢。イスラーム地区にあるので館内での飲酒は不可。
🛜全館

シュタイゲンベルガー・タフリール Steigenberger El Tahrir
高級　Map P.88A2

フンドゥク・スタインベルゲル・イッタフリール
فندق ستيجنبرجر التحرير

📮2, Kasr El-Nil St., Downtown
٢ شارع قصر النيل , وسط البلد
📞(02)2575 0777
URLhrewards.com
🛏🚹🍴A/C🍽🛗💻112US$～
💱US$ € £E
💳AMV

アスル・インニール通りとシャンポリオーン通りの間を再開発してオープンした比較的新しいホテル。客室はそれほど広くはないが設備は新しい。屋内プールはスパ施設も完備している。観光エリアにあり、立地はとてもよい。
📶全館

インターコンチネンタル・セミラミス Intercontinental Semiramis
高級　Map P.88A3

インテルコンティナンタル・セミラミス
إنترکونتيننتال سميراميس

📮Cornish El-Nil, Garden City
كورنيش النيل , جردن سيتي
📞(02)2798-8000
日本の予約先:📞0120-455-655
URLwww.ihg.com
🛏🚹🍴A/C🍽🛗💻177US$～
💱US$ € £E　💳ADJMV

欧米からの利用客が多いホテル。カジノやナイトクラブ、バーなどがあり、特に木曜深夜に開催されるベリーダンスショーが有名だ。ナイル川を見下ろす屋外プールもある。　📶全館

ラムセス・ヒルトン Ramses Hilton
高級　Map P.88A2

フンドゥク・ラムスィース・ヒルトン
فندق هيلتون رمسيس

📮1115 Kornish El-Nil, Downtown
١١١٥ كورنيش النيل , وسط البلد
📞(02)2577 7444
日本の予約先:📞(03)6864-1633
URLwww.hilton.co.jp
🛏🚹🍴A/C🍽🛗💻132US$～
💱US$ € £E　💳ADJMV

タフリール広場の北側に建つ老舗の高層ホテル。独特な建物の形は目立つのでよい目印になる。眺めのいいレストランOpia Lounge（🕐16:00～翌1:30）は宿泊客以外にも人気。　📶全館

フォーシーズンズ・アット・ナイル・プラザ Four Seasons at Nile Plaza
最高級　折込Mapカイロ中心部A1

フンドゥク・フォル・スィーズンズ・ナイル・プラザ・イル・カーヘラ
فندق فورسيزونز نايل بلازا القاهره

📮1089 Kornish El-Nil, Garden City
١٠٨٩ كورنيش النيل , جردن سيتي
📞(02)2791 7000
日本の予約先:📞0120-024-754
URLwww.fourseasons.com
🛏🚹🍴A/C🍽🛗💻335US$～
💱US$ € £E　💳ADMV

閑静なガーデンシティ地区の南端に位置する、30階建ての高層ホテル。バルコニーやレストランなどからはローダ島やナイル川のすばらしい景色を堪能できる。
📶全館

ザ・ナイル・リッツカールトン The Nile Ritz-Carlton
最高級　Map P.88A3

フンドゥク・インニール・リーツ・カールトゥン
فندق النيل ريتز كارلتون

📮1113 Kornish El-Nil, Downtown
١١١٣ كورنيش النيل , وسط البلد
📞(02)2577 8899
日本の予約先:📞0120-925-659
URLwww.ritzcarlton.com
🛏🚹🍴A/C🍽🛗💻320US$～
💱US$ € £E　💳ADJMV

1950年代にオープンしたカイロのランドマーク、ナイル・ヒルトンがリッツカールトンになって完全リニューアルオープンした。ナイル川に面した客室からの眺望は抜群。　📶全館

コンラッド Conrad Cairo
高級　Map P.90B2

フンドゥク・コンラード・イル・カーヒラ
فندق كونوراد القاهره

📮1191 Cornish El-Nil, Maspero
١١٩١ كورنيش النيل
📞(02)2580 8000
日本の予約先:📞(03)6864-1633
URLwww.hilton.com
🛏🚹🍴A/C🍽🛗💻160US$～
💱US$ € £E　💳ADJMV

ワールド・トレードセンターに隣接した大型ホテルで、ビジネス客も多く利用する。ナイル川を見渡すカフェや屋外プールもある。周囲に飲食店がなく、繁華街から少し遠いのが難点。　📶全館

フラメンコ・カイロ Golden Tulip Hotel Flamenco Cairo

中級 Map P.90B1

فندق جولدن توليب فلامنكو　フンドゥク・ゴルドゥン・トゥリーブ・フラメンコ

🏠2 El-Gezira El-Wosta St., Zamalek
٢ ش الجزيرة الوسطى ، الزمالك
☎(02)2735 0815
🌐www.flamencohotels.com
♂️A/C🛁📶💳85US$〜
♂️♀️A/C🛁📶💳95US$〜
💳US$ € £E 　💳MV

ゲスィーラ島の北西部に位置する老舗大型ホテルで日本人のツアー客利用も以前から多い。さすがに老朽化しているが、リバービュー側は改装されている部屋もあり、値段はシティビューの2倍ほど高くなる。　📶全館

ソフィテル・エル・ゲズィーラ Sofitel El Gezirah Hotel

高級 折込Mapカイロ中心部A1

فندق الجزيرة سوفيتل　フンドゥク・イル・ゲズィーラ・ソフィテル

🏠3 Magles Qeyadet El-Thawra St., Gezira Island
٣ شارع مجلس قيادة الثوره، الجزيرة
☎(02)2737 3737
日本の予約先☎(03)4455-6404
🌐sofitel.accor.com
♂️♀️A/C🛁📶💳180US$〜
💳US$ € £E 　💳ADMV

ゲスィーラ島最南端という抜群の立地条件。高くそびえる円形のタワー型高層ホテルなので、どの部屋からもナイル川の景色を堪能できる（東岸と西岸の違いはある）。ナイルビューの屋外プールもある。　📶全館

カイロ・マリオット Cairo Marriott Hotel & Omar Khayyam Casino

最高級 Map P.90C2

فندق ماريوت القاهرة　フンドゥク・マリヨット・イル・カーヘラ

🏠Saraya El-Gezira, Zamalek
سراي الجزيرة، الزمالك
☎(02)2728 3000
日本の予約先☎0120-925-659
🌐www.marriott.com
♂️♀️A/C🛁📶💳195US$〜
💳US$ € £E 　💳ADMV

カイロを代表する老舗で、19世紀にムハンマド・アリ王家によって建てられた。エジプト副王の宮殿だったので庭園も広く美しい。レストラン、パブなど、贅の限りを尽くしたホテルだ。　📶全館

グランド・ナイル・タワー Grand Nile Tower

高級 折込Mapカイロ中心部A2

فندق جراند نايل تاور　フンドゥク・グランド・ナイル・ターウル

🏠Kornish El-Nil, Roda Island
كورنيش النيل، جزيرة الروضة
☎(02)2365 1234
🌐www.grandniletower.com
♂️♀️A/C🛁📶💳175US$〜
💳US$ € £E 　💳AMV

ローダ島の最北端にある高さ142m、全715室の大型高層ホテル。タクシーで行く場合は旧名のハイアットのほうが通じる。最上階には回転式展望レストラン（約1時間15分で1周する）がある。📶全館

サフィール・カイロ Safir Cairo

高級 折込Mapカイロ中心部A2

فندق سفير القاهرة　フンドゥク・サフィール・イル・カーヒラ

🏠Misaha Sq., El-Dokki
ميدان المساحه، الدقي
☎(02)3748 2424
🌐www.safirhotels.com
♂️♀️A/C🛁📶💳95US$〜
💳US$ € £E
　💳MV

ドッキのミサーハ広場に建つ。全室ベランダ付きで、客室は落ち着いた雰囲気の内装。フィットネスセンターやプールなど施設も充実している。カフェを含め、5つの飲食施設が揃う。　📶全館

シェラトン・カイロ Sheraton Cairo Hotel & Casino

高級 折込Mapカイロ中心部A1

فندق شيراتون القاهر　フンドゥク・シェラトン・イル・カーヘラ

🏠Galae Sq., El-Doqqi
ميدان الجلاء، الدقي
☎(02)3336 9700
日本の予約先☎0120-925-659
🌐www.marriott.co.jp
♂️♀️A/C🛁📶💳161US$〜
💳US$ € £E
　💳AJMV

全326室の大型ホテル。リバーフロントに建つので開放感があり、ツアーでもよく利用される。ホテル内にあるニューヨークの名店、ジャンニーニGiannini's（イタリア料理）はエジプト初出店。
📶全館

ル・パサージュ　Le Passage Cairo Hotel & Casino　高級　Map P.442

فندق لو باساج　フンドゥク・ル・パサージュ

住Cairo Airport Road, Heliopolis
طريق المطار القاهرة الدولي, مصر الجديده
TEL(02)2267 0099
URLlepassage.com.eg
A/C 🛁📺🧊🛗📶117US$～
2名 A/C🛁📺🧊🛗📶122US$～
CUS$ € £E ━A M V

ヤシの木が配された南国的なプールを囲むように客室が建てられている。小さいながらもカジノもあり中華料理店もある。30分おきに空港まで無料の専用送迎バスが出ている。　📶全館

ノヴォテル・カイロ・エアポート　Novotel Cairo Airport　高級　Map P.442

فندق نوفوتيل مطار القاهرة　フンドゥク・ノヴォテル・イル・マタール

住In Front of Airport, Heliopolis
المطار القاهرة الدولي, مصر الجديده
TEL(02)2291 8577
日本の予約先**TEL**(03)4455-6404
URLall.accor.com
2名 A/C🛁📺🧊🛗📶72US$～
CUS$ € £E ━A V

空港ターミナルに近いホテルで、全313室。小さいながらも屋外プールもある。10:00～18:00はデイユースでの利用も可能。空港への無料シャトルバスは30分ごとの運行。プールもある。　📶全館

ル・メリディアン・カイロ・エアポート　Le Meridien Cairo Airport　高級　Map P.442

فندق لو ميريديان مطار القاهرة　フンドゥク・ミルディヤーン・マタール・イル・カーヘラ

住International Airport, Terminal 3
المطار القاهرة الدولي, مصر الجديده
TEL(02)2265 9600
日本の予約先**TEL**0120-925-659
URLwww.marriott.co.jp
2名 👤A/C🛁📺🧊🛗📶115US$～
CUS$ € £E ━A J M V

空港第3ターミナルに直結した全349室の大型ホテル。5時間110US$のデイユースプランもある。第1ターミナルからは専用送迎バスあり。屋外プールのほか飲食店も数軒ある。朝食19US$。
📶全館

インターコンチネンタル・シティ・スターズ　Intercontinental City Stars　高級　折込Map大カイロC2

انتركونتيننتال سيتي ستارز　インテルコンティネンタル・シティ・スタルズ

住Omar Ibn El-Khattab St., Heliopolis
شارع عمر إبن الخطاب, مصر الجديده
TEL(02)2480 0100
日本の予約先**TEL**0120-455-655
URLwww.ihg.com
2名 👤A/C🛁📺🧊🛗📶188US$～
CUS$ € £E ━A D J M V

シティ・スターズに隣接して建つ全824室のホテル。鉄板焼き「Shogun」をはじめ4つのレストランやカジノも備えている。ロビーも広々として高級感あふれる。ビジネスにも便利。　📶全館

ホリデイイン・シティ・スターズ　Holiday Inn City Stars　高級　折込Map大カイロC2

هوليداي إن سيتي ستارز　ホリデイ・イン・シティ・スタルズ

住Ali Rashed St., Nasr City
شارع علي راشد مدينة نصر
TEL(02)2480 3000
日本の予約先**TEL**0120-455-655
URLwww.ihg.com
2名 👤A/C🛁📺🧊🛗📶112US$～
CUS$ € £E ━A M V

シティ・スターズの北西端の交差点近くにある。ビジネスセンターは設備が充実。ビュッフェレストランは24時間稼働で、ほかにインド料理店、シーシャが吸えるカフェもある。　📶全館

ラディソン・ブル　Radisson Blu Heliopolis　راديسون بلو هليوبوليس　ラーディソン・ブル・ヘリオポリース

住Abd El-Hameed Badawi, St, El-Nozha　شارع عبد الحميد بدوي, النزهة　折込Map大カイロD1
TEL(02)2696 5656　**URL**www.radissonhotels.com
2名 👤A/C🛁🛗📶86US$～　**C**US$ € £E ━A D M V

ヒルトン・ヘリオポリス　Hilton Cairo Heliopolis　هيلتون هليوبوليس　ヒルトン・ヘリオポリース

住El-Orouba St., El-Nozha, شارع العروبة, النزهة
TEL(02)2267 7730　**URL**www.hilton.com　折込Map大カイロC1
2名 👤A/C🛁🛗📶103US$～　**C**US$ € £E ━A M V

ピラミッド周辺のホテル

ガーディアン　Guardian Guest House

中級　Map P.141B3

جارديان جيست هاوس　ガルディアン・ゲスト・ハウス

住1 Abou El-hole St., El-Haram
١ شارع ابو الهول
☎012 2543 6309
URLwww.guardianguesthouse.com
♦AC🛁📶🍴🔁💳30～40US$
♦♦AC🛁📶🍴🔁💳50～60US$
💰US$ € £E ━MV

ギザのピラミッドの目の前にある家族経営のゲストハウス。ほとんどの客室はピラミッドビューで、屋上のテラスからも眺めを堪能できる。カイロ空港からの送迎は車1台につき30US$。
🛜全館

サハラ・ピラミッズ・イン　Sahara Pyramids Inn

中級　Map P.141B3

نزل صحاري بيراميدز　ナザル・サハラ・ピラミーズ

住14 Abou El-hole St., El-Haram
١٤ شارع ابو الهول
☎011 1394 6743
♦AC🛁📶🍴🔁💳40US$～
♦♦AC🛁📶🍴🔁💳60US$～
💰US$ € £E ━MV

ガーディアン・ゲストハウスのあるスフィンクス通り沿いにある。およそ20ある客室のうち半数以上がピラミッドビュー。朝食の際に利用する屋上テラスはレストラン営業もしている。　🛜全館

リージェンシー・ピラミッズ　Regency Pyramids

中級　Map P.141A3

ريجنسي بيراميدز　リージェンシー・ピラミーズ

住Alexandria Rd., Kafr Nassar, El-Haram
طريق الاسكندرية , كفر نصار
☎011 0128 0440
♦♦AC🛁📶🍴🔁💳70US$～
💰US$ £E ━MV

リージェンシーという名前ではあるが、ハイアット系列ではない。すべての部屋にバルコニーが付いており、ピラミッドビューの客室も備わっている。ロビーは古代エジプト風のデザイン。
🛜全館（客室はつながりにくい）

ハッサン・ピラミッズ・ホテル　Hassan Pyramids Hotel

中級　Map P.141B4

فندق حسن بيراميدز　フンドゥク・ハサン・ピラミーズ

住2 El-Mansoureya Rd, El-Haram
٢ طريق المنصوريه, الهرم
TEL(02)3387 1769
☎011 5082 5005
♦♦AC🛁📶🍴🔁💳47US$～
💰US$ € £E
━MV

ピラミッドからは少し距離があるが、屋上のテラスからは3大ピラミッドがよく見える。　🛜全館
✒オーナーは日本語が堪能なハッサンさん。従業員はとてもホスピタリティーが高いです。
（東京都　Y.NOBUHIRO '23年1月）

パノラマ・ビュー・ピラミッズ　Panorama View Pyramids

中級　Map P.141B3

فندق بانوراما فيو بيراميدز　フンドゥク・パノラマ・フュー・ピラミーズ

住Nazlet El-Saman, El-Haram
نزلة السمان, الهرم
☎011 1327 0743
♦AC🛁📶🍴🔁💳35US$～
♦♦AC🛁📶🍴🔁💳40US$～
💰US$ € £E
━MV

ピラミッドの目の前という好立地にあるホテル。日本語を話すスタッフも数人いる。　🛜全館
✒屋上のレストランからはピラミッドが見えます。夜は光と音のショーを見ることもできます。
（東京都　M. M. '23夏）

ピラミッズ・パーク　Pyramids Park Resort

中級　折込Map大カイロA4

بيراميدز بارك ريزورت　ピラミーズ・バルク・リゾルト

住Alexandria Rd., El-Haram
طريق الاسكندرية, الهرم
TEL(02)3838 8300
URLwww.pyramidsparkresort.com
♦AC🛁📶🍴🔁💳50～75US$
♦♦AC🛁📶🍴🔁💳60～90US$
💰US$ € £E ━ADMV

リマーヤ広場からアレキサンドリア・ロードをしばらく北へ行った所にある。客室は2階建てのコテージタイプ。広い敷地内にはレストランやバー、カイロ最大級のプールもある。　🛜全館

ターコイズ・ピラミッズ Turquoise Pyramids

中級　Map P.141B3

فندوق تركواز بيراميدز フンドゥク・トルクワーズ・ピラミーズ

住7 El-Remaya, Sq., El-Haram
٧ ميدان الرمايه,طريق الإسكندرية
TEL(02)3377 8756
🛏/🛏🛏 A/C 🛁📶✉📺38US$〜
💳US$ £E
━ A M V

すべての客室からピラミッドが見えるホテル。壁やドアに古代エジプトの神々がデザインされており、バルコニー付きの部屋もある。歩いてすぐのところにコンビニがあるのでとても便利。　🛜全館

グランド・ピラミッズ Grand Pyramids

高級　Map P.141A4

لفندوق جراند بيراميد フンドゥク・グランド・ピラミーズ

住53 Studio Misr St., Marioteya Rd., El-Haram
٥٣ شارع ستوديو مصر المريوطية,الهرم
TEL(02)3388 1883
URLwww.grandpyramidshotel.com
🛏/🛏🛏 A/C 🛁📶✉📺70US$〜
💳US$ € £E
━ A D M V

ツアーでよく使われる、幹線道路のマリオテーヤ通り沿いにある大型ホテル。プールを囲むように客室棟が建っている。クフ王側のチケット売り場までアフラーム通りを直進して徒歩25分で行くことができる。　🛜全館

アマランテ・ピラミッズ Hotel Amarante Pyramids

高級　折込Map大カイロB3

فندوق امارانتي بيرمدس フンドゥク・アマランテ・ピラミーズ

住29 Abou Hazem St., El Omraniya
٢٩ شارع ابو حازم,العمرانية
TEL(02)3393 0202
URLwww.amarantepyramidshotel.com
🛏 A/C 🛁📶✉📺60US$〜
🛏🛏 A/C 🛁📶✉📺75US$〜
💳US$ € £E
━ D M V

ファイサル通りから少し入ったところにある。全153室の4つ星ホテル。以前は日本人団体客が多かったが、今はアメリカ人や南欧のツアー客が多い。全室バスタブ付き。ピラミッドまではやや距離があるのでタクシーを利用しよう。　🛜全館

シュタイゲンベルガー・ピラミッズ Steigenberger Pyramids

高級　Map P.140A2

فندوق ستيجنبرجر الهرم フンドゥク・スタゲインベルゲル・イル・ハラム

住Alexandria Rd., El-Haram
طريق الإسكندرية,الهرم
TEL(02)3377 2555
URLwww.hrewards.com
🛏 A/C 🛁📶✉📺120US$〜
🛏🛏 A/C 🛁📶✉📺140US$〜
💳US$ € £E
━ A D M V

低層コテージタイプで全240室。大エジプト博物館（→P.16）の向かいという好立地にある。ピラミッドビューの部屋も多く、バルコニー付き。広い庭園やプールからピラミッドを見渡すことができる。　🛜全館

マリオット・メナ・ハウス Marriott Mena House

最高級　Map P.141B3

ماريوت مينا هاوس マリヨット・メナ・ハウス

住Pyramids St., El-Haram
شارع الأهرام,الهرم
TEL(02)3377 3222
日本の予約先：0120-925-659
URLwww.marriott.co.jp
🛏/🛏🛏 A/C 🛁📶✉📺172.71US$〜
💳US$ € £E
━ A D J M V

1869年創業。ルーズベルトとチャーチルの会談、第4次中東戦争の停戦合意などの舞台となったホテル。旧館は2024年現在改装中で、2019年に改装された新館のみ宿泊可能。毎年6月に開催されるベリーダンス・フェスティバルの会場でもある。　🛜全館

ツアーでよく使われる大型ホテル

バルセロ Barceló Cairo Pyramids فندوق بارسيلو الهرم フンドゥク・バルセロ・イル・ハラム

住229 El-Ahram St. ٢٢٩شارع الهرم
TEL(02)3582 3300　URLwww.barcelo.com
🛏/🛏🛏 A/C 🛁📶✉📺70US$〜　💳US$ € £E　━ M V

折込Map大カイロB4

RESTAURANT

カイロの食堂といえば、庶民のファストフードであるターメイヤやコシャリ屋だ。イタリア、日本などの外国料理レストランの多くは、高級ホテル内かザマーレク、モハンデスィーン、ヘリオポリスやマアーディなどの高級住宅地に多い。

ナギーブ・マフフーズ・カフェ＆ハーン・ハリーリ Naguib Mahfouz Cafe & Khan El-Khaliili　高級　エジプト料理

Map P.111A2

マトゥアム・ハーン・イル・ハリーリ　مطعم خان الخليلي

- 🏠3 El-Alfy St.,Downtown ٣ شارع الالفى، وسط البلد
- ☎(02)2590 3788
- 🕙10:00〜翌1:00
- 休無休
- 💳£E ━AMV

ハーン・ハリーリ内にある、正統派エジプト料理を楽しめるレストランで、マーケットの中のオアシス的存在。壁やインテリアには高級感が漂い、向かって左側がカフェ、右側がレストラン（要予約）になっている。カフェではシーシャが楽しめる。ナギーブ・マフフーズはエジプトの著名な作家。

アブー・エル・シド Abu El Sid　高級 ♀　エジプト料理

Map P.90C2

マトゥアム・アブー・イッスィド　مطعم ابو السيد

- 🏠157 Sitta wa Shriin Yoliyo St., Zamalek ١٥٧ شارع ٢٦ يوليو، الزمالك
- ☎(02)2735 9640
- 🌐www.abouelsid.com
- 🕙13:00〜24:00
- 休無休 💳£E ━AMV

ザマーレクのにぎやかなエリアにあるレストラン。やや暗い照明にアンティークな家具が配され、エキゾチックな雰囲気が漂う。本格的なエジプト料理が楽しめる。予算の目安は前菜18〜44£E、メインは85£E〜。生ビールなどのアルコール類も出している。

フェルフェラ Felfela Restaurant　中級 ♀　エジプト料理

Map P.88B3

フェルフェラ　فلفلة

- 🏠15 Hoda Sharawy St., Downtown ١٥ شارع هدى شعراوى وسط البلد
- ☎(02)2395 5557
- 🌐www.felfelaegypt.com
- 🕙11:00〜23:00　休無休
- 💳US$ £E ━DMV

エジプトの代表的な料理を揃える有名店で外国人の利用も多い。野菜料理がおすすめ。予算は300£E前後から。カイロ市内各地に支店があり、タラアト・ハルブ通り沿いにはコシャリやシャワルマ、ピザなどのテイク・アウェイ専用の支店があり、地元の人でにぎわっている。

アルフィー・ベク Alfy Bek　中級　エジプト料理

Map P.89C1

マトゥアム・アルフィー・ベク　مطعم الفى بك

- 🏠3 El-Alfy St.,Downtown ٣ شارع الالفى، وسط البلد
- ☎(02)2577 1888
- 🕙12:00〜24:00
- 休無休
- 💳US$ £E
- ━不可

1938年創業の老舗。飲食店が集まるアルフィ通りにある。サラダ各種17£E、ファッタ39〜320£E、ミックスグリルが320£E。コフタは1kgにつき559£Eで、100gでも注文可能。モーザという羊のモモ肉料理320£E（写真）が名物なのでぜひ試したい。

フスハット・ソーマヤ Fasahet Somaya　中級　エジプト料理

Map P.88B3

フスハト・ソミーヤ　فسحة سمية

- 🏠59 El-Falki St., Bab El-Louq, Abdeen ٥٩ شارع الفلكي، باب اللوق
- 📱010 0174 1767
- 🕙17:00〜19:00　休土
- 💳£E ━不可

オーナーシェフのソーマヤさんがおいしい家庭料理を出してくれる隠れ家的な店。メニューは毎日変わり、ていねいに手作りされた数種類の献立から選ぶ。デザートのロズ・ビ・ラバーンも絶品。営業時間が短く、人気店なので早めに訪れよう。予算はひとり300£Eほど。予約不可。

カフェ・リシュ Café Riche　中級 ♀　カフェ＆軽食

Map P.88B3

カフィーヤ・リーシュ　كافيه ريش

- 🏠17 Talaat Harb St., Downtown ١٧ شارع طلعت حرب، وسط البلد
- ☎(02)2392 9793
- 🕙9:00〜翌0:30　休無休
- 💳US$ € £E ━不可

1908年に創業の老舗カフェ。100年以上の歴史があり、店内には訪れた著名人の顔写真が飾られている。コーヒーは50£Eから。食事はミックスグリル（400£E）などエジプト料理が中心。酒類は13:00以降に提供している。どちらかといえば雰囲気を楽しみたい店。

カイロ・キッチン Cairo Kitchen

Map P.90C1

كايرو كيتشن カイロ・キッチン

📍118 26th of July St.,
Zamalek
١١٨ شارع ٢٦ يوليو, الزمالك
☎(02)2735 4000
🕐11:00～24:00
f CairoKitchen
休無休 ＣＰ£E 一不可

タイル張りのおしゃれな店内でエジプト料理が気軽に食べられるザマーレクの人気店。スープ40£E〜、マフシー58£E〜、丸焼きチキン92£E〜、コシャリ55£Eなど日替わりセットメニュー165£E〜。税＋サービス26％別途。ケータリングサービスもあり。

ズーバ Zooba

中級　エジプト料理

Map P.90C1

مطعم زووبا マトゥアム・ズーバー

📍16 26th of July St.,
El-Gabalayah, Zamalek
١٦ شارع ٢٦ يوليو,الجبلاية
الزمالك
☎16082
🕐8:00～24:00 休無休
ＣＰ£E 一ＭＶ

コシャリやターメイヤなど、エジプトのストリートフードをモダンにアレンジしている人気の店。ニューヨークにも出店しており、北アフリカ・中東のベストレストラン50に選ばれた実績もある。外観、店内ともおしゃれだが、コシャリ47£E、モロヘーヤ50£Eと、価格はリーズナブル。

ワディ・ニール Wadi il-Nile

庶民的　エジプト料理

折込Mapカイロ中心部A2

مسمط و مطعم وادي النيل マスモット・ウ・マトゥアム・ワーディ・インニール

📍Kasr El-Aini St.,
Downtown
شارع قصر العيني, وسط البلد
☎(02)236 52461
🕐10:00～翌2:00
休無休
ＣＰ£E 一不可

タフリール広場からアスル・イル・アイニ通りをひたすら南に直進した左側。ジューシーな丸焼きチキンを出す店。店頭から香ばしい香りが漂ってくる。1羽220£E。モンバールという腸詰めは4分の1が50£E。店内にテーブル席が5つある。テイク・アウェイも人気で、行列ができることもある。

ファラハト Farahat

庶民的　エジプト料理

Map P.111B2

مطعم فرحات マトゥアム・ファラハト

📍126 Azhar St., Azhar
١٢٦ شارع الأزهر, الأزهر
☎(02)2592 6595
🕐12:00～23:00
休無休
ＣＰ£E
一不可

地元の人は誰でも知っている有名なハト料理の老舗。アズハル広場からアズハル通りを西に行き、Pharmacie Azharの次の角にある。客席は路地を入った奥。ハトのグリル（ハマーム・マシュウィー）のセットが120£E、米を詰めたハマーム・マフシーのセットが180£E。カバーブやコフタなどもある。

アブー・ハーリド Abou Khalid

庶民的　エジプト料理

Map P.88B2

حاتي أبو خالد ハーティー・アブー・ハーリド

📍13 Champollion St.,
Downtown
١٣ شارع شمبليون, وسط البلد
☎(02)2575 8343
🕐24時間 休無休
ＣＰUS$ € £E
一ＭＶ

メニューはカバーブ200£Eをはじめエジプト料理の定番が揃う。リアーシュ（ラムチョップ）200£Eやモーザ（250g）350£Eがおすすめ。ミックスグリルは220£E。ライス、サラダ付きの各種セットメニューあり。1階はテイク・アウェイのカウンターで、2階に客席がある。

ダッハーン El Dahhan

庶民的　エジプト料理

Map P.111A2

الدهان イッダッハーン

📍Gawhar El Qaed St.,
El-Hussein
شارع جوهر القائد, الحسين
☎(02)2593 9325
🕐12:00～24:00 休無休
ＣＰ£E 一不可

ハーン・ハリーリにある老舗のカバーブ専門店。2階席や3階席もあって、食事どきは地元客や観光客でにぎわう。コフタ（1kg）622£Eやカバーブ（1kg）738£Eなどがあり、300gをオーダーできる。チキンは半羽で150£E。ケバブ、サラダ、ライスのセットメニューもある。サンドイッチ65£E〜。

ニーファ・エル・ナジャヒ Neffa El-Najahi

庶民的　エジプト料理

نيفة النجاحي ニーファト・インナジャーヒー

🏠50 Magles El-Shaab St., El Sayeda Zeinab
٥٠ شارع مجلس الشعب, السيدة زينب
☎011 4528 9005
🕐14:00～23:00
休月
💳US$ € £E ━━MⅤ

Map P.107B1

1973年創業の老舗。じっくりと時間をかけてグリルする羊肉料理のニーファを出している。メインは各部位の盛り合わせか、レバーとソーセージの盛り合わせの2種類のみで、1kg740£E、500g270£E、250g180£Eと大きさを選ぶだけ。トルシー（野菜のピクルス）とサラダ、野菜ジュース、アエーシが付いてくる。

エル・タベイ・エル・ドゥムヤティ El Tabei El Domyati

庶民的　エジプト料理

التابعي الدمياطي イッタービアイー・イッディムヤーティ

🏠31 Orabi St., Downtown
٣١ شارع عرابي, وسط البلد
☎(02)2577 7355
🕐7:00～21:00
休無休
💳£E ━━不可

Map P.89C1

シャワルマやターメイヤ、フール、ミックスグリルなどエジプトの定番料理が格安で食べられ、味もよい。テイク・アウェイのカウンターもあり、いつもおおいににぎわっている。ターメイヤのサンドイッチはひとつ7.75£E、フールは10.50£E。ラムセス駅からタフリールに向かう途中にあるので、旅行者にも重宝されている。

カザーズ Kazaz

庶民的　ファストフード

القزاز イル・カザーズ

🏠7 El-Bostan El-Seidi St., Downtown
٧ شارع البستان السعيدى وسط البلد
☎(02)2396 0034
🕐6:00～翌3:00
休無休
💳£E ━━MⅤ

Map P.88B3

地元で有名なファストフード店。半地下のテイク・アウェイのカウンターはいつも込み合っている。シャワルマ35£E～は香ばしく、ソースにパンチがあって美味。サイズはSMLの3種類。また、ここのファラフェル（ターメイヤ）は大きく、味もよいと評判。2階席で食べる場合はサービス料12%別途。英語メニューもある。

ポモドーロ Pomodoro

中級　シーフード

بومودورو عم حسن ポモドーロ・アンム・ハサン

🏠65 Noubar St., Abdeen
٦٥ شارع نوبار باشا عابدين
☎(02)2793 1689
🕐11:00～23:00
休日
💳£E ━━不可

Map P.88B3

おいしいシーフードパスタが食べられる知る人ぞ知る名店。メニューはエビだけか、エビ、カニ、イカのミックスのふたつで、大300£E、中250£E、小200£Eを選ぶだけ。サラダは別途20£E。麺とシーフードは別皿に盛られ、シーフードのエキスがたっぷりのトマトソースが抜群にうまい。辛みが欲しい人はシャッタをお願いしよう。

ニュー・エル・ニール・フィッシュ New El Nile Fish

庶民的　シーフード

أسماك النيل الجديد アスマーク・インニール・イル・ゲディードゥ

🏠25 Bostan St., Downtown
٢٥ شارع البستان, وسط البلد
☎(02)2793 0363
🕐11:00～24:00
休無休
💳US$ € £E ━━MⅤ

Map P.88B3

ファラキ広場の横に似た名前の店が2軒並ぶがNEWが付くほう。紅海産のイカは1kg490£E、エビ1kg800£E～、魚は1kg250£E～で、シーフードスープは130£E、シーフードパスタは140£E。食事時は多くの人でにぎわっている。持ち帰りはサンドイッチにしてくれる。2階席の利用は税12%別途。

カッドウラ Kadoura

庶民的　シーフード

مطعم أسماك قدورة マトゥアム・アスマーク・カッドウラ

🏠66 Gamuit El-Dawwal El-Arabeya,Mohandeseen
٦٦ شارع جامعة الدول العربية مهندسين
☎(02)3335 0622
🕐12:00～翌4:00
休無休
💳£E ━━MⅤ

折込Map大カイロB3

モハンデスィーンにあるシーフード店。店に入ってすぐの所にズラリと並べられた魚を直接選ぶことができる。魚介類の種類は多く、塩焼きまたは揚げで80～100£E。スズキ220£E～、エビ（中サイズ）1kg450£E～、カニ1kg300£E、ロブスターは1kg800£E～。

アウラ Aura

اروا アウラ

折込Map大カイロB3

高級 豆 **アラブ料理**

📍35 Giza St., Dokki
٣٥ شارع الجيزة، الدقي
☎(02)3567 1600
🕐9:00〜翌1:00
🚫EE
💳ADJMV

フォーシーズンズ・ファーストレジデンス（西岸）のモール棟にあるプールサイド・レストラン。アラブ料理のなかでも洗練されているといわれるレバノン料理、味に定評があるシリア料理を出す。コフタ560£E、レバノン風チキン1000£E、レバノン風サラダ160£E。税＋サービス料24%別。プールサイドの個室も利用可。

ローシャ&カンダハール Raoucha & Kandahar

مطعم الروشة وقندهار マトゥアム・イッローシャ・ウィ・カンダハール

折込Map大カイロB2

高級 豆 **インド&レバノン料理**

📍3 Sphinx Sq., Mohandeseen
ميدان سفنكس، مهندسين
☎(02)3303 0615
🌐www.raouchakandahar.com
🕐12:00〜24:00 🚫無休
💰US$ € £E
💳AJMV

スフィンクス広場東側に面したビルの3階。人気メニューはジューシーなタンドリーチキン275£E〜のほか、スパイスの効いたモルグカレー275£Eもおすすめ。インド風炊き込みご飯のビリヤーニ150£E〜もある。レバノン料理はメゼ（前菜）が豊富に揃っている。税＋サービス26%別途。

マハラジャ Maharaja

مهراجا المعادي マハラジャ・イル・マアーディ

折込Map大カイロB4

高級 インド料理

📍35 El-Nahda, Maadi
٣٥ النهضة، معادي الشرقية
📱012 8083 8077
🌐www.maharaja-eg.com
🕐12:00〜24:00
🚫無休
💳£E
💳MV

日本大使館のあるマアーディ地区にあるインド料理のチェーン店。サモサやタンドール料理などの単品が充実しており、家族連れにも人気がある。写真付きの英語メニューで注文もしやすい。野菜のサモサ75£E、チキンティッカ210£E、20種類以上あるカレーは134£E〜。税＋サービス料26%別。

ブア・カオ Bua Khao

زهرة اللوتس ザフラ・イッロトゥス

折込Map大カイロB4

高級 豆 **タイ料理**

📍9 Road 151, Old Maadi
٩ شارع ١٥١، المعادي
☎(02)2358 0126
🕐12:00〜22:00
🚫無休
💳£E
💳MV

マアーディにある本格的タイ料理の店。酸っぱくて甘辛い本場の味がきちんと再現されており、とてもおいしいと外国人に評判。トムヤムクン小160£E、エビとパイナップルのレッドカレー320£E、エビのグリル360£E、ビール120£Eなど高級店のわりに良心的な値段もうれしいポイント。

牧野 Makino Japanese Restaurant

مطعم ياباني ماكينو イル・マトゥアム・ヤバーニ・マキノ

Map P.90B2

高級 豆 **日本料理**

📍21 Mohamed Mazhar St., Zamalek
٢١ شارع محمد مظهر، الزمالك
☎(02)2737 5163
🕐12:30〜14:45、18:00〜22:30
🚫一部日曜
💳£E 💳MV

カイロでは数少ない、日本人板前が腕をふるう日本料理店。人気メニューは寿司盛り合わせ225〜420£Eやラーメン220£E〜、地鶏のから揚げ145£Eなど。イスラム圏ながら、カツ煮などの豚肉料理もある。ランチ時は定食や丼、麺類など10%割引。税＋サービス26%別途。月に2回、日曜日は休業になる。

ハナ Hana Korean Restaurant

مطعم هانا マトゥアム・ハナ

Map P.90B2

中級 豆 **韓国料理**

📍25 Hassan Assem St., Zamalek
٢٥ شارع حسن عاصم، الزمالك
☎(02)2736 7873
🕐12:00〜22:00
🚫無休
💳£E 💳AMV

大使館やおしゃれなレストランなどが集まるザマーレクにある在留邦人に人気の韓国料理店。焼肉が大好評で香ばしい焼肉の匂いは食欲を誘う。メニューには日本語が併記してあり、カルビ150£E、ビビンパ（写真）120£E、キムチ炒飯70£Eなどがある。店を切り盛りするマダムも親切に迎えてくれる。

オールディッシュ Oldish
中級　カフェ

مطعم وكافيه اولدش マトゥアム・ウィ・カフィーヤ・オルディシュ

Map P.88B3

🏠20 Mohammed Mahmoud St., Abdeen
٢٠ شارع محمد محمود,عابدين
📱010 6011 9488
🕐8:00～24:00
休無休
💳US$ € £E ━M V

カイロ・アメリカン大学のすぐそばにあり、学生や教員で賑わう。タイル床のテラス席がおしゃれで、タフリール広場周辺では飛び抜けて垢抜けた雰囲気だ。各種ドリンク、パスタやピザ、アラブ料理までなんでも揃うが、フレッシュジュース40£E～やターメイヤの朝食79£Eが人気。Wi-Fiも完備。税＋サービス26%別途。

オマル・アル・ディマシュキ Omar Al-Dimashqy
高級　スイーツ

عمر الدمشقي アムル・イッダマシュキー

Map P.88B2

🏠20 Talaat Harb, Bab El-Louq, Abdeen
٢٠ شارع طلعت حرب,باب اللوق,عابدين
TEL(02)2579 0839
📱011 1850 8009
🕐13:00～翌1:00
休無休 💳£E ━M V

タラアト・ハルブ広場に面したアラブ菓子店。シリア人による経営で、知られざる美食の国シリアの洗練されたお菓子を販売している。チーズたっぷりのコナーファや、水車の町ハマの名物ハルワート・エル・ギブナなどがおすすめ。砂糖たっぷりのアラブ菓子は日持ちがするので、詰め合わせをおみやげにするのもいい。

グロッピ・ガーデン Groppi Garden
庶民的　スイーツ

جروبي ثروت グロービ・サルワット

Map P.89C2

🏠46 Abd El-Khalik Tharwat st., Downtown
٤٦ شارع عبد الخالق ثروت
📱010 0514 2444
URLgroppi-eg.com
🕐7:00～翌1:00 休無休
💳£E ━M V

1891年創業の老舗の菓子店。オペラ広場近くにあるグロッピ・ガーデンはテラス席が広々しており、バクラワなどのアラブ菓子やエクレアなどのケーキ、アイスクリームがある。タラアト・ハルブ広場に面した本店（→Map P.88B2）は大規模改装中。

エル・アブド El Abd
庶民的　スイーツ

حلواني العبد ヘルワーニー・イル・アブド

Map P.88B2

🏠25 Talaat Harb St., Downtown
٢٥ شارع طلعت حرب, وسط البلد
TEL(02)2392 4407
🕐8:00～翌0:30
休無休
💳£E
━M V

大人気のお菓子屋さん。店先のアイスクリーム売り場や店の中はいつも混雑している。アラブ菓子は1kg128£E～、ピスタチオなどの各種ナッツは1kg400£E～、ケーキはひとつ25£E～。カイロっ子に絶大な人気を誇るアイスクリーム12£E～は、支払いを店内で行い引換券を受け取り、外のスタンドにいる店員に券を渡し、アイスクリームを受け取るというシステム。

フォンタナ Fontana
庶民的　スイーツ

حلواني فونتانا ヘルワーニー・フォンタナ

折込Mapカイロ中心部A2

🏠8 Dr. Handusa St., Garden City
٨ شارع الدكتور هندوسة, جردن سيتي
TEL(02)2794 9312
🕐6:00～翌3:00
休無休
💳£E
━不可

アスル・イル・アイニ通りを南へ行き、ワディ・ニール前の通りを右に入った所にあるお菓子屋さん。冷蔵庫に美味しいデザートがぎっしり詰っている。クリームをトッピングしたロズ・ビ・ラバーン13£Eが絶品。持ち帰りがメインなので、店内は狭いが、椅子は置いてある。ハチミツや乳製品も地元っ子に人気。

マンダリン・クウェイデル Mandarine Koueider
庶民的　スイーツ

ماندرين قويدر マンダリン・クウェイデル

Map P.90B1

🏠17 Shagaret Ed-Dor St. Zamalek
١٧ شارع شجرة الدر الزمالك
TEL(02)2735 5010
🕐9:00～24:00
休無休
💳£E ━M V

ナッツやピスタチオなどバクラワの種類が豊富な人気スイーツ店。商品が揃うのは昼過ぎから。ショーケースでお菓子を選んだら伝票をもらってレジで会計を済ませ、レシートと交換に商品を受け取るというシステム。店内にテーブル席もある。カイロ市内に数店舗支店がある。

ピラミッド周辺のレストラン

ピラミッド周辺はカイロに比べて飲食店が充実しているとはいえないが、観光客向けのやや高めのレストランは充実している。ギザのピラミッド地域内には3軒のレストランがあり、スフィンクス側チケット売り場周辺には、目前にピラミッドが迫る絶景レストランも多い。周辺の高級ホテルにもさまざまなレストランが揃っている。一方で、ピラミッド周辺には庶民的な店は比較的少なめ。

クフズ・レストラン Khufu's Restaurant

高級 ♀ エジプト料理

مطعم خوفو マトゥアム・フーフー

Map P.140B2

🏠Nazlet El-Semman, El-Haram
نزلة السمان, الهرم
📞012 7999 9562
🕐9:00～17:00
🚫無休
💳US$ € £E ━不可

2022年にギザのピラミッド地域内にオープンした高級レストラン。エジプトのスターシェフ、ムスタファ・セイフ氏によるコース料理850～2800£Eを堪能できる。ほかにターメイヤなどの軽食、ドリンク各種もあり、休憩にも利用可能。コーヒーは100£E～。すいていれば入れるが、基本は要予約。Wi-Fi完備。

ナイン・ピラミッズ・ラウンジ 9 Pyramids Lounge

高級 エジプト料理

صالة بيراميدز ٩ ティスア・サーラト・ピラミーズ

Map P.141C3

🏠Nazlet El-Semman, El-Haram
نزلة السمان, الهرم
📞012 1229 9999
🕐9:00～17:00
🚫無休
💳US$ € £E ━MV

ギザのピラミッド地域内の高台にあるレストランで、なんといっても眺めが最高。3大ピラミッドを含む9つのピラミッドを眺めながら食事やお茶を楽しむことができる。メニューは、朝食のセットが300£E程度と高めだが、目の前に広がる絶景を思えば納得。事前に予約が必要となる。ATMもあり。

ケー・エフ・シー・スフィンクス KFC Sphinx

中級 ファストフード

دجاج كنتاكي أبو الهول ダガーグ・ケンターキー・アブルホール

Map P.141B3

🏠4 Ablu Hall Sq., El-Haram
٤ ميدان أبو الهول, الهرم
📞(02)3385 2330
🕐11:00～翌2:00
🚫無休
💳£E ━MV

「スフィンクスの目線の先にある」と日本のテレビ番組に取り上げられて有名になったおなじみのチェーン店。2階はピザハットで、3階は両店共有のイートインスペースとなっている。エアコンの効いた店内からピラミッドやスフィンクスを眺めることができる。アラブ料理以外が恋しくなった人にもおすすめ。

コシャリ・ジーゾ Koshari Zezo

庶民的 コシャリ

كشري زيزو コシャリ・ジズー

折込Map大カイロB3

🏠59 El-Maryoutia Canal St., El-Haram
٥٩ شارع المريوطية, الهرم
📞(02)3572 2000
🕐7:00～24:00
🚫無休
💳£E
━不可

地下鉄ギザ駅から徒歩5分の場所にあるコシャリ専門店。いつも地元の人で混雑している。メニューはアラビア語のみで店員も英語を話せないが、大きさごとに値段が書かれたプラスチック容器が店頭に置いてあるので注文は難しくない。小サイズ10£E、中サイズ15£E、大サイズ40£E。

イル・ギザウィ El Gizawy

庶民的 サンドイッチ

كافتريا الجيزاوي カフティルヤ・イル・ギザーウィ

Map P.141B3

🏠Nazlet El-Semman, El-Haram
نزلة السمان, الهرم
🕐24時間
🚫無休 💳£E
━不可

ピラミッドから歩ける距離にある、知る人ぞ知る食堂。ターメイヤやムサカ、そのほか各種煮込み料理がカウンターに並び、サンドイッチにするか、小皿に入れてもらうか選ぶ。サンドイッチはひとつ10£E程度と格安ながら、味は抜群。メニューはないのでカウンターで指差して注文しよう。

SHOP

　観光地だけあって、おみやげ屋は多いが粗悪な品物を置いている店もあるのでよく確認しよう。高級ホテルにはショッピングモールが併設されているところも多く、値段は高いが品揃えは豊富。郊外には大型ショッピングセンターもいくつかあるが、外資系の高級ブティックが多い。

シティ・スターズ City Stars　　　ショッピングセンター

折込Map大カイロC2

سيتي ستارز スィティ・スタルズ

住Omar ibn El-Khattab St., Heliopolis
شارع عمر بن الخطاب مصر الجديد
TEL(02)2480 0500
URLwww.citystars-heliopolis.com.eg
開10:00〜22:00(木・土〜23:00)
休無休

　タフリール広場からタクシーで片道120£E程度。ラムセス広場からアッパース・イル・アカーブ行きのマイクロバスに乗り、City Starsの看板近くで下車。徒歩3分ほど。550もの店が軒を連ねるショッピングセンターだ。コスタ・コーヒーやスターバックス・コーヒーなどのカフェや、フードコード、シネマコンプレックスもある。

メトロ Metro　　　スーパーマーケット

Map P.90B1

مترو ماركت メトロ・マルケット

住Ismail Mohammed St., Zamalek
شارع اسماعيل محمد، الزمالك
TEL(02)2735 6932
開7:00〜翌1:30
休無休
—MV

　ナイルの中州と西岸を中心に展開するスーパーマーケット。食料品から生活雑貨までひととおり揃う。地元で人気のお菓子やインスタント食品、紅茶やコーヒー、コスメなど、ばらまきみやげにぴったりの商品がめじろ押し。朝早くから夜遅くまで開いてるのでとても便利。

ハジ・アラファ Haj Arafa　　　食品

Map P.90C2

حاج عرفة ハーグ・アラファ

住161 26th of July Corridor, Zamalek
شارع ٢٦ يوليو، الزمالك
☎010 2040 1400
開9:00〜24:00
休無休
—MV

　カイロで広く展開する健康食品店。おしゃれな店内では、ナッツやハチミツ、コーヒーなどを販売し、ほかにスパイスを量り売りしている。おすすめはスーパーフードとして注目を集めるデーツ（ナツメヤシの実）。周辺国からも仕入れた高級品種を数種類扱っており、食べ比べもできる。

マライカ Malaika　　　テキスタイル

Map P.90C1

مالیکا マライカ

住14 Shagret El-Dor St., Zamalek
١٤ شارع شجرة الدر، الزمالك
☎010 0539 5925
開10:00〜20:00
休無休
—MV

　地元の女性に刺繍の技術を教え、最高級のエジプトコットンを使い、高品質な布商品を製造・販売している。ザマーレクにはおしゃれな雑貨店が多いが、多くの店でマライカの商品を扱っている。オーナーはふたりのエクアドル人で、自らデザインを手がけている。

ビオ・ショップ Bio Shop　　　民芸品、コスメ

Map P.90B2

بايو شوب バーヨ・ショーブ

住8 Ahmed Sabry St., Zamalek
٨ شارع أحمد صبري، الزمالك
TEL(02)2399 9182
開9:30〜22:00
休無休
—MV

　ザマーレクやマアーディに展開する民芸品店。コットンをはじめ各種テキスタイル製品やハチミツやジャムなどのオーガニック食品、ナチュラルコスメなどを取り揃えている。特に石鹸は種類が充実しているが、なかでもオリーブソープは肌がスベスベになると評判。

169

ネフェルタリ Nefertari

نفرتاري ネフェルタリ

石けん・コスメ

Map P.90B2

住15-A El-Merashly St., Zamalek
١٥-A شارع المرعاشري ,الزمالك
جبوار كوستا كافيه
و أمام سعودي ماركت
☎012 8040 0628
営9:00～22:00
休無休 ━MV

ザマーレクのほか、シティ・スターズやギザ地区にも店舗がある有名店。自然素材にこだわった石けんや、エジプトコットンを用いたタオルを販売している。パッケージデザインも凝っているのでおみやげにぴったり。ローズウオーターやマッサージオイルも評判がよい。

ノマド Nomad

نوماد ノマド

民芸品

Map P.90C2

住14 Saraya El-Gezira, Zamalek
١٤ سراي الجزيرة ,الزمالك
TEL(02)2736 1917
URLwww.nomadgallery.net
営9:00～20:00
休無休
━MV

かわいらしいベドウィン風の民芸品やジュエリー、テキスタイル製品などを販売している。チュニジア大使館の隣のブロックにあるが、ビルの2階に小さな看板がかけられているだけなので少し見つけづらい。日本人にはベドウィン風のスカーフ300£E～やポーチ、ラクダグッズなどが人気だとか。

オンム・イル・ドーニア Oum El Dounia

ام الدنيا جاليري オンム・イル・ドニヤー・ガリーリー

民芸品

Map P.88B3

住3 Talaat Harb St.,
Bab El-Louq
٣ شارع طلعت حرب, باب اللوق
TEL(02)2393 8273
営10:00～21:00
休無休
━MV

創業約20年の老舗民芸品店。広い店内にコットン製品や陶器、古代エジプトグッズなど、エジプト全土から集めた選りすぐりの商品が並ぶ。デザインも洗練されており、おみやげ探しにはぴったり。店に入ると親切なスタッフがウェルカムドリンクで迎えてくれる。

ナガーダ Nagada

نجادا ナガーダ

陶器、テキスタイル

折込Mapカイロ中心部A2

住13 Refah St., Dokki
١٣ شارع الرفعه, الدقي
TEL(02)3748 6663
URLwww.nagada.net
営10:00～18:30
休無休
━MV

ファイユームにある陶芸学校(→P.174)が運営するブティック。1930年代のアール・デコ風の建物を利用している。店内はギャラリーのようで、1階はファイユームの村で作られた陶芸品が並び、2階は女性用のガラベーヤなどが売られている。どれもハンドメイドのしっかりした良品だ。

Information

ハヤメイヤで地域おこし

ハヤメイヤとは、パッチワークまたはアップリケのような手法で手縫いされるエジプト独特の手工芸品。幾何学模様や動植物など多彩なモチーフがあり、手頃な値段のクッションカバーなどがおみやげとして人気がある。この柄をプリントした布は、お祭りのときにテントや間仕切りとして使われ、カイロの町を彩っている。

このカラフルな布を使って、より外国人に受け入れられる「おみやげ」を作り、女性の仕事を増やしたり、地域の収入を増やす活動が、複数のNGOで行われている。デザインや縫製技術を向上させ、販路を拡大していこうというものだ。JICAの海外協力隊でもこの活動を支援。数々の製品が生み出されている。

(左)ピラミッド型のポーチ
(右)A4が入る大型トート

ザマーレクのビオ・ショップBio Shop
(→P.169)などで手に入る

古代の灌漑が息づく肥沃な農業盆地
ファイユーム Fayoum

الفيوم　アラビア語：イル・ファイユーム

田園風景の向こうにラフーンのピラミッドを望む

市外局番084

■ファイユームへの行き方
起点となる町はカイロ。
●オラリー（→P.85）、
ラムセス駅の西側（→Map
P.84B1）から
🚌マイクロバスが頻発
所要：1時間30分～2時間
運賃：35£E
●ギザ（→P.136）から
🚌ル・メリディアン・ピラミッズ・ホ
テルの向かいのリマーヤ広場
（→Map P.140A2）から頻発
所要：約1時間30分　運賃：30£E
■中央郵便局　　　　Map P.172
🕘9:00～15:00　🈡金
電話局も併設

旅のモデルルート

ファイユーム～カイロ間はセル
ビス、バスともに頻発している
ので日帰りが十分に可能。ファ
イユームに着いたらタクシーを
チャーターし、午前中にハワー
ラとラフーンのピラミッドをめ
ぐり、ファイユームに戻る。午
後から再びタクシーをチャータ
ーしてカルーン湖を回る。昼食
はファイユーム市内またはカル
ーン湖畔で。

　ギザのピラミッドをあとに、砂漠の一本道を走ること約1時間、突然緑の塊が現れる。まるで眼下にオアシスが現れたように錯覚するが、実は中王朝時代から続く、灌漑でできあがった農業地帯だ。盆地の中心にあるファイユームの町も、ナイルの水をもたらすユーセフ運河に沿って形成されている。ファイユーム郊外のハワーラとラフーンには、灌漑事業を進めたふたりの王のピラミッドがある。

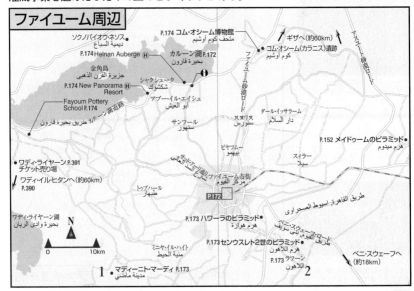

ファイユーム周辺

ソクノパイオウ・ネソス
ديمية السباع
P.174 Helnan Auberge
金角島
جزيرة القرن الذهبي
P.174 New Panorama
Resort
Fayoum Pottery
School P.174

P.174 コム・オシーム博物館
متحف كوم أوشيم

カルーン湖 P.172
بحيرة قارون

シャクシュク
شكشوك

アブー・イル・エイシュ
أبو العيش

サンフール
سنهور

ギザへ（約60km）

コム・オシーム（カラニス）遺跡
كوم أوشيم

ダール・イッサラーム
دار السلام

P.152 メイドゥームのピラミッド
هرم ميدوم

スイラー
سيلا

ワディ・ライヤーン P.391
チケット売り場

ワディ・イル・ヒタンへ（約60km）
P.390

ワディ・ライヤーン湖
بحيرة وادي الريان

ビヤフム
بيهمو

トップハール
طبهار

ファイユーム市街
مركز الفيوم

P.172

ハワーラのピラミッド P.173
هرم هوارة

センウスレト2世のピラミッド P.173

ミニヤ・イル・ハイト
منية الحيط

マディーニト・マーディ P.173
مدينة ماضي

ラフーン P.173
اللاهون

ベニ・スウェーフへ
（約18km）

N

0　　　10km

1　　　　　　　　　　　　　　　2

171

カイロ近郊●カイロのショップ／ファイユーム

中心部にある近郊マイクロバス乗り場

■カルーン湖
●ファイユームから
🚌町の郊外西にあるサンフール・ターミナルからサンフール行きマイクロバス（所要約30分、4£E）に乗車。サンフールでシャクシューク行き乗合トラック（所要約20分、5£E）に乗り換え。
🚕往復400£E程度
●ギザから
🚌ギザ広場やリマーヤ広場からイブシュワーイ行き、アブー・イル・エイシュ行きのマイクロバスが頻発。所要約1時間30分。

サンフール・ターミナルは町の北西にある

カルーン湖では漁業が盛ん。湖岸には海の家やレストランが並ぶ

水路のそばにあるハワーラのピラミッド。地下の埋葬室は水没したため現在立ち入ることはできない

　カイロからの長距離バスは中心部南にあるバスターミナルに着く。カイロ行きのマイクロバスは町の東、近郊マイクロバス乗り場に停車する。銀行や郵便局があるカルーン広場Qaroun Sq.までは少し距離があるが徒歩圏内。中心部はマイクロバスが縦横に走っているが、ルートは複雑で旅行者には利用しづらい。

砂漠の中の湖でボート遊び　　　　　　　　　ビルキト・カルーン

カルーン湖　　　بركة قارون

Lake Qarun	Map P.171-1

　その昔、カルーン湖にはワニがいた。ハワーラのピラミッドを建てたアメンエムハト3世は、ファイユームの西方にあるマディーニト・イル・マーディーにワニの頭部をもつソベク神を称えた神殿を建てた。プトレマイオス朝時代にはギリシア人が別の地にクロコディポリスという神殿を建て、この神殿のあったセディトが今のファイユームの町へと発展した。現在のカルーン湖は塩湖で、湖畔には、コテージや魚料理を出す海の家風のレストランが並び、ボート遊びや釣りも楽しめる。湖周辺は自然保護区に指定されており、2003年にはユネスコ世界遺産の申請が行われ、暫定リストに入っている。

湖畔のリゾートからカルーン湖を望む

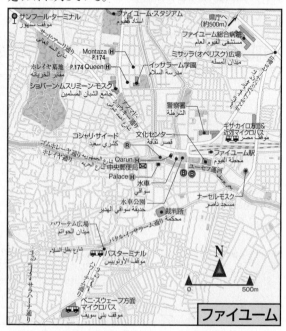
ファイユーム

小高い山のような
ハワーラのピラミッド
ハラム・ハワーラ
هرم هوارة
Pyramid of Hawara　Map P.171-2

　ファイユームの中心部から南東へ約10km、西方砂漠と緑地の境にある古代エジプト中王国第12王朝時代のアメンエムハト3世の墓。南側には日干しれんがで造られたラビリントス（迷宮）と呼ばれている葬祭殿の跡がある。ラビリントスの記述はヘロドトスの『歴史』にも登場している。12の中庭と3000以上の部屋があったというから驚きだ。

緑豊かな村で遠くピラミッドを望む
ラフーン
イッラーフーン
اللاهون
Lahun　Map P.171-2

　ラフーン村は、ユーセフ運河がファイユーム・オアシスに流れ込む地点にあり、古代から農耕地として潤ってきた。広大な農耕地に、泥れんがで造られたピラミッドが点在する。

●**センウスレト2世のピラミッド**　底辺の長さが107m、高さは58mあったと考えられている。古代エジプトの中王国時代（紀元前1850年頃）のセンウスレト2世の墓だ。このピラミッドは、石灰岩のブロックを十字形に組み、その周りを泥の日干しれんがで埋め、その上から石灰岩の板で表装するという変わった工法で築かれている。

●**マスタバと女王のピラミッド**　センウスレト2世のピラミッドの北側には、8つのマスタバが並んでいる。そのなかで最も東側にあるのが、比較的小さな女王のピラミッド。また、センウスレト2世のピラミッドの南には、4つの竪穴墳がある。おそらく王家の人々のために造られたものだろう。マスタバのひとつ、シト・ハトホル・イウネト王女の墓からは、バラの文様が施された金の王冠など多数の宝飾品が発見されている。古代エジプトで最も高度な細工を施した美しい宝石として、ダフシュール、リシュトの宝石とともに有名。現在はカイロのエジプト考古学博物館などに収められている。

●**河岸神殿とパピルスの町**　河岸神殿とパピルスの町は、ピラミッドから東に約1kmの地点にある。センウスレト2世が造ったこの町はカフーンと呼ばれた。町が3つの地区に分かれていることから、高官、神官、労働者が住んでいたことが推測できる。

王室のリゾート地
マディーニト・マーディ
マディーニト・マーディ
مدينة ماضي
Medinet Maadi　Map P.171-1

　町の中心部から南西約30kmの所にある遺跡。農耕の神レヌヌト神を祀っている。建設は古代エジプト中王国第12王朝のアメンエムハト3世と4世の時代に行われ、王室専用リゾートとして使用された。現在見られるのは、プトレマイオス朝時代以降に拡張した部分が多い。

■**ハワーラのピラミッド**
🚗ファイユーム市街からラフーンとセットで回って200£Eほど
🕐8:00〜16:00
🎫150£E（学生75£E）🚫

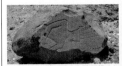
ラビリントスにはアムン神が描かれたレリーフの欠片も置かれている

■**ラフーン遺跡**
🚗ファイユームでタクシーをチャーターしてハワーラとともに回ることもできる。200£Eほど。
🕐8:00〜16:00
🎫150£E（学生75£E）🚫

ラフーンのピラミッド

ラフーンのピラミッド内部

マスタバは8つある

■**マディーニト・マーディ**
🚗ファイユームでタクシーをチャーターして往復する。200£Eほど。
🕐8:00〜16:00
🎫120£E（学生60£E）

プトレマイオス朝時代のライオン像

■コム・オシーム博物館
🚗カルーン湖観光の途中で訪れるとよい。一緒にまわって400£Eほど。
🕙10:00～15:00
💰60£E（学生30£E）

グレコローマンやコプトの多彩な展示　マトゥハフ・コム・オシーム

コム・オシーム博物館

Kom Aushim Museum　　متحف كوم أوشيم　Map P.171-2

ファイユーム近郊の出土品を集めた2階建てのこぢんまりとした博物館。彩色された木製のマスクや人型棺など古代エジプトの遺物もあるが、グレコローマン時代やコプト関連の展示がユニークだ。

顔が描かれたミイラの棺

HOTEL

日本からホテルへの電話
| 国際電話識別番号 010 | + | 国番号 20 | + | 市外局番の最初の 0 を取った掲載の電話番号 |

ホテルは町の中心部のほか、カルーン湖の湖畔にも点在している。レストランはカルーン広場の周辺に軽食店や小さな店が数軒あるほか、カルーン湖の湖畔にもある。

モンタザ Montaza　　　　　　　　　　　　　経済的　Map P.172

فندق المنتزه　フンドゥク・イル・ムンタザ

🏠Minshaat Lotfollah Ismail El-Madny St.
منشاة لطف الله، إسماعيل المدني
📞(084)220 4908
🛏/🛏🚹🆎🍴🔲📶📺🛁💵200£E～
🛏/🛏🛏🆎🍴🔲📶📺🛁💵250£E～
💳£E　🚫不可

運河沿いの道から少し入った場所にある。古びているが、部屋はシンプルで清潔。エアコン付きの部屋もある。英語はほとんど通じないが、スタッフは陽気。📶なし

クイーン Queen　　　　　　　　　　　　　　中級　Map P.172

فندق كوين　フンドゥク・クイーン

🏠Minshaat Lotfollah
منشاة لطف الله
📞(084)220 4825
🛏🆎🍴🔲📶📺🛁💵1100£E
🛏🛏🆎🍴🔲📶📺🛁💵1300£E
💳£E　🚫不可

ファイユームの中心部にあるきれいなホテル。全室エアコン、バスタブ付きで、客室は落ち着いたクラシックな雰囲気。スタッフは親切で、バスルームもきれい。📶全館

ニュー・パノラマ・リゾート New Panorama Resort　　　中級　Map P.171-1

نيو بانوراما　ニュー・パノラマ

🏠Shakshouk, Karoon Lake
عزبة شكشوك بركة قارون
📞(084)283 1114
🛏/🛏🆎🍴🔲📶📺🛁💵1250£E～
💳£E　🚫不可

カルーン湖畔にあるリゾートホテル。全体的に古びているが、専用ビーチやプール、貸しボートもある。昼・夕食付きプランあり。📶全館

ヘルナン・オーベルジュ Helnan Auberge　　　　　　　高級　Map P.171-1

フンドゥク・ヘルナン・オーベルジュ　فندق هلنان الأوبرج

🏠Shakshouk, Karoon Lake
عزبة شكشوك بركة قارون
📞(084)298 1300
🌐www.helnan.com
🛏🆎🍴🔲📶📺🛁💵100US$～
🛏🛏🆎🍴🔲📶📺🛁💵120US$～
💳US$ €　💳MV

1937年に王族の狩猟用別荘として建てられ、その後高級ホテルに生まれ変わった。落ち着いた豪華な雰囲気がロビーから客室まで漂っている。プールも併設。📶全館

Information

ファイユームで焼き物のおみやげはいかが?

カルーン湖のほとり、トゥニス村に陶芸学校がある。スイス人陶芸家の故イヴリーヌ・ポレットさん（写真）が、満足に美術教育を受けられない子供たちのために開いたもの。生徒の創造性に任せているというが、おしゃれな焼き物に仕上がっている。カイロの店舗でも販売している。ファイユームからタクシーで往復500～600£E。

■Fayoum Pottery School　Map P.171-1
📱010 6034 3546　🕙9:00～19:00　🚫無休

Egypt

ナイル川中流域に巨大遺跡を訪ねて

（上）ルクソール西岸では早朝
にたくさんの気球が見られる
（右）ホルス神殿の列柱

ナイル川中流域

Nile Valley & Luxor

ファルーカから大型船までが行き交うナイル川

ナイル川中流域の地形

　ナイル川流域は、ナイル谷（ナイルバレー）といわれ、地形的にはナイル川と、その流域のナイル谷の黒色の沖積土によって造られている。この肥沃な沖積土はアスワンハイダム完成前、毎年夏の3ヵ月間に起きたナイルの氾濫によってもたらされたものだ。ダム完成後は、肥沃な沖積土もせき止められ、ナイル谷には行き渡らなくなった。

　ナイル谷とひと口にいっても、日本の谷とはずいぶん違う。幅は最小300mからベニ・スウェーフ付近で最大25kmにもなる。地中海に向かう下りの傾斜があるのだが、斜度はとても小さく緩やかな流れ。なんとカイロからアスワンまでは、12kmごとに1mほどの落差しかないのだ。

　ところで、このナイル谷を囲む段丘は、ルクソール付近では400m、アスュート付近では200m、そしてカイロまで来ると150mほどになり、だんだん低くなっているのがわかる。それに反比例するように、沖積土の厚さが河口に向かうに従い厚くなる。上エジプト付近では8.3m、河口付近では9.8mという具合だ。そして上エジプトの土壌は砂の含有率が高いが、河口に行く

に従って粘土の含有率が高くなっている。アスワンは古代から花崗岩の産地として知られ、上エジプトのエスナからカイロまでは石灰岩が多く採れることで有名だ。

ナイル川中流域の気候

　中エジプトと呼ばれる、ベニ・スウェーフからミニヤまでは半砂漠気候、ミニヤ以南の上エジ

ナイル川中流域は河岸の山が険しい

プトは砂漠気候である。半砂漠気候は砂漠気候に似ているが、ギザの気候と同じように、気候はしばしば激変する。当然のことながら、北側の地区と比べると湿度は低い。日照時間は長く、冬期の気象の乱れは少ない。

　また、ミニヤ以南の砂漠気候の上エジプトは、昼夜、夏冬の温度差が大きい。雨が降るのは極めてまれで、まったく降らないことも多い。しかし、20年に一度ぐらいの割合で嵐のような大量の雨が降ることもある。一度雨が降るとワーディ（涸れ川）を雨が伝わり、まるで洪水のようになる。

　また、乾いた北風が年中規則的に吹くことで知られている。

ナイル川中流域の人々

　「エジプトはナイルの賜」といわれるように、ナイル川付近は沖積土に富み、古代から農耕が盛んであった。この地域の人たちは「サイーディ」と呼ばれ、田舎者で頭がカタい人々と考えられている。

　エジプトのジョーク「ノクタ」のたとえ話でも、サイーディは生真面目で融通の利かない人として頻繁に登場する。

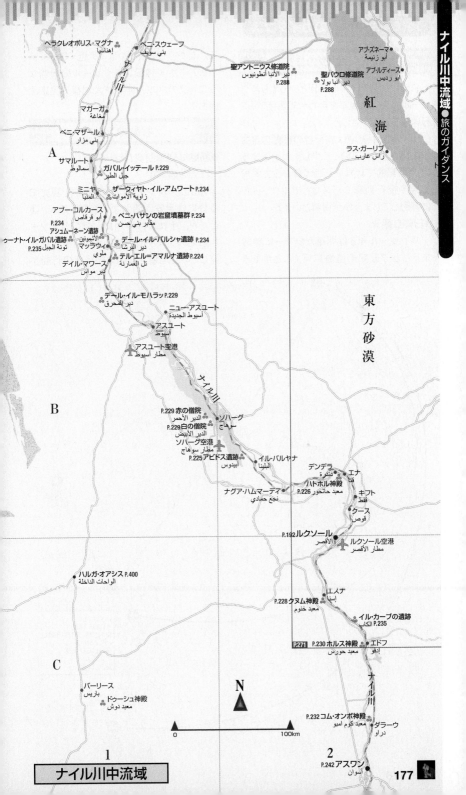

プランニングのコツ

このエリアでの中心は何といってもルクソール。東岸と西岸を合わせて最低でも2日は滞在したいところ。

ナイル川中流域は旅行者の移動の自由が制限されているので、少しずつ南下するのは現実的ではない。カイロからまず飛行機や夜行列車、バスなどでルクソールに移動してしまうのが得策といえる。

●日帰り観光

ルクソールからは列車かツアーに参加することで近郊の遺跡に行くことができ

る。なかでもおすすめはエナ近くのデンデラのハトホル神殿。ルクソールの南側ならエドフのホルス神殿が大規模で見応えがある。

移動のコツ

●移動は列車かタクシーなど
　バスは運休中

ルクソールやその周辺の遺跡を観光する分には治安は問題ないと言っていいほどだが、それ以外の地域、特にルクソール以北のナイル川中流域はテロ事件が散発していた地域。以前は旅行者の行動が

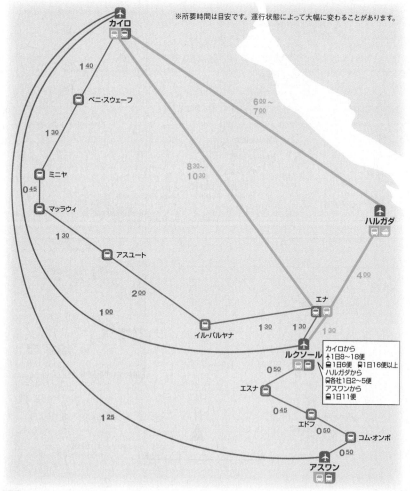

※所要時間は目安です。運行状態によって大幅に変わることがあります。

カイロ

1 40

ベニ・スウェーフ

1 30

6 00 ～
7 00

ミニヤ

0 45

マッラウィ

8 30 ～
10 30

1 30

アスユート

ハルガダ

2 00

4 00

1 00

エナ

イル・バルヤナ

1 30　1 30

1 30

ルクソール

カイロから
✈1日8～18便
🚃1日6便　🚌1日16便以上
ハルガダから
🚌各社1日2～5便
アスワンから
🚃1日11便

0 50

エスナ

0 45

エドフ

0 50

コム・オンボ

1 25

0 50

アスワン

制限され、警察によるエスコート、あるいは護衛隊（コンヴォイ）を組み、移動することになっていたが、治安の改善にともない、2023年10月現在、護衛隊はなくなり、自由に観光できるようになっている。（ツアー会社で手配する車両には護衛が付くことが多い。）

ただし、ルクソールからのバス路線では、アスワン～ルクソール間が運休しているほか、ルクソールからカイロに向かうバスも、途中エナを経由する便はあるが、エナ以北のイル・バルヤナやアスユートには停車しないこともあり、公共交通機関を使っての移動は列車のみという状態。

また、治安の状況によっては、現地での警備体制が強化され、駅から遺跡までの移動に警察の護衛が義務づけられる可能性もある。そのため、ルクソールやアスワンを起点としてツアーで観光することをおすすめする。

情勢は常に流動的なので、各都市の観光案内所などで最新情報を確認しよう。

●列車での移動

カイロ～ルクソール、ルクソール～アスワン間を結ぶ列車は、すべての便を外国人が利用できるわけではなく、指定された便のみが可能になっている。2023年10月現在、カイロ～ルクソール間は寝台車以外に1日6往復、ルクソール～アスワン間は1日11往復が外国人にも利用可能。ただし、多くが早朝と夜の便のため、列車を使って1日で複数の遺跡を回って日帰りすることは不可能に近い。効率よく安全に遺跡を見て回るなら、ツアーへの参加が賢明だ。また、情勢により外国人は途中で乗降できないこともある。

●船での移動

ルクソール～アスワン間にはクルーズ船が就航している。船はエスナ、エドフ、コム・オンボを通るが、エスナのクヌム神殿は訪れない。クルーズの日程に含まれる遺跡はエドフとコム・オンボのみ。

旅のモデルルート

ルクソール以北の遺跡では、旅行者も多く、ルクソールから日帰りができるアビドスとデンデラへ行くのがおすすめだ。また、ルクソール以南の遺跡群へ行く場合、ルクソールに戻るのではなく、そのままアスワンへ向かうと効率がよい。

ナイル川中流域、主要遺跡巡り

ルクソール P.192 → アビドス P.225 → デンデラ P.226 → ルクソール P.192 → エドフ P.230 → コム・オンボ P.232 → アスワン P.242

1～2日目　3日目～　　　4日目～

ルクソールでは東岸と西岸を1日ずつかけて、3日目はツアーに参加してアビドスとデンデラを見学。ルクソール以南へはルクソールからタクシーをチャーターして移動すれば、1日でエドフ、コム・オンボを見学してアスワンまで行くことができる。日程とお金に余裕のある人は、ナイル川クルーズに参加し、3泊4日かけてゆっくりとナイル川の旅を楽しむのもおすすめ。

ルクソールで見られる巨大建造物

古代エジプトでは、ピラミッドのほかにも巨大な建造物がある。
特に新王国時代になり、首都がテーベ（現ルクソール）に移されると、
王の権力を誇示するという意味合いがより大きくなり、
神殿や葬祭殿は競うように大きくなっていった。

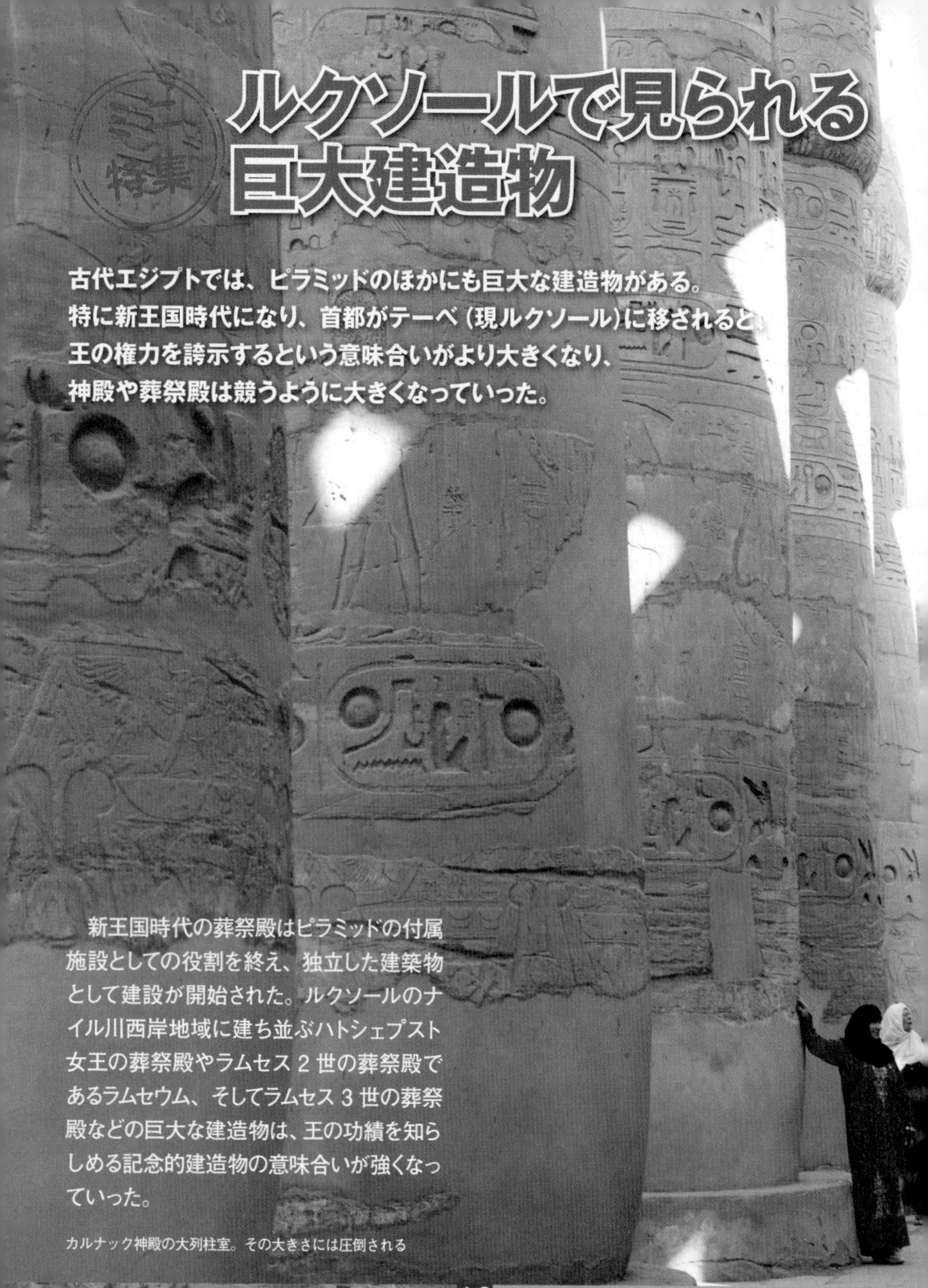

　　新王国時代の葬祭殿はピラミッドの付属
施設としての役割を終え、独立した建築物
として建設が開始された。ルクソールのナ
イル川西岸地域に建ち並ぶハトシェプスト
女王の葬祭殿やラムセス2世の葬祭殿で
あるラムセウム、そしてラムセス3世の葬祭
殿などの巨大な建造物は、王の功績を知ら
しめる記念的建造物の意味合いが強くなっ
ていった。

カルナック神殿の大列柱室。その大きさには圧倒される

12

180

カルナック神殿はアムン神を祀った、古代エジプト最大級の巨大神殿。供物が捧げられ、毎年壮大な祭りが行われていた。建造から数千年の年月が経った現在では茶色くすすけた姿をしているが、建造当時、神々やファラオのレリーフは極彩色で彩られていた。今でも列柱室の一部にその面影を見ることができる。

1空から眺めたラムセウム（ラムセス2世葬祭殿）　2メムノンの巨像はもともとアメンホテプ3世の葬祭殿の前に置かれていた座像だった　3セティ1世葬祭殿には秀逸なレリーフが残る　4カルナック神殿のスフィンクス参道。2021年にルクソール神殿まで開通した　5ライトアップされたルクソール神殿　6ラムセウムに残る、倒れた巨像。大迫力！

何をするところ？

神殿

アムン神やオシリス神など特定の神や神々が住む場所であり、我々が「崇拝」と呼ぶ熱狂的宗教活動が行われた場所。古代エジプト人は神殿を「神の館」「神の家」と呼んだ。

VS

葬祭殿

王個人のために造られた礼拝用の建造物であり、その最も基本的な目的は、死した王が来世で使用するために必要な奉納品を供え、彼の快適な来世での生活を確実なものとすることである。

どんな役割があったの？

神殿

神官たちによる神への洗浄、着替え、お供えという日々の神殿儀礼を果たす場となった。神々は奉仕の見返りとして、王を中心とするエジプトの人々に国土の安定と秩序の維持を約束した。

VS

葬祭殿

王の再生復活を願う建築物から、やがて王個人の記念碑的性格をもつようになり、葬祭殿は次第に王位継承の正当性や王が行った功績をレリーフなどに描き記念する建造物としての役割を果たすようになった。

岩山を借景としたようなハトシェプスト女王葬祭殿

ピラミッドのような
山があるから
ルクソールの
ナイル川西岸は
墓所として好まれた
という説もある

王墓を飾る彩色壁画

現世と同様の死後の世界

古代エジプト人は、死んだあとも来世において現世とまったく同じ生活ができると考えていた。死者の魂は、定期的に墓に戻り、供物を糧とすると考えられていた。だからこそ、肉体が失われることをおそれて「ミイラ」を作り、「死者の家」である墓には死後の生活に必要なものが一緒に埋葬されたのである。

このような考え方は、墓内にある壁画やレリーフなどから見て取ることができる。そこには、現世と同じように家族とともに楽しそうに過ごす日々の生活の様子が描かれている。

そのような墓の代表は、何といっても王家の谷のものだろう。ヒエログリフの解読で知られるシャンポリオンによって命名された王家の谷（→P.208）には、新王国時代のほとんどのファラオが眠っている。ここを選んだのは谷の上にあるピラミッド型をしたイル・クルン山が太陽神ラーを象徴していると考えられたためだとか、盗難を防ぐために狭い谷を選んだともいわれる。

古代の墓泥棒と19世紀のヨーロッパ人によって墓の副葬品はことごとく略奪されてしまったが、王墓を彩る彩色レリーフは、かなりの王墓で残っている。建造当時の生活や人々の考え方を知る大いなる手がかりを残してくれているのだ。

鮮やかなレリーフが残るカーエムヘトの墓

ラムセス9世の墓の壁画は色彩がきれいに残っている

地下へと続く回廊にも神々が描かれているセティ2世の墓

時代により変遷する絵画の流行

　現在、王家の谷（→P.208）では60を超える墓の存在が確認されている。

　これらの王墓には偉大なファラオにふさわしく、美しい壁画やレリーフなどの装飾が施されていた。しかし新王国時代といっても500年余りの長い期間があり、その間には、壁画やレリーフに描かれる内容も変化、変遷する。

　第18王朝初期の王墓には、埋葬室など墓の一部にだけ装飾が施された。そこには、太陽神の夜の航行を表す葬送文書の一種である「アムドゥアトの書（冥界の書）」

の内容が壁画に描かれていた。第19王朝になると、壁画やレリーフは墓のあらゆる場所に描かれるようになり、王墓の入口の上の部分に太陽円盤が描かれるようになる。さらに「アムン・ラー讃歌」などの太陽信仰と結びつく碑文も描かれるようになる。

　続く第20王朝になると、王はさらに太陽神とのつながりを強め、自らを太陽神と同一視するまでにいたるのである。また壁画は墓のほぼ全面に施されるようになってくる。

　美しさとしては頂点を極めた古代エジプトの新王国時代の王墓の壁画には、王と太陽神とを中心とした古代エジプトの宇宙観が描かれていたのである。

壁画でわかる古代エジプト

1 産業がわかる

　デール・イル・マディーナ（→P.210）のセンネジェムの墓に描かれた壁画には、妻とともにあの世で農作業を行う王墓造営職人センネジェムの姿がある。鎌を用いて麦を刈る様子や、牛を使って田畑を耕しながら種をまく様子が克明に描かれ興味深い。農業に関わる役人であったミンナの墓（→P.211）には、麦の収穫から脱穀、穀物の計量場面が描かれている。

　ミンナの墓は、パピルスの生い茂るナイル川において家族で鳥や魚を取るレジャーを表した場面が生きいきと描かれていることでもよく知られている。書記ナクトの墓（→P.211）はぶどう棚から収穫したぶどうを足で踏んで果汁を搾り、容器に入れるワイン作りの過程が見て取れる。緑あふれるあの世での生活は人々の理想であった。

牛を使って田畑を耕しながら種を撒く様子。センネジェムの墓

種を撒く人々。ナクトの墓

感情がダイナミックに描かれた泣き女。ラモーゼの墓

葬儀の宴会で演奏をしている女楽師。ナクトの墓

2 行事の様子がわかる

　テーベ知事の役職を務めたラモーゼの墓（→P.211）は、内部に列柱室をもつ大規模なものであるが、その壁面には両手を額の上に掲げ、悲しみのポーズをとる「泣き女たち」が描かれている。また死者に生命を与えるための儀式である「開口の儀式」やミイラ製作の場面も、しばしば壁画に登場する。

　これらの壁画に見られるような葬儀にまつわる儀式や儀礼から、我々は当時の人々の宗教観、葬送作法などを知ることができるのである。

バフレイヤ・オアシスのバンネンティウの墓（P.384）にもミイラ製作の壁画が残っている

3 庶民の生活がわかる

　レクミラの墓（→P.211）やネブアムンの墓には、女性のダンサーやミュージシャンが来客をもてなす場面が描かれている。精巧に作られたかつら、胸飾り、腕輪、イヤリングで着飾った人々からは、華やかな当時の宴会の雰囲気を感じる。

　古代エジプト人たちは、身分にかかわりなくゲームを楽しんだことが知られている。最もよく知られているのはセネトと呼ばれたボードゲームであった。盤上には10個ずつ3列に並んだ正方形の升目があり、サイコロを投げ移動させた。ネフェルタリの墓（→P.210）の壁画では、彼女がひとりでセネトを行っている。古代エジプトにおける生活に欠かせない工芸品の製作過程も、トトメス3世の宰相を務めたレクミラの墓などに描かれている。

ナイル川で釣りをする人々。メンナの墓

ブーメランのようなもので狩りをする。ナクトの墓

ラムセス6世の墓の天井部。中央に見えるのが女神ヌト

エドフのホルス神殿の礼拝堂。小さな星がたくさん描かれている

4 神性、宇宙観がわかる

　王の墓の内部にも古代エジプト人たちを理解する手がかりがある。例えばラムセス6世によって完成された墓の天井部には、彼らの宇宙観が明確に描かれている。暗青色で表された夜空と黄色で描かれた神々と人々のコントラストは、強烈な印象を残す。天井部いっぱいに弓なりに描かれているのは天空の女神ヌトである。ヌトは毎日西方の空の彼方に沈む太陽であるラーを自らの体内に飲み込み、翌朝再びラーを子宮から産み落とすのである。ヌトの体内を抜けるラーの様子は太陽を表す赤色で描かれている。

　王家の谷（→P.208）のセティ1世の墓の天井には星座を描いた天体図が残っている。北斗七星を中心として北の夜空を表現している。このように美しい壁画からは、当時の思考を読み取ることができるのだ。

古代エジプトの神々

神殿の壁やミイラの入った棺を彩る
古代エジプトの神々は多種多様。
各地でさまざまな神様が存在していた。
だが、エジプトがひとつの国として統一されていく過程で、
これらの神々は体系化されたり、
同一視されたりするようになる。

ラー神

もともとはヘリオポリスの太陽神で、王はこのラー神の息子と考えられていた。古王国時代から国家の最高神となり、ジェデフラー王やカフラー王などこの神の名を入れた王が何人もいる。

アムン神

もとはヘルモポリスの守護神だったが、テーベの守護神となる。テーベ侯が全エジプトを支配するに従って、ラー神と習合し、アムン・ラー神となった。アムン神は羊の頭をした神としても描かれる。

　3000年も続いた古代エジプトの歴史では、メンフィスが強い時代にはラーが最高神になったり、テーベに都がおかれた時代にはアムン信仰が盛んになるなど、時代によって神々の位置づけも性格も変わる。

エジプトエアーのロゴマークは空の神、ホルス神がデザインされている

アビドス、ラムセス2世神殿に残るトト神のレリーフ

オシリス神
冥界の神、再生復活の神であった。アビドスはオシリス崇拝の中心地。

イシス神
オシリス神の妻およびホルス神の母とされる。死者の保護者としてもよく描かれる。

ホルス神
ハヤブサの頭部をもつ天空の神。オシリス神とイシス神の子供。最古の神のひとつ。

ハトホル神
牛の女神で角と太陽円盤をもつ。エジプトだけでなく、外国でも崇拝された。

バステト神
ネコの頭をした女神で、ブバスティス（デルタ地方南東部）を中心に信仰された。普通は、とても友好的な神とされる。

アテン神
腕を伸ばした形の光線をもつ太陽円盤。アクエンアテン王の治世に唯一神となり、この時代に盛んに描かれた。

トト神
トキ、あるいはヒヒの頭をもつ文字と智恵の神。円盤と三日月の飾りを付ける場合もある。

アヌビス神
犬の姿をした死者の神で、墓地の守護者でもある。ミイラ製作と密接な関連をもつ。

ネフティス神
イシス神の妹。死者の守護神。新王国時代の棺に翼をもった姿で表される。

ミン神
頭に2本の羽をもつ最古の神のひとつ。勃起した男性器をもつ豊穣神。

マアト神
頭上のダチョウの羽は秩序、真理、正義を表すマアトを具現化したもの。

クヌム神
ろくろで人間を作り上げたとされる創造神。牡羊の頭をもつ。

189

古代エジプトを彩る
有名王の夢の跡

　新王国時代、テーベと呼ばれたルクソールは首都として栄え、歴代のファラオたちは競うように美しい建造物を残していった。この町には王墓や葬祭殿、神殿など、ファラオが関わった建造物は枚挙にいとまがない。ここでは歴代のファラオたちが建てた代表的な建造物を紹介する。時代の流れを理解すれば遺跡見学がもっと楽しくなるハズ。

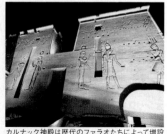

カルナック神殿は歴代のファラオたちによって増設された複合的な建造物

第18王朝
(B.C.1539頃〜1292頃)

B.C.

1514頃	1493頃	1473頃	1458頃	1390頃	1353頃
アメンホテプ1世 **A** カルナック神殿の増築→P.199	トトメス1世 **A** カルナック神殿の増築→P.199	ハトシェプスト女王 **B** ハトシェプスト女王葬祭殿→P.207	トトメス3世 **C** トトメス3世の墓→非公開 2024年4月現在	アメンホテプ3世 **D** メムノンの巨像→P.206	アクエンアテン王（アメンホテプ4世）**E** ルクソール博物館→P.202
		♥ トトメス2世			♥ ネフェルティティ

建築王ラムセス2世

歴代の古代エジプト新王国時代のファラオのなかでも、その生涯のスケールの大きさからひときわ目立つ存在がラムセス2世である。100人以上もの子供をもち、90歳を超える天寿を全うしたラムセス2世は、黄金期を迎えていたエジプトにおける莫大な富を背景とした建築事業を積極的に推進した。カルナック神殿の大列柱室の装飾やアブ・シンベル神殿には、今も彼の即位名「ウセルマアトラー・セテプエンラー」がいたるところに刻み込まれている。

ラムセス2世が巨大建築にこだわった理由は、侵入者への威嚇、強い自己顕示欲などといわれている。また長生きしたので、ほかのファラオよりも多くの建造物を残すことができたとも考えられる。もっともそれらの理由をさしおいても、彼が残した建築物を見ればやはり偉大な王であることに違いないことがわかる。

メンフィス カイロ
ラムセス2世の巨像
P.149

アビドス
ラムセス2世神殿 ルクソール
P.225 ルクソール神殿 P.199
ルクソール西岸 カルナック神殿 P.199
P.208 王家の谷
P.212 ラムセウム

アスワン P.253
ベイト・イル・ワリ神殿
（カラブシャ神殿近く）

P.266 ワーディ・セブア神殿
P.266 デッル神殿
アブ・シンベル
アブ・シンベル大神殿 P.260
アブ・シンベル小神殿 P.263

第18王朝	第19王朝 （B.C.1292頃～1190頃）		第20王朝 （B.C.1190頃～1069頃）	

B.C.

1332頃 ツタンカーメン♥アンケセナーメン（**F**ルクソール神殿→）P.199

1290頃 セティ1世（**G**セティ1世葬祭殿→）P.212

1279頃 ラムセス2世（**H**ラムセウム→）P.212 ♥ネフェルタリ

1187頃 ラムセス3世（**I**ラムセス3世葬祭殿→）P.211

1145頃 ラムセス6世（**J**ラムセス6世の墓→）P.208

191

ファラオたちの安眠の地
ルクソール Luxor
الأقصر
アラビア語：ロッソル

■ルクソールへの行き方

●カイロ (→P.71) から
✈毎日8〜18便
所要：約1時間

🚌ラムセス広場発
スーパージェット
10:00、15:00、22:00、24:00発
所要：約10時間
運賃：280〜300£E

🚌ラムセス・ヒルトン横のマスピ
ロ・モール前発
ゴーバス
10:00、13:05、17:35、21:00、
21:15、22:30、23:15、23:30、
0:21、2:00発
所要：約10時間
運賃：260〜520£E

🚌オラリー発
アッパーエジプト (EGバス)
17:15、21:45発
所要：約10時間
運賃：240£E

🚃ラムセス駅 (→P.77) 発
VIP、Talgo
8:00、17:15、19:00、20:00、
21:00、1:15発
所要：8〜10時間
運賃：1等40〜60US$
寝台車両
19:20、19:45、21:10発
運賃：🚹130US$ 🚺180US$
URLabelatrains.com

●ハルガダ (→P.280) から
🚌アッパーエジプト (EGバス)
1:30、2:00発

🚌スーパージェット
8:30、17:30発

🚌ゴーバス
7:15、8:30、13:30、15:30、17:30発
所要：約4時間
運賃：230£E

●アスワン (→P.242) から
🚃5:15、5:30、7:30、10:00、
14:00、15:15、16:00、18:10、
20:45、21:05、23:00発
所要：約3時間
運賃：1等20〜25US$
　　　2等15〜20US$
　　　3等15US$

夕暮れ時のルクソール神殿

　ルクソールはかつてテーベと呼ばれ、中王国、新王国、そして末期王朝時代の一時期には首都として栄えた。首都となったのは中王国時代第12王朝で、全盛期は新王国時代の第18〜20王朝だ。中王国時代まではピラミッドコンプレックスのように墓と葬祭殿、河岸神殿が一体になっていたが、新王国時代には王家の谷のような岩窟墳墓とハトシェプスト女王葬祭殿に代表される巨大建造物に分かれ、遺跡となって残っている。

　太陽の沈むナイル川西岸の砂漠は、古代エジプト人にとってあの世がある場所であり、墓地であった。

　新王国時代になるとファラオ（王）たちは、盗掘を防ぐために、ルクソール西岸の奥深い谷に死後の安住の地を求めた。これが、有名な王家の谷である。しかし、金銀財宝を狙う盗人を防ぐことはできず、ほとんどの王墓は略奪の憂き目に遭っている。そのなかでひとつだけ残されたのが、1922年に発掘され、センセーションを巻き起こしたツタンカーメンの墓である。その輝くばかりの副葬品はあまりにも有名になってしまったが、実は18歳で早世したため権力は弱く、墓が「質素」だったために盗掘を免れたといわれている。それでもカイロのエジプト考古学博物館の展示室数部屋を占めるだけの財宝があるのだから、強大な王の墓はいかばかりであったか、想像もできないくらいだ。

　西岸に沈む夕日に輝くナイル川の光景は、生涯忘れられない思い出になるだろう。

旅のモデルルート

ルクソールは遺跡の数が多く、しかも一つひとつの規模が大きい。できるだけたくさんの遺跡を見たいところだが、無理をすると体調を崩してあとの日程に支障をきたしかねない。観光のポイントを絞り、自分のペースで見学しよう。

1 東岸と西岸を1日で回るハイライトコース

メムノンの巨像　6:00〜7:30
ハトシェプスト女王葬祭殿　7:45〜8:45
王妃の谷　9:15〜10:15
王家の谷　10:30〜12:00
休憩もしくはルクソール博物館　12:30〜15:00
ルクソール神殿　16:00〜17:00
カルナック神殿　20:00〜21:00

　早朝にスタートして昼までに西岸のおもだった見どころを観光。昼時は強い日差しを避けるため、休憩を入れるかルクソール博物館の見学に充てよう。気温が下がったらルクソール神殿を見学し、夜はカルナック神殿で音と光のショーを楽しむ。昼に休憩を入れなければ自転車で1日かけて回ることも可能だが、相当体力に自信がある人以外はやめたほうがいい。

2 自転車で巡るルクソール東岸

カルナック神殿　8:00〜10:00
ルクソール博物館　10:15〜11:30
ルクソール神殿　12:00〜13:00

　カルナック神殿からルクソール神殿までは約3km。適度にサイクリングを楽しむにはちょうどよい距離だ。朝スタートしてもいいが、夕日に染まるナイル川を眺めながらのサイクリングも楽しい。ただし、カルナック神殿は16:00に門が閉まるので、夕方に観光する人は、先にカルナック神殿を見学してから、ルクソール神殿に移動しよう。ルクソール神殿は閉まるのが遅く、ライトアップも美しい。

3 気球ツアーにも参加する1日たっぷり西岸観光

気球ツアー　6:00〜9:00
メムノンの巨像　12:00
チケットオフィス　12:05
王家の谷　12:15〜14:00
ハトシェプスト女王葬祭殿　14:15〜15:00
王妃の谷　15:15〜16:15
ラムセウム　16:30〜17:00

　気球ツアーは、だいたい早朝6:00までにホテルまで迎えが来る。のんびりと空の旅を楽しんで、メムノンの巨像で降りる。しばらく休憩して再び西岸に繰り出そう。ラムセウムのチケットはメムノンの巨像を見学したあとにチケットオフィスで購入しておこう。

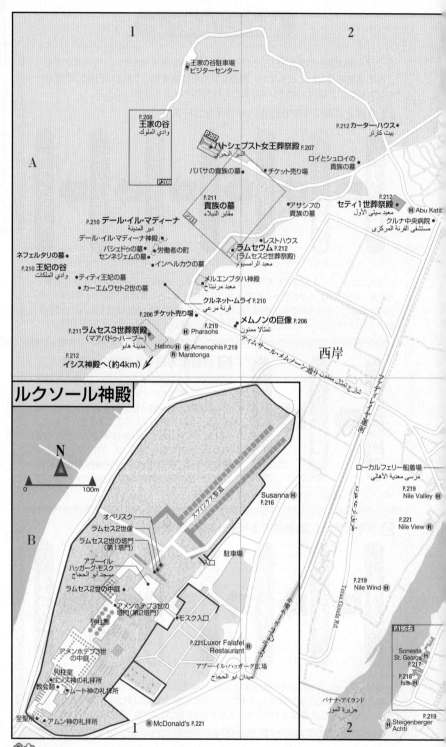

ルクソール神殿

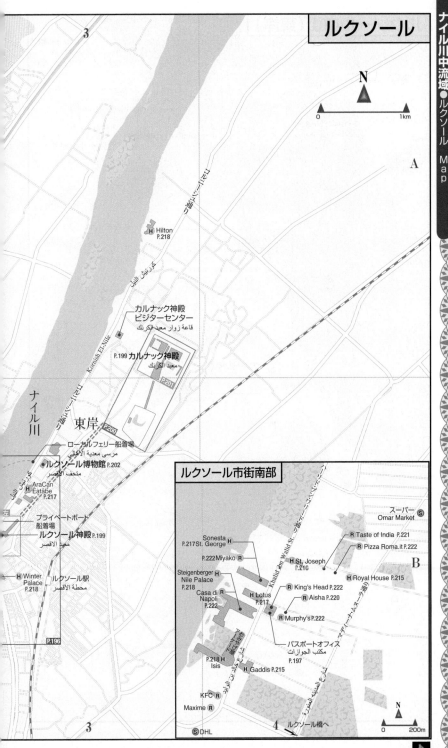

ルクソール

N

0　　　　　　1km

3

A

H Hilton
P.218

カルナック神殿
ビジターセンター
قاعة زوار معبد الكرنك
P.199 **カルナック神殿**
معبد الكرنك
P.201

P.200

ナイル川

東岸

ローカルフェリー船着場
مرسى معدية الأقصر

● ルクソール博物館 P.202
متحف الأقصر

H AraCan
Eatàbe
P.217

プライベートボート
船着場
ルクソール神殿 P.199
معبد الأقصر

H Winter
Palace
P.218

ルクソール駅
محطة الأقصر

P.196

ルクソール市街南部

スーパー
Omar Market S

Khalid ibn Walid St.

R Taste of India P.221

R Pizza Roma.it P.222

Sonesta
P.217 St. George H

H St. Joseph
P.216

P.222 Miyako R

R Royal House P.215

Steigenberger
Nile Palace H
P.218

R King's Head P.222

H Lotus
P.217

R Aisha P.220

Casa di
Napoli R
P.222

R Murphy's P.222

バスポートオフィス
مكتب الجوازات
P.197

B

P.218 H
Isis

H Gaddis P.215

KFC R

Maxime R

S DHL

4 ルクソール橋へ

N

0　　　200m

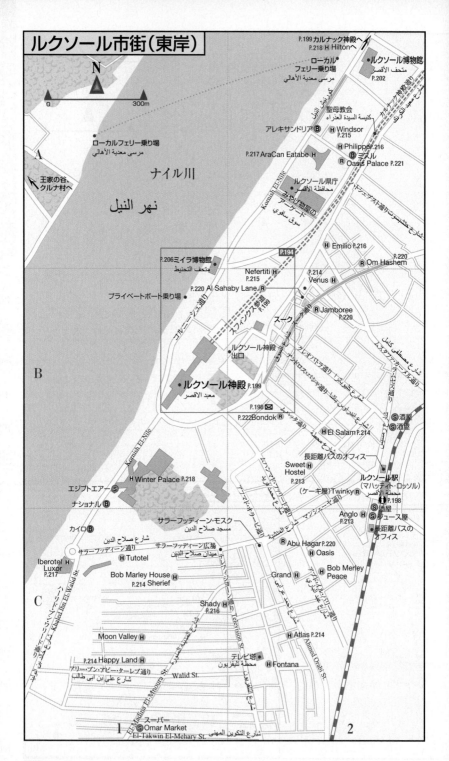

ルクソール市街(東岸)

N

0　　　　300m

P.199 カルナック神殿へ
P.218 H Hiltonへ

ローカル
フェリー乗り場
مرسى معدية الأهالي

ルクソール博物館
متحف الأقصر
P.202

聖母教会
كنيسة السيدة العذراء

アレキサンドリア B
H Windsor
P.215

H Philipper P.216

P.217 AraCan Eatabe H

ミスル
Oasis Palace P.221

ルクソール県庁
محافظة الأقصر

みやげ物屋の
アーケード
سوق سافوي

ナイル川
نهر النيل

ローカルフェリー乗り場
مرسى معدية الأهالي

王家の谷、
クルナ村へ

A

H Emilio P.216

P.220

R Om Hashem

P.206 ミイラ博物館
متحف التحنيط

Nefertiti H
P.215

P.214
Venus H

P.220 Al Sahaby Lane R

プライベートポート乗り場

スフィンクス参道
P.199

P.194

スーク
R Jamboree
P.220

ルクソール神殿
出口

ルクソール神殿 P.199
معبد الأقصر

P.198 ✉

P.222 Bondok R

H El Salam P.214

長距離バスのオフィス

ルクソール駅
(マハッティト・ロッソル)
محطة الأقصر

P.198 ℹ

Sweet
Hostel H
P.213

(ケーキ屋) Twinky R

S 酒屋
ニュース屋

長距離バスの
オフィス

H Winter Palace P.218

エジプトエアー S

ナショナル B

カイロ B

Anglo
P.213

R Abu Hagar P.220

サラーフッディーン・モスク
مسجد صلاح الدين

サラーフッディーン通り
شارع صلاح الدين

サラーフッディーン広場
ميدان صلاح الدين

Iberotel
Luxor
P.217

H Tutotel

Bob Marley House
P.214 Sherief

R Oasis

Grand H

Bob Merley H
Peace

Shady
P.216

C

Moon Valley H

H Atlas P.214

P.214 Happy Land H

アリー・ブン・アビー・ターレブ通り
شارع علي بن ابى طالب

Walid St.

テレビ塔
محطة تليفزيون

H Fontana

スーパー
S Omar Market
El-Takwin El-Mehary St.
شارع التكوين المهني

1

2

歩き方

　ルクソールはナイル川の東岸と西岸に分けられる。鉄道駅や安いホテルは東岸に、見どころの多くは西岸にある。

●**滞在拠点の東岸**　東岸ではカルナック神殿、ルクソール神殿が観光の中心となるが、ルクソール市街もスークを中心として、エジプトの暮らしに触れられる楽しい場所だ。

●**東岸はルクソール神殿を目印に**　東岸の中心地はルクソール神殿周辺。メインストリートはルクソール神殿前の広場から駅前にかけて延びるムハッタ通りMahatta St.。ここには安宿や軽食を出す店が軒を連ね、安宿や中級宿の客引きたちもたむろする。また、ルクソール神殿の東側には広場があり、その北東方面にスークが延びている。ここからカルナック神殿へはコルニーシュ通りを北へ3kmぐらい行く。ルクソール神殿の南側にあるウィンター・パレスの前には、みやげ物屋や旅行会社が集まっている。

●**市街南部**　ホテル・イベロテルのあるロータリーから南に延びるハーリド・ブン・ワリード通りKhalid Ibn Walid St.は、高級ホテルやレストランが並ぶにぎやかな通り。

●**東岸と西岸を結ぶ船と橋**　東岸と西岸はルクソール博物館近くに発着するローカルフェリーと、約9km南にあるルクソール橋で結ばれている。

●**見どころが多い西岸**　西岸は、テーベの人々の墓地として利用されてきた死者の都（ネクロポリス）であり、王家の谷をはじめ、貴族の墓など見どころが多い。また、サトウキビ栽培も盛んで、クルナ村などの集落もある。

●**交通手段を考えて西岸の観光プランを練る**　西岸の見どころはすべて回ると20〜30km移動することになり、マラソン選手でもない限り徒歩では無理。交通手段は自転車、ロバ、馬、バイク、マイクロバス、タクシーなどがある。

●**西岸の船着場〜チケット売り場**　ローカルフェリーで西岸に着いたら、マイクロバスに乗ってチケット売り場へ。売り場はメムノンの巨像からさらに西にあり、運賃は外国人旅行者なら5£Eが相場になっている。自転車ならローカルフェリーを降りたら真っすぐ延びているメインロードを行けば、15〜20分くらいで着く。売り場では各遺跡のチケットを購入できるが、王家の谷、ツタンカーメンの墓、王妃の谷、ハトシェプスト女王葬祭殿、貴族の墓の一部のチケットはそれぞれの遺跡の入口で購入する。

●**ホテルからのツアー**　経済的〜中級ホテルで申し込めるツアーは西岸の王家の谷、王妃の谷、ハトシェプスト女王葬祭殿、メムノンの巨像の4ヵ所を回るのが一般的。8:00頃出発で14:00帰着。英語ガイドが付くが、遺跡内では解説しないことが多い。

効率よく観光するならタクシー利用

■**パスポートオフィス**
Map P.195B4
6ヵ月までのビザの延長のほか、再入国、トリプル・エントリー・ビザの発給も可能。写真1枚とパスポートの顔写真のあるページ、入国ビザのページのコピーが必要。混み具合にもよるが、2日ほどで発給される。
☎(095)238 0885
🕐9:00〜14:00　休金
料6ヵ月2090£E

■**カイロ・パスとルクソール・パス**
カイロとルクソールの主要な見どころを網羅したパスが販売されている。多くの見どころを訪問予定であれば、お得になる場合もある（入場料、パス料金ともに頻繁に値上げされるので要確認）。パスがあればチケット購入の際、列に並ばなくてもよくなる。
スタンダード
料130US\$または120€
（学生70US\$または60€）
プレミアム
料250US\$または220€
（学生130US\$または120€）
※カイロ・パス（→P.137）を提示すれば半額。
●**含まれる見どころ**
スタンダード：セティ1世の墓、ネフェルタリの墓を除く、ルクソールのすべての見どころ
プレミアム：セティ1世の墓、ネフェルタリの墓を含む、ルクソールのすべての見どころ
●**有効期間**　5日間
●**必要書類**
・パスポート
・パスポートの写真ページのコピー
・写真1点（パスポートサイズ）
●**購入場所**
カルナック神殿、王家の谷
※2回目のパス購入時は書類の提出は不要

神殿風のルクソール駅

西岸行きのローカルフェリー乗り場

5つ星ホテルのタクシー料金表。空港まで150£E、カルナック神殿まで60£Eとあるように、町なかでひろうより高めに設定されているが、値段交渉せずに乗れるのはメリット

■レンタサイクル
西岸のチケット売り場の反対側や、ニュー・クルナ村にレンタサイクル店が何軒かある。東岸では一部の経済的ホテルでレンタルを行っている。料金は1日30£E～。

■ムハッタ通りの郵便局
Map P.196B2
住Mahatta St.
شارع المحطة
開8:00～18:00 休金

■ルクソールの観光案内所
●ルクソール駅内
Map P.196B2
TEL(095)237 0259
開8:00～20:00 休無休
●ルクソール空港内
地図外
TEL(095)232 4336
開8:00～20:00 休無休

■ターミナルから市の中心部へ■

●**空港** ルクソール空港は町の南東約7kmに位置している。空港から市内への公共交通機関はなく、タクシーで片道100～150£Eほど。ルクソールではライドシェア・アプリ（→P.462）のウーバー Uberは使えないが、同様のライドシェア・アプリ、カリームCareemは利用可能。

空港ゲート前の道路を左へ折れ、500mほど進んだ交差点からは、市街地北部にあるルクソール博物館近くのマイクロバス乗り場へ行くマイクロバスが頻発している。運賃は3£E。

●**鉄道駅** 駅前広場からカルナック神殿方面と、安宿の多いテレフィジョーン通り方面へのマイクロバスが頻発。2£E。

●**長距離バスターミナル** 長距離バスターミナルはルクソールの北東約8kmの所にある。スーパージェットやゴーバスといったバス会社のオフィスは鉄道駅前にもあり、オフィス前もしくはそのすぐ近くに発着する。

■市内の交通■

●**マイクロバス** 南北各2系統の4系統の路線があり、町の北側のカルナック神殿（行き先の通称はカルナック）か、北のマオガファ（マイクロバスターミナル、行き先の通称はマオガファ）のいずれかと、町の南側のテレフィジョーン通り（行き先の通称はマオガファ）か、ハーリド・ブン・ワリード通り（行き先の通称はアオメイヤ）のいずれかを結ぶ。運賃は5£E。

●**ローカルフェリー** 東岸と西岸を結ぶ足になるのがローカルフェリー。東岸の乗り場はルクソール博物館近くの河岸にある。24時間運航しており、昼間は20分おきと便利。運賃は片道10£E。自転車の持ち込みは無料。

●**プライベートボート** プライベートボートでも西岸に行けるが、運賃は片道20£E～。言い値は高く、自転車は別料金と、あまり利用価値はない。おまけに「今日はナイル川の水位が高いからローカルフェリーは欠航だ」とおかしなことを言ってきたりするので気を付けて。

●**観光馬車** 駅前や観光地の観光用馬車は、1時間で120£E程度が相場。途方もない金額を請求されたり、高額のバクシーシを要求されることがある。

●**レンタル自転車** 1日30£E～。ただし、タイヤ、サドル、ハンドル、チェーンなどをよく点検してから決めよう。26～27インチの男性用が多く、小さなサイズはあまりない。

■両替・郵便・電話・旅の情報収集■

●**銀行** 銀行はコルニーシュ通りに点在し、ほとんどの高級ホテル内にもある。ATMも多いのでクレジットカードでのキャッシングも可能。

●**郵便** 郵便局はムハッタ通りにある。

●**観光案内所** ルクソール駅内とルクソール空港内にある。

東岸の見どころ

教会やモスクも造られた
ルクソール神殿
マアバドゥ・イル・ウッソル
معبد الأقصر
世界遺産 **Luxor Temple** ━━━ **Map P.196B1**

ルクソールの中心部に建つ古代神殿

アムン大神殿の付属神殿として建立されたもの。カルナック神殿とは、スフィンクスが両脇に並ぶ参道によって結ばれている。第1塔門には2本のオベリスクが建っていたが、現在あるのは左側の1本だけ。右側のオベリスクはなんと、パリのコンコルド広場に建っているのだ（ヨーロッパ各地には、エジプト各地から持ち出されたオベリスクが建っている）。第1塔門の前には、ラムセス2世の1対の座像と2対の立像がある。第1塔門を入ると、ラムセス2世の中庭、列柱廊、アメンホテプ3世の中庭と続く。

神殿の中央部を壊して建てられているモスクは、アブー・イル・ハッガーグ・モスク。毎年ラマダーンの半月前に大きな祭りが行われる。舟やみこしも出る活気ある祭りだ。

まさに圧巻！
カルナック神殿
マアバドゥ・イル・カルナク
معبد الكرنك
世界遺産 **Karnak Temple** ━━━ **Map P.195A3**

カルナックにはいくつかの神殿があるが、そのなかでもアムン大神殿は、エジプトで最大規模の遺跡だ。

アムン神は、もともと小集落でしかなかったテーベの地方神だった。だが、中王国時代からテーベが発展するに従い、太陽神ラーと習合して国家の最高神となった。古王国時代には王自身が神であったが、新王国時代になると、ファラオはいわばアムン神の庇護のもとにある存在となった。そのため歴代のファラオはアムン神信仰の地に、神殿、オベリスク、神像などを寄進し、かくしてカルナックは巨大な建物群となったのである。

特に、その大きさに圧倒されるのが大列柱室。入口から、スフィンクス参道、第1塔門、第2塔門を経て奥へ行った所にある。立ち並ぶ列柱の上部をよく見ると、傘のように広がったものと、つぼみのような形のものとがある。中央通路沿いの12本は高さが23mとほかの柱より高く、外光があたるため

■ルクソール神殿
URLegymonuments.com
圏6:00～21:00（冬期～20:00）
体無休　圏400£E（学生200£E）
['24年秋以降500£E（学生250£E）]
━━MV※クレジットカード払いのみ

第1塔門とオベリスク

神殿上のアブー・イル・ハッガーグ・モスク

■スフィンクス参道
ルクソール神殿とカルナック神殿を結ぶ道は、スフィンクス参道Avenue of Sphinxesと呼ばれており、紀元前4世紀、ネクタネボ1世の時代に完成したもの。何世紀もの間、砂に埋もれていたが、1949年に発見され、2021年に一般公開された。両脇にスフィンクスを含む1000体を超える彫像が並んでいるが、かつてはもっと多くの像が並んでいたという。この参道を通るにはどちらかの神殿のチケットが必要。参道の途中にチケットオフィスがあり、そこからもう片方の神殿にアクセスすることもできる。

ルクソール神殿とカルナック神殿をつなぐスフィンクス参道

■カルナック神殿
市内北行きのマイクロバスの一部が、カルナック神殿のコルニーシュ通りに面した入口の横を通る
URLegymonuments.com
圏6:00～17:00　体無休
圏450£E（学生225£E）
['24年秋以降600£E（学生300£E）]
━━MV※クレジットカード払いのみ

●ムート神殿
圏120£E（学生60£E）
['24年秋以降200£E（学生100£E）]

199

削られたハトシェプスト女王のレリーフ

音と光のショー

に花が開くさまを表しているといわれている。なお第2塔門の前の巨像はラムセス2世だ。

大列柱室から正面に進むと、トトメス1世のオベリスク、ハトシェプスト女王のオベリスクを経て、トトメス3世の祝祭殿、大列柱室から右側に第7塔門、聖なる池へと続いている。

神殿内を歩いていると、警備のおじさんがやってきて、高い所に上って眺めを楽しまないかと聞きに来るかもしれない。場所は第8塔門やネクタネボ神殿なのだが、たいした眺めではないし、当然バクシーシも要求される。

また、入口から入ってすぐ左は野外博物館になっており、ムート神殿で発掘された像などが展示されている。

カルナック神殿では、毎夜音と光のショーが催され、昼間とは違う幻想的な神殿の様子を楽しめる。ショーは、入口付近、第2塔門前、大列柱室、第7塔門前、そして聖なる池へと、広大な神殿の中を光と音で案内しながら進む。音もかなり奥行き

カルナック神殿

（地図内ラベル）
聖なる池
モンツ大神殿
マアト神殿
トトメス1世神殿
プタハ神殿
ハトシェプスト礼拝堂
センウセルト1世礼拝堂
オシリス・ヘカジェト祠堂
野外博物館
アムン大神殿
スフィンクス参道
入口
アムン・ラー神至聖所
ラムセス3世神殿
タハルコ王神殿
ネクタネボ1世の門
観客席
聖なる池
音と光のショー
P.201
→アクエンアテン神殿へ
コンス神殿
セド祭殿
オペト神殿
スフィンクス参道
スフィンクス参道
0　100m
N
トトメス3世とハトシェプストの船着場
アムン神殿
コンス神殿
ムート神殿
聖なる池
ラムセス3世神殿
ムート大神殿
スフィンクス参道
ルクソール市街へ

聖なる池の近くにあるスカラベの周りを反時計回りで7周すると願いがかなうといわれている

ラムセス2世の戦勝レリーフ

旅行者が最初に目にする巨大な第2塔門は大規模な修復工事が進められている

のあるステレオで、なかなかの迫力だ。最後の聖なる池に設
置された席から見える満天の星空もすばらしく、忘れられな
い思い出となるに違いない。

■音と光のショー
TEL (095) 237 2241
URL soundandlight.show
料 20US$

音と光のショー 上演スケジュール

	19:00	20:00	21:00
月曜	-	英	英仏独 アラビア語
火曜	英仏独 アラビア語	英	英仏独 アラビア語
水曜	-	英	英仏独 アラビア語
木曜	-	英	英仏独 アラビア語
金曜	-	英	英仏独 アラビア語
土曜	英仏独 アラビア語	英	英仏独 アラビア語
日曜	-	英	英仏独 アラビア語

※ 2 回目以降のショーは、外国人
参加者が 5 人以下だと催行しない。
スケジュールは予告なく変更の可能
性がある。入口で各言語別の音声ガ
イドを借りることができる。

大列柱室の柱

第2塔門の前にあるラムセス2世の巨像

❶ ムート神礼拝堂
❷ アムン神礼拝堂
❸ コンス神礼拝堂
❹ セティ1世の戦勝レリーフ
❺ ラムセス2世の戦勝レリーフ
❻ セティ1世のレリーフ
❼ セド祭聖船のレリーフ
❽ トトメス1世のオベリスク
❾ ハトシェプスト女王のオベリスク
❿ ハトシェプスト女王の削られたレリーフ

カルナック アムン大神殿

■ルクソール博物館
URL egymonuments.com
圖9:00～13:00、17:00～22:00
最終入場は30分前
圉300£E（学生150£E）
['24年秋以降400£E（学生200£E）]
━MV※クレジットカード払いのみ
Ⓢ

ルクソール博物館のチケット売り場

照明に映える遺物
ルクソール博物館
Luxor Museum

ルクソールとその周辺にある数多くの遺跡から発掘された遺物が陳列されている。規模的には、カイロのエジプト考古学博物館には及ばないものの、秀逸なコレクションとわかりやすい展示は高く評価されており、エジプトでも屈指の博物館であることは間違いない。収蔵品は中王国時代やローマ帝国時代の品もあるが、圧倒的多数はテーベが全盛を誇った新王国時代のもの。ソベク神とアメンホテプ3世の方解石製の像や、ツタンカーメンの顔をしたスフィンクス像、彩色鮮やかなトトメス3世のレリーフ、第18王朝のファラオ、アフモーゼのミイラ、第19王朝のファラオ、ラムセス1世のミイラなど、博物館を代表する収蔵品は、いずれも新王国時代のものだ。

ルクソール博物館の入口

入口を入ってすぐ右側の特別展示室には、ルクソール神殿のアメンホテプ3世の中庭から1989年に発見された、24体の彫像が展示されている。

ラムセス6世像

おもに新王国時代の像が並ぶギャラリー

アメンホテプ3世の頭像。ルクソール西岸で発見された

1930年に発掘された破片と2002年に発掘された破片を組み合わせ修復されたラムセス3世像

トトメス3世の立像。カルナック神殿で発見された

アメンホテプ3世とワニの神ソベクの像

アクエンアテン王（アメンホテプ4世）の像。ほかにももう一体展示されている

セティ1世の玉座に座るアムン神（右）とその妻ムート（左）の彫像

入口横を入ってすぐ右折した所にある特別展示室

アテフ王冠をかぶったトトメス3世のレリーフ

特別展示室前にあるツタンカーメンの顔をしたスフィンクス像

アクエンアテン（アメンホテプ4世）によるアテン神殿壁画

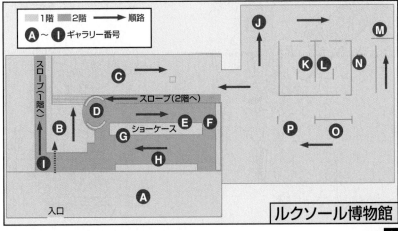

ルクソール博物館

古代エジプトの文化

古代エジプトには、高度な文化や独特の思想がたくさんあった。そのなかから、死生観を象徴するミイラ作りと文字を自在に使うことができるようになったパピルス作りを紹介しよう。

ミイラの作り方

古代エジプトでは人間はバー（魂）とカー（一般的に精神や人格のようなものとされている）、そして肉体で構成されると考えられていた。人が死ぬと、バーやカーは昼の間は天空を舞い、夜になると肉体へと戻る。戻るところがなくならないよう、永久に保存しようと考えてミイラは作られたのだ。

ミイラ作りが始まったのは古王国時代。試行錯誤を繰り返した後、新王国時代には、ミイラの作り方が確立したといわれている。人間はもちろん、犬や猫などさまざまな動物がミイラにされた。

バーは一般的に鳥のような外観で描かれる

①遺体の鼻の穴から鉤棒のようなものを入れ、脳みそを取り出す。

②死者の内臓を取り出す。

③取り出した内臓をソーダで洗う。

④内臓をカノポス箱に入れて保管する。カノポス箱は4個で1セット。箱の部分にはホルス神の子供たちがデザインされている。

⑤遺体をよく洗う。

⑥遺体を乾燥させる。乾燥の際、全身にソーダをまぶし、脱水処理を施した後、約40日間乾燥させる。

⑦乾燥が終わると、遺体が小さくしぼんでしまう。完成後の見栄えをよくするため、樹脂を染みこませた布などを使って詰め物をする。

⑧ていねいに包帯を巻く。

パピルスの作り方

パピルスは、葦を叩いて繊維をつぶし、1枚の紙のようにしたもの。古代エジプトの大発明品だ。

1. パピルスを用意する

独特の形をした穂先は太陽光線を表しているといわれている

4. 水に浸ける

薄茶色い汁が出て、へなへなになった芯は茶色く変色する

2. 皮をむき内側を薄く切る

三角のピラミッド型をしている茎の皮をむいて、白い芯を薄く切る

5. すきまなく縦横に並べる

麻布の上に1列にパピルスを並べ、その上に直角の方向に次のパピルスを1列に並べる

3. 麺棒でつぶす

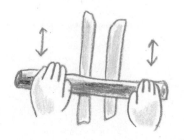

薄くそいだ芯をめん棒でころころと繊維をつぶすように伸ばす

6. 木槌または石などで叩く、踏む

上からも麻布をかけ、木槌などで叩くと、樹液が出て紙のようになる

写真:ファラオ村(→P.128)

■ミイラ博物館
圏9:00～14:00、17:00～21:00
囲200£E(学生100£E)
['24年秋以降220£E(学生110£E)]

■メムノンの巨像 圏見学自由

西岸のおもな見どころの料金

下記の遺跡群 圏6:00～17:00 ━MV
※クレジットカード払いのみ URLegymonuments.com

●王家の谷	600£E(学生300£E) [750£E(学生375£E)]

ツタンカーメン、セティ1世、ラムセス6世を除くどれでも3つの墓で1枚

●ツタンカーメンの墓	500£E(学生250£E) [700£E(学生350£E)]
●セティ1世の墓	1800£E[2000£E]
●ラムセス6世の墓	180£E(学生90£E) [220£E(学生110£E)]
●ハトシェプスト女王葬祭殿	360£E(学生180£E) [440£E(学生220£E)]
●貴族の墓 (パバサの墓)	100£E(学生50£E) [120£E(学生60£E)]
●貴族の墓 (アサシフの墓)	150£E(学生75£E) [200£E(学生100£E)]
●王妃の谷	180£E(学生90£E) [220£E(学生110£E)]
●ネフェルタリの墓	2000£E[2500£E]
●アイの墓	150£E(学生75£E) [200£E(学生100£E)]

西岸チケット売り場 Map P.194A1

圏6:00～17:00 ━MV ※クレジットカード払いのみ

●ラムセス3世葬祭殿	200£E(学生100£E) [220£E(学生110£E)]
●ラムセウム	180£E(学生90£E) [220£E(学生110£E)]
●貴族の墓 (ナクト、ミンナの墓共通)	150£E(学生75£E) [200£E(学生100£E)]
●貴族の墓 (レクミラ、センネフェルの墓共通)	100£E(学生50£E) [120£E(学生60£E)]
●貴族の墓 (ラモーゼ、ウセルヘト、カーエムヘトの墓共通)	150£E(学生75£E) [200£E(学生100£E)]
●デール・イル・マディーナ	200£E(学生100£E) [220£E(学生110£E)]
●貴族の墓 ホーハ地区 El-Khokhaにある3つの墓共通 (ネフェルレンペト、ネフェルセケル、トトメス)	100£E(学生50£E) [120£E(学生60£E)]
●セティ1世葬祭殿	150£E(学生75£E) [200£E(学生100£E)]
●貴族の墓 (コンス、ウセルヘト、ベニアの墓共通)	100£E(学生50£E) [120£E(学生60£E)]
●貴族の墓 (ロイ、シュロイ、アメネモペトの墓共通)	100£E(学生50£E) [120£E(学生60£E)]
●パシェドゥの墓	100£E(学生50£E) [120£E(学生60£E)]
●メルエンプタハ神殿	100£E(学生50£E) [120£E(学生60£E)]
●カーター・ハウス	200£E(学生100£E) [220£E(学生110£E)]
●イシス神殿	100£E(学生50£E) [120£E(学生60£E)]
●クルネット・ムライ	100£E(学生50£E) [120£E(学生60£E)]

◎原則として、墳墓内は携帯電話での撮影は無料。
フラッシュ撮影は不可。
[ ]内は'24年秋以降の料金

ミイラ作りの工程がわかる　マトゥハフ・イル・タフニート

ミイラ博物館

متحف التحنيط

Mummification Museum Map P.196A1

　ミイラに特化した博物館。ネコ、ワニ、トキ、ヒツジなど一風変わったミイラが数多く展示されているが、これらはいずれも神の化身と考えられていた動物たちだ。そのほかにもミイラ作りの際に用いられたメスなどの器具、ミイラ作りに欠かせない薬品なども展示されている。

═══════ 西岸の見どころ ═══════

巨大な1対の座像　ティムサール・メムノーン

メムノンの巨像

تمثال ممنون

世界遺産 **Colossi of Memnon** Map P.194A1

　ルクソール市街から西岸に渡ってまず目にするのがこの巨像。座像は新王国時代絶頂期の王アメンホテプ3世のもの。もともと座像の後ろには、彼の葬祭殿があったが、後の王たちが石材として使用し、完全に破壊された。プトレマイオス朝には、ギリシア神話の王メムノンのものとされ、現在の名が付いたという。ローマ時代に起きた地震によりヒビが入り、激しい温度差によるきしみ、または風によって「像が歌う」といわれ不思議がられていた。その後の補修工事により、今では静かになった。

メムノンの巨像

壮大で美しい女王の建築物
ハトシェプスト女王葬祭殿

イッデール・イル・バフリ
الدير البحري

世界遺産 **Deir el Bahri**　　　**Map P.194A1**

■ハトシェプスト女王葬祭殿
圓圉→P.206

プント交易のレリーフ

　エジプト初の女王ハトシェプストは、夫のトトメス2世の死後、まだ幼かったトトメス3世の摂政となったが、後に自らファラオとなった。通商に力を注ぎ、香料を求めてプント(現在のソマリア)と貿易していたことが、葬祭殿の壁画よりわかる。

ハトシェプスト女王の顔をしたオシリス神像

正面から眺めたハトシェプスト女王葬祭殿

ハトシェプスト女王葬祭殿

岩窟至聖所
至聖所
削られた女王のレリーフ
ハトホル女神礼拝所
列柱室
第3テラス
祭壇
アヌビス神の礼拝所
中庭への門
ハトシェプスト女王の顔をしたオシリス神列像
彩色壁画
第2柱廊
第2柱廊
プント交易のレリーフ
女王生誕のレリーフ
北の柱廊
牛の乳を飲む女王のレリーフ
第2テラス
オベリスク運搬のレリーフ
第1柱廊
第1柱廊
第1テラス
坂道
第1テラス
0　　　　50m

Information

大空から王家の谷を見下ろす気球ツアー

　ルクソールでは気球に乗って上空から西岸の遺跡を見下ろすツアーが人気。料金は高いが、鳥の視点で見下ろすルクソール西岸のパノラマは最高の思い出になる。
　ひとつだけ注意してほしいのが、気球そのものはバスケットに風船をつけて上空に浮かぶというだけの乗り物だということだ。上空は風が強く、**事故が発生したらどこへも逃げれない**。気球のキャプテンは緊急事態に備えて常に準備をしているが、上空から地上に落下したら無事では済まない。気球は危険がともなう乗り物だということをまずは頭に入れておこう。

　ホテルに迎えが来るのは4:30～6:00。飛行時間は30分～1時間で、着陸後に飛行証明書がもらえる。ホテルへの戻りは9:00頃。ツアーは要予約。各ホテルや旅行会社などで申し込みが可能。料金は季節によって変わるが、ひとり100US$前後。

ルクソール西岸に浮かぶ気球

■王家の谷
開料→P.206

王家の谷はいつも人でいっぱい

観光列車はビジターセンターから王家の谷入口の間を往復している

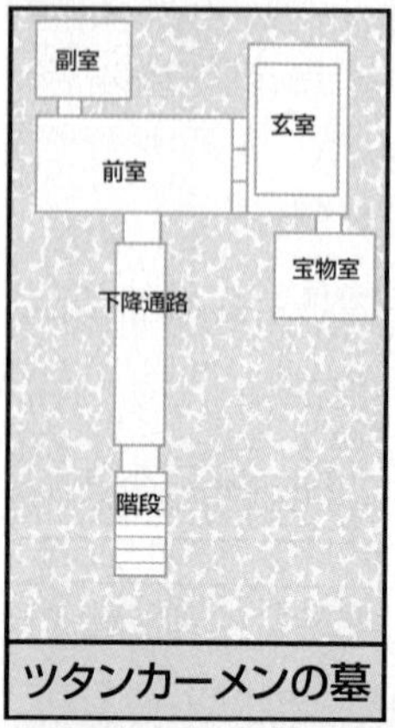
副室
玄室
前室
宝物室
下降通路
階段
ツタンカーメンの墓

新王国時代に造られた岩窟墓

王家の谷

ワーディ・イル・ムルーク
وادي الملوك

世界遺産 **Valley of the Kings** Map P.194A1

すべての墓は新王国時代に岩を掘って造られたもの。地表から階段を下りると、前室などを経て石棺の置いてある玄室へいたる。第18王朝の墓のプランは前室から玄室の間で直角に曲がるが、第19王朝以後は直線的なものが多い。全部で60を超える墓が発見されているが、現在公開されているのは、そのうちの十数ヵ所。次ページにおもな墓を挙げておくが、状態によって閉鎖されていることもある。入口の手前にビジターセンターがある。

死者の守り神であるネクベト女神が描かれたセティ2世の墓

ラムセス6世の墓。天井に描かれているのは女神ヌト

王家の谷で公開されているおもな墓

第19王朝	セティ1世※	Map P.209B2⓱	保存状態のよい、鮮やかで壮麗な壁画が残る。
第18王朝	ツタンカーメン※	Map P.209B1(62)	王のミイラは玄室に安置されている。玄室正面の壁にはオシリス神の形をしたツタンカーメンと後継者のアイ王が描かれている。
第19王朝	セティ2世	Map P.209C1 ⓯	美しい浮き彫りと色彩豊かな壁画。
第19王朝	メルエンプタハ	Map P.209B1 ❽	赤色花崗岩製石棺。
第19王朝	タウセルト王妃	Map P.209C1 ⓮	セティ2世の妻。
第20王朝	ラムセス1世	Map P.209B2 ⓰	美しい壁画。
第20王朝	ラムセス3世※	Map P.209B1 ⓫	王家の谷で最も長い墓。鮮やかなレリーフが特徴。
第20王朝	ラムセス4世※	Map P.209B2 ❷	巨大な石棺。
第20王朝	ラムセス5世と6世※	Map P.209B1 ❾	天井いっぱいに描かれたヌト女神の「夜の書」。
第20王朝	ラムセス9世※	Map P.209B2 ❻	ラムセス6世のものに似ているが、小型。

※公開されない日もある

王家の谷

↖㉓アイの墓へ

A

1 Rameses Ⅶ
2 Rameses Ⅳ
3 Son of Rameses Ⅲ
4 Rameses Ⅺ
5 Sons of RamesesⅡ
6 Rameses Ⅸ
7 Rameses Ⅱ
8 Merneptah
9 Rameses V & Ⅵ
10 Amenmeses
11 RamesesⅢ
12 *
13 Bay
14 Tawsert and Sethnakt
15 Seti Ⅱ
16 Rameses Ⅰ
17 Seti Ⅰ
18 Rameses Ⅹ
19 Mentuherkhepshef
20 Thutmose Ⅰ and Hatshepsut
21 *
22 AmenhotepⅢ(西の谷にある)
23 Ay(西の谷にある)
24-25 *(西の谷にある)
26-31 *
32 Tia'a

33 *
34 Thutmose Ⅲ
35 Amenhotep Ⅱ
36 Maiherperi
37 *
38 Thutmose Ⅰ
39 *Amenhotep Ⅰ
40-41 *
42 Hatshepsut-Meryet-Ra
43 Thutmose Ⅳ
44 *
45 Userhet
46 Yuya and Thuyu
47 Siptah
48 Amenemipet
49-53 *
54 Tutankhamun cache
55 * Tiye or Akhenaten
56 *
57 Horemheb
58-59 *
60 * Sit-Ra
61 *
62 Tutankhamun
Ⓐ *(西の谷にある)
Ⓕ *

＊未確定のもの

王家の谷
ビジターセンターへ

1 ラムセス7世

入口
(ツタンカーメンと
ラムセス6世のチケット売り場)
WC ●

2 ラムセス4世

休憩所 ●

3

46 イウヤとトゥヤ

4 ラムセス11世

B

メルエンプタハ 8

7

5

45

44

ツタンカーメン 62

6 ラムセス9世
55 スメンクカラー

ラムセス5世と6世 9

28
27

12

● 休憩所

アメンホテプ2世 35　ホルエムヘブ 57

58 56

50

51 52

48 49

ラムセス3世 11

10

ラムセス1世

16 17 セティ1世

21

53

18

36

54

61

29

13

47 シプタハ

60

14 タウセルト
王妃

40

20 トトメス1世とハトシェプスト女王

38

26

30

59

19

15 セティ2世

31

Ⓕ

C

32 37

42

33 34 トトメス3世

39

トトメス4世 43

1

2

■王妃の谷
開館→P.206
※ネフェルタリの墓は2024年3月から閉鎖している

アメンヘルケペシェフの墓のレリーフ

■デール・イル・マディーナ
開館→P.206

インヘルカウの墓

パシェドゥの墓のレリーフ

■クルネット・ムライ
開館→P.206

ネフェルタリの墓がある
王妃の谷

ワーディ・イル・マリカートゥ
وادي الملكات

世界遺産 Valley of the Queens　　　Map P.194A1

チケット売り場から西へ1.5kmほど上っていくと着く。最大の見どころであるネフェルタリの墓は、1日150人限定で、しかも見学時間は10分のみ。それでも見学希望者が絶えないのは、やはりそれだけ見応えがある証明ともいえ、数ある墳墓のなかでもその装飾性の高さは別格だ。

ネフェルタリの墓のレリーフ

ほかに開いているのはハトホル神殿、アメンヘルケペシェフ王子の墓（ラムセス3世の息子）とティティ王妃の墓。生後6ヵ月のえい児のミイラも公開されている。また、ラムセス3世の王子カーエムワセト2世の墓が見学可能。

イシス神とネフェルタリ

労働者の町
デール・イル・マディーナ

デール・イル・マディーナ
دير المدينة

世界遺産 Deir el Medina　　　Map P.194A1

チケット売り場から見える小高い丘の裏側にある。ここは、王家の谷を建設した労働者の町だった。丘の下に集合住宅の跡があり、丘の斜面に墓地がある。現在センネジェムの墓、インヘルカウの墓、パ

斜面に墓が並ぶデール・イル・マディーナ

シェドゥの墓（別料金）、デール・イル・マディーナ神殿がある。

3人の官僚の墓
クルネット・ムライ

ゴルナト・マレエイ
قرنة مرعي

世界遺産 Qurnet Murai　　　Map P.194A1

西岸のチケット売り場からもっとも近い場所にあり、新王国時代の官僚が埋葬されている墓所。アメネモネト、アメネムハブ、フイの3人の墓を見学することができる。アメネモネトとアメネムハブの墓は隣り合っているが、前者は第19王朝、後者は第20王朝と時期は異なっている。

ネフェルタリの墓

玄室

階段

前室　側室

階段

0　　4m

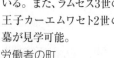

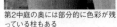

■ラムセス3世葬祭殿
開園→P.206

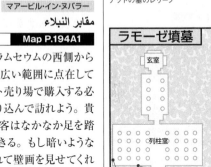

第2中庭の奥には部分的に色彩が残っている柱もある

ラムセス3世葬祭殿の凱旋門

ラムセス3世の勇姿を見よう　　　　　マアバドゥ・ハーブー

ラムセス3世葬祭殿

مدينة هابو

世界遺産 **Medinet Habu**　　　　　**Map P.194A1**

　凱旋門を入ると、正面が高さ22m、上部の幅63mの第1塔門。その奥は第1中庭、第2中庭、列柱室、至聖所へと続いている。第1塔門には敵を討つラムセス3世の姿や野牛狩りのレリーフ(塔門外壁南側)など勇ましい題材のレリーフが残る。第2中庭の奥には24本の列柱室があり、天井には部分的に見事な彩色のレリーフが残っている。紀元後に入ると、このあたりはコプト教徒の町になっていたことがわかっている。

■貴族の墓
開園→P.206

ナクトの墓のレリーフ

美しいレリーフ　　　　　　　　　マアービル・イン・ヌバラー

貴族の墓

مقابر النبلاء

世界遺産 **Tombs of Nobles**　　　　　**Map P.194A1**

　すばらしい壁画が残る貴族の墓は、ラムセウムの西側からハトシェプスト女王葬祭殿の北側までの広い範囲に点在している。チケットは墓ごとに事前にチケット売り場で購入する必要があるので、見たい壁画を選んで絞り込んで訪れよう。貴族の墓は、駆け足で回るツアーの観光客はなかなか足を踏み入れないので、比較的静かに鑑賞できる。もし暗いような ら番人が鏡2枚を巧みに使って光を入れて壁画を見せてくれ る。このときは少々バクシーシが必要だ。墓は小さいので、 ポケットライトがあると便利だ。通常公開されているおもな墓 は右下の表のとおり。

ラモーゼ墳墓

```
        玄室
       ┌─┐
       │○│
      ○ │○│ ○
      ○ │○│ ○
       └─┘
  ○ ○ ○ ○ ○ ○ ○
  ○ ○ ○ 列柱室 ○ ○
  ○ ○ ○ ○ ○ ○ ○
    │        │
  泣き女など   ラモーゼ夫妻と
  葬儀の様子が  供物の壁画
  描かれている
```

貴族の墓

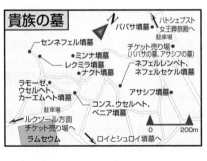

（ババサ墳墓、ハトシェプスト 女王葬祭殿へ）

センネフェル墳墓／ミンナ墳墓／レクミラ墳墓／ナクト墳墓／チケット売り場(ババサの墓、アサシフの墓)／駐車場／ネフェルレンペト、ネフェルセケル墳墓／ラモーゼ、ウセルヘト、カーエムヘト墳墓／駐車場／アサシフ墳墓／コンス、ウセルヘト、ベニア墳墓／ルクソール方面 チケット売り場へ／ラムセウム／ロイとシュロイ墳墓へ

0　　200m

公開されているおもな貴族の墓

ラモーゼ	アクエンアテンの宰相。泣き女の壁画。
ウセルヘト	アメンホテプ2世時代の書記。
カーエムヘト	アメンホテプ3世時代の書記。
レクミラ	トトメス3世、アメンホテプ2世の建設大臣。
センネフェル	アメンホテプ2世時代の軍人。
ナクト	トトメス4世時代の書記。宴会の図。
ミンナ	トトメス4世時代の土地検査官。収穫や徴税の様子の壁画。
ババサ	養蜂や川漁など生業の壁画。

■ラムセウム
開料→P.206

正面テラスの列柱レリーフ

■セティ1世葬祭殿
開料→P.206

彩色が残るレリーフ

■イシス神殿
開料→P.206

神殿の門は、遺跡の入口とは反対
側にあるので見逃さないように

■カーター・ハウス
開料→P.206

ハワード・カーターのオフィス

壮麗なレリーフ

マアバドゥ・イッラムスィユーム　معبد الرامسيوم

ラムセウム（ラムセス2世葬祭殿）

世界遺産 Ramesseum　　　　　　　　　　Map P.194A1

　建築王ラムセス2世のための葬祭殿。入口から直進すると第2中庭に出る。左側が第2塔門、第1中庭で、右側が列柱室。その入口に破損したラムセス2世のオシリス柱が4本並び、手前にラムセス2世座像の首がある。

ラムセス2世のオシリス柱

父子2代にわたり建設された　　マアバドゥ・イッスィーティー・イルアッウル

セティ1世葬祭殿
معبد سيتى الأول

世界遺産 Temple of Seti I　　　　　　　Map P.194A2

　古代エジプト新王国時代のセティ1世が建設を始め、息子ラムセス2世により完成した神殿。現在は至聖所部分しか残っていないが、セティ1世とラムセス2世のレリーフは傑作。王家の谷の見学後、帰る途中に見よう。

□ーマ五賢帝にゆかりがある　　　　デール・イッシャルウィート

イシス神殿
دير الشلويط

Isis Temple　　　　　　　　　　　　　Map P.194A1外

　ラムセス3世葬祭殿から南西に約4km行った所にあるローマ時代の遺跡。敷地内には神殿と門しか残っておらず、神殿自体も小さなものだが、内部の装飾は美しく、至聖所にはハドリアヌス帝が神々に捧げ物をしてい

イシス神殿の至聖所のレリーフ

るシーンなどがあり、見応えがある。神殿の門は崩れて消失している部分は多いが、全体がレリーフに覆われている。四皇帝内乱時代（68～70年）にローマ皇帝を名乗った4人のうち、ガルバ、オトー、ウェスパシアヌスの3人までが描かれており、歴史的な興味も尽きない。

20世紀を代表する考古学者の家　　　　ベート・カールテル

カーター・ハウス
بيت كارتر

Carter House　　　　　　　　　　　　Map P.194A2

　ツタンカーメンの墓を発掘したイギリス人考古学者ハワード・カーター Howard Carterが実際に使用していた家が博物館として公開されている。館内ではカーターのオフィスや寝室、暗室などが当時のまま再現されている。

HOTEL

日本からホテルへの電話
国際電話識別番号 010 ＋ 国番号 20 ＋ 市外局番の最初の 0 を取った掲載の電話番号

　ルクソールのホテル選びには注意が必要。駅に着くと客引きがやってくるからだ。また、近くの駅で乗車して車内客引きをするものもいる。客引きの提示した条件を鵜呑みにせず、実際に部屋を見せてもらって料金を確認しよう。ホテルの名刺を見せて、偽スタッフを装い、「満室だ」とか「同じ経営のホテル」と言って別のホテルに連れていく手口も横行している。目当てのホテルがあるなら実際にホテルに行くなどして自分で確かめるようにしたい。安宿は駅前からテレフィジョーン通りあたりに数多く点在している。中級ホテルはユーセフ・ハサン通り周辺とテレフィジョーン通りに多い。高級ホテルはナイル川沿いや町の南のハーリド・ブン・ワリード通りに並んでいる。西岸ツアーやレンタル自転車などの料金も宿選びの重要なポイントだ。

経済的なホテル

アングロ Anglo Hotel　　　　経済的　Map P.196C2

 فندق انجلو フンドゥク・アングロ

📍Muhatta Sq.
ميدان المحطة
📞(095)238 2133
🛏️🅰️Ⓒ📶🔁💲180£E
🛏️🅰️Ⓒ📶🔁💲300£E
💳US$ € £E
💳不可

　駅を背にして左側の道沿いにある全22室の1つ星ホテル。トリプル（350£E）にはバスタブもある。キッチンを使用することも可能。レセプションではステラビールを販売している。
📶全館

スウィート・ホステル Sweet Hostel　　　　経済的　Map P.196B2

نزل سويت ナザル・スウィート

📍El-Madrasa El-Miri St.
شارع المدرسة الميري
📞(095)228 8958
📧neweverestluxor@gmail.com
🛏️🅰️Ⓒ📶🔁💲700£E〜
🛏️🅰️Ⓒ📶🔁💲800£E〜
💳£E
💳不可

　New Everest Hostelは旧名称。部屋は周辺の経済的な宿のなかではきれいなほうで、テレビや冷蔵庫も設置されている。ドミトリーは450£E〜。レンタサイクルは1日50£E。
📶全館

Information

ハワード・カーター

　ハワード・カーター Howard Carterはツタンカメンの墓を発掘した考古学者としてよく知られている。

　画家の子としてロンドンで生まれたカーターは1891年、遺跡発掘のスケッチ担当という職を得て初めてエジプトに派遣される。その後は考古学者に転身し、1916年に英国貴族カナーヴォン卿がツタンカーメン発掘のスポンサーとなる。そして、王家の谷の発掘を行うが思うような成果が上げられなかった。カナーヴォン卿は発掘を打ち切ろうと考えていたが、カーターの熱意に押され、発掘を継続させることとなる。

　カーターは1922年11月4日に王家の谷でツタンカーメンの墓を発見。墓は王墓としては珍しく、3000年以上の年月を経ても盗掘の影響をあまり受けておらず、棺の上には乾いた矢車草の花束も置かれていた。その花束は王妃アンケセナーメンによるものといわれ、後にカーターはインタビューにて最も心を打たれた出来事として語っている。

左がハワード・カーター

イッサラーム El Salam

経済的　Map P.196B2

فندق السلام フンドゥク・イッサラーム

East bank, 85951
شارع نفرتيتي
010 0365 3144
mmdowh2002@hotmail.com
150£E
130£E
2£E
不可

駅を背にしてムハッタ通りを進んだ右側にある。客室の設備は最低限だが、トイレは水洗式。ルーフトップにあるレストランではエジプト料理のほか親子丼などの日本料理も提供される。
部屋によっては通じない

ハッピー・ランド Happy Land Hotel

経済的　Map P.196C1

فندق هابي لاند フンドゥク・ハピ・ランド

El-Qamar St.
شارع القمر
010 0678 4403
happylandluxorhotel@gmail.com
8US$
12US$
16US$
US$ £E
M V

イル・マディーナ通りを南西へ下り、右へ曲がった所にある。清潔な部屋と明朗会計が自慢で、バックパッカーに人気が高い。ドミトリーは4人部屋で男女別。各部屋には冷蔵庫、蚊取りマット、トイレットペーパーなどが完備されている。屋上にはレストランとジャクージが完備されている。西岸ツアーはひとり10US$、東岸ツアーはひとり10US$（各遺跡の入場料は含まれない）。　全館

ボブ・マーリー・ハウス・シェリフ Bob Marley House Sherief Hotel

経済的　Map P.196C1

فندق بوب مارلي هاوس شريف フンドゥク・ボブ・マーリー・ハウス・シェリフ

Badr Street Off Television St.
شارع بدر
010 0441 6536
mariasherifluxor@gmail.com
7US$
14US$
17US$
US$ € £E
M V

駅から徒歩10分の住宅街に位置する。外国人の利用者が多く年齢層も若い。割安のツアー手配や有料レンタサイクルも扱っているほか、24時間いつでも軽食を食べられるサービスも。
全室

アトラス Atlas Hotel

経済的　Map P.196C2

فندق اطلس フンドゥク・アトゥラス

Ahmad Orabi St. Nozha St.
شارع أحمد عرابى شارع النزهة
TEL(095)227 3514
100£E
150£E
200£E
300£E
2£E
不可

住宅街の中にあり、途中に看板が出ている。全40室。ロビーは広々としているが、部屋はシンプルでバスルームもやや古い。ツアーの手配はしていないが相談にはのってもらえる。
なし

小規模な中級ホテル

ヴィーナス Venus Hotel

中級　Map P.196B2

فندق فينوس フンドゥク・ヴィヌース

Yousuf Hasan St.
شارع يوسف حسن
TEL(095)237 2625
venushotelluxor@hotmail.com
40US$〜
50US$〜
US$ £E
M V

スークの近くにあるホテル。2022年7月にリノベーションを行った。バルーンツアーが35US$と相場よりお得。キッチンや洗濯機の利用も可。日本人の奥様がいるオーナーのハッサンさんは日本語が通じる。　全館

ウィンザー　Windsor Hotel

中級　Map P.196A2

فندق ويندسو フンドゥク・ウィンドソール

🏠Nefertiti St.
شارع نفرتيتي
📱012 8814 3143
🌐windsorhotelluxor.traveleto.com
📧windsor@click.com.eg
🛏A/C🔲📺🚿📶310£E
👫A/C🔲📺🚿📶470£E
💳US$ € £E
🍴不可

　ルクソール博物館から徒歩5分のところにある3つ星ホテル。アラブ諸国やエジプト国内の利用者が多い。設備自体は少し古いが、清掃が行き届いており、快適に滞在できる。全室テレビ、冷蔵庫付き。
📶レセプション周辺

ネフェルティティ　Nefertiti Hotel

中級　Map P.196B2

فندق نفرتيتي フンドゥク・ネフェルティティ

🏠El-Sahaby St.
شارع الصحابي
📞(095)237 2386
🌐www.nefertitihotel.com
📧booking@nefertiti.com
🛏A/C🔲📺🚿📶30〜40US$
👫A/C🔲📺🚿📶40〜55US$
💳US$ € £E
🍴MV

　スークのすぐそばにある、全30室の小規模なホテル。外国人旅行者に人気が高い。朝食バイキングで利用する屋上のテラスからの眺めも自慢。事前に連絡しておけばルクソール駅には無料、ルクソール空港には15US$で、迎えに来てくれる。ツアーデスクもあり、気球ツアーや西岸ツアーなども扱っている。
📶全館

3つ星スタンダードクラスの中級ホテル

ガッディス　Gaddis Hotel

中級　Map P.195B4

فندق قديس フンドゥク・ガディース

🏠Khalid Ibn El-Walid St.
شارع خالد بن الوليد
📞(095)238 2838
📱012 2210 5456
📧ehabgaddis@yahoo.com
🛏A/C🔲📺🚿📶30〜40US$
👫A/C🔲📺🚿📶60〜70US$
💳US$ € £E
🍴MV

　ハーリド・ブン・ワリード通りの南側、イシスホテルの向かい側にある。全58室の3つ星ホテルで、プールとバーのある中庭を客室が囲む造り。エレベーターの装飾がエジプトらしくて楽しい。レストランも併設している。
📶レセプション、レストランなど

ロイヤル・ハウス　Royal House Hotel

中級　Map P.195B4

فندق رويال هاوس フンドゥク・ローヤル・ハウス

🏠20 Muhammad Farid St.
٢٠ شارع محمد فريد
📞(095)228 0077
📧royalhousehotel@gmail.com
🛏A/C🔲📺🚿📶30〜40US$
👫A/C🔲📺🚿📶40〜50US$
💳£E 🍴AMV

　市街南部のイル・マディーナ通りの近くにある。市内の中級ホテルのなかでは比較的新しく、タイル張りの客室は比較的広め。周辺にはレストランも多い。
📶全室

Information

貴重品の管理に気を付けよう

　ルクソールの経済的な宿からは、しばしば現金や貴重品の盗難に遭ったという報告が寄せられている。貴重品の管理には充分注意し、最新の情報を収集して自己防衛を心がけよう。値段の安い宿に泊まっても、貴重品を盗られてかえっ

て高くつくことになる。また、比較的高級とされているホテルでも、部屋の中にあった財布がなくなるといった事例報告もある。セーフティボックスを活用するなど、貴重品の管理には充分注意しよう。

セント・ジョセフ St. Joseph　中級　Map P.195B4

فندق جوزيف フンドゥク・ジョーズィーフ

🏠Khalid Ibn El-Walid St.
شارع خالد بن الوليد
☎(095)238 1707
📧stjosephhotel@yahoo.com
🛏🆎❄💵📺□30US$〜
🛏🛏🆎❄💵📺□40US$〜
💳US$ € £E
━M V

ハーリド・ブン・ワリード通りにある。周辺の中級ホテルに比べると豪華さはないが、客室はすべて冷蔵庫とセーフティーボックス、薄型テレビが完備されている。朝食は別途50 £E。
📶全館

スザンナ Susanna Hotel　中級　Map P.194B2

فندق سوسنا フンドゥク・スーサナー

🏠Karnak Temple St.
شارع معبد الكرنك
☎(095)225 6912
📱011 4134 9487
📧susannahotelluxor@hotmail.com
🛏🆎❄💵📺□20〜35US$
🛏🛏🆎❄💵📺□25〜40US$
💳US$ € £E
━M V

ルクソールの中級ホテルのなかでは比較的新しいホテルで、客室は落ち着いた雰囲気。客室数は全45室で、ほとんどの部屋がバスタブ付き。朝食をとるレストランからは、ルクソール神殿を間近に見下ろすことができる。屋上には小さなプールもある。
📶全室

シャディー Shady Hotel　中級　Map P.196C1

فندق شادي フンドゥク・シャディー

🏠Television St.
شارع التليفزيون
☎(095)238 7611
🌐shady-hotel.business.site
📧hotelshady@gmail.com
🛏🆎❄💵📺□22〜35US$
🛏🛏🆎❄💵📺□30〜45US$
💳US$ € £E
━M V

テレフィジョーン通りにあるホテル。建物の古さは否めないが、客室数はおよそ50部屋あり、全室バスタブ付き。定員4名のファミリールームもある。24時間営業のレストランが1階にあり、深夜にチェックインしたとき重宝する。
📶全室

フィリップ Philippe Hotel　中級　Map P.196A2

فندق فيليب フンドゥク・フィリブ

🏠Dr. Labib Habashy St.
شارع دكتر لبيب حباشي
☎(095)237 2284
🌐www.philippeluxorhotel.com
📧info@philippeluxorhotel.com
🛏🆎❄💵📺□30〜35US$
🛏🛏🆎❄💵📺□35〜40US$
💳US$ € £E
━不可

欧米のツアー客に人気が高く、1階にはみやげ物店とレストランがある。施設、内装ともにとてもきれい。ナイルビューの部屋もある。屋上には小さなプールやバーもあり、冷蔵庫、衛星放送が映るテレビも完備。
📶レセプション周辺

エミリオ Emilio Hotel　中級　Map P.196A2

فندق اميليو フンドゥク・エミーリオ

🏠Yousuf Hasan St.
شارع يوسف حسن
☎(095)237 6666
🌐www.emiliotravel.com
📧emilio_hotel@yahoo.com
🛏🆎❄💵📺□40US$
🛏🛏🆎❄💵📺□55US$
💳US$ € £E
━A D M V

中級ホテルとしてはこのエリアでは最も豪華で、充実した設備が自慢。1階はレストランとカフェになっている。屋上のプールからのルクソール神殿の眺めは圧巻。部屋には衛星放送が映るテレビ、冷蔵庫などを完備。全101室。
📶全室

ナイル川沿いの高級ホテル

ソネスタ・セント・ジョージ Sonesta St. George

高級　Map P.195B4

فندوق سونستا سان جورج フンドゥク・ソネスタ・サーン・ジョルジュ

🏠Kornish St.
شارع الكورنيش
☎(095)238 2575
URLwww.sonesta.com
Mailreservation@sonestaluxor.com
🛏A/C🔲🔃📺🏊90～150US$
🛏🛏A/C🔲🔃📺🏊110～180US$
💱US$ € £E
💳AMV

　ハーリド・ブン・ワリード通りのなかほどにある大型ホテル。部屋からの眺めもよく、バスルームも機能的。鉄板焼きレストラン「ミヤコ」（→P.222）も併設。スイミングプールやジャクージなど、ホテル内の設備も充実している。
📶全館

イベロテル・ルクソール Iberotel Luxor

高級　Map P.196C1

ايبيروتيل ايل الأقصر イベロテル・イル・オッソル

🏠Khalid Ibn El-Walid St.
شارع خالد بن الوليد
☎(095)238 0925
URLwww.jazhotels.com
Mailreservation.luxor@jazhotels.com
🛏A/C🔲🔃📺🏊75～93US$
🛏🛏A/C🔲🔃📺🏊100～124US$
💱US$ €
💳ADMV

　町の中心部に徒歩圏で便利な立地にある大型ホテル。広い庭やスイミングプール、ふたつのレストラン、スパセンターなどが完備されている。客室は機能的でモダンな造り。左は公式料金で、時期によってはずっと安く泊まることができる。
📶全館

ロタス Lotus Hotel Luxor

中級　Map P.195B4

فندق لوتس ال الأقصر フンドゥク・ロートゥス・イル・ロッソル

🏠Khalid Ibn El-Walid St.
شارع خالد بن الوليد
☎(095)237 6215
Mailfo_lotusluxorhotel@hotmail.com
🛏A/C🔲🔃📺🏊50US$～
🛏🛏A/C🔲🔃📺🏊60US$～
💱US$ € £E
💳不可

　ソネスタ・セント・ジョージとシュタイゲンベルガー・ナイル・パレスの間にあるホテル。周辺のホテルに比べ格式はやや劣るものの、その分手頃な価格で宿泊できる。建物全体が吹き抜けとなっており、ナイルビューの客室もある。
📶レセプション周辺

アラカン AraCan Eatabe

高級　Map P.196A2

ارابان ايتاب アラカン・イータブ

　ナイル川に面し、周辺のランドマーク的存在。ナイルビューの部屋はやや料金が高いが、眺めはさすが。ルクソール神殿やルクソール博物館にも近いので観光にも便利。建物を囲むように庭やスイミングプールがある。📶全館

🏠Kornish St. شارع الكورنيش
📱010 0160 1398
URLaracan.ca
Mailrese.eatabe@
aracanhotelsandresorts.com
🛏A/C🔲🔃📺🏊70US$～
🛏🛏A/C🔲🔃📺🏊80US$～
💱US$ € £E
💳ADMV

217

イシス Pyramisa Isis Luxor
高級 Map P.195B4

فندق بيراميزا إيزيس フンドゥク・ピラミザ・イーズィース

住 Khalid Ibn El-Walid St.
شارع خالد بن الوليد
TEL (095)237 0100
URL pyramisahotels.com
♦A/C🖥📺☎60〜80US$
♦♦A/C🖥📺☎80〜120US$
💳US$ € £E
—MV

ピラミサグループが経営する全480室の大型ホテル。大半の部屋がすばらしいナイルビューで、ナイル川に面した庭も広くて開放感がある。レストランはメインのレストランのほか、中国、イタリアなどバラエティ豊かに揃うので飽きることもない。
🛜レセプション周辺、レストランなどの公共エリア

ヒルトン Hilton Luxor Resort &Spa
最高級 Map P.195A3

هيلتون الأقصر ヒルトン・イル・オッソル

住 Kornish St.
شارع الكورنيش
TEL (095)237 6371
📱 010 0600 1270
日本の予約先 TEL (03)6864-1633
URL www.hilton.com
♦A/C🖥📺☎130US$
♦♦A/C🖥📺☎190US$
💳US$ € £E
—AMV

カルナック神殿近くのナイル川沿いにある大型リゾートホテル。建物全体がモダンな雰囲気に包まれており、敷地内にはインド料理、アジア料理、地中海料理の3つのレストランがある。スパを併設しており、宿泊客は無料で利用することができる。エントランス前にタクシーが待機しており、中心部まではタクシーですぐで、空港と結ぶシャトルバスもある。　🛜全館

シュタイゲンベルガー・ナイル・パレス Steigenberger Nile Palace
最高級 Map P.195B4

شتيجنبرجر نايل بالاس シュタイゲンベルゲル・ナーイル・パラス

住 Khalid Ibn El-Walid St.
شارع خالد بن الوليد
TEL (095)236 6999
URL www.hrewards.com
♦A/C🖥📺☎95〜115US$(中庭)
♦A/C🖥📺☎150〜160US$(ナイルビュー)
♦♦A/C🖥📺☎115〜135US$(中庭)
♦♦A/C🖥📺☎170〜180US$(ナイルビュー)
💳US$ € £E
—AMV

パティオ風の中庭を囲むように、南欧リゾート風の客室棟がある、リゾート感あふれる造り。全304室の約半分の140室がナイルビュー。ナイル川を望むプールも心地よい。タイ料理、イタリア料理などレストランも多い。毎日19:30より、中庭で民俗舞踊のショーが行われている。　🛜全館

ウィンター・パレス Winter Palace Hotel
最高級 Map P.196B1

فندق ونتر بالاس الأقصر フンドゥク・ウィンテル・バーラース・イル・オッソル

約140年の歴史をもち、カイロのメナ・ハウス、アスワンのカタラクト・ホテルと並ぶエジプト3大老舗ホテルのひとつ。ヨーロッパの宮殿を彷彿させるクラシカルな内装がすばらしい。併設された「1886」は、とても格式のあるフランス料理店として有名だ(要予約でドレスコードはスマートカジュアル)。　🛜全館

住 Kornish St. شارع الكورنيش
TEL (095)238 0422　日本の予約先 TEL (03)4455-6404
URL all.accor.com
Mail h1661@sofitel.com
♦A/C🖥📺☎135US$〜　♦♦A/C🖥📺☎160US$〜
💳US$ € £E　—DMV

シュタイゲンベルガー・アシュティ Steigenberger Achti　**最高級**　Map P.194B2

شتايجنبرجر اشتي　シュタイゲンベルゲル・アシュティ

🏠Khalid Ibn El-Walid St.
شارع خالد بن الوليد
☎(095)227 4544
URLwww.hrewards.com
Mailinfo.achti@steigenberger.com
👤A/C🛁📺📶🍴🚗93US$(中庭)
👤A/C🛁📺📶🍴🚗113US$(ナイルビュー)
👥A/C🛁📺📶🍴🚗120US$(中庭)
👥A/C🛁📺📶🍴🚗140US$(ナイルビュー)
💳US$ € £E
💳AMV

かつてシェラトン・ホテルがあった場所に2019年末にオープンした5つ星ホテル。全281の客室は真新しくて、広々としている。館内にはふたつのプールがあり、そのうちのひとつは温水になっている。レストランはメインのほかにイタリアン・レストランもあるなど、リゾート滞在にぴったり。
📶全館

ナイル川西岸のホテル

ナイル・ウインド Nile Wind　**中級**　Map P.194B2

فندق نايل ويند　フンドゥク・ナイル・ウィンド

🏠West Bank
البر الغربي
📱010 0586 6816
URLnilewind.eyado.net
Mailnilewind2017@gmail.com
👤👥A/C🛁📺📶🚗40US$
💳US$ € £E
💳不可

古代エジプトに憧れて何度もエジプトに通い詰め、最終的にこの地に移住した日本人女性が、ファルーカのキャプテンを務めるエジプト人の旦那さんと営む宿。客室は1部屋のみだが広々としており、寝室がふたつ、キッチン、テラスまである。ファルーカや田舎体験ツアーのアレンジもしてくれる。　📶全館

ファラオズ Pharaohs Hotel　**中級**　Map P.194A1

فندق الفراعنة　フンドゥク・イル・ファラーアナ

🏠West Bank　البر الغربي
📱010 0613 1436
👤A/C🛁📺🚗30US$
👤👥A/C🛁📺📶🚗45〜55US$
💳US$ € £E
💳不可

西岸のチケット売り場とラムセス3世葬祭殿の間にあり、西岸観光には抜群の立地。全30室。レストランも併設されている。
📶全館

アメノフィス Amenophis Hotel　**中級**　Map P.194A1

فندق امنوفيس　フンドゥク・アメノフィス

🏠Medinat Habu, West Bank
مدينة هابو, البر الغربي
📱012 2212 3719
Mailinfo@amenophishotel.com
👤👥A/C🛁📺📶🚗35US$
💳US$ ₤F
💳不可

ラムセス3世葬祭殿から徒歩約3分。ホテルの前は用水路になっており、のどかな風景が広がる。3階建ての建物で、全室バルコニー付き。屋上のレストランからは西岸の田園風景を眺めながら食事ができる。自転車レンタルも可。
📶全館

ナイル・バレー Nile Valley Hotel　**中級**　Map P.194B2

فندق وادي النبل　フンドゥク・ワーディ・インニール

🏠West Bank　البر الغربي
☎(095)231 1477
📱010 9900 7707
URLwww.nilevalley.nl
Mailnilevalleyluxor@gmail.com
👤A/C🛁📺📶🚗35〜40US$
👤👥A/C🛁📺📶🚗40〜55US$
💳US$ € £E
💳MV

オランダ人がオーナーの中級ホテルで、西岸のフェリー乗り場のすぐそばにある好立地。客室にはテレビ、冷蔵庫、ケトルなどを備え、レストランや小さいながらもプールもあるなど、充実した設備を誇る。自転車のレンタルも可能。
📶全館

RESTAURANT

　観光客向けの店が多いので、レストランを探すのは難しくない。ムハッタ通りやマンシェーヤ通りにはコシャリ屋や安い定食を出す店がある。テレフィジヨーン通り、ハーリド・ブン・ワリード通りには観光客向けの店が多い。ルクソール神殿周辺には西岸の眺めを楽しめる雰囲気のいいレストランもある。特にルクソール名物といったものはないが、世界中の料理が楽しめる。

アル・サハビー・レーン Al Sahaby Lane
庶民的　エジプト料理

マトゥアム・ハーラト・イッサハービー مطعم حارة الصحابي

Map P.196B2

- El-Sahaby St.
  شارع الصحابي
- (095)225 6086
- 11:00～23:00
- 無休
- US$ € £E
- M V

　ネフェルティティ・ホテルにあるレストラン。ルクソール神殿とナイル川を見渡せるテラス席でエジプト料理が楽しめる。前菜の盛り合わせ130£E、メインはシシ・タウーク（写真）など130～280£Eで、ライスもしくはフレンチフライを選べる。ラクダ肉を使用したハンバーグやターゲン料理もある。

アブー・ハージャル Abu Hagar
庶民的　エジプト料理

マトゥアム・アブー・ハージャル مطعم ابو هاجر

Map P.196C2

- El-Mansheya
  المنشية
- 010 0052 5603
- 24時間
- 無休
- US$ € £E
- 不可

　駅前からマンシェーヤ通りを進み、ムハンマド・ファリード通りとの交差点を越えた左側。大きな看板で見つけやすく、気軽に入れる雰囲気。2階席もあり、エアコン付きで快適。カバーブ75£E～、ハト料理90£Eなど。スタッフも気さくに接してくれる。

オンム・ハーシム Om Hashem
庶民的　エジプト料理

マトゥアム・オンム・ハーシム مطعم أم هاشم

Map P.196A2

- Yousuf Hasan St.
  شارع يوسف حسن
- (095)236 8606
- 24時間
- 無休
- £E
- 不可

　ルクソール神殿の北側のスーク近くにある大人気のカバーブ店。赤色の看板と、店頭で勢いよく焼いているカバーブから出る煙が目印。店員のおすすめは炭火焼きのコフタ300£Eで、カバーブ300£Eやターゲン100～200£Eも人気がある。近くに同じ店名だが別経営の店あり。

ジャンボリー Jamboree
中級　エジプト料理

マトゥアム・ジャーンボリー مطعم جامبورى

Map P.196B2

- Old Souq St.
  شارع السوق القديمة
- 010 9441 5523
- 9:00～22:00
- 無休
- US$ € £E
- 不可

　ルクソール神殿の北側のスークにあるレストラン。レストランは建物の2階にあり、エアコンも効いている。メニューはシーフードからヨーロッパ料理まで幅広く、フィッシュ・ターゲン210£Eなどのターゲン210～240£Eが人気。シャクシューカは具も選べて210£E。スークのにぎわいを見下ろしながら食べることができるテラス席もある。

アイシャ Aisha
中級 ♀　エジプト料理

マトゥアム・アーイシャ مطعم عائشه

Map P.195B4

- El-Rodat El-Sharifa St.
  شارع الروضة الشريفة
- 010 0796 7391
- 12:00～23:00
- 無休
- £E
- M V

　清潔で居心地のよい店内で、本格的エジプト料理が堪能できる。コフタ250£E、シャワルマ235～250£E、ターゲン250～350£Eといった伝統的エジプト料理のメインはすべてライスとサラダ付き。そのほか、ステーキ300£E～やカレー275£E、ピザ、パスタといったメニューもある。

ナイル・ビュー Nile View

中級　バラエティ

Map P.194B2

マトゥアム・インニール・フュー　مطعم النيل فيو

West Bank البر الغربي
010 9733 3357
8:00〜翌1:00
休無休
US$ € £E
MV

西岸のフェリー乗り場からナイル川沿いに南へ進んでいくとある。店内のほかにもナイル川のほとりにもテーブルが置かれている。料理はエジプト料理が中心で、シャワルマやムサカ、ターゲンなど。メインは70〜120£E。サンドイッチ20〜35£Eやオムレツ30£Eといった軽食もある。素材にもこだわっており、野菜はオーナーのムハンマドさん（写真）一家が栽培し、魚は地元の漁師から仕入れている。季節限定ではあるがマンゴーのフレッシュジュースはムハンマドさんのおすすめ。

マクドナルド McDonald's

中級　ファストフード

Map P.194B1

マクドナルズ　ماكدونالدز

Karnak Temple St.
شارع معبد الكرنك
TEL(095) 237 4913
7:00〜翌1:00
休無休
US$ € £E
MV

ルクソール神殿の前にあり、2階や3階なら、すばらしい景色を眺めながら食事ができる。日本と同じ定番メニューのほかにも、マック・ファラフェルなどエジプト限定メニューもあるので、ぜひ試してみたい。モーニングメニューも用意している。最近マックカフェが店内にできたためアイスラテやスムージーも注文できる。

ルクソール・ファラフェル Luxor Falafel Restaurant

庶民的　ファストフード

Map P.194B2

マトゥアム・ファラフェル・イル・オッスル　مطعم فلافل الأقصر

Karnak Temple St.
شارع معبد الكرنك
TELなし
24時間
休無休
£E
不可

持ち帰り専門のターメイヤサンド屋。スークの入り口近くにあり、いつ行っても地元の人でにぎわっている。この店の自慢はアエーシにターメイヤや揚げナス、サラダが入ったサンド。ひとつわずか5£Eという価格も魅力的で、3〜4つ買えば昼食にも十分。ルクソール神殿前の広場にあるベンチで頬張ろう。

昼夜問わず人気のターメイヤサンド専門店です。お店のお兄さんたちは英語があまり通じませんでしたが、注文できました。小腹がすいた時にピッタリです！（埼玉県　ひよこ豆　'22年6月）

オアシス・パレス Oasis Palace

中級 ♀　バラエティ

Map P.196A2

マトゥアム・アスル・イル・ワーハ　مطعم قصر الواحة

Labib Habachy St.
شارع لبيب حبشي
012 7941 6951
10:00〜22:00
休無休
US$ € £E
MV

歴史的な建物を利用した町の北にあるレストラン。料理はターゲン160〜225£Eやシャワルマ235〜255£Eといった定番のエジプト料理はもちろん、オーガニックミートを使ったグリル、チリコンカン235£Eやカレー235〜255£Eなどバラエティに富んだ料理が楽しめる。スコーンやケーキなどのスイーツも用意しているのでカフェとしても利用できる。

テイスト・オブ・インディア Taste of India

中級 ♀　インド料理

Map P.195B4

マトゥアム・イル・マザーク・イル・ヒンディー　مطعم المذاق الهندي

St Joseph St.
شارع سانت يوسف
010 2018 4642
tasteofindia@yahoo.com
11:00〜22:00
休無休
US$ € £E
不可

セント・ジョセフ・ホテルがある通りにあるインド料理レストラン。ルクソールにはカレーを出す店が比較的多くあるが、ここはカレーの名のつくメニューはなく、コルマやマサラ、バルティ、マドラス、ビルヤーニーなどの本格的なインド料理が楽しめる。タンドーリ・チキンやチキン・ティッカなどもある。メインは120〜200£E。

221

ピッツァ・ローマ・ドット・イット Pizza Roma.it

Map P.195B4

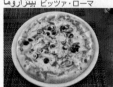

بيتزا روما ピッツァ・ローマ

📍St Joseph St.
شارع سانت يوسف
☎011 1879 9559
🕐12:00～24:00
🚫無休
💳US$ € £E
💳MV

オーナーはイタリア在住経験があり、奥さんはイタリア人。エジプトで食べるピザは、生地がフワフワなタイプが多いが、ここでは薄地のクリスピータイプの本格的イタリアンピザが楽しめる。ピザの種類は35種類あり、80～205£E。パスタ70～190£Eや、ミラノ風カツレツなどの肉料理も出す。

カーサ・ディ・ナポリ Casa di Napoli

中級 🍷 イタリア料理

Map P.195B4

كازا دى نابولى カーサ・ディ・ナーポリ

📍Khalid Ibn El-Walid St.
شارع خالد بن الوليد
☎(095)236 6999
🕐12:00～15:00、
　18:00～22:30
🚫無休
💳US$ € £E　💳AMV

シュタイゲンベルガー・ナイル・パレス（→P.218）内にあるイタリア料理店。ピザ110～195£E、パスタ110～190£E。ピザは専用の釜で焼かれている。中庭に面したオープンテラス席もあり、涼しげな噴水を見ながら食事をすることもできる。ワインの種類も豊富。

ボンドゥク Bondok

庶民的　コシャリ

Map P.196B2

مطعم بندق マトゥアム・ボンドゥク

📍El-Mahata St.
شارع المحطه
☎011 4104 0075
🕐24時間
🚫無休
💳£E　💳不可

ムハッタ通りにある、地元の人に大人気のコシャリの専門店。料金はボンドと称する小盛り10£E、中盛りはスーパーボンドで12£E、大盛りはルークスボンドで15£E。1階はテイク・アウェイのカウンターになっている。

ミヤコ Miyako Restaurant

高級 🍷 日本料理

Map P.195B4

مطعم المياكو マトゥアム・イル・ミヤコ

📍St. Joseph St.
شارع خالد بن الوليد
☎(095)238 2575
🕐17:00～22:00
🚫無休
💳US$ € £E
💳AMV

ソネスタ・セント・ジョージ（→P.217）内にある日本料理店。料理は天ぷらと鉄板焼きがメイン。鉄板焼きのセット280～350£Eで、ミヤコスペシャル350£Eが人気。シーフードのセット325£E。アラカルトは40～285£E。寿司はにぎり寿司が2貫で60～105£E。巻き寿司や手巻き寿司などもある。

マーフィーズ Murphy's Irish Pub

中級 🍷 バー

Map P.195B4

مافيز マーフィーズ

📍El-Gawzat St.
شارع الجوازات
☎(095)227 8812
🕐14:00～24:00
🚫無休
💳US$ € £E
💳不可

パスポートオフィスの近くにあるアイリッシュパブ。大型スクリーンでサッカーやラグビーを中心としたスポーツ中継を見ることができる。各種瓶ビールは100～140£E。チキンカレー100£Eのほか、ピザやパスタ120£E～などパブフードも充実している。

キングズ・ヘッド King's Head

中級 🍷 バー

Map P.195B4

كنجز هيد キングズ・ヘッド

📍Khalid Ibn El-Walid St.
شارع خالد بن الوليد
☎(095)227 4810
🕐15:00～翌2:00
🚫無休
💳US$ € £E
💳不可

ハーリド・ブン・ワリード通りのビルにある名物パブ。年季の入ったバーカウンターがいい雰囲気。各種瓶ビール75～95£E。料理はサンドイッチ、ジャケット・ポテト、オムレツなどの軽食のほか、ピザ、パスタ、ハンバーガーなどで、75～130£E。18:00～20:00はハッピーアワーになっている。

ナイル川中流域の遺跡

ナイル谷Nile Valleyと呼ばれるナイル川中流域には、多くの遺跡が点在している。ここでは代表的なものを紹介しよう。

保存状態のよい北の宮殿

テル・エル＝アマルナ遺跡
テル・イル・アマルナ Tell el Amarna
Map P.177A1

メリラーの墓のレリーフには当時の色彩が残っている

アクエンアテン王の墓に残る鶴のレリーフ

　古代エジプト新王国時代の第18王朝アメンホテプ4世は、それまでの国家の最高神アモン神を中心とした多神教を廃して、太陽神アテンを唯一神とした。そのとき、自らの名前もアクエンアテン王（アテンに有益なもの）と改名。当時強い勢力を誇っていたテーベの神官団に対抗して、アケトアテン（アテン神の地平線）という新都をここアマルナに築いた。

　この都の繁栄は、後にツタンカーメンが再びアモン神を崇拝し、テーベに戻るまでの約10年間しか続かない。アクエンアテン王1代限りの短い都で終わるのである。この時代を地名からアマルナ時代という。

　「うたかたの夢」に生きたアクエンアテン王の幻の都は瓦礫と化し、過去の繁栄を想像するのは難しい。そのなかで保存状態のよいのが北の宮殿だ。さらに先へ進むと、北の岩窟墳墓群がある。高級神官メリラーの墓や、大司祭パネヘスィの墓、4kmほど南に行くと、警察長官マフの墓やアクエンアテン王の墓などが残っている。当時の戦闘の様子を描いたものなどが興味深い。

　また、アクエンアテン王の残した美術は評価が高い。アマルナ時代の美術品には、それまでのものとは違う特徴が見られる。それまで人物像が写実的で緻密な

計算によるバランスや「型」が重要視されたが、アクエンアテン王の時代初期に見られる彫像などには、明らかにデフォルメが見られ、人々のポーズも生きいきとしたものが多くなっている。

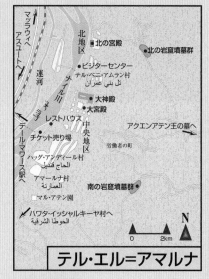

テル・エル＝アマルナ

DATA

テル・エル＝アマルナ遺跡　Map P.224
遺跡内は広いので有料のバスが出る。
圃8:00～16:00　園150£E（学生75£E）
['24年秋以降200£E（学生100£E）]
アクテンアテン王の墓は別途40£E（学生20£E）['24年秋以降120£E（学生60£E）]。各墓の入口または出口で番人にバクシーシ。
※最新情報はミニヤの観光案内所で確認できる

224

アビドス遺跡

アビドス Abydos　　Map P.177B2

聖ダミアナ修道院
オシリス神殿
ベニ・マンスール村
中王国時代のネクロポリス
古代アビドスの住居跡地
新王国時代のネクロポリス
聖なる池
シューナ・イル・ゼビーブ
古王国時代のネクロポリス
アビドス・ファハド村
イビスの共同墓地
犬の共同墓地
レストハウス
ラムセス2世神殿
イル・バルヤナへ
初期王朝時代のネクロポリスへ
0　　200m　　N
先王朝時代のネクロポリス
中王国時代のネクロポリスへ
セティ1世葬祭殿
オシレイオン

アビドス遺跡

セティ1世葬祭殿の奥には、美しい彩色壁画が残された7つの至聖所がずらりと並んでいる

セティ1世葬祭殿の正面テラスに描かれた、ホルス神とクヌム神から王権を授けられるセティ1世の姿

それぞれの至聖所には美しい壁画が残っている

アビドスは、オシリス神話の中心地で最も神聖とされた町。オシリスは再生の神で、王が死ぬと神になると信じられた。だからこそかつての人々は、この聖なる都に巡礼し、建造物を寄進したり空墓（実際には埋葬されなかった形だけの墓）を造った。

見応えがあるのは、古代エジプト新王国時代第19王朝の神殿跡、セティ1世の葬祭殿。セティ1世（紀元前1290〜1279年）の在位中には完成しなかったため、息子のラムセス2世（紀元前1279〜1213年）が完成させたといわれている。

この葬祭殿はエジプトの葬祭殿のなかで最も美しいもののひとつとされている。そのレリーフは、アマルナ時代に伝統的な美術が途絶えたあとに、新たに生まれた美術が到達したひとつの頂点だといえる。一般の神殿は聖所がひとつしかない

のに対し、ここは7つの聖所が横一列に並んでいる。中央がアムン・ラー神、西側がオシリス神、イシス神、ホルス神、ラー・ホルアクティ神、プタハ神、そして神格化されたセティ1世の聖所になっている。

ラムセス2世神殿は、今では屋根もなく、ほとんどが崩れているが、現存する装飾は実に美しく、建設当時をしのばせる。神殿後部にあるレリーフは保存状態もよく色鮮やかだ。

DATA

アビドスへの行き方
デンデラと合わせてルクソールからのツアーで訪れるのが一般的。鉄道で行く場合は最寄り駅のイル・バルヤナで下車したあと、タクシーをチャーターする。

アビドス遺跡　Map P.225
🕗8:00〜16:00
🈺無休
💰200£E（学生100£E）
['24年秋以降260£E（学生130£E）]

ハトホル神殿

　ハトホル神殿は、エジプトがローマの支配となる前の、古代エジプト最後の偉大な宗教的建造物。プトレマイオス朝末期に建てられたものと、ローマ支配時代に建造された部分が残る。もともとは、イシス神殿、ホルス神殿、ハトホル神殿があったが、ほとんど破壊され、現在見ることができるのは、ハトホル神殿だけだ。しかし、このハトホル神殿は古代神殿のなかでも、最も保存状態がよいもののひとつ。ほぼ完璧な形で残されている。

　入口を入るとすぐ右側にローマ支配時代のものである誕生殿、その横にコプト教会跡、さらに聖なる池がある。これらの周囲は日干しれんがで囲まれていた。

　ハトホル神殿の本殿には巨大な牛の頭をもつ女神が彫られている。これはここだけでしか見られない特徴だ。

コプト教会跡の外壁には、乳を飲ませるハトホル神の姿が描かれている

　有名なクレオパトラのレリーフは神殿の南側の壁にある。彼女とカエサルとの間にできた息子であるプトレマイオス16世（カエサリオン）がくっきりと浮かび上がっている。クレオパトラの姿を描いたレリーフは、大変珍しい。また、神殿内のレリーフも天井まで彩色された状態で美しく保存されており、必見だ。

ハトホル神殿の南側外壁に描かれたクレオパトラ（左端）。隣はカエサル。ふたりの足下にいる子供がカエサリオンだ

中庭に並ぶ彫像。なかにはユニークなものもある

神殿内にあるオシリス神のミイラのレリーフ

　列柱室にある柱は、上部が顔の形をしている。これはこの神殿に祀られている愛の女神のハトホル神の顔を表したもので、ハトホル柱と呼ばれている。ここでしか見られないものではないが、保存状態がとてもよいので、じっくりと見ておこう。
　神殿の天井にある壁画は、人間の体を描いたものや女性の子宮内に胎児がいる絵など、興味深いものが多い。

柱の上部にハトホル神が描かれている

大列柱室の天井には、太陽航行の図が色鮮やかに残っている

デンデラ

- ❶ ベス神など彫像
- ❷ 乳を飲ませるハトホル神のレリーフ
- ❸ ろくろで人の姿を作る様子のレリーフ
- ❹ 太陽運行の天井画
- ❺ 貢ぎ物をする皇帝のレリーフ
- ❻ 列柱室
- ❼ 第1前室
- ❽ 第2前室
- ❾ 至聖所
- ❿ 屋上への階段
- ⓫⓬ 地下室がある
- ⓭ 天井にヌト神のレリーフ
- ⓮ クレオパトラのレリーフ
- ⓯ ヘビのレリーフ

（地図内ラベル）
- 井戸
- イシス神殿
- 聖なる池
- ハトホル神殿
- 大列柱室
- 前庭
- ローマ時代の療養所
- 末期王朝・プトレマイオス朝の誕生殿
- コプト教会
- ローマ時代の誕生殿
- 泥れんが囲壁
- ローマ時代の門
- ローマ時代のキオスク
- 入口
- ビジターセンターへ
- 0　50m

DATA

デンデラへの行き方
アビドスと合わせてルクソールからツアーで訪れるのが一般的。最寄り駅のエナ駅からタクシーをチャーターするか、駅からナグア・ハムマーディまでバスに乗り、そこからデンデラ方面のバスに乗り換える。

ハトホル神殿　Map P.227
開7:00〜17:00　休無休
料240£E（学生120£E）
['24年秋以降300£E（学生150£E）]
MV※クレジットカード払いのみ

クヌム神殿

エスナ Esna

エスナは、ルクソールから南に約58km
さかのぼったナイル川の西岸にある町。か
つて聖魚ラトスを崇拝したギリシア人たち
は、この町をラトポリスと名付けた。町か
ら約10km西に離れた山あいの墓からは、
ラトスのミイラが多く発見されている。美
しい細工の施された飾り窓や中世の面影
の残るモスクも、スーダンとエジプトの交
易の場だった時代をしのばせる。

町の南にあるクヌム神殿は、プトレマイ
オス朝からローマ時代にかけて建てられ
たもの。クヌムとは、この地方で信仰され
ていた牡羊の頭部をもった神の名で、ろく
ろ台の上で最初の人間を作ったといわれて
おり、土器作りの神としてもあがめられて
いた。

神殿は幅33m、奥行き16.5mの列柱室
を残すのみだが、13.3mの高さの24本あ
る柱は、完全な形を保っている。

壁面の題材や形は古代エジプトの様式
を受け継いでいるが、表現方法はエジプ
ト美術というよりはむしろギリシア美術に
近い。

神殿の入口の両側のレリーフは、ローマ
時代のもの。ローマ皇帝ティトゥスが上・下

上・下エジプトの女神に連れられて、クヌム神の前に出るローマ皇帝のレリーフ

エジプトそれぞれの女神に連れられて、
クヌム神の前に出る様子を表している。
神殿の前には、初期キリスト教の教会の
跡などが今もなお残っている。

DATA

エスナへの行き方

ルクソールからツアーで行くのが一般的だが、
外国人観光客は鉄道（エスナ駅は全便が停
車する）でも行くことができる。エスナ駅前
の運河の対岸から乗合トラックでナイル川対
岸のエスナ中心部まで行き（所要約15分）、
マアバドゥ（神殿）行きのバスに乗り換える（所
要約10分）。チケットオフィスはバスを降り
たナイル川沿いの道路にあるので注意。神
殿まではスークを通って約5分。

クヌム神殿

📅8:00〜17:15（火・金・日 〜19:00）　📛金
💰150£E（学生75£E）
['24年秋以降200£E（学生100£E）]
💳 Ⅿ Ⅴ ※クレジットカード払いのみ

半分地下に埋もれるようにして建っている

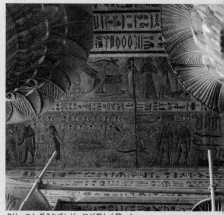

クリーニングされてレリーフが美しく蘇った

ナイル川中流域のコプト教会

ガバル・イッテール →Map P.177A1

ミニヤの東北約11kmの地点にある。この山には幼いイエスを連れた聖家族が身を隠したといわれている洞窟があり、デール・イル・アドラー（聖処女修道院）と呼ばれる修道院になっている。

イエスが隠れたと伝わる祠の前に多くの信者が集まる

今でも信者が集うガバル・イッテール

この修道院は、ナイル川から130mほどの高さにあり、27mの外壁に囲まれている。昔はロープでしか登ることができなかったそうだ。東ローマ帝国の女帝エイレーネーによって建てられたといわれている。

修道院は小高い丘の上に位置する

デール・イル・モハラッ →Map P.177B1

アスユートの北にある別名聖処女修道院。この修道院が現在建っている場所は、イエスが子供の頃、エジプトに逃げたときに立ち寄った場所のひとつという伝説が残る。コプト修道院のなかで最も規模の大きな修道院のひとつ。毎年6月21〜28日は5万人ほどの巡礼者が集まる。

エジプト国内でも最大規模の修道院

白の僧院・赤の僧院 →Map P.177B1

ソハーグから西に10kmほどの所にある修道院。白の僧院は、4世紀にコプト教会の聖人、シュノーダによって建てられ、何度も修復されながら使われてきた。修道

白の僧院の壁にはヒエログリフが残っている

院を建てる際、古代エジプトの神殿にあった石材を使ったため、修道院の入口近くなどに古代の壁画が残る石も見られる。

赤の僧院の壁の内側には、コプト語で書かれた落書きや太陽時計の跡、10世紀頃のフレスコ画などが残っている。また、襲撃されたときに修道士が隠れるための部屋もある。両僧院では、毎年7月中旬から8月中旬にかけて盛大に祭りが催される。

紅いフレスコ画の残る赤の僧院。現在は長期修復中

古代エジプトの建造物を利用して造られた白の僧院

　エドフの町はナイル川の両岸にまたがっており、西岸のほうがにぎわっている。グレコローマン時代には、上エジプトの州都として栄え、アポリノポリス・マグナと呼ばれていた。

　西岸にあるホルス神殿は、エジプトの数ある遺跡のなかでも、最も保存状態がよい。高さ36mという巨大な塔門は、東岸を走る列車からも眺められる。

　この神殿の主であるホルス神の像のレリーフが、建物のあちこちで見られる。第1列柱室にある柱の上部のパピルスな

どをモチーフにした装飾は、それぞれ少しずつ違っていておもしろい。

　至聖所の手前にある前室の天井は黒くすすけている。後にキリスト教徒たちが台所として使っていたため、こんなふうになってしまったのだそうだ。

　ホルス神殿の塔門の前には誕生殿があり、ホルス神の誕生や、母イシス神の乳を飲んでいるホルス神のレリーフを見ることができる。神殿の西側からは、古代の町やネクロポリスが発掘され、それによる穴が無数に開いている。

DATA

エドフへの行き方
ツアーやクルーズで訪れるのが一般的だが、鉄道（エドフ駅は全便が停車）でも行くことが可能。駅南東約500mの、ナイル川を渡る橋のたもとにバスターミナル（マオガフ）があり、西岸の町の中心マスヌワート広場へ行くマイクロバスが頻発している（約10分）。遺跡は広場からすぐだが、チケットオフィスと入口は反対側にあるので、南側まで徒歩15分ほど。

ホルス神殿　Map P.230
開6:00～17:00　休無休　料450£E（学生225£E）
['24年秋以降550£E（学生275£E）]
■M V　※クレジットカード払いのみ。17:00
～は音と光のショーが催される。ひとり15US$
（10人以上参加で開催、現地で要交渉）

ホルス神殿

オシリス神殿
コンス神殿
ハトホル神殿
回廊
ラー神殿
⑤
⑥
Ⓐ
至聖所
⑦
ナイロ
メーター
②
前室
（中央の部屋）
①
前室
（貢物の部屋）
Ⓒ
周壁
周壁
第2列柱室
Ⓑ
第1列柱室
ホルス神像
Ⓔ
中庭
礼拝部屋
図書館
第2塔門
ホルス神像
Ⓕ

❶化粧室
❷西の礼拝堂
❸布地の部屋
❹墓
❺ヘブホトム（悪魔）を捕まえるホルス神のレリーフ
❻「ゆりかご」またはかじ屋、祭器保存場所
❼東の礼拝堂
❽イシス神の乳を飲むホルス神のレリーフ

Ⓓ
⑧
誕生殿

N

0　　20m

Ⓐ

至聖所にはレバノン杉で作られた聖船が残っている

第1、第2ともに列柱室の天井は保存状態は良好。レリーフも必見

ホルス神の活躍を描いたレリーフが多い

イシス神の乳を飲むホルス神の姿が描かれている

中庭に建つホルス神像はかなり大きい

外庭から見た第2塔門

夜のショーが見れたらラッキー！

231

コム・オンボ神殿

コム・オンボ Kom Ombo

Map P.177C2

左右で異なる神殿が合体したユニークな造りのコム・オンボ神殿。至聖所もふたつある

コム・オンボは、アスワンから北へナイル川を約46km下った東岸にある町。地名はアラビア語でオリンポスの丘という意味で、かつてはオリンポスと呼ばれていた。

コム・オンボ神殿は、町の中心部から4kmばかり離れたナイル川沿いに建ち、ルクソールやアスワンからのファルーカやクルーズ船からもよく見える。

神殿はプトレマイオス朝時代に建てられ、ローマ皇帝アウグストゥスの時代に完成した。一見したところ、ギリシアのアクロポリスのような印象を受けるのはそのためだ。

この神殿はちょっと変わった構造になっている。普通の神殿は建物の中央に通路が1本あるだけなのだが、この神殿に限って、通路が2本あるのだ。また、塔門の入口や部屋の入口もふたつずつあり、至聖所も南北ふたつに分かれている。つまり、神殿全体が2重構造になっているというわけ。コム・オンボ神殿は、ホルス神と、ワニの神であるソベク神のために建てられたものだから、といわれている。

コム・オンボ神殿

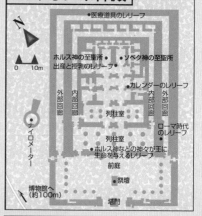

- 医療道具のレリーフ
- ホルス神の至聖所
- 出産と授乳のレリーフ
- ソベク神の至聖所
- カレンダーのレリーフ
- 外部回廊
- 内部回廊
- 内部回廊
- 外部回廊
- ナイロメーター
- 列柱室
- ローマ時代のレリーフ
- 列柱室
- ホルス神などの神々が王に生命を与えるレリーフ
- 前庭
- 祭壇
- 博物館へ（約100m）
- 塔門

N　0　10m

DATA

コム・オンボへの行き方

ツアーやクルーズで行くのが一般的だが、鉄道（コム・オンボ駅は全便が停車）でも行くことができる。駅西側のコプト教会の裏側を500mほど入った所からビヤーラ行きの乗合トラックで約15分。終点で降りると、遺跡まではナイル川沿いに徒歩約5分。

コム・オンボ神殿　Map P.232

🕐6:00〜21:00　💰360£E（学生180£E）
['24年秋以降450£E（学生225£E）]
💳MV　※クレジットカード払いのみ

柱頭部に花が開いたパピルスをあしらった石柱が連なっている

プトレマイオス13世のレリーフ

遺跡の北には博物館がある

円形の井戸の形をしたナイロメーター

医療道具を描いた珍しいレリーフもある

ライトアップされたコム・オンボ神殿

その他のナイル川中流域の遺跡

ザーウィヤト・イル・アムワート

Map P.177A1

　ミニヤ近郊のイッ・サワーダ村から南に約4kmの地点にある、古代エジプトのネクロポリス。古王国時代第3王朝に造られた未完成の階段ピラミッドと考えられるものもある。また、ここには古王国時代からの貴族の墓が19基あるが、現在見ることができるのは、ネフェル・セケルの墓（新王国時代第18王朝）と、現代の墓地ザーウィヤト・スルターンのふたつ。きれいに並ぶドームが美しい。

ザーウィヤト・イル・アムワートの墳墓群

デール・イル・バルシャ遺跡

Map P.177A1

　マッラウィ近郊の崖にある岩窟墳墓群。ここには20基近くに及ぶ古代エジプト古王国時代と中王国時代の墓が発見されている。ただし、地震や石材採掘などで破壊され、現在見られるものはジェフティヘテプ総督の墓ただひとつだ。

デール・イル・バルシャ遺跡の岩窟墳墓

ベニ・ハサンの岩窟墳墓群

Map P.177A1

　ミニヤからナイル川に沿って約20km南にある岩窟墳墓群。ここには合計39基にも及ぶ第1中間期から中王国時代にかけての岩窟墳墓があり、そのうち12基には絵画とレリーフが施されている。見られるのは4つの地方豪族の墓（アメンエムハトの墓、クヌムホテプの墓、ケティの墓、バケト3世の墓）だけだが、戦いのポーズが連続で描かれた壁画や日常生活のレリーフなどが興味深い。

岩窟墳墓には戦いのポーズが描かれたレリーフが多い

アシュムーネーン遺跡

Map P.177A1

　マッラウィ近郊の遺跡。古代エジプト時代にはクムヌと呼ばれ、トト神の町として知られていた。プトレマイオス朝からローマ時代は、ヘルモポリスと呼ばれ繁栄した。

　新王国時代の前から栄えていたが、保存状態はよくない。見どころは遺跡の入口にある2体の東を向いた巨大な砂岩製のヒヒの像。このヒヒは、トト神の聖獣とされている。もうひとつは、赤色花崗岩の柱。この柱は、プトレマイオス朝時代の市場の跡という説と、ローマ時代以降のコプト教会の跡というふたつ説がある。

アシュムーネーン遺跡内にある列柱とヒヒ像

トゥーナト・イル・ガバル遺跡 Map P.177A1

アシュムーネーン遺跡から7kmほど西に入った、砂漠との境界にある遺跡。ここには、いくつかの見応えのある墓がある。墓のほとんどは、プトレマイオス朝時代当時の家をそのままデザイン化したものだ。中のレリーフは古代ギリシアと古代エジプトのモチーフが融合した独特の美が感じ取れる。

ローマ時代の井戸やアケトアテン市の境界線としての岩窟画も残る。この井戸の近くには、トト神殿の跡も見られる。この遺跡で発見されたミイラや発見物の多くは、マッラウィ博物館に展示されている。

イアフメスの墓に残る壁画と碑文

トゥーナト・イル・ガバル遺跡のレリーフやミイラ

アメンホテプ3世の神殿にあるハトホル柱。管理人の頭上に注目

イル・カーブの遺跡 Map P.177C2

ネケブの町の遺跡は、中王国時代に造られたものとみられ、泥れんがの壁はなんと厚さが11.5mもある。その規模は約600m四方と巨大。入口は3ヵ所、東と南にそれぞれ付いている。この壁面の全面積のほぼ4分の1は、ネクベト神殿。これも外壁に囲まれている。

ネケブの町の遺跡から道の反対側には貴族の岩窟墓が31ある。現在公開されているのが4基で、なかでも重要なのがイアフメスの墓とパヘリの墓だ。新王国時代にイル・カーブの市長だったパヘリの墓の中には非常に美しく保存状態のよいレリーフが残る。

さらに1kmほど砂利道を奥に行くと、アメンホテプ3世の神殿が見える。これもやはり、ネクベト神に捧げられたもので、神殿内にはハトホル柱がある。

プトレマイオス朝の神殿も見応えがある。至聖所にあたる部分は第18王朝の墓で、そのレリーフの上にプトレマイオス朝の王のレリーフなどが描かれた。プトレマイオス朝の至聖所の入口の前、東側にあるのがラムセス2世の石碑。ラムセス2世が、ラー・ホルアククティ神とネクベト神の前で祝福を受けている。この手前には、トト神の小礼拝堂もある。

イル・カーブからナイル川を挟んだ対岸には、ヒエラコンポリス、現在のコム・イル・アフマルがある。現在見ることができるのは古代エジプト時代の神殿の外壁と都市の遺跡である。新石器時代、古代エジプト中王国時代、および新王国時代第18王朝の共同墓地も残っている。

カジュアルに楽しむ
ナイル川クルーズ

ルクソール
エスナ閘門
エドフ
ホルス神殿
コム・オンボ神殿　コム・オンボ
アスワン

ナイル川には大小さまざま400隻を超す
クルーズ船が航行している。
川面を彩る白い船に乗ってみよう!

　ルクソール～アスワン間をゆっくりと航行するナイル川クルーズは、遺跡観光とナイルの眺めの両方が楽しめる人気の船。

　停泊中は遺跡の観光も付いているし、航行中はプールサイドでのんびりしたり、ナイル川の水面に落ちる夕日を眺めたり……。さらに夜はガラベーヤ・パーティやヌビアン・ショーなど、さまざまなイベントが用意されている。いろんな国の人と仲よくなれるかも?

　リバークルーズは波もなく、船酔いの心配もない。移動と宿と観光を兼ねているから便利で楽しいクルーズを旅程に取り入れてみよう。

1日目

13:00	集合、ランチ
14:30	ルクソール東岸観光
	ルクソール神殿、カルナック神殿
18:30	帰着
19:30	カクテル・パーティ
	船のスタッフ紹介など
20:00	ディナー

サービス心旺盛なスタッフ

※船や時期によって寄港地や遺跡が変わることもある。またエドフではホルス神殿までの馬車とのトラブルが多発しており、寄港しない船も増えている

エスナのロックは一度に2隻しか入れない

●エスナのロック（閘門） 18:10〜19:00

河川には高低差がある。それを船で越すための施設が、ロック（閘門）で、ナイル川ではエスナにある。船がロックへ入る→ロック内の水位を上昇させて船を持ち上げる（下流へ行くときは逆）→上流へ、というシステムで航行が可能になる。

ナイル川を進んでいると、地元の人がパーティで着るためのガラベーヤ（エジプトの民族衣装）や絨毯を売りにボートでやってくる。彼らは甲板めがけて商品を投げつけてきて、それを見た観光客と船越しに値段の交渉を始める。なかなかユニークな光景だ

2日目

5:00	起床、朝食
6:00	ルクソール西岸観光
	王家の谷、王妃の谷、
	ハトシェプスト女王葬祭殿
12:30	エドフへ出航
13:00	船でランチ
16:30	デッキでティー・パーティ
18:10	エスナのロック通過
19:30	ディナー
21:00	ガラベーヤ・パーティ

ガラベーヤ・パーティ

サンセットの前はティー・パーティ

3日目

6:00	起床、朝食
7:00	エドフ観光 ホルス神殿
9:00	出航
13:00	ランチ
15:00	コム・オンボ観光
	コム・オンボ神殿
16:00	アスワンへ出航
16:30	ラウンジでのティー・パーティ
20:00	ディナー
21:30	ヌビアン・ショー

4日目

6:20	起床、朝食
7:30	アスワン観光
	切りかけのオベリスク
	アスワンハイダム、フィラエ島
11:00	下船

※問い合わせ：クルーズを組み込んだ日本発のツアーが一部の旅行会社から出ている。
現地手配はウェブ予約のほか、スカイバード・トラベル（→P.87）でも可能。

アガサ・クリスティの時代を彷彿とさせる
蒸気船スーダン号の旅

19世紀、イギリスを中心としたヨーロッパではアジアや
アフリカのエキゾチズムを求めて、旅行ブームが起こった。
トーマスクックが初めてのツアーを売り出したのもこの頃。
エジプトも人気だったが、当時は陸路で移動できず、
もっぱらナイル川の水運を利用して旅をした。
その頃の船を復元したのが、スーダン号。
古きよき時代にタイムスリップできる素敵な船旅だ。

ルクソールに到着したスーダン号

風が吹き抜ける心地よい廊下

客室はクラシカルな雰囲気を醸し出している

ウエーターの衣装にも注目

　ナイル川に浮かぶクルーズ船はたくさんあるが、いまだに現役で活躍する蒸気船があるのをご存知だろうか？　この蒸気船スーダン号はトーマスクックがナイル川クルーズ用に建造した3隻の船のひとつで、1919年に建造されたもの。アガサ・クリスティの作品『ナイルに死すDeath on the Nile』に登場するカルナック号のモデルとしても知られている。

　しかし、1939年の第2次世界大戦勃発によって現役を引退し、70年近く深い眠りにつく。次に脚光を浴びたのは2000年。かつての雰囲気をそのまま再現し、見事に復活を果たした。

　この船のすばらしさは何といっても、当時の世界を体験できる船の雰囲気だ。客室、レストラン、ロビー、そこで働く従業員……すべてがクラシカルな雰囲気に包まれている。もちろんサービスや料理も一流。ルクソールからアスワンまで、アガサ・クリスティの時代に思いをはせながら船旅をするのも楽しい。

船内にはムハンマド・アリ朝の王、ファールーク1世の写真が飾られていた

※代理店経由の予約は受け付けていないのでウェブで予約する。
URL www.steam-ship-sudan.com

Egypt

独自の文化を誇る
ヌビア地方

（上）観光客を乗せてナイル川
を渡るファルーカ
（右）ヌビア地方の観光の目玉
であるアブ・シンベル神殿

ヌビア地方

Aswan & Nubia

ナイル川を航行するファルーカ

ヌビア地方の特色

　ヌビア地方はエジプト国内を流れるナイル川の上流で、最南の地。背後にアスワンハイダムやアブ・シンベル神殿がそびえる。

　ヌビア地方は、世界で最も日照率の高い地方といわれる典型的な砂漠気候だが、アスワンハイダムができてから気候が大きく変化した。ダムの水面から水蒸気が上がることによって雲が発生するようになったのだ。とはいえ、暑さが厳しいことに変わりはない。砂漠の特徴である、夏と冬、昼と夜の温度差が激しいことも特筆に値する。観光シーズンは冬場で、飛行機なども増便されるが、どの季節も飲料水を確保し、帽子やサングラスを忘れないこと。日差しから肌を守り、夜の冷え込みから体を守る上着もあったほうがいい。

ヌビア地方独特の文化

　ヌビア地方に入ると、色黒で縮れた髪をもつ人々が急に増える。彼らはヌビア人で、もともとこの地に住んでいたが、古代エジプト末期王朝の約100年間を除いて、ほとんど、エジプトの属国の民として支配されてきた。しかし、ヌビア人は独特の言語、文化をもち続け、現在もその面影を見ることができる。ヌビア人同士の話し言葉はヌビア語だが、ヌビア語には文字がなく、表記することはできない。現在では彼らも小学校からアラビア語教育を受けるので、たいていの人はアラビア語も話すことができる。

プランニングのコツ

　ヌビア地方の中心はアスワン。忘れてはならないアブ・シンベル神殿もここまで来たなら絶対に見ておきたいモニュメント。アスワンとアブ・シンベルを回るのには最低2日は欲しいところだ。

●アスワン

　アスワンの見どころはナイル川の中洲の島や西岸、市街地の南部などに散らばり、イシス神殿やカラブシャ神殿のように船を使わないと行けない遺跡が多いのが特徴。当然、移動時間とお金もかかる。

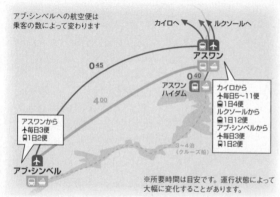

アブ・シンベルへの航空便は乗客の数によって変わります

カイロへ　ルクソールへ

アスワン

045

アスワンハイダム　040

400

カイロから
✈毎日5～11便
🚌1日4便
ルクソールから
🚌1日12便
アブ・シンベルから
✈毎日3便
🚌1日2便

アスワンから
✈毎日3便
🚌1日2便

アブ・シンベル

3～4泊
（クルーズ船）

※所要時間は目安です。運行状態によって大幅に変化することがあります。

●アブ・シンベル

アスワンから日帰りで訪れる人が多い。アスワン発のミニバスツアーに参加するなら3:00ぐらいには起きておこう。もちろん水やお菓子などは前の日のうちに調達しておきたい。アブ・シンベルで1泊すれば、音と光のショーや、朝日に映えるアブ・シンベル神殿を見ることができる。

移動のコツ

アスワン市内はタクシー料金が非常に高い。少しの距離で30£Eと、基本的に観光客料金を要求してくる。ナイル川沿いやバスターミナルへの移動だけならマイクロバスでも十分こと足りる。

カラブシャ神殿やイシス神殿行きのボートにも公定料金があるが、ふっかけてくるのでねばり強い交渉が必要。ナイル川沿いで声をかけられるファルーカでも同様。

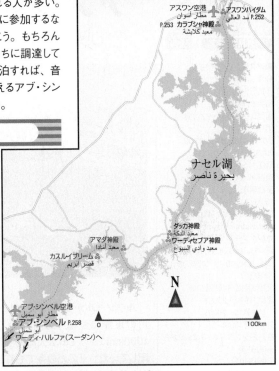

ヌビア地方

P.242 アスワン أسوان
アスワン空港 مطار أسوان
アスワンハイダム P.252 سد العالي
P.253 カラブシャ神殿 معبد كلابشة
ナセル湖 بحيرة ناصر
ダッカ神殿 معبد الدكة
ワーディセブア神殿 معبد وادي السبوع
アマダ神殿 معبد أمادا
カスルイブリーム قصر إبريم
アブ・シンベル空港 مطار أبو سمبل
アブ・シンベル P.258 أبو سمبل
ワーディ・ハルファ(スーダン)へ

N

0　　　　　100km

旅のモデルルート

アスワンからアブ・シンベルに行く方法で、最も一般的なのは、日の出前に出発するバスツアーに参加するもの。しかし、深夜に起きるのを避けたいのなら飛行機、安くしかも1泊して音と光のショーを見るのであれば公共のバス。お金と時間に余裕があり、ナセル湖に浮かぶヌビアの遺跡群も見学したいのであれば、ナセル湖クルーズといった行き方もあるので、予算と日程に合わせて検討しよう。

アスワンからアブ・シンベル日帰りコース

アスワン P.242 → アブ・シンベル P.258 → アスワン P.242

アスワンでは着いた初日に滞在先のホテルなどで、アブ・シンベルへ行くツアーを申し込んでおこう。アブ・シンベルへのツアーは、どこもアスワン出発が3:30頃で、戻ってくるのは12:00～13:30頃になる。アブ・シンベルツアー申込時にアスワンハイダムやイシス神殿、切りかけのオベリスクなどへ行く午後の市内ツアーを一緒に申し込んでいくとよい。

ヌビア地方への入口
アスワン Aswan
أسوان
アラビア語：アスワーン

■アスワンへの行き方
●カイロ（→P.71）から
✈毎日5〜11便
所要：約1時間25分
🚄ラムセス駅（→P.77）発
VIP、Talgo
8:00、17:15、19:00、21:00、
23:00発
所要11〜14時間
運賃:40〜65US$
寝台車両
19:20、19:45、21:10発
運賃:♂130US$ ♂♀180US$
URLabelatrains.com
●ルクソール（→P.192）から
🚄3:05、3:25、4:50、6:40、7:30、
8:15、8:40、10:20、18:55、19:30、
23:10発
所要:3時間〜3時間30分
運賃:1等20〜25US$
　　 2等15〜20US$
　　 3等15US$
●アブ・シンベル（→P.258）から
✈毎日3便
所要:約40分
🚌6:00、13:00発
所要:約4時間
運賃:70£E

アスワンの町を流れるナイル川

　ルクソールから南に約200kmのアスワンの町は、ナイル川の東岸に位置する。かつては、このあたりから南約1000kmにかけての広大な地域を、ヌーバ族という民族が支配していた。そのため今でも町を歩いていると、ヌビア人といわれる色の黒い人が多いことに気づく。彼らは、自分たちがエジプシャンでもアフリカンでもない、ヌビア人だということにとても強い誇りをもっている。

　アスワンの西を流れるナイル川の中洲に、エレファンティネ島がある。この島には先王朝時代から人々が住み着いていた。古代エジプト時代には、ヌビアとの交易の拠点、前線基地として重要な島であった。クヌム神やその娘アヌキス女神、ナイル川の神ハピ神信仰の中心でもあった。

　グレコローマン時代になっても、国の最南端にあったため、キリスト教の伝来は遅かった。5世紀までフィラエ島を中心にイシス神信仰が盛んだった。同様にイスラーム時代にも12世紀になるまでは改宗は進まなかった。

　ナイル川のほとりにはクルージングの豪華客船が停泊している。その付近にファルーカという小さな白い帆のヨットが客待ち顔に並ぶ。ヌビア人船長のファルーカに乗りながら、ヌビアの人々の暮らしを聞くのも楽しいし、何もする気が起きないほどの強烈な日差しの午後は、岸辺のカフェテラスに座ってナイル川の風景を満喫すれば、旅の疲れが一気に消えていくだろう。

ナイル川を遊覧するファルーカ

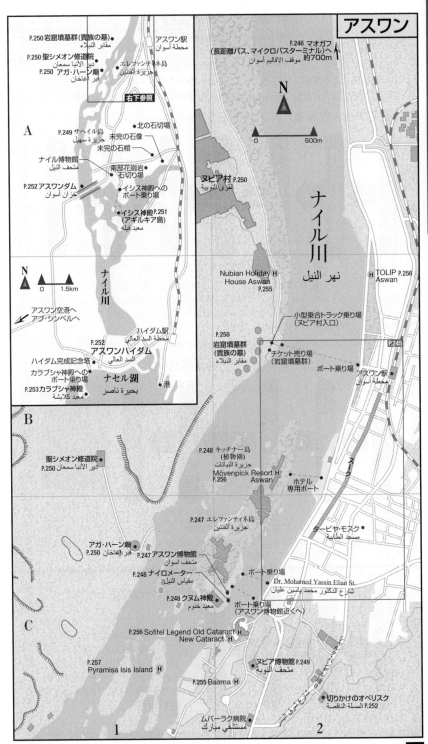

アスワン

P.250 岩窟墳墓群(貴族の墓)
مقابر النبلاء
P.250 聖シメオン修道院
دير الأنبا سمعان
P.250 アガ・ハーン廟
قبر اغاخان

アスワン駅
محطة أسوان

エレファンティネ島
جزيرة الفنتين

右下参照

P.246 マオガフ
(長距離バス、マイクロバスターミナルへ)
موقف الاقاليم أسوان
約700m

N

0　　　　500m

A
P.249 サヘイル島
جزيرة سهيل

北の石切場

未完の石像

未完の石棺

ナイル博物館
متحف النيل

南部花崗岩
石切り場

P.252 アスワンダム
خزان أسوان

イシス神殿への
ボート乗り場

イシス神殿 P.251
(アギルキア島)
معبد فيلة

ヌビア村 P.250
القرى النوبية

ナイル川
نهر النيل

Nubian Holiday H
House Aswan
P.255

H TOLIP P.256
Aswan

N

0　　　1.5km

アスワン空港へ
アブ・シンベルへ

ハイダム駅
محطة السد العالي

P.252
アスワンハイダム
السد العالي

ハイダム完成記念塔

カラブシャ神殿への
ボート乗り場

P.253 カラブシャ神殿
معبد كلابشة

ナセル湖
بحيرة ناصر

港

小型乗合トラック乗り場
(ヌビア村入口)

P.250
岩窟墳墓群
(貴族の墓)
مقابر النبلاء

チケット売り場
(岩窟墳墓群)

ボート乗り場

アスワン駅
محطة أسوان

P.245

スーク

B
聖シメオン修道院
دير الأنبا سمعان
P.250

P.248 キッチナー島
(植物園)
جزيرة النباتات

Mövenpick Resort H
Aswan
P.256

ホテル
専用ボート

P.247 エレファンティネ島
جزيرة الفنتين

アガ・ハーン廟
P.250 قبر اغاخان

P.247 アスワン博物館
متحف أسوان

P.248 ナイロメーター
مقياس النيل

P.248 クヌム神殿
معبد خنوم

ボート乗り場

ボート乗り場
(アスワン博物館近くへ)

タービヤ・モスク
مسجد الطابية

Dr. Mohamed Yassin Elian St.
شارع الدكتور محمد ياسين عليان

C
P.256 Sofitel Legend Old Cataract H
New Cataract H

P.257
Pyramisa Isis Island H

ヌビア博物館 P.249
متحف النوبة

P.255 Basma H

切りかけのオベリスク
المسلة الناقصة P.252

ムバーラク病院
مستشفى مبارك

1　　　　　　　2

旅のモデルルート

アスワンの見どころは、大きく分けて南部、ナイル川西岸、中洲の島々の3ヵ所。これらの見どころを個人で回るには、ファルーカやタクシーのチャーターなどが不可欠。移動のコストを低く抑えるには、何人か仲間を集めるかツアーに参加しよう。

1 アブ・シンベル&アスワンの1日ツアー

アスワンのホテル	→	アブ・シンベル神殿	→	ホテルで休憩	→	アスワンハイダム	→	イシス神殿	→	切りかけのオベリスク	→	スーク
3:30		7:00〜9:00		12:30〜14:00		14:00〜14:45		15:00〜16:15		17:00〜18:00		19:00〜

　以前はアスワンの主要な見どころとアブ・シンベル神殿を一緒に回るツアーがあったが、現在は別々のツアーしかない。アブ・シンベル神殿へのツアーは早朝出発しかないので、戻ってからアスワンの見どころを巡るツアーに参加するとスムーズ。経済的または中級ホテルの多くがこの行程でツアーを催行している。

2 アスワン2日目、主要な見どころ攻略コース

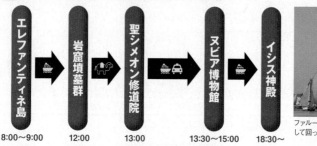

エレファンティネ島	→	岩窟墳墓群	→	聖シメオン修道院	→	ヌビア博物館	→	イシス神殿
8:00〜9:00		12:00		13:00		13:30〜15:00		18:30〜

ファルーカをチャーターして回ってもらうのも手

　上記のツアーで回らないアスワンの見どころを網羅したコース。一般的なツアーの翌日に回るのに最適。このコースのイシス神殿は音と光のショーでライトアップされた姿を堪能する。ショーの時間は季節により異なるので確認を(→P.251欄外)。

3 ファルーカでのんびりコース

エレファンティネ島	→	キッチナー島	→	岩窟墳墓群	→	ヌビア村
8:00〜9:00		9:30〜10:30		10:45〜11:30		11:45〜13:00

　ファルーカのチャーターは1時間で150£Eほど。左記の見どころをすべて回って500£E前後だが交渉次第で高くも安くもなる。風がやまなければ、ゆっくり回って4〜5時間。お昼ごはんを持ってファルーカで昼寝するのもオツ。

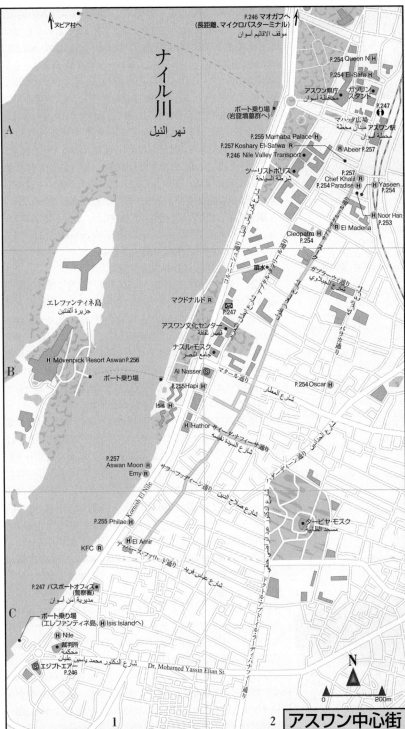

ナイル川
نهر النيل

エレファンティネ島
جزيرة الفنتين

P.246 マオガフへ
(長距離、マイクロバスターミナル)
موقف الاقاليم أسوان

P.254 Queen N H
P.254 El-Safa H

アスワン県庁
محافظة أسوان
カブリン
スタンド
P.247

マハッタ広場
ميدان محطة
アスワン駅
محطة أسوان

ボート乗り場
(岩窟墳墓群へ)

P.255 Marhaba Palace H
P.257 Koshary El-Safwa R
P.246 Nile Valley Transport

R Abeer P.257

ツーリストポリス
شرطة السياحة

P.257
Chef Khalil R
P.254 Paradise H

H Yaseen
P.254

H Noor Han P.253

R El Madena

Cleopatra
P.254

噴水

マクドナルド R

アスワン文化センター
قصر ثقافة

ナスル・モスク
جامع النصر

Al Nasser S

P.247

H Mövenpick Resort Aswan P.256

ボート乗り場

P.255 Hapi H

Isis H

H Hathor

H Hathor

P.254 Oscar H

P.257
Aswan Moon R
Emy

P.255 Philae H

KFC R

H El Amir

P.247 パスポートオフィス
(警察署)
مديرية أمن أسوان

ボート乗り場
(エレファンティネ島、H Isis Islandへ)

H Nile

裁判所
محكمة

ダービヤ・モスク
مسجد الطلبة

S エジプトエアー
P.246

شارع الدكتور محمد ياسين عليان
Dr, Mohamed Yassin Elian St.

N

0   200m

1   2   アスワン中心街

245

夜になるとにぎわうアスワンのスーク

タクシーの客引きが多い、アスワン
の鉄道駅

■エジプトエアー
Map P.245C1
℡(097)241 0001
開9:00～17:00 ㊡無休

■アスワンハイダム発ワーディ・
ハルファ行きフェリー
土曜10:00発、所要約17時間、1
等550£E、2等350£E。スーダン
のビザは、カイロにあるスーダ
ン大使館（折込Mapカイロ中
心部A2）で取得しておくこと。
ワーディ・ハルファからは鉄道
でハルトゥームへ向かう。フェ
リーのチケットはアスワン市内
のナイル・ヴァレー・トランスポ
ートNile Valley Transportで販
売する。
※2023年10月現在、運休中

■Nile Valley Transport
Map P.245A2
開8:00～14:00 ㊡金・土
※オフィスには英語を話すスタ
ッフがいないことが多い。

■マオガフ（長距離バス、
マイクロバスターミナル）
Map P.243A2外

マオガフはアラビア語表記の看板
しかないが、周囲の人に目的地を伝え
れば乗り場を教えてくれる

アスワンの町はいたってシンプル。アスワンの町の中心部は
端から端まで歩いても30分ほど。ナイル川沿いに2kmほどに
わたって延びるメインロード（コルニーシュ通り）があり、その
東側に2本の広い通りがあるだけだ。広い道路はナイル川と
並行しているので、迷う心配はないだろう。常にナイル川の
方向と駅の位置関係を把握しておくこと。

駅を出ると、南へ延びるサアド・ザグルール通りSaad
Zaghloul St.がある。門をくぐると歩行者天国のスークが始ま
り、スーク通りSouq St.とも呼ばれている。通り沿いには飲
食店、安宿が並ぶ。その先には香辛料を売る店、大量の野
菜を売る八百屋が並び、おみやげ屋が軒を連ねている。

駅を背にして200mほど真っすぐ歩くと、ナイル川にぶつか
る。川沿いの大通りコルニーシュ通りEl-Kornish St.は、アス
ワンのメインロード。銀行や商店が並ぶ。

■ターミナルから町の中心部へ■
●空港　神殿を模した外観がユニーク。市内までは公共交
通機関はない。タクシーで150～200£E（町から空港へ入る
場合は空港への入場料20£Eが別途必要）が相場だが、向こ
うの言い値はかなり高い。所要約30分。アスワンではライドシ
ェア・アプリ（→P.462）のウーバーは利用できないが、同様の
アプリであるカリーム（日本語不可、英語可）は利用可能。
●鉄道駅　エジプト国鉄の終点はハイダム駅だが、ほとんど
の列車はひとつ手前のアスワン駅が終着駅。
●長距離バスターミナル　長距離バスターミナルは町の北
側にあり、通称「マオガフ（カイロ方言だとモウイフ）」と呼ば
れている。アブ・シンベルなど長距離バスのほかに近郊行きや
市内を走るマイクロバスも発着している。町の中心部へはコ
ルニーシュ通りを行くマイクロバスに乗ればよい。乗る前に
「コルニーシュ？」と聞いて確認しよう。運賃は2.50£E～。市内
からバスターミナルへは、ナイル川沿いのコルニーシュ通りを
北に行くマイクロバスに「マオガフ？」と聞いて乗ればよい。
●アスワンハイダム港　スーダン行きフェリーやナセル湖ク
ルーズが発着。町の中心部へはタクシーで100～150£E。

■市内交通■
●マイクロバス　バスターミナルを起点にコルニーシュ通りを
南に行き、エジプトエアーのオフィスがある交差点からアス
ル・イル・ハッガーグ通りに入るものが多い。コルニーシュ通り
内での乗り降りなら2.50£E。
●タクシー　切りかけのオベリスクやイシス神殿のあるアギル
キア島などは、市街地の南に集中している。タクシーをチャー
ターすると効率的に回ることができる。公定料金があるが、
実際にはほとんど守られていない。料金は交渉によるが、だ

いたいの目安は観光案内所でも教えてくれる。1日チャーターで250～300£Eほど。降りるときに料金交渉をしてくる悪質なドライバーもいるので要注意。ライドシェア・アプリのカリームCareemを利用すれば料金交渉は必要なく、町の中心から離れた見どころからでも呼び出せるので重宝する。

●**ファルーカ**　ファルーカは島や西岸への移動手段のほか、ナイル川に浮かぶ島々の観光にも利用できる。エレファンティネ島、熱帯植物園があるキッチナー島を回るのがオーソドックスなコースだ。料金の目安は1時間で150£E。しかし、初めはこの料金にはまずならない。人数や場所を確認して粘り強く交渉しよう。おすすめの時間帯は日中より日差しが弱い夕暮れ時。古代エジプトの岩壁画が見られるサヘイル島までは、往復3時間ほどだが、風に左右されるので、時間単価を決めておくことが大切だ。

●**渡河用ボート**　西岸の岩窟墳墓群へは、駅前の道とナイル川がぶつかるあたりから渡河用のボートでも行ける。通常10£Eだが、ぼられることが多いので要注意。

■■両替・郵便■■

●**銀行**　銀行が集まっているのは、コルニーシュ通り沿い。特にアッバース・ファリード通りとの交差点の南には、私設の両替所もあって便利だ。

●**郵便局**　郵便局はコルニーシュ通りにあるアスワン文化センターの隣のほか市街中心部に3ヵ所ほどある。

■■旅の情報収集■■

●**観光案内所**　アスワンの観光案内所は駅のすぐ前にあるのでわかりやすい。タクシーやファルーカの料金相場、見どころへのアクセス情報、音と光のショーのスケジュールなど、気さくに答えてくれる。

アスワン駅前の観光案内所

■■■■■中心部と島の見どころ■■■■■

「エレファンティネ島の玄関口」ではまずここに　マトゥハフ・アスワーン

アスワン博物館
متحف أسوان

| Aswan Museum | Map P.243C2 |

　エレファンティネ島にある博物館。コロニアル様式のレストハウスを改築して1912年に開館した。島内で発掘された遺物が集められている。カイロなど北の地方のものと比べると、その違いがわかっておもしろい。ガゼルのミイラなど、興味深い収蔵品もあるが全体的に展示品は少なく、30分ほどで見学できる。

渡河用ボートは頻繁に運航されているので対岸に行くときは便利

■**渡河用ボート**
24時間運航　料10£E

■**郵便局**
Map P.245B2
開8:00～17:00　休金・土

西岸にある岩窟墳墓群のチケット売り場

■**アスワンの観光案内所**
Map P.245A2
TEL(097) 244 0611
開8:00～15:00
休無休

■**パスポートオフィス**
Map P.245C1
開8:30～14:30　休金
コルニーシュ通りにある警察署内。3階（グランドフロアから数えると2階）に上がった左側の突きあたりの7番窓口。ビザ取得には写真1枚と住居の証明書、パスポートのコピーが必要で、基本的に在住者向け。ビザの延長は6ヵ月まで2090£E。

■**エレファンティネ島**
Map P.243C1~B2
■**アスワン博物館**
開7:00～16:00
（冬季8:00～17:00）
休無休
料200£E（学生100£E）
※チケットはクヌム神殿、ナイロメーターと共通

アスワン博物館別館

■クヌム神殿
開9:00～16:00
休無休
料200£E（学生100£E）
※チケットはアスワン博物館、
ナイロメーターと共通

アスワン博物館の本館

■ナイロメーター
開9:00～16:00
休無休
料200£E（学生100£E）
※チケットはアスワン博物館、
クヌム神殿と共通

クヌム神殿からナイロメーターへ

■キッチナー島
開8:00～17:00
休無休
料70£E（学生35£E）

キッチナー島の植物園

古王国時代からの遺跡のひとつ

マアバドゥ・フヌーム

معبد خنوم

クヌム神殿

世界遺産 Temple of Khnum　　　Map P.243C2

　アスワン博物館の裏側には遺跡が広がっている。最も大きなものがクヌム神殿。ほかに、土着の神であるサティ神を祀った神殿やヘカ神殿もある。近年修復が進んでいるが、まだまだ瓦礫の山と

ところどころに残る残骸がかつての神殿の大きさを物語る

いった雰囲気。神殿には非公開のものも多い。

ナイル川の氾濫を予測する

ミーヤース・イン・ニール

مقياس النيل

ナイロメーター

世界遺産 Nilometer　　　Map P.243C2

　クヌム神殿近くのナイル川沿いに2ヵ所あるのが、ナイロメーター。これは氾濫することが多かったナイル川の水位を測定するためのもの。ナイル川に下りていく90段の階段が造られていて、その階段の壁に目盛りが彫り込んである。この目盛りを使って水位を測ったといわれている。

オリジナルの水位目盛りは左側

島全体に熱帯植物が茂る

ゲズィーリト・イン・ナバータート

جزيرة النباتات

キッチナー島

Kitchener's Island　　　Map P.243B1～2

　イギリス支配時代にイギリス人将校キッチナーKitchenerが住んでいた島。キッチナーは19世紀末にスーダンで起こったマフディーの乱を鎮圧したことでも知られている。

緑豊かなキッチナー島

彼の部下には若き頃のウィンストン・チャーチルもいたとか。彼の趣味であった熱帯植物集めが高じて、島自体が植物園となった。

　現在では、島のアラビア語名が「植物の島」を意味するように、アジアやアフリカ産の熱帯植物がところ狭しと植えられている。ファルーカを借りて西岸とセットで回ってもらうとよい。

古代エジプトの岩壁画が見られる
サヘイル島
Sehel Island　　　　　　　　　　　　　　**Map P.243A1**

ゲズィーリト・スヘール

جزيرة سهيل

キッチナー島より4kmほど上流にある島。アスワンの町からファルーカで往復3〜4時間はみておこう。ナイル川第1カタラクト（急流）のすぐ下流にあり、古代から聖地とされてきた。エレファンティネ島の主神クヌム神の娘であるアキヌス神の神殿など、少なくともふたつの神殿が建っていたといわれる。250以上もの岩壁画は、島の南端、第1カタラクトを見下ろす岩山に見られる。

美しい中庭のある近代的博物館
ヌビア博物館
Nubian Museum　　　　　　　　　　　**Map P.243C2**

マトゥハフ・イン・ヌーバ

متحف النوبة

ヌビア人の生活風景をマネキンで再現

ユネスコの援助によって、アスワンの町の南にオープンした博物館。照明なども凝っており、先史時代からイスラーム時代にかけてのヌビア地方の歴史、習俗を中心に展示している。

歴史の展示では、ヌビア人の伝統的な生活風景をマネキンを使って再現していたりと、幅広いジャンルの展示が見られる。また、アブ・シンベル神殿をはじめとする遺跡の移築作業の模型も展示されている。

整備されたきれいな中庭にもさまざまな展示物があり、見応え十分の観光スポットだ。

ヌビア博物館

N

0　　100m

水路

メビアの家

ムスリムの墓　　石棺

WC

聖者廟

ヌビア文化
クシュ王国
ピラミッド時代　　ラムセス2世像　　キリスト教時代
円柱　　　石器時代　　　　　　　　イスラーム時代
　　　　　　ヌビアの大地
売店　階段　　　ユネスコ関係
円柱形オベリスク
入口

↓出口
←アスワン中心部へ
チケット売り場
正面入口
P.255 Basma H

← アスワン中心部へ
アスワン中心部へ →　アスワンダムへ →

■サヘイル島
🕐8:00〜16:00
🚫無休　💰100£E（学生50£E）

サヘイル島の岩山にある壁画のひとつ。左からジェセル、クヌム、サティ、イヌヒトの姿が描かれている

■ヌビア博物館
📞(097)231 9111
🔗egymonuments.com
🕐9:00〜17:00　🚫無休
💰300£E（学生150£E）
['24年秋以降400£E（学生200£E）]
💳M V
※クレジットカード払いのみ　⊗

ヌビア博物館のメインエントランス

アブ・シンベル神殿の移築がひと目でわかる

ガルフフセイン出土のラムセス2世像

オベリスクの周りにはサルの像が建っている

開8:00～16:00
休無休 料150£E(学生75£E)
['24年秋以降200£E(学生100£E)]
チケット売り場は坂道の上、左
側の小さな小屋。渡河用ボー
ト船着場から徒歩で約5分。鍵
のかかった墓の内部を見ると
きはバクシーシが必要。

ヌビア村の入口から見た岩窟墳墓

■聖シメオン修道院
アガ・ハーン廟の船着場から徒
歩約30分。ラクダも利用でき
る。岩窟墳墓群下の渡河用ボー
ト船着場からラクダで約45
分。往復で100～150£Eが相場。
開9:00～17:00
休無休 料100£E(学生50£E)

■アガ・ハーン廟
Map P.243C1
ファルーカで廟の真下まで行
くことができるが、丘の上へは
登れない。

アガ・ハーン廟はナイル川を見下ろす
丘の上に建つ

■ヌビア村
岩窟墳墓群の下の船着場の近
くから、小型乗合トラックが出
ているが、歩いても10分ほど。

ヌビア村への入口は岩窟墳墓群の
下にあるボート乗り場

旅の記念にヘナはいかが!?

━━━ 西岸の見どころ ━━━

人骨が散らばっている
岩窟墳墓群 (貴族の墓)
マアービル・イン・ヌバラー
مقابر النبلاء
世界遺産 Tombs of the Nobles　　　　Map P.243B2

　ナイル川西岸の丘の北。
エレファンティネ島を支配
していた古代エジプト、ロ
ーマ支配時代の貴族たち
の墓群。そのなかでもサレ
ンプト2世 (中王国時代)
とヘカイブの墓が見もの。

墓の内部には色鮮やかな壁画が残る

墓の内部やその付近には、人骨のかけらが無数に散らばっている。墓群のある丘からの
眺めがすばらしい。

ビザンツ時代の修道院跡
聖シメオン修道院
デール・イル・アンバー・スィマアン
دير الأنبا سمعان
世界遺産 Monastery of St. Simeon　　　　Map P.243B1

　もともとは聖ハトレ (またはヒド
ラ) 修道院という名前だったが、後
世の学者からは聖シメオン修道院
と呼ばれている。聖ハトレは4世紀
の修道士とされる。修道院の建物
は13世紀に廃墟となるまで、何度
も増改築された。保存状態はあま
りよくないが、壁画が残っており、
僧房や厨房もある。

廃墟となっているが、修道院の規
模はかなり大きい

　船着場近くの丘に見えるのがアガ・ハーン廟だ。アガ・ハー
ンはイスラーム・シーア派のニザール派の最高権力者で、第48
代イマーム。1957年に没した彼の墓は夫人によって建てられ
た。内部に入ることはできない。

のどかな生活がかいま見られる
ヌビア村
イル・アルイト・イン・ヌービーヤ
القرية النوبية
Nubian Villages　　　　Map P.243A1～2

　ヌビア村は岩窟墳墓群のある丘
から北に広がるヌビア人が暮らす集
落。西岸の船着場から小型の乗合
トラックが出ている。近年はホテル
が増えつつあり、有料で家の中を見
学させてくれるなど、観光地化が
進んでいる。ヘナと呼ばれる天然染
料でタトゥーを施してくれる店も人
気で、デザインはヌビア風のきれい

住居の壁はカラフルに塗られている

な幾何学紋様。3週間ほど消えないので注意したい。

南部の見どころ

聖なる島
イシス（フィラエ）神殿

マアバドゥ・フィーラ

معبد فيله

世界遺産 Temple of Isis(Philae)　　　Map P.243A1

フィラエ島は、古代エジプトでは聖なる島とされていた。神話では、この島はオシリス神の島であり、イシス神がホルス神を生んだ島でもあった。イシス神殿の至聖所にはそのシーンを描いたレリーフがあるので必見だ。

この島では古代エジプト末期王朝時代からローマ支配時代にさまざまな神殿が建てられた。なかでも最も重要な建物はイシス神殿。またハトホル神殿や後に建てられた教会の遺跡もあり、コプト十字が残っている。

この美しい神殿群も、アブ・シンベル神殿と同様、アスワンハイダムができてから水没する運命にあった。そこで隣の現在地アギルキア島への移転が行われ、1980年に完了した。

船着場まではアスワン市内からタクシーで、往復約200 £Eが目安。チケット売り場の裏が船着場で、島内待機1～2時間込みで昼間1艘200 £Eが公定料金。乗り合いも一般的なので、ほかのグループと一緒になれば安く済む。料金は確認しないと当然ぼったくられる。また、島では、音と光のショーも催されている。夜に時間のある人はぜひ行ってみよう。

■イシス神殿
URL egymonuments.com
開 7:00～17:00　**休** 無休
图 450£E（学生225£E）
［'24年秋以降550£E（学生275£E）］
━ M V
音と光のショー **图** 20US$
※クレジットカード払いのみ。
島への渡し船は、10人以上でひとり20£E（最低1隻200£E）。ぼったくりが多いので注意。

音と光のショー 上演スケジュール		
	19:00	20:00
月曜	英	英仏独 アラビア語
火曜	仏	スペイン語
水曜	仏	スペイン語
木曜	仏	スペイン語
金曜	英	英仏独 アラビア語
土曜	英仏独 アラビア語	アラビア語
日曜	英仏独 アラビア語	英仏独 アラビア語

※2回目のショーは、外国人参加者が5人以下だと催行しない。スケジュールは予告なく変更の可能性あり。最新のスケジュールは下記で確認することができる。
URL soundandlight.show

イシス神殿の塔門はかなり大きい

イシス神殿の至聖所のレリーフ

アウグストゥス
礼拝堂

●教会

ハドリアヌスの門
至聖所
列柱室
イシス神殿　●第2塔門
　　　　　　誕生殿
　　　　　　前庭　　　　　●ハトホル神殿
　　　第1塔門
ナイロメーター
　　　　　　　　●トラヤヌスの
列柱　　　　　　　キオスク　　　ナ
　　　列柱　　　　　　　　　　　イ
外庭　　　　　　　　　　　　　　ル
　　　　　小ナイロメーター　　　川
　　　　　　　　音と光の
　　　　　　　　ショー
　　　　　　　　観客席
ネクタネボ1世の
キオスク
　　　　●船着場

N
0　　50m

アギルキア島
جزيرة أجيلكيا

イシス神殿

切りかけのオベリスク

コルニーシュ通りの終点から徒歩で所要約20分。アスワンの市内ツアーで立ち寄ることもできる。

URL egymonuments.com
圃7:00〜17:00　休無休
圏200£E（学生100£E）
['24年秋以降220£E（学生110£E）]
━ M V
※クレジットカード払いのみ

作成途中のオベリスク

■アスワンダム

ダムの上を、空港やアブ・シンベルへの道路が通っている。アスワン市内からアスワンハイダム西側の集落スィッド・アーリ行きのマイクロバスで行くことができる。

イシス神殿から眺めたアスワンダム

■アスワンハイダム

圃7:00〜16:00
圏100£E（学生50£E）
撮影厳禁（兵士が常駐）

高い石切り技術

切りかけのオベリスク

世界遺産 Unfinished Obelisk　　　Map P.243C2

イル・ミサッラ・インナーイサ
المسلة الناقصة

コルニーシュ通りの終点から1kmほど南下、左側に曲がって15分ほど歩くと古代の石切り場がある。そこにある切りかけのオベリスクは、古代の石切り技術がわかって興味深い。

まず石に切り込みをつけてそこに木のくさびを数ヵ所打ち込み、次にくさびを水で濡らす。するとくさびが膨張し、自然に石が割れるのだ。切り口はほとんど凹凸がなく、滑らかに切れるそうだ。切りかけのオベリスクは長さ42m、重さはなんと1168トンと推定されている。完成すればエジプト最大となったはず。

またこの入口には、8〜12世紀のムスリムの墓地が広がっている。ファーティマ朝期のものが多く、丸屋根が特徴的。

空港から町に行くとき必ず通る

アスワンダム

Aswan Dam　　　Map P.243A1

ハッザーン・アスワーン
خزان أسوان

イギリス支配時代の1898年にイギリスが着工し、1902年に完成したダム。完成時は世界最大のダムだった。長さ2140m、高さ51m。花崗岩製。当時爆発的に増加する人口に対し、毎夏氾濫するナイル川をコントロールすることでエジプト農業の生産性向上を図り、問題を解決しようとした。しかし結局この目的は達成されず、さらにアスワンハイダムを建設することとなった。

現代の巨大建造物

アスワンハイダム

Aswan High Dam　　　Map P.243B1

イッサッドゥ・イル・アーリ
السد العالى

アスワンハイダムからの眺め

アスワンの町から南方約12kmの地点にある、幅3600m、高さ111mの巨大なダム。体積はクフ王のピラミッドの92倍にあたる2億379万m³（東京ドーム約164個分）。1970年にソ連の協力によって完成した、エジプトが誇る現代の巨大建築だ。ここから上流に向けて、全長500kmに及ぶ人造湖、ナセル湖が続いている。なお、湖の面積は、琵琶湖の7.5倍といわれている。

252

ヌビアの神に捧げられた
カラブシャ神殿

マアバドゥ・カラーブシャ
معبد كلابشة

世界遺産 Temple of Kalabsha

Map P.243B1

カラブシャ神殿の塔門

ベイト・イル・ワリ神殿にあるホルス神の壁画

ほかのヌビア地方の遺跡同様、ナセル湖の水面下に沈まぬよう1970年、ドイツにより現在の位置に移された。

もともとは、アスワンの南約50kmにある古代エジプトのタルミスという町にあった。タルミスは、新王国時代第18王朝まで存在し、神殿建設にはアメンホテプ2世やトトメス3世が寄与している。後にプトレマイオス朝、ローマ支配時代を通して再建が行われた。この神殿の特徴は、ヌビアの神々に捧げられたこと。太陽とも関わりのあるヌビアの豊作の神マルルや、デドウェン神が信仰の中心だった。

カラブシャ神殿の敷地内には、アスワン南方約40kmの地から救われた、グレコローマン時代建立のケルタシのキオスクやラムセス2世が建てたベイト・イル・ワリ神殿の一部が移設されている。

■**カラブシャ神殿**
アスワンハイダムの西端にある船着場からボートで行く。料金は要交渉。またはアスワンのホテル発着のツアーなどでひとりあたりおよそ250£E。
URLegymonuments.com
圏8:00〜16:00
休無休
圏150£E（学生75£E）
［'24年秋以降200£E（学生100£E）］
■M V
※クレジットカード払いのみ。
2023年10月からカラブシャ神殿を訪れるには許可証（400£E程度）が必要となった。手続きについてはアスワン駅そばの観光案内所（→P.247）で確認しておこう。

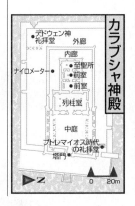
カラブシャ神殿

日本からホテルへの電話
国際電話識別番号010＋国番号20＋市外局番の最初の0を取った掲載の電話番号

安宿はスーク周辺に点在している。1泊200〜300£Eクラスの安い宿も何軒かあるが、アブ・シンベルへの日帰りツアーを希望する人は、ツアー料金とセットで考える必要がある。アスワンはホテル料金が安いので、贅沢してエアコン付きの部屋に泊まるのもよい。高級ホテルは、市南部の小高い丘の周辺や中洲の小島がそのままホテルになっている。

駅周辺とスーク通り

ヌル・ハン Noor Han Hotel

経済的　Map P.245A2

فندق نورهان ヌールハーン・ホテル

🏠Saad Zaghloul St.
شارع سعد زغلول
TEL(097)244 0064
👤❌📶🚿🛁📺▶200£E
👥❌📶🚿🛁📺▶250£E
👤❌📶🚿🛁📺▶220£E
👥❌📶🚿🛁📺▶300£E
🖥£E　━不可

アスワン駅から徒歩5分。スークに入ってすぐという好立地にある。さまざまなタイプの部屋があり、エアコン付きはシングル350£E、ダブル400£E。屋上にルーフガーデンがある。
📶レセプション周辺

サファ El-Safa Motel

فندق الصفا　フンドゥク・イッサファー

住Next to the Railway Station
بجوار محطة القطار
TEL(097) 231 4672
👤🏿📶➡🛏200£E
👥🏿📶➡🛏250£E
💳£E
💰不可

サアド・ザグルール通りを北に進み、ガソリンスタンドを過ぎた左側にすぐ見えてくる。全39室で、客室はシンプルだが、清潔にされている。このクラスの宿には珍しくレストランとカフェもある。
📶全館

ヤスィーン Yaseen Hotel

فندق ياسين　フンドゥク・ヤスィーン

住Saad Zaghloul St.
شارع سعد زغلول
TEL(097) 244 0009
📱012 8393 9033
👤🏿📶➡🛏300£E
👥🏿📶➡🛏400£E
💳£E
💰不可

ヌル・ハン・ホテルの横にある。部屋の設備は古いが掃除は行き届いているのでバックパッカーにも好評。洗濯機は無料で使用できる。アブ・シンベルへのツアーは800£E。
📶全館

クイーン・エヌ Queen N Hotel

فندق كوين نور هان　フンドゥク・クイーン・ヌールハーン

住First of Atlas St.
شارع اول اطلس
بجوار حلوانى السيد البدوى
TEL(097) 232 6069
🏿📶➡🛏200£E
👥🏿📶➡🛏250£E
💳£E　💰不可

駅から徒歩約3分。全室にテレビ、ミニバー付き。やや狭いがエレベーターも設置されている。スタッフはフレンドリーで好感が持てる。アブ・シンベルへのツアーは300£E。
📶全館

オスカル Oscar Hotel

فندق اوسكار　フンドゥク・オスカル

住El-Barka St.
شارع البركة
TEL(097) 231 0742
👤🏿📶➡🛏250£E
👥🏿📶➡🛏350£E
💳£E
💰不可

スーク通りの1本東側のバルカ通りにある。ガラス張りの外観が印象的な建物。老朽化しているが、ほとんどの部屋にバスタブが完備してある。
📶レセプション周辺

パラダイス Paradise Hotel

فندق باراديس　フンドゥク・パラダイス

住Saad Zaghloul St.
شارع سعد زغلول
TEL(097) 232 9690
👤🏿📶➡🛏500£E
👥🏿📶➡🛏600£E
💳£E
💰不可

駅側からスークの門をくぐってすぐ左側にある、全60室のホテル。ホテルは6階建てなので、駅からもよく見える。エレベーターも完備している。一部バスタブ付きの部屋もある。
📶レセプション周辺

クレオパトラ Cleopatra Hotel

فندق كليوباترا　フンドゥク・クレオパトラ

住Saad Zaghloul St.
شارع سعد زغلول
TEL(097) 246 4270
✉cleopatrahotelaswan@gmail.com
👤🏿📶➡🛏77US$
👥🏿📶➡🛏84US$
💳US$ € £E
💰MV

駅からスークを約5分歩いた左側に位置する。コルニーシュ通り周辺にあるハピ・ホテルの系列店だが、全室バスタブ完備の分こちらのほうがやや高級感がある。アブ・シンベルへのツアーは400£E。
📶全館

コルニーシュ通り沿い

マルハバ・パレス Marhaba Palace Hotel

中級　Map P.245A2

فندق مرحبا بالاس フンドゥク・マルハバ・パラス

🏨Kornish El-Nil
كورنيش النيل
📞(097)244 0102
📱012 7587 5587
🌐www.marhaba-aswan.com
🛏️A/C🚿📺📶🍴845£E
👫A/C🚿📺📶🍴1220£E
💲US$ € £E ━MV

3つ星だが、部屋の設備は最新。スイミングプールやジム、スパ、レストランなどを備えており、4つ星にも負けない設備が自慢。ルーフトップからのナイル川と西岸の眺めもすばらしい。
📶全館

フィラエ Philae Hotel

中級　Map P.245C1

فندق فيله フンドゥク・フィーラ

🏨Kornish El-Nil 79
٧٩ كورنيش النيل
📞(097)246 5090
📱011 1901 1995
✉️philaehotel@gmail.com
🛏️A/C🚿📺📶🍴1000£E
👫A/C🚿📺📶🍴1200£E
💲US$ € £E
━AMV

コルニーシュ通りにある2つ星ホテル。衛星放送が映るテレビや、冷蔵庫、バスタブと豪華な設備が自慢。キッチン付きのスイートもある。スタッフやオーナーも英語が通じる。全20室。アブ・シンベルへのツアーは400£E。
📶レセプション周辺

ハピ Hapi Hotel

中級　Map P.245B1

فندق حابي フンドゥク・ハビ

🏨Abtal El Tahrir 10
١٠ أبطال التحرير
📞(097)245 5030
📱012 1081 4536
✉️info@hapihotelaswan.com
👫A/C🚿📺📶🍴60US$
👫A/C🚿📺📶🍴70US$
💲US$ € £E ━MV

コルニーシュ通りの一本裏にある。同クラスの宿に比べ、建物は新しく、清潔感にあふれている。全65室の客室は4種類のタイプがあり、最高級の部屋はナイルビュー。ランドリーサービスもある。
📶全館

西岸

ヌビアン・ホリデー・ハウス・アスワン Nubian Holiday House Aswan

中級　Map P.243B2

نوبيان هوليداي هاوس أسوان ヌビヤン・ホリデイ・ハウス・アスワーン

🏨Abu El-Rish Qebli
أبو الريش قبلي
📱011 2429 4349
✉️habbisaad49@gmail.com
🛏️A/C🚿📺📶🍴34US$〜
👫A/C🚿📺📶🍴36US$〜
💲US$ £E
━个可

西岸の船着場から徒歩5分のゲストハウス。周囲は騒がしい東岸と異なり、小鳥のさえずりが聞こえるほど静か。客室は全7室で広々とした談話室や共用キッチンもある。屋上からの眺めもよい。
📶全館

高級ホテル

バスマ Basma

高級　Map P.243C2

فندق بسمة اسوان フンドゥク・バスマ・アスワーン

🏨El Fanadek St.
شارع الفنادق
📞(097)248 4001
🌐www.basmahotel.com
🛏️A/C🚿📺📶🍴78〜104US$
👫A/C🚿📺📶🍴92〜122US$
💲US$ € £E
━AJMV

ヌビア博物館のすぐそばにある4つ星ホテル。最近リノベートされたため客室もきれい。敷地は広く、中心部にプールが置かれており、客室はプールを取り囲むようにある。
📶全館

ソフィテル・レジェンド・オールド・カタラクト Sofitel Legend Old Cataract 最高級 Map P.243C2

سوفيتيل ليجند أولد كتراكت ソフィテル・レゲンド・オールド・カタラクト

伝統と格式ある重厚な雰囲気のある、エジプトを代表するラグジュアリーホテル。ハワード・カーターやウインストン・チャーチルなど、名だたる要人がこぞってここに宿泊しており、アガサ・クリスティはここでの滞在中にアスワンとナイルクルーズ（現在のナセル湖クルーズ）を舞台にした推理小説『ナイルに死す』の執筆をしたといわれている。併設するレストラン「1902」はドレスコードがあり、正装の必要がある。

🛜全館

🏠Abtal El-Tahriir St.　شارع ابطال التحرير
☎(097)231 6000
日本の予約先📞(03)4455-6404
URLall.accor.com
🚹/👫A/C🛏💺➔□380US$〜
💳US$ € £E ─A D M V

トリップ・アスワン TOLIP Aswan　　高級 Map P.243B2

توليب أسوان トリーブ・アスワーン

アスワンの町の北にあり、鉄道駅からは徒歩10分程度の所にある。ナイルビューの部屋にはバルコニーが付いており、ナイル川を行き交うファルーカやクルーズ船を眺めながらのんびりと過ごせる。

🛜全館

🏠Kornish El-Nil
كونيش النيل
☎(097)232 8824　✉info@tolipaswan.com
URLwww.tolipaswan.com
🚹A/C🛏💺➔□100US$〜　👫A/C🛏💺➔□120US$〜
💳US$ € £E ─M V

メーヴェンピック・リゾート・アスワン Mövenpick Resort Aswan　高級 Map P.245B1

موفنبيك أسوان モヴェンピーク・アスワーン

エレファンティネ島の北部にあり、どこからでも見える高層建築。全404室あり、室内は広く、機能的にまとまっている。360度が見渡せるパノラマ・レストランからは眼下にナイル川が見られる。アスワン中心部へはホテル専用のボートが頻繁に往来しているのでアクセスもよい。

🛜無料

🏠Elephantine Island　جزيرة الفانتين
☎(097)245 4455　日本の予約先📞(03)4455-6404
URLwww.movenpick.com
✉resort.aswan@movenpick.com
🚹A/C🛏💺➔□180US$〜　👫A/C🛏💺➔□200US$〜
💳US$ € ─A D M V

ピラミサ・イシス・アイランド Pyramisa Isis Island Resort & Spa Aswan　高級　Map P.243C1

بيراميزا إزيس آيلاند ピラミザ・イズィース・アイランド

جزيرة إيزيس

📧Isis Island
📞(097) 248 0200
🌐pyramisahotels.com
📧info@pyramisahotels.com
🛏️A/C📺🛁📞📶🍴80US$
🛏️🛏️A/C📺🛁📞📶🍴100US$
💰US$ € £E
💳MV

島全体がホテルになっており、全室ナイルビュー。敷地内にはプールやスポーツ施設、サウナ、マッサージなどの各種設備が多く揃う。エジプトエアーのオフィスの向かい側 (Map P.245C1) から専用無料送迎ボートが出ている。食事は朝夜ともにバイキング形式。
📶全室

RESTAURANT

レストランは駅前やスーク、ナイル川沿いにある。特に、スークや駅前では60£E以下でおなかいっぱい食べられる庶民的な店や軽食店も多い。中級レストランはナイル川沿いに数軒並んでいる。イタリア料理などのレストランは高級ホテル内にある。

アビール Abeer　　　　　　　　　　庶民的　エジプト料理

مطعم عبير マトゥアム・アビール

Map P.245A2

📧Abtal El-Tahriir St.
شارع ابطال التحرير
📱012 2345 5885
🕐8:00〜翌3:00
🈳無休
💰£E
💳不可

旅行者以上に地元の人に支持されているエジプト料理店。店頭では大将が黙々とコフタを焼いており、いい匂いがするのですぐわかる。コフタは4分の1kgで120£E。テイク・アウェイもでき、店頭はいつも地元の人でにぎわっている。カバーブのセットが210£E。

コシャリ・イッサフワ Koshary El-Safwa　　　　庶民的　コシャリ

كشري الصفوة コシャリ・イッサフワ

Map P.245A2

📧El-Shahid Mahrous St.
شارع الشهيد محروس
📱011 1879 9441
🕐24時間
🈳無休
💰£E
💳不可

アスワンにある数少ないコシャリ専門店。駅からスークを歩いて最初に交差する通り沿いにある。サイズは3種類から選ぶことができ15〜35£E。店内で食べると、スナックと水が提供されることもあるが、別料金なので注意しよう。

アスワン・ムーン Aswan Moon　　　　　　中級 🍷　エジプト料理

مطعم اسوان مون マトゥアム・アスワン・ムーン

Map P.245B1

📧Kornish El-Nil
كورنيش النيل
📞(097) 245 4109
🕐8:00〜翌1:00
🈳無休
💰US$ € £E
💳不可

ナイル川にボートのように浮かぶ観光客向けレストランで人気の高い店。景色がよいぶん、値段も若干高め。代表的なエジプト料理のほか、スパゲティやピザもある。メインの料理は140〜230£E。アルコール類も提供しており、500mℓのステラビールは95£E。

シェフ・ハリール Chef Khalil　　　　　　　中級　シーフード

مطعم شيف خليل マトゥアム・シェフ・ハリール

Map P.245A2

📧Saad Zaghloul St.
شارع سعدز غلول
📞(097) 244 0142
🕐12:00〜翌1:00
🈳無休
💰£E
💳MV

駅前からスークの門をくぐってすぐ左側にある、魚料理の専門店。ナイル川や紅海で取れた魚介類をメインに出し、味は地元でも評判。サラダなどが付いたセットメニューは200〜350£E。ミックスプレートは500£E。税+サービス別途22%。

ナセル湖に映える巨大神殿
アブ・シンベル Abu Simbel

أبو سمبل アラビア語：アブ・スィンベル

市外局番097

■**アブ・シンベルへの行き方**
●**カイロ（→P.71）から**
✈毎日1〜2便程度（アスワン経由）
●**アスワン（→P.242）から**
✈人数が少なければ欠航の可能性あり。予約状況や季節、曜日によって変動することが多いので、確認しよう。特に日曜は減便が多く、便がないこともある。
8:05、10:40、13:10発
帰りは9:20、11:55、14:25発
所要約45分
🚌8:00、17:00発
帰りは6:00、13:00発
行きの17:00発と帰りの6:00発は運休の可能性あり。
所要約4時間　運賃:70£E
定期便のバス以外にも満員になったら出発するマイクロバスがあり、同じバス停を利用している。運賃は70£E。
🚗ホテルや旅行会社からのツアーがある

アスワンから続く一本道をひたすら進む

高さ20mのラムセス2世像が並ぶアブ・シンベル大神殿

　アブ・シンベル神殿は、アスワンの南約280km、ナセル湖のほとりにある。ナイル川下流からは北回帰線を越え、スーダンとの国境まであとわずか。エジプト最南端の見どころである。

　この神殿は、アスワンハイダム建設時に神殿が水没の運命にさらされ、ユネスコが国際キャンペーンにより救済した。1964年から68年にかけて工事が行われ、大小ふたつの神殿をブロックに切断する方法で、もとの位置より約60m上にそっくり移動することに成功したのだ。

旅のモデルルート

飛行機でカイロ、ルクソールからも行くことができるが、アブ・シンベルへはアスワンを起点とするのが一般的だ。

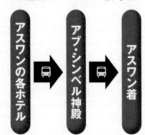

アスワンの各ホテル ➡ アブ・シンベル神殿 ➡ アスワン着

3:00〜4:00　　7:30〜9:30　　12:30〜14:00

1 ツアーバスで訪れるアブ・シンベル神殿

　アスワンの各ホテルから出ているツアーは、だいたいこのようなスケジュールとなる。料金は300〜400£E前後（入場料別）。エアコン付きバスが大半だが、水分補給などの準備は万端に。ツアーバス利用者専用の無料トイレがバス乗り場とチケットセンターの間にある。ツアー会社はどれも似たような車種を使うので、到着時に車体側面のロゴマークが見えるように写真を撮っておこう。

アブ・シンベル空港
مطار أبو سمبل

アブ・シンベル神殿周辺

ビジターセンター
チケット売り場
みやげ物店
R Abu Simbel Cafe ●●● ATM
音と光のショー
P.262 チケット ● 出入口
トイレ
ツアーバス
駐車場
N
0　　　200m

コンクリートのドーム
アブ・シンベル小神殿 ●
P.263
アブ・シンベル大神殿 ●
P.260
音と光のショー
客席

ナセル湖
بحيرة ناصر

ファラオ中学校
مدرسة الفراعنة الإعدادية

アスワンへ

Manid St. شارع مانيد

アスワン・アブ・シンベル・ロード

アブ・シンベル国際病院
مستشفى أبو سمبل الدولي

H Merit
P.264
H アスワン行きバス
H Eskaleh Eco-Lodge
P.264
スーク
ラフマーン・モスク
مسجد الرحمن
アブ・シンベル文化会館
قصر ثقافة أبوسمبل
市議会
مجلس مدينة أبو سمبل
アブ・シンベル病院
مستشفى أبو سمبل العام
マハバド通り
B ✉
P.259
H Tuya
P.264
パスポートチェック
ビジターセンター
チケット売り場
右上図参照
N
0　　　500m
Seti P.264
H Abu Simbel
ounaty R
coffee P.264
みやげもの通り
ツアーバス駐車場
P.260 アブ・シンベル神殿
معابد أبو سمبل
音と光のショー客席

アブ・シンベル

■暑さ対策を忘れずに
アブ・シンベルでは日中に観光することが多いが、またここが暑い。気温が40℃を超えることはザラ。ときには50℃を超えることだってある。もちろんミネラルウオーターやサングラス、帽子は冬であっても必携。

ツアー利用者専用トイレ

ツアーはアスワンのホテル発着

■郵便局　Map P.259
圏8:00〜15:00　休金・土

アブ・シンベル空港

上空から見下ろしたアブ・シンベルの町

====== 歩き方 ======

●**アブ・シンベルの町**　アブ・シンベルの人口は約3000人。空港から神殿の中間ぐらいに町が広がっており、食堂や雑貨店が集まるスークもある。メインストリートが1本あるだけなので迷うことはない。町の中心は橋の北側にある広場。アスワン行きのバスやマイクロバスが発着する。

■空港から神殿へ■

●**荷物を預ける**　カイロやアスワンからアブ・シンベルに飛行機で日帰りで行く人は、到着の約3時間後の指定の便で戻る。カウンターで預けた大きな荷物はエジプトエアーが帰りの便に積み換えてくれる。ただしアブ・シンベルで1泊する人は荷物を受け取ろう。

●**シャトルバスに乗る**　飛行機の到着に合わせてエジプトエアーの無料送迎バスが待っているので、それに乗ろう。乗客の数に合わせて何台か来ているから座れないということはまずない。神殿まで行って、帰りの飛行機の時間に合わせて

ビジターセンター内にはアブ・シンベル神殿の移設の過程などを解説する展示がある

■アブ・シンベル神殿
Ｕ [URL] egymonuments.gov.eg
圓5:00～17:00
（音と光のショー見学者は一度出てチケットを買い直す）
⑯無休
圈600£E（学生300£E）
[’24年秋以降750£E（学生375£E）]
2/22と10/22は900£E（学生450£E）
[’24年秋以降1200£E（学生600£E）]
神殿移設ドキュメンテーションセンターの入場料込み
━⑯ⓋⓋ
※クレジットカード払いのみ。
⬛携帯電話のカメラはOK
⑯内部不可

朝日に照らされる神殿奥の至聖所。この現象が起きるのは毎年2月22日と10月22日前後

入口の上にあるホルス神像

戻ってくれる。空港前のタクシーはたまに1台ほど停まっているぐらいなので、あまり期待しないほうがよい。
●**帰りのバス**　帰りは約2時間後に空港行きのバスが出る。もし乗り遅れると、預けた荷物だけが先に行ってしまうので要注意。

■町から神殿へ■
●**アスワンからのバス**　アスワンからのバスはアブ・シンベルの町の広場に到着する。ここから神殿へは徒歩20分ほど。一本道のうえ、神殿の山が東側に見えるので迷うことはない。この区間に市内バスなどはないが、一般車両のドライバーと交渉すればタクシー代わりでいってくれることも多い。

━見どころ━

世界遺産といえば　　マアバドゥ・アブー・スィンベル・イル・アクバル

アブ・シンベル大神殿

معبد أبو سمبل الأكبر

世界遺産 Great Temple of Ramses 2　　　　**Map P.259**

　この大岩窟神殿を建設したのは、古代エジプト新王国時代第19王朝のラムセス2世。今から約3300年前のことだ。ラムセス2世は、カルナック神殿やルクソール神殿に自分自身の巨像を多く残していることからもわかるように、自己顕示欲が強かったといわれている。数多い遺跡のなかでも極めつけがこのアブ・シンベル神殿だ。大神殿正面の4体のラムセス2世像の前に立つと、ナイル川の果てに、これほどの巨大建築物を造らせたラムセス2世の強大な権力に驚いてしまう。砂に埋もれかけていた神殿は1813年にスイスの探検家ブルクハルトによって発見された。

　正面の4体のラムセス2世の巨像は高さ20m。その大きさには圧倒されるばかり。巨像の上を見上げると、日の出を喜ぶ22体のヒヒ像が並んでいる。入口手前の壁には向かって右側にシリア人捕虜、左側にヌビア人捕虜が縄でつながれた姿が、顔つきも体つきも異なって描かれている。隣には上下エジプト統一のレリーフがある。

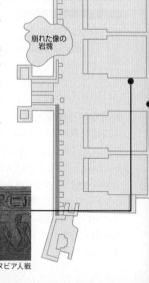

小礼拝堂

婚儀の碑

崩れた像の岩塊

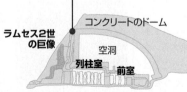

ラムセス2世の巨像
コンクリートのドーム
空洞
列柱室　前室

入口近くの壁に描かれたヌビア人戦争捕虜のレリーフ

アブ・シンベル神殿発掘史

　古代エジプト以降、長らくその存在が忘れられていたアブ・シンベル神殿だが、再び脚光を浴びるのは19世紀になってからだ。

　1813年に、スイス生まれの東洋学者ヨハン・ルートヴィヒ・ブルクハルトは、砂に埋もれていたアブ・シンベル神殿の上部分を発見した。その後、彼はイタリア出身の探検家ジョヴァンニ・バッティスタ・ベルツォーニにその遺跡について語る。その話に興味が湧いたベルツォーニはアブ・シンベルを訪れ発掘を始めたが、あまりにも砂の量が多く、

その年はすべてを撤去することはできなかった。その4年後の1817年に彼は再びアブ・シンベルを訪れ、今度は神殿の入口を発見する。

　しかし、歴史的な大発見にもかかわらず、ベルツォーニは不満だったといわれている。なぜなら神殿内からは目立った遺物が発見されなかったからだ。実はベルツォーニはこの砂に埋もれた神殿からは多くの宝が発見されるであろうとおおいに期待していたのである。それでも壁画や列柱はすばらしい芸術品であると賞賛していた。

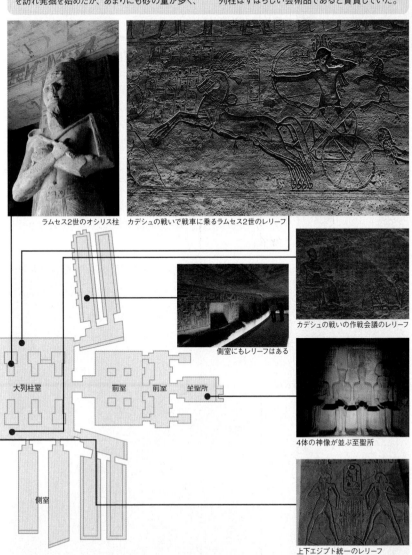

ラムセス2世のオシリス柱　カデシュの戦いで戦車に乗るラムセス2世のレリーフ

カデシュの戦いの作戦会議のレリーフ

側室にもレリーフはある

大列柱室　　前室　　前室　　至聖所

4体の神像が並ぶ至聖所

側室

上下エジプト統一のレリーフ

オシリス柱が並ぶ列柱室のさらに先には至聖所が見える

内部のいたるところに壁画が描かれている

ラムセス2世像とそのひざの下にあるネフェルタリの像

●**大列柱室のレリーフ**　神殿の大列柱室は、オシリス神の姿をした高さ10mのラムセス2世の立像8体で構成されている。大列柱室の両側の壁のレリーフは、ラムセス2世のカデシュ（現在のシリア）でのヒッタイトとの壮大な戦闘場面を描いたもの。戦車に乗り、敵に向かって弓を引く勇壮なラムセス2世の姿は躍動的だ。

●**前室**　列柱室の奥の前室には、ラー・ホルアクティ神やアムン・ラー神に捧げ物をするラムセス2世のレリーフ、王妃ネフェルタリのレリーフがみごとだ。

●**至聖所**　神殿の一番奥にある至聖所には、右からラー・ホルアクティ神、神格化されたラムセス2世、アムン・ラー神、プタハ神の座像が並ぶ。

●**神殿の岩山内部**　神殿は、いくつかのブロックに切られて今の場所に移されたが、なんと岩山の中に大ドームを造り、その中に神殿が納められている。ドームの入口は大神殿の向かって右側。中は工場のようになっており、神殿がコンクリートで支えられている。古代建築と最新技術が融合したユニークな光景だが、安全上の問題から、入場できない。

神殿の岩山に美しい映像が映し出される

音と光のショー

アルド・イッソートゥ・ワ・ッダウ
عرض الصوت والضو

Sound and Light Show	Map P.259

　アブ・シンベル神殿の音と光のショーは、神殿をライトアップさせるだけでなく、プロジェクターを使い、神殿の岩山をスクリーンに見たて、美しい映像をスクロールさせる迫力のあるもの。

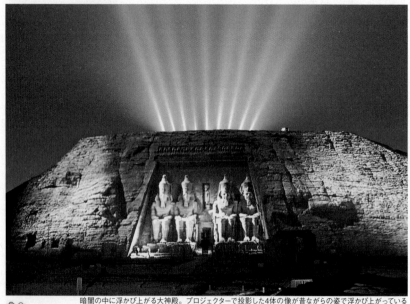
暗闇の中に浮かび上がる大神殿。プロジェクターで投影した4体の像が昔ながらの姿で浮かび上がっている

ユネスコによる神殿の救済から始まり、ラムセス2世とネフェルタリのむつまじい夫婦愛、ラムセス2世の治世やヒッタイトとの抗争など、彼の偉大さを語る歴史絵巻のような構成になっている。座席の下にイヤホンジャックがあり、スイッチをひねれば言語の選択が可能。日本語もある。

ラムセス2世にまつわる歴史を中心としたショー

■音と光のショー

チケット売り場はみやげもの屋の神殿入口側2軒目にある。1回目はエジプト人10人もしくは外国人の見学者が5人以上いないと開催されない。2回目も外国人の見学者が5人以上いないと開催されない。ヘッドホンで選択可能な言語は英語、フランス語、ドイツ語、スペイン語、イタリア語、日本語、アラビア語など。スケジュールは予告なしに変更されることがある。詳しくは、下記ウェブサイトを参照。

URL soundandlight.show
開 1回目19:30～、2回目20:30～
休 無休 **料** 20US$

ラムセス2世の家族が刻まれた　マアバドゥ・アブー・スィンベル・イル・アスガル
アブ・シンベル小神殿
معبد أبو سمبل الصغير

世界遺産 Temple of Hathor　　　　**Map P.263**

ネフェルタリとハトホル神に捧げられたアブ・シンベル小神殿

雌牛に化身したハトホル神に捧げ物をするレリーフ

　ラムセス2世が王妃ネフェルタリのために建造した岩窟神殿。大神殿と比べると確かに小さいが、それでも正面にラムセス2世の立像4体とネフェルタリ2体が並ぶ姿は圧巻。足もとには彼らの子供たちの像が刻まれている。中の列柱室にはハトホル神のレリーフの彫られた柱があり、王妃の彩色レリーフが壁画を飾っている。ラムセス2世がハトホル神の化身である雌牛に捧げ物をするレリーフも必見。

アブ・シンベル小神殿

N
0 — 10m

至聖所
❶ 前室 ❷
列柱室
王像　王像　王像　王像
王妃像　　王妃像

❶❷牛に化身したハトホル神に捧げものをするレリーフ

アブ・シンベル小神殿列柱室のハトホル柱

HOTEL

音と光のショーや日の出を見るには、ここに宿泊しないと難しい。ホテルは中級以上がほとんどで、あまり経済的なホテルはない。送迎バスでホテル名を運転手に告げ、途中下車しよう。

メリト Merit

経済的 Map P.259

فندق ميريت フンドゥク・メリト

住Abu Simbel Touristic Village
داهر قرية ابو سمبل السياحية
☎010 0194 1918
♦A/C📶💦🚿◻40～50US$
♦♦A/C📶💦🚿◻60～70US$
◫US$ € £E
━不可

小規模なホテルで、10室がエアコン付き。オーナーは英語が堪能で、同系列のトゥヤ・ホテルのレストランやアブ・シンベル神殿への送迎を頼める。　**令**全室

トゥヤ Tuya

中級 Map P.259

فندق تويا フンドゥク・トゥヤ

住El-Maabad St.
شارع المعبد
TEL(097) 340 0002
♦A/C📶💦🚿◻60～65US$
♦♦A/C📶💦🚿◻85～95US$
◫US$ € £E
━不可

メリトと同じオーナーのホテル。アブ・シンベル神殿に最も近いホテルのひとつ。レストランを併設しており、昼食のセットは200£E、夕食のセットは225£E。
令なし

エスカレ・エコロッジ Eskaleh Eco-Lodge

中級 Map P.259

فندق اسكاله إيكو لوجي フンドゥク・イスカラーハ・エコ・ロージ

住Abu Simbel
ابو سمبل
TEL(097) 340 1288
♦A/C📶💦🚿◻80～100US$
♦♦A/C📶💦🚿◻110～120US$
◫US$ € £E
━M V

ホテルの名称のとおり、外観はもちろん、内装も伝統的ヌビア様式で建てられている。敷地内にはボート乗り場があり、チャーターしてナセル湖からアブ・シンベル神殿を眺めることができる。　**令**全館

セティ Seti Abu Simbel Hotel

高級 Map P.259

فندق سيتي ابو سمبل フンドゥク・スィティ・アブ・スィンベル

住Abu Simbel Touristic Village
داهر قرية ابو سمبل السياحية
TEL(097) 340 0720
TEL011 1600 0540(予約)
URLwww.setifirst.com
♦A/C📶💦🚿◻250US$
♦♦A/C📶💦🚿◻300US$
◫US$ € £E　**━**M V

アブ・シンベルの町からは橋を渡って、右折し直進した所。全142室がレイクビューの豪華リゾートホテル。敷地内には色とりどりの花が咲き乱れる。朝食24US$、昼食34US$、夕食36US$。
令公共エリア

RESTAURANT

ほとんどすべてのホテルにレストランが併設されている。神殿周辺にはカフェが1軒だけある。また、町の広場には庶民的な食堂やカフェテリアなどもいくつかある。

ウナティー・コーヒー ounaty coffee

庶民的 カフェ

قهوة اوناتي アフア・ウナティ

Map P.259

住El-Maabad St.
شارع المعبد
☎101 999 1550
時8:00～翌1:00
休無休
◫£E
━不可

アブ・シンベル神殿入口の前から徒歩5分ほどと、神殿からも近い地元の人たちの憩いの場所。ツアーバスの駐車場に隣接する売店では500mlの水が30£Eと高いので重宝する。トルコ式コーヒー10£E。

ミニ特集

ワンランク上のエレガントな船旅

ナセル湖クルーズで ヌビアの遺跡を訪ねる

アスワンハイダムによって
ナイル川が堰き止められてできた
世界最大の人造湖、ナセル湖。
ナセル湖クルーズは、
この雄大な景観を楽しむこととアスワンから
南端のスーダンまで水没の危機に瀕した
遺跡を堪能することにある。

大海原のようなナセル湖を航行するカスル・イブリーム号

ティータイムを楽しむ乗客

デッキにはプールも完備

独特なベッドメイキング

ナセル湖クルーズは、アスワン〜アブ・シンベル間を3泊または4泊かけて航行する。川幅が狭く、沿岸の町のにぎわいが手に取るように見えるナイル川と違って、ナセル湖は周囲にはほとんど何もない静寂の世界が広がっている。赤い砂漠と濃紺の湖……、このコントラストが美しい。

ナセル湖クルーズに参加するのはヨーロッパからの観光客が多い。年齢層も比較的高く、アールデコ調のレトロなインテリアの船が似合う落ち着いた大人の旅といった風情だ。なにしろ、普通ならアブ・シンベル日帰り旅行のところを、数泊しようという贅沢な旅なのだ。

だが、贅沢する価値はある。船旅の優雅さはもちろん、沿岸のヌビアの遺跡に行くには現実的にはクルーズで行くしか方法がない。そのため訪れる人はクルーズの乗客だけ。静けさに満ちた神秘的な古代遺跡を存分に楽しむことができるのだ。

ラクダに乗って遺跡まで行く

世界遺産 クルーズで見られるヌビアの遺跡群

① アマダ神殿

第18王朝期に創建された、ヌビアで最も古い神殿。内部の装飾を傷つけないように神殿まるごとをそのままの形で2.6km移動させた。色鮮やかな装飾が残された壁画は見応え十分。

② デッル神殿

ラムセス2世により、アムン・ラー神に捧げられた神殿で、色鮮やかなレリーフが残る。この地方の神殿で唯一ナイル川の東岸に建てられたもの。神殿の構造は、アブ・シンベルの規模を小さくし、シンプルにしたもの。

③ ワーディ・セブア神殿

ワーディ・セブアとは、獅子の谷という意味。神殿のスフィンクス像にちなんでおり、入って第1の中庭には、スフィンクスが6体、第2の中庭には、鷲の頭をもったスフィンクスが4体置かれている。

④ モハッラカ神殿

ダッカ神殿のそばにある小さな神殿。移築前は現在の場所より50kmほど北に位置していた。ローマ皇帝アウグストゥスにより造営されたものだが未完成で、後にはキリスト教会として利用されたという。

アスワン أسوان
イシス神殿 معبد الفيلة
⑧ イシス神殿
アスワンハイダム السد العالى
カラブシャ神殿 معبد كلابشة
ベイト・イル・ワリー
ケルタシのキオスク
ケルタシのキオスク ⑦
⑥ カラブシャ神殿

ナセル湖 بحيرة ناصر
ダッカ遺跡
モハッラカ遺跡 ⑤ ダッカ神殿
ワーディ・セブア遺跡(移転後)
デッル遺跡
アマダ遺跡(移転後) ④ モハッラカ神殿
③ ワーディ・セブア神殿
アブ・シンベル
デッル神殿 ① アマダ神殿
② ②
カスル
イブリーム قصر ابريم

※赤字は
移転前の遺跡

N

P.263
アブ・シンベル小神殿
アブ・シンベル大神殿
P.260

湖ができる前のナイル川

0   40km

---

⑤ ダッカ神殿

　もともとは紀元前3世紀の末頃にヌビア人によって造られた神殿であったが、ローマ支配時代になってから拡張された。移転工事により、ワーディ・イル・セブア神殿の近くに運ばれた。

⑥ カラブシャ神殿

　ローマの支配下になった1世紀に皇帝アウグストゥスによって造営された神殿。ヌビア人に信仰されている太陽神マンドゥリス（ホルス神にあたる）に捧げられており、ヌビアの神殿としては最大の大きさを誇っていた。

⑦ ケルタシのキオスク

　プトレマイオス朝期もしくは初期ローマ支配時代に建てられた神殿で、かつては、屋根で覆われていたが、今は崩れてしまっている。小規模な神殿ながら、かつて屋根を支えていた柱は花をモチーフとした柱頭が印象的。

⑧ イシス神殿

　フィラエ島は、イシス神がホルス神を生んだとされる聖なる島。イシス神殿をはじめ、末期王朝期からローマ支配時代までに建てられたさまざまな神殿があった。水没の危機があり、隣のアギルキア島に移築された。

世界の国々が協力したユネスコの遺跡移転計画

アスワンハイダムは1970年、ソ連（当時）の協力によって完成したダムだ。当時、エジプトは急激な人口増加という問題をかかえていた。そのため、ナセル大統領はダムを造ることによってナイルの氾濫をコントロールし、農業用水の安定した確保と生産性の向上、そして電力の生産によって近代化を図ろうとしたのである。

アスワンハイダムの発電設備

ここで問題になったのが、ダムの建設によって周辺の遺跡などが水没の危機にさらされること。特に、アブ・シンベル神殿などはラムセス2世

が威信をかけて造った巨大建造物。おいそれと動かせるものではない。そこでユネスコは、アブ・シンベル神殿をはじめとした、アスワンハイダムの建設により水没の危機にさらされた神殿を救済するために、国際的なキャンペーンを行った。募金だけでなく、どのような形で移動したらよいのか広く意見を集めた。この運動は世界的な広がりをみせ、国際的協力のもと、結果的に神殿は1036個ものブロックに切断され、元の位置より約60m上にそっくりそのまま無事に移転されたのだ。大神殿の裏側へ回ると、コンクリートで造られた丸い補強ドームの形がはっきりわかる。

移転するだけで世界中から資金や技術を集めねばならない巨大建造物。あらためてラムセス2世の強大な権力に圧倒されてしまうところだ。

エジプトの最南端に位置するアブ・シンベル神殿は、1817年にイタリアのジョヴァンニ・ベルツォーニによって発掘された。しかし、この神殿を世界的に有名にしたのは、この国際キャンペーンだった。

さらに、このキャンペーンによって人類の宝ともいえる貴重な文化遺産、自然遺産を保護しようという機運が高まり、それが1972年の世界遺産条約採択として実を結ぶのである。キャンペーンによって救われた遺跡群も「アブ・シンベルからフィラエまでのヌビア遺跡群」として、1979年の第2回世界遺産委員会で世界遺産に登録された。

さて、ダムが完成して、一時的に農業生産は向上し、電力供給はかつてに比べて安定した。経済性という面では、まずまずの成果が上がったアスワンハイダムの建設だが、巨大な人造湖ナセル湖の登場により新たな問題が起きている。

それは自然現象。今までまったく発生しなかった雲や、時には雨が降るなど、自然のバランスが崩れ始めたのだ。そのためベドウィンの移動ルートも変化したという。

また、洪水が起こらなくなって土壌に塩分がたまってしまい、環境破壊という問題も表面化している。そのため、一時は伸びた農業生産も、人口の急激な増加に追いつかず、かえって塩害が農民を悩ませるという、当初予想もしなかった結果になってしまった。ダムの建設に対する自然のしっぺ返しが起きているのだ。

満々と水をたたえたナセル湖

紅海沿岸とシナイ半島

（上）バラエティ豊かなレストラ
ンが揃うハルガダ・マリーナ
（右）シャルム・イッシェーフの
ナアマ・ベイ

紅海沿岸とシナイ半島

Red Sea & Sinai Peninsula

観光用の潜水艦で紅海の海底をのぞく

紅海沿岸とシナイ半島の地形

アラビア半島とアフリカ大陸を隔てる海、それが紅海だ。かつてフェニキア人が帆船を連ね、地中海から遠くインド洋まで航海した重要なルートである。アジアとアフリカ、そしてヨーロッパの文明が、最小幅200km余りの細長い海を行き来した。マムルーク朝時代、香辛料貿易で莫大な富を得て、繁栄の一翼を担ったカリーミー商人が活躍したのもこの紅海沿岸である。

紅海の美しさは、その時代から不変のもの。あふれんばかりの太陽光線を受けた群青色の海面がキラキラ輝く。透明度抜群の海だから、海面からも色とりどりの珊瑚礁が見える。ゆらりゆらりと群れをなして泳ぐ魚たち。かつて、フランスの海洋学者クストーが世界で最も美しい海と称えた紅海は、まだまだ汚されずに生きている。世界中のダイバーにとって最後の憧れの地だ。

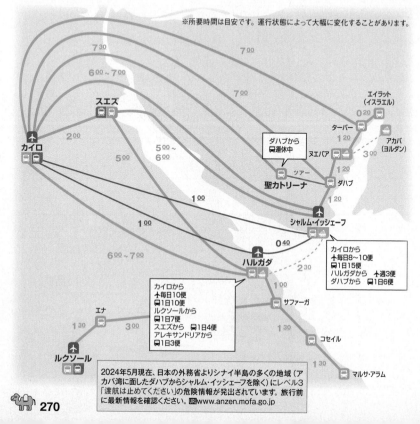

※所要時間は目安です。運行状態によって大幅に変化することがあります。

カイロから
✈毎日8〜10便
🚌1日15便
ハルガダから ✈週3便
ダハブから 🚌1日6便

カイロから
✈毎日10便
🚌1日10便
ルクソールから
🚌1日7便
スエズから 🚌1日4便
アレキサンドリアから
🚌1日3便

2024年5月現在、日本の外務省よりシナイ半島の多くの地域（アカバ湾に面したダハブからシャルム・イッシェーフを除く）にレベル3「渡航は止めてください」の危険情報が発出されています。旅行前に最新情報を確認ください。🌐www.anzen.mofa.go.jp

紅海沿岸の地形と気候

　シナイ半島は、アジア大陸の西端、そしてアフリカ大陸の東側にある。両大陸を分かつ紅海は北へ行くほど幅が狭くなり、シナイ半島の西でスエズ運河となる。いわばアジアとアフリカの接点、それがシナイ半島だ。

　半島は逆三角形の高地で、エジプトの国土の約8％を占めている。地質は東方砂漠によく似ており、大半が砂漠地帯。北部は石灰岩高原で、南部は複雑な構造をした花崗岩の山岳を形成している。

　そんな紅海の沿岸地域、ナイル川の東側から紅海までの一帯は東方砂漠。紅海のリゾート地から内陸を眺めても、その荒々しい岩肌が目にしみる。紅海という名は海の色ではなく、この大地の色。草木1本ない赤茶色の大地は、群青色の海によく映える。日に焼けた山々が、日没とともにピンク色へ、薄紫色へと変わっていく姿に感動しない人はいないだろう。

　東方砂漠はエジプト全土の約20％を占めている。南北に細長い山脈をもつ岩砂漠だ。西方砂漠と比べると起伏が激しいのが特徴。岩山にはワーディと呼ばれる涸れ川（谷）が縦横に走り、かつてこのあたりにも水が流れていたことを物語っている。

紅海沿岸とシナイ半島

　何年かに1度、突風をともなう豪雨が吹き荒れることがある。硬い岩盤にしみこまない水は、濁流となって、一気にワーディを駆け抜ける。こんなとき、もし車で砂漠を走っていれば、とても危険だ。間違いなく車ごと押し流されてしまう。しかし、大洪水が去ったあとの砂漠には、一面緑の草が生え、とても美しい。わずか1日、いや半日で、まったく風景が変わってしまうのだ。

今も昔もラクダは生活に欠かせない

シナイ半島の自然と動物

　シナイ半島の南方には紅海が広がっている。紅海は「世界一美しい海」として世界中のダイバーに定評がある。沿岸には大きな都市はなく、注ぎ込む川もない。そもそも雨が少ない。だからこそ汚染もなく、これだけの美しさを保っているのだろう。また、シナイ半島は、野生動物が豊富なことでもよく知られている。草食動物ではカモシカや野生のヤギ、肉食動物ではヒョウやハイエナなどが生息している。また、ヨーロッパからアフリカへと飛来する渡り鳥の休息地でもあり、さまざまな鳥類が季節の訪れとともにやってくる。

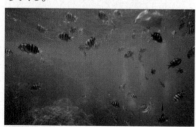
透明度が高いので、魚もくっきりと見える

シナイ半島の文化

　シナイ半島には、今でもベドウィンと呼ばれる人々が暮らしており、ベドウィン文化が残っている。ただし北部と南部では違う習慣があり、方言も違う。現在、彼らの多くは定住化の道を選び、村を形成しているので、機会があれば訪ねてみよう。ラクダでベドウィン村を訪ねるツアーも楽しい。なかには簡単な食事をサービスしたり、バンガロースタイルの宿を提供するものもある。ベドウィン手作りの伝統的な民芸品もおみやげにピッタリだ。

　東方砂漠地域に昔から住んでいたのは、ベジャ族と呼ばれるベドウィンだ。

　しかし現在は、上エジプト（ナイル川上流域）から移ってきたベドウィンのほうが多くなっている。旅行中もベドウィンを見かける機会は多い。

プランニングのコツ

　紅海とシナイ半島はエジプトが世界に誇る一大リゾートエリア。ヨーロッパから安価のツアーが多く組まれていることもあり、1年を通してリゾート客でにぎわっている。ここでは遺跡のことは忘れて、青い海とさんさんと降り注ぐ陽光の下でリゾートライフを満喫しよう。

●拠点を定める

　1泊や2泊で次の町へ移動するといったスタイルの旅では、リゾートの楽しみは半減してしまう。できれば3泊ぐらいして、ダイビングやスノーケリングなどのマリンアクティビティに挑戦したい。滞在拠点には一

ダハブには経済的なホテルやレストランが多い

大リゾート都市のハルガダ (→**P.280**)、シナイ半島の高級リゾート、シャルム・イッシェーフ (→**P.303**)、バックパッカーでにぎわうダハブ (→**P.313**)などが挙げられる。ほかにもハルガダの北にあるエル・ゴウナEl Gounaやハルガダの南にあるコセイル (→**P.290**)などにも設備の整ったホテルが多い。

●**ダイビング**

ダイビングのオープンウオーターのライセンスならおよそ3〜4日で取得することができる。安価にあげるならハルガダやダハブがおすすめ。宿泊施設にこだわるなら多少高くてもシャルム・イッシェーフがよいだろう。ライセンスがなくても、体験ダイブなら、ダイビングの醍醐味と海の中の美しさを手軽に満喫することができる。

●**日帰り旅行**

ハルガダからはルクソールへの日帰りや1泊2日のパックツアーが多く出ている。ハルガダ〜ルクソール間のバスはいつも混雑しているので、ツアーに参加するのも手。またファン・ダイブも1日かけて、じっくりと楽しみたい。

移動のコツ

●**カイロからのバスは数社が競合**

紅海沿岸やシナイ半島へはカイロから多くのバスが出ている。カイロ〜ハルガダ間のバスは、バス会社が数社が競合する人気路線。このなかでエアコン付きのバスを使用し、特に評判がよいのがゴーバス（マスピロ・モール前発）。

シナイ半島内はバスの便が少なく、特にダハブ〜ヌエバア〜ターバー間は非常に少ないので、急いでいる場合は、料金は高いがセルビス（長距離マイクロバス）の利用も考えよう。数人仲間を集めれば安くなる。ただ、交渉は必要だ。

●**船の欠航、遅延に注意**

ハルガダ〜シャルム・イッシェーフ間のスピードボート（2023年10月現在運休中）、ヌエバア〜アカバ間のフェリーは、欠航、遅延が日常茶飯事に起こる。特にヌエバア〜アカバ（ヨルダン）間は国際路線で出入国手続きもあり、数時間〜半日も遅れることがある。海上交通を使う場合は日程に余裕をみておこう。

どの町にもダイビングショップはある

珊瑚礁が美しい紅海はスノーケリングに最適

旅のモデルルート

紅海のリゾート地は、ハルガダ、シャルム・イッシェーフ、ダハブ、サファーガなど多数存在するが、リゾートの滞在は同じホテルに腰を据えるのが一般的で、リゾート地やホテルを一度にいろいろ巡るのは、あまり現実的とはいえない。滞在都市やホテルは1ヵ所に決めて、そこからダイビングやスノーケリングなどのマリンスポーツを楽しみたい。

エキゾチックな
アラブを満喫♥
紅海リゾート

アラビア半島とアフリカ大陸の間にある紅海は、
ダイバー憧れの美しい海としても知られている。
紅海沿岸のリゾート基地は、
エジプトのシャルム・イッシェーフとハルガダ。
この地域は早くからリゾートとして愛されてきたが、
近年近郊のエリアに新リゾートが
続々登場！ 素敵な海のバカンスはいかが？

　真っ青な海、色とりどりのサンゴと熱帯魚で知られる紅海は、両岸が砂漠地帯であることから「紅」の海という。夕暮れ時、オレンジ色に輝く周囲の山とそれを映す海を見渡せば、この名も納得の美しさだ。

　周囲が砂漠であるから流入河川が少ない。定住している人も少ないから汚染もない。これが紅海の美しさを育んできた。

　もともと、ヨーロッパ人のバカンス地として発展してきたシャルム・イッシェーフとハルガダ。町は郊外に広がり、新しいリゾートエリアが次々とできている。ヨーロッパの洗練された設備はもとよ

り、アラブの雰囲気たっぷりのインテリア、さらにはエジプトならではのユニークな仕掛けもあちらこちらに。古代エジプトをちょっぴり離れて、旅の最後にのんびりしてはいかがだろう。

シャルム・イッシェーフ→P.303

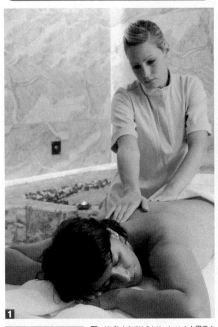

■エジプトならではのトリートメントも用意されている　2ゴルフで汗を流したあとはゆっくりスパを楽しもう　3マリティム・ジョリー・ヴィル・ゴルフのプールサイドで　4広大な敷地をもつシェラトン・シャルムは屋外プールのほか、約800mに及ぶ砂浜を有している　5広々としたナアマベイ・ホテルの客室　6徐々に日が落ちてゆき、ロマンティックな雰囲気に包まれるマリティム・ジョリー・ヴィル・ゴルフ　7紅海の海底を堪能できる潜水艦ツアー

ハルガダ→P.280
&
ソーマ・ベイ

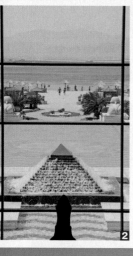

1 気軽に紅海を体験したいのなら、スノーケリングがおすすめ **2** ピラミッドをモチーフとしたシェラトンの噴水 **3** 整然とデッキチェアが並ぶメーヴェンピックのプライベートビーチ **4** ケンピンスキーのスイミングプール **5** プライベート・スイミング・プールを備えたオベロイのロイヤル・スイート **6** シェラトンのプールサイド **7** メーヴェンピックの客室 **8** カスケードにあるトリートメントルームはタイ風に装飾されており、エジプトでは珍しい

ミニ特集 紅海でダイビング

地中海
ドミアート　アリーシュ
スエズ運河
●カイロ　シナイ半島
アイン・ソフナ　ターバー
P.319 ヌエバア　アカバ湾
エル・ゴウナ　ダハブ P.313
P.280 ハルガダ
ソーマ・ベイ　シャルム・イッシェーフ
P.290 サファーガ　P.303
P.290 コセイル　紅海
マルサ・アラム
P.290

紅海でどんなダイブができるの？

　紅海沿岸では各地でダイビングが可能だが、シャルム・イッシェーフ、ハルガダではボートダイビングが中心。基本的には、朝出航して夕方に戻る1日2〜3本のボートダイビングが可能だが、ポイント、海況、個人のスキルに応じて、ドリフトダイビング、モーリングダイビング、また、希望すればビーチダイビングも楽しむことができる。

　ダハブやヌエバアではビーチからエントリーできるビーチダイビングが中心だ。

　ダイビングを扱うツアーにはおもなものとしてファン・ダイビング、体験ダイビング、PADIなど各団体のライセンス取得、3〜7日間のサファリクルーズやスノーケリングトリップがあり、ヨーロッパからの旅行客でにぎわっている。日本人インストラクターのいる施設も多いので、言葉の不自由を感じることなく、ダイバー憧れの紅海でライセンス取得をする日本人も増えつつある。また、ダイビングと遺跡観光を組み合わせた1週間からのパッケージツアーもある。キャメルダイビング（ラク

紅海で見られる魚

アケボノチョウチョウウオ

スズメダイの仲間

クマノミの紅海固有種

モンガラの仲間

マダラエイの仲間

ハルガダからクルーザーで出発

エントリーの風景

ダツアーとダイビングのセット）の予約も受け付けているので、ダハブまで足を延ばして、エジプトでしかできない体験をしてみてはどうだろう。

中級以上の人にはダイブサファリがおすすめ。日帰りでは行くことのできないポイントにも潜れて、3〜7日間の日程で参加できる。

スキルに合ったダイビング
初級者おすすめスポット

紅海は浅場に多くの種類の魚が生息しており、ダイビングといってもほとんどの時間を深さ10〜15mで過ごすので、時間のない人や、心身上問題があるという人でも比較的容易に海中を見ることができる。近年ではデジタルカメラなどで写真を撮ったり、ダイビングライセンスをもっていなくても、フィン、マスク、スノーケルのみでスノーケリングトリップに参加する家族連れも増えている。

紅海で見られる魚

これが体長1mを超えるナポレオンフィッシュ。このあたりの海域ではかなりの確率で出合える

ハルガダ P.280

真っ白な砂地と美しいコーラルのポイント、ミドルガーデンMiddle Gardenがおすすめ。深さ10mほどのボトムがあって流れも少ないので初日でも安心して潜れる。メインアイランド沿い南のポイント、テンプルでは大きなナポレオンフィッシュや、ものすごい数のハナダイが舞っているのを見ることができる。それ以外にも海況によりラス・ムハンマドなどでも潜れることもある。

ドキドキするエントリーの瞬間

シャルム・イッシェーフ P.303

港から10分ほどで行ける所から1時間以上かかる所まで、多くのダイビングサイトが点在している。紅海で見られる魚の種類は多く、固有種も約17%と多いことから、フィッシュウオッチングや写真を撮る人には特に楽しめるスポットだ。

ローカルエリアと呼ばれる近場のポイントでは流れはほとんどなく、初心者でも安心して潜ることができる。ラス・ボブ、ラス・ラ

スラーニといった北のポイントのコーラルは美しく、特に10m以内の浅瀬では、カラフルな色合いとエジプトの日差しの強さがダイバーの興奮をかきたてることだろう。また、港寄りのポイント、ラス・ウンム・スィードでは、ドロップオフの壁沿いに見事なほどに付着した大きなウミウチワが広がっており、バラクーダやツバメウオの群れを見ることができるので、ファン・ダイブを楽しめる絶好のポイントにもなっている。

ソフトコーラルとハナダイ

ニシキヤッコ

ハナミノカサゴ

ウミガメ

紅海最大のリゾート地
ハルガダ Hurghada
الغردقة
アラビア語：イル・ガルダア

市外局番065

■ハルガダへの行き方
●カイロ（→P.71）から
✈毎日10便程度
所要約1時間
🚌トルゴマーン（→P.78）発
アッパーエジプト（EGバス）
13:30、18:30、23:00発
所要6～7時間　運賃220£E
🚌タフリール発
スーパージェット
9:00、13:00、23:00発
所要6～7時間　運賃200£E
🚌ラムセス・ヒルトン横の
マスピロ・モール前発
ゴーバス
0:30、1:15、1:45、24:00発
所要約7時間
運賃260～400£E
●ルクソール（→P.192）から
🚌アッパーエジプト（EGバス）
7:00、20:00発
スーパージェット
8:30発
ゴーバス
8:00、9:35、14:30、15:30発
所要約4時間
運賃150～230£E
●スエズ（→P.358）から
🚌スーパージェット
7:00、10:00、17:00、20:00発
所要約5時間　運賃170～195£E
●アレキサンドリア
（→P.327）から
🚌モウイフ・ゲディードゥ発
スーパージェット
9:00、11:00、21:00発
所要約11時間
運賃305～325£E
●シャルム・イッシェーフ
（→P.303）から
🚢2023年10月現在運休中

スィガーラのハルガダ・マリーナは整備され、おしゃれなレストランが並んでいる

　紅海沿岸で最大の都市ハルガダは、世界で最もきれいな紅海への基地として、世界中のダイバーに人気がある。

　1年中気温が高く、寒さや雨とは無縁のリゾート地ハルガダ。ヨーロッパでは安価な長期滞在型リゾート地としても有名。白いビーチと青い海を求めて、ドイツ人やロシア人などヨーロッパ人観光客が大挙してやってくる。ヨーロッパ主要都市からのチャーター便もハルガダにダイレクトで乗り入れる。これに対応し、南のリゾートホテル群をはじめ、続々と滞在型のホテルが建てられ、おしゃれなレストランやナイトクラブができている。また、ダイビングで有名なだけあり、ダイビングショップは星の数ほどある。

　町は20世紀後半から変わりはじめた。上エジプト（ナイル川上流域）から来た5つの主要部族で構成されていた漁村が、外国人を大量に受け入れる観光都市となった。かたやイッダハールにある丘の麓には、ロバが道端にいる庶民の典型的な住宅地が広がる。ハルガダは現代エジプトの縮図のような町でもある。

旅のモデルルート

ハルガダでは、見どころをせかせかと回るような旅行は向かない。朝から夕方までダイビングに熱中するとか、ちょっとしたクルーズに出るとか、優雅なナイトライフを楽しむとか。とにかく荷物を置いて、のんびり過ごそう。

歩き方

　エジプト最大のリゾート地ハルガダは、ダウンタウンのイッダハール、ハルガダ・マリーナがあるスィガーラ、リゾートホテルが連なるコラ地区の3つの地域から成り立っている。

●イッダハール　ハルガダの中心である、最も北のイッダハールは、中央部分にある小高い丘を囲んでいる。この丘と、西側のメインロード、**ナスル通り**Nasr St.、ビーチ沿いの**コルニーシュ通り**Kornish St.は把握しておこう。市街地は広いので、市内を循環するマイクロバスの利用価値が高い。

　市街地の中心部は小高い山の西側にある**スーク周辺**と、海岸近くの**エンパイア・ホテル周辺**。このあたりは安宿やレストラン、ダイビングショップが多く、小さなスーパーマーケットも数軒あるので、自炊派には便利。

　スーク西側にあるナスル通りにはアッパーエジプトバスのターミナルや、郵便局などの施設がある。パブリックビーチのあるコルニーシュ通りは中級～高級ホテル、ダイビングショップが点在する。

●スィガーラ　イッダハールとコラ地区の中間にあたる。シャルム・イッシェーフ行きのスピードボート（2023年10月現在運休中）の発着点でもある。スィガーラ広場の周囲にリーズナブルなレストランや中級ホテルなどが多く、広場から西に行くと、高級ホテルやレストラン、ショッピングセンターが多くなる。また、南側の**ハルガダ・マリーナ**は開発され、おしゃれなレストランなどが増えている注目のエリア。

●コラ地区　スィガーラから南に海岸線に沿った広大なリゾートエリア。ハルガダ空港があるのもここ。北のマリオット・ホテルから南に約8kmにわたり、外資系の高級ホテルを中心にリゾートホテルが林立している。

コラ地区には大型の高級ホテルが並ぶ

■**おみやげ探しにおすすめ**

●マウラーナ Mawlana
مولانا　Map P.282左下

コーヒー、紅茶をメインに、デーツや各種アラブ菓子を扱うショップ。パッケージもおしゃれ。

El-Arousa Sq., Sheraton St., Sekalla
ميدان العروسة, شارع الشيراتون, السقالة
010 9262 6639
9:00～翌1:00　無休　MV

ハルガダ

P.282上
パスポート
オフィス
P.284

イッダハール
الدهار

Hilton Plaza
P.292

P.284
パブリックビーチ

A

スーパージェット
バスターミナル

ゴーバス
バスターミナル

スィガーラ
السقالة

港
ميناء

P.284 パブリックビーチ
P.282左下

P.284 パブリックビーチ

P.294 Hurghada
Marriott

P.282右下

B

ハルガダ国際空港
مطار الغردقة الدولي

コラ地区
القرى السياحية

紅海
البحر الاحمر

P.294
Steigenberger Aldau

P.285
ハルガダ博物館
متحف الغردقة

P.293 Grand Blue
St. Maria

P.284
ハルガダ・グランド水族館
جراند أكواريوم الغردقة

Mercure Hurgada
P.294

C

Pickalbatros Palace
P.294

P.294
Titanic Royal

Ali Baba
Palace
P.286

N

サンド・シティ博物館
متحف مدينة الرمال

Senzo Mall

0　　　　3km

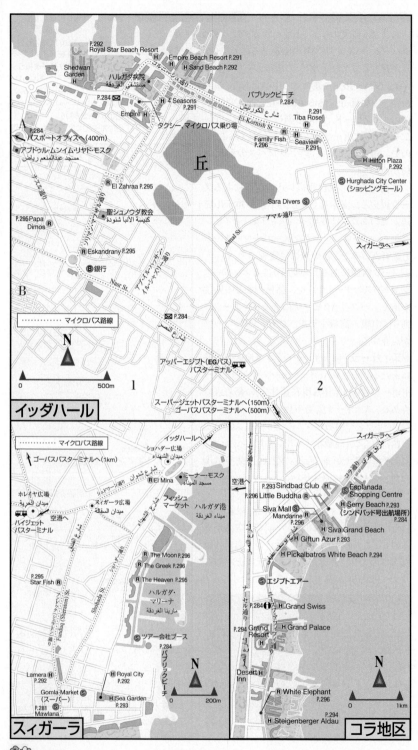

■ターミナルから市の中心部へ■

●**空港**　市内各地へはタクシーでしか行くことができない。タクシーはメーター式だが、空港にいるタクシーはまずメーターを倒さない。イッダハールまでの距離ならメーターを使えば70 £E前後だが、最低でも100 £E以上要求してくる。コラ地区なら50 £E 〜。メインロードまで出ればマイクロバスをつかまえることもできる。市内から空港へ行く場合、車両入場料が別途かかる。

●**長距離バスターミナル**　ハルガダには多くのバス会社が参入しており、会社によりバスターミナルが異なる。カイロ、ルクソール、スエズなどからの便の多くが発着する**アッパーエジプト(EGバス)**のバスターミナルはイッダハール南にある。

　スーパージェットのバスターミナルはその600mほど南にある。ここからはカイロ、ルクソール、アレキサンドリアへの便が出ている。

　ゴーバスのバスターミナルはさらに500mほど行った所にある。ゴーバスはカイロ便1日19便、アレキサンドリア便1日2便、ルクソール、エナ便が1日4便発着している。カイロ便は利用する便によって設備が異なり、料金にも幅がある。スマホがあれば、英語のウェブサイトから予約することも可能。

　ハイジェットのバスターミナルはスィガーラにある。

　ほかにも多くのバス会社があるが、その多くはカイロ便専門。ほとんどがスーパージェットと同じバスターミナルを利用しており、各社のチケットブースもその周辺にある。

■市内交通■

●**マイクロバス**　市内を巡回するマイクロバスは、イッダハールの移動や、パブリックビーチのあるスィガーラ、リゾートホテルのあるコラ地区への移動に欠かせない。運賃はイッダハールの中なら2 £E。ただし、通常運賃の2倍ほどの外国人料金を請求してくる運転手も多い。イッダハールから終点のスィガーラまでは2 £E、スィガーラからコラ地区南端のサンド・シティ博物館くらいまで6 £E。

　おもな路線は、ソリマン・マフザル通り〜エンパイア・ホテル〜海岸通り(コルニーシュ通り)〜パブリックビーチ〜ヒルトン・プラザ前。そのまま海岸沿いにスィガーラを経由してアッパーエジプトバスのターミナル方面に行くものも多い。コラ地区へはスィガーラのスィガーラ広場で乗り換える。コラ地区へのおもな路線はスィガーラ〜空港前〜サンド・シティ博物館方面。コラ地区の高級ホテルが並ぶユースフ・アフィフィ通りYoussef Afify St.には寄らず、平行するナスル通りを走る。

●**タクシー**　タクシーはメーター式。初乗りの運賃は1kmまで6 £E、以降1kmにつき2 £E加算される。ただし、メーターを使うと安値になるので、ホテル前にいるタクシーを中心にメーターを使うことを嫌うドライバーが多い。

イッダハールの南にあるアッパーエジプト(EGバス)のターミナル

ゴーバスのバスターミナル

■ショッピング情報

3つの地域それぞれにショッピングエリアがある。

●**イッダハール**　アブ・イル・ハッサン・イル・シャズリー通り周辺がスークになっている。ローカルな雰囲気を味わえるが、質の低いものもあるので注意。また、丘の東にはショッピングセンターもある。

●**スィガーラ**　目抜き通りのフンドゥク(シェラトン)通りにみやげ物店が並び、多くの旅行者でにぎわう。ほとんどの店が交渉制なので相場を知ってから交渉しよう。

●**コラ地区**　高級ホテルが並ぶ地区なので高めのショップが集まるが、値札がついていることが多いので安心して買い物できる。最も大きなショッピングモールはセンゾ・モール。サンド・シティ博物館の近くにある。

みやげ物屋が多く並ぶイッダハールのスーク

ハルガダのタクシーは、エジプトでは珍しいメーター式。「メーターを倒して!」と告げないと、メーターを稼働させないこともある

■ハルガダの港

シャルム・イッシェーフとを結ぶスピードボートは、2023年10月現在運休中。

283

左カラム

■郵便局
Map P.282上A1、B1
⏰8:00～18:00
休金

■パスポートオフィス
Map P.281A
⏰8:00～14:00　休金
6ヵ月 2090£E

■ハルガダの観光案内所
Map P.282右下
☎(065)346 3221
⏰8:00～20:00
休無休

■ハルガダ・グランド水族館
🌐hurghadaaquarium.com
⏰9:00～18:00　休無休
料33US$ 🚫

優雅に泳ぐアオウミガメ

ペリカンの飼育スペース

■パブリックビーチ
料50～75£E

スィガーラのパブリックビーチの入口

■シンドバッド号
シンドバッド・ホテルから出航。
9:00～15:00の間に数便(便数
は季節や客の入りによって異
なる)。
📱010 0802 1994
料ひとり50US$

右カラム

═両替═

●**両替**　イッダハールには多くの銀行、両替所がある。銀行はナスル通りに点在している。コラ地区にあるリゾートホテルにはたいてい銀行やATMが入っており、両替には困らない。

●**郵便**　郵便局はイッダハールのナスル通りやコルニーシュ通り近くにある。

═旅の情報収集═

●**観光案内所**　観光案内所は、コラ地区にあるエジプトエアーのオフィスの少し南。ハルガダに関する資料は多くない。

═══ ハルガダの見どころ ═══

エジプト最大を誇る　　　　　　グランド・アクワリューム・イル・ガルダア
ハルガダ・グランド水族館
جراند أكواريوم الغردقة
Hurghada Grand Aquarium　　　**Map P.281C**

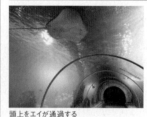
頭上をエイが通過する

2015年にオープン。グランドと冠しているだけあり、ハルガダはもとより、エジプトでも最大の規模を誇る水族館。多数の水槽には固有種を含め、紅海の美しい魚が飼育されており、トンネル型の大水槽ではサメやエイを下から眺めることもできる。動物園も併設しており、ワニやフラミンゴ、ダチョウなども飼育されている。

家族連れでにぎわう　　　　　　イッシャーティ・イル・アーンム
パブリックビーチ
الشاطئ العام
Public Beach　　　**Map P.282上左下、P.281A·B**

　ハルガダのビーチは、ホテル直営のプライベートビーチと公共のパブリックビーチに分かれている。パブリックビーチはイッダハールにひとつと、スィガーラに3つある。エジプト人の家族連れでいつもにぎわっており、子供たちが無邪気に遊んでいる。スィガーラのパブリックビーチは設備も充実しており、有料のビーチベッドやカフェテリアを完備しているところもある。ホテル直営のプライベートビーチもあるが、南の高級リゾート地区(おもにコラ地区など)のプライベートビーチは宿泊者以外は利用できない。

潜水艦クルーズ　　　　　　ゴーラ・イッスィンドバード
シンドバッド号
غواصة السندباد
Sindbad Submarine Tour　　　**Map P.282右下**

　本格的な潜水艦シンドバッド号に乗って紅海の海底巡り。ただし、視界は季節や透明度に左右される。潜水艦の大きな窓からはダイバーが魚とたわむれ、餌づけをする姿が眺められる。申し込みはコラ地区のシンドバッド・ホテルのほか、イッダハールの大きなホテル、ハルガダ・マリーナなどで可能。

テーマごとに分かれた展示が秀逸
ハルガダ博物館
Hurghada Museum

マトゥハフ・イル・ガルダア

متحف الغردقة

Map P.281B

■ハルガダ博物館
📞011 1111 8891
🌐hurghadamuseum.com
🕐10:00～13:00、17:00～23:00
🈳無休　💰200£E　━MV
※クレジットカード払いのみ
Ⓐ

　2020年2月にオープン。展示物はエジプト全土から集められており、特に古代エジプト関係の展示が充実している。展示は装身具、ボードゲーム、狩りの道具など、テーマごとに分かれており、わかりやすい。ラムセス2世の娘であり、妻でもあったメリトアムンの胸像のほか、バフレイヤ・オアシスで発掘された3体のミイラなどがこの博物館を代表する収蔵物なのでお見逃しなく。

紀元前3100年からあるとされるボードゲーム

メリトアムンはラムセス2世とネフェルタリの娘で、ネフェルタリの死後にラムセス2世の妻になった

バフレイヤ・オアシスで発掘されたミイラは、黄金のマスクをかぶっている

ツタンカーメンの治世に作られた創造神プタハの像

コラ地区から歩ける距離にあるのでアクセスしやすい

Information

ダイビングショップ選びは慎重に

　ハルガダでは、安くダイビングのライセンスが取れるため、それを目的に行く人は多いはず。そのため、安宿などでは、宿代を安くして客を集め、ダイビングコースなどの勧誘をして、その仲介料を儲けとしているところが多いのが実状。安いコース料で、しかも高い仲介料を取る、ということは当然コースの質が落ちるわけだ。宿泊先ですすめられると、ほかを探すのも面倒だし、断りにくいし……なんて考えて、ついつい言われるままに申し込んでしまいがち。

　しかし、ダイビングは一歩間違えれば、非常に危険なスポーツだ。ハルガダでは、インストラクターが未熟であることや、器材の質の悪さから実際に事故も起きている。だから、ダイビングをする場合には、必ず自分でダイビングショップを訪れて、右記の項目をチェックしてほしい。日本人が多く利用しているから大丈夫だと思っていても、逆にそれを利用して勧誘していたり、日本人は文句を言わないから、と軽く見られていた

り、また日本人が集中しすぎることで手が足りなくなり、結果として質が落ちることもある。ほかの旅行者とも情報を交換するようにしたい。

ダイビングショップを選ぶポイント
1) コース内容をきちんと確認する。学科教習、ダイビング理論、エクササイズのないライセンス取得コースはありえない。
2) 誰が教えるのか。インストラクターの能力、できればインストラクターライセンスも確認する。
3) コミュニケーションに問題がないかどうかを確認する。教材、試験問題などに日本語のものがあるか、または英語で大丈夫か。きちんとしているダイビングショップなら、インストラクターとのコミュニケーションがとれない場合、断られることもあるはず。
4) ダイビングショップの器材についても、きちんと整備されているか、自分の目で確認する。

■サンド・シティ博物館

📱 010 9004 2265
URL www.sandcityegypt.com
🕐 9:00〜17:00　休 無休
💰 10€

砂で作られたイシス神の像

■ダイビング料金の目安

●2ボートダイブ
　40€〜。ランチ付き。スポットによって料金は異なる。器材は別料金のところも。

●オープンウオーターコース
　225€〜。ライセンス取得まで4〜5日。Cカード申請料が別料金のこともある。

●アドバンスコース
　175€〜。オープンウオーターのライセンスが必要。料金はショップによって異なる。

●スノーケリング
　15€〜。朝から夕方までの昼食付きツアー。

クルーザーの上からダイビング

ダイビング＆スノーケリングスポットには数多くのクルーザーが集まる

ギフトン島のビーチ

砂で作られた作品が並ぶ
サンド・シティ博物館
Sand City Museum

Map P.281C

マトゥハフ・マディーニト・イッラムル
متحف مدينة الرمل

　ピラミッドやスフィンクス、アブ・シンベル神殿などを砂で再現して展示している野外博物館。エジプトにゆかりの物や人物が中心だが、ハリウッド映画

砂でできたアブ・シンベルの神殿

やアニメを題材したものなどもあり、家族連れを中心に人気。

ハルガダでこれをしなけりゃ始まらない
ダイビング
Scuba Diving

イル・ガウス
الغوص

Map P.287

　何といってもハルガダの醍醐味はスノーケリングとダイビング。必要な器材はすべて用意してくれるので、水着だけを持っていけばよい。ハルガダのほとんどのホテルには提携するダイビングショップがあるので、すぐにツアーに申し込むことができる。しかし、忘れてはいけないのが、ダイビングは下手をすれば命にかかわるスポーツであるということ。実際のところ近年、何件も事故が起きてい

チョウチョウウオの仲間

タートゥルベイでアオウミガメに出会えるかも？
©Rich Carey/shutterstock.com

る。安易に考えずにダイビングショップ選びには細心の注意を払ってほしい。また、レンタル機材にしても、ウエットスーツに穴が開いていたり、BCDの空気が抜けるなどといった不具合もあるので、器材のチェックも忘れずに行おう。

★おもなダイビングコースとツアー

　今、世界中のダイバーの憧れの海となっている紅海。海の透明度の高さと固有種の魚の多さ、そしてサンゴの美しさで感動することうけあい。

　ハルガダではシナイ半島のシャルム・イッシェーフなどより割安にボートエントリーのダイビングができる。経験者向きのコースはCカードが必要。1日のコースはだいたい8:00〜16:00。夜間に潜るナイトダイブもアレンジ可能だ。

●**スノーケリング**　初心者でも簡単にでき、ただ泳ぐのとはまったく違う水中の美しさを楽しめるアクティビティ。一般的なコースは、8:30にホテルを出発、9:30にスィガーラの港を出発。2ヵ所のスポットとギフトン島で潜り、17:00ごろに帰着する。器材はレンタルできるが、早めに自分に合ったものを確保しておくのが鉄則。残り物はゴムが切れていたり、使いものにならないことも。

ギフトン島近くでスノーケリングを楽しむ

ハルガダ周辺の ダイビング&スノーケリングスポット

　ハルガダは紅海有数のダイビング天国。ここではハルガダ周辺でスノーケリングや体験ダイブができるところを中心に、いくつかポイントを紹介しよう。

沖合に浮かぶ大きな島がギフトン・ケビール

ファナディール El Fanadir

　イッダハールの沖合にある。リーフの内側は1.5〜3mの深さ。リーフの外側は14〜40mのドロップオフと、スノーケリングをやってみたい人から本格的なダイビングをしたい人まで、幅広い層の人が楽しめる。浅い所には小魚がたくさん群れており、エイ、ウミガメ、運がよければイルカも見られる。サンゴもとても美しい所。

ギフトン・サギール Giftun Saghir

　ギフトン諸島はグラスボートなどでも訪れることができる。小さいほうの島がギフトン・サギールだ（別名スモール・ギフトン）。こちらも浅い所と深い所があるので、初心者から上級者まで、レベルに合わせた楽しみ方ができる。ここでは、ナポレオンフィッシュが比較的よく現れる。

ファヌース／タートゥルベイ El Fanus / Turtle Bay

　いずれもギフトン諸島の大きいほうの島、ギフトン・ケビールGiftun Kebirの北西にある。ワンセットで回ることが多い。こちらも初心者向けのポイント。タートゥルベイはその名のとおり、アオウミガメが棲息しているポイント。運がよければイルカが見られる。

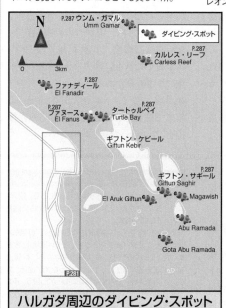

ハルガダ周辺のダイビング・スポット

地図内ラベル:
- P.287 ウンム・ガマル Umm Gamar
- ダイビング・スポット
- P.287 カルレス・リーフ Carless Reef
- P.287 ファナディール El Fanadir
- P.287 ファヌース El Fanus
- P.287 タートゥルベイ Turtle Bay
- ギフトン・ケビール Giftun Kebir
- P.287 ギフトン・サギール Giftun Saghir
- El Aruk Giftun
- Magawish
- Abu Ramada
- Gota Abu Ramada
- P.281
- N　0　3km

ウンム・ガマル Umm Gamar

　ドロップオフのダイビングを楽しめる、中級者以上に人気のポイント。26mほど潜った所には洞窟がある。ナポレオンフィッシュなどの大型魚も見られる。

カルレス・リーフ Carless Reef

　テーブルリーフの周りはナポレオンフィッシュ、サメなどが見られ、ドロップオフもある。こちらも中級者以上に人気のポイント。

人里離れた修行の地
ー聖パウロ修道院と聖アントニウス修道院ー

ミニ特集

エジプトでは初期キリスト教の頃から修道生活が営まれてきた。砂漠の奥で神と向き合う修道院を訪ねてみよう。

世界初の修道者、聖パウロゆかりの修道院

✛ 聖パウロ修道院

この修道院は、世界初の修道者テーベの聖パウロが修行した洞窟の上に建てられた。5世紀にはすでに存在しており、6世紀からは巡礼者が多く訪れている。

ここには、パウロが修道生活を行ったとされる洞窟と大理石の墓がある。現存する建物の古い部分は6世紀にさかのぼるといわれているが、大部分は中世に造られたものだ。ドームや壁に、中世のフレスコでできた宗教画が多い。天井からぶら下がるダチョウの卵像は、イエスの復活を意味する。

●聖ミカエル教会　17世紀の建立で修道院内最大の教会。ふたつの至聖所があり、聖ミカエルと洗礼者ヨハネに捧げられている。18世紀に描かれた珍しい宗教画『皿に載った洗礼者ヨハネの首』や、聖ルカが40年に描いたといわれている宗教画もある。

✛ 聖アントニウス修道院

聖パウロ修道院の近くにある。4世紀中頃に、キリスト教修道院の創始者聖アントニウスの弟子たちによって、聖人が修行した山の麓に建立された、エジプト最古で最大の修道院。12世紀から15世紀にかけて、

コプト語で書かれた書物がアラビア語に訳され、修道院がフレスコで飾られた。1979年から修道院の修復が行われ、現在も修道生活が営まれている。

●聖アントニウス教会　聖母マリアに捧げられた修道院内最古の教会。聖アントニウス生存中に建立され、死後この下に埋葬されたとされる。エジプト最古のフレスコ画をはじめ、中世の宗教画も多い。

●聖マルコ教会　18世紀建立の12のドームが付いた教会。聖アントニウスの弟子の聖マルコの墓がある。

●洞窟　聖アントニウスが312年から356年まで修行をした洞窟。修道院の背後の山を276m登った所にある。

アクセス　Map P.177A2

ハルガダとスエズの間の東方砂漠にある。聖アントニウス修道院や聖パウロ修道院へは、公共交通機関で行くことは不可能。

聖パウロ修道院は幹線道路からも近く、標識も出ているのでタクシーをチャーターしていくのも比較的簡単。ただし、聖アントニウス修道院はさらに幹線道路をスエズ方面に向かい、内陸に入った所にある。修道院への道も悪く、かなり時間がかかってしまう。ふたつの修道院を1日で訪れたいのなら現地の旅行会社が行うプライベートツアーに参加するのがおすすめ。

🐫 288

1現在のコプト教徒の間では
アラビア語が使用されている
2聖パウロ関連のおみやげ
や、コプト・グッズはいかが？
3修道院は何回もの増改築
を重ね、砂漠の要塞のように
なった　4聖パウロ修道院の
門。ここから修道院まではま
だ2kmほどの道のりがある
5ハルガダからやってきたキリ
スト教徒の家族　6清貧の修
道生活を送った聖パウロの肖
像画　7修道院の門には聖パ
ウロの生涯が描かれている

リゾートホテルのビーチ

ナイル谷とアラビア半島、インド、東アフリカを結ぶ航路は古代エジプト時代から発達していた。紅海地方は、このルートの重要な拠点として繁栄してきた地。新王国時代のハトシェプスト女王がプント（現在のソマリア）との貿易を行ったのもここから。ファーティマ朝～オスマン朝時代には多くの巡礼者をメッカに送り出していた。しかし19世紀に入り、スエズ運河が開通すると、次第にその重要性が失われ、衰退していくことになる。現在はリン鉱石の輸出港となっているが、ハルガダに続くリゾート地域として外国資本の豪華リゾートが建設ラッシュとなっている。

■サファーガ
●ハルガダ (→P.280)から
🚌アッパーエジプト (EGバス)
6:00、21:00、21:30発
所要:約1時間
運賃:60£E

サファーガ市役所前にある魚のモニュメント

高級リゾートとして発展中
サファーガ
サファーガ
سفاجا
Port Safaga | Map P.271C

ハルガダから南へ約60km、ルクソールなどからのバスが最初に立ち寄る紅海の港。リン鉱石を産出する港としても知られる。

町の歴史は意外にも古く、紀元前3世紀、プトレマイオス2世よって建設された。現在はハルガダのコラ地区のようにリゾート開発がめざましく、大型ホテルの数が増えている。

新たなリゾート地、サファーガ

■コセイル
●ハルガダ (→P.280)から
🚌アッパーエジプト (EGバス)
6:00、21:00、21:30発
所要:約2時間30分
運賃:75£E

貿易港として栄えた
コセイル
イル・コセイル
القصير
Quseir | Map P.271C

サファーガの南約85kmにある静かな港町。ここもサファーガやエル・ゴウナのように高級ホテルが続々とオープンしている。エナやキフトからワーディ・ハンママートを通る隊商の終着点として、古代から栄えてきた。その理由は、モンスーンが来ても、楽に船が着けられる自然の良港をもっていたからだとされる。グレコローマン時代にはおもにトウモロコシがここから輸出され、イスラーム時代にはメッカへの大巡礼用の港として栄えた。

コセイルのパブリックビーチ

■マルサ・アラム
●ハルガダ (→P.280)から
🚌アッパーエジプト (EGバス)
6:00、21:00、21:30発
所要:約4時間
運賃:140£E

穴場的リゾート
マルサ・アラム
マルサ・アラム
مرسى علم
Marsa Alam | Map P.271C

コセイルの南約138kmにある。ひなびた漁村だったが、近年リゾート開発が進む。マルサ・アラムには空港も建設され、フィッシングやダイビングの基地として注目を浴びている。美しい珊瑚礁や沖合の島々などダイビングスポットも多い。西にはエドフまで約280kmの舗装道路が延びている。

HOTEL

日本からホテルへの電話
国際電話識別番号 010 ＋ 国番号 20 ＋ 市外局番の最初の0を取った掲載の電話番号

　安宿はイッダハールの郵便局の南や、パブリックビーチ近くに集中しており、バスが着くと同時に客引きがやってくる。スィガーラ地区にも手頃な中級ホテルが多く、ハルガダ・マリーナの南にある数軒のホテルは、近くのパブリックビーチを無料で利用することができる。狙い目はコラ地区の中級ホテル。30〜50US$ぐらいで、プライベートビーチ、プール付きのホテルに泊まることもできる。

イッダハールのホテル

フォー・シーズンズ 4 Seasons　　経済的　Map P.282上A1

フンドゥク・フォル・シーズン فندق فور سيزون

Dr. El Sayed Korayem St.
شارع دكتر سيد كريم, الدهار
012 2714 3917
Mail forseasonshurghada@
hotmail.com
A/C350£E
A/C400£E
US$ € £E
不可

　イッダハールの中心部では最も経済的なホテルのひとつ。ホテルの周囲はレストランや商店が多いなど、何かと便利な立地なのもうれしい。全14室あり、各部屋は衛星放送視聴可能なテレビ、冷蔵庫付き。客室の掃除も行き届いている。
全室

ティバ・ローズ Tiba Rose　　中級　Map P.282上A2

フンドゥク・ティバ・ローズ・イル・ガルダア فندق تيبا روز الغردقة

Korniish St., El-Dahar
شارع كورنيش, الدهار
TEL(065)351 2465
010 0105 1856
A/C730£E
A/C1270£E
2食付き
US$ € £E　不可

　イッダハールのはずれの静かなエリアにある。やや細長いが、プールやプライベートビーチもあり、リゾート気分を味わうことができる。きれいでサービスもよいので全体的にお得感がある。すぐ近くにパブリックビーチもある。ロビーにATMあり。
全館

シービュー Seaview Hotel　　中級　Map P.282上A2

フンドゥク・シービュー فندق سي فيو

Korniish St.
شارع كورنيش, الدهار
TEL(065)354 5959
URL www.seaviewhotel.com.eg
A/C500£E
A/C600£E
US$ € £E
不可

　パブリックビーチへは歩いてすぐという好立地。客室は衛星放送が映るテレビやミニバーなども完備している。全42室のうち、ほとんどの部屋がシービューになっている。バーとレストランも併設されており、朝食は別途50£E。
レセプション周辺

エンパイア・ビーチ・リゾート Empire Beach Resort　　中級　Map P.282上A1

フンドゥク・トリトゥン・インバイル فندق تريتون إمباير

Korniish St.
شارع كورنيش, الدهار
012 2822 8882
A/C41〜67US$
A/C55〜90US$$
3食付き
US$ € £E
M V

　ビーチリゾートが集まるコルニーシュ通りにあるホテル。周辺の大規模なホテルと比べるとやや小さいが、プールやプライベートビーチなどリゾートホテルとしての基本設備はひととおり整っている。ビュッフェ式のレストランもある。全163室。
レセプション周辺

ロイヤル・スター・ビーチ Royal Star Beach Resort　　中級　Map P.282上A1

رويال ستار بيتش　ロイヤル・スタル・ビーチ

🏠Korniish St.
شارع كورنيش , الدهار
📞(065)354 3903
🛏🗗➡🔲📶45US$〜
🛏🛏🗗➡🔲📶50US$〜
💱US$ € £E
💳 M V

　イッダハールのリゾートエリア
に建つ大型ホテルで、近くのエン
パイア・ビーチ・リゾート(→P.291)
やエンパイア・ホテルと同系列。
全体的に高級感があり、ビーチ
やプールもきれい。プールには滑
り台もある。
📶レセプション周辺

サンド・ビーチ Sand Beach Hotel　　中級　Map P.282上A1

فندق ساند بيتش　フンドゥク・サンド・ビーチ

🏠Korniish St.
شارع كورنيش , الدهار
📞(065)354 7841
📱010 0539 8842
🗗➡🔲📶50US$
🛏🗗➡🔲📶70US$
💱US$ € £E
💳 M V

　ロイヤル・スターの東隣にある。
白い外観の3つ星ホテル。ヨーロ
ッパからのツアー客が多い。階段
状のプールを囲むように、客室棟
が並んでいる。全144室には衛
星放送が観られるテレビ、冷蔵
庫付き。
📶レセプション周辺

ヒルトン・プラザ Hilton Plaza　　高級　Map P.282上A2

هيلتون الغردقة بلازا　ヒルトンイル・ガルダア・プラザ

🏠Gabal El-Kharim
جبل الخريم, الدهار
📞(065)361 5755
日本の予約先📞(03)6864-1633
🌐www.hilton.com
🛏🗗➡🔲📶86US$〜
🛏🛏🗗➡🔲📶101US$〜
💱US$ €
💳 A D M V

　イッダハール東部の丘にそびえ
る、全531室の大型リゾートホ
テル。プライベートビーチの規模
と美しさはハルガダでも有数。
高台の上にあるので、眼下に三
日月状の湾のパノラマが広がっ
ている。すぐ隣にはショッピング
センターがあって便利。
📶共用エリア

◖ スィガーラのホテル

ロイヤル・シティ Royal City Hotel　　経済的　Map P.282左下

فندق رويال سيتي　フンドゥク・ロイヤル・シティ

🏠El-Arosa Sq., Sekalla
ميدان العروسه, سقالة
📞(065)344 7195
🛏🗗➡🔲📶400£E
🛏🛏🗗➡🔲📶600£E
💱US$ € £E
💳不可

　スィガーラにある。港に近く、
夜遅く船で着いたときにも便利。
このあたりには似たようなクラス
のホテルが並ぶ。部屋はかなり広
め。すぐ近くにパブリックビーチが
あるので便利。
📶レセプション周辺

ラ・メラ Lamera Hotel　　経済的　Map P.282左下

فندق لاميرا　フンドゥク・ラメラ

🏠Sheraton St., Sekalla
شارع الشيراتون, السقالة
📞(065)344 2075
📱010 6766 3704
🌐www.lamerahotel.com
🛏🗗➡🔲📶600£E
🛏🛏🗗➡🔲📶900£E
💱US$ € £E
💳 M V

　スィガーラ地区の繁華街に位
置する宿。新しく清潔ながらもリ
ーズナブルでお得感がある。マリ
ーナやパブリックビーチへは徒歩
圏内で、イッダハール、コラ地区
へも行きやすい。周辺にはカフェ
やレストランもあり、すぐ隣には
銀行が建つ。
📶全館

シー・ガーデン Sea Garden

سى جاردن　スィー・ガルデン

🏠El-Arosa Sq., Sekalla
ميدان العروسم, سقالة
📞(065)344 7495
🔗www.seagarden.com.eg
🛏️A/C📺🔦📶🗄️40US$
👫A/C📺🔦📶🗄️50US$
💵US$ €
🚫不可

ロイヤル・シティ（→P.292）の
すぐそばにあるホテル。中庭には
プールがあり、すぐ近くにはパブ
リックビーチもある。ハルガダ・マ
リーナにも徒歩ですぐなので、レス
トランの選択肢が多いのも魅
力のひとつ。
📶レセプション周辺

コラ地区のホテル

グランド・ブルー・セント・マリア Grand Blue St. Maria

سانت ماريا　サント・マリア

🏠Yussif Afifi Rd.
شارع الفريق يوسف عفيفي
📞(065)346 5161
🔗/👫A/C📺🔦📶🗄️30US$
🍽️3食付き
💵US$ € £E
🚫不可

リゾートホテルが並ぶユースフ・
アフィフィ通りの最南端にあるホ
テル。リゾートホテルの中ではか
なり安価な部類だが、スイミング
プール、レストランを備え、ビー
チへの無料シャトルバスもある。
客室はテレビ、冷蔵庫付き。
📶レセプション周辺

ギフトン・アズール Giftun Azur

جفتون　ギフトン

🏠Yussif Afifi Rd.
شارع الفريق يوسف عفيفي
📞(065)346 3040
🛏️A/C📺🔦📶🗄️65US$〜
👫A/C📺🔦📶🗄️84US$〜
🍽️3食付き
💵US$ € £E
💳MV

総客室数522とかなり大型の
リゾートホテル。ホテルの両翼に
はさまざまな店、レストランなど
が充実している。ロビーを抜ける
とバンガロータイプの客室が点々
としている。さらに、その先には
スイミングプールや、プライベート
ビーチもある。
📶レセプション周辺

シンドバッド・クラブ Sindbad Club

سندباد كلوب　スィンドバード・クルブ

🏠Mohamed Said St. 1
١ شارع محمد سعيد
📞(065)340 4227
🔗www.sindbadclub.com
🛏️/👫A/C📺🔦📶🗄️114US$〜
🍽️3食付き
💵US$ €
💳AMV

潜水艦シンドバッド号（→P.284）
でおなじみのホテル。アトラクシ
ョンの豊富さには定評がある。プ
ールのスライダーも大きく、子供
たちに人気で、家族での滞在に
ぴったり。セキュリティ面もしっか
りしているので安心。
📶全館

セリー・ビーチ・リゾート Serry Beach Resort

فندق سيري بيتش　フンドゥク・セリー・ビーチ

🏠Touristic Villages
القرى السياحية
📞(065)340 4455
🔗www.theserry.com
🛏️/👫A/C📺🔦📶🗄️212US$〜
💵US$ € £E
💳ADMV

曲線を多用した上品な白亜の
建物が印象的で、周辺のリゾート
と比べても高級感が際立ってい
る。シンドバッド（→上記）と同経
営で、シンドバッド号の乗り場に
もなっている。ビーチやプールは
とても大きく開放感がある。
📶全館

ピックアルバトロス・パレス Pickalbatros Palace　　　最高級　Map P.281C

بيكالباتروس · بارلس　ピックアルバトロス・パレス

住Safaga Rd.
طريق سفاجا
TEL(065)346 4170
URLwww.pickalbatros.com
♦/♦♦A/C📶📺▤🍽213US$〜
🍴3食付き
💲US$ € £E
━MV

紅海に面した7万2000㎡という広大な敷地をもつホテル。プールは4つあり、そのうちふたつは温水（冬期のみ）。レストランの数も7つと、バラエティーあふれる食事が楽しめる。全621室の客室はスタンダードルームでも36㎡とゆったりしている。
📶全館

シュタイゲンベルガー・アルダウ Steigenberger Aldau　　　最高級　Map P.282右下

شتيجنبرجر الداو　シュタイゲンベルガー・アルダウ

住Yussif Afifi Rd.
شارع الفريق يوسف عفيفي
TEL(065)346 5400
URLsteigenbergeraldau
resort.com
♦/♦♦A/C📶📺▤🍽171US$〜
🍴3食付き
💲US$ € £E
━MV

全372室の客室は、すべて紅海を眺めることができ、テラスもしくはバルコニー付き。広大な敷地には広々としたメインプールがあるほか、緑も多く、リラックスできる環境になっている。1000㎡を誇るスパセンターも自慢。
📶全館

ピックアルバトロス・ホワイト・ビーチ Pickalbatros White Beach　　　最高級　Map P.282右下

بيكالباتروس وايت بيتش　ピックアルバトロス・ワイト・ビーチ

住Yussif Afifi Rd.
شارع الفريق يوسف عفيفي
TEL(065)346 3650
URLwww.pickalbatros.com
♦A/C📶📺▤🍽138US$〜
♦♦A/C📶📺▤🍽162US$〜
🍴3食付き
💲US$ € £E
━MV

客室数473室の大型リゾートホテル。3食付きのオールインクルーシブで、シービューとプールビューの客室がある。プライベートビーチの長さは150mにもおよび、敷地内には6つのプールにウオータースライダーが16あるなど、設備の質、量ともにハルガダで最高レベルを誇る。
📶全館

ツアーでよく使われる大型ホテル

グランド・リゾート Grand Resort　جراند ريزورت　グランド・レゾルト

住Corniche Rd.　طريق سفاجا　　　　　　　　　　Map P.282右下
TEL(065)346 3107　**URL**redseahotels.com
🍴🌐🛜（3食付き）　**💲**US$ € £E　**━MV**

メルクール・ハルガダ Mercure Hurghada　ميركيور الغردقة　メルキュール・イル・ガルダア

住Safaga Rd.　طريق سفاجا　　　　　　　　　　　Map P.281C
TEL(065)346 4646　日本の予約先:**TEL**(03)4455-6404　**URL**all.accor.com
🍴🌐🛜（3食付き）　**💲**US$ € £E　**━ADMV**

ハルガダ・マリオット Hurghada Marriott Beach Resort　ماريوت الغردقة　マリヨット・イル・ガルダア

住Sheraton St.　شارع شيراتون　　　　　　　　　　Map P.281B
TEL(065)340 4420　日本の予約先:**FREE**0120-925-659　**URL**www.marriott.com
🍴🌐🛜🌐　**💲**US$ €　**━ADMV**

タイタニック・ロイヤル Titanic Royal　تيتانيك رويال　ティタニーク・ロイヤル

住Safaga Rd.　طريق سفاجا　　　　　　　　　　　Map P.281C
TEL(065)346 1222
🍴🌐🛜（3食付き）　**💲**US$ € £E　**━MV**

RESTAURANT

　リゾート地のハルガダに庶民的な店は少ない。看板にはメニューや料金が書かれていることが多いので、見比べながら探すのも楽しい。ターメイヤやシャワルマなどの軽食は、イッダハールのナスル通りやスィガーラ周辺で。コラ地区ではホテル内のレストランの利用が便利。2食付きや3食付きの料金プランを用意しているホテルもある。

イル・ザフラー　El Zahraa Bakery & Pastry

庶民的　パン・スイーツ

Map P.282上A1

حلواني الزهراء　ヘルワーニー・イッザフラーッ

🏠El-Lewaa Salman Mazhar St., El-Dahar
شارع اللواء سلمان مظهر الدهار
📞010 0009 6069
🕐7:00～翌2:00
休無休
💳US$ € £E ━MV

　小さなパン屋から始まり、いまではハルガダ各地に展開する老舗ベーカリー。パンもおいしいが、おすすめは甘い甘いアラブ菓子。ナッツやハチミツたっぷりのお菓子を格安で買うことができる。種類豊富なのでいろいろ試してみよう。

スター・フィッシュ　Star Fish

中級　シーフード

Map P.282左下

ستار فيش　スタール・フィーシュ

🏠Funduq (Sheraton) St..
شارع شيراتون
📞(065)344 3750
📱010 9227 2243
🕐12:00～24:00
休無休
💳US$ € £E
━MV

　スィガーラのメインストリート、フンドゥク（シェラトン）通りにあるシーフード・レストラン。店内には大きな生け簀があり、指さしで注文することができる。魚介類はすべて時価。前菜55～125£E、スープ89～140£E、セットメニューは100£Eと275£Eの2種類がある。税金14%別途。

ヘブン　The Heaven

中級 ⚲ シーフード

Map P.282左下

مطعم النعيم　マトゥアム・インナアイーム

🏠Hurghada Marina
الملينا الجديدة ميني
📞(065)3442134
🕐12:00～24:00
休無休
💳US$ € £E
━MV

　マリーナにある。シーフードを中心に、肉料理も出す雰囲気のよいレストラン。地中海料理のほか、スシバーも併設しており、巻き寿司90～235£E、にぎり寿司は2貫で120～180£E。四川風牛肉炒め390£Eなど中華料理もあり、シーシャ150£Eも楽しめる。

パパ・ディモス　Papa Dimos

庶民的　ファストフード

Map P.282上B1

مطعم بابا ديموس　マトゥアム・バーバー・ディモス

🏠El-Nasr St., El-Dahar
شارع النصر, الدهار
📞(065)355 7710
📱010 9652 4400
🕐14:00～翌2:00
休無休
💳£E
━不可

　ナスル通りにあるファストフード店。メニューはサンドイッチとピザが中心だが、シーフードやケサディヤなど、幅広いメニューを揃える。ピザは全19種あり、Mサイズが65～145£E、Lサイズが85～185£E。パスタ65～140£Eもある。テイク・アウェイやデリバリーも行っている。

エスカンドラニー　Eskandrany

庶民的　コシャリ

Map P.282上B1

كشرى الاسكندرانى　コシャリ・イル・イスカンダラーニー

🏠6 October St.
شارع ٦ أكتوبر
📱010 2881 0288
🕐7:00～翌3:00
休無休
💳£E
━不可

　ナスル通り近くにあるコシャリ店。旅行者以上に地元の人から支持されており、テイク・アウェイの窓口に行列ができることもしばしば。メニューはすべてアラビア語だが、コシャリは小10£E、中20£E、大25£E、特大30£Eなので、値段を英語で伝えるとよい。

ホワイト・エレファント White Elephant

中級 🍽 **タイ料理**

مطعم التايلاندية マトゥアム・イッタイランディーヤ

📍Yussif Afifi Rd.
شارع الفريق يوسف عفيفي
📞010 0102 5117
🕐13:30〜23:30
💳US$ € £E
💳 M V

Map P.282右下

シュタイゲンベルガー・アルダウ（→P.294）
のすぐ近くにあるタイ料理店。以前はハルガダ・マ
リーナ内にあったが移転した。タイ人シェフの
作るメニューは50種類を超え、トムヤムクンや
トムカーガイ各130£E、各種カレー250£E〜が
人気料理。持ち帰り可能なメニューもある。エ
ル・ゴウナにも支店がある。

グリーク The Greek

中級 🍽 **ギリシア料理**

جريك グリーク

📍Hurghada Marina
الملينا الجديدة مبني
📞012 7078 8121
🕐11:00〜24:00
🚫無休
💳US$ € £E
💳 M V

Map P.282左下

ハルガダ・マリーナにあるギリシア料理のレス
トラン・バー。スブラキ390£E、ギロ250〜
340£E、ムサカ330£Eといった定番のギリシ
ア伝統料理が楽しめる。シーフードは260〜
490£E。ピザやパスタなどもある。お酒はビー
ルやワインのほか、ギリシアの国民酒的存在
のウーゾ70£Eも置いている。

ムーン The Moon

中級 🍽 **バラエティ**

مون ムーン

📍Hurghada Marina
الملينا الجديدة مبني
📞012 0059 5980
🕐10:00〜24:00
🚫無休
💳US$ € £E
💳 M V

Map P.282左下

ハルガダ・マリーナにある評判のよい多国籍
料理レストラン・バー。正式な店名はジ・アザー
サイド・オブ・ムーン（月の裏側）だが、地元の人
からは「ムーン」として親しまれている。メインは
200£E〜で、ピザ90〜140£Eやパスタ75〜
130£Eなどもある。

マンダリン Mandarine

中級 **レバノン料理**

مندارين マンダリン

📍Siva Grand Hotel
فندق سيفا جراند, القرى
📞(065)346 3131
🕐12:00〜翌0:30
🚫無休
💳US$ € £E
💳 M V

Map P.282右下

シヴァ・モール入口のオープンテラスにある、
レバノン料理の店。前菜の種類が豊富でセット
がお得。ベイルート・スペシャル（メザ）は5種類
の前菜が入って180£E、ほかにもカバーブやシ
シ・タウークなどの肉料理からサンドイッチ類ま
で幅広く用意している。予算は300£E〜。

ファミリー・フィッシュ Family Fish Restaurant

中級 🍽 **シーフード**

مطعم فاملي فش マトゥアム・ファミリー・フィーシュ

📍Korniish St., El-Dahar
شارع كورنيش, الدهار
📞010 0955 7719
🕐12:30〜23:00
🚫金
💳US$ € £E
💳不可

Map P.282上A2

イッダハールの静かなエリアにある穴場のシー
フードレストラン。もちろん新鮮な海鮮料理が自
慢だが、温かいアエーシが出てきたり、サラダに
ニンニクが効いていたりと、ひと手間加えられたお
いしい料理が食べられる。店主のムハンマド・アリ
さんもとても親切。作り置きをしないので、料理
が出てくるまで少し時間がかかる。

リトル・ブッダ Little Buddha

高級 🍽 **バラエティ**

لتل بودا リトル・ブーダ

📍Yussif Afifi Rd.
شارع الفريق يوسف عفيفي
📞012 2000 1961
🕐14:00〜翌3:00
🚫無休
💳US$ € £E
💳 A J M V

Map P.282右下

ラスベガスやアムステルダムなどにも店舗が
あるハルガダ屈指の大型レストラン。店内の中
央は吹き抜けになっており、大仏が鎮座してい
る。メインの料理は230〜630£Eで、寿司も
ある。毎晩23:30からナイトクラブになる。ミ
ニマムチャージがあり、バーは600£E、テーブ
ルは1250£E。税＋サービス26％別途。

モーセが十戒を授かった有史以来の聖なる地
聖カトリーナ St.Catherine

سانت كاترين
アラビア語：サーント・カートリーン

市外局番069

ガバル・ムーサの山頂にある三位一体聖堂

旧約聖書には、モーセが神から十戒を授かったことが出てくる。その場所といわれているガバル・ムーサ（シナイ山）をはじめ、このあたりには、ユダヤ教、キリスト教、イスラム教にとって宗教的に重要な意味をもつ場所が散在する。

4世紀には、ローマ帝国各地からキリスト教信者がここに集まってきた。337年にはローマのコンスタンティヌス帝の母のヘレナの命令により「燃える柴」の周りに聖堂が築かれた。たび重なるベドウィンの襲撃にもかかわらず、巡礼者の数は増え続けた。6世紀にはユスティニアヌス帝が聖堂の周りに砦を築き、今の修道院の基礎を造った。また守備隊を送って警備にあたらせていたという。

イスラーム時代になってもカイロとの関係は良好で、18世紀末のナポレオン侵攻まで盛衰を繰り返しつつ、最大時には400人の修道僧が修行していた。ナポレオンは技術者を送って補修作業にあたらせ、この作業はムハンマド・アリによって受け継がれた。歴史を見ても明らかなように、修道院はギリシア正教など東方教会との関係が強く、今でもギリシアからの修道僧が多い。

ここシナイ山は標高が高く、ほかのシナイ半島南部とは違って寒いので、暖かい支度をしていこう。

■聖カトリーナの安全情報
シナイ半島ではイスラム過激派武装グループが活発に活動しています。2024年5月現在、日本の外務省はダハブからシャルム・イッシェーフまでの沿岸地帯をのぞくシナイ半島全域にレベル3「渡航中止勧告」を発出しています。そのため、今年度版では聖カトリーナの取材は見合わせました。情報は一部を除き2014年当時のものです。

■聖カトリーナへの行き方
ダハブの各ホテル、旅行会社では、聖カトリーナへのツアーを出している。夜半前に出発し、翌日の昼頃に戻ってくるというもの。修道院の開いている日の前日に、ホテルや旅行会社で催行される。
●ダハブ（→P.313）から
🚌2024年3月現在運休中。聖カトリーナへ行くにはツアーに参加するか、もしくはタクシーをチャーターするしかない。夕方にダハブを出発して登山し、日の出を見て戻ってくるツアーが500£E〜。

聖カトリーナ修道院のファサード

御来光登山にチャレンジ

ゴツゴツした岩山に、神秘的な御来光が降り注ぐとき
あたりは荘厳な雰囲気に包まれる。
ここは、モーセが十戒を授かった聖なる山、シナイ山。

モーセの十戒

1. あなたはわたしのほかに、なにものをも神としてはならない。
2. あなたは自分のために、刻んだ像を造ってはならない。
3. あなたは、あなたの神、主の名を、みだりに唱えてはならない。
4. 安息日を覚えて、これを聖とせよ。
5. あなたの父と母を敬え。
6. あなたは殺してはならない。
7. あなたは姦淫してはならない。
8. あなたは盗んではならない。
9. あなたは隣人について、偽証してはならない。
10. あなたは隣人の家をむさぼってはならない。

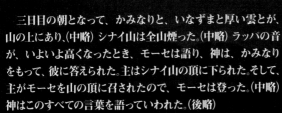

三日目の朝となって、かみなりと、いなずまと厚い雲とが、山の上にあり、(中略) シナイ山は全山煙った。(中略) ラッパの音が、いよいよ高くなったとき、モーセは語り、神は、かみなりをもって、彼に答えられた。主はシナイ山の頂に下られた。そして、主がモーセを山の頂に召されたので、モーセは登った。(中略) 神はこのすべての言葉を語っていわれた。(後略)

(出エジプト記19:20)

ガバル・ムーサと修道院

→P.301

現在、ガバル・ムーサと呼ばれるその山（シナイ山）は、モーセが十戒を授かった地と信じられている。山の麓にある聖カトリーナ修道院では、修道士が今も暮らしている。毎日のように人々が巡礼に訪れ、なかにはかなり年をとった人もいる。若い者にとっても、決して楽な道のりとはいえないこの真っ暗な道を、杖を持って一歩一歩かみしめるように登る姿に、心を動かされずにはいられない。

1 神々しいガバル・ムーサ（シナイ山）の御来光　**2** 聖カトリーナ修道院に残る井戸はモーセの井戸と呼ばれている　**3** 朝日が差し込む三位一体聖堂　**4** 登山客は三位一体聖堂で御来光を待つ　**5** ラクダを使ってシナイ山を登頂することもできる。しかし、途中からは階段道になるのでラクダから降りて歩かなければならない

旅のモデルルート

バスの運休が頻繁に起こる聖カトリーナへは、ダハブなど近郊のリゾート地からのバスツアーに参加すると効率がよい。ガバル・ムーサで御来光を拝み、その後、聖カトリーナ修道院を見学するのが定番だ。

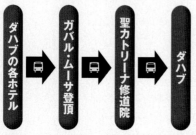

ダハブの各ホテル	ガバル・ムーサ登頂	聖カトリーナ修道院	ダハブ
23:00	2:30〜5:30	9:00〜11:00	12:30〜14:00

ダバブからのツアー

　時期により日の出の時間が異なるので、それに合わせて出発の時間も変わる。登山はきつく、リタイアする人も出てくるので、体力に自信のない人はやめておこう。山頂は冷えるので、暖かい服装をして行こう。暗闇の中を登っていくので懐中電灯も必携。

■ホテル

世界遺産に登録され、巡礼者も数多い観光地で、イースターやクリスマスは大変混む。通常はシャルム・イッシェーフやダハブからのツアーに参加するのが現実的だが、2024年4月現在、日本の外務省では渡航の中止を勧告している。

■レストラン

修道院と山以外ほとんど何もない聖カトリーナの町では、夕食や朝食はホテルで食べるのが一般的。町のバス停付近にレストランが数軒ある。売店などは登山道入口の事務所周辺にもある。ガバル・ムーサへのラクダ道沿いの休憩所では、シャーイなどが飲める。

== 歩き方 ==

　聖カトリーナには、山と修道院以外に、小さな町がある。バスが発着するのは町の外れにある停留所。そこからさらに1kmほど行った道沿いには中級ホテルが数軒並んでいる。

聖カトリーナの停留所

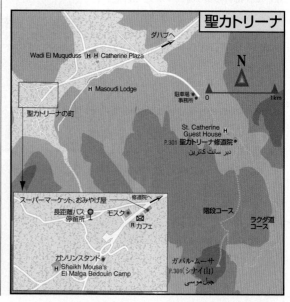

聖カトリーナ

ダハブへ

Wadi El Muquduss　H　H Catherine Plaza

H Masoudi Lodge

駐車場・事務所

N

0 ── 1km

聖カトリーナの町

St. Catherine Guest House　H

P.301 聖カトリーナ修道院
دير سانت كاترين

スーパーマーケット、おみやげ屋　　修道院へ

長距離バス停留所　　モスク

R カフェ

階段コース

ラクダ道コース

ガソリンスタンド
Sheikh Mousa's
El Malga Bedouin Camp

ガバル・ムーサ
P.301(シナイ山)
جبل موسى

聖カトリーナの町

モーセの十戒で有名な
ガバル・ムーサ（シナイ山）

ガバル・ムーサ

جبل موسى

世界遺産 Mount Sinai　　　　　　**Map P.300**

ガバル・ムーサから眺める朝日

シナイ山は別名ガバル・ムー
サ（モーセ山という意味）
と呼ばれており、標高
2285m。聖書ではモーセは
ここで神から十戒を授けら
れたことになっている。こ
の山に登るには、おもにふ
たつのルートがある。短い
が、かなりキツイ階段コース
と、19世紀に造られたラク
ダが通れる道がある。ちな
みに階段は3750段。ただ
しラクダ道を通っても、最
後は階段コースと合流する
ため、800段ほどは上らなければならない。

聖カトリーナの町に宿泊したなら、3:00頃から山に登り、
御来光を拝んで下りてくる。少なくとも往復4時間はかかる。
これはかなりキツイ。修道院の横から登っていくわけだが、
もしつらいと思うなら途中でラクダをレンタルできるのでチャー
ターしてもよい。

このような形での巡礼は、5〜6世紀頃に始まった。下りの
途中には聖エリヤの礼拝堂なども見ることができる。山の頂
上は冬になると雪が積もり、とても寒い。夏でも夜は相当冷
え込み、1年中突風が吹き荒れている。したがって防寒具が
必要。頂上には、1930年に建てられた三位一体聖堂と小さ
なモスクが並んで建っている。日の出の景色は壮観だ。

数多くのイコンが歴史を語る
聖カトリーナ修道院

デール・サーント・カートリーン

دير سانت كاترين

世界遺産 Saint Catherine's Monastery　　**Map P.300**

330年にローマ皇帝コンスタンティヌスの母のヘレナが建て
た「燃える柴礼拝堂」がもとになっている。シナイの荒野で羊
を飼っていたモーセが、いつまで経っても燃え尽きることの
ない柴を見て不思議に思い、近づこうとすると、「ここは聖なる
地なので近づいてはいけない」という神の声を聞いたという
場所。後に十戒を授かるガバル・ムーサの麓にあたる。

修道院の建物は、いびつな四角形をしている。縦85m×
横76mで、高さ15mほどの壁に囲まれている。この壁の南と
西の部分は14世紀に起こった地震のときに崩れ、後に再建さ
れたもの。

■聖カトリーナ保護区域
料25£E

麓にある駐車場

■ガバル・ムーサ
途中で迷う登山者が少なから
ずいるという理由で、登山する
ためにはガイドが必要になって
いる。ツアーに参加すればガイ
ドを自分で手配する必要はな
いが、個人で登るためには、必
ずガイドを雇わなければなら
ない。聖カトリーナ修道院に
入る前にある駐車場にはツー
リストポリスがおり、個人で登
る人は、ここでガイドを雇うこ
とができる（有料）。ガイドはグ
ループにひとりいればよい。

山頂にある三位一体聖堂

■聖カトリーナ修道院
問い合わせはカイロにある修
道院のオフィスまで。
住18 Midaan il-Daher, Cairo
TEL(069)3470 3413
時9:00〜11:00
休金・日、正教会の祝祭日
料25£E(博物館80£E)
📷(博物館)

連なる山の間にひっそりとたたずむ
聖カトリーナ修道院

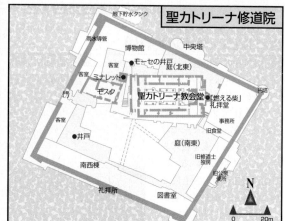

聖カトリーナ修道院

地下貯水タンク

雨水導管

博物館　中央塔

客室　モーセの井戸　庭(北東)
客室
ミナレット　聖カトリーナ教会堂　「燃える柴」礼拝堂
モスク
門　　　　　　　　　　　内塔
客室　　　　　　　　　　事務所
　　　　　　　　　　　　旧食堂
井戸　　　　　　　庭(南東)
　　　　　　　旧修道士独房
南西棟　　　　　　旧公衆便所
　　礼拝所　　図書室

N
0　　20m

聖カトリーナ教会堂の鐘楼

●**聖カトリーナ教会堂**　このバシリカは鐘楼をもち、修道院の中でもひときわ高い建物。内部には歴史的なイコンが多く飾られている。中心には修道院の名前の由来となった聖カトリーナが埋葬された大理石の石棺がある。

●**燃える柴礼拝堂**　おそらくバシリカのなかで最も古い部分。モーセが聖なる山に入ろうとしたときに、燃えているのに燃え尽きなかったといわれる「燃える柴」があった所。銀の板がはめ込まれた部分は、神がモーセの前に現れた場所だそうだ。

●**博物館**　修道院が誇る多数の貴重なイコンを展示。世界中探しても珍しい、ビザンツ帝国のイコノクラスム（偶像破壊運動）以前に描かれたイコンなども展示されている。イコン以外にも、古い聖書の写本やタペストリー、工芸品などを収蔵している。

●**モスク**　バシリカの反対側にある。12世紀の建設。

●**図書室**　ギリシア語をはじめ、シリア語、コプト語、ペルシア語、グルジア語、アルメニア語、教会スラブ語、アラビア語などの写本が保存されている。蔵書は現在も整理中。

燃える柴礼拝堂。柴に触れようとする旅行者が多いが、これは後世に植えられたものだとか

■**カトリーナ山**
登山には許可証やガイドの同行が必要

シナイ半島の最高峰
カトリーナ山
ガバル・カートリーン
جبل كاثرين
世界遺産 Mount Catherine　　　　　　地図外

　標高2642mで、シナイ半島の最高峰でもある。ガバル・ムーサよりもルートは険しく、登山にはまる1日かかる。この山は、キリスト教徒であることを宣言した聖カトリーナがローマ帝国によって処刑された場所である。

　遺体は300年もの間山頂に置かれ、その後聖カトリーナ修道院に安置されたという。山頂には小さな礼拝堂があり、ここからの眺めはすばらしい。

シナイ山から眺めたカトリーナ山

エジプトが世界に誇るダイビング基地
シャルム・イッシェーフ Sharm El Sheikh

شرم الشيخ

アラビア語：シャルム・イッシェーフ

市外局番069

マーヤ・ベイのビーチ。海岸沿いにホテルが並ぶ

■シャルム・イッシェーフ
　への行き方
●カイロ（→P.71）から
✈毎日8〜10便
所要：約1時間
🚌トルゴマーン発
イーストデルタ
8:00、13:30、18:00発
所要：約7時間　　運賃:210£E
🚌タフリール発
スーパージェット
14:30、24:00、翌2:00発
所要：約7時間　運賃:250£E
🚌ラムセス・ヒルトン横のマスピ
ロ・モール前発
ゴーバス
1日9便　所要:約8時間
運賃:220〜450£E
●アレキサンドリア（→P.327）から
🚌モウイフ・ゲディードゥ発
スーパージェット　23:00発
所要:約10時間　運賃310£E
●スエズ（→P.358）から
🚌11:00発
所要:5〜6時間　運賃:145£E
●ダハブ（→P.313）から
🚌9:00、10:00、12:30、21:30、
22:00、22:30発
所要:約1時間20分　運賃:60£E
●ハルガダ（→P.280）から
✈週3便程度　所要:約40分
🚢2023年10月現在運休中

　シャルム・イッシェーフは、イスラエル占領時代に造られた町で、シナイ半島の南端に位置する軍事拠点。イスラエルは最後までこの地のエジプト返還を拒み続けた。そのため町にエジプトの雰囲気はあまりない。海岸の北に位置する、公式名ナアマ・ベイ（ナアマ湾）もイスラエル占領時代の名前マリーナと呼ばれることがある。政府はナアマ・ベイの高級リゾート地化を進めているため、5つ星ホテルが乱立し、エジプトとは思えないほどに物価が高い。低予算で旅行しようとする人はダハブを目指しているのが現状だ。

　1年を通じてマリンスポーツを楽しむことができ、比較的安価なパッケージプランも多いため、ヨーロッパ、特にイタリアからのバカンス客が多い。ティーラーン諸島やラス・ムハンマドなど紅海を代表するダイビングスポットが多く、世界中のダイバーが集まってくる。

レストランやショップが多く集まるナアマ・ベイ。にぎわうのは夕暮れから

旅のモデルルート

　この町は、エジプトで一番のリゾート地だけあって、サファリツアー、ダイビングやスノーケリングのツアーなど、旅行者を退屈させない仕掛けがいくつもある。お金がなければつまらない町だが、逆にいえば、エジプトではなかなかできない楽しみ方が、この町ではできる。今日は何をしようか。

抜群の透明度を誇るシャルム・イッシェーフでダイビング

電動立ち乗り二輪車をレンタルできる業者も増えてきた

■ダイビング料金の目安
- ●1日2ボートダイブ
  60€～
- ●オープンウオーターコース
  350€～
- ●アドバンスコース
  250€～
※いずれのコースもライセンス申請料別途40€
- ●スノーケリング1日ツアー
  35€～

ナアマ・ベイのビーチではスノーケリングが楽しめる

■気を付けたい海の生物
ストーンフィッシュと呼ばれる、コブラの数倍もの毒をもった魚がいる。岩にへばりついてじっとしているが、背ビレに毒があるので注意。間違って踏んだりしたら大変だ。また、サンゴに刺されるととても痛い。そのほか、近寄っても逃げない魚は、基本的に毒があると考えられるので、十分に気を付けよう。

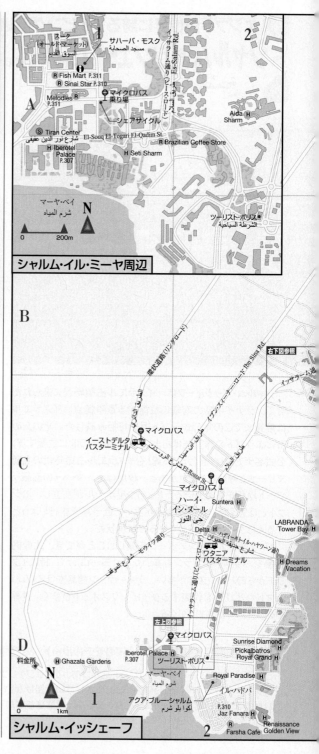

シャルム・イル・ミーヤ周辺

スーク
（オールド・マーケット）
السوق القديم

サハーバ・モスク
مسجد الصحابة

エル・サラーム通り（ピース・ロード）
El-Salam Rd.

R Fish Mart P.311
R Sinai Star P.310

マイクロバス乗り場

Melodies P.311 R

シェアサイクル

Aida Sharm H

S Tiran Center
شارع نور الدين التجاري القديم
El-Souq El-Togari El-Qadim St.

R Brazilian Coffee Store

H Iberotel Palace P.307

H Seti Sharm

マーヤ・ベイ
شرم المياه

N
0 — 200m

ツーリスト・ポリス
الشرطة السياحية

シャルム・イッシェーフ

乗換道路（リングロード）

イブン・スィーナー・ロード Ibn Sina Rd.

右下図参照
イッサラーム通り

イーストデルタ
バスターミナル

マイクロバス

El-Rostat St.

マイクロバス

Suntera H

ハーイ・イン・ヌール
حي النور

Delta H

ディーディー・トイル・ハサーワーン通り

LABRANDA
Tower Bay H

ワタニア
バスターミナル

H Dreams Vacation

左上図参照

マイクロバス

Iberotel Palace P.307

料金所

H Ghazala Gardens

ツーリスト・ポリス

マーヤ・ベイ
شرم المياه

Sunrise Diamond H
Pickalbatros
Royal Grand H

Royal Paradise H

イル・ハドバ

N
0 — 1km

アクア・ブルー・シャルム
أكوا بلو شرم

Jaz Fanara H

R Farsha Cafe

Renaissance
Golden View H

304

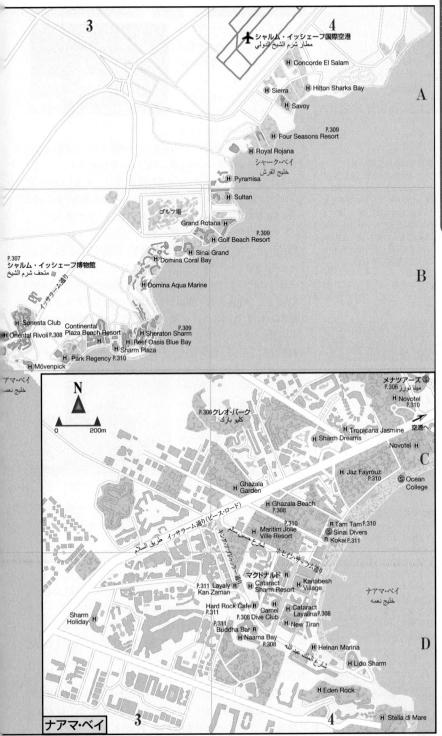

3

4

✈ シャルム・イッシェーフ国際空港
مطار شرم الشيخ الدولي

Ⓗ Concorde El Salam

A

Ⓗ Sierra   Ⓗ Hilton Sharks Bay

Ⓗ Savoy

P.309
Ⓗ Four Seasons Resort

Ⓗ Royal Rojana

シャーク・ベイ
خليج القرش

Ⓗ Pyramisa

Ⓗ Sultan

ゴルフ場
Grand Rotana Ⓗ

P.309
Ⓗ Golf Beach Resort

B

P.307
シャルム・イッシェーフ博物館
متحف شرم الشيخ

Ⓗ Sinai Grand
Ⓗ Domina Coral Bay

イッサラーム通り

Ⓗ Domina Aqua Marine

Ⓗ Sonesta Club
Ⓗ Oriental Rivoli P.308
Continental
Plaza Beach Resort
Ⓗ   Ⓗ Sheraton Sharm
P.309
Ⓗ Reef Oasis Blue Bay
Ⓗ Sharm Plaza
Ⓗ Park Regency P.310

Ⓗ Mövenpick

アマ・ベイ
خليج نعمة

N

0   200m

メナツアーズ Ⓢ
مينا تورز
P.306

Ⓗ Novotel
P.310

P.306 クレオ・パーク
كليو بارك

Ⓗ Tropicana Jasmine

空港へ

Ⓗ Sharm Dreams

Novotel Ⓗ

C

Ⓗ Jaz Fayrouz
P.310

Ghazala
Ⓗ Garden

Ⓢ Ocean
College

Ⓗ Ghazala Beach
P.308

イッサラーム通り（ピース・ロード）
طريق السلام

Ⓡ Tam Tam P.310
P.310
Maritim Jolie
Ⓗ Ville Resort

Ⓢ Sinai Divers
Ⓡ Kokai P.311

キング・ハリド（ハーリド）通り
الملك خالد

ホセイン・サラーム通り

マクドナルド Ⓡ
P.311 Layaly Ⓡ Cataract
Kan Zaman   Ⓗ Sharm Resort

Ⓡ Kanabesh
Village

ナアマ・ベイ
خليج نعمه

Hard Rock Cafe Ⓡ Ⓡ Camel
P.311   P.308 Dive Club

Ⓡ Cataract
Layalina P.308

Sharm
Holiday Ⓗ

P.311
Buddha Bar Ⓡ

Ⓗ New Tiran

Ⓗ Naama Bay
P.308

Ⓗ Helnan Marina

D

Ⓗ Lido Sharm

Ⓗ Eden Rock

ナアマ・ベイ

3

4

Ⓗ Stella di Mare

人気のカフェが点在するイル・ハドバ

■なぜこんなに高いの？
シナイ半島南東部地域、特に
シャルム・イッシェーフの物価
は、おそらくエジプト国内で最
も高いといえるだろう。欧州各
都市から直行便があり、多く
の外国人旅行者が訪れるため、
すべての価格が外国人料金と
いっても過言ではない。

町の郊外にあるイーストデルタのバ
スターミナル。タクシーの客引きが
しつこい

■メナツアーズ
Map P.305C4
ハルガダ行きのスピードボート
(2023年10月現在運休中)のチ
ケットなどを取り扱っている。
📞(069) 360 0936
🕙10:00～21:00(金14:00～)
休無休

■クレオ・パーク Cleo Park
Map P.305C4
シャルム・ドリームズ・リゾート
の西側にある大型ウオーター
レジャー施設。6つの大型のス
ライダーや7つの温水プールな
どがある。
📱015 5314 2006
🕙10:00～17:00
休無休
料15US$

ピラミッドの形をしたスライダー

歩き方

　シャルム・イッシェーフのリ
ゾートは、ふたつのエリアに
分かれている。南部の市街
地(ここをシャルム・イル・ミー
ヤもしくはただシャルムと呼
ぶ)と北のナアマ・ベイだ。シ
ャルム・イル・ミーヤにはフェリ

シャルム・イル・ミーヤの広場に建つサハーバ・
モスク

ーが発着するマーヤ・ベイ、スーク(オールド・マーケット)があ
る。約7km北のナアマ・ベイは高級リゾートが並び、ショッピ
ングセンターやダイビングショップの数が多い。ナアマ・ベイの
北のビーチ沿いにもホテルが点在している。シャルム・イル・ミ
ーヤの南東のイル・ハドバにもリゾートやレストランが並ぶ。

■ターミナルから市の中心部へ■

●空港　ナアマ・ベイから北に8kmほど。高級リゾートというこ
ともあり、タクシードライバーの提示する料金は強気で、ナアマ・
ベイまでは言い値で500£Eほど。空港を出た所で流しのタクシ
ーを捕まえて交渉すれば200£E。同様に空港を出た先を走る
マイクロバスだと、シャルム・イル・ミーヤまで5£E。ウーバーやカ
リームといったライドシェア・アプリは使えない。

●長距離バスターミナル　イーストデルタのバスターミナル
は、シャルム・イル・ミーヤとナアマ・ベイのちょうど中間あたり
にある。イーストデルタのバ
スターミナル前の通りにはマ
イクロバスが通るが、ナアマ・
ベイやシャルム・イル・ミーヤ
へ行く直通の便はない。マイ
クロバスを利用する場合は、
まず東へ向かうマイクロバス

イーストデルタ以外のバス会社はワタニア・バ
スターミナルを利用する

に乗り、イッサラーム通りまで行ってからマイクロバスを乗り換
える。タクシーも何台か待機しており、ナアマ・ベイやシャルム・
イル・ミーヤへ60～80£Eが相場。

　スーパージェットやゴーバス、ブルーバスといったおもにカイ
ロとを結ぶバス会社はワタニア・バスターミナルWataniaを
利用している。シャルム・イル・ミーヤとナアマ・ベイを結ぶ主要
道路上にあり、マイクロバスが目の前を走っている。

●港　ハルガダからの高速船はマーヤ・ベイに到着する。シャ
ルム・イル・ミーヤへはタクシーで50£E、ナアマ・ベイまでは
80£E程度。

■市内交通■

●マイクロバス　シャルム・イル・ミーヤとナアマ・ベイを頻繁に
往復する交通手段。おもなルートはスークの南にある駐車場
に発着し、ナアマ・ベイの北端まで。料金は3£E。本数は少な

いが空港まで行くものもある。こちらの料金は4.50£E。

●**タクシー** 物価の高いシャルム・イッシェーフではもちろんタクシー料金も高い。シャルム・イル・ミーヤ〜ナアマ・ベイは70£E〜。ナアマ・ベイ〜シャーク・ベイは100£E〜。交渉すれば多少安くなることもある。

■両替・郵便■

●**両替** ほとんどのホテルに銀行が入っているかATMが設置されており、クレジットカードを使ってキャッシングができる。

●**郵便・電話** 郵便局はシャルム・イル・ミーヤからイル・ハドバのほうへ歩き、丘の上の手前まで進んだあたりにある。

■旅の情報収集■

●**観光案内所** シャルム・イル・ミーヤの広場には南シナイ地区の観光案内所のオフィスがあるが、2023年10月現在閉鎖中。ダイビング基地だけあり、旅行会社は多い。

■見どころ■

テーマごとに分かれた展示が秀逸

マトゥハフ・シャルム・イッシェーフ
متحف شرم الشيخ

シャルム・イッシェーフ博物館

Sharm el Sheikh Museum **Map P.305B3**

2020年オープンの博物館。古代エジプトの遺物を展示する博物館としては南シナイ県で初。先史時代から現代までの考古遺物5200点を収蔵している。古代エジプトでは動物を神として崇拝したが、動物の種類別に分けた展示があり興味深い。ダフシュール出土の2隻のボートも必見。

夜ににぎわうシャルム・イル・ミーヤ。シーシャが吸えるカフェが集まる

■**シャルム・イッシェーフ博物館**
URL egymonuments.com
開10:00〜13:00、17:00〜23:00
休無休 料200£E ━MV
※クレジットカード払いのみ
⊗

中王国時代に造られた2隻のボート

ネコに関する考古遺物を集めたエリア

HOTEL

日本からホテルへの電話
国際電話識別番号 010 + 国番号 20 + 市外局番の最初の0を取った掲載の電話番号

世界中から観光客が集まるリゾート地だけあって、ホテルの数は多い。時期により宿泊料金は大きく異なる。以下のホテルは個人旅行者向けの公式レートがある所はそれを掲載しているが、それ以外のホテルは実勢料金だ。

シャルム・イル・ミーヤ（南の市街地）

イベロテル・パレス Iberotel Palace 高級 Map P.304A1

フンドゥク・イベロテル・パラス فندق ابروتيل بالاس

住Maya Bay المبه شرم
TEL(069)366 1111
URL www.jazhotels.com
♦/♦♦ A/C 📺 🔲 ▶ 🔲 103US$〜
料3食付き
💳US$ € £E ━AMV

このあたりでは最大規模のホテル。3つのプールと4つのレストランがある。中庭のプールを囲む客室は全室バルコニーまたはテラス付きで、シービューの部屋は約半数。子供宿泊不可。
📶全館

307

紅海沿岸とシナイ半島●シャルム・イッシェーフ 歩き方・見どころ・ホテル

オリエンタル・リヴォリ Oriental Rivoli

中級　Map P.305B3

فندق اورينتال ريفولى フンドゥク・オリエンタル・リフォリ

住Naama Bay
خليج نعمة
TEL(069) 360 0952
†A/C🚿🛁📺☎76US$
††A/C🚿🛁📺☎94US$
R3食付き
**$**US$ € £E
CARDA M V

　ナアマ・ベイの北部にある全143室のホテル。客室は重厚感漂い、象嵌家具が置かれる。スパには女性セラピストも常駐。中庭には3つのプールがあり、ひとつは温水プール。ビーチへの無料シャトルバスも運行している。
📶レセプション、プール周辺

カタラクト・ラヤーリナ Cataract Layalina

中級　Map P.305D4

فندق كتراكت ليالينا フンドゥク・カタラクト・ラヤーリナ

住Naama Bay
خليج نعمة
TEL(069) 360 0436
URLwww.cataracthotels.com
†A/C🚿🛁📺☎29US$～
††A/C🚿🛁📺☎34US$～
**$**US$ € £E
CARDM V

　全98室と、周囲のリゾートホテルの中では比較的規模の小さい4つ星ホテル。目の前には大きなショッピングモールがあり、周囲には多彩なレストランがあるなど便利な立地。夏期は観光客でいっぱいになる。スイミングプールとプライベートビーチもある。
📶レセプション周辺

キャメル・ダイブ・クラブ Camel Dive Club & Hotel

高級　Map P.305D4

فندق كاميل دايف كلوب フンドゥク・カーミル・ダイヴ・クラブ

住Naama Bay
خليج نعمة
TEL(069) 360 0700
URLwww.cameldive.com
†/††A/C🚿🛁📺☎75US$～
**$**US$ € £E
CARDM V

　ダイビングショップのキャメル・ダイブ・クラブの系列ホテル。ダイビングが目的の人には大変便利だ。部屋は中庭のプールを囲むように配置されている。レストラン、バーなども併設されている。もちろんダイビング客でなくても宿泊可能。　📶全館

ナアマ・ベイ Naama Bay Hotel

高級　Map P.305D4

فندق نعمة باى フンドゥク・ナアマバーイ

住Naama Bay
خليج نعمة
TEL(069) 360 0570
†A/C🚿🛁📺☎100US$
††A/C🚿🛁📺☎120US$
**$**US$ € £E
CARDM V

　ナアマ・ベイのビーチのすぐそば。好立地にある5つ星ホテル。4つのレストランに4つのバー、スパ施設などが完備されており、メインのプールはウオータースライダー付きなど、充実した設備を誇る。周囲にはレストランが多いが、2食付き、3食付きにするプランもある。ジムもある。
📶全館

ガザーラ・ビーチ Ghazala Beach

高級　Map P.305C4

فندق غزالة بيتش フンドゥク・ガザーラ・ビーチ　خليج نعمة

住Naama Bay
TEL(069) 360 0150
URLwww.redseahotels.com
†A/C🚿🛁📺☎61US$
††A/C🚿🛁📺☎72US$
R2食付き
**$**US$ € £E
CARDM V

　3つのスイミングプールと、広いプライベートビーチが自慢。258室の大型リゾートホテル。レストランは鉄板焼きの紅海、エジプト料理のタム・タムをはじめ、イタリア料理、インターナショナル料理などバラエティ豊か。
📶レセプション、ビーチ周辺

その他の地域

シェラトン・シャルム Sheraton Sharm Hotel, Resort, Villa & Spa　高級　Map P.305B3

شيراتون شرم الشيخ シェラトン・シャルム・イッシェーフ

住El Pasha Bay　خليج الباشا
TEL(069)360 2070
日本の予約先:FREE0120-925-659
URLwww.marriott.com
S/W A/C 61US$～
US$ €　A D M V

客室数は800を超える大型リゾートホテル。併設のシェラトン・シャルム・スパSharaton Sharm Spaは、シャルムでも最大規模のスパのひとつで、さまざまなトリートメントを受けることができる。長さ800mにも及ぶプライベートビーチも自慢のひとつ。オフシーズンはかなり安くなる。
Wi-Fi レセプション周辺

ゴルフ・ビーチ Golf Beach Resort　高級　Map P.305B4

جولف بيتش ريزورت　ゴルフ・ビーチ・リゾルト

住Um Marikha Bay　خليج أم مرخة
TEL(069)360 3200
S A/C 67US$～　W A/C 87US$～
US$ € £E　D M V

ゴルフという名称からもわかるように、このホテルの最大の特徴は18ホールのゴルフコースを所有していること。もちろん、敷地内にはダイビングショップやスパ施設、広大なスイミングプールなども備えており、ゴルフ以外のアクティビティも充実。客室数は418と規模も大きく、レストランは12を数える。
Wi-Fi 全館

フォーシーズンズ・リゾート Four Seasons Resort Sharm El Sheikh　最高級　Map P.305A4

فور سيزونز ريسورت　フォル・スィーズンズ・リゾルト

住Four Seasons Boulevard
طريق فور سيزونز, راس نصراني
TEL(069)360 3555
URLwww.fourseasons.com
S/W A/C 350US$～
US$ €
A D J M V

空港近くにある、シャルム・イッシェーフで最も贅を尽くしたリゾートホテル。芝が敷かれたホテルの庭は手入れが行き届いており、紺碧の紅海と絶妙のコントラストを見せる。客室からの眺めによって料金は異なる。客室面積は70m²とシャルム・イッシェーフのホテルでは最も広い。このほかに5種類のスイートルームも用意されている。併設するスパは地元で採れた天然素材を使用しているのが自慢。トリートメントは一般的なものから、クレオパトラ・マッサージ、ファラオニック・マッサージ、エジプシャン・マスターピースなど、エジプトならではのプログラムまで幅広い。
Wi-Fi 全館

ツアーでよく使われる大型ホテル

ジャズ・ファイルーズ Jaz Fayrouz جاز الفيروز ジャーズ・イル・ファイルーズ

🏠Naama Bay خليج نعمة
📞(069)360 3040　URLwww.jazhotels.com
💵📶 💳US$ € £E ━━ A M V
Map P.305C4

ジャズ・ファナラ Jaz Fanara Resort جاز فنارة ريزورت ジャーズ・ファナーラ・リゾルト

🏠Ras Um El-Sid Cliff رأس أم سيد
📞(069)366 3966　URLwww.jazhotels.com
💵📶 💳US$ € £E ━━ A M V
Map P.304D2

マリティム・ジョリー・ヴィル Maritim Jolie Ville Resort & Casino فندق ماريتيم جولي فيل
フンドゥク・マリティム・ジョリ・ヴィル

🏠Naama Bay خليج نعمة
📞(069)360 0100　URLwww.jolieville-naama.com
💵📶 💳US$ € £E ━━ A D M V
Map P.305C4

ノヴォテル Novotel فندق نوفوتيل フンドゥク・ノヴォテル

🏠Naama Bay خليج نعمة
📱010 6882 9004　日本の予約先:📞(03)4455-6404　URLall.accor.com
💵📶 💳不可 ━━ M V
Map P.305C4

パーク・リージェンシー Park Regency بارك ريجنسي パルク・リーゲンスィー

🏠Naama Bay خليج نعمة
📞(069)360 1234　URLwww.parkregency.net
💵📶📶 💳US$ € £E ━━ A D M V
Map P.305B3

RESTAURANT

　シャルム・イッシェーフはイタリアからの観光客が多いせいか、パスタやピザなどを出す店が多い。ナアマ・ベイには、ホテル内にさまざまな種類のレストランがある。ただし、値段はちょっと高め。安くあげたいという人は、シャルム・イル・ミーヤのスークに直行しよう。庶民的なレストランもあり、比較的安くボリュームのある食事ができる。しかし、このようなリゾート地では、豪勢なグルメを堪能するのも大きな楽しみのひとつ。ときには思い切り贅沢をして、新鮮なシーフードに舌鼓を打つというのもいいものだ。

タム・タム Tam Tam
中級 🍴 エジプト料理

マトゥウアム・タム・タム مطعم تامتام

🏠Ghazala Hotel,
Naama Bay
فندق غزالة، خليج نعمة
📞(069)360 0150
🕐12:00〜22:30
無休
💳US$ € £E
━━ M V

Map P.305C4

　ガザーラ・ホテルの近くにあるエジプト&レバノン料理のレストラン。ナアマ・ベイでは値段も比較的良心的なのがうれしい。ファラフェル（ターメイヤ）75£E〜、シシ・タウーク250£E、コフタ150£E〜など、手軽に食べることができるメニューが豊富。ライブ演奏が行われることもある。

サイナイ・スター Sinai Star Restaurant
中級 シーフード

レストラーン・ナグミト・スィーナーツ رستوران نجمة سيناء

🏠Old Market, Maya Bay
السوق القديم, شرم الميه
📞(069)366 0323
🕐13:00〜23:00
無休
💳US$ € £E
━━ M V

Map P.304A1

　スークの近くにある。地元の人から観光客まで、さまざまな客層に人気のあるシーフードレストラン。魚、エビ、イカなどの素材を、フライかグリルを選んで調理してもらう。魚350£E/kg〜、カラマリ（イカ）700£E/kg、シュリンプ（エビ）800£E/kgなど。パンとライス、サラダも一緒に付いてくる。

フィッシュ・マート Fish Mart

中級　シーフード

فيش مارت　フィッシュ・マールト

🏠Old Market, Maya Bay
السوق القديم, شرم الميه
📱011 0105 6006
🕐12:30〜翌1:00
休無休
💳US$ € £E
💳MV

スークにあるシーフードレストラン。店頭にとれたての魚が置かれており、指さしで注文することができる。魚はすべて時価で、フィッシュスープは40〜115£E、ムール貝1kg450£E、シーフードパスタ95£E。隣は同経営のテイク・アウェイ店になっている。

紅海 Kokai

中級 ♀　中華料理

كوكاي　クーカイ

🏠Ghazala Hotel,
Naama Bay
فندق غزالة, خليج نعمة
📞(069)360 0150
🕐12:00〜22:00
休無休
💳US$ € £E
💳MV

ガザーラ・ホテルのビーチ沿いにある本格的な中華レストラン。メニューは中華料理と鉄板焼きが中心となっている。中華料理のメインは110£E〜。鉄板焼き単品は150〜700£E、鉄板焼きコースは450〜800£E。魚介類を使った料理も充実している。テラス席は喫煙可能で、店内は禁煙。

メロディーズ Melodies Restaurant Cafe

中級　イタリア料理

بيتزا ميلوديز　ピッツァ・メロディーズ

🏠Markaz Tugari,
مركز تجاري
📞(069)366 4044
🕐12:00〜24:00
休無休
💳US$ € £E
💳MV

シャルム・イル・ミーヤのスークの近くにある。スパゲティ130〜285£Eは、アルデンテの注文もでき、ピザ125〜260£Eはパリパリで、とてもおいしい。イタリア料理のほか、ステーキなどの肉料理、シーフードなどもある。税+サービス料26%別途。

ラヤリー・カン・ザマン Layaly Kan Zaman

中級　バラエティ

ليالي كان زامان　ライャリー・カーン・ザマーン

🏠Naama Bay
خليج نعمة
📱012 2710 5877
🕐14:00〜翌2:00
休無休
💳US$ € £E
💳MV

ナアマ・ベイの中心部にあるレストラン。ここの最大の特徴は、なんといってもメニューの幅広さ。カバーブやコフタなどのエジプト料理はもちろん、シーフード、ステーキ、ピザなどがある。とりわけインド料理の種類が多く、タンドーリ料理や15種類以上のカレー、シーフードなどを揃える。メインは200〜400£E。

ハード・ロック・カフェ Hard Rock Cafe Sharm Sheikh

中級 ♀　バラエティ

هارد روك كافية　ハルド・ロック・カフェ

🏠Naama Bay
خليج نعمة
📞(060)360 2666
🌐hardrock.com
🕐12:00〜翌4:00　休無休
💳US$ € £E
💳AMV

トレードマークの巨大なギターが目印。メニューは世界中にあるハード・ロック・カフェとほぼ共通。もちろんステラビールもある。カクテル、ハンバーガー、ファヒータなどもある。24:00以降はディスコになる。ハンバーガーは280£E〜、サンドイッチは290£E〜。

ブッダ・バー Buddha Bar

高級 ♀　バラエティ

بودا بار　ブーダ・バー

🏠Naama Bay
خليج نعمة
📞(069)360 1030
🕐16:00〜翌4:00
休無休
💳US$ € £E
💳MV

アジア文化にインスパイアされた大型レストラン。店内の中央は吹き抜けになっており、大仏が鎮座している。23:30からはナイトクラブになり、入場料は1ドリンク付きで400£E。メニューは日本や中国などアジア料理がおもで、メインの価格は255〜1650£E。寿司や刺身以外にハンバーガーなどもある。

シャルム・イッシェーフ周辺の ダイビング&スノーケリングスポット

シャルム・イッシェーフ周辺のポイントはすべてボートで行く。ダイビング初体験の人から上級者まで楽しめる多くのスポットがある。

紅海に生息するウミガメ

テンプル／ラス・キャティ Temple / Ras Katy

いずれも体験ダイブやスノーケリングで行くポイント。ここの海の美しさを充分満喫できる。かわいらしい魚がたくさん見られる。カラフルな魚がいっぱいの、写真で見たような風景を肉眼で見たければ、まずここに来よう。

ラス・ウンム・スィード Ras Umm Sid

テンプルの近く、イル・ハダバの灯台のすぐ沖にあるポイントなので、手軽に行くことができる。こちらもきれいな魚が多い。水深15～25mほどまでなだらかなコーラルの勾配が続いている。

ラス・ムハンマド Ras Muhammad

シナイ半島の先端付近は、透明度が高い海として知られる。先端の岬はアフリカ大陸側が珊瑚礁、アラビア半島側が砂浜となっている。その最先端に位置するのが、ラス・ムハンマド。フランスの海洋学者、ジャック・クストーがこの岬沖で海中映画の撮影に成功して有名になった。

水の色が水色から紺色に変わる所は、水深約70m。思い切って飛び込むと、ほぼ垂直に落ちていく。サンゴの崖の美しさは言葉にできない。

ダイビングをしない人は靴を履いて水に入ろう。太陽で温められた海水は天然のウォーターベッドだ。ただし日焼けに注意。岬の先端は展望台になっている。

ただ、スノーケリングや初心者ダイバーにとっては、流れが速いし、船も多いため、はっきりいって危険。体験ダイブやダイビング初日にここに連れていくようなところは、危険を認識していないおそれがある。

ティーラーン Tiran Island

ラス・ムハンマドと並びシャルム・イッシェーフを代表するポイントだが、中級以上のレベルが必要。流れが速くなることがあり、それに対応できる力がいるからだ。なので、初日にいきなりこのポイントへは行かないこと。しかし、ジャクソン・リーフでは安定して大物が多く、サメなどが見られる。

※ラス・ムハンマドは国立公園なので、入域料が必要。ツアー料金に含まれるところと、別料金を請求するところがあるので要確認。

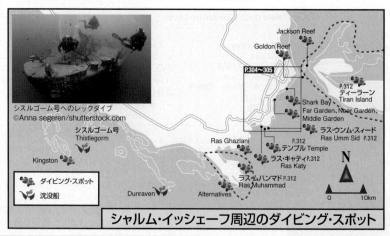
シスルゴーム号へのレックダイブ
©Anna segeren/shutterstock.com

Jackson Reef
Goldon Reef
P.304～305
シスルゴーム号 Thistlegorm
Kingston
ダイビング・スポット
沈没船
Dunraven
Ras Ghazlani
Alternatives
ラス・ムハンマド P.312 Ras Muhammad
ラス・キャティ P.312 Ras Katy
テンプル P.312 Temple
Shark Bay
Far Garden, Near Garden, Middle Garden
P.312 ティーラーン Tiran Island
ラス・ウンム・スィード P.312 Ras Umm Sid
N
0　　　10km

シャルム・イッシェーフ周辺のダイビング・スポット

ダハブ Dahab

دهب アラビア語：ダハブ

市外局番069

カイロ○
ダハブ○
ルクソール○
アスワン○

シャルム・イッシェーフ同様、イスラエル占領下に造られたリゾート地。その中心マシュラバは、ほかのエジプトの町ともシャルム・イッシェーフともまったく違う雰囲気が漂う。アジアのリゾートになじみのある旅行者にとっては「タイのリゾートみたい」と感じるだろうし、アメリカからの旅行者のなかには「カリブ海のようだ」と思う人もいる。

小さなメインストリートからビーチにかけては、小さなキャンプやレストラン、みやげ物屋が並んでおり、長期滞在する若いイスラエル人やヨーロッパの旅行者の姿が多く見られる。シャルム・イッシェーフの物価が高くなりすぎたため、旅行者は安く滞在できるダハブに集まるようになったのだ。

旅行者が増えているため、このエリアは拡大している。その陰で、もともとのベドウィンの村がどんどん押し出されているのが現状だ。

ダハブは、大きく3つの地域に分けられる。バス停や電話局などがあるほんの小さな**市街地**と、小さなキャンプや安宿、中級ホテルなどが多いビーチ沿いの**マシュラバ**（マスバトとも呼ばれる）。南側の湾（ラグーナ）の、ヒルトンやスイス・インといった高級ホテルがある**休暇村**だ。

ダハブのビーチは、砂浜から入っていくと、そのままビーチエントリーでダイビングやスノーケリングができる。また同じ紅海沿岸でも、ハルガダなどに比べると大きな魚が多い。冬でもマリンスポーツは可能だ。

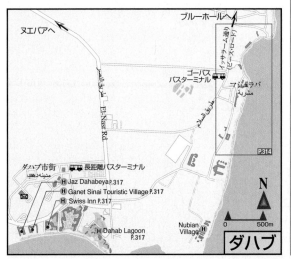

ヌエバアへ

ブルーホールへ

イッサラーム湾（ビーチ・ロード）

ゴーバス
バスターミナル

マシュラバ مشربة

El-Nasr Rd.

P.314

ダハブ市街
مدينة دهب
長距離バスターミナル

H Jaz Dahabeya P.317
H Ganet Sinai Touristic Village P.317
H Swiss Inn P.317

H Dahab Lagoon
P.317

Nubian
Village

N

0 500m

ダハブ

■ダハブへの行き方
●カイロ（→P.71）から
🚌トルゴマーン（→P.78）発
イーストデルタ
8:00、13:30発
所要：8～9時間
運賃：230£E
🚌ラムセス・ヒルトン横のマスピロ・モール前発
ゴーバス
1日12便程度
所要：約10時間
運賃：300～355£E
●シャルム・イッシェーフ
（→P.303）から
🚌7:00、9:00、17:00、22:00発
所要：約1時間30分
運賃：60£E

マシュラバのビーチ。海のグラデーションが美しい

■ダイビング料金の目安
●ファンダイブ
　35€～
●オープンウオーターコース
　（2名以上から）300€～
●アドバンスコース
　（2名以上から）220€～
●スノーケリングツアー
　15€～

マシュラバのメインストリート。海沿いにレストランやショップが連なる

涼しくなる夜は、マシュラバは買い
物客でにぎわう

■ダハブ周辺のダイビング&
　スノーケリングスポット

ダハブでもダイビングのライセ
ンスが取れる。ハルガダやシャ
ルム・イッシェーフのようにボ
ートでスポットまで出かけるの
ではなく、すぐそこでビーチエ
ントリーできるので、ライセン
ス取得費用もツアーの費用も
安い。また、日本人インストラ
クターが常駐しているダイビン
グショップもある。ただ、値下
げ競争も激しく、質の悪いダ
イビングショップもあるので、
値段だけで決めるのはやめよ
う。浅い所が多いので、スノ
ーケリングもほかの場所より
気軽に楽しむことができる。

●マシュラバ・リーフ
　Mashraba Reef
マシュラバのすぐ前のビーチ。
ちょっと潜ってみようか、とい
う人におすすめ。スノーケリン
グも手軽にできる。

●イール・ガーデン
　Eel Garden
たくさんのアナゴが白い砂から
顔を出している。

●アイランド Island
コーラルが美しい水中庭園。

●キャニオン Canyon
切り立ったキャニオンで、40〜
50mのケーブダイビング。差し
込む光がとてもきれい。

●ブルーホール Blue Hole
ラス・ムハンマドに匹敵する
69mのドロップオフを誇る。ダ
イビングの快感を得たいなら
うってつけ。スノーケリングの
スポットとしても有名。

マシュラバ・リーフは遠浅なのでダイ
ビングの講習に最適

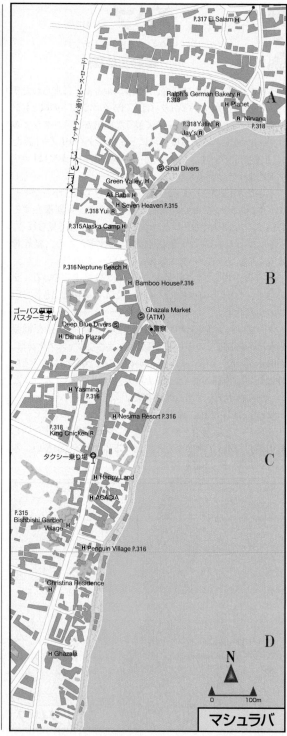

P.317 El Salam H

Ralph's German Bakery R
P.318
H Planet
A
P.318 Yalla! R
R Nirvana
Jay's R
P.318

S Sinai Divers

Green Valley H
Ali Baba H
P.318 Yui R
H Seven Heaven P.315
P.315 Alaska Camp H

P.316 Neptune Beach H
B
H Bamboo House P.316

ゴーバス
バスターミナル
Ghazala Market
S (ATM)
Deep Blue Divers S
●警察
H Dahab Plaza

H Yasmina
P.316

H Nesima Resort P.316

P.318
King Chicken R

タクシー乗り場
C
H Happy Land

H ACACIA
P.315
Bishbishi Garden
Village H

H Penguin Village P.316

Christina Residence
H

D
H Ghazala
N

0　　　　100m

マシュラバ

●**長距離バスターミナル**　市街地の長距離バスターミナルから海岸沿いのマシュラバへはタクシーで30£E程度。ゴーバスのバスターミナルはマシュラバから徒歩圏内。

●**両替**　キャッシングができるATMが数多くある。

●**郵便**　郵便局はイーストデルタ・バスターミナルのある市街地にある。

●**観光案内所**　観光案内所はないが、多くの旅行会社がある。聖カトリーナに行くツアーは、ほかの町からと比べアクセスもよいが、2024年5月現在、日本の外務省はこの地域に「レベル3：渡航中止勧告」を発出している。

イーストデルタのバスターミナル。客引きがしつこい

HOTEL

日本からホテルへの電話

国際電話識別番号 010 ＋ 国番号 20 ＋ 市外局番の最初の0を取った掲載の電話番号

　マシュラバには小さなキャンプ場やホテルが多い。経済的な宿に泊まるのなら、チェックしたいのはマットレス、それから共同シャワーの数。お湯はちゃんと出るか、扇風機の有無など。ハット（バンガロー風の建物）なら丈夫な造りか、ちゃんと施錠できるかなどをあらかじめ確認しておこう。

マシュラバのキャンプ、ホテル

ビシュビシ・ガーデン・ビレッジ　Bishbishi Garden Village　経済的　Map P.314C

فندق بيشبيش　フンドゥク・ビシュビシ

住El-Masbat المسبط
☎010 2208 6558
🛏🚿📶❄📺200£E
🛏A/C🚿📶❄📺300£E
🛏🚿📶❄📺400£E
🛏A/C🚿📶❄📺500£E
💳US$ € £E
─不可

　マシュラバ通りにある薬局の脇の狭い入口を入る。ダハブでは最も安い宿のひとつ。シンプルな造りだが、冷蔵庫は全室に完備している。近郊ツアーの手配をしているほか、ダイビングの手配もしてくれる。
📶レセプション周辺

アラスカ・キャンプ　Alaska Camp　経済的　Map P.314B

الاسكا كامب　アラスカ・カンブ

住El-Masbat المسبط
TEL(069)364 1004
☎012 2710 8067
URL A/C🚿📶❄📺600£E〜
🛏A/C🚿📶❄📺800£E〜
💳US$ € £E
─MV

　マシュラバの北と南を結ぶ橋の北側に小さな入口がある。全30の部屋は全室シャワー・トイレ付き。バルコニー付きの部屋もある。スタッフは親切で、ツアーやダイビングの相談に気軽に乗ってくれる。ランドリーリービスも行っている。ドミトリーはひとり300£E。
📶全館

セブン・ヘブン　Seven Heaven　経済的　Map P.314B

فندق سيفن هيون　フンドゥク・セブン・ヘウン

住El-Masbat المسبط
☎010 1568 9613
🛏🚿📶❄📺300£E
🛏A/C🚿📶❄📺600£E
🛏🚿📶❄📺500£E
🛏A/C🚿📶❄📺800£E
💳US$ € £E
─MV

　古くから日本人にはおなじみの安宿。同経営のダイブショップには日本人インストラクターが在籍することも多く、数多くの日本人ダイバーがここでライセンスを取得してきた。ダイブショップを利用する人は客室料金の割引が効く。　📶レセプション周辺

ペンギン・ビレッジ Penguin Village　　中級　Map P.314C

بنجين فيليدج　ペンギーン・ヴィリジ

📧 El-Mashraba المشربة
TEL (069)364 1047
📱 010 2595 5008
🛏A/C📶🍴🏊🚗700£E〜
🛏🛏A/C📶🍴🏊🚗1100£E〜
💱US$ € £E
💳—MV

　さまざまな種類の部屋をもつ人気の宿。宿泊料金は客室設備や、シービューかどうかで異なる。客室は全50室。ダイビングセンターやシービューのレストランも併設されている。朝食別途の場合はひとり75£E。自転車は1日100£Eで借りることができる。　🛜全館

ネプチューン・ビーチ Hotel Neptune Beach　　中級　Map P.314B

فندق نبتون بيتش　フンドゥク・ネブドゥーン・ビーチ

📧 El-Mashraba المشربة
TEL (069)364 0568
📱 012 1191 0604
URL www.neptunedahab.com
🛏A/C📶🍴🏊🚗1000£E
🛏🛏A/C📶🍴🏊🚗1300£E
💱US$ € £E
💳—MV

　マシュラバのちょうど中心に架かる橋の南側。1階はみやげ物屋になっている。全16室はすべてツインで、このクラスの宿には珍しくルームサービスもある。ジープツアーや近郊ツアー、ダイビングなどの手配、空港送迎などにも応じてくれる。
🛜全館

ヤスミナ Yasmina　　中級　Map P.314C

فندق ياسمينا　フンドゥク・ヤースミーナー

📧 El-Mashraba المشربة
TEL (069)364 0461
🛏A/C📶🍴🏊🚗700£E
🛏🛏A/C📶🍴🏊🚗900£E
💱US$ € £E
💳—不可

　マシュラバの中心部のやや内陸側にあるホテル。客室は手入れが行き届き、標準的な設備。道沿いからは見えないが、建物の裏側の中庭にはスイミングプールもある。館内にはダイビングセンターやレストランも併設されている。ツアーの手配も可能。
🛜全館

バンブー・ハウス Bamboo House Hotel　　中級　Map P.314B

فندق بامبو هاوس　フンドゥク・バンブー・ハウス

📧 El-Mashraba المشربة
📱 010 0464 6760
🛏A/C📶🍴🏊🚗1100£E
🛏🛏A/C📶🍴🏊🚗1400£E
💱US$ € £E
💳—MV

　バンブー（竹）という名前どおり、建物全体に竹をテーマにした装飾が施されている。室内自体はオーソドックスな造りで、客室設備も充実している。海側の部屋は料金が高くなる。ホテル前には系列のレストランがある。
🛜全館

ナスィーマ Nesima Resort　　中級　Map P.314C

نسيمة　ナスィーマ

📧 El-Mashraba المشربة
TEL (069)364 0320
📱 012 2102 4062
URL www.nesimaresort.com
🛏A/C📶🍴🏊🚗47〜60€
🛏🛏A/C📶🍴🏊🚗61〜77€
💱US$ € £E
💳—MV

　ドーム型の屋根とオリエンタルな内装がエキゾチックな中級ホテル。このあたりでは比較的規模の大きなリゾートホテルで、全51室。スイミングプール、レストランがふたつあるなど、設備も充実。ダイビングセンターもある。
🛜全館

「紅海沿岸とシナイ半島●ダハブ」

イッサラーム　El Salam Hotel

中級　Map P.314A

فندق السلام　フンドゥク・イッサラーム

🏠El-Malel St., El-Mashraba
شارع الملا ، المشربه
📞010 2778 2129
🌐elsalamhotel.wordpress.com
🛏A/C🚿📺📶35US$
👫A/C🚿📺📶45US$
💰US$ € £E
🚫不可

　マシュラバの北部にある15室の中級ホテル。プールを囲むように白亜の建物が建ち、小さい宿ながら、ちょっとしたリゾート気分を味わえる。客室が清潔と評判で、冷蔵庫も付いている。サファリやベドウィン体験などのツアーも手配可能。
📶全館

休暇村の高級ホテル

ガネット・サイナイ　Ganet Sinai Touristic Village

高級　Map P.313

جنة سيناء　ガンネット・スィーナーツ

🏠Lagoona
لاجونا
📞(069)364 0439
🛏A/C🚿📺📶55US$～
👫A/C🚿📺📶75US$～
🍴2食付き
💰US$ € £E
💳MV

　ダハブでは老舗の部類。ロッジ風の造りの2階建ての客室棟が、海を目の前にして並んでいる。敷地内には小さいプールとプライベートビーチがある。ダイビングセンターやサーフィンセンターもある。
📶全館

ダハブ・ラグーン　Dahab Lagoon Club & Resort

高級　Map P.313

دهب لاجون　ダハブ・ラグーン

🏠Lagoona
لاجونا
📞(069)364 0301
🛏A/C🚿📺📶56US$～
👫A/C🚿📺📶65US$～
💰US$ € £E
💳MV

　敷地は広く、砂浜のプライベートビーチは長さ650m。充実した設備のわりに料金は手頃なのがうれしい。レストランは2軒とバー2軒がある。客室はすべて1階でガーデンテラス付き。
📶レセプション周辺

スイス・イン　Swiss Inn Golden Beach Resort

高級　Map P.313

منتجع سويس ان دهب　ムンタガエ・スウィース・イン・ダハブ

🏠Lagoona
لاجونا
📞(069)364 0471
🌐swissinn.net
🛏A/C🚿📺📶75US$～
👫A/C🚿📺📶100US$～
🍴2食付き
💰US$ € £E
💳MV

　白いコテージ風の建物が中庭に並ぶ、設備充実の4つ星ホテル。ダイビングセンター、ビーチ、スパ、フィットネスなどを備えている。有料だが、マシュラバへのシャトルバスを1時間30分に1便程度運行している。
📶全館

ジャズ・ダハビヤ　Jaz Dahabeya

高級　Map P.313

جاز دهبية　ジャーズ・ダハビーヤ

🏠Lagoona
لاجونا
📞(069)364 1264
🌐www.jazhotels.com
🛏A/C🚿📺📶55US$～
👫A/C🚿📺📶74US$～
🍴2食付き
💰US$ € £E
💳AMV

　休暇村のホテルのなかでも、充実した設備を誇る4つ星ホテルで、冬期には温水になるプール、プライベートビーチ、サウナなど、のんびりとリゾート滞在するのに最適。1日2便マシュラバへ行くシャトルバスを運行している。
📶レセプション周辺

317

RESTAURANT

マシュラバ（マスバト）のビーチ沿いにはホテルと並んで手頃な値段のレストランが軒を連ねる。敷物の上に直接座る「ベドウィンスタイル」のレストランや、中近東らしくシーシャ（水パイプ）を出す店も多い。休暇村にはホテル以外にほとんど食べるところがないので、食事はホテルかマシュラバでとろう。

キング・チキン King Chicken Restaurant

庶民的　エジプト料理

Map P.314C

مطعم كينج تشكن マトゥアム・キング・チキン

🏠El-Mashraba
المشربة
📞010 0909 0628
🕐13:00〜翌1:00
🈺無休
💳£E
━不可

地元の人に人気のレストラン。店頭のロースターでは鶏肉がグルグル回り、店内はカバーブの煙で充満している。人気メニューは鶏の丸焼きで、1/2サイズ150£E（写真）、1/4サイズ100£E。カバーブ、コフタなどがあり150£E。これらのメニューはサラダやパン、タヒーナ付き。

ラルフズ・ジャーマン・ベーカリー Ralph's German Bakery

中級　カフェ

Map P.314A

مخبز رالف الألماني マフビズ・ラールフ・イル・アルマーニー

🏠El-Masbat
المسبط
TEL(069)365 2715
🕐7:00〜20:00
🈺無休
💳US$ € £E
━不可

ラルフさんがダハブで創業し、2017年にはカイロにも進出したベーカリー。ほとんどの材料をドイツから直接仕入れ、バイエルンの伝統的なパンを販売している。パンはもちろん、コーヒーもヨーロッパクオリティで、おしゃれな店内はいつも観光客でいっぱい。シナモンロールがおすすめ。

結 Yui

中級　日本料理

Map P.314B

مطعم ياباني マトゥアム・ヤーバーニー

🏠El-Masbat المسبط
📞010 3374 1256
🕐9:00〜21:30
🈺無休
💳US$ € £E
━不可

セブン・ヘブンの屋上にある日本料理店。かつては日本人女性が営んでいたが、現在はスーダン人のレイさんが引き継いでいる。各種丼物130〜150£Eやお好み焼き100〜140£E、巻き寿司150〜200£E、カレーライス240〜260£Eなど、豊富なメニューを揃えている。から揚げ定食170£Eが人気。

ニルヴァーナ Nirvana

中級　インド料理

Map P.314A

نيربانا ニイルバーナー

🏠El-Mashraba
المشربة
TEL(069)364 1826
🕐8:00〜22:00
🈺無休
💳US$ € £E
━MV

北インド出身のシェフが腕を振るう小さなインド料理レストラン。ビーチ側にも座席がある。カレー170〜275£Eは種類豊富で、サラダ、ライスとプーリー（インド風揚げパン）が付いてくる。辛さも調整できるので、事前に伝えておこう。ライスはインドから仕入れたバスマティ米を使用している。

ヤッラ! Yalla!

中級　🍷バー

Map P.314A

يلا ヤッラ

🏠El-Masbat
المسبط
TEL(069)364 2166
🕐8:00〜24:00
🈺無休
💳US$ € £E
━MV

欧米人に人気のバーで、夜遅くまでにぎわっている。ビールやワイン、カクテル類が中心だが、パスタ220〜255£Eやピザ180〜250£E、コフタ250£E、シシ・カバーブ300£E、ステーキ450£Eといった食事もとることができる。ビーチ側にも店舗があり、海を眺めながらくつろげる。

ヌエバア Nuweiba

نويبع アラビア語：ヌエバア

市外局番069

カイロ◎
ヌエバア◎
ルクソール◎
アスワン◎

ダハブに比べて旅行者が少なく静かなヌエバアは、海はさすがにきれい。海を眺めながらのんびりと過ごすのに最適だ。

ヌエバアのビーチ

●**町は3つに分かれている** ヌエバアは南北に広く、大きく3つの地域に分けられる。

ひとつは**ヌエバア港周辺**で、旅行者にとってはヨルダンのアカバとを結ぶフェリーの発着点となるところ。周辺の町から来るバスはこの港周辺に停車する。到着時間は30分～1時間前後ずれることも多いので、余裕をもって行動しよう。時間をむだにしたくない人は港に待機しているセルビスをチャーターして移動するのもよいだろう。ただし値段は高めだ。港の北から車で10分ほどにある小さな**ワスィート**Wasitは市街地エリアで商店や郵便局、電話局などがある。

もうひとつは市街地からビーチを15分ほど北に歩いた所にある**タラビーン**El-Tarabinだ。タラビーン村には小さなキャンプが並ぶヌエバア滞在の中心地。交通手段が乏しいので、港からの移動はタクシーを使うことになるだろう。運賃は20～30 £E（当時のレートで約300～450円）

3つの地域はいずれも、小さな商店などはあるものの、町の中心部といえるほど施設が集まった場所ではない。リゾートホテルの多くは、港から市街地へ向かう海岸沿いに点在している。ホテル内には食事やアクティビティなど、すべての施設が集まっているので、リゾート滞在をする人は、バス停やフェリー乗り場への移動以外にホテルから出る必要は特にないだろう。

●**ダイビング** ダイビングセンターはおもにホテルの中にある。オープンウオーターのライセンス取得コースもあるが、ダハブより料金は高め。

■ヌエバアの安全情報
2024年5月現在、日本の外務省は、ダハブからシャルム・イッシェーフまでの沿岸地帯をのぞくシナイ半島全域にレベル3「渡航中止勧告」を発出しています。そのため、今年度版ではヌエバアの取材は見合わせました。情報は一部を除き2014年当時のものです。

市街地にはみやげ物屋が並ぶ

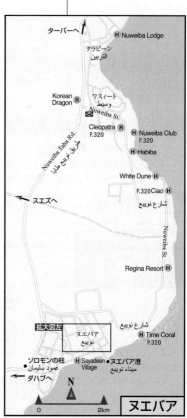

ヌエバア港周辺

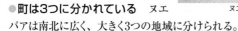
ヌエバア

319

HOTEL

日本からホテルへの電話
[国際電話識別番号 010] + [国番号 20] + [市外局番の最初の0を取った掲載の電話番号]

　ホテルの数はそれほど多くはないが、近年リゾートホテルの数は増加傾向にある。それでもシャルム・イッシェーフやダハブなどに比べるとまだまだ少なく、静かにビーチリゾートを楽しむにはうってつけの場所といえる。

チャオ Ciao Hotel　　　　　　　　　　　中級　Map P.319

فندق تشاو フンドゥク・チャオ

🏠Dune Beach
شاطئ دونة
📞012 2974 0212
🛏🛁A/C🍴📺🏊50US$〜
💳US$ € £E
🍴不可

　ワスィートから南に行き、ビーチに抜ける道を直進するとある。部屋はシンプルだが、プライベートビーチも備えている。
📶ビジネスセンター

ヌエバア・クラブ・リゾート Nuweiba Club Resort　　高級　Map P.319

نويبع كلوب ريزورت ヌエバア・クルブ・リゾルト

🏠Village Rd.
طريق القرى
📞012 2831 7400
🛏🛁A/C🍴📺🏊62US$ 〜
💳US$ € £E
🍴MV

　ワスィートから徒歩圏にあるリゾートホテル。ダイビングセンターがあり、マリンスポーツもできる。レストランは館内に併設されているが、ホテルの近くにも数軒ある。
📶レセプション周辺

タイム・コーラル Time Coral Nuweiba Resort　　高級　Map P.319

منتجع تايم كورال نويبع ムンタガエ・ターイム・コーラル・ヌエバア

🏠Nuweiba St.
شارع نويبع
📞(069)352 0321
🛏A/C🍴📺🏊41US$〜
🛏🛁A/C🍴📺🏊51US$〜
💳US$ € £E
🍴AMV

　ヌエバアでは最高級のホテル。プライベートビーチのほか、ふたつのプールがある。また、レストラン、ショップ、ウインドサーフィンなどのマリンスポーツの施設も充実している。ただし、ダイビングセンターは館内にはないが隣接。
📶全館 (有料)

RESTAURANT

　ヌエバアの町の中心部にはいくつかレストランがある。ヌエバア・ビレッジの前にもレストランが何軒か並ぶが、ホテルで食事を取るのが無難だ。港の近くには地元の人でにぎわうカフェテリアがあり、客待ちをしているタクシーの運転手もよく利用している。

クレオパトラ Cleopatra Restaurant　　庶民的 ⚲ エジプト料理

Map P.319

مطعم كليوباترا マトゥアム・クレオパトゥラー

🏠Sayadeen St.
شارع صيادين, ميناء
📞010 6981 0225
🕐10:00〜24:00
🛑無休
💳£E 🍴不可

　ヌエバア・クラブ・リゾートの斜め向かいにある。シェフはヌエバア育ちで地元の食材に詳しい。グループならば近くの山に登り、大自然のなかでディナーを出すプランもアレンジ可能で、大人気だそうだ。

Information

ヌエバアからヨルダンへ

　ヌエバアからヨルダンのアカバまでは、ABマリタイム社のフェリーが出ている。チケットオフィスは、港の西にある。12:00発で所要約3時間、アカバからヌエバアは22:00発。運賃は片道80US$〜。フェリーは欠航や時間変更の可能性があるので、事前に確認を。
■チケットオフィス　Map P.319左下
🕐7:00〜15:00　🛑無休
🔗www.abmaritime.com.jo

ターバー Taba

طابا　アラビア語：ターバー

市外局番069

ターバーの沖合にそびえるフィルオーン島の城。対岸はヨルダンとサウジアラビアの大地

すぐそこはイスラエル。国境警備隊のものものしい雰囲気があると思えば、イスラエル人観光客が陽気にマリンスポーツやテニスをしている、何とも不思議な所。

国境から15分ほど歩いた所にバス停があり、ここからカイロやダハブ方面のバスが出ている。

ターバーとひと口にいっても広い。イスラエルの国境の近くには数軒のホテルがあり、イスラエルからエジプトに入る場合は、さらに南下した所でエジプト入国税を支払う。バス停の先を6kmほど進むと、ターバー随一の見どころ**フィルオーン島**Pharaohs Islandがあり、さらに約15km先には高級ホテルが集まる**ターバー・ハイツ**Taba Hightsがある。

●**フィルオーン島（ファラオズ・アイランド）**　陸地に近いフィルオーン島は、食料や兵器が供給しやすく、飲料水が豊富で、周りに見晴らしが利くことから、ローマ時代から要塞として使われていた。12世紀にはサラーフッディーン城が建てられたが、これは、紅海沿岸を十字軍から守るためにアイユーブ朝のサラーフッディーンによって造られたという説と、聖カトリーナへの道を確保するために、エルサレム王国のボードウィン1世により建てられたという説がある。その後もこの城はマムルーク朝、オスマン朝時代を通じて使用された。

このあたりの海もまた、すばらしく美しい。見学後には、ぜひダイビングやスノーケリングも楽しんでおきたい。

●**ホテル**　ターバーはリゾートエリアだけあって安宿はなく、高級ホテルが並んでいる。国境周辺にホテルが数軒あるほか、原則として宿泊者以外は内部に入れないリゾートホテルエリアであるターバー・ハイツのホテルが安全面からも人気が高い。国境周辺からターバー・ハイツまでの移動はホテルの送迎バスかタクシーのみ。

■**ターバーの安全情報**
2024年5月現在、日本の外務省は、ダハブからシャルム・イッシェーフまでの沿岸地帯を除くシナイ半島全域にレベル3「渡航中止勧告」を発出しています。そのため、今年度版ではターバーの取材は見合わせました。情報は一部を除き2014年当時のものです。

■**フィルオーン島**
Map P.271A
フィルオーン島とはアラビア語で「ファラオの島」の意（ジェズィーラト・フィルオーン）。島へ渡るにはホテルのツアーに参加するしかない。入場料は敷地内にあるボート乗り場にて料金を払う。
图100£E

フィルオーン島でスノーケリング。イスラエルやエジプト発のツアーのほか、フィルオーン島にはヨルダンのアカバから直接船で乗り付けることもできる

ターバーからターバー・ハイツ方面へ約11kmのところにある美しい入江、フィヨルド・ベイ。ダイビング・スポットとしても知られている

321

あなたの**旅の体験談**をお送りください

「地球の歩き方」は、たくさんの旅行者からご協力をいただいて、
改訂版や新刊を制作しています。
あなたの旅の体験や貴重な情報を、これから旅に出る人たちへ分けてあげてください。
なお、お送りいただいたご投稿がガイドブックに掲載された場合は、
初回掲載本を1冊プレゼントします！（発送は国内に限らせていただきます）

ご投稿はインターネットから！

URL www.arukikata.co.jp/guidebook/toukou.html
画像も送れるカンタン「投稿フォーム」
※左記の二次元コードをスマートフォンなどで読み取ってアクセス！

または「地球の歩き方　投稿」で検索してもすぐに見つかります

地球の歩き方　投稿　　

▶**投稿にあたってのお願い**

★**ご投稿は、次のような《テーマ》に分けてお書きください。**

《新発見》───ガイドブック未掲載のレストラン、ホテル、ショップなどの情報
《旅の提案》──未掲載の町や見どころ、新しいルートや楽しみ方などの情報
《アドバイス》─旅先で工夫したこと、注意したこと、トラブル体験など
《訂正・反論》──掲載されている記事・データの追加修正や更新、異論、反論など

> ※記入例「〇〇編20XX年度版△△ページ掲載の□□ホテルが移転していました……」

★**データはできるだけ正確に。**
　ホテルやレストランなどの情報は、名称、住所、電話番号、アクセスなどを正確にお書きください。
　ウェブサイトのURLや地図などは画像でご投稿いただくのもおすすめです。

★**ご自身の体験をお寄せください。**
　雑誌やインターネット上の情報などの丸写しはせず、実際の体験に基づいた具体的な情報をお
　待ちしています。

▶**ご確認ください**

※採用されたご投稿は、必ずしも該当タイトルに掲載されるわけではありません。関連他タイトルへの掲載もありえます。
※例えば「新しい市内交通バスが発売されている」など、すでに編集部で取材・調査を終えているものと同内容のご投稿をい
　ただいた場合は、ご投稿を採用したとはみなされず掲載本をプレゼントできないケースがあります。
※当社は個人情報を第三者へ提供いたしません。また、ご記入いただきましたご自身の情報については、ご投稿内容の確認
　や掲載本の送付などの用途以外には使用いたしません。
※ご投稿の採用の可否についてのお問い合わせはご遠慮ください。
※原稿は原文を尊重しますが、スペースなどの関係で編集部でリライトする場合があります。

Egypt

デルタ地域と スエズ運河

（上）アレキサンドリアの繁華
街を走る路面電車
（右）アレキサンドリア随一の
見どころ、カーイトゥベーイの
要塞

デルタ地域とスエズ運河周辺
Delta Region & Suez Canal

地中海沿岸ではぜひともシーフードを!

ナイル川に挟まれた三角地帯。土壌は黒色沖積土で、上エジプトと比べると粘土質が高く、肥沃なので農業に適している。

地中海沿岸地域の気候

アレキサンドリアからマルサ・マトローフまでの間は地中海性気候帯にあたり、エジプトの他地域に比べて夏の暑さはやわらいでいる。しかし冬は雨期で寒い。旅行のベストシーズンは夏。一方、雨の多い年の3〜4月には、多くの緑が見られるはずだ。

デルタ地方の地形

ナイル川はカイロの北部でふたつの支流に分かれている。デルタ地方は、その

デルタ地方の気候

この地方は北部の地中海性気候区(アレキサンドリアを含む)とその南のタンタ

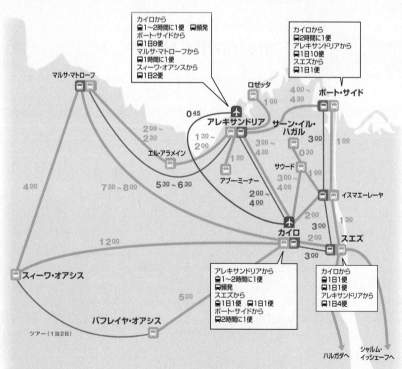

やザアズィーッなどを含む半乾燥気候区に分かれている。

地中海性気候は1年中温暖で、エジプトのほかの地方と比べ雨が多い。しかも冬のアレキサンドリアでは、気温が低く、みぞれも降る。

デルタ地方の大部分、カイロにいたるまでの地域は半乾燥気候で、降雨量をはじめ気候の変化が年によって大きい。地中海性気候に比べ冬は寒く夏は暑いという、寒暑の差が激しい気候区だ。

プランニングのコツ

このエリアの中心はアレキサンドリア。カイロとはひと味違う地中海都市の風情を味わいたい。アレキサンドリアでは、アレキサンドリア図書館やアレキサンドリア国立博物館、ロイヤルジュエリー博物館などの博物館巡りと、カーイトゥベーイの要塞付近で海岸の散策をし、シーフードに舌つづみを打つのがおすすめの過ごし方。もう1日余裕があれば、ポンペイの柱やコームッシュアーファのカタコンベにも行ってみたい。夏ならアブー・イールのビーチで泳ぐのもよいだろう。

●地中海沿岸

エル・アラメイン周辺は、これといった見どころがないが、長期滞在者向けのリゾートホテルが点在している。マルサ・マトローフの海は抜群の透明度なので、夏なら遊泳を楽しみたい。世界遺産のアブー・ミーナー、オスマン朝時代の家屋が残るロゼッタはアレキサンドリアから日帰りで行ける。

●スエズ運河

アレキサンドリアからもスエズ運河沿いの各都市へのバスが出ているが、カイロ発のほうが断然便利で便数も多い。スエズ運河を行き交う大型船を見たいならスエズに行こう。ポート・サイドも風情ある港町だが、ショッピングタウンでもあるので掘り出し物が見つかるかも。ヨーロッパから入ってくる古着も狙い目。

●デルタ地域

古代エジプト時代の遺跡が点在しているのだが、交通の便が悪く、保存状態や規模の点でもいまひとつ。サーン・イル・ハガルは見応えのある遺跡だが、交通の便がネック。イスマエーレーヤからタクシーをチャーターするか、セルビス（→P.460）を乗り継いでいくのがスムーズだ。

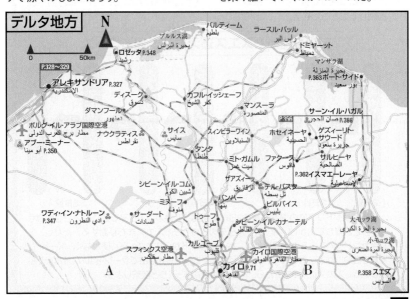

移動のコツ

●バス

このエリアはどの路線も便数が多く、移動には苦労しない。特にアレキサンドリア〜カイロ間はおよそ30分おきと頻発している路線。各社とも競争が激しい。アブードやラムセス駅の前からはアレキサンドリア行きのセルビスが出ており、場合によってはバスより早く到着する。

●鉄道

アレキサンドリア〜カイロ間の急行路線はスペインなど外国製の車両を使っているので乗り心地もよくてスピーディ。カイロ〜アレキサンドリアを約2時間30分で結ぶ

マルサ・マトローフ発カイロ行きの2等車両内

ノンストップの便は、1日10便程度と便数もそれなりにあるが、人気も高いので予約しておいたほうが無難。

アレキサンドリアからマルサ・マトローフへは旅客列車が運行されている。カイロからの便は夏期のみの運行。

旅のモデルルート

デルタ地域とスエズ運河周辺は、範囲も広く見どころも多いので、ルート作りには苦労するところ。デルタ地域と地中海沿岸の拠点となる町はアレキサンドリアなので、ここからロゼッタやアブー・ミーナー、エル・アラメインといった見どころを日帰りで回るといいだろう。リゾートを満喫したいなら、マルサ・マトローフに数日滞在するのもよい。スエズ運河周辺は、スエズを拠点にまわろう。デルタ地域最大の遺跡、サーン・イル・ハガルへはスエズからイスマエーレーヤ経由で日帰りで訪れるのが便利。また、スエズは交通のハブでもあるので、この地域の観光のあとはカイロに戻ってもいいし、東のシナイ半島や南のハルガダ、ルクソール方面へ旅を続けることもできる。

デルタ地域とスエズ運河周辺、周遊コース

アレキサンドリア P.327 → ロゼッタ P.348 → ポート・サイド P.363 → イスマエーレーヤ P.362 → サーン・イル・ハガル P.356 → イスマエーレーヤ P.362 → スエズ P.358

1・2日目　　3日目　　　　　4日目　　　　　5日目

アレキサンドリアでの滞在日数は2日。2日間はアレキサンドリアで過ごし、3日目はロゼッタへと日帰りで出かけ、帰ってきたらその日のうちにスエズまで移動する。ただし、アレキサンドリアを出るのが遅ければ、ポート・サイドからスエズへ行く便がなく、ポート・サイドで宿泊になるかもしれない。翌日はイスマエーレーヤ経由でサーン・イル・ハガルまで日帰りする。スエズに戻ってきたら、スエズ運河をゆっくりと散策しよう。

地中海の表玄関にして古代からの国際都市
アレキサンドリア Alexandria
الإسكندرية
アラビア語：イル・イスカンダレーヤ

市外局番03

東湾に面した海岸沿いの大通り

　カイロに次ぐエジプト第2の都市、アレキサンドリア。穏やかな気候、明るい陽光、大きく弧を描く海岸通りに打ち寄せる波。典型的な地中海都市で、ヨーロッパ各地から毎年、たくさんの観光客が押し寄せる。

　アレキサンドリアは紀元前4世紀、アレクサンドロス大王によって建設された町。アレクサンドロス大王の死後、プトレマイオス朝時代に首都がここにおかれた。そして、アレキサンドリアは、地中海世界の文化の中心地として全盛期を迎えるのである。その王朝最後の女王がクレオパトラ7世だ。アレキサンドリアは、「クレオパトラがいた町」でもある。

　クレオパトラというと、オカッパの黒髪という印象を浮かべるけれど、彼女は実は金髪のギリシア系だった、といわれている。クレオパトラの健闘むなしく、アレキサンドリアはローマに征服され、ビザンツ時代には、コンスタンティノープルやローマに次ぐキリスト教会の第3の主教座がおかれ繁栄したあと、7世紀にはアラブの侵入を受ける。

　首都がカイロに移って以降、19世紀の近代化が始まるまで、アレキサンドリアは廃墟の多いさびれた港町だった。だが、ムハンマド・アリ朝の時代になって、西欧化の波が押し寄せてくるとともにアレキサンドリアは復権した。今この町を歩いていても、やはりどこかヨーロッパの歴史と色彩が強く感じられる。カイロのほこりと騒音に疲れたら、ここは、願ってもない休養の町となる。

■アレキサンドリアへの行き方
●カイロ (→P.71) から
🚄ラムセス駅 (→P.77) から
6:00〜23:30の1〜2時間に1便
所要:2時間30分〜4時間
運賃:15〜30US$
🚌トルゴマーン (→P.78) 発
スーパージェット
7:00〜23:00の1時間に1便程度
所要:3〜5時間
運賃:100〜135£E
※タフリール東市内バス乗り場前のバス停からは、スーパージェット、イーストデルタのバスが発車する
🚌ラムセス・ヒルトン横のマスピロモール前発
ゴーバス
5:15〜翌0:50に10便程度
所要:約3時間
運賃:140〜240£E
🚌カイロ国際空港バスターミナル (→Map P.442) 発
ウエスト・アンド・ミドルデルタ
7:00〜16:00の1時間毎
所要:約4時間
運賃:170£E
●マルサ・マトローフ
(→P.353) から
🚌6:00〜翌2:00の1時間毎
所要:約3時間30分
運賃:105£E
🚌セルビスが頻発
所要:約3時間30分
運賃:105£E
●ポート・サイド (→P.363) から
🚌スーパージェット
6:00、8:00、10:00、12:00、
14:00、16:00、18:00、20:00発
所要:約4時間
運賃:100£E
●スィーワ (→P.371) から
🚌8:00、21:00発
所要:8時間30分〜9時間
運賃:200£E

旅のモデルルート

アレキサンドリアのおもな見どころを効率よく見るのであれば、タクシーの利用が望ましい。2日目はアブー・イールやモンタザ宮殿などにも足を運んでみたい。

1 1日でアレキサンドリアを回るハイライト

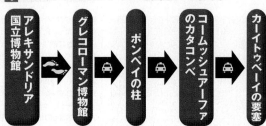

アレキサンドリア国立博物館	→	グレコローマン博物館	→	ポンペイの柱	→	コームッシュアーファのカタコンベ	→	カーイトゥベーイの要塞
9:00〜10:15		10:30〜12:00		13:30〜14:00		14:15〜15:00		15:15〜16:30

午前中は博物館を見学。アレキサンドリアには博物館が多いので自分の興味に応じて時間配分をしよう。昼食後、ポンペイの柱とコームッシュアーファのカタコンベ、カーイトゥベーイの要塞を見学。

2 海岸沿いを行くピクニックコース

アレキサンドリア図書館	→	モンタザ宮殿	→	アブー・イール
9:00〜10:15		11:30〜15:00		15:20〜16:30

前日に上記のコースを回った人向けのコース。まずは、前日回りきれなかった図書館を見学してから、海岸通り沿いを走るミニバスに乗り、モンタザ宮殿へ。お弁当を持ってきた人は、モンタザ宮殿の敷地内か横のマアムーラ海岸でお昼をとろう。午後はそのままマアムーラ海岸で遊ぶのもよい。時間があれば、モンタザ宮殿からさらに東のアブー・イールに行くのもよい。

■アレキサンドリア・シティ・センター

Map P.328C2

町の郊外にあるショッピングセンター。館内にはフランス系の大型スーパーのカルフールや、高級ブティックがあり、フードコートも充実している。

住Alx-Cairo Desert Rd.

كم ٦ طريق الإسكندرية القاهرة الصحراوى

TEL15565

URLwww.citycentrealexandria.com

開10:00〜22:00（木・金〜23:00）
カルフール8:30〜24:00（木・金〜23:00）

休無休

郊外にあるアレキサンドリア・シティ・センター

アレキサンドリア広域

N
0　2km

スタンレー・ブリッジ
كوبرى ستانلى

ムスタファ・カメル墳墓群 P.340
مقابر مصطفى كامل

シャートビー墳墓群 P.340
مقابر الشاطبى

アブル・アッバース・モスク
جامع المرسى أبو العباس

カーイトゥベーイの要塞 P.339
قلعة قايتباى

東湾

アレキサンドリア図書館 P.332
مكتبة الإسكندرية

R Fish Market P.345

ラスルティン宮殿
قصر رأس التين

Kadoura R

アレキサンドリア国立博物館 P.337
متحف الإسكندرية القومى

P.339ノズハ動物園
حديقة النزهة

サアド・ザグルール広場

バハリ
بحرى

マンシェーヤ
منشية

マスル駅（アレキサンドリア駅）
محطة مصر الإسكندرية

アンフーシ墳墓群 P.340
مقابر الأنفوشى

ムハルム・ベイ通り

モウイフ・ゲディードゥ長距離バス・セルビスターミナル P.335
الموقف الجديد

西湾

ポンペイの柱 P.338
عمود السوارى

コームッシュアーファのカタコンベ P.339
كتاكمب كوم الشقافة

アレキサンドリア・ノズハ空港（閉鎖）
مطار الإسكندرية

アレキサンドリア・シティ・センター P.328
سيتي سنتر الإسكندرية

イル・マクス地区（漁港）へ約2.3km
المكس

マリユート湖
بحيرة مريوط

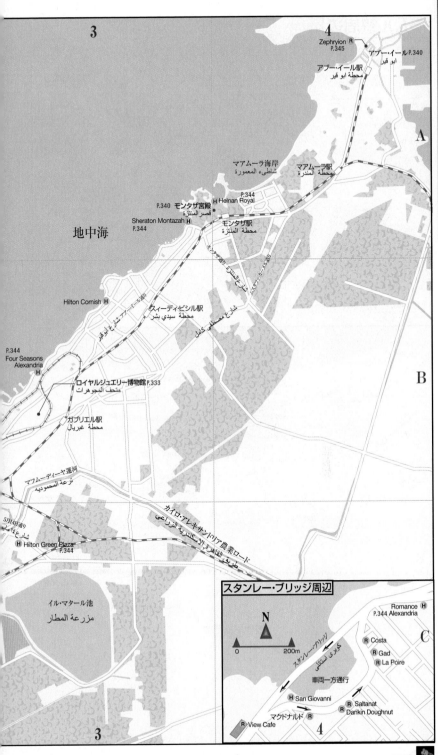

3

4

Zephryion R P.345

アブー・イール駅
محطة ابو قير

アブー・イール P.340
ابو قير

A

マアムーラ海岸
شاطىء المعمورة

マアムーラ駅
محطة المندرة

P.340 モンタザ宮殿
قصر المنتزة

P.344
Helnan Royal H

Sheraton Montazah H
P.344

モンタザ駅
محطة المنتزة

地中海

Hilton Cornish H

スィーディ・ビシル駅
محطة سيدي بشر

شارع أبو قير

شارع مصطفى كامل

B

P.344
Four Seasons
Alexandria
H

ロイヤルジュエリー博物館 P.333
متحف المجوهرات

ガブリエル駅
محطة غربيال

マフムーディーヤ運河
ترعة المحمودية

カイロ・アレキサンドリア農業ロード
طريق القاهرة اسكندرية الزراعى

5月14日通り
شارع ١٤ مايو

H Hilton Green Plaza
P.344

イル・マタール池
مزرعة المطار

3

スタンレー・ブリッジ周辺

N

0   200m

Romance H
P.344 Alexandria

R Costa

كبري ستانلي

R Gad

スタンレー・ブリッジ

R La Poire

C

車両一方通行

H San Giovanni

R Saltanat
Dankin Doughnut

マクドナルド R

R View Cafe

4

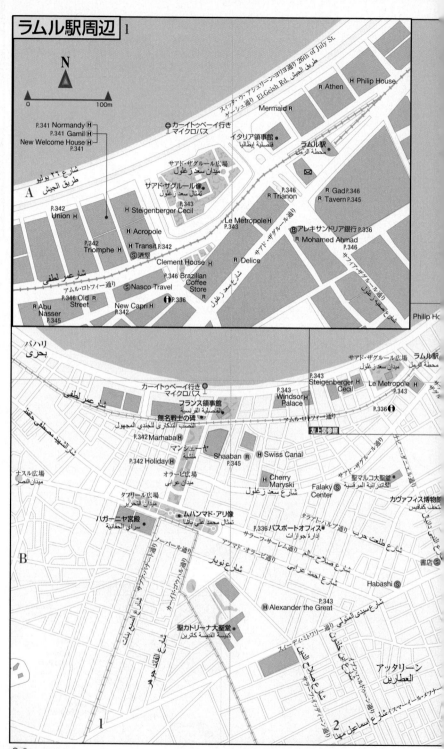

ラムル駅周辺 1

N
0 ___ 100m

طريق الجيش‎ スィク・ヴ・アシュリーン・ヨリオ通り 26th of July St.
ガーイシュ通り El Geish Rd.

H Philip House
R Athen
Mermaid R

H P.341 Normandy
H P.341 Gamil
New Welcome House H P.341

カーイトゥベーイ行き
マイクロバス

イタリア領事館
قنصلية ايطاليا

ラムル駅
محطة الرمل

شارع ٢٦ يوليو
طريق الجيش
A

サアド・ザグルール広場
ميدان سعد زغلول

サアド・ザグルール像
تمثال سعد زغلول

P.342 Union H

H Steigenberger Cecil P.343

P.346 R Trianon

R Gad P.346
R Tavern P.345

Le Metropole H
P.343

H Acropole

P.342 Triomphe H

H Transit P.342
S 酒屋

B アレキサンドリア銀行 P.336

R Mohamed Ahmad P.346

Clement House H

R Delice

شارع عمر لطفي
アムル・ロトフィー通り

P.346 Brazilian Coffee Store

شارع سعد زغلول

S Nasco Travel

P.346 Old R
R Abu Street
Nasser
P.345

New Capri H
P.342

i P.336

Philip Ho

バハリ
بحرى

カーイトゥベーイ行き
マイクロバス

شارع عمر لطفى

フランス領事館
القنصلية الفرنسية

無名戦士の碑
النصب التذكاري للجندي المجهول

P.342 Marhaba H

サアド・ザグルール広場
ميدان سعد زغلول

ラムル駅
محطة الرمل

P.343 Steigenberger Cecil H

Le Metropole H
P.343

P.343 Windsor H Palace

アムル・ロトフィー通り
左上図参照

i P.336

شارع الشهيد مصطفى حافظ

ナスル広場
ميدان النصر

P.342 Holiday H

オラービ広場
ميدان عرابى

マンシェーヤ
منشية

Shaaban R
P.345

H Swiss Canal

H Cherry Maryski

聖マルコ大聖堂
الكاتدرائية المرقسية

Falaky S Center

カヴァフィス博物館
متحف كفافيس

タフリール広場
ميدان التحرير

ムハンマド・アリ像
تمثال محمد علي باشا

ハガーニヤ宮殿
سراي الحقانية

شارع سعد زغلول

P.336 パスポートオフィス
إدارة جوازات

タラアト・ハルブ通り

B

ノーベール通り

شارع الشهيد صلاح سالم
アフマド・オラービ通り
シャリア・サーレム通り
شارع احمد عرابى

شارع طلعت حرب

書店 S

Habashi S

H Alexander the Great P.343

شارع عيسى العوفى

聖カトリーナ大聖堂
كنيسة القديسة كاترين

スィーディ・ミトワリー通り

アッタリーン
العطارين

1   2

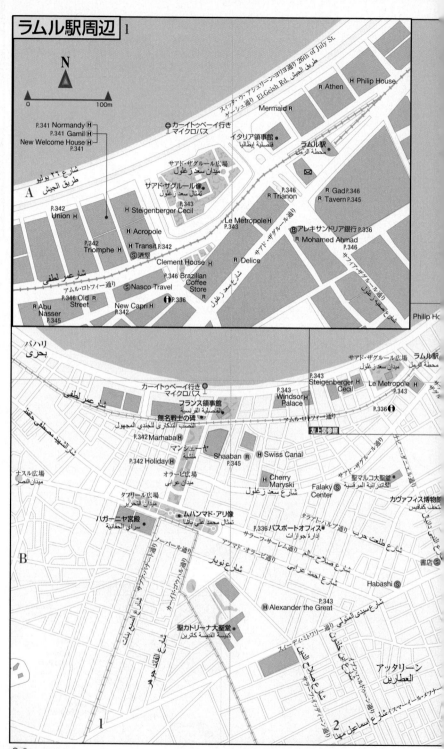

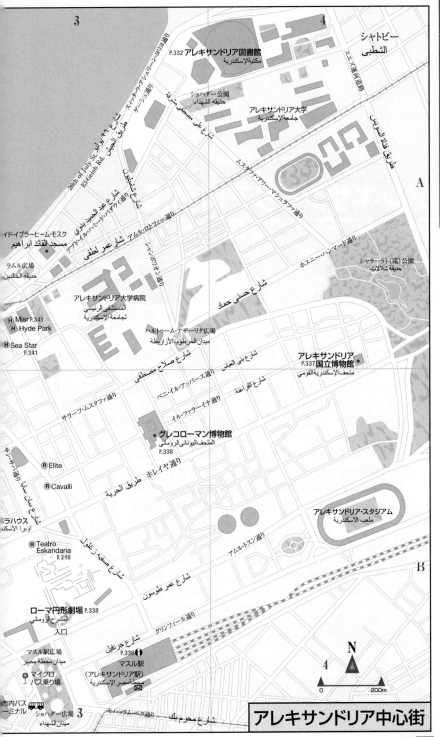

3

4

シャトビー
الشطبي

P.332 アレキサンドリア図書館
مكتبة الإسكندرية

ショハダー公園
حديقة الشهداء

アレキサンドリア大学
جامعة الإسكندرية

26th of July St.
El-Geish Rd.

A

イド・イブラーヒーム・モスク
مسجد القائد ابراهيم

ラムル広場
حديقة الخالدين

شارع عمر لطفي

シャラーラト (滝) 公園
حديقة شلالات

アレキサンドリア大学病院
المستشفى الرئيسي
لجامعة الإسكندرية

H Misr P.341
H Hyde Park
H Sea Star
P.341

ハルトゥーム・アザーリタ広場
ميدان الخرطوم الأزاريطة

شارع حسني حماد

アレキサンドリア
P.337 国立博物館
متحف الإسكندرية القومي

شارع صلاح مصطفى

グレコローマン博物館
المتحف اليوناني الروماني
P.338

R Elite

R Cavalli

طريق الحرية

アレキサンドリア・スタジアム
ملعب الإسكندرية

R Teatro
Eskandaria
P.246

ローマ円形劇場 P.338
المسرح الروماني
入口

B

マスル駅広場
ميدان محطة مصر

マイクロ
バス乗り場

P.336 ℹ️
マスル駅
（アレキサンドリア駅）
محطة مصر الإسكندرية

グリンフィールド通り

市内バス
ーミナル

ショハダー広場
ميدان الشهداء

3

شارع محرم بك

N
4

0   200m

アレキサンドリア中心街

伝説の古代図書館が現代に蘇った
アレキサンドリア図書館

1 さまざまな言語がデザインされた外壁 **2** 陽光あふれる広々としたフロアに並ぶ書架 **3** 800万冊もの本を収容可能 **4** 書物をモチーフにしたユニークなベンチもある

古代の叡智の宝庫 プトレマイオス1世が開いたといわれるアレキサンドリア図書館は、ヘレニズム時代に世界最大の図書館として名をはせた。幾何学の父として名高いユークリッドが通い、文献学者アリスタルコスが館長を務めた伝説の図書館だ。

斬新な建築 アレキサンドリア図書館は、その古代の図書館を現代に復活させたもので、入口を入って右側が図書館、左側が国際会議場、奥に見える球形のプラネタリウムの3つから成り立っている。図書館は地上地下合わせて11階建て、総床面積約8万5000㎡（東京ドーム1.8個分）、直径160m、高さ35mの円筒を斜めに切った形はエジプトの太陽をイメージしている。

明るい館内 内部の書架は階段状のフロアに配されており、太陽光が降り注ぐ開放感あふれる造り。数は少ないものの日本語で書かれた本もある。館内にはアレキサンドリアの古地図、20世紀初頭の写真、絵画を展示したアワド・コレクション The Awad Collectionや、イスラーム世界の古典名作が展示された写本博物館 Manuscript Museumがある。

地下の展示も必見 図書館の地下には考古学博物館もあり、アレキサンドリアの東湾やアブー・イール沖の海底で発掘された彫像などが展示されている。古代アレキサンドリア図書館の床を彩っていたモザイクは必見。

アレキサンドリア図書館
Bibliotheca Alexandrina
مكتبة الإسكندرية
マクタビト・イル・イスカンダレーヤ
Map P.331A4

住El Shatby الشاطبى 電(03)483 9999
URLwww.bibalex.org 休無休
開10:00～19:00(土～16:00)
博物館9:30～17:00(土10:00～14:00)

料図書館150£E(学生75£E)
写本博物館60£E(学生30£E)
考古学博物館100£E(学生50£E)
禁博物館はカメラ撮影不可。スマートフォンはOK
※手荷物はチケットカウンター横に預けることができる
●英語の無料ガイドツアー
館内の英語ガイドツアーは1日5回（土曜3回）。セキュリティをくぐった所にあるビジター・ガイド・インフォメーションで申し込む。所要約30分。

ムハンマド・アリ王家のコレクション

ロイヤルジュエリー博物館

宮殿の主だったファトマ・イッザフラー・ハイデル妃

ファールーク1世の最初の妻、ファリダ妃の写真入り宝石箱

イランのパフラヴィー2世に嫁いだファウズィヤ妃のコレクション

ファトマのFのイニシャル入りのケース

ファリダ妃の花押が中央に入っている

　ムハンマド・アリ朝（1805〜1952年）の王家が所有していた財宝や絵画など約1万点以上を収蔵する博物館。近代化に尽力したイスマイール・パシャ（1830〜95年）はヨーロッパから職人を呼び寄せて宝飾品を多数作らせたが、この博物館の収蔵品にもその時代に作られたものが多い。

かつての宮殿を改修　博物館の建物はイスマイール・パシャの孫娘のファトマ・イッザフラー妃が住んでいた宮殿で1919〜23年にかけて建てられた。1930年にファトマ妃は結婚するがその後も夏の離宮としてこの宮殿を利用していた。ルネッサンス風の天井画やアラベスク風の装飾、古代エジプトのモチーフなど、さまざまなデザインが取り入れられた装飾も必見。

　1952年の革命後、王家は追放され、宮殿は大統領府の一部となった。その後1986年に博物館としてオープン、3度の修復を経て2010年にリニューアルオープンした。

路面電車の走る道沿いに建つ宮殿

タイル画で装飾されたプライベート用バスルーム

ステンドグラスや天井画も見応えがある

ロイヤルジュエリー博物館
Royal Jewelry Museum

متحف المجوهرات الملكية

マトゥハフ・イル・ムガワハラート・イル・マルキーヤ

Map P.329B3

住27 Ahmed Yahya St.

٢٦ شارع أحمد يحيى

TEL(03)582 8348 開9:00〜17:00 休無休

料180£E（学生90£E）['24年秋以降220£E（学生110£E）]

─MV ※クレジットカード払いのみ

ムハンマド・アリー像前にある裁判所

アレキサンドリアの湾岸通り

ポンペイの柱からコームッシュアーファのカタコンベへと続く道

アレキサンドリア名物のお菓子、フレスカ

カーイトゥベーイの要塞前の海に向かって飛び込む少年たち

イブラヒミーヤ地区にあるスーク

市街地の中心、サアド・ザグルール広場。周辺にはホテルやレストランが集まる

●**町の中心** 町の中心はマンシェーヤ地区の**オラービ広場**Orabi Sq.（→Map P.330B1)だが、町歩きの起点として便利なのは、少し東寄りの**サアド・ザグルール広場**Saad Zaghloul Sq.（→Map P.330A1)だ。広場周辺には観光案内所や路面電車のラムル駅や手頃なホテルなどがある。また、ここからマスル駅（アレキサンドリア駅）周辺にかけて、裁判所やオペラハウスなどの歴史的建造物が建ち並ぶ。

●**マスル駅周辺** サアド・ザグルール広場から南へ向かう**ナビー・ダニエル通り**Nabi Daniel St.を歩いてみよう。この通りを直進すると国鉄**マスル駅**（アレキサンドリア駅）の西にある**ショハダー広場**Shohada Sq.に出る。途中、ショッピング街となっている**ホレイヤ通り**Horeya Rd.を東へ行った左側が**グレコローマン博物館**。ここからホレイヤ通りに戻りさらに東へ600mほど進むと**アレキサンドリア国立博物館**があり、サフィア・ザグルール通りをマスル駅へ向かう途中には**ローマ円形劇場**がある。ショハダー広場には市内バスの乗り場がある。

●**市街南部** ショハダー広場の南の**イブン・カッターブ通り**Ibn Kattab St.には食料品スークが続く。ポンペイの柱に向かう**バーブ・スィドラ通り**Bab El-Sidra St.には布だけを売るちょっと変わった巨大スークもある。このあたりまでは距離があるので、路面電車かタクシーを使おう。

●**ベイエリア** サアド・ザグルール広場から海岸通りを西へ進むと、海岸線の先に**カーイトゥベーイの要塞**が見える。カーイトゥベーイの要塞の反対の突端にある**ラスルティン宮殿**Ras El-Tin Palaceは王家の別荘だったが現在は政府の庁舎になっており、内部の見学はできない。

●**スタンレー・ブリッジ～アブー・イール** サアド・ザグルール広場から海岸通りを北東へ進むと、4つの塔が配された宮殿のような橋を目にするだろう。この橋はスタンレー・ブリッジと呼ばれ、渋滞の緩和と観光施設の開発を目指して建設された。橋の周辺はアレキサンドリア屈指の人気スポットとなっており、おしゃれなカフェやレストランが並んでいる。

スタンレー・ブリッジの東側からモンタザ宮殿

スタンレー・ブリッジ周辺にはビーチもある

までの海岸沿いには高級ホテルが点在している。モンタザ宮殿の庭園は公園として一般公開されており、多くの人でにぎわっている。また、海岸線の東端にはひなびた漁村のアブー・イールがあり、新鮮な魚介類を堪能できるシーフードレストランもある。

アブー・イールのビーチ

■空港から市の中心部へ■

アレキサンドリアの空港は中心部から南西へ約40km離れた所にある**ボルグル・アラブ空港**。ボルグル・アラブ空港からモウイフ・ゲディードゥへは毎正時にエジプトバスEgypt Busが運行。所要約1時間15分、運賃50 £E。

■長距離バスターミナルから市の中心部へ■

長距離バスターミナルは町の南端、マリュート湖近くにある**モウイフ・ゲディードゥ**（地名からモハッラム・ベク محرم بك とも呼ばれる）。長距離バスはターミナルの東側、セルビスはおもに西側に発着する。長距離バスの発着ホームはバス会社によって異なるが、セルビスの発着ホームは目的地別。バスのチケットは東側の中央部にあるチケット売り場で購入する。

■**モウイフ・ゲディードゥ**
Map P.328C2

モウイフ・ゲディードゥの長距離バスチケット売り場

市の中心部へはチケット売り場の裏からマイクロバスが出ている。マスル駅行き（車体にはムハッタ محطة と表示されている）に乗ればショハダー広場に行くことができ、マンシェーヤ行き（車体にはマンシェーヤ منشية と表示されている）に乗れば、サアド・ザグルール広場やオラービ広場まで出ることができる。ショハダー広場やオラービ広場まで約15分、運賃は3 £E。

大型バス乗り場はターミナル西側の入口にあり、ほとんどのバスがマスル駅かスィーディ・ガベル駅方面へ向かう。ラムル駅周辺まで50 £E〜が相場だが、相場の何倍もの額を要求するドライバーも多い。

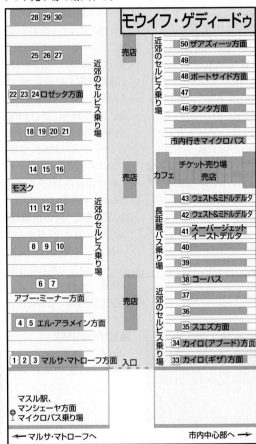

モウイフ・ゲディードゥ

28 29 30		
25 26 27	売店	50 ザアズィーツ方面
		49
22 23 24 ロゼッタ方面	近郊のセルビス乗り場	48 ポートサイド方面
		47
18 19 20 21		46 タンタ方面
		市内行きマイクロバス
14 15 16	売店	チケット売り場／売店
モスク	カフェ	43 ウェスト&ミドルデルタ
11 12 13	近郊のセルビス乗り場	42 ウェスト&ミドルデルタ
		41 スーパージェット イーストデルタ
8 9 10		40
		39
6 7		38 ゴーバス
アブー・ミーナー方面	売店	37
		36
4 5 エル・アラメイン方面	近郊のセルビス乗り場	35 スエズ方面
		34 カイロ（アブード）方面
1 2 3 マルサ・マトローフ方面	入口	33 カイロ（ギザ）方面

マスル駅、マンシェーヤ方面
マイクロバス乗り場

← マルサ・マトローフへ　　　　市内中心部へ →

セルビスの運転手は英語を話さないことが多い

■マスル駅
Map P.331B3

連なるアーチが美しいマスル駅

ラムル駅の近くを走る路面電車

■ラムル駅前の
アレキサンドリア銀行
Map P.330A2
開8:30～15:00　休金・土

■アレキサンドリアの
観光案内所
●サアド・ザグルール広場の南
Map P.330A1
開9:00～17:00
休無休
●マスル駅内
Map P.331B3
TEL(03)392 5985
開8:00～17:00
休無休
●スィーディ・ガベル駅内
Map P.328B2
開8:00～15:00
休無休

■パスポートオフィス
Map P.330B2
住Shaari' Tala'at Harb
TEL(03)484 7873
開8:00～12:00　休金

サアド・ザグルール広場近くの観光
案内所

■鉄道駅から市の中心部へ■

　アレキサンドリアの中央駅であるマスル駅（アレキサンドリア駅）から、市街地の中心であるサアド・ザグルール広場までは約1km。駅前のショハダー広場からナビー・ダニエル通りを海に向かって真っすぐ北に行く。

　マスル駅のひとつ手前のスィーディ・ガベル駅で降りて路面電車（駅の北口に路面電車の駅がある）に乗り換えればラムル駅まで行くことができる。

　マスル駅にはエジプト国鉄の主要路線が通っている。チケット売り場は正面入口を入った左側に窓口が並んでいる。ちなみにアブー・イール行きの列車はスィーディ・ガベル発着となり、マスル駅からは出ていない。

■市内交通■

●**市内バス**　おもな乗り場はマスル駅前のショハダー広場。ここからはアブー・イール、マアムーラ海岸やモウイフ・ゲディードゥにバスが出ている。

●**マイクロバス**　おもな乗り場はショハダー広場や、スィーディ・ガベル駅南口。料金は2£E～。コルニーシュ通りを走るマイクロバスはルートがわかりやすく、路面電車より速くて便利。ただしコルニーシュ通りは交通量が多く、どの車もスピードを出しているので、拾う際は注意しよう。

●**路面電車**　路面電車はラムル駅発着の路線が多い。カーイトゥベーイ、アンフォーシ方面など市の西側への路線が黄色。シャトビー、スィーディ・ガベル方面、ヴィクトリア終着の東側への路線は青い車両と黄色い車両。ノズハ、モハッラム・ベイからショハダー広場横を通ってポンペイの柱方面に行く路線は黄色の車両。

　料金は黄色が5.5 £E、青は乗り込む車両によって運賃が変わるが、後ろのほうが安い。1.5～2.5 £E。

■両替・郵便・旅の情報収集■

●**両替**　銀行が集中しているのはタラアト・ハルブ通り（→Map P.330B2）。ATMもある。ラムル駅周辺にも支店があるので両替で困ることはない。

●**郵便**　郵便局はマスル駅横、ラムル駅内にある。

●**観光案内所**　アレキサンドリアの観光案内所はマスル駅とサアド・ザグルール広場のほか、市内各地にある。

■ビザの延長■

　パスポートオフィスはタラアト・ハルブ通りの西端左側にある。ビザの延長や再入国ビザの申請は2階のResidence Touristiqueの窓口で行う。手続きには申請書、パスポートのコピー1枚などが必要となる。持っていない人はパスポートオフィスの近くに写真店とコピー屋があるので、そこで作成してもらおう。

海底からの発掘物は必見　イル・マトゥハフ・イスカンダレーヤ・イル・アウミー

アレキサンドリア国立博物館　متحف الإسكندرية القومي

Alexandria National Museum

Map P.331A4

アレキサンドリアの海底遺跡で引き上げられた遺物も展示されている

1926年に建てられた宮殿を改築した博物館。地下はミイラを含む古代エジプト、1階はグレコローマン時代、2階は近代とコプト教、イスラームについての展示がされている。展示品の数は少ないが、海底からの発掘物は特に見応えがある。

　古くから交易都市として栄えたアレキサンドリアだが、沖合には、何かしらの遺物や遺跡が眠っているのではないかといわれてきた。1967年に第3次中東戦争が勃発し、アレキサンドリア周辺が軍事地域に組み込まれたのをきっかけにユネスコによる救援活動がスタートした。その後、数々の遺物や遺跡が発見され、その一部がアレキサンドリア国立博物館にも収蔵されている。

■アレキサンドリア国立博物館
住110 El-Horreya Rd.
١١٠ طريق الحرية
TEL(03)483 5519
URLegymonuments.com
開9:00～17:00　休無休
料180£E(学生90£E)
['24年秋以降220£E(学生110£E)]
━MV
※クレジットカード払いのみ
⊗

ヘレニズム時代のプトレマイオスの王妃像

エジプト王冠のカラカラ帝の胸像

クレタ産の壺

新王国時代に作られたアヌビスの木像。オシリスとともに死者の神とされる

太陽の円盤を頭にのせたハトホル女神。母性の象徴でもある

第18王朝アクエンアテン王の像

左カラム

■グレコローマン博物館

- 住El-Mathaf St.
- شارع المتحف
- TEL(03) 487 6434
- URLegymonuments.com
- 開9:00～16:00(金・土～20:00)
- 休無休
- 料300£E(学生150£E)
- ['24年秋以降400£E(学生200£E)]
- ━MV
- ※クレジットカード払いのみ🚫

ギリシア神殿のような外観が印象的

■ローマ円形劇場

- 住Ismail Mehanna St.
- شارع إسماعيل مهنا، العطارين
- URLegymonuments.com
- 開8:00～17:00　休無休
- 料150£E(学生75£E)
- ['24年秋以降200£E(学生100£E)]
- ━MV
- ※クレジットカード払いのみ

海底から発掘されたオベリスクなど

■ポンペイの柱

ショハダー広場から黄色の路面電車の2番で西方向へ
- 住Amoud El-Sawari St.
- شارع عمود السواري
- URLegymonuments.com
- 開9:00～17:00　休無休
- 料150£E(学生75£E)
- ['24年秋以降200£E(学生100£E)]
- ━MV
- ※クレジットカード払いのみ

周囲にあった発掘品

右カラム

エジプト屈指の博物館　　イル・マトゥハフ・イル・ユーナーニー・イッルーマーニー

グレコローマン博物館

المتحف اليونانى - الرومانى

The Graeco-Roman Museum　　**Map P.331B3**

　プトレマイオス朝の紀元前3世紀から、アラブがエジプトに入ってくる紀元後7世紀にいたるグレコローマン時代、およびビザンツ時代の遺物を約7万点を収めている。長い改装期間を経て、2023年末にリニューアルオープンした。

マスル駅のすぐ近く　　イル・マスラフ・イッ・ルーマーニー

ローマ円形劇場

المسرح الرومانى

The Roman Amphitheater　　**Map P.331B3**

　マスル駅のすぐ近くにあるこの劇場は、ローマ帝国時代の2世紀に建てられたと考えられ、当時の落書きも残っている。同敷地内にはローマ式大浴場の跡もある。

保存状態のよい円形劇場

　また、ローマ時代の邸宅も残っており、当時のモザイクを見ることができる。入口近くは屋外博物館となっており、アレキサンドリア近海から発掘されたスフィンクスやオベリスクなどが展示されている。

モザイクが発見された邸宅の遺構

たった1本だけ残った　　アムードゥッサワーリー

ポンペイの柱

عمود السواري

Pompey's Pillar　　**Map P.328C1**

　ローマ皇帝ディオクレティアヌス帝が建てた図書館の柱の1本とされるポンペイの柱は高さ27m、アスワンの赤色花崗岩でできている。かつてはこの柱が400本はあっただろうといわれている。歴史の不思議さと、実在した当時に思いをはせてみよう。

住宅街の近く、丘の上にひっそりと建つ柱と一対のスフィンクス

古代からの墓場

コームッシュアーファのカタコンベ

كتاكومب كوم الشقافة　カタコーンブ・コームッシュアーファ

The Catacombs of Kom El-Shoqafa　Map P.328C1

　カタコンベとは地下に作られた墓地のこと。ここで見られるのは、エジプトで最も古いローマ時代の墓地。2世紀頃に貴族階級の墓として作られ、3世紀以降に共同墓地として使われるようになる。1900年にロバが穴に落ちたことが発見のきっかけとなった。地下35mの穴は3階層に分かれ、トリクリニウム（古代ローマにおける食堂）や横穴墓の部屋からなる。壁画や彫刻などは古代エジプトとギリシア様式の融合で、これはアレキサンドリアでよく見られるもの。一方で、建築様式はグレコローマン様式となっている。

グループの観光客も大型バスで訪れる人気スポット

地下に作られているとは思えない規模の遺跡が次々と現れる

地中海に突き出た

カーイトゥベーイの要塞

قلعة قايتباي　アルイト・カーイトゥベーイ

Qaitbey Fort　Map P.328C1

　要塞は、もともと古代世界の7不思議のひとつといわれたファロスの灯台の跡に、15世紀にマムルーク朝スルタン・アシュラフ・カーイトゥベーイによりオスマン朝海軍への防衛のために建てられた、3層構造の堅固な要塞。内部は海軍博物館になっている。1882年のイギリス艦隊によるアレキサンドリア砲撃の後は廃墟になっていた。

　ファロスの灯台はアレクサンドロス大王の案に基づくといわれ、プトレマイオス2世により紀元前3世紀に建立。高さはなんと120mで、56km先からも光が見えたという。14世紀の大地震で崩壊した。

要塞の前はおみやげを売る屋台が出ている

■**コームッシュアーファのカタコンベ**
ポンペイの柱を出て道沿いに行き、次の角を右に入り直進。徒歩約8分。
URLegymonuments.com
圓8:00～16:00　休無休
圏150£E（学生75£E）
['24年秋以降200£E（学生100£E）]
━MV
※クレジットカード払いのみ

カタコンベの入口

■**カーイトゥベーイの要塞**
コルニーシュ通りからマイクロバス、またはラムル駅から黄色の路面電車15番でも途中まで行ける。サアド・ザグルール広場からタクシーで20£Eほど。
URLegymonuments.com
圓9:00～20:00（冬期～19:00）
休無休
圏150£E（学生75£E）
['24年秋以降200£E（学生100£E）]
━MV
※クレジットカード払いのみ

要塞の内部

■**ノズハ動物園**
動物園のほかに、遊園地や植物園もある。敷地内にある宮殿は、アレキサンドリア出身のギリシア人で、後にフランス国籍を得たアントニアディスによって建てられたもの。
Map P.328C2
🚇マスル駅から路面電車
🚌スィーディ・ガベル駅からマイクロバスが頻発
圓9:00～16:00
休火　圏20£E

左側コラム

■モンタザ宮殿

🚌海岸通りを通るミニバスで行くのが便利。ショハダー広場からは大型バス771、280番など。マスル駅などから列車でも行ける。モンタザ駅は宮殿入口のすぐ前。
🕖7:00～23:00　🚫無休
💵25£E

■アブー・イール

🚃シディ・ガーベル駅発。アブー・イールまでは3£E。切符は車掌から買う。所要約50分。
🚌ショハダー広場からマイクロバスも頻発

アブー・イールの生ウニ（夏限定）

■各墳墓群

🕘9:00～14:00　🚫無休
💵60£E（学生30£E）
📷一部不可　🎥一部不可
●アンフォーシ墳墓群
Map P.328C1
ラスルティン宮殿正門を左に曲がり、路面電車の駅の横。すぐ横が小中学校の敷地。
●シャトビー墳墓群
Map P.328C2
🚃路面電車でシャトビー駅下車。Saint Marc Collegeの道を挟んだ横。
●ムスタファ・カメル墳墓群
Map P.328B2
🚃路面電車でロシディ駅下車

ムスタファ・カメル墳墓群

右側本文

かつての王家の別荘
モンタザ宮殿
Montazah Palace　アスルル・ムンタザ　قصر المنتزه
Map P.329A4

サダトやムバラクなど歴代大統領も好んで滞在した宮殿

アレキサンドリアの中心部から東へ約17kmの海に近い広大な敷地に建つ宮殿は、1892年に建てられたもので、王家の夏の別荘として使われていた。現在、建物の内部は一般公開されていないが、ナツメヤシの木と花々の咲く庭を歩いていると、ここがエジプトだということを忘れてしまいそう。地元の若者のデートスポットとしても有名。

ナポレオン・エジプト遠征の古戦場
アブー・イール
Abou Qir　アブー・イール　ابو قير
Map P.329A4

夏にはビーチパラソルが林立するアブー・イールのビーチ

アレキサンドリア市街の東にある地区。海岸近くに点在するシーフードレストランを除けばとりたてて何もない小さな漁村だ。駅からビーチまでは徒歩で10分程度。団地や商店が立ち並ぶ町並みを抜けるとビーチが広がる。

かつて、このあたりの海域でエジプト遠征中のフランス艦隊が1798年にネルソン提督指揮下のイギリス艦隊に大敗を喫した（ナイルの戦い）ことで、世界史にその名をとどめる古戦場でもある。駅前の通りを北へ直進し、道なりに左へ曲がると海岸に出る。砂浜を歩いていると魚やウニを売るおじさんがいることも。

アレキサンドリアの数少ない遺跡
墳墓群
Necropolises　マアービル　مقابر

●アンフォーシ墳墓群　ラスルティン地区にある。入口は少しわかりにくい。紀元前3～前2世紀の墓。5つある墓のうちふたつは保存状態がよい。
●シャトビー墳墓群　シャトビー地区。ボール・サイード通り沿いにある。紀元前4～前3世紀のもので、アレキサンドリアでは最古。発見された像はグレコローマン博物館にある。
●ムスタファ・カメル墳墓群　ロシディ地区、モアスカルルロマーニ通りにある。紀元前2世紀のもので、4基の墳墓からなっている。

HOTEL

日本からホテルへの電話
国際電話識別番号010 ＋ 国番号20 ＋ 市外局番の最初の0を取った掲載の電話番号

　アレキサンドリアのホテルは質、量ともに豊富。安宿はラムル駅やサアド・ザグルール広場周辺に集中し、海岸通り沿いには海の見える小さなホテルがある。アレキサンドリアの安宿はカイロの安宿と同じく、全体的に建物が古く、部屋は天井の高いヨーロッパ風の部屋が多い。高級ホテルは海岸通り沿いやモンタザ宮殿周辺に点在している。ハイシーズンは6〜9月。

ラムル駅の東側周辺

シー・スター Sea Star Hotel　　　経済的　Map P.331A3

فندق سي ستار　フンドゥク・スィー・スタール

🏠24 Amin Fakry St., Raml Station
٢٤ شارع أمين فكري، محطة الرمل
☎(03)480 5343
🚹🚹🚻 A/C 🖥️🍴📶💰600〜900£E
💳US$ € £E
💵不可

　アラビア語が縦に並んだ看板が目印。ラムル駅からも近くて便利。建物も比較的新しく、テレビ付きの部屋も多い。全46室。レストランも併設している。朝食は90£E。　📶全館

ミスル Misr Hotel　　　中級　Map P.331A3

فندق مصر　フンドゥク・マスル

🏠21 Amin Fakry St., Raml Station
٢١ شارع أمين فكري، محطة الرمل
☎(03)481 4483
🚹🚹🚻 A/C 🖥️🍴📶💰40US$
💳US$ € £E
💵不可

　看板もなく探しにくいが、エレベーターで9階に上がると出たところにレセプションがある。建物は古いが内装はリノベーション済みできれい。屋上は海が見えるカフェになっていて、ここで朝食をとる。　📶全館

サアド・ザグルール広場〜オラービ広場周辺

ガミール Hotel Gamil　　　経済的　Map P.330A1

فندق الجميل　フンドゥク・イル・ガミール

🏠Gamal El-Din Yasin St., Raml Station
شارع جمال الدين ياسين، محطة الرمل
☎(03)481 5458
🚹🖥️🍴📶💰150£E
🚹🚹🖥️📶💰180£E
💳£E　💵不可

　セシル・ホテル裏のビルの5階にある。同じ料金でもベッドが新しい部屋や古い部屋、海の見える部屋など、部屋によって広さや条件が異なる。共同キッチンも備わっている。　📶全館

ノルマンディー Normandy Hotel　　　経済的　Map P.330A1

فندق نورماندي　フンドゥク・ノルマンディ

🏠Gamal El-Din Yasin St., Raml Station
شارع جمال الدين ياسين، محطة الرمل
☎(03)480 6830
🚹🚹🍴📶💰350〜450£E
💳£E　💵不可

　ガミールと同じ階にある。このあたりでは旅行者に人気のあるホテル。共同シャワーは改装されてきれいになった。シービューの部屋は高め。　📶全館

ニュー・ウェルカム・ハウス New Welcome House　　　経済的　Map P.330A1

نيو ويلكم هاوس　ニュー・ウェルカムハウス

🏠Gamal El-Din Yasin St., Raml Station
شارع جمال الدين ياسين، محطة الرمل
☎(03)480 6402
🚹🖥️🍴📶💰100£E〜
🚹🚹🖥️📶💰200£E〜
💳£E　💵不可

　ビルの6階にある。廊下、ロビーなどのスペースはあまりきれいとはいえないが、この建物の中では最も安い。内装はまずまずで、全20室のうち8室からは海が見える。📶全館

トランジット Transit Hotel Service

経済的　Map P.330A1

فندق ترانزيت الإسكندرية　フンドゥック・トランズィート・イル・イスカンダレーヤ

値Gamal El-Din Yasin St.,Raml Station
شارع جمال الدين ياسين، محطة الرمل
TEL(03)485 1198
†A/C🚿🍴🗄🚽□650£E
††A/C🚿🍴🗄🚽□750£E
💳US$ € £E
━不可

サアド・ザグルール広場から1本西の酒屋の角を入る。ビルの5階にある。キッチン利用可、ランドリーサービスあり。エアコンなしの部屋は†500£E、††650£E。
奈全館

トゥリヨンフ Triomphe

経済的　Map P.330A1

تريومف فندق النصر　トゥリヨンフ・フンドゥック・インナスル

値26 El-Gorfa El-Togareya St.
٢٦ شارع غرفة التجارة ، محطة الرمل
TEL(03)480 7585
†🚿🗄□700£E
†A/C🚿🗄🚽□800£E
††🚿🗄🚽□800£E
††A/C🚿🗄🚽□900£E
💳£E ━MⅤ

トランジット・ホテルの向かいのビルの5階にある。エアコン付きの客室（写真）は改装も終わり、かなりきれい。バス、トイレ、エアコンなしの部屋もあり†500£E、††800£E。全30室。英語を話すスタッフもいる。
奈レセプション周辺

ニュー・カプリ Hotel New Capri

経済的　Map P.330A1

فندق نيو كابري　フンドゥック・ニュー・カプリ

値23 El Minaa El Sharqeya St.
٢٣ ميدان الميناء الشرقية ، محطة الرمل
TEL(03)480 9310
†🚿🗄🚽□450£E
†🚿🗄🚽□500£E
††🚿🗄🚽□550£E
††🚿🗄🚽□650£E
💳£E ━不可

観光案内所の北側の道から入っていく。同じビルの8階にある。エレベーターで7階まで昇っていき、最後は階段を上る。朝食を出すレストランからの眺めはすばらしい。全28室。
奈全館

マルハバ Marhaba Hotel

経済的　Map P.330B1

فندق مرحبا　フンドゥック・マルハバ

値10 Orabi Sq., El-Mansheya
١٠ ميدان عرابي المنشية
TEL(03)480 9510
†/††🚿🗄🚽□400£E
†/††🚿🗄🚽□500£E
💳£E ━不可

オラービ広場の近く。半数ほどの部屋が改装済みで料金もやや高い。部屋は比較的広い。朝食は4階のレストランにて。全34室。
奈全館

ホリデイ Holiday Hotel

経済的　Map P.330B1

فندق هوليداي المنشية　フンドゥック・ホリデイ・イル・マンシェーヤ

値6 Orabi Sq., El-Mansheya
٦ ميدان عرابي المنشية
TEL(03)480 3517
†🚿🗄🚽□380£E
††🚿🗄🚽□490£E
💳£E ━不可

マルハバ・ホテルと同じ並びにある。部屋は少し老朽化しているが、まずまずきれい。2階にはバーがあり、酒類が充実している。ビール、ワインなど酒類も館内で販売しているので便利。
奈全館

ユニオン Union Hotel

経済的　Map P.330A1

فندق يونيون　フンドゥック・ユーニョン

値164 26th of July St., Raml Station
١٦٤ شارع ٢٦ يوليو ، محطة الرمل
TEL(03)480 7312
†/††🚿🗄🚽□250～300£E
†/††🚿🗄🚽□450£E
†/††A/C🚿🗄🚽□500～650£E
💳£E
━不可

このあたりでは人気の高いホテル。特に夏期はエジプト国内からの旅行客でいっぱいなので予約したい。部屋のタイプはさまざまで、値段と設備は異なるが、全体的に清掃が行き届いている。ロビーからはカーイトゥベーイの要塞がはるかに見える。全46室。
奈レセプション周辺

アレキサンダー・ザ・グレート Alexander the Great Hotel　　中級　Map P.330B2

فندوق الاسكندر الاكبر フンドゥク・イスカンダル・イル・アクバル

住5 Oskofia St., El-Mansheya
٥ شارع الاسقفية المنشية
TEL(03)487 2141
Mailarchline2006@yahoo.com
📶💰🛏️750〜1000£E
💱US$ € £E
──MV

聖カトリーナ大聖堂前にある全30室のホテル。サアド・ザグルール広場までは徒歩15分ほど。客室はタイル張りで、広めに設計されている。レセプションは2階にある。
🛜全館

高級ホテル

ウィンザー・パレス Paradise Inn Windsor Palace　　高級　Map P.330B2

فندوق قصر وندسور フンドゥク・アスル・ウィンドソール

住17 Shohada St., Raml Station
١٧ شارع الشهداء متفرع من طريق الجيش
محطة الرمل
TEL(03)480 8123
URLparadiseinnwindsorpalace.book-onlinenow.net
📶💰🛏️140〜200US$
💱US$ € £E　──MV

クラシックな外観と雰囲気が自慢の老舗ホテル。ロビーはまるで宮殿のように豪華で、客室は広く天井も高い。全72室中12室がシービュー。夕方には軽いスナックのサービスがある。
🛜全館

ル・メトロポール Le Metropole　　高級　Map P.330A2

فندوق لو متروبول フンドゥク・メトロポール

ラムル駅のすぐ近くにあり、1902年の創業とアレキサンドリアで最も古いホテルのひとつ。また、この場所はクレオパトラがカエサルのために建築し、オクタヴィアヌスの時代に完成したカエサリウムがあった場所でもある。建物内部はアンティークな調度品であふれ、格式の高さをうかがわせる。部屋の値段はシービューとサイドビュー、シティビューで異なる。　🛜共用エリア

住52 Saad Zaghloul St., Raml Station
٥٢ شارع سعد زغلول , محطة الرمل
URLparadiseinnlemetropole.book-onlinenow.net
TEL(03)486 1465
📶💰🛏️68US$〜
💱US$ € £E　──MV

シュタイゲンベルガー・セシル Steigenberger Cecil Hotel　　高級　Map P.330A1

شتاينبرجر سيسل シュタイゲンベルゲル・セシル

観光にベストのロケーション。1929年創業の、アレキサンドリアを代表するホテルのひとつ。イギリスの作家ロレンス・ダレルの『アレクサンドリア四重奏』の舞台にもなった。
🛜全館

住16 Saad Zaghloul Sq.,
Raml Station
١٦ ميدان سعد زغلول , محطة الرمل
TEL(03)487 7173
URLhrewards.com
📶💰🛏️94US$〜
💱US$ € £E　──ADJMV

ロマンス・アレキサンドリア Romance Alexandria　　高級　Map P.329C4

فندق رومانس الإسكندرية フンドゥク・ロマンス・イル・イスカンダレーヤ

🏠303 El-Geish Rd., Saba Pasha
۳۰۳ طريق الجيش, سابا باشا
☎(03)584 0911
URLromance-alex.com
🛏A/C🚿💺📶💰59US$〜
🛏🛏A/C🚿💺📶💰68US$〜
💱US$ € £E
💳MV

　海岸沿いのサブア・パシャ地区にある白い外観の建物。全81室。タクシーやマイクロバスが多く通るので、交通の便もよく、部屋からの眺めもよい。館内には和食レストラン「わさび」が入っている。
📶全館

シェラトン・モンタザ Sheraton Montazah　　高級　Map P.329A3

فندق شيراتون المنتزه フンドゥク・シェラトン・イル・ムンタザ

　モンタザ宮殿入口の向かい側にある、客室数288を誇るアレキサンドリア最大のホテル。夜にはベリーダンスショー（夕食付き）が行われる。
📶全館

🏠El-Kornish Rd., Montaza
طريق الكورنيش, المنتزة
☎(03)548 0550
日本の予約先:📞0120-925-659
URLwww.marriott.co.jp
🛏/🛏🛏A/C🚿💺📶💰68US$〜
💱US$ € £E
💳ADJMV

ヘルナン・ロイヤル Helnan Royal　　高級　Map P.329A4

فندق هلنان رويال フンドゥク・ヘルナン・ロイヤル

　モンタザ宮殿敷地内にあり、ビーチに面する高級ホテル。その立地条件を最大限に生かしたリゾート施設には、海を眺めるテラスカフェなどもある。内装は高級感にあふれている。客室は全室シービューで、約半数は宮殿ビューでもある。朝食はオープンビュッフェ。
📶全館

🏠El-Montazah Palace
حدائق قصر المنتزة
☎(03)547 3500　URLwww.helnan.com/en/
🛏/🛏🛏A/C🚿💺📶💰200US$〜
💱US$ € £E　💳AMV

ツアーでよく使われる大型ホテル

ヒルトン・グリーン・プラザ Hilton Green Plaza　هيلتون جرين بلازا　ヒルトン・グリーン・プラザ

🏠14th Of May Bridge Rd., Semouha　داخل جلين بلازا مول طريق ١٤ مايو, سموحة　Map P.329C3
☎(03)420 9120　日本の予約先:☎(03)6864-1633　URLwww.hilton.com
🍴🛁🎾🛟🚗🅿️　💱US$ € £E　💳ADJMV

フォーシーズンズ・アレキサンドリア Four Seasons Hotel Alexandria at San Stefano

فور سيزونز الإسكندرية フォル・シーズンズ・イル・イスカンダレーヤ

🏠399 El-Geish Rd., San Stefano　طريق الجيش, سان إستيفانو　Map P.329B3
☎(03)581 8000　URLwww.fourseasons.com
🍴🛁🎾🛟🚗🅿️　💱US$ € £E　💳ADMV

RESTAURANT

海岸通り沿いには多くのレストランが点在しているが、中級のシーフードレストランはラムル駅北側に集中。カーイトゥベーイの要塞方面にも評判のよい店が多い。メニューの料金は、魚やエビはkg単位で記載されている。魚の調理法などもフライや塩焼きなど注文に応じてくれる。

フィッシュ・マーケット Fish Market

中級　シーフード

Map P.328C1

فيش ماركت　フィッシュ・マルケット

- Kornish Rd., Bahary
  طريق الكورنيش, بحري
- ☎(03)480 5119
- ⏰12:00～翌1:00
- 休無休
- US$ € £E
- MV

海岸通りにある、各国の要人も訪れる大型シーフードレストラン。店内の壁側に並んだ魚のなかから好みの物を選んで調理法を指定する。カラマリ210£E、シーフードライス90£E、魚は1kg200£E～、ムール貝は684£E～（時価）、カニは505£E～（時価）。

ゼフィリオン Zephyrion

中級　♀　シーフード

Map P.329A4

مطعم زفريون　マトゥアム・ゼフィリヨン

- 14 Khalid Ibn Walid St., Abou Qir
  ١٤ شارع خالد بن الوليد, أبو قير
- ☎(03)562 1319
- ⏰13:00～24:00　休無休
- £E
- MV

アブー・イールにある有名なシーフードレストラン。創業1929年と、1世紀近くにわたり営業している老舗。海岸の手前を右に入っていく。エビは1kg800£E～。季節によってはカキも出している。税＋サービス料24%は別途。

シャアバーン Shaaban Seafood

庶民的　シーフード

Map P.330B2

اسماك شعبان　アスマーク・シャアバーン

- 14 Kreit St. El-Mansheya
  ١٤ شارع كريت, المنشية
- ☎(03)481 7660
- 📱012 0424 2551
- ⏰12:00～24:00
- 休無休
- £E
- 不可

地元の人にも有名なシーフードの名店。場所はわかりにくいが、探してでも行く価値あり。魚の種類が豊富で安い。混んでいることも多いが、テイク・アウェイも対応しているので便利だ。魚は1kg200£E～。エビは1kg320£E。イカ（スビエト）1kg320£E。

タヴァーン Tavern

庶民的　ファストフード

Map P.330A2

تافرنا　タヴェルナ

- Saad Zaghloul Sq., Raml Station
  ميدان سعد زغلول, محطة الرمل
- ☎(03)487 8591
- ⏰9:00～翌3:00
- 休無休
- £E
- MV

ラムル駅周辺で人気の店。入口では職人さんがパイを作っている。ピザは種類豊富で1枚65£E～。パイやピザは店頭の窯で焼いてくれるのでアツアツ。値段はどれも少し高いがおいしい。全品テイク・アウェイ可能。サンドイッチは各種40£E～。

アブー・ナーセル Abu Nasser

庶民的　コシャリ

Map P.330A1

أبو ناصر　アブー・ナーセル

- 13, El-Shohadaa St., Raml Station
  ١٣ شارع الشهداء, محطة الرمل
- ☎(03)480 6635
- ⏰10:00～翌3:00
- 休無休
- £E　不可

サアド・ザグルール広場近くあるコシャリ専門店。いつも営業しているので、周辺に宿泊している人がテイク・アウェイで使うのにちょうどいい。小15£E、中20£E、大30£Eと料金もリーズナブル。ただしほとんどのスタッフは英語を話せない。

テアトロ・エスカンダリア Teatro Eskendria
中級　エジプト料理

تياترو اسكندرية ティヤトロ・イスカンダリーヤ

Map P.331B3

📍25 Fouad St.,
Raml Station
٢٥ شارع فؤاد، محطة الرمل
📞(03) 390 1339
🕐9:00〜翌1:00
休無休
💳US$ £E
🚫不可

　20世紀にラテン・クオーターとして発展した地区にある歴史的建造物を改装。アンティークの調度品や幾何学模様のタイルなど、イスラームの美を感じるインテリアがすばらしく、こだわりのエジプト料理も美味。アレキサンドリアの文化交流の場としても親しまれている。シーシャ、Wi-Fiあり。別途税14％。

ガド Gad
庶民的　ファストフード

مطعم جاد マトゥアム・ガド

Map P.330A2

📍Saad Zaghloul Sq.,
Raml Station
ميدان سعد زغلول , محطة الرمل
📞(03) 486 0135
🕐24時間
休無休
💳£E
🚫不可

　人気のテイク・アウェイ専門店。市内各地に支店があるが、立地もあいまって、この店舗はいつもにぎわっている。サンドイッチ、シャワルマなど種類が豊富。エビ、チキンなどいろいろと揃っているが、どれもおいしい。ファラフェル8£E、シャワルマ35〜62£E、ハンバーガーはセットで28£E。

モハメド・アフマド Mohamed Ahmad
庶民的　ファストフード

مطعم محمد أحمد マトゥアム・ムハンマド・アフマド

Map P.330A2

📍17 Shakour St.,
Raml Station
١٧ شارع شكور، محطة الرمل
📞(03) 487 3576
🕐6:00〜24:00
休無休
💳£E 🚫不可

　観光案内所を北東に行ったアレキサンドリア銀行の手前の角を入った北左側。若者に大人気のベジタリアンレストラン。フールやターメイヤが中心。2階席はとても清潔。従業員がテキパキと働くので、客の回転が日本並みに早い。ターメイヤは1人前9£E。フールは21£E。

オールド・ストリート Old Street
庶民的　インターナショナル料理

كافية ومطعم اولد ستريت
カファテリヤ・ワ・マトゥアム・オウルド・ストリート

Map P.330A1

📍18-El Ghorfa
El-Togareya St.
١٨ شارع الغرفة التجارية
📞(03) 484 8625
🕐7:00〜翌1:00
休無休
💳£E 🚫MV

　若者に人気のカフェ風レストラン。シーフードやパスタから、ミックスグリル、コフタ、スイーツまで、さまざまな料理が揃っている。16種類から選べるコクテール（アルコールは入っていない）も人気。シーシャもカラフルでかわいらしく、地元の女性がくつろぎながら楽しむ姿もよく見かける。

ブラジリアン Brazilian Coffee Store
庶民的　カフェ

مخازن البن البرازيلي マハージヌ・イル・ブン・イル・バラージーリー

Map P.330A1

📍44 Saad Zaghloul St.,
Raml Station
٤٤ شارع سعد زغلول
محطة الرمل
📞なし
🕐7:00〜翌1:00 休無休
💳£E
🚫不可

　サアド・ザグルール広場の観光案内所の斜め向かいにあるカフェ。店内の雰囲気は南米風。1階ではコーヒー豆を販売しており、2階がカフェテリアとなっている。カフェテリアでは軽食やケーキ類も出している。自慢のエスプレッソ24£E〜のほかカプチーノ32£E〜やラテ33£Eなど。冬はサフラブ33£Eも人気。

トリアノン Trianon
中級　カフェ

مطعم تريانون マトゥアム・トリヤノーン

Map P.330A2

📍54 Saad Zaghloul St.,
Raml Station
٥٤ شارع سعد زغلول
محطة الرمل
📞(03) 486 0986
🕐8:00〜24:00 休無休
💳£E 🚫MV

　1905年創業の由緒あるカフェ。店内は老舗らしい風格と落ち着いた空気が漂う。エスプレッソが63£E〜、紅茶が63£E〜とさすがの料金だが、店内は人が絶えることがない。サラダやパスタなど軽食のほか、しっかりとした食事メニューもある。食後のデザートは特製のアイスクリーム76£Eが人気。

ミニ特集

コプトの修道院を見に行こう！
ーワディ・イン・ナトルーンー

ワディ・イン・ナトルーンの修道院は
アレキサンドリアからもカイロからも行きやすい。
クリスマス（1月7日）やイースターなど
時期が合えば、コプト教（→P.103）独特の儀式を見学してみて！

ヤシの木と城壁に囲まれたシリア修道院

ワディ・イン・ナトルーンにキリスト教がもたらされたのは、330年のこと。やがて修道士が増えると安息日や祭りの集合場所として教会ができ、ワディ・イン・ナトルーンは宗教的共同体として発展して、11世紀の初頭には修道院の数が50にのぼったという。

聖ビショイ修道院

聖マカリウスの弟子、聖ビショイが390年に建立した。城壁内には5つの教会があるが、ここは夏期のみ利用されている。城塔は12世紀に建てられた。出入口は2階のつり上げ橋のみ。3階の大天使ミカエル教会では、18世紀に描かれた聖12使徒のイコンが見られる。

聖ビショイ修道院

シリア修道院

ヤシの木に囲まれた修道院。6世紀に建てられたが8世紀になるとシリア商人に買い取られ、シリア人修道士の修道院として使用されていた。16世紀には廃墟となっていたが、コプト教修道士によって再び利用されている。980年には、聖ビショイがこもっていたと伝えられる洞窟の上に聖処女教会が建てられた。フレスコ壁画、化粧漆喰画、象牙を使った象嵌細工の扉などが見応えがある。

聖マカリウス修道院

聖マカリウスによって4世紀に建立されたとされる、エジプト国内で最も重要な修道院。歴代のコプト教総主教は、ここで選出されている。一番古くて重要な聖マカリウス教会の下には、多くの総主教や聖マカリウスなどの聖人が葬られている。またキリスト復活後、聖使徒たちによって作られたとされる聖油が伝えられている。

4〜5世紀ぐらいの聖画像や11〜12世紀のフレスコ画も見もの。

聖マカリウス修道院

バラモス修道院

ローマ皇帝バレンティニアヌスのふたりの皇子が開いたとされている。9世紀に建築された城壁内には5つの教会がある。

アクセス　Map P.325A

アレキサンドリアのモウイフ・ゲディードゥ発砂漠ロード経由カイロ行きに乗り、ビルホーケル村レストハウスの前で途中下車。カイロからはトルゴマーン発、所要約2時間。レストハウスからはタクシーと交渉して見どころを回ってもらう。

ロゼッタ Rosetta

رشيد アラビア語：ラシード

市外局番03

上階が出っ張ったオスマン朝家屋

■ロゼッタへの行き方
●アレキサンドリア
（→P.327）から
🚗モウイフ・ゲディードゥ
（→P.335）発
6:00～20:00にセルビスが頻発
所要約1時間　運賃:15£E

アレキサンドリアからロゼッタまでの道中は湖の近くを通って清々しい。ナツメヤシ畑を過ぎ、周りに家が建ち並び、馬車などがたくさん見えてきたら、そこがロゼッタだ。

この町は、プトレマイオス朝期には小さな船着場だったが、9世紀頃になると、ぐっとその重要性を増す。16世紀のオスマン朝期になるとアレキサンドリアの衰退に従い、ロゼッタは地中海沿岸最大の港となった。19世紀まではエジプトとトルコの貿易の重要拠点として栄え、アレキサンドリアよりも大きな都市となっていた。オスマン朝時代には、多くの商家などが建てられ、現在でも残されている。

1799年にロゼッタがフランス軍に占拠されたとき、かの有名なロゼッタストーンが発見され、これがきっかけとなって、初めて古代エジプトのヒエログリフが読めるようになったことはあまりにも有名だ。しかし、ムハンマド・アリの時代になると、アレキサンドリアがエジプト第2の都市として重要性を帯び、それに反比例し、ロゼッタは次第に衰退していくことになる。現在は、人口約2万8000人の小さな町。

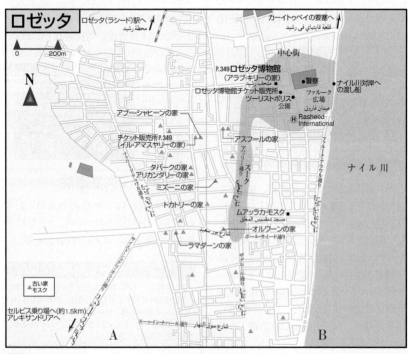

ロゼッタ市内の見どころは、オスマン朝時代の建物が中心。町が小さいので徒歩で十分。ナイル川にはファルーカも出ている。町の中心はファワード・アッワル通りとボール・サイード通りの交差点にある広場。その周辺はにぎやかなスー

オスマン朝時代に建てられた家々

クになっていて、ナイル川で取れた魚を売る店なども多い。

ロゼッタ博物館前の公園にはツーリストポリスのオフィスがあり、博物館のチケットはここで購入する。また、オスマン朝時代の家々のチケットはイル・アマサヤリーの家の前で買う。

ロゼッタストーンが見つかったカーイトゥベーイの要塞は、ロゼッタの町からナイル川沿いに北に7kmほど行った地点にある。ファルーク広場からタクシーで行こう。これはアレキサンドリアのカーイトゥベーイの要塞と形がそっくり。

ロゼッタの歴史がわかる　マトゥハフ・ラシード

ロゼッタ博物館

متحف رشيد

| Rosetta Museum | Map P.348B |

18世紀当時のロゼッタの知事アラブ・キリーの家を博物館に改造し一般に公開したもの。ロゼッタ付近の遺跡からの発掘物があり、ロゼッタストーンのレプリカなどが展示され、知事の執務室や寝室も再現されている。

出窓の装飾を見てみよう　イル・ブユートゥ・イル・アディーマ

オスマン朝時代の家々

البيوت القيمة

| Turkish-era Houses | Map P.348A・B |

ロゼッタには、17～19世紀に建てられた家が多く残っている。特に有名なのがエル・ファタリー、アリカンダリー、イル・アマスヤリー、ラマダーン、トカトリーなど。改装中の家もあるが、アブー・シャヒーンの家などは内部を見学することができる。どの家も窓の装飾が美しい。

■ホテル
ナイル川沿いに小さなホテルがあるが、アレキサンドリアから日帰りで充分

■レストラン
ボール・サイード通りやスーク周辺には、小さなレストランが数軒ある

■カーイトゥベーイの要塞
圏8:00～16:00
圏60£E（学生30£E）

■ロゼッタ博物館
※2023年10月現在、改装のため閉鎖中

再現された知事の執務室

ロゼッタの戦いを描いた絵画

■オスマン朝時代の家々
圏8:00～16:00
圏共通チケット100£E（学生50£E）
['24年秋以降120£E（学生60£E）]
※共通チケットはイル・アマスヤリーの家の中で販売されている

Information

ロゼッタストーン

1799年、ナポレオンのエジプト遠征に従軍していたピエール=フランソワ・ブシャール大尉はロゼッタ近郊のカーイトゥベーイの要塞で3つの言語で刻まれた碑文を発見する。碑文には上からヒエログリフ、デモティック、ギリシア文字が刻まれており、発見当初からその史料的価値が認められていた。しかし、フランス軍はイギリスとオスマン朝による連合軍によって徐々に追い詰められ、フランスは最後までロゼッタストーンの引き渡しに反対していたが、後に大英博物館の館長を務めることとなるウィリアム・リチャード・ハミルトンらの活躍により、イギリスの手に渡ることとなる。その後、イギリスの大英博物館に置かれ、現在にいたっている。

後に解読が進められ、1822年にフランスのエジプト学者ジャン=フランソワ・シャンポリオンによってついにヒエログリフが解読された。ちなみにこの碑文の内容はプトレマイオス朝時代の王、プトレマイオス5世を称えるものだった。

現在は大英博物館にある

アブー・ミーナー　Abu Mena

أبو مينا　アラビア語：アブー・ミーナー

市外局番03

■**アブー・ミーナーへの行き方**
●**アレキサンドリア**
（→P.327）から
🚗**モウイフ・ゲディードゥ**
（→P.335）発
セルビスで行くことができる。
ただし、修道院には行かないも
のもあるので、「イッデール（修
道院）？」と伝えれば、分岐点
で降ろしてくれ、そこから徒歩
で行ける。
所要：約1時間
運賃：17£E

■**聖メナス市遺跡**
見学の許可は修道院内の事務
所でもらおう。修道院から聖
メナス市遺跡まではバスなど
の交通機関はなく、一般の旅
行者は歩いて行くしかない。
徒歩で30分ほど。
🕐早朝〜日没　💰寄付歓迎

おみやげにコプト教グッズはいかが？

アブー・ミーナーは史上最大のコプト都市で、コプト教
（→P.103）時代、最大の巡礼地だった聖メナス市の遺跡があ
る。アレキサンドリアからセルビスで約1時間。砂漠にポッカ
リと浮かぶ1959年建立の大きな新修道院が見えてくる。世界
遺産に登録されているアブー・ミーナーはこの新修道院の横
に広がる広大な遺跡。保存状態は決してよいとはいえない
が、バシリカやローマ時代の浴場など見応えは十分。

奇跡を呼ぶ町として知られた巡礼地　アーザール・マディーニト・アンバー・ミーナー

聖メナス市遺跡　آثار مدينة أنبا مينا

世界遺産 St. Menas Ampullae　**地図外**

4世紀に聖メナスが埋葬された直後から奇跡が起こり始め、
巡礼者が訪れるようになった。4世紀には聖廟を囲むようにバ
シリカ（聖堂）ができ、5世紀には巡礼者のために町が造られ
たという。聖メナスとその奇跡はますます有名になり、何千と
いう巡礼者が中東各地はもちろん、遠くフランス、スペインか
らも訪れた。この繁栄は8世紀まで続いた。しかし、ファーテ
ィマ朝のカリフ、マアムーンに
より、バシリカの大理石はイス
ラーム寺院の建築資材として
持ち去られ、町はベドウィン
の略奪に遭う。そして12世紀
には廃墟となってしまった。

遺跡内にある教会

Information

聖メナスの生涯

聖メナスのモザイク

聖メナスが生まれたのは285年、現在のメンフ
ィス近くといわれている。両親ともどもキリスト教
徒で、父アウデシオスは政府の役人であった。ア
ウデシオスはメナスが11歳のときにこの世を去り、
その後メナスは軍隊に入隊した。父のコネもあって
彼はけっこうな役職を得て、アルジェリアへと赴任
した。しかし、3年後には軍隊も辞め、父の財産
もすべて貧しい者に与えて、神の道へと入り、砂
漠の中で隠遁の生活を送るようになった。

やがて5年の歳月が過ぎたとき、彼は殉教者
に戴冠する天使の姿を見た。そして天使の声は、
「メナスよ。若年より敬虔に神の道を進む汝に祝
福あれ。独り身を貫き、禁欲を守り、殉教した汝
に、神は3つの冠を授けるであろう」と言った。メ
ナスは開眼し、その地の総督のもとに向かい、自

らがキリスト教徒であ
ることを告白した。当
然のごとく厳しい拷問
を受けた末、頭部を
切断され、殉教した。
メナスの遺体は火にか
けられ、3日間も燃や
され続けたが、何の変
化もなかったという。

メナスを慕う者たちは彼の遺体をラクダの上
に乗せ、西方砂漠へと向かった。とある場所に
着くとラクダは突然動かなくなった。メナスはそ
こに埋葬され、そこからは水が湧き出たという。
そこが現在のアブー・ミーナーの遺跡がある場所
であるといわれている。

●**大バシリカ跡** 新修道院を出て壁沿いに左へ進むと出口がある。修道院を出て右方向にぐるっと回ってしばらく歩くと遺構が見えてくる。遺跡の最も奥の部分にあるのが大バシリカ。このバシリカは5世紀初頭、ビザンツ帝国のアルカディウス帝の援助によって建てられたものだ。石柱などがゴロゴロと転がっている。遺跡の中央には小さな教会も建てられている。

大バシリカ跡には白い列柱が点在する。現在も小さな教会が建てられ、コプト教徒の信仰の場となっている

●**巡礼者の宿泊所跡** 都市遺跡のようにも見えるのが、巡礼者たちが泊まっていた宿泊所の跡。世界各地から巡礼者が訪れていただけあって部屋数がとても多い。

●**ローマ浴場跡** 巡礼者たちが泊まる宿泊所の入口あたりにあり、かなり大規模な浴場だったことがうかがえる。温水と冷水のふたつの浴槽があり、さらに男湯と女湯にも分かれていた。近くにはワイン工場の跡もある。アブー・ミーナーのワインは美酒としてかなり知名度が高かったそうだ。

ローマ浴場跡はアブー・ミーナーの遺跡のなかでは保存状態がよいほうだ

●**東の教会跡** 6世紀中頃の建築といわれており、現在もまだ発掘が続けられている。修道僧たちの房や洗礼用に使われた井戸などが残っている。

修道院から遺跡までは矢印に沿って歩けばよい

砂漠にぽっかりと浮かぶ大きな

デール・マール・ミーナー

アブー・ミーナー修道院

دير مار مينا

The Monastery of St. Mena 地図外

アブー・ミーナー修道院

廃墟となってしまった遺跡とは対照的に、今でも金曜には多くの信者が訪れるアブー・ミーナーの新修道院は、聖メナスを熱烈に信奉するコプト総主教のキュリロス6世が、ギリシア正教会の援助を得て1959年に完成させた大規模な近代的な修道院だ。立派な門を入ると右側には大きな修道院の建物がある。1階は食堂になっており、礼拝にやってきた人に対してフールなどの簡単な食事やシャーイを提供している。さらにその奥にある立派なファサードの建物が大聖堂だ。正面にそびえるふたつの塔は高さ45m。約3000人を収容できる大きな教会だ。そのすぐ近くにある教会が聖マリア教会だ。

修道院の入口付近にはさまざまなコプト教グッズを売る店がある。カレンダー、十字架まで多彩な品揃えが目を引く。

週末の聖マリア教会には多くのコプト教徒が訪れる

■**アブー・ミーナー修道院**
イースター前の1ヵ月間はコプト教の断食のため見学不可。
TEL(03)459 3401
URLstmina.info
開早朝〜日没 料寄付歓迎
×一部不可 ⑤

聖メナスはエジプトのキリスト教徒の間で絶大な人気を誇る

エル・アラメイン El Alamein

العلمين　アラビア語：イル・アラミーン

市外局番046

英連邦軍戦没者墓地

■エル・アラメインへの行き方
●アレキサンドリア
（→P.327）から
🚐モウイフ・ゲディードゥ
（→P.335）からセルビスが頻発
所要:約2時間　運賃:25£E
●マルサマトローフ
（→P.353）から
🚃アレキサンドリア行きなどで
途中下車
所要:約2時間30分　運賃:70£E
🚐セルビスが頻発
所要:約2時間30分　運賃:75£E

■軍事博物館
🕿(046) 410 0031
🕘9:00～15:00
💴50£E　休金

中庭に並ぶ戦車や自走砲

アレキサンドリアから南西に約100km。エル・アラメインは近年大規模な開発が進むリゾートタウンだが、第2次世界大戦では激戦地（エル・アラメインの戦い）となった地だ。1942年夏〜秋に、エジプトを攻略しようとしたロンメル将軍率いる枢軸国軍が連合国軍により撃退され、双方で約8万人の負傷者が出た。その後連合国軍はリビア、チュニジア、イタリアへと攻め入ることになる。つまりこの戦いが転機となり、連合国軍が勝利を得たのだ。

近代兵器が並ぶ　マトゥハフ・イル・アラミーン・イル・アスカリー
軍事博物館　متحف العلمين العسكري
Military Museum　Map P.352

エル・アラメインの戦いの様子がわかる。第2次世界大戦中の兵器類、戦略地図、将軍たちの蝋人形などがある。今は存在しないカイロのカスル・イル・アイニ宮殿の模型がおもしろい。また、敷地内には戦車や高射砲が並んでいる。

人形を使った展示は細部まで作り込まれている

見渡す限りの墓地　イル・マアービル・イル・アンギリズィーヤ
英連邦軍戦没者墓地　المقبرة الأنجليزية
The Commonwealth Cemetery　Map P.352

第2次世界大戦で命を落としたイギリス軍人約8000人の墓が、見渡す限り整然と並んでいる。記念塔には、ギリシアや北アフリカ戦線の戦死者約1万2000名の名前が刻まれている。

戦争のむなしさを物語る　イル・マアービル・イル・アルマーニーヤ
ドイツ軍戦没者墓地　المقبرة الألمانية
The German Cemetery　Map P.352

この戦没者墓地は1959年に建てられ、4280名の遺体が収容されている。さらに西に行くと、イタリア軍戦没者墓地がある。ふたつとも町からはかなり離れているが、幹線道路を西に向かうセルビスに乗れば入口の近くで降ろしてもらえる。

エル・アラメイン

• イタリア軍戦没者墓地
المقبرة الإيطالية
▶ マルサ・マトローフへ

ドイツ軍戦没者墓地 •
P.352 المقبرة الألمانية

アレキサンドリア・マトローフ・ロード
طريق الإسكندرية - مرسى مطروح

P.352 軍事博物館
متحف العلمين العسكري
P.352 英連邦軍戦没者墓地
المقبرة الأنجليزية

N

マリーナ湖
بحيرة مارينا

0　2km

ガソリンスタンド
ニュー・アラメイン
موقف العلمين الجديد

エル・アラメイン駅
محطة العلمين

DEUTSCHE
KRIEGSSTÄTTE
EL ALAMEIN
1939-1943
ドイツ軍戦没者墓地

マルサ・マトローフ Marsa Matruh

مرسى مطروح アラビア語：マルサ・マトローフ

市外局番046

砂漠の中を突き進むマトローフ・ロードを何時間も走った末に現れるリゾート地、マルサ・マトローフ。「こんな所にこんな町が？」というのが率直な感想だろう。縦横に整然と並んだ町並みはまるで西部劇に出てくる町のよう。町を囲むコバルトブルーの海と白い砂のビーチは圧巻だ。

マルサ・マトローフの海岸

ここにはプトレマイオス朝時代から村があり、アレクサンドロス大王はここを通ってスィーワ・オアシスに行った。

● **バスターミナル**　メインのターミナルは町の中心部から南に2kmほどの場所にある。アレキサンドリアやカイロからのバスはここが終点。各都市へのセルビスもここに発着する。バスターミナルから市内へはマイクロバスで移動する。1回3£E。市内とターミナルを結ぶマイクロバスはイスカンダレーヤ通りAlexandria St.を往復している。タクシーなら市内中心部まで25£E。

● **鉄道駅**　町の南、市内とバスターミナルとの間にある。

● **町の中心**　メインストリートはイスカンダレーヤ通り。銀行などはガラー通りGala St.にある。ナショナル・バンクにはATMもある。観光案内所は海岸通り近くのアムル・イル・ムフタール通りにある。スタッフの応対もよく、情報量も豊富だ。

● **市内交通**　マルサ・マトローフではマイクロバスでの移動が便利。ブルーと白のタクシーも市内を流している。夏期はカレッタと呼ばれるロバ車が海岸通りを行き来している。

● **ベストシーズンは夏**　シーズンは5月から10月。この期間は町全体の物価（特にホテル代）も急上昇する。しかし、ディスコ、ボート、マリンスポーツ施設はシーズン中のみの営業なので、やはり楽しみたければシーズン中に来ることになる。

● **近郊のビーチ**　マルサ・マトローフに数あるビーチのなかで特に有名なのは、町の西側にある「恋人たちの浜」という意味のシャット・イル・ガラーム。さらに西に10kmほど行くと、クレオパトラの浜（シャット・クレオパートラー）がある。ここには「クレオパトラの風呂」と呼ばれる自然にできた岩の家のようなものがある。これは岩が波によってえぐられてできたもの。さらに、西約24kmの地点にアギーバと呼ばれるビーチがある。岩山や崖、洞窟なども多く、断崖の上からの景色がすばらしい。

■マルサ・マトローフへの行き方

● **カイロ（→P.71）から**

🚌トルゴマーン発（→P.78）
6:45、11:00、14:30、20:30、翌1:00発
所要7時間30分〜8時間
運賃185£E

スーパージェット
6:00、10:00、13:30、14:00発
所要7時間30分〜8時間
運賃230£E

🚃ラムセス駅（→P.77）発
5:45、6:50、22:35発
（6:50発の便以外は夏期のみ）
所要8時間
運賃5〜6US$（寝台は43US$）

● **アレキサンドリア（→P.327）から**

🚌モウイフ・ゲディードゥ（→P.335）発
6:00〜20:00に毎時発
所要約3時間30分
運賃105£E

🚗モウイフ・ゲディードゥ（→P.335）からセルビスが頻発
所要約3時間30分
運賃85£E

● **エル・アラメイン（→P.352）から**

🚌マルサ・マトローフ行きのバスは乗車拒否されることもある
所要約2時間　運賃70£E

🚗途中のイル・ダバアやフーカで乗り換えになることも多い
所要約2時間30分　運賃75£E

■マルサ・マトローフの観光案内所

Map P.354A1

🏠Omar El-Mokhtar St.
شارع عمر المختار

🕐9:00〜14:00　🈚無休

■近郊のビーチ

ナショナル・バンクの斜め向かいにあるバスステーションからは、シャット・アギーバ方面への小型バスが出ている。アギーバまでは10£E。

■ロンメル博物館
市内からタクシーで25£Eほど
圓9:00〜16:00
休無休
图100£E（学生50£E）

ロンメル博物館の入口

ロンメルの遺物がある小さな洞窟
マトゥハフ・カフフ・ローメル
متحف كهف رومل

ロンメル博物館
Rommel Museum　**Map P.354A2**

　第2次世界大戦中「砂漠のキツネ」と呼ばれたドイツのロンメル将軍が、エル・アラメインの戦いのとき、作戦室として使用した洞窟が博物館となった。旧ドイツ軍のヘルメットや軍服などの展示があ

洞窟の中はひんやりとしている

り、ロンメル将軍の息子が遺品を寄贈し、内容も充実した。エル・アラメインの戦いを説明したパネルもある。

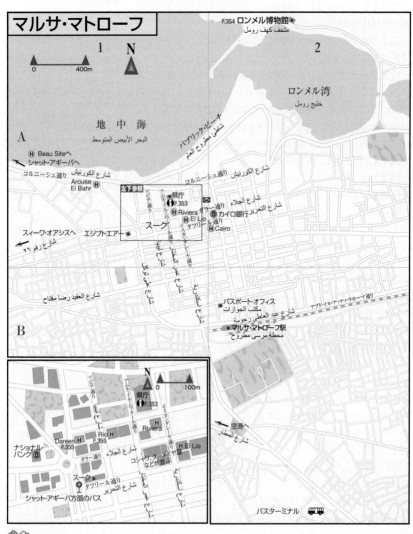

HOTEL

日本からホテルへの電話
国際電話識別番号 010 ＋ 国番号 20 ＋ 市外局番の最初の 0 を取った掲載の電話番号

マルサ・マトローフの旅行シーズンは5〜10月で、ピークは7・8月の2ヵ月だ。この時期は料金をぐっと上げるホテルも多く、満室のこともあるので早めに予約したい。逆にシーズンオフの冬は多くのホテルが閉まる。高級ホテルは西端の海岸沿いに並んでおり、小さくて安いホテルはイスカンダレーヤ通り付近に集まっている。

ダーリーン Dareen

経済的　Map P.354B1

فندق داريين フンドゥク・ダーリーン

住 2 El-Shaati St.
٢ شارع الشاطي
☎ 010 9496 9599
♦♦🛏🅰📶➡🔒 150£E〜
♦♦🛏🅰📶➡🔒 300£E〜
💳 £E
━ 不可

町の中心部にあって便利なホテル。全52室で全室テレビ、電話付き。設備は古いが、外観や室内は改装されている。シーズンオフの冬期も営業している。
📶レセプション周辺

リオ Rio

中級　Map P.354B1

فندق ريو フンドゥク・リーオ

住 El-Kornish St.
شارع الكورنيش
☎ (046) 494 2033
📱 015 5218 9393
URL riomatrouh.com
♦♦🅰📶➡🔒 900£E〜
♦♦🅰📶➡🔒 1100£E〜
💳 £E　**━** MV

町の中心部に2018年にオープンした中級ホテル。ガラス張りの外観が印象的。客室は102室で、衛星放送視聴可能な薄型テレビやミニバー完備。レストランも併設している。
📶全室

RESTAURANT

海岸沿いにはピザ屋やアイスクリーム屋も数軒あるが、冬期は閉まる。コシャリ屋など庶民的なレストランは、イスカンダレーヤ通りに多い。また、中級以上のホテルの中にもレストランが入っている。

Information

ロンメル将軍とエル・アラメインの戦い

エルウィン・ロンメルは北アフリカ戦線で活躍したドイツの将軍。数の上でははるかに上回る連合軍を、迂回攻撃や側面攻撃などの奇襲作戦により無力化させたという戦歴もさることながら、捕虜に対する人道的な扱いでも評価の高い軍人である。

第2次世界大戦、北アフリカ戦線は当時地中海の覇権を握っていたイギリスに対して、イタリアのムッソリーニが挑んだ戦いだった。ドイツにとって北アフリカは軍事的に最重要地域ではなかったものの、イタリアの瓦解を防ぐには介入する以外に方法はないという判断から、連戦連敗で敗走するイタリアへの支援のためにドイツの派兵が決定された。

1942年、この北アフリカ戦線で、イギリスのモンゴメリーとドイツのロンメルが雌雄を決した戦場がマルサ・マトローフの東約200kmに位置するエル・アラメインだった。

この戦いにはドイツ・イタリア軍10万、連合軍20万の兵士が投入された。「できるだけ多くのシャーマン戦車を、中東に送ってほしい」とイギリス首相チャーチルがアメリカ大統領ルーズベルトに要請したその言葉のとおり、北アフリカの陸戦は戦車戦となった。枢軸軍の戦車は合計300両、それに対しシャーマン、グラント戦車を含む連合軍の戦車は合計1000両を超えた。結果はアメリカ本国からの全面的な物資支援を受けた連合国軍の勝利となったが、両軍とも多数の死者を出した。

ロンメル博物館にあるロンメル将軍の像

この戦いの後、1944年ロンメル将軍はヒトラー暗殺事件に関わったとされ、服毒自殺を強要されて亡くなったが、それでも人気は衰えることなく、国葬にされたほどだった。

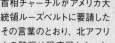

訪れる人も少ないデルタ地方最大の遺跡
サーン・イル・ハガル San el Hagar

صان الحجر　アラビア語：サーン・イル・ハガル

市外局番055

■サーン・イル・ハガルへの行き方

●カイロ（→P.71）から

🚌アブード発（→P.79）

マイクロバスでホセイネーヤ、または乗合タクシーでゲズィーリト・サウードまで所要3〜4時間。どちらの町からもサーン・イル・ハガル行きのマイクロバスが出ている。便がない場合はファクース経由でホセイネーヤへ。

●イスマエーレーヤ（→P.362）から

🚌町の北側にあるバスステーションの長距離バス乗り場の隣がデルタ地域への乗り場。ゲズィーリト・サウード行きのセルビス（所要約1時間30分、23£E）に乗り、ゲズィーリト・サウードでサーン・イル・ハガル行き小型乗合トラック（所要約30分、10£E。一部にマイクロバスもある）に乗り換える。ゲズィーリト・サウードでは運転手にサーン・イル・ハガルに行くことを告げ、町なかを通り抜けて北側の運河のそばで降ろしてもらおう。橋を渡った所にサーン・イル・ハガル行きの乗り場がある。

遺跡の入口は丘の上にある

旅のモデルルート

　サーン・イル・ハガルの遺跡に最も近いのはイスマエーレーヤ。ここからセルビスを乗り継いで行くのが経済的かつスピーディで、見学時間も多く取れる。
　サーン・イル・ハガルの町には軽食を売る店やレストランがある。雑貨屋もあり、最低限の食事は可能だが、できれば持参したほうが望ましい。ホテルはないので日帰りが原則。

かつてはほとんど手つかずの状態だった遺跡だが、徐々に観光用に整備されてきた

　観光客も、現地人の押し売りもいない遺跡で、ひとり、古代エジプトの感傷に浸りたいと思う人にぴったりなのが、このサーン・イル・ハガルだ。だだっ広い遺跡をひとりで歩き回り、突然、古代の神の石像や王の墓に出くわすときの感動は何ともいえない。サーン・イル・ハガルは、古代エジプトではタニスと呼ばれ、第三中間期の第21王朝、第22王朝の首都として栄えた。テーベ（現在のルクソール）のように巨大なアムン神殿が築かれたことから、「北のテーベ」とも呼ばれた。

サーン・イル・ハガル周辺

歩き方

マイクロバスで町に着いたら、ターコイズブルーのモスクに向かって橋を渡ろう。そのまま道なりに進み、右折すると、左に無人の鉄門があるのでくぐり、直進した先に遺跡がある。入口の小屋でチケットを買うが、その際にパスポートのチェックなどが行われる。遺跡内は警察が案内、警護してくれることもある。

見どころ

巨大な廃墟
アムン大神殿
Amoun Temple　マアバドゥ・アムーン　Map P.357

石像の多くはペル・ラムセスから運ばれた

建築は第21王朝のファラオ、プスセンネス1世によって行われたが、建築材の多くは第19王朝ラムセス2世時代の首都だったタニスの南約24kmにあるペル・ラムセスから運ばれた。オベリスクなどにラムセス2世のカルトゥーシュが見られる。

大神殿の構造は、ルクソールのカルナック神殿を倣っており、アムン神殿に隣接する形で、アムン神の妻であるムート神殿が配置されているのも、カルナック神殿と同様だ。一方で、神殿内に王家のネクロポリスがあるなど、明らかにテーベとは異なった特徴も見られる。

衰退したエジプトを感じさせる
王家のネクロポリス
Royal Necropolis　イル・マアービル　المقابر　Map P.357

第21王朝、第22王朝の墓が7つまとめて残されている。これらの王墓の一部は、1939年に未盗掘の状態で発見された。プスセンネス1世の黄金のマスクと銀の棺、アメンエムオペトの黄金のマスク、シェションク2世の頭部がはやぶさの形をした銀の棺といった多数の金、銀、ラピスラズリを含む副葬品は「タニスの至宝」として、カイロのエジプト考古学博物館に収蔵されている。

王墓内に施された緻密なレリーフ

サーン・イル・ハガルの町にあるラフマン・ラヒーム・モスク。マイクロバスはこのあたりに発着する

サーン・イル・ハガルの町からは、鉄門をくぐって遺跡へと進む

■サーン・イル・ハガル
開9:00～17:00
休無休
料100£E（学生50£E）
['24年秋以降120£E（学生60£E）]
墓内部1000£E

以前は横たわっていたオベリスクや柱は近年立てられるようになった

王墓には石棺が置かれたままになっている

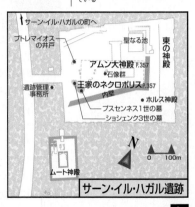
サーン・イル・ハガル遺跡

上エジプトとシナイを結ぶ交通の拠点
スエズ Suez

السويس　アラビア語：イッ・スウェース

■スエズへの行き方

●カイロ（→P.71）から
🚂ラムセス駅（→P.77）発
5:05発
所要：約5時間
🚌トルゴマーン（→P.78）発
イーストデルタ　7:00発
所要約2時間　運賃:45£E
🚐ラムセス駅（→Map P.84）周辺から頻発

●アレキサンドリア（→P.327）から
🚌モウイフ・ゲディードゥ（→P.335）発
7:00、9:00、14:30、17:00発
所要:約5時間　運賃:135£E
🚐モウイフ・ゲディードゥ（→P.335）からセルビスが頻発
運賃:150£E

●ハルガダ（→P.280）から
🚌アッパーエジプト（**EG**バス）
20:30、1:00、2:00発
所要:約5時間　運賃:170£E

●イスマエーレーヤ（→P.362）から
🚂5:30～21:00に5便
所要:約3時間　運賃:10£E
🚌7:00発
所要:約1時間30分　運賃:25£E
🚐バスターミナルに隣接するセルビス乗り場からセルビスが頻発
所要:約1時間15分　運賃:25£E

旅のモデルルート
スエズは、アフリカ大陸とシナイ半島を結ぶ交通の要衝として訪れる人も多いが、町自体に見どころは多くない。スエズではポート・タウフィークへ足を延ばして、スエズ運河を眺めたり、新鮮な魚介類を堪能したり、ゆっくりして、旅の疲れを癒やしたい。

ポート・タウフィークから眺めるスエズ運河

　スエズの歴史は意外に古く、グレコローマン時代プトレマイオス朝ではクリスマと呼ばれていた。現在のスエズの原型はイスラーム時代の15世紀にでき、港として栄え、オスマン朝時代には軍港となった。特にメッカへのハッジ（大巡礼）の出発点として繁栄を極めた。そして1869年のスエズ運河の完成以降、ますます巨大な港としての重要性を帯びてくる。

歩き方

　スエズは中心部のスエズ（地元の人たちはスウェースと呼ぶ）とスエズ運河のあるポート・タウフィークに分かれ、両者をマイクロバスが結ぶ。マイクロバスは町の東のアルバイーンから各方面へ行く。ここからはスエズ、ポート・タウフィーク方面とバスターミナル（モウイフ、またはマハッティト・オトビース）方面が多い。運賃は1区間2 £E均一。

■ターミナルから市の中心部へ■

●鉄道駅 スエズ駅は市の北西に外れた所にある。駅前から7月23日通りのヘデル広場まで行くマイクロバスに乗れる。所要約20分、2£E。

●長距離バスターミナル 町の中心部から西に約5kmの所にある。シナイ半島やハルガダ、ルクソール、アレキサンドリア行きの便が発着する。ターミナルを出て南東に500mほど歩いた地点にある交差点からアルバイーン行きマイクロバスが出ている。所要約20分、2£E。タクシーなら35£E程度。イスマエレーヤ方面からは長距離バスよりもセルビスのほうが便数が多い。セルビス乗り場は長距離バスと同じ通りにある。イスマエレーヤからのセルビスは途中鉄道駅にも停車するので、ここで降りて、ヘドラー広場行きのマイクロバスに乗り換えると効率がよい。ただし、鉄道駅前からイスマエレーヤ行きのセルビスへの乗車はできないので注意。

長距離バスターミナル

■郵便局
Map P.359A3
🕐8:00～16:00 休金・土

ポート・タウフィークは子供の遊び場でもある

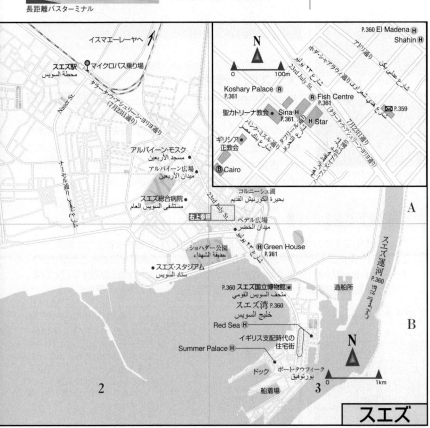

■スエズ運河
ポート・タウフィーク行きのマイ
クロバスで終点下車

ポート・タウフィークの北側には、イ
ギリス支配時代の古い住宅が残る

■スエズ国立博物館
住23rd July St., Port Tawfiq
شارع ٢٦ يوليو, بورتوفيق
TEL(062)319 6087
URLegymonuments.gov.eg
開9:00〜15:00 **休**無休
料120£E(学生60£E)
◎ 携帯電話のカメラは可 ◎

近代的な博物館に生まれ変わった

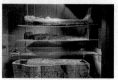
ミイラを覆ったビーズのカバーは第
26王朝時代のもの

すばらしい夕暮れの景観　　アナートゥッスエース・ワル・ハリーグ
スエズ運河と湾
القناة وخليج السويس
Canal and Bay of Suez　　Map P.359B3

━━━━ 見どころ ━━━━

　運河には、タンカーなどの船がゆっくりと行き来し、運河の向こうにはシナイ半島のなだらかな砂地が広がる。岸壁に座って、大型船が行き来する様をのんびりと見てみたい。また、スエズ湾の北側は遊歩道になっている。薄茶色の険しい山々と紺碧の海との対比はすばらしい。

スエズ湾からはアタカ山脈に沈む夕日が望める

古代エジプトの展示が充実　　マトゥハフ・イッスウェース・イル・アウミー
スエズ国立博物館
متحف السويس القومي
Suez National Museum　　Map P.359B3

　スエズの博物館は1967年に戦争で一度破壊されたが、2012年にリニューアルオープンした。先史時代から現代まで幅広く収蔵しているが、中王国のセンウセレト3世の像をはじめ、古代エジプトの遺物が充実。ミイラの展示では古代エジプトのミイラ作りのプロセスがわかる。

HOTEL

日本からホテルへの電話
国際電話識別番号010 + 国番号20 + 市外局番の最初の0を取った掲載の電話番号

　ホテルやレストランはゲーシュ通りにあるピンクの教会を過ぎたあたりに集まっている。ポート・タウフィークの中級ホテルでは部屋からスエズ運河を眺めることができる。ズー・アル・ヒッジャ月（2025年は5/28〜6/25、2026年は5/18〜6/15）の最後に行われる、ハッジ（巡礼）の時期はメッカへ向かう人たちで混み合うので、早めに予約しよう。

マデナ El Madena
経済的　Map P.359A3

فندوق المدينة フンドゥク・イル・マディーナ

住Talaat Harb St., El-Nemsa
شارع طلعت حرب, النمسا
TEL(062)347 6483
A/C🚿🛁📺📶175£E
A/C🚿🛁📺📶300£E
A/C🚿🛁📺📶250£E
A/C🚿🛁📺📶450£E
🔌£E **🍴**不可

レストランのフィッシュ・センターの向かいの道を入って4ブロック目。角の建物に看板が出ている。部屋は簡素だが、清潔で主人も親切。各階には共同バスルームがひとつある。朝食は出ないが、周辺に店は多い。
📶全館（有料）

スィーナー Sina Hotel

経済的　Map P.359A3

فندق سينا　フンドゥク・スィーナー

住 21 Bank Misr St., El-Nemsa
٢١ شارع بنك مصر، النمسا
TEL (062) 342 1938
♦A/C 🛁📶📺▢ 225£E
♦A/C 🛁📶📺▢ 250£E
♦♦A/C 🛁📶📺▢ 290£E
CB £E　**=** 不可

　フィッシュ・センターから南に延びる道を進んでバンク・ミスル通りで右折した所にあるホテル。このクラスにしては部屋の設備は良好。スタッフは女性が多く、雰囲気はよい。
奈全館

グリーン・ハウス Green House Hotel

高級　Map P.359B3

فندق جرين هاوس　フンドゥク・グリーン・ハウス

　中心部とポート・タウフィークの間にある3つ星ホテル。部屋は広めで、全室バスタブが備わっている。1階にはレストランやカフェもあり、スエズで最も設備が整っている。
奈全館

住 2 Port Said St., Port Tawfiq
٢ شارع بور سعيد، بور توفيق
TEL (062) 319 1553　📱 012 2399 6480
URL A/C 🛁📶📺▢ 126US$
♦♦A/C 🛁📶📺▢ 154US$
CB US$ € £E　**=** MV

RESTAURANT

　港町スエズでは、何といってもシーフード。中心部では紅海で取れたばかりのシーフードを出す店がある。特にスビエト（イタリア語やスペイン語のセピアと同義）は、ぜひここで試したい。スビエトもカラマリと同じイカの一種だが、甲羅の付いたタイプ。ターメイヤやシャワルマなどで安く済ませるなら、タラアト・ハルブ通りや、ゲーシュ通りの1本南のバンク・ミスル通りにスタンドがたくさんある。アルコール類を出す店はほとんどない。

コシャリ・パレス Koshary Palace

庶民的　コシャリ

Map P.359A3

كشري بالاس　コシャリ・パラス

住 2 Saad Zaghloul St.
٢ شارع سعد زغلول، النمسا
📱 010 3000 3099
営 24時間
休 無休
CB £E
= 不可

　サアド・ザグルール通りにある人気のコシャリ店でいつも人でいっぱい。店内は狭いがエアコンが効いており、客席も快適。コシャリは大きさにより13〜27£E。全体的に軟らかく炊かれており、米の配分は少なめ。ロズ・ビ・ラバーン10£Eもある。

フィッシュ・センター Fish Centre

中級　シーフード

Map P.359A3

مطعم أسماك الخليفة　マトゥアム・イッサマク・イル・ハリーファ
住 320 El-Geish St., El-Nemsa
٣٢٠ شارع جيش، النمسا
📱 012 2758 9775
営 11:00〜翌2:00
休 無休
CB US$ € £E
= 不可

　ゲーシュ通りに面したシーフードレストラン。メニューにはアラビア語しか書いていないが、魚の種類はダントツに多い。1kgの単価はスビエト250£E、ボーリー（ボラ）200£E、ガンバリ（エビ）480〜800£E。セットメニューも豊富。2階席も広々している。

イスマエーレーヤ Ismailia

الإسماعيلية アラビア語：イル・イスマエーレーヤ

市外局番064

■イスマエーレーヤへの行き方
●カイロ (→P.71) から
🚌トルゴマーン (→P.78) 発
イーストデルタ
8:00〜24:00の3時間に1便
所要:約2時間 運賃:55£E
●スエズ (→P.358) から
🚌5:00〜19:20に7便
所要:約3時間 運賃:10£E
🚌12:30発
所要:約1時間30分
運賃:25£E
🚌バスターミナルに隣接する
セルビス乗り場からセルビス
が頻発
所要:約1時間30分 運賃:25£E
●ポート・サイド (→P.363) から
🚌5:30〜18:35に11便
所要:2時間30分〜3時間
運賃:10US$
🚌7:00、17:00発
所要:約1時間15分 運賃:25£E

■レセップスの家
※一般開放はしていない 📵

欧風の外観をしたレセップスの家

■ホテル
市街地とティムサーフ湖畔に点
在している。夏はエジプト中か
ら避暑客が長期滞在するので、
予約したほうがいい。
●**New Palace Hotel**
Map P.362
☎(064)391 8333
🛏570£E〜 🛏🛏712£E〜
●**Crocodile Inn**
Map P.362
☎(064)391 2555
🛏420£E 🛏🛏470£E
●**Mercure Forsan Island**
Map P.362外
☎(064)391 6318
🛏64US$〜 🛏🛏68US$〜

■レストラン
郷土料理は魚介類。イカや魚
の料理もあるが、特に貝料理
がおいしい。

イスマエーレーヤという地名は、スエズ運河が建設された
ときのムハンマド・アリ朝の国王イスマーイールにちなんだもの
というから、エジプトにしては新しい町だ。中東戦争で大き
なダメージを受けたが復興を遂げている。8月頃に町の北西
にあるスタジアムで行われる国際民俗舞踊大会には、世界中
から多くのダンサーが参加して大パフォーマンスが繰り広げら
れる。

エジプト随一の美しさを誇る ブヘーリト・イッティムサーフ

ティムサーフ湖 بحيرة التمساح

Lake Timsah Map P.362外

ティムサーフとはアラビア語で
ワニを意味する。エジプトでは
ワニを神聖視していた時期もあ
り、なじみ深い動物だ。湖沿い
にはプライベートビーチやシー
フードレストラン、リゾートホテ

ティムサーフ湖沿いのリゾートホテル

ルが建ち並び、湖沿いに遊歩道も整備されている。

スエズ運河の父 マンズィル・ディ・リスィーブス

レセップスの家 منزل ديليسبس

Ferdinand de Lesseps House Map P.362

フランス人外交官のレセップスは、スエズ運河の建設に尽
力し、近代的な運河を完成させた人物。その彼が住んでい
た家がここだ。イスマエーレーヤの美しい町とよく合うヨーロ
ッパ風のたたずまいだ。

運河を行き交う船を眺めよう
ポート・サイド Port Said

بورسعيد アラビア語：ボール・サイードゥ

渡し舟が行き交うスエズ運河の波止場で釣り。対岸はポート・フアード

　ポート・サイドはスエズ運河の北の玄関。運河建設が始まった1859年に造られた新しい町。現在の人口は約80万人。ほこりと車で埋め尽くされた喧噪と混乱のカイロからやってくると、その静けさがまるで異次元のように思えるほど、落ち着いたきれいな町である。

　港は規模のうえではアレキサンドリアに及ばないが、重要度からいえばエジプトナンバーワン。また、この町はフリーゾーン（非関税地帯）。さまざまな非関税の外国製品がショーウインドーを華やかに飾っている。

===== 歩き方 =====

　中心部は徒歩で充分歩くことができるが、バスターミナルや軍事博物館は遠い。マイクロバスやタクシーをうまく利用して効率的に歩こう。タクシーは町の中心部内の移動であれば10£Eが相場。

■ターミナルから町の中心部へ■

●鉄道駅　駅はムスタファ・カメル通りMustafa Kamel St.にある。町の中心部までは徒歩で行けるが、セルビスでも行ける。3£E、所要約3分。

●バスターミナル　町の南にある。町の中心部へはタクシーで20£E程度。

■旅の情報収集■

　観光案内所は、海沿いを走るフィラスティーン通りにある。町の地図や各種パンフレットをもらえる。

■ポート・サイドへの行き方

●カイロ（→P.71）から
🚌トルゴマーン（→P.78）発
イーストデルタ
6:10〜19:00の2時間に1便
所要約3時間　運賃:80£E
🚌オラリーから頻発
●アレキサンドリア
（→P.327）から
🚌モウイフ・ゲディードゥ
（→P.335）発
6:15、7:15、8:30、10:15、11:30、
13:15、15:30、17:30、19:00、21:15発
所要約3時間30分
運賃:100£E
●イスマエーレーヤ
（→P.362）から
🚌5:35〜21:20に11便
所要約1時間30分
運賃:10US$
🚃7:00発
所要約1時間15分
運賃:25£E
●スエズ（→P.358）から
🚃7:00発
所要約2時間30分
運賃:55£E

■ポート・サイドの観光案内所

Map P.365B3
🏠Palestine St.
شارع فلسين
☎(066) 323 5389
🕐8:30〜16:00　🏠無休

町の中心はマンシェーヤ広場

ポート・サイドの長距離バスターミナルは、イーストデルタとスーパージェットが共同で使っている

■郵便局　Map P.365B3
圖8:00～14:00　休金・土

■スーク
▨一部不可　▧一部不可
●スーク・アフランギ
Map P.365B3
●スーク・トガーリ
Map P.364A・B1～2

■おいしいデザート店
●ビー・ラバン B. Laban
ب لبن
Map P.365A4
エジプト各都市で展開する店
で、ロズ・ビ・ラバーン17.50£Eや
ジェラート15£E～がとてもおい
しい。町歩きに疲れた時にお
すすめ。
健Shokri El-Qowatli St.
شارع شكري القوتلي
圖11:00～翌4:00　休無休

マンゴーをのせたものなど、さまざま
なバリエーションのロズ・ビ・ラバーン
が楽しめる

■ポート・フアード
Map P.365B4
ポート・サイドの対岸の姉妹都
市ポート・フアードは緑と公園
の多い近代的な町。フェリー
(24時間運航で歩行者は無料)
で運河の対岸に行くことがで
きる。フェリーの渡し場あたり
からメインストリートが延びて
いて、ポートサイドとはまた違
った風情を感じながら歩くの
も楽しい。

ポート・フアードの町並み

■スエズ運河は撮影禁止
スエズ運河の撮影は禁止され
ているのでカメラを運河に向
けないように注意すること。ポ
ート・フアードの船着場など、
スエズ運河を見渡せる所には
警備員がいる。

見どころ

食料品店からブティックまで店はいろいろ　スーゥ・ボール・サイードゥ

スーク
سوق بورسعيد

| Souq | Map P.364～365 |

　ポート・サイドの見どころは、何といってもスークだ。なかで
もおすすめはスーク・アフランギ(外国製品市場)とスーク・ト
ガーリ(商業市場)。どちらもエリアは細長くそれほど広いわ
けではないが、活気いっぱい。8:00から20:00ぐらいまでや
っている。生鮮市場や食料品などが集まるスーク・アフランギ
は散策におすすめで、魚市場やシーフードレストランもある。
デーツやフルーツなどを食べ歩きするのもいい。

夜までにぎわうスーク・アフランギ

服飾店が多いスーク・トガーリ

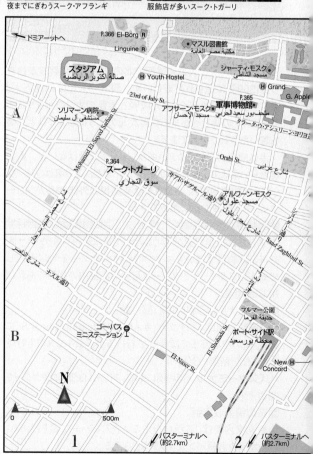

独特のたたずまい
19世紀の家
House of the 19th Century

マナーズィル・イル・アルン・イッタースア・アスル

منازل القرن التاسع عشر

Map P.365A~B3

　フィラスティーン通りや、その周辺に散在する木造4階建ての建物は、アーチとバルコニーが特徴的で、エジプトというより、むしろ戦前の上海や香港の租界といった感じだ。スエズ運河とともに、ポート・サイド特有の景観といえるだろう。

エジプトにおける戦争の歴史
軍事博物館
Military Museum

マトゥハフ・ボール・サイードゥ・イル・ハラビー

متحف بورسعيد الحربي

Map P.364A2

ジオラマを使って当時の激戦を再現

　タラータ・ウ・アシュリーン・ヨリヨ通り沿いにある。スエズ運河の軍事史をテーマにした博物館。1956年のスエズ運河国有化戦争や4次にわたる中東戦争を再現したジオラマや、戦中に使用された武器なども展示されている。

■19世紀の家
フィラスティーン通り沿いを中心に点在。

町中に点在する19世紀の建造物

■軍事博物館
🏠23rd of July St.
شارع ٢٣ يوليو
🕐9:00～15:00(木～土 ～21:00)
🚫無休 📷150£E ◎75£E

軍事博物館の入口

ポート・サイド

地中海

Marhaba Touristic Village

AraCan H R KFC
Atef El-Sadat St.
シャレ عطف عطاف السادات
アーテイフ・アッサダート通り

H Noras Beach
H MacDonalds

H Port Said P.366

イッサラーム・モスク
مسجد السلام

県庁
محافظة بورسعيد
ポート・サイド現代美術館
متحف الفن الحديث بورسعيد

タラハ・イル・バハル通り

アブドゥアッラフマーン・ロトフィー・モスク
مسجد عبد الرحمن لطفي

カテドラル
الكاتدرائية

フェリヤル公園
حديقة فريال

スーク・P.364
アフランギ
سوق الافرنجي

スーパー S
Metro

旧灯台
فنار بورسعيد

📮
P.366 de la Poste 🇮 🇮 Holiday
Ⓢ Nascotours

H Light City

マンシーヤ広場
ميدان المنشية

B ミスル銀行
🇮 P.363

ミスル銀行 B

タクシー
マイクロバス乗り場

●スエズ運河事務所
هيئة قناة السويس-بورسعيد

P.364
R B. Laban
Resta
Port Said H
P.366

H Panorama

شارع ٢٣ يوليو
R Pizza Pino P.366
Ⓢ DHL

歴史公園
حديقة التاريخ

H New Regent

レセップス像跡
قاعدة تمثال ديليسبس

A

スエズ運河
قناة السويس

B

ポート・フアードP.364
بورفؤاد

3
4

サッラ公園
حديقة السـ

オラービ通り

オラービ通り

ミスル銀行 B

ミスル銀行 B

HOTEL

比較的安いホテルはショハダー通りに集まっている。ポート・サイドはカイロからの1泊旅行者が多く、夏の週末は大変な混雑が予想される。高級なホテルはスエズ運河沿いに数軒ある。

デ・ラ・ポステ Hotel de la Poste　　　　　　中級　Map P.365B3

فندوق دى لابوست フンドゥク・ディ・ラ・ポースト

🏠42 El-Gomhoreya St.
٤٢ شارع جمهورية
TEL(066) 322 9994
♦A/C🚿📺30US$
♦♦A/C🚿📺40US$
💳US$ € £E
━不可

ショハダー通りに面している、歴史的建物を利用した2つ星ホテル。客室数は60で、全室シャワー、トイレ付き。周囲にはレストランも多く、スークにも近くて便利。
📶全館

レスタ Resta Port Said Hotel　　　　　　高級　Map P.365A4

فندوق رستا بورسعيد フンドゥク・レスタ・ポール・サイード

🏠17 El-Sultan Husein St.
١٧ شارع السلطان حسين
TEL(066) 320 0511
♦A/C🚿📺105US$
♦♦A/C🚿📺115US$
💳US$ € £E ━ A D M V

スエズ運河に面して建つ4つ星ホテル。敷地内にはスイミングプールもあり、客室からはスエズ運河から地中海に流れ込むあたりの景色が望める。レストランも併設されている。
📶全館

ポート・サイド Port Said Hotel Misr Travel　　　　高級　Map P.365A3

فندوق بورسعيد - مصر للسياحة フンドゥク・ポール・サイード・ミスル・イッスィヤーハ

🏠Atef El-Sadat St.
شارع عاطف السادات
TEL(066) 332 0890
URLportsaidmisrtravel.com
♦A/C🚿📺1500£E
♦♦A/C🚿📺2000£E
💳US$ € £E
━M V

全202室のポート・サイドで最大規模の高級ホテル。ショハダー通りの北側に位置し、部屋からはスエズ運河や地中海が見渡せる。敷地内にはプールとレストランがふたつずつある。
📶全館

RESTAURANT

肉料理のカバーブではなく値段も安くて定番のシーフード、カラマリを試してみよう。ショハダー通りにはピザなどを出すおしゃれな店が多い。

ボルグ El-Borg　　　　　　　　中級　シーフード
Map P.364A1

مطاعم البرج マトゥアム・イル・ボルグ

🏠Atef El Sadat St.
شارع عاطف السادات
TEL(066) 324 5442
🕐13:00～24:00
🚫無休
💳£E
━M V

アーティフ・アッサダート通りを西に進んだ所にある。ここのウリはウナギが食べられることで、グリルしたものは1kg270£E。魚はすべて時価なので、料金はスタッフに確認しよう。カイロにも支店がある。

ピッツァ・ピノ Pizza Pino　　　　　中級　イタリア料理
Map P.365A3

بيتزا بينو ピッツァ・ピノ

🏠El-Gomhoreya St.
شارع جمهورية
TEL(066) 320 8949
🕐10:00～翌3:00
🚫無休
💳£E
━M V

町の中心部に位置するピッツェリア。ピザは16種類あり、小、中、大の3種類の大きさから選ぶことができる。小100～250£E、中150～400£E、大200～360£E。そのほかサラダ90～150£E、パスタ85～300£Eなど。テイク・アウェイも行っている。

Egypt

西方砂漠と
オアシスの村

（上）スィーワ近郊にある塩湖
で泳ぐ旅行者
（右）中世まで人が住んでいた
シャーリーの旧市街（スィーワ）

西方砂漠とオアシスの村
Western Desert & Oases

オアシスの安全情報

2024年5月現在、日本の外務省は、西部および南部の砂漠地帯にレベル2「不要不急の渡航は止めてください。」を発出しています。旅行会社を通じての砂漠およびオアシスへの入境は当局の許可が必要となっており、現実的には難しい状況です。必ずしも訪問可能なわけではないことをご承知おきください。

奇妙な形の岩が点在する白砂漠

西方砂漠の気候と地形

気候はとても乾燥した砂漠気候。砂漠の暑さと乾燥度は、まさに日本人がイメージするエジプトだ。砂漠気候は1日の温度差が大きいことも特徴で、日が沈むと急激に寒くなる。砂漠ツアーでテントに泊まる人は防寒対策も必要だ。世界でも、最も降水量の少ない地域で、ときには20年以上も雨が降らないこともある。だから、

マルサ・マトローフ
5:00
アレキサンドリア
4:00
3:00
5:30～6:30
2:00～3:00
12:00
スィーワ・オアシス
カイロ
ツアー（1泊2日）
5:00
バフレイヤ・オアシス
4:00
2:30
ファラフラ・オアシス
アスユート
4:00
ダフラ・オアシス
3:30
ハルガ・オアシス
3:00

※所要時間は目安です。運行状態によって大幅に変化することがあります。

西方砂漠にはワーディ（涸れ川）がなく、地形は平坦で砂丘が多い。岩砂漠のシナイ半島とはずいぶん様相が違う。平坦なのは、太古の地殻変動で土地が褶曲し、何億年という歳月をかけて風化し、突起部分が削られたためだ。

ワーディはないが、西方砂漠には窪地が多い。場所によっては周辺より400mも落ち込んで、海抜0m以下になる。窪地の下には地下水がたまり、人々が集まって農業や牧畜を行っている。

西方砂漠の動物と産業

西方砂漠は砂だらけではあるが、いろいろな動植物が生息している。全域で見られる野ウサギはオアシスの人々の重要な食料。カッターラ低地やバフレイヤ・オアシスとスィーワ・オアシスの間の地域にはカモシカがいる。肉食動物では、キツネやオオカミが全域に生息し、カッターラ低地にはオオヤマネコがいる。ワシ、タカ、フクロウ、トビなどの鳥類も豊富だ。

西方砂漠のオアシスでは農業が営まれている。その歴史は古く、古代からナツメヤシが採れ、現在ではフランスに輸出するほどの規模となった。オリーブや米なども栽培されている。特に1950年代以降の大規模なニューバレー開発計画により、ナイル谷から多くの人々がオアシスに移住し、農地開発を手がけた。また、西方砂漠は、東方砂漠ほどではないが地下の鉱物資源も多い。

西方砂漠の歴史と文化

西方砂漠のオアシスに住む人々には、多くの共通点がある。もともと、旧石器時代に砂漠をさまよっていた狩人が定住したといわれ、古代エジプトの新王国時代

までにはエジプトの支配下に入る。やがてエジプトにはキリスト教、さらにイスラームが伝来する。イスラームをもたらしたアラブ人は、それぞれのオアシスにカスルという砦に囲まれた町を建設した。イスラームの伝播は、ナイル谷地方に比べれば遅れたものの、今ではほぼ100%がムスリムである。

現在のオアシスに住む人々の民族衣装やアクセサリーはベドウィン風。しかし、近年はナイル谷文化の影響を受け、普通のガラベーヤになり、カラフルなベール姿は少なくなってしまった。

西方砂漠の魅力は、自然の雄大さ、素朴な人々。オアシスには温泉もある。砂漠の温泉につかり、平和で素朴な人々に出会うとき、旅の疲れは癒やされるだろう。

プランニングのコツ

●砂漠とオアシス

西方砂漠の旅は、4WDで砂漠を疾走し、鉱泉につかるアウトドアアクティビティと、素朴なオアシスの町を散策する町歩きのふたつに大別できる。大方の旅行者の目的は砂漠を4WDで駆け抜け、満天の星空の下でのキャンプが醍醐味の砂漠ツアー

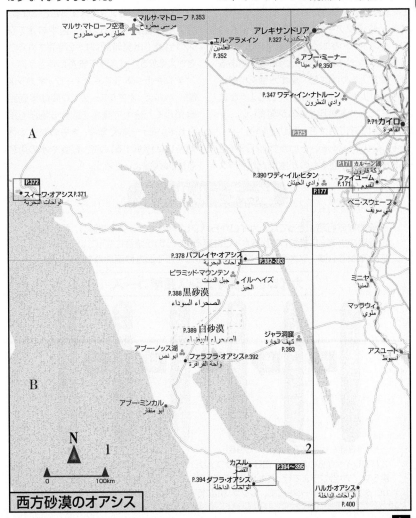

西方砂漠のオアシス

だろう。オアシスの小さな村々を散策して村人の素朴な笑顔に歓迎され、シャーイの1杯でもごちそうになるのも、のんびりしたオアシスの村ならではの楽しみ方だ。

●砂漠ツアーでの注意

砂漠ツアーの命綱はドライバーと4WD。経験の浅い、または砂漠の怖さを知らない素人が砂漠に出たりして、途中で4WDが立ち往生したらまさに命取り。くれぐれもドライバーは経験豊富な人物を選ぼう。また、バフレイヤ・オアシスやファラフラ・オアシスでは飲料水や食料はドライバーが用意してくれるが、念のために確認しておこう。また、砂漠ツアーには許可証が必要なので、パスポートのコピーも忘れずに。

鉱泉のなかには温泉のような場所もあるが、裸で入るのは厳禁。必ず水着を持参しよう。村人が洗濯に使用しているような鉱泉ならTシャツを着用するのが望ましい。

●4WD以外にもツアーはいろいろ

砂漠ツアーはだいたいが1泊2日から2泊3日。4WDで回るものが主流だが、ラクダの背に揺られて砂漠をゆっくり行くキャメルトリップも人気。ほかにもロバで回るツアーや、なんと徒歩で砂漠を行くアドベンチャーツアーといったものもある。

移動のコツ

カイロ発で西方砂漠に行くバスの便数は少なく、1日2〜3便ぐらい。ルートはカイロ〜バフレイヤ・オアシス〜ファラフラ・オアシス〜ダフラ・オアシスと、カイロ〜アスユート〜ハルガ・オアシス〜ダフラ・オアシスのふたつ。スィーワ・オアシスへはアレキサンドリアからアクセスすることになる。大変長い距離を走るので、途中のオアシスの到着、出発時間は1〜2時間ずれることがよくある。バス停で気長に待とう。

アレキサンドリア〜スィーワ・オアシス間、ハルガ・オアシス〜カイロ間は移動距離が長く、途中で食事を取れる場所も限られている(一応食堂らしきものがある休憩所には停車する)ので、軽食や水の用意をしておくとよいだろう。

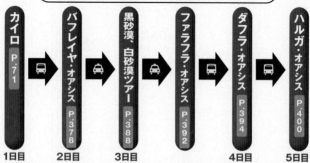

旅のモデルルート

一般的な旅行者にとっては、カイロからバフレイヤ・オアシスに移動し、黒砂漠や白砂漠のツアーに参加してからカイロに戻るというのが定番になっているが、時間に余裕があれば、ファラフラ、ダフラ、ハルガを巡る西方砂漠周遊もおもしろい。

カイロと主要オアシス見学コース

カイロ P.71	➡🚌	バフレイヤ・オアシス P.378	➡🚗	黒砂漠、白砂漠ツアー P.388	➡🚗	ファラフラ・オアシス P.392	➡🚗	ダフラ・オアシス P.394	➡🚌	ハルガ・オアシス P.400
1日目		2日目		3日目				4日目		5日目

バフレイヤからの黒砂漠、白砂漠のサファリツアーでは、事前に交渉してバフレイヤに戻らず、ファラフラまで行ってもらうと無駄がない。ハルガからはカイロに戻ってもいいが、タクシーをチャーターして、ルクソールに行くという手もある。

アレクサンドロス大王ゆかりのオアシス

スィーワ・オアシス Siwa Oasis

واحة سيوة アラビア語：ワーヒト・スィーワ

市外局番046

ガバル・イル・マウターからみたスィーワの町。中心よりやや左にシャーリーが見える

マルサ・マトローフからスィーワまでは、ときおり見える軍事施設のほかは何もない砂漠道をひたすら進んでいく。スィーワに入ると西部劇の炭鉱の町にでも来た感じ。ほかの町とは違う、静かな雰囲気が漂っている。ここの人々がベルベル系の人たちで、エジプト人とは言語も文化も違うためだ。残念なのは、近年観光ブームで多くのナイル谷のエジプト人が進出してきたことだ。スィーワの中でボリュームいっぱいにラジオをかけている店があったら、エジプト人が働いているとみて間違いない。この騒がしさをスィーワ人は嫌う。そんな心の落ち着くオアシスである。のどかな雰囲気に魅かれてか、エジプトの西の果てとはいえ、世界中から多くの旅行者が集まり、再びここに戻ってくる者も多い。

旅のモデルルート

スィーワの見どころは自転車をレンタルすれば1日で回ることができる。また、近郊の砂漠や鉱泉を訪れるサファリツアーにも参加したい。夏期は、日中の暑さも相当きついので、昼間は日陰で昼寝

観光気分に浸りたいときはロバ車で

でもしたりして、スィーワの人たちと同じ生活のリズムで、ゆっくりのんびりと過ごしてみよう。

■スィーワの安全情報

2024年5月現在、日本の外務省は、西部および南部の砂漠地帯にレベル2「不要不急の渡航は止めてください。」を発出しています。旅行会社を通じての砂漠およびオアシスへの入境は当局の許可が必要となっており、現実的には難しい状況です。必ずしも訪問可能なわけではないことをご承知おきください。

■スィーワへの行き方

●カイロ（→P.71）から
✈冬季のみ運行。今後増便が予定されている
🚌トルゴマーン（→P.78）発
ウエスト・アンド・ミドルデルタ
22:00発
所要：約12時間　運賃：300£E

●アレキサンドリア（→P.327）から
🚌モウイフ・ゲディードゥ（→P.335）発　8:30、22:00発
所要：8時間30分〜9時間
運賃：200£E

●マルサ・マトローフ（→P.353）から
🚌13:30、2:00発
所要：約4時間　運賃：85£E
🚐客があまり集まらないので1日に何便も出ない。運賃:75£E

●バフレイヤ・オアシス（→P.378）から
🚐タクシーやバスはなく、4WDのチャーターのみ。移動には車のチャーター料とは別に許可証代（要事前取得）と手数料が必要になる。

■乗り物の料金
●レンタル自転車 🚲1日100£E〜
●トゥクトゥク 🛺1時間50£E〜

■カイロ銀行　Map P.372A2
📞(046) 460 0748　※ATMあり
🕐8:30〜14:00　休金・土

■スィーワの❶　Map P.372A2
📱010 0918 2885
🕐9:00〜14:00　休金

■スィーワ発のツアー例

すべてのツアーに許可証が必要だが、ツアー料金に含まれていることがほとんど。

●ビル・ワヘダ半日ツアー

旅行者に最も人気があるツアー。中心部から15km離れ、四駆車でしか行くことのできないビル・ワヘダの温泉、冷泉を訪れる。温泉には硫黄が含まれており、皮膚病に効くといわれている。

●冷泉と遺跡半日ツアー

冷泉のアブー・シュルーフ、遺跡と冷泉があるクライシャット、ギリシア時代の遺跡が残る村ゼイトゥーン、ベドウィン村などを訪れる。

●古代遺跡巡り半日ツアー

ローマ時代の墓地があるビラド・イッルームや、ギリシア時代の小さな神殿があるハミーサ、きれいな湖があるバハ・イッディンなどを訪れる。

歩き方

バスが到着するのは町の北側にある小さなバスステーション。タクシーが待機しているので、ホテルまで乗るのもいいし、町なかのホテルであれば歩いてすぐなので歩くのもいい。

町の中心のスーク広場周辺はレストランやみやげ物屋が多い。広場の西側はシャーリーと呼ばれる旧市街。ファンタジー島など離れた見どころへは自転車をレンタルして行くのが便利。

●サファリツアー

砂漠や鉱泉などを回るサファリツアーもスィーワでの楽しみ。人気は砂漠にある温泉、ビル・ワヘダ Bir Wahedaへのツアー。許可証が必要となるが、手続きはスムーズ。多くのホテルで催行しているが、自前の4WDを保有するホテルは少ない。

町の中心、スーク広場

バスステーションに停車するバス

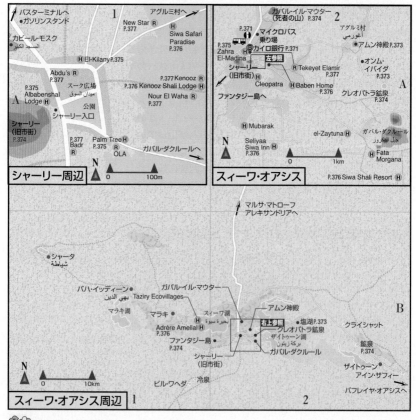

372

神々のレリーフが残る
アムン神殿

マアバドゥ・アムーン
معبد أمون

The Oracle Temple Map P.372A2

広場からサファリ・パラダイス・ホテルSafari Paradise Hotel
へと続く道を真っすぐ行くとアグルミ村に入る。Oracleと書か
れた標識が出ているのでそこを右に入ろう。しばらく行くと
左側に見えてくるのが神託の神殿だ。これは古代エジプト末
期王朝時代に建てられたもの。至聖所の中のアムン神など、
神々のレリーフが見られる。また、ここからのアグルミ湖の眺
めは絶景。日没時はすばらしいパノラマが眼前に広がる。

ポツンと建っている
オンム・イバイダ

マアバドゥ・ウンム・オバイダ
معبد أم عبيدة

Temple of Umm Ubayd Map P.372A2

末期王朝時代に建てられたアムン神殿の一部。19世紀末、
当時の知事が公邸の階段を建設するためにアムン神殿を破
壊し、その石材を使ったため、現在遺跡らしいものはほとん
ど残っていない。しかし、「口開けの儀式」と呼ばれる、ミイ
ラを作るときの最初の儀式が描かれているレリーフがある。

プカプカ浮遊体験！
塩湖

ブヘーリト・イル・マルハ・フィ・スィーワ
بحيرات الملح في سيوة

Salt Lake Map P.372B2

スィーワはミネラルウオーターに加え、塩の産地としても有
名。町の周辺には4つの塩湖があり、塩作りが行われている。
最も大きなゼイトゥーン湖では近年、塩を採取する際に造ら
れた塩水プールで泳ぐというアクティビティが人気。塩水はミ
ネラル分が豊富で、さまざまな病気によいとされる。ターコイ
ズブルーの水とクリスタルのように輝く塩の結晶が美しい。

■**アムン神殿**
スーク広場から自転車で約15分
⏰9:00～17:00
💰80£E（学生40£E）

丘の上にあるアムン神殿

■**オンム・イバイダ**
スーク広場から自転車で約15分
⏰見学自由

オンム・イバイダ

■**塩湖**
スーク広場からトゥクトゥクで
往復200£E程度。所要約20分。
塩湖のあとにクレオパトラ鉱泉
に立ち寄るのもおすすめ。
⏰入場自由 💰無料

プールはいくつかあり、大きなプール
では簡易シャワーを備えた車が飲み
物を販売している

Information

スィーワ・オアシスの歴史

ほかの西方砂漠のオアシスは古代からエジプ
ト領だったが、スィーワが果たしてどうだったの
かはよくわかっていない。しかし末期王朝時代
には「ヤシの木の場所」と呼ばれ、エジプト領に
なっていた。当時、スィーワには古代世界に名
をはせたアムン神殿があり、神官がいた。ここ
の神官には御神託が下るというので、各地から
人が集まってきた。そこでスィーワは外国からの
侵略の対象となった。

末期王朝時代の紀元前525年頃、ペルシア
王のカンビュセス2世がスィーワを攻略しようと
ハルガ・オアシスから出発し、砂漠で全滅した話
は有名である。またグレコローマン時代の幕開

けとなったアレクサンドロス大王のエジプト攻略
のとき（紀元前331年）には、アムン神殿で「ア
レクサンドロス大王はアムン神の子」であると御
神託が下ったという。

6世紀半ば、東ローマ皇帝の命令でアムン神
殿は閉鎖された。それでもアムン信仰はイスラー
ムの到来まで続き、キリスト教は伝来しなかっ
たと考えられている。イスラーム時代には、北
西アフリカからメッカに向かう巡礼者と隊商で
にぎわった。また、ベルベル人やベドウィンの
襲撃も多く受けた。ムハンマド・アリの時代から
エジプト領となり、現在にいたる。

■ガバル・イル・マウター
スーク広場から徒歩約20分
圏9:00～17:00 休無休
料80£E（学生40£E）

墓の内部に施された壁画

■シャーリー（旧市街）
圏入場自由 料無料
早起きして、旧市街の上から
朝日を見るのもよい

朝方のシャーリー

■鉱泉
ファンタジー島の鉱泉とクレオ
パトラ鉱泉が代表的。クレオパ
トラ鉱泉はスーク広場から自
転車で所要約20分。
圏入場自由 料無料
※水着だけで泳ぐのはもって
のほか。男女とも必ずTシャツ
などを着たまま入ろう。写真
は撮影されるのをいやがる人
もいるので、状況を判断してか
ら撮影しよう。

家族に人気のクレオパトラ鉱泉

■ファンタジー島
スーク広場から自転車で約30
分。トゥクトゥクだと約10分。
圏入場自由

死者の山
ガバル・イル・マウター
ガバル・イル・マウター
Tombs of Jabal el-Mawta — جبل الموتى — **Map P.372A2**

シャーリーから見たガバル・イル・マウター

広場から観光案内所のある交差点を右に曲がり直進、小学校が見えたら右の道に入る。死者の山という名のとおり、古代エジプトの末期王朝時代からグレコローマン時代にかけての墓地。もともとは完璧な形で残っていたこれらの墓も、残念ながら第2次世界大戦中、イタリア軍がスィーワを空爆したとき、防空壕として使用され、多くが破壊されてしまった。きれいに残っているのはシ・アムンの墓、クロコダイルの墓、ニベルバトゥートの墓である。墓守に頼めば墓の中に入れてくれる。山を登りきって、北側を見ればスィーワ湖も一望のもとだ。

泥れんがでできた廃墟の旧市街
シャーリー
アルイト・シャーリー
Ancient Fortress of Shali — قلعه شالي — **Map P.372A1**

スィーワの中心にあるシンボル的存在がこのシャーリー。山肌に泥れんがでできた家がビッシリと建っている旧市街だ。現在でも少数だが、人が住んでいる。ほとんどの人は中世に麓に下りて家を建てたようだ。早起きして日の出を見るには絶好の場所。ただし野犬には要注意。

スィーワの水がめ
鉱泉
イル・ハンマーマートゥ
Water Springs — الحمامات — **Map P.372B2**

スィーワではあちこちに鉱泉が湧き出している。ここは地元の人にとって、洗濯したり入浴をしたり、日常生活に必要不可欠な場所。いわば井戸端である。村人の日常生活をかいま見ながら水とたわむれてみよう。

枯れてしまいそうな湖にある
ファンタジー島
ゲズィーリト・ファトナス
Fantas Island — جزيرة فطناس — **Map P.372B2**

外国人からはファンタジー・アイランドと呼ばれているが、本来の名前はファトナス島。広場からはシャーリーをグルリと半周して道なりに7kmほど行く。鉱泉もあり、さらに少し行くと簡素なカフェテリアもある。近年はミネラルウオーター工場ができるなどの開発の影響か、湖の水が枯れつつあるようだ。

夕日を見に多くの人が訪れる

西方砂漠とオアシスの村●スィーワ・オアシス　見どころ・ホテル

HOTEL

日本からホテルへの電話
国際電話識別番号 010 ＋ 国番号 20 ＋ 市外局番の最初の 0 を取った掲載の電話番号

　ホテルの数はあまり多くはない。広場周辺に安い宿が多く集まっている。値段はどこも大差なく、割合に清潔な部屋が多い。近年になって高級なホテルも少しずつ増えている。特に週末（金・土曜）は、カイロやアレキサンドリアからの国内客もスィーワを訪れることが多くなってきた。ただ、どこのホテルでも蚊が異常に多いので、蚊取り線香や防虫スプレーなどは必需品だろう。冬は寒い日もあり、暖房設備もないので防寒具が必要になることも。多くのホテルで砂漠へのサファリツアーを行っているので、参加したい人は聞いてみよう。

パーム・ツリー　Palm Tree Hotel
経済的　　Map P.372A1

فندق النخيل　フンドゥク・イン・ナヒール

📧Siwa Oasis
واحة سيوة
📞(046) 460 1703
🛏️💳150£E
🛏️💳200£E
💰£E
💳不可

　町の中心部の南東にある。バックパッカーに人気の高いホテル。部屋は少し狭いが清潔。ヤシが生えた感じのよい中庭がある。各種ツアーもあり。シャワー、トイレ付きの部屋、エアコン付きの部屋もある。サファリツアーも催行している。
📶全館

ザフラ・エル・マディーナ　Zahra El-Madina
経済的　　Map P.372A2

فندق زهرة المدينة　フンドゥク・ザフラト・イル・マディーナ

📧Next to the Bus Station
بجوار محطة الاتوبيس
📞010 1924 6702
🛏️300£E
🛏️500£E
💰US$ € £E
💳M V

　バスステーションからすぐのところにある、2021年開業の宿。ロビー、客室ともきれいで、スタッフも親切。町で唯一の銀行やレストラン、観光案内所も近くにありとても便利だ。町の中心であるスーク広場へも徒歩5分程度で行くことができる。
📶全館

キラニー　El-Kilany Hotel
経済的　　Map P.372A1

فندق الكيلاني　フンドゥク・イル・キーラーニー

📧El-Souq Sq. ميدان السوق
📞010 1110 1731
🛏️400£E
💰US$ € £E
💳不可

　町の中心部の経済的な宿のなかでは最も設備が整っている。1階は雑貨屋になっていて便利。バスルームも比較的新しく、部屋も清潔にされている。最上階にカフェテリアがあり、中心部の町並みを眺望できる。
📶全館

アルババンシャル・ロッジ　Albabenshal Lodge
中級　　Map P.372A1

فندق البابنشال　フンドゥク・アルバーベンシャール

📧Shali
شالي
📞010 9189 5003
🛏️935£E
🛏️1400£E
💰US$ € £E
💳M V

　シャーリーの伝統的な建物をリノベーションした人気のロッジ。スィーワのシンボルである要塞の一部に宿泊できると旅行者に人気が高い。夜にはライトアップされた土壁が旅情をかきたててくれる。スタッフはフレンドリーで、朝食の評判もよい。全15室しかないので早めの予約を。　📶全館

375

バベン・ホーム Baben Home

中級 Map P.372A2

فندق بابين هوم フンドゥク・バビーン・ホーム

Siwa Rd.
طريق سيوة
011 1777 2212
900£E～
1200£E～
US$ € £E
不可

旅好きのエジプト人女性、マリヘンさんが営むゲストハウス。現地の伝統的な建築方法でリノベーションされた建物は味があっておしゃれ。シャワーとコンポストトイレは共同だ。マリヘンさんが作る朝食もおいしい。　全館

セリヤ・スィーワ・イン Seliyaa Siwa Inn

中級 Map P.372A2

فندق سيوه اين フンドゥク・スィーワ・イン

Siwa Oasis واحة سيوة
012 9344 9789
875£E～
1030£E～
US$ £E
MV

スーク広場から徒歩で行くと40分ほど。部屋も清潔で内装も趣味がいい。エアコン付きの部屋もある。敷地内には、鉱泉の温泉とプールや、テント風の簡易なロッジもある。無料送迎も行っている。　全館

アデラル・アミラル Adrére Amellal

最高級 Map P.372B1

فندق ادرير امالال フンドゥク・アドリル・アマラール

Gaafar Mountain
جبل جعفر
(02)2736 7879(カイロ)
www.adrereamellal.com
580US$～
760US$～
US$ € £E
MV

欧米から多くのセレブが訪れる隠れ家的な高級エコロッジ。スィーワ湖のあたりにそびえるガアファー山の麓に、環境になじむ土造りの伝統建築が並ぶ。電気はいっさい使用せず、食材は自家農園や地元の農家から仕入れたものを使用する。　なし

ケヌーズ・シャーリー・ロッジ Kenooz Shali Lodge

高級 Map P.372A1

كنوز شالي لوج ケヌーズ・シャーリー・ロッジ

El Saboukh El Tahtany St.
شارع السبوخ التحتاني
010 1115 8520
935£E
1400£E
US$ £E
MV

広場から少し東に行くとある。シャーリー (旧市街) を見事に再現した雰囲気が自慢。内装や家具やベッドもアンティークな感じでまとめられている。6～9月にはプールも利用可能。
レセプション周辺

サファリ・パラダイス Siwa Safari Paradise

高級 Map P.372A1

سيوة سفاري باراديس スィーワ・サファリ・パラダイス

1 Ain El Araes St.
١ شارع عين العرايس
(046)460 1290
50～75US$
70～90US$
US$ € £E
不可

町の中心部周辺では唯一の3つ星ホテル。プライベート鉱泉やジム、サウナなど設備も整っている。バンガロータイプの部屋は少し安く設定されている。
レセプション周辺

スィーワ・シャーリー・リゾート Siwa Shali Resort

高級 Map P.372A2

منتجع سيوة شالي ムンタガア・スィーワ・シャーリー

Beside El Dakrour Mountain
بجوار جبل الدكرور
010 1120 3924
70US$～
100US$～
2食付き
US$ € £E　不可

砂漠に建つリゾートホテル。町からは遠いので、ホテルに電話するか、送迎車 (有料) を予約して行く。敷地内には低層のコテージが並び、鉱泉やハマムもある。
全館 (有料)

RESTAURANT

　レストランの数は多いが、メニューはどこもそれほど変わらない。スィーワでぜひ試してほしいのが、北アフリカ地方（マグリブ）の代表的料理のクスクスだ。ほかに伝統的料理のシャクシューカがある。ほかの地域にもあるが、スィーワのシャクシューカは有名。

アブドゥ Abdu's Restaurant　　　　庶民的　エジプト料理

مطعم عبدو マトゥアム・アブドゥ

Map P.372A1

🏠El-Souq Sq.
ميدان السوق
📱010 7643 8789
🕐8:00～24:00　🈳無休
💳US$ € £E
🚫不可

　スーク広場にあるスィーワで1、2を争う人気のレストラン。夜は旅行者が集まり情報交換の場になる。クスクス85£E～やシャクシューカ90£E～、ピザなどがあり、チキンパイ100£Eが好評。

ヌール・エル・ワーハ Nour El Waha Restaurant　　　　庶民的　エジプト料理

مطعم نور الواحة マトゥアム・ヌール・イル・ワーハ

Map P.372A1

🏠El Saboukh El Tahtany St.
شارع السبوخ التحتاني
📱010 1594 9447
🕐8:00～24:00
🈳無休
💳US$ € £E　💳MV

　ケヌーズの近くにある、ポーランド出身の夫婦が経営する屋外型レストラン。店の雰囲気はオアシス的で開放感があり、床に座ってリラックスできる。民謡の演奏が行われることもある。ホテルも併設されている。7・8月は割引料金で宿泊可能。サービス料12%別途。

ケヌーズ Kenooz Restaurant　　　　中級　エジプト料理

مطعم كنز マトゥアム・ケヌーズ

Map P.372A1

🏠El Saboukh El Tahtany St.
شارع السبوخ التحتاني
☎(046)460 1299
🕐8:00～22:00　🈳無休
💳US$ € £E
💳MV

　スィーワで唯一の洗練されたレストランで、お値段も少々高め。パスタ、肉料理、クスクスなどがある。サラダ、メイン、デザートが付いた特別コースは450£E(2人前から。前日までに要予約)。朝食メニューはパンケーキやファラフェルなども注文が可能。

ニュー・スター New Star Restaurant　　　　庶民的　エジプト料理

مطعم النجم الجديد マトゥアム・インナグム・イル・ゲディードゥ

Map P.372A1

🏠Ain El-Araes St.
شارع عين العرائس
📱010 0295 7926
🕐8:00～翌1:00(夏期～23:00)
🈳無休　💳US$ € £E
🚫不可

　ガーデンテラスもあるこぎれいな店。シャクシューカは3種類ある。そのほかのメニューはクスクス、チキンカレー（写真）、シシ・カバーブ、ミックスグリルなど。朝食メニューではオムレツ、目玉焼きなどがある。また、ゲストハウスも併設しており、🛏700£E、🛏🛏1000£E、全13室。

バドル Badr Restaurant　　　　庶民的　エジプト料理

مطعم بدر マトゥアム・バドル

Map P.372A1

🏠El-Sadat Rd.
طريق السادات
📱010 9020 7201
🕐8:00～23:00
🈳無休
💳£E　🚫不可

　イエメン発祥のアラブ料理、マンディ(1/4が85£E、1/2が135£E)が食べられる店。香辛料の効いたスープで炊いたご飯にグリルしたチキンをのせたもので、料理を載せた小さなテーブルごと座敷に運んできてくれる。モロヘーヤスープやサラダ、シャーイなどがセット。

ティケヤット・エルアミール Tekeyet Elamir　　　　中級　エジプト料理

تكية الامير タキーヤト・イル・アミール

Map P.372A2

🏠El-Taba El-Kebera St.
شارع الطابة الكبيرة
📱010 0131 1739
🕐10:00～24:00
🈳無休
💳US$ € £E　💳MV

　隣でマッサージ店を営むアミールさんが経営するレストラン。伝統建築の建物は温かみがあり、料理もどこかホッとする味付け。ターゲン150£E～やクスクス150£E～などがおすすめだ。ほかにピザやパスタなどもある。敷地は広く、テラス席もあり。サービス料12%別途。

美しい砂漠と温泉で有名なオアシス
バフレイヤ・オアシス Bahariya Oasis

الواحات البحرية アラビア語：イル・ワーハート・イル・バフレーヤ

■バフレイヤの安全情報

2024年3月現在、日本の外務省は、西部および南部の砂漠地帯にレベル2「不要不急の渡航は止めてください。」を発出しています。旅行会社を通じての砂漠およびオアシスへの入境は当局の許可が必要となっており、現実的には難しい状況です。必ずしも訪問可能なわけではないことをご承知おきください。

2024年取材時には、外国人旅行者がバスで入境することはできず、一部データは2014年と2019年当時のものです。

■バフレイヤへの行き方

●カイロ (→P.71) から

🚌ムニーブ (→P.79) 発
アッパーエジプト (EGバス)
11:30、14:00、17:00発
所要：約4時間30分
運賃：140£E

🚌ムニーブ (→P.79) 発
所要：約4時間30分
運賃：140£E

※2024年3月現在、カイロのムニーブバスステーション発の長距離バスのチケットを購入するには外国人居住許可証が必要で、通常の観光ビザでは乗車不可。

■遺跡共通チケット

バフレイヤにある遺跡で入場が可能な6つの見どころ（下記参照）は、すべて共通チケットとなっている。チケットは黄金のミイラ博物館（→P.384）で購入できる。

🎫100£E（学生50£E）
📷一部不可 　📹一部不可
見学できるのは
1)アメンホテプ・フイの墓
2)バンネンティウの墓
3)ジェドアムンエフアンクの墓
4)アイン・イル・ムフテッラ神殿
5)アレクサンドロス大王の神殿
6)黄金のミイラ博物館

ヤシの木が生い茂るバフレイヤ・オアシス

　ギザのピラミッドの横から出ている砂漠ロードをひたすら走ること約3時間。視界にはオアシスの鮮やかな緑が広がる。バフレイヤ・オアシスはカイロから気軽に行くことができ、砂漠とオアシスの雰囲気を楽しめる場所として注目を集めている。

　バフレイヤ・オアシス〜ファラフラ・オアシス間には白砂漠や黒砂漠、バウィーティの村とその周辺にはグレコローマン時代の遺跡など観光資源も豊富で、100体を超すミイラの大発見もあり、バフレイヤ・オアシスは今、観光ブームに火がつきそうなスポットだ。

　バフレイヤ・オアシスはほかのオアシス同様、旧石器時代から人が住んでいたが、古代エジプト中王国時代までエジプト文化は浸透していなかった。新王国時代には鉱物の産地として有名になり、末期王朝時代までには現在のイル・カスルとマンディーシャの位置に町ができた。グレコローマン時代の早い時期からキリスト教が普及している。

　エジプトがアラブ軍の手に落ちると、バフレイヤも占領された。10世紀にはベルベル人による独立国となったが、その後、11世紀にはファーティマ朝に併合され、イスラームも浸透して、14世紀までには人口のほとんどがムスリムになった。

バウィーティ村内にも鉱泉はある

旅のモデルルート

バフレイヤ・オアシスで最も人気が高いのは、黒砂漠と白砂漠のサファリツアー。日帰りも可能だが、日程に余裕があれば砂漠の中で夜を明かしてみたい。

バウィーティ発、黒砂漠と白砂漠の1泊2日サファリツアー　→P.388

バウィーティ	➡	黒砂漠	➡	鉱泉、ランチ、休憩	➡	クリスタル・マウンテン	➡	白砂漠	➡	キャンプ	➡	バウィーティ
10:00		10:10～12:00		12:00～14:00		15:00～15:30		16:00～		19:00		10:00～11:00

　出発はバウィーティの各ホテルから。黒砂漠、クリスタル・マウンテン、白砂漠と回る。夕暮れが近づくと、砂漠は時とともに色が移り変わり、さまざまな表情を見せる。日没前にはキャンプの準備を行い、日没後に食事。満天の星空の下での食事は格別だ。食事が終わる頃には砂漠に生息するキツネ、フェネックが餌を求めてキャンプにやってくることも。翌朝は朝食のあと、バウィーティへと戻る。白砂漠はファラフラ・オアシスにも近いので、砂漠を南に旅を続けていく人は、事前にファラフラ・オアシスまで行ってもらえるよう交渉しておこう。

歩き方

　バフレイヤ・オアシスでの旅行者の拠点となるのは、バフレイヤ最大の村バウィーティだ。村の中なら徒歩でも充分観光は可能だが、鉱泉や温泉、遺跡など、少し郊外に出るなら、ホテルの4WDやレンタル自転車などを利用しよう。

●バフレイヤの中心・バウィーティ　バウィーティはメインストリートが1本あるだけの小さな村。銀行や郵便局、バスのチケット売り場はバウィーティのメインストリートのちょうど中央にある。

　村の北側にはアイン・ビシャモの温泉があり、その先には旧市街のカスルの遺跡やローマ時代の水道橋跡が残る。

●観光は4WDで　バフレイヤで効率よく観光しようと思ったら、ホテルのツアーに参加するか、4WDをチャーターするのが便利。ラクダを使った砂漠ツアーもある。

■長距離バスは村の中心部へ■

　バスの乗降ができるのは、観光案内所や警察署近くのメインストリート。カイロ方面から来る外国人旅行者は観光案内所の前で降ろされ、観光案内所の中に連行されることもある（カイロを夕方発の便の場合はない）。観光案内所でホテルに連絡してもらって迎えに来てもらうことは可能。

■警察署（ツーリストポリス）
Map P.380B1
圖24時間

出番を待つラクダ

バスチケット売り場とバス停

■郵便局
Map P.380B1
圓8:00〜15:00
休金

■電話局
Map P.380B1
圓8:00〜16:00
休無休

バウィーティの電話局

■バウィーティ村の観光案内所
Map P.380B1
☎012 373 6567
圓8:30〜14:00
休金・土

■両替・郵便・電話■

●両替 バウィーティの中心部、郵便局の横に銀行（National Bank of Development）がある。USドル、ユーロ、日本円の現金の両替が可能。また、バウィーティの中心部にはATMも何台かある。

●郵便・電話 郵便局はほぼ村の中央に位置している。電話局は観光案内所の南西にある。

■旅の情報収集■

●観光案内所 バウィーティ村の観光案内所はメインストリートにある大きな建物を入った左側の部屋。パンフレットなども用意している。壁にはホテルの料金表も貼られている。

■砂漠ツアー■

雄大な自然を満喫できる砂漠ツアーはバフレイヤ・オアシス観光の目玉。ツアーの料金が割と高額なためトラブルも発生している。また、砂漠ツアーは許可証が必要とされているが、なかには「許可証なしでも大丈夫！」と言ってツアーに誘うドライバーもいる。もちろん違法でもあるしトラブルのもとにもなりかねないので、そういった誘いは断ろう。

●カイロ発の高額ツアー カイロでは高額な砂漠ツアー詐欺が横行している。タラアト・ハルブ広場周辺の客引きや、トルゴマーン・バスターミナルでも「今日のバスは満席。ツアーに参加しないと行けない」などという詐欺師に注意。

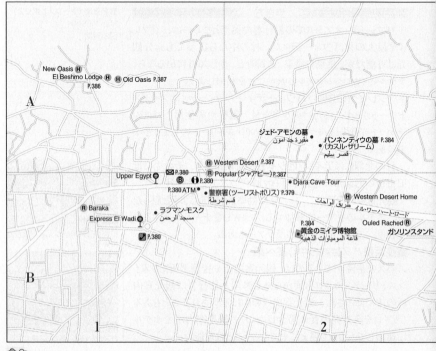

New Oasis H
El Beshmo Lodge H H Old Oasis P.387
P.386

A

ジェド・アモンの墓
مقبرة جد امون
パンネンティウの墓 P.384
（カスル・サリーム）
قصر سليم

H Western Desert P.387
Upper Egypt P.380
B P.380 R Popular（シャアビー）P.387
P.380 ATM Djara Cave Tour
警察署（ツーリストポリス）P.379 H Western Desert Home
قسم شرطة طريق الواحات
イル・ワーハート・ロード
R Baraka ラフマン・モスク
Express El Wadi مسجد الرحمن
P.384 Ouled Rached R
黄金のミイラ博物館 ガソリンスタンド
P.380 قاعة المومياوات الذهبية

B

1 2

●**客引き＝ドライバー**　バフレイヤ・オアシスではバスの到着と同時に多くの客引きがやってくる。彼らの多くは独立したサファリツアーのドライバー。ホテルに客を連れていく見返りとして、砂漠ツアーの仕事をもらうという仕組み。だから、頼めばどこのホテルにでも連れていってくれる。

●**トラブルに注意**　泊まるホテルを決めたら、そのホテルからの砂漠ツアーに参加するのが原則。別のホテルのツアーを申し込んだりするとややこしいトラブルになるので注意。

■**白砂漠**

Map P.369B1〜B2

園ひとり5US$（入域料）＋10£E（キャンプ料、当時のレートで約150円）

※許可証取得のためパスポートのコピーが必要。

バフレイヤ・オアシス（バウィーティ）発のおもなツアー

●黒砂漠、白砂漠のサファリツアー（→P.379、P.388）
最もポピュラーなツアーで、ほとんどのホテルが実施している。半日、1日、1泊2日から2泊3日など。代表的な1泊2日のコースで1台800〜1200£E（当時のレートで約1万2000〜1万8000円）。国立公園の入園料別途。

●バウィーティとその周辺のローカルツアー
バウィーティの村とその周辺の遺跡を回るツアー。半日のものが多い。近郊の温泉と組み合わせて手配するのもよい。車の種類によって値段は異なるが、1台200〜350£E（当時のレートで約3000〜5250円）ぐらい。

●ワディ・イル・ヒタン（→P.390）へのサファリツアー
世界遺産へのサファリツアー。1泊2日のキャンプやピラミッドエリアを含めたツアーも可能。バフレイヤでこの方面に詳しい人は多くはないので、International Hotspring Hotel（→P.387）などで相談してみるとよい。

●スィーワ・オアシス（→P.371）へのサファリツアー
スィーワ方面へのツアーには許可証が必要。許可証の取得はツアー催行会社が代行するが、取得料がかかる。金・土曜は許可証の取得ができないため、事前に取得する必要がある。

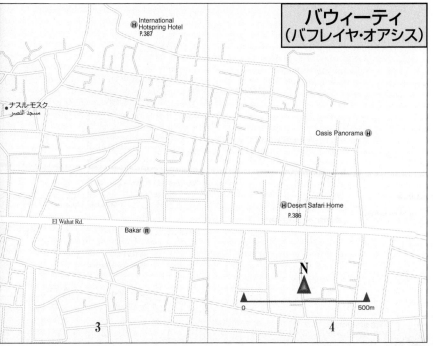

バウィーティ（バフレイヤ・オアシス）

International Hotspring Hotel P.387

ナスル・モスク　مسجد النصر

Oasis Panorama

Desert Safari Home P.386

El Wahat Rd.

Bakar

N

0　　　　　500m

3　　　　　4

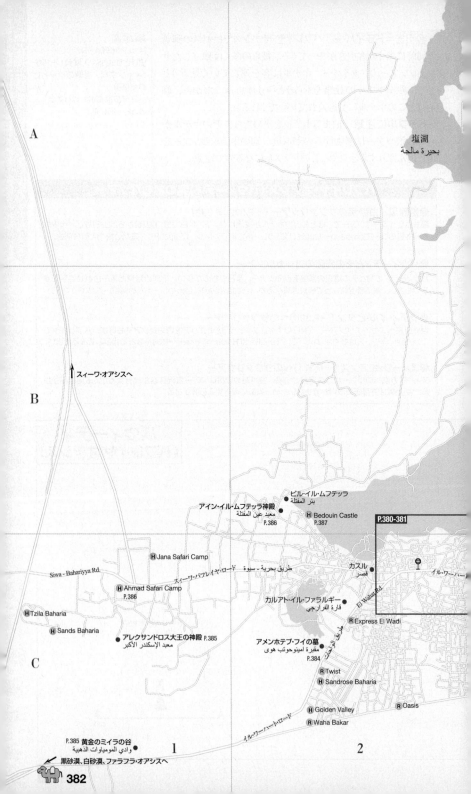

塩湖
بحيرة مالحة

A

↑ スィーワ・オアシスへ

B

ビル・イル・ムフテッラ
بئر المفتلة

アイン・イル・ムフテッラ神殿　　Ⓗ Bedouin Castle
معبد عين المفتلة　　　　　　　　P.387
P.386

P.380-381

Ⓗ Jana Safari Camp

Siwa - Bahariyya Rd.　　スィーワ・バフレイヤ・ロード　طريق بحرية - سيوة

カスル
قصر　　　イル・ワーハー

Ⓗ Ahmad Safari Camp
P.386

カルアト・イル・ファラルギー
قارة الفرارجي

El Wahat Rd.

ⒽTzila Baharia

Ⓗ Sands Baharia

アレクサンドロス大王の神殿　P.385
معبد الإسكندر الأكبر

アメンホテプ・フイの墓
مقبرة امينوحوتب هوى
P.384

Ⓡ Express El Wadi

C

Ⓡ Twist

Ⓗ Sandrose Baharia

Ⓡ Oasis

Ⓗ Golden Valley

Ⓡ Waha Bakar

P.385 黄金のミイラの谷
وادي المومياوات الذهبية

黒砂漠、白砂漠、ファラフラ・オアシスへ

382

1　　　2

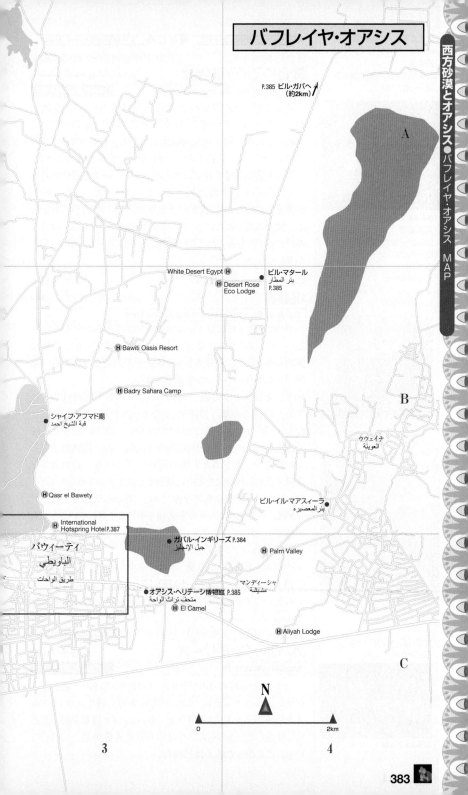

バフレイヤ・オアシス

P.385 ビル・ガバへ (約2km)

A

White Desert Egypt (H)
(H) Desert Rose Eco Lodge

ビル・マタール
بئر المطار
P.385

(H) Bawiti Oasis Resort

(H) Badry Sahara Camp

B

シャイフ・アフマド廟
قبة الشيخ احمد

ウウェイナ
العوينة

(H) Qasr el Bawety

ビル・イル・マアスィーラ
بئر المعصيره

(H) International Hotspring Hotel P.387

バウィーティ
الباويطي
طريق الواحات

● ガバル・インギリーズ P.384
جبل الإنجليز

(H) Palm Valley

マンディーシャ
منديشة

●オアシス・ヘリテージ博物館 P.385
متحف تراث الواحة

(H) El Camel

(H) Aliyah Lodge

C

N

0   2km

3   4

383

■黄金のミイラ博物館
圏9:00〜15:00
困無休
金曜昼の礼拝時間は閉まる
嘲→P.378 ✎

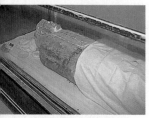

考古局に展示されたミイラ

■墳墓群
圏9:00〜15:00　困無休
嘲→P.378 ✎
●バンネンティウの墓
Map P.380A2
●アメンホテプ・フイの墓
Map P.382C2

バンネンティウの墓内部に描かれた
レリーフ。ミイラ作りの過程を表して
いる興味深いものだ

カルトゥーシュも残っている

■ガバル・インギリーズ
圏見学自由

山頂にある城跡

===== 見どころ =====

黄金の棺は必見　　　　　マトハフ・イル・ムーミーヤート・イル・ダハビーヤ

黄金のミイラ博物館　المتحف المومياوات الذهبية

Museum of the Golden Mummies　　　Map P.380B2

　正式な博物館ではなく、考古局事務所の1室に過ぎないが、キロ・スィッタ（→P.385）から発掘されたミイラのうち、3体のミイラがケースの中に納められている。グレコローマン時代のミイラは保存状態もよく、色鮮やかな装飾も残っている。

　この考古局のすぐ横にはアイン・イル・フバーガと呼ばれるローマ時代の井戸の跡が残っている。井戸の底からヤシの木が生えているちょっと変わった光景だ。この井戸は1950年代まで使われていたという。バフレイヤ・オアシスにはこのような井戸がいくつもあったとされるが、現在は枯れてしまったものが多いようだ。

色鮮やかな壁画が残る　　　　　　　　　　　マアービル

墳墓群　مقابر

Tomb of Banentiu and Amenhotep Huy

　バウィーティ村にはグレコローマン時代のものを中心に美しいレリーフをもつ墳墓がいくつかある。現在もまだ発掘は進められており、今後もさらなる成果が期待されている。見学できる墳墓のいくつかを紹介しよう。

●バンネンティウの墓　古代エジプト末期王朝時代のリビア系大金持ちの墓。彼はワインをテーベなどに輸出することによって巨万の富を得たといわれている。地上にあった礼拝所はすでになく、地下の4部屋が残っている。壁画はとてもよい状態で、特に月と太陽の運行の図は圧巻。昼の暑さを避けて夜に月明かりを頼りに旅行をしたオアシスの人々にとって、月（＝トト神）は重要な神だった。月から流れる生命のアンクは、オアシスの人々の生活観をそのまま表しているとても興味深いものだ。すぐ横にはバンネンティウの父である、ジェドアムンエフアンクの墓もある。

●アメンホテプ・フイの墓　バウィーティ村のすぐ外にある。第18王朝末期から第19王朝初期にこの地方を治めていたアメンホテプ・フイの墓。崩れている部分も多いが、壁画や文字などが残っている。

バフレイヤのパノラマが広がる　　　ガバル・イル・インギリーズ

ガバル・インギリーズ　جبل الإنجليز

English Mountain　　　Map P.383C3

　バウィーティ村の東のブラック・マウンテンにあり、通称イングリッシュ・マウンテン。これは第2次世界大戦中、ウィリアムズ大尉率いるイギリス軍がドイツ軍のロンメル将軍を迎え討とうと駐屯したときのもの。当時の軍営の遺構が頂上に残っている。ここからの眺めは最高だ。

旅の疲れの特効薬、温泉でひと休み　イル・アーバール

鉱泉
الآبار

Water Springs

バフレイヤには多くの鉱泉や温泉がある。各ホテルから4WDによるツアーが組まれている。

●ビル・マタール　村から北東へ約6km離れた地点にある。マタールとはアラビア語で「空港」の意味。バフレイヤ・オアシスを視察に訪れたサダト元大統領を乗せたヘリコプターが、この近くに着陸したことが名前の由来。以前は冷泉だったが、掘削の結果、熱い湯が出るようになり、かなり温泉気分を味わえる。

●ビル・ガバ　村の北東約10kmにある温泉。周囲には木が多く、オアシスの中の温泉といった感じ。

ユーモラスな表情の作品がいっぱい　マトゥハフ・トラート・イル・ワーハ

オアシス・ヘリテージ博物館
متحف تراث الواحة

Oasis Heritage Museum　Map P.383C3

バウィーティ村の東に、大きなラクダの像が置いてある、小さな博物館がある。これはバフレイヤの芸術家、マフムード・エイド氏が造ったものだ。オアシスの伝統的な生活風景をユーモラスに表現した作品は、どれもかわいいものばかり。博物館というよりアトリエだが、小さな作品はおみやげ用に販売もしている。

砂漠の中に残る遺構　マアバドゥ・イル・イスカンダル・イル・アクバル

アレクサンドロス大王の神殿
معبد الإسكندر الأكبر

The Temple of Alexander　Map P.382C1

バウィーティ村の西の外れの砂漠の中にポツンと残る遺構が、アレクサンドロス大王の神殿。保存状態があまりよくないため、往時の姿を想像するのは難しい。しかしこの神殿で、エジプトで唯一アレクサンドロス大王のカルトゥーシュ（→P.413）が発見されたのである。コプト教時代には修道院として使われたため、当時の房の跡が残っている。

■鉱泉
●ビル・マタール
Map P.383B4
●ビル・ガバ
Map P.383A4外
バウィーティ村からは少し遠いので、車を手配するか、ツアーに参加しよう。日本のような露天風呂ではないので、最低でも水着は着用しよう。現地の習慣に従うならTシャツの着用が望ましい。

■オアシス・ヘリテージ博物館
🕐10:00〜17:00　休無休
料20£E

屋外博物館にはさまざまな作品が陳列されている

■アレクサンドロス大王の神殿
🕐9:00〜15:00
休無休
料→P.378
📷

神殿の遺構が残る

Information

100以上のミイラが発見された黄金のミイラの谷

1999年3月、バフレイヤ・オアシスのバウィーティ村の西約6kmの地点で、大発見があった。当時のギザ考古局長ザヒ・ハワース博士により、なんと105体ものミイラが発見されたのである。世界中のマスコミがこれを大きく報道し、日本のテレビ番組でも報道された。博士によれば、その周辺には1万体にも及ぶミイラが埋葬されている可能性もあり、すべてを発掘するには50年以上も要するのではないかという。

このミイラは第26王朝、グレコローマン時代にバフレイヤ・オアシスを統治した高官のものといわれ、謎の多いオアシスの歴史を解明するうえで重要な発見だったといわれる。

この現場はアフマド・ファフリ博士によって1940年代に発掘が始まり、バウィーティから約6km離れていることからキロ・スィッタ（アラビア語で6kmの意）と呼ばれ、一般の立ち入りは禁止されている。（→Map P.382C1）

神殿内部のレリーフ

神殿の近くにある鉱泉、ビル・イル・ムフテッラ

神々のレリーフが美しい
アイン・イル・ムフテッラ神殿
The Chapels of Ain el-Muftillah

マアバドゥ・アイン・イル・ムフテッラ

معبد عين المفتلة

Map P.382B2

修復が続くムフテッラ神殿

バウィーティ村の西、アレクサンドロス大王の神殿の北東にある。リビア王朝ともいわれる第26王朝時代のもの。神殿は損壊を防ぐため屋根で覆われており、現在も修復作業が続けられている。この神殿はふたつの礼拝堂から成り立っており、手前のものは芸能の神ベス神に捧げられたもの。奥の礼拝堂には色鮮やかなレリーフでイシス神やオシリス神といった神々の行進が描かれている。

HOTEL

日本からホテルへの電話
国際電話識別番号 010 + 国番号 20 + 市外局番の最初の0を取った掲載の電話番号

バフレイヤのホテルはバウィーティ村に分散しており、村の中心部からは少し遠い所が多い。目当ての宿があれば、予約をして迎えに来てもらうのがよい。また、冬はとても寒くなることがある。多くのホテルは暖房設備はないので、防寒の備えも忘れずに。

デザート・サファリ・ホーム Desert Safari Home
経済的 Map P.381B4

دزرت سافاري هوم デゼルト・サファリ・ホーム

圄El-Bawiti الباويطي
℡(02)3847 1321
🛏🌀📺🚿🅿🏧50£E
(当時のレートで約750円)
🛏🌀📺🚿🅿🏧80£E
(当時のレートで約1200円)
💳US$ € £E
━不可

村の中心部からは少し離れているが、値段のわりに清潔な宿。エアコン付きの部屋もある。オーナーは砂漠ガイドのバドリ氏で、砂漠ツアーはバックパッカーに好評。ドミトリーもあり、要予約。
📶全館

アフマド・サファリ・キャンプ Ahmad Safari Camp
経済的 Map P.382C1

احمد سفاري كامب アフメド・サファリ・カンプ

圄El-Bawiti الباويطي
℡(02)3847 2090
✉ahmed_safari@hotmail.com
🛏🌀📺🚿🅿🏧50£E
(当時のレートで約750円)
🛏🌀📺🚿🅿🏧120£E
(当時のレートで約1800円)
💳US$ € £E ━不可

バックパッカーでにぎわうホテル。村からは遠いが4WDの無料送迎がある。エアコン付きの部屋もある。サファリツアーも各種ある。レストランも併設。
📶全館

ベシモ・ロッジ El Beshmo Lodge
中級 Map P.380A1

فندق البيشمو لودج フンドゥク・イル・ベシモ・ロジ

圄El-Bawiti الباويطي
℡(02)3847 3500
🛏🌀📺🚿🅿🏧150£E
(当時のレートで約2250円)
🛏🌀📺🚿🅿🏧180£E
(当時のレートで約2700円)
💳US$ € £E
━不可

全25室のうち、20室がバス付きで、11室がエアコン付き。エアコンやバスの有無は関係なく、料金は同じ。コテージの客室がリゾート風でかわいい感じ。中庭なども雰囲気がよい。
📶レセプション周辺

※2023年の取材時に外国人が入境することはできなかったため、ホテルの料金は2014年の調査時のものです。目安として現在のレートを勘案し、日本円を付記しています。

オールド・オアシス Old Oasis Hotel　　中級　Map P.380A1

فندق اولد اواسيس　フンドゥク・オールド・オアスィース

🏠El-Bawiti الباويطى
📞(02)3847 3028
🛏📶🅰🚿🛁100£E
（当時のレートで約1500円）
🛏📶🅰🚿🛁140£E
（当時のレートで約2250円）
💳US$ € £E　🚫不可

　ベシモ・ロッジの隣にある。ヤシの木や石材など地元産の素材をうまく利用したオアシスらしい造り。室内はかわいらしい感じ。ヤシの木が生い茂るガーデンが自慢。エアコン付きの部屋あり。
📶レセプション周辺

ウエスタン・デザート Western Desert Hotel　　中級　Map P.380A1

فندق الصحراء الغربية　フンドゥク・イッサハラー・イル・ガルビーヤ

🏠El-Bawiti الباويطى
📞(02)3847 1600
🌐www.westerndeserthotel.com
🛏🅰📶🚿🛁25€
🛏🅰📶🚿🛁40€
💳US$ € £E
🚫不可

　周辺にはバス停、観光案内所などがあり好立地でカフェ、レストランなども併設。屋上にはテラスがあり、バフレイヤを一望できる数少ないスポットだ。
📶全館

ベドウィン・キャッスル Bedouin Castle　　中級　Map P.382B2

فندق القلعة البدوية　フンドゥク・イル・アルア・イル・バダウィーヤ

🏠El-Bawiti الباويطى
📱010 0404 6240
🛏🅰📶🚿🛁170£E
（当時のレートで約2550円）
🛏🅰📶🚿🛁300£E
（当時のレートで約4500円）
💳US$ £E　🚫MV

　アイン・イル・ムフテッラ神殿のすぐ近くにある。アメリカ出身のオーナーが運営するホテル。最上階にレストランがあり、ここからはどこまでもヤシの緑が広がる風景を眺めることができる。砂漠ツアーが人気。　📶なし

インターナショナル・ホットスプリング International Hotspring Hotel 中級　Map P.381A3

فندق بيتر　フンドゥク・ビーター

🏠El-Bawiti الباويطى
📞(02)3847 3014
📱012 2350 8990
📠(02)3847 2322
🌐www.whitedeserttours.com
📧whitedeserttours@link.net
（日本語可）
🛏🅰📶🚿🛁50US$～
🛏🅰📶🚿🛁80US$～
💰税＋サービス17%別途
💳US$ € JPY £E
🚫不可

　バフレイヤ最大の規模と最高の設備を誇る。全44室。手入れの行き届いた緑あふれる庭や、館内にある温泉が自慢。予約すれば村の中心部からの送迎サービスも可能。砂漠をはじめとする各種ツアーも充実している。日本語OKなので、観光やツアーのアレンジなど、何でも気軽に相談できる。庭にオープンしたバーではビールやワインなどの酒類も楽しめる。左記の料金は夕食込み。
📶レセプション周辺（別料金）

RESTAURANT

　バフレイヤ・オアシスのほとんどのホテルには、レストランも併設されている。バウィーティ村にも、レストランやターメイヤを出す軽食屋が数軒ある。砂漠ツアーではドライバーかガイドが豪快な料理を作ってくれる。大自然の下で食べる最高のご馳走だ。

シャアビー Popular Restaurant　　庶民的 🍴 エジプト料理
Map P.380A・B1

مطعم الشعبى　マトゥアム・イッシャアビー

🏠El-Bawiti الباويطى
📞(02)3847 2239
🕐6:00～22:00
🛏無休
💳£E
🚫不可

　バス停の近くにある老舗。旅行者でにぎわう有名な店。地元ではバヨーミと呼ばれている。メニューも豊富で、3品のセットでも35£E（当時のレートで約525円）ほど。英語を話す店員もいる。冷えたビールもあるほか、朝食セットもある。

ミニ特集

4WDで走る 体験！ 砂漠ツアーへGO！

バウィーテ
الباويطي

ルネ・ミシェル
Tomb of René Mi

黒砂漠
الصحراء السوداء

ピラミッド・マウンテン
Pyramid Mountain

イル・ヘイズ
الحيز

アイン・イル・イッザ（鉱泉）
Ein El-Ezza

1日目 9:45
バウィーテイから
スタート！

ツアー参加時は、日よけや飲料水など
暑さ対策を忘れずに

クリスタル・マウンテン
Crystal Mountain

1日目 11:00
黒砂漠

ピラミッドの形をした黒い山が
いくつもあるエリア。なかには
ギザのピラミッドそっくりに3
つの山が連なっているものも
あり、車窓から見るだけでもお
もしろいスポットだ。

アカバットの谷
El-Aqabat

白砂漠
الصحراء البيضاء

穴あき岩
Eye Rock

キャンプサイト

アイン・ハドラ
Ain Khadra

アイン・イッサルウ
Ain el-Serw

イル・サンタ
El-Santa

1日目 12:15
鉱泉

黒砂漠の山々を見ながら鉱
泉に浸かる。Tシャツとタオ
ルの用意をお忘れなく。

マッシュルーム岩
Mushroom Rock

1日目 13:23
イル・ヘイズで
ランチタイム

イル・ヘイズはバフレイヤ・オアシス
と黒砂漠の間に広がる小さなオア
シス群。いくつかの村があり、村内
の鉱泉や素朴な生活風景をかいま
見ることができる。

ファラフラ・オアシス
واحة الفرافرة

1日目 *15:00* クリスタル・マウンテン

山全体がクリスタルでできている。アラビア語ではハガル・イル・マフルームと呼ばれる。太陽光で部分的にキラキラ光っている。

1日目 *16:00* 白砂漠

白砂漠はツアーで最大の見どころ。いろいろな形をした奇岩が無数に点在しており、近づいてみるとその大きさに驚く。ニワトリやマッシュルームの形をした高さ5m前後の石灰岩の巨石が林のように並ぶ風景は幻想的。フラワーストーンと呼ばれる花や貝の化石が無数に落ちている一帯もある。

1日目 *17:30* テント設営

砂漠で夜明かしする人は、貸してくれる毛布だけでは寒いので何か上にかけられるものがあったほうがいい。

1日目 *20:00* 日没

地平線の向こうに日が沈むと、満天の星空が砂漠を覆う。

▶ ジャラ洞窟
Djara Cave

1日目 *21:00* 夕食

スタッフが火をおこして温かい食事をその場で調理してくれる。

1日目 *21:36* フェネック発見!

砂漠のキツネ、フェネックがやってきた。大きな耳がかわいい。

2日目 *5:50* 日の出

朝日が白砂漠の岩に反射する絶景を見逃さないで。

2日目 *7:10* 朝食

パンや果物の朝食を食べたらテントを撤収し、帰路へ。

※ツアーによって訪問箇所や訪問時刻は変わります。また、日没などの時刻は時期によって変わります
ツアー協力:インターナショナル・ホットスプリング・ホテル(→P.387)

クジラ谷に行こう！
世界遺産 ワディ・イル・ヒタン
Map P.369A2

2005年にユネスコの世界自然遺産に登録されたワディ・イル・ヒタンは、ガバル・ゴハンナムの麓に広がる谷である。ガバル・ゴハンナムはアラビア語で「地獄の山」を意味する。

かつてここを通り過ぎた人々が、砂漠の中にある山の麓にたくさんの骨が散乱しているのを見つけた。そうたくさんの生き物が暮らしているわけではない砂漠の環境で、これほど多くの骨が落ちているということは、ここが地獄であるからに違いない。そう考えた人々は、おそれの気持ちを込めて「地獄の山」という名を付けたのだ。

バシロサウルス

人々からおそれられ、キャラバンルートからもはずれていたこの地に、研究者たちは興味を抱いた。ここにあるのは、ただの骨ではなく、何千万年も前の化石ではないだろうか。彼らはこの谷を調査した結果、化石は巨大なは虫類の一種のものだと考え、「トカゲの王」を意味するバシロサウルスと名付けた。

しかし、その後の研究が進むなか、この説は現在では完全に否定されている。この化石は、は虫類ではなく、ほ乳類であったのだ。ここで見つかったバシロサウルスの化石

バシロサウルスの化石

はクジラの祖先であると考えられている。バシロサウルスには小さいながらも前足のようなものがあり、これが現在のクジラにあるひれへと進化していったらしい。

現在の砂漠はかつての海底跡

この場所はかつてはテーシス海と呼ばれる海の底であった。よく見るとこのあたりには、ついさっきまで海水が入っていたかのような地形が広がっている。まるで水が引いたあとの砂浜のように、なだらかな地形が続いているのだ。かつて浅瀬だったと思われる部分には、横たわるように数々の大きな骨が散乱している。浅瀬にバシロサウルスをはじめ、クジラの仲間の化石が多いのは、集団で迷い込んでしまったのか、それとも餌を求めて入り込んだのだろうか。

散乱する化石

ほかにもワディ・イル・ヒタンにはさまざまな化石がある。貝やマングローブといったものの化石も多い。貝は、今見られるものよりもずいぶん大きく、何千万年も前の海の底がどんな様子だったのか、思いをはせると楽しい。

奇岩もあちこちで見られる

Information
砂漠ツアーに参加する際注意したいこと

近年、特に西方砂漠で問題になっているのが観光客のマナー。観光客が捨てるゴミが増加しているのだ。砂漠を案内してくれるベドウィンの人々はゴミは必ず持ち帰る。砂漠ツアーはエコツアーであることをはっきり自覚しよう。

また、ワディ・イル・ヒタンは自然保護区。地面には化石がゴロゴロ転がっているが、もちろんひろって持ち帰るのは厳禁。ルールはきちんと守って観光したい。

海底の地形がそのままの形で残っているのがワディ・イル・ヒタンの魅力のひとつ

不思議な形の岩がいっぱい

　ワディ・イル・ヒタンは変化に富んだ風景の美しさでも知られている。西方砂漠をくまなく訪ねた西方砂漠の専門家カサンドラ・ヴィヴィアンは、「ワディ・イル・ヒタンは白砂漠よりずっと美しい」と述べている。夕方になると、さまざまな形の岩が刻々とその色を少しずつ変えていく。

アラビア語で「アッラー（山）」という文字が刻まれているように見える岩

🏛ワディ・ライヤーン自然保護区の入域料8US$
　ワディ・イル・ヒタンの入場料10US$
■ワディ・イル・ヒタンへの行き方
🚗ワディ・イル・ヒタンはワディ・ライヤーン自然保護区の西端に位置する。公共の交通機関はない。砂漠の中にあるので、4WDを使ってのツアーで行く。バフレイヤ・オアシスから行くのが一般的だが、カイロから日帰りツアーを催行している旅行会社もある。バフレイヤからは距離があるがダイナミックな風景の変化を楽しむことができる。

ワディ・ライヤーン

　ワディ・イル・ヒタンの東はワディ・ライヤーンと呼ばれ、もともと谷沿いに小さなオアシスが点在しており、修道院などもあった。現在はその北に治水対策で造られた湖を中心に自然保護区が設定されて、エジプト人観光客の人気を集めている。湖のほとりには小さな滝と、ビジターセンターがある。周囲にはキャンプ場もある。

エジプトではあまりお目にかかれない滝もある

●バフレイヤ・オアシス（→P.378）から
ワディ・イル・ヒタンはピラミッドエリアとバフレイヤ・オアシスの間にある。バフレイヤ・オアシスを午前に出発し、日中にワディ・イル・ヒタンを観光、夕方にピラミッドエリアへ到着するルートが何かと便利（逆ルートも可能）。バフレイヤ・オアシス発の1泊2日のキャンプも可能。それぞれの料金は食事込みで車1台350US$〜。インターナショナル・ホットスプリング・ホテル（→P.387）で手配可能。

ファラフラ・オアシス Farafra Oasis

واحة الفرافرة アラビア語：ワーハト・イル・ファラフラ

市外局番092

カイロ○
○ファラフラ・オアシス
ルクソール○
アスワン○

近郊のアイン・ティリーン鉱泉

ニューバレー県に属するファラフラ・オアシスは白砂漠から約30km。主要オアシスのなかで最小だがその歴史は古い。旧石器時代から遊牧民が行き来し、古代エジプト初期王朝時代から定住し始めた。古王国時代からは「牛の土地」（ハトホル神に捧げられたものらしい）と呼ばれ、新王国時代第19王朝メルエンプタハの頃はリビア人に占領されていた。ここは古代から現代にいたるまで、リビアからエジプトを守る重要な軍事拠点である。また、観光客にとってはバフレイヤ・オアシスとともに砂漠観光の拠点となるオアシスだ。

●**町はシンプル** メインストリートが南北1kmほど続くだけの小さな町。商店などが多いのは北のほう。バフレイヤやダフラからのバスはこのメインストリートを通る。

●**銀行** 銀行はメインストリートにあり、ATMもある。現金の両替ならバダウィーヤ・ホテルでもできる。

●**車のチャーター** ファラフラ・オアシスでサファリツアーを催行しているのは、バダウィーヤとラッハーラの2軒のホテルのみ。コースやメニューもいろいろあるので、よく相談しよう。

■**ファラフラの安全情報**
2024年5月現在、日本の外務省は、西部および南部の砂漠地帯にレベル2「不要不急の渡航は止めてください。」を発出しています。旅行会社を通じての砂漠およびオアシスへの入境は当局の許可が必要となっており、現実的には難しい状況です。必ずしも訪問可能なわけではないことをご承知おきください。

■**ファラフラへの行き方**
●カイロ（→P.71）から
🚌トルゴマーン（→P.78）発
アッパーエジプト（EGバス）
7:00、16:00、18:00発
所要：約6時間 運賃：185£E
●バフレイヤ・オアシス
（→P.378）から
🚌アッパーエジプト（EGバス）
7:00、13:00、24:00、1:00発
所要：約2時間30分
運賃：75～95£E
●ダフラ・オアシス
（→P.394）から
🚌アッパーエジプト（EGバス）
6:00、15:00、17:00発
所要：約4時間 運賃：125£E

■**ファラフラ発のツアー**
料金はバダウィーヤ・ホテル発のもの。4WDは4人乗り。許可証代は別料金。
❶白砂漠＆クリスタル・マウンテン
1泊2日ツアー
車1台210€
❷白砂漠サンセットツアー
車1台100€
❸ジャラ洞窟ツアー
ひとり300€ ふたり400€

■**美術館**
📅8:00～12:00、14:00～20:00
バドル氏がいないときはバダウィーヤ・ホテルに頼む。
休無休 寄付歓迎

町を見下ろす旧市街 | イル・アスル
カスル | القصر
Qasr | Map P.393外

ファラフラのカスル

町の中心部から西に見える丘が旧市街のカスルだ。泥れんがでできたこの町は1958年に崩壊してしまった。しかし、カスル跡からは今でもグレコローマン時代の壺の破片やお守りなどが出てくるという。

ユニークな展示物が並ぶ | マトゥハフ・バドル
美術館 | متحف بدر
Badr's Museum | Map P.393

美術館のエントランス

ファラフラの芸術家、バドル氏が建物から展示物まですべて造った美術館。この地方の伝統的な風俗を素焼きの人形で表したミニチュアや絵画などが展示されている。テーマは伝統的な生活様式。実在の人物をモデルにしているところもおもしろい。

のどかな温泉
ビル・スィッタ
ビル・スィッタ	بئرسِتة
Bir Sitta	**Map P.393外**

ファラフラの町の中心部から北西に約6km行ったところにある。観光開発のために掘削された温泉だが、地元の人も洗濯などに利用している。ポンプから勢いよくお湯が出ており、浴槽も大きい。周辺には草が生い茂る。

勢いよく出る温泉

砂漠に隠された鍾乳洞
ジャラ洞窟

大迫力の鍾乳石が見られる

カフフ・イル・ジャラ	كهف الجارة
Djara Cave	**Map P.369B2**

1873年にドイツの探検家ゲルハルト・ロールフスによって発見された洞窟。ファラフラ・オアシスの北東約170kmに位置している。鍾乳石のほか、旧石器時代の壁画も見られる。

■ビル・スィッタ
囲入場自由

■ジャラ洞窟
バフレイヤ・オアシスまたはファラフラ・オアシスからのツアーで行くのが一般的

日本からホテルへの電話
国際電話識別番号 010 ＋ 国番号 20 ＋ 市外局番の最初の 0 を取った掲載の電話番号

ファラフラ・オアシスは町の規模も小さく、宿泊施設も少ない。

バダウィーヤ El Badawiya Safari & Hotel
中級 Map P.393

فندق البدوية フンドゥク・イル・バダウィーヤ

住Gamal Abdel Nasser St., El-Farafra
شارع جمال عبد الناصر, الفرافرة
☎012 8288 0659
URL www.badawiya.com
♦🛁⊞🔲⊞37€
♦A/C🛁⊞🔲⊞52€
♦♦🛁⊞🔲⊞52€
♦♦A/C🛁⊞🔲⊞64€
⊞US$ € £E ━不可

ファラフラ観光のパイオニア、サアド氏の経営。バフレイヤとダフラを結ぶ幹線上にあり、バスも頼めば停まってくれる。建物も新しくて室内も清潔。メゾネットタイプの部屋もある。レストランやスイミングプールなど設備も充実。砂漠ツアーも各種あり。
🛜レセプション周辺

ラッハーラ Rahala Safari Hotel
中級 Map P.393

فندق رحالا سفاري フンドゥク・ラハーラ・サファリ

住Back of Farafra Desert
الظهير الصحراوى للفرافرة
☎010 0306 4733
♦A/C🛁⊞🔲⊞500£E
♦♦A/C🛁⊞🔲⊞600£E
⊞US$ € £E
━不可

アフマド氏が営む町外れの宿。家族経営でスタッフは親しみやすく、4WD車でしか行けない周囲の見どころへのツアーにも気軽に参加できる。全室に冷蔵庫を完備している。
🛜全館

RESTAURANT

町の中心部とメインストリートの北側には庶民的な軽食屋やレストランが数軒あるが、閉まっていることも。観光客向けのレストランは、バダウィーヤ・ホテル内のみ。

ダフラ・オアシス Dakhla Oasis

الواحات الداخلة　アラビア語：ワーハト・イッダフラ

市外局番092

■ダフラの安全情報

2024年5月現在、日本の外務省は、西部および南部の砂漠地帯にレベル2「不要不急の渡航は止めてください。」を発出しています。旅行会社を通じての砂漠およびオアシスへの入境は当局の許可が必要となっており、現実的には難しい状況です。必ずしも訪問可能なわけではないことをご承知おきください。

■ダフラへの行き方

●カイロ（→P.71）から

🚌トルゴマーン（→P.78）発
アッパーエジプト（EGバス）
19:00、20:00、21:00発
所要:10～11時間　運賃:300£E

●ファラフラ・オアシス
（→P.392）から

🚌アッパーエジプト（EGバス）
14:00、24:00、1:30、2:30発
所要:4時間　運賃:125£E
🚐人が集まらないと出発しないが、セルビスの便が12:00～16:00ぐらいに1日1便ほど。
所要:約5時間　運賃:90£E

●ハルガ・オアシス
（→P.400）から

🚌アッパーエジプト（EGバス）
14:00、21:00発
所要:約3時間30分
運賃:100£E
🚐頻発　所要:約3時間30分
運賃:50£E

バスステーション近くにあるモスク

ムートの旧市街

ダフラ・オアシスもほかのオアシス同様、古くからベルベル人などが定住していた。古代エジプト古王国時代からグレコローマン時代までの遺跡が多数存在することを見ても、古代からの重要性がうかがえる。農産物の主役が古代のブドウ栽培や牧畜から現在の米やナツメヤシに変わっても、まるで変わらないのが水の大切さ。だが、昔は相当あった鉱泉、池、湖も、今では700ほどに減ってしまった。それに追い討ちをかけたのが1970年代から始まったニューバレー開発計画だ。これによって多くのナイル川流域のエジプト人

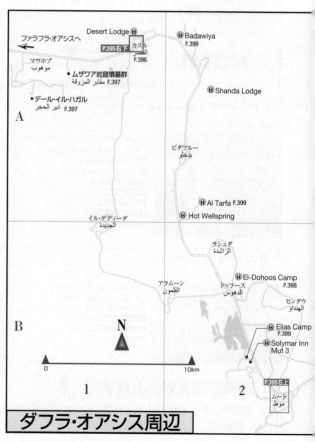

ファラフラ・オアシスへ→

Desert Lodge 🅗
P.395右下
カスル
القصر
P.396

🅗 Badawiya
P.399

マウホブ
موهوب

●ムザワワ岩窟墳墓群 مقابر المزوقة
P.397

🅗 Shanda Lodge

●デール・イル・ハガル دير الحجر
P.397

A

ビダフルー
بدخلو

🅗 Al Tarfa P.399

イル・ゲディーダ
الجديدة

🅗 Hot Wellspring

ラシュダ
الراشدة

🅗 El-Dohoos Camp
P.398

アラムーン
القلمون

ドッフース
الدهوس

ヒンダウ
الهنداو

B　N

🅗 Elias Camp
P.399

🅗 Solymar Inn
Mut 3

0　　　　　　　　10km

P.395右上
ムート
موط

1　　　　　　　　2

ダフラ・オアシス周辺

が移住してきた。現在の人口は約7万5000人。エジプト第2
の人口のオアシスである。このオアシスは全体的にハエが多
い。特に夏はかなりのもの。

●**中心はムート** ダフラ・オアシスの中心は**ムート**Mut。ムー
トは古代エジプトの神、アムン神の妻の名前である。西方オ
アシス第2の町だけあって、市街地も広い。バスなどが発着
するのはムートの南にあるガーマ広場Gaama Sq.。町の中心
は北側のタフリール広場Tahrir Sq.だ。周辺には店も多く、
銀行も広場の南にある。

ダフラ近郊に広がる農場。意外なこ
とにダフラの人口のほとんどは農業
に従事している

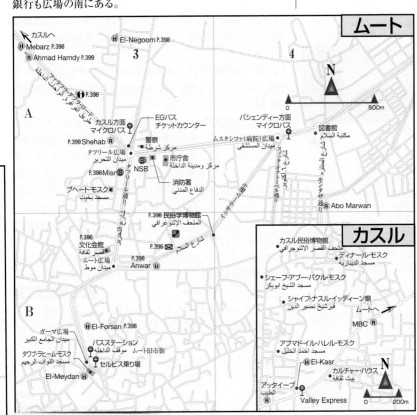

ムート

- カスルへ
- H Mebarz P.398
- R Ahmad Hamdy P.399
- H El-Negoom P.398
- 3
- 4
- N
- 0 500m
- P.396
- カスル方面マイクロバス
- EGバスチケットカウンター
- バシェンディー方面マイクロバス
- 図書館 مكتبة السلام
- P.399 Shehab R
- タフリール広場 ميدان التحرير
- 警察 مركز شرطة
- ムスタシファ(病院)広場 ميدان المستشفى
- P.396 Misr R
- NSB B
- 市庁舎 مركز ومدينة الداخلة
- 消防署 الدفاع المدني
- R Abo Marwan
- ブヘート・モスク مسجد بخيت
- P.396 民俗学博物館 المتحف الإثنوغرافي
- P.396 文化会館 قصر ثقافة
- ムート広場 ميدان موط
- P.398 Anwar H
- P.396 ✉
- B
- H El-Forsan P.398
- ガーマ広場 ميدان الجامع الكبير
- タウブ・ラヒーム・モスク مسجد التواب الرحيم
- バスステーション ムート旧市街 موقف الداخلة
- セルビス乗り場
- El-Meydan H

カスル

- カスル民俗博物館 متحف القصر الأثنوغرافي
- ディナール・モスク مسجد الدينارية
- シェーフ・アブー・バクル・モスク مسجد الشيخ ابوبكر
- シャイフ・ナスル・イッディーン廟 قبر شيخ نصير الدين
- ムートへ
- MBC R
- アフマド・イル・ハレル・モスク مسجد احمد الخليل
- H El-Kasr
- カルチャー・ハウス بيت ثقافة
- アッターイーブ الطيب
- Valley Express
- N
- 0 200m

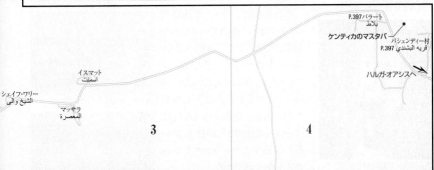

- P.397 バラート بلاط
- ケンティカのマスタバ قرية البشندي
- バシェンディー村 P.397
- ハルガ・オアシスへ
- イスマット اسمنت
- シェイフ・ワリー الشيخ والي
- マッサラ المعصرة
- 3
- 4

■ミスル銀行
Map P.395A3
圏8:00～14:00　休金

■郵便局
Map P.395B3
圏8:00～14:00　休金

■ダフラ・オアシスの観光案内所
Map P.395A3
TEL(092)782 1686
012 2179 6467
Mail desertlord@hotmail.com
圏9:00～14:00　休金

観光案内所

■民俗学博物館
TEL(092)782 1769
012 2491 6379
圏9:00～15:00
休無休
料120£E
閉まっていることも多いので、
文化会館（アスル・サカーファ）
のサーミ氏に頼むか、観光案
内所にアレンジしてもらう。

■文化会館
Map P.395B3
圏8:00～14:00、17:00～20:00
休無休

■カスル
タフリール広場近くのマイクロ
バス乗り場からマイクロバスで
行くことができる。運賃5£E。
ムートからタクシーをチャータ
ーすると往復150£Eほど。

カスルの中は迷路のようだ

●**長距離バス**　バフレイヤからのバスはカスルの方向から
やってきて、タフリール広場を右折してガーマ広場へ行く。
逆にハルガ方面からのバスはバシェンディー方面からやって
きてタフリール広場を左折する。

●**市内の交通手段**　小型トラックやマイクロバスが市内を
回っている。ガーマ広場からタフリール広場へは徒歩約20分。

●**観光案内所**　ダフラ・オアシスの観光案内所はタフリール
広場から北西に少し行くとある。情報量も豊富で、スタッ
フの応対もいい。局長のオマール・アフマド氏Mr. 'Omar
Ahmadは頼りになる人物。ダフラの情報はもちろん、遺跡な
ど近郊のツアーのアレンジや車の手配なども彼に頼むことが
できる。

●**近郊への交通手段**　カスルへはタフリール広場やガーマ
広場から、バシェンディー村へはムスタシファ（病院）広場か
らマイクロバスが出ている。

●**ダフラ発のツアー**　カスルやバシェンディー村などの遺跡を
見学するツアーはクラシックツアーと呼ばれており、近郊の砂
漠などと組み合わせたツアーもある。以前は旅行を扱う人の数
が少なかったが、近年は自前の4WDを持つところも出ており、
旅行会社も出てきた。ホテルに宿泊したらそこのツアーに参加
するのがおおむね基本。4WDは1日使うと車1台約1500 £E～
がだいたいの相場だ。ちなみにダフラでは、外国人が砂漠で
宿泊することは禁じられている。

オアシスの伝統、文化がわかる　イル・マトゥハフ・イル・イスノグラフィー

民俗学博物館
المتحف الإثنوغرافي

Ethnographic Museum　Map P.395B3

　ムート広場の東側にある小さな建物。カスルにあるような
伝統的家屋をそのまま博物館にしており、ダフラをはじめ、
ハルガなどニューバレー県の古い写真や民芸品、農具、民
族衣装、アクセサリー、陶器などが展示されている。

泥れんがでできた中世の城塞の町　イル・アスル

カスル
القصر

Qasr　Map P.394A1

　町の起源は、ウマイヤ朝時代
（700年頃）に初めてムスリムが
移住してきたときにさかのぼる。
ムート市街ができるまでは、ダ
フラ・オアシスの中心だった。小
型トラック乗り場から少し歩い
た所にある、迷路のような町に
は今でも約1000人が住んでい
る。学校やミナレットの上から
カスルが一望できる。

カスルの中心にそびえるミナレット

各家の入口にはアラビア語で書かれた
表札のようなものがある

見学のポイントは、12世紀に造られた学校と、裁判所だったといわれているマドラサ。その隣の門の外には絞首刑場や、12世紀のアイユーブ朝に基礎が造られた寺院、伝統的陶芸工場もある。また、各家の門の上にある、アカシアの木でできた表札代わりのものにも注目。年代物が多く、その家を建てた人の名前と年を彫ってあり、アラビア語が美しい。

ムザワア岩窟墳墓群
ローマとエジプト文化の融合

マアービル・イル・ムザッワア

مقابر المزوقة

Muzawaqa Tombs　　　　　　Map P.394A1

岩山に横穴を掘って作られたローマ時代のマンション墓地で、ペトオシリスとサドオシリスの墓が見もの。壁画は古代エジプトとグレコローマン時代のモチーフが融合していて興味深い。

いまでも人や動物の骨が残っている

デール・イル・ハガル
石の修道院

デール・イル・ハガル

دير الحجر

Deir el-Haggar　　　　　　Map P.394A1

ローマ時代にも古代エジプトの神殿は造られていた

ローマ時代の1世紀に砂岩で造られ、アムン、ムート、コンスの各神に捧げられた古代エジプト式神殿。砂漠の中に未修復の状態で残っている。壁画には古代ローマ皇帝ネロのカルトゥーシュが見られる。また柱には、19世紀のドイツのアフリカ研究家、ゲルハルト・ロールフスが調査時に刻んだ碑文が残っている。

バシェンディー村
古代建築の石材で家が建つ

アルイト・イル・バシェンディー

قريه البشندي

The Village of Bashendi　　　　　　Map P.395B4

1951年に砂嵐で砂丘が移動し、古代エジプト中王国時代に建てられたムート神殿が偶然出現したが、また砂の移動で隠れてしまった。今見ることができるのは紀元前6世紀からローマ時代までの墓。なかでも必見はケテムスの墓とバシェンディーの墓だ。バシェンディーの墓のドームはイスラーム様式だが、ケテムスの墓の土台はローマ様式というユニークな墓。聖者廟として今でも参拝者が絶えない。この聖者の名前にちなみ村の名前もバシェンディーと呼ばれている。

ケテムスの墓（手前）とバシェンディーの墓（奥）

■**ムザワア岩窟墳墓群**
圏9:00～15:00　休金
圏100£E（学生50£E）

鮮やかな壁画が残されている

■**デール・イル・ハガル**
マイクロバス乗り場から乗車し、カスルの先約8kmの地点で途中下車。幹線道路から道を入っていき徒歩約30分。カスルからはタクシーなら50£E程度。
　しかし、ムートでタクシーをチャーターしてカスルと一緒に回ってもらったほうがスムーズ。往復5～6時間、300£E。
圏9:00～17:00
休金　圏100£E（学生50£E）

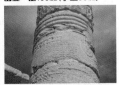
発掘調査を行った数名の名前のあとに1874年と書かれている

■**バシェンディー村**
ムスタシファ広場からマイクロバスに乗りバシェンディー村下車。運賃10£E。タクシーだと往復200£E程度。
圏8:00～20:00　休無休
圏100£E（学生50£E）

■**バラート**
Map P.395B4
バシェンディー村の手前にあるバラート村は、ナツメヤシやブドウの畑が広がるのどかな村。オアシスの日常風景を見るのにぴったりだ。泥れんがの家々が並ぶ旧市街は、マムルーク朝時代にその基礎が造られた。ここにもイスラームの聖者廟がある。興味のある人はバシェンディー村と合わせて見学してみよう。

ダフラのホテルはムートとその周辺にある。また、カスルにはEl Qasr Innというホテルのほか数軒の宿泊施設がある。ダフラを含むニューバレー県では旅行者保護のために警察がつくことがあるが、ダフラでは警察への宿泊先の申告などは必要ない。ただし、パスポートはコピーでもいいので常時携帯していること。

アンワル Anwar Hotel　　　　　　経済的　Map P.395B3

فندق انور フンドゥク・アンワル

Mut, El-Dakhla موط الداخلة
012 8991 0292
250£E〜
300£E〜
US$ € £E
MV

老舗の宿で、息子が先代から引き継ぐ身だが、変わらず営業熱心。設備はシンプルだが、価格相応の印象。旅行会社を兼ねているのでツアーには強いが、やや勧誘がしつこい。エアコン付きの部屋あり。　全館

ナグーム El-Negoom Tourist Hotel　　　　経済的　Map P.395A3

فندق النجوم السياحي フンドゥク・インナグーム・イッスィヤーヒ

Mut, El-Dakhla موط الداخلة
010 6725 2555
400£E
500£E
US$ € £E
不可

タフリール広場からカスル行きトラックが集まる先の道を北に行くとある。室内はいたってシンプルだが、このクラスのホテルとしては清潔感がある。順次改装を進めている。エアコン付きの部屋もある。　全館

フォルサン El-Forsan Hotel　　　　　経済的　Map P.395B3

فندق الفرسان フンドゥク・イル・フォルサーン

Mut, El-Dakhla موط الداخلة
TEL (092)282 1343
010 0564 1129
250£E
400£E
450£E
650£E
US$ € £E　MV

バス乗り場の近くにあるホテル。ムート旧市街の丘にへばりつくように建つ。本館の奥にはベドウィン風のロッジがあるほか、カフェテリアや庭もある。ロッジはファン、本館はエアコン付き。　全館

ムバーレズ Mebarz Tourist Hotel　　　　経済的　Map P.395A3

فندق مبارز السياحي フンドゥク・ムバーレズ・イッスィヤーヒ

Mut, El-Dakhla موط الداخلة
TEL (092)782 1524
350£E
500£E
US$ € £E
不可

町外れの安宿。少し古びてはいるが、ある程度の設備は整っている。全室冷蔵庫付きで、部屋もきれいにまとまっている。レストランもある。朝食なしの場合50£E割引になる。　全館

ドゥフゥース・キャンプ El-Dohous Bedouin Camp　　　経済的　Map P.394B2

مخيم البدوية الدهوس ムハイヤム・バダウィーヤ・イルドゥフース

El-Dohous, El-Dakhla
الدهوس الداخلة
TEL (092)785 0480
010 1484 5259
650£E(新棟)
1300£E(新棟)
US$ € £E　不可

カスルに行く途中にあり、幹線道路からは少し歩く。バックパッカーに人気で、丘の上にあり眺めもよい。テントやコテージ風の新棟がある。サファリツアーで有名。夜はベドウィンパーティがある。　レセプション周辺

エリアス・キャンプ Elias Camp

中級　Map P.394B2

مخيم الياس ムハイヤム・イルヤース

住Mout, El-Dakhla
بعد بير ٣ موطر الداخلة
📱012 7644 4995
🛏🅰🅲🈺🔲500£E
🛏🛏🅰🈺🔲1000£E
💳US$ € £E
━不可

ムート市内からやや離れている。サファリツアーで有名なナセル氏が、手作りの泥れんがを使って造った宿で、2012年に開業した。部屋はシンプルだが、家庭的な雰囲気が自慢。中庭には鉱泉プールもある。
📶なし

バダウィーヤ Badawiya Hotel

中級　Map P.394A2

فندوق البدوية الداخلة フンドゥク・イル・バダウィーヤ・イッダフラ

住El-Kasr, El-Dakhla
قرية القصر، الداخلة
TEL(092)772 7451
URLwww.badawiya.com
🛏🅰🅲🈺🔲37€〜
🛏🛏🅰🅲🈺🔲52€〜
💳US$ € £E　━不可

ムートから北西へ約26km、カスルの近くにあるホテル。周囲は農地で静かな環境にある。全客室にバルコニーが設置されている。昼食は130£E、夕食は150£E。レセプションの裏側にはプールがある。
📶レセプション周辺

アル・タルファ Al Tarfa Desert Sanctuary

最高級　Map P.394A2

الطرفة لودج イッタルファ・ロッジ

住El-Mansoura, El-Dakhla
عزبة المنصورة، الداخلة
TEL(092)785 1492
URLaltarfa.net
🛏🅰🅲🈺🔲336〜531€
🛏🛏🅰🅲🈺🔲440〜785€
💳US$ € £E
━Ⓜ Ⓥ

西方砂漠を代表するリゾートホテル。広めの客室にはソファやミニバーが配され、アメニティも充実。プールやサウナ、スパのほかゆったりとくつろげるラウンジもある。地元の有機野菜を使った料理も自慢。左記料金は2食込み。
📶レセプション周辺

RESTAURANT

　ムート市内には軽食を出す店や小さな食堂が点在しているので、食事には困らない。ガーマ広場にはカフェテリアもある。また、多くのホテルはレストランを併設している。カスルには幹線道路沿いにカフェテリアや軽食店がある。

アフマド・ハムディ Ahmad Hamdy's Restaurant

庶民的　エジプト料理
Map P.395A3

مطعم أحمد حمدي マトゥアム・アフマド・ハムディ

住Mut, El-Dakhla
موط الداخلة
TEL(092)782 0767
🕐7:00〜23:00
休無休
💳£E
━不可

ムバーレズ・ホテルの横にある人気のレストラン。セットメニューはボリューム満点。25£Eで冷たいレモネードを1.5リットルのペットボトルに詰めてくれる。汗をかく夏にはとてもありがたい。英語OK。同じ家族が経営するエリアス・キャンプへのタクシー手配も可能。写真のセットは100£E。

シェハブ Shehab Restaurant

庶民的　エジプト料理
Map P.395A3

مطعم شهاب マトゥアム・シェハーブ

住El-Ewainat Rd.,
El-Dakhla
شارع العوينات
📱012 2738 2589
🕐10:00〜翌2:00
休無休
💳£E　━不可

創業30年以上の老舗で、町で最も大きなレストラン。ハルガやファラフラに続く幹線道路沿いにある。壺焼き料理のターゲン79£E〜やミックスカバーブ175£E、チキンの丸焼きなど、定番のエジプト料理が揃う。店内は広々としていて、2階席もある。家族経営でスタッフも親切だ。

ハルガ・オアシス Kharga Oasis

アラビア語：イル・ワーハート・イル・ハルガ الواحات الخارجة

市外局番092

■ハルガの安全情報
2024年5月現在、日本の外務省は、西部および南部の砂漠地帯にレベル2「不要不急の渡航は止めてください」を発出しています。

■ハルガへの行き方
●カイロ（→P.71）から
🚌トルゴマーン（→P.78）発
アッパーエジプト（EGバス）
9:30、20:00、22:00発
所要7時間　運賃270£E
●ダフラ・オアシス（→P.394）から
🚌アッパーエジプト（EGバス）
19:00、20:00、21:00、23:00発
所要3時間　運賃100£E
🚐頻発　所要約3時間　運賃50£E

■カイロ行きのバス
🚌21:30、22:00、23:00、24:00発
運賃250£E

交通機関が集まるショアラ広場

ニューバレー県の県庁所在地ハルガ・オアシスは西方オアシス最大の町で、人口約8万7000人。もともといたのはベルベル系住民だが、近年の開発計画でナイル谷やヌビア地方からの移住者も多い。ほかのオアシス同様、ナツメヤシなどの農業が中心産業だ。

●交通の中心はショアラ広場
交通の起点は南東にあるショアラ広場。そこから少し北に行った、東西に延びるメインストリートがナバーウィ・ムハンデス通り。商店や軽食を出す店が集中している。長距離バスターミナルは市街地の南部にある。

●両替
ダルブ・アルバイーン通りに銀行が点在している。

400

●**観光案内所** マドラスィト・イッサナーイエ（工業高校）広場に面している。最新情報はここで確認しておこう。情報量も多く、所長は英語が話せるのでいろいろと相談に乗ってくれる。

●**市内交通** ハルガ市内および近郊には小型トラックやマイクロバスの便もある。タクシーの数も多い。

周辺からの出土品を集めた マトゥハフ・イル・ワーディ・イル・ゲディードゥ

ニューバレー博物館 متحف الوادي الجديد

New Valley Museum Map P.400左

西方オアシス周辺の遺跡からの出土品が展示されている。1階にはファラオ時代からローマ時代、2階はコプト時代やイスラーム時代の展示が中心だ。

エジプト支配の歴史を物語る マアバドゥ・ヒービス

ヒビース神殿 معبد هيبس

Temple of Hibis Map P.400右

ハルガ北側の郊外にあるアムン神に捧げられた神殿。最初の建立は古代エジプト末期王朝時代の紀元前600年頃にさかのぼる。その後、ペルシアに支配されたときに再建されたため、奥にある中庭の壁には、古代エジプトとペルシアの文化が融合した

2012年に再公開されたヒビース神殿

壁画が見られる。修復作業はプトレマイオス朝まで続いた。

19世紀後半にフランスが近くに工場を造り、最初は倉庫として使っていたが、後には神殿を崩して石材にしていた。

泥れんがでできた死者の町 イル・バガワート

バガワート البجوات

Bagawat Map P.400右

2世紀から7世紀までのハルガの共同墓地。今もコプト文化初期に造られた泥れんが製の霊廟が263基も残されている。ポイントは各霊廟内にある聖書をモチーフにした壁画。内部を見られるのはケニーサト・サラーマ（平和の霊廟）、ケニーサト・ハル

ケニーサト・サラーマに残された壁画。初期キリスト教の美術文化がこの地にも浸透していた

ージュ（出エジプト記の霊廟）、霊廟No.23、24、25などに限られているが、少し時間をとってずらりと並ぶ霊廟をゆっくり見て回るのもおもしろい。

■**ハルガ・オアシスの観光案内所**
Map P.400左
☎010 0180 6127
⏰9:00〜15:00、16:00〜20:00
休金
ツアーのアレンジも可能

■**ニューバレー博物館**
⏰9:00〜15:00
休金
料150£E（学生75£E）
⊗

ニューバレー博物館のミイラ

■**ヒビース神殿**
⏰9:00〜15:00 休無休
料180£E（学生90£E） ⊗

神々を描いた鮮やかな壁画が残っている

ヒエログリフも見られる

■**バガワート**
小型トラックがあり、分岐点から遺跡まで1本道を徒歩約30分で行けるが、警察から旅行者はタクシーで回るよう要請されている。ハルガ市街から往復で50£Eほど。
⏰9:00〜15:00 休無休
料120£E（学生60£E）
⊗一部不可

チケットを購入するとスタッフが案内してくれる

　大きな町だが、ホテルの数は多くはない。また、ほかのオアシスの町と比べると、外国人旅行者の数は非常に少ない。ハルガのホテルは市内に分散しており、徒歩だとかなり歩くので、バスターミナルからセルビスの利用が便利。また、市内を走るタクシーは多く、ほとんどの所は10〜20£Eで行けるので、こちらを使うのもいい。

エル・ダール・エル・ビヤダー　El Dar El Bidaa Hotel　　経済的　Map P.400左

فندوق الدار البيضاء　フンドゥク・イル・ダール・イル・ビヤダー

📍El-Shala Square St.
شارع اميدن شوري
📞(092) 792 9393
†∮†A/C ▢▢▢▢350£E
💳£E
🚫不可

　ショアラ広場のタクシー乗り場の近くにあり、スークも近い。建物は古く、設備も簡素だが料金は安い。最上階のテラスからは町の全容を見渡すことができる。英語はほとんど通じない。
📶なし

ラドワーン　Radwan Hotel　　経済的　Map P.400左

فندوق الرضوان　フンドゥク・イル・ラドワーン

📍Off Gamal Abdel Nasser St.
متفرع من شارع جمل عبد الناصر
📱012 7390 9801
†∮†A/C ▢▢▢225£E
†∮†A/C ▢▢▢300£E
💳£E　🚫不可

　ニューバレー博物館近くにある、町で最も安い宿のひとつ。部屋は清潔でさまざまなタイプがあり、冷蔵庫付きの部屋は少し高い。英語はあまり通じない。
📶なし

バドル　Badr Hotel　　中級　Map P.400左

فندق بدر　フンドゥク・バドル

📍El-Aml St.
شارع الأمل
📞(092) 292 1111
†∮†A/C ▢▢▢45US$
†∮†A/C ▢▢▢68US$
💳US$
🚫不可

　2021年にオープン。73室もの客室数を誇り、リゾート感を味わえる大きなスイミングプールをはじめ、レストランやカフェなど設備が充実。英語を話すスタッフも多い。　📶なし

ピラミッズ・シークレット　Pyramids Secret Resort　　中級　Map P.400左

فندق بيرأميد سيكريت　フンドゥク・ピラミード・スィークリート

📍Gamal Abdel Nasser St.
شارع جمل عبد الناصر
📞(092) 293 9800
†∮†A/C ▢▢▢20€
†∮†A/C ▢▢▢25€
💳US$ € £E
🚫不可

　観光案内所の向かいあたりにあるホテル。敷地は広く、ホテルの裏にはヤシの木が生える庭もある。2023年に経営が変わり、外観も含めてリゾートらしくなった。部屋はシンプルだが、内装は新しくて清潔。
📶なし

ロワード・オアシス　Rowad Oasis Hotel　　高級　Map P.400左

فندوق الرواد السياحي　フンドゥク・イッルワードゥ・イッスィヤーヒ

📍Gamal Abdel Nasser St.
شارع جمل عبد الناصر
📞(092) 292 7982
†∮†A/C ▢▢▢75€〜
†∮†A/C ▢▢▢100€〜
💳US$ € £E
🚫M V

　西方オアシス初の4つ星ホテル。全102室を擁する。この地域では最も豪華で、スイミングプールなどもあるリゾート仕様。中庭も広く、ちょっとした散策ができる。左記料金は朝・夕食付き。
📶レセプション周辺

Egypt

エジプトの
歴史と偉人

（上）アレキサンドリアに立つ
ムハンマド・アリの銅像
（右）ダフラ・オアシスの遺跡
デール・イル・ハガルで見られる
ホルス神の壁画

よくわかる エジプト 史

西暦 紀元前	時代	エジプトのできごと	世界の動き
3000	初期王朝	**メネス王（ナルメル王）によりエジプトが統一される** **— ADVICE —** **ピラミッド**が建てられたのは**古王国時代** **首都はメンフィス**だったから **カイロの南に見どころが集中**	メソポタミア： 青銅器文明 （紀元前3000年頃）
2550		スネフェル王、ダフシュールにピラミッド造営 P.150 クフ王のピラミッド P.142 古王国時代の最盛期には、 王は神の化身で、 宗教や政治、経済のすべてが 王に集約されていた。  スフィンクスとカフラー 王のピラミッド	インダス： モヘンジョダロ （紀元前2600年頃）
2490		カフラー王、ピラミッドとスフィンクス造営 P.142、143 メンカウラー王のピラミッド P.143 サフラー王のピラミッド ウナス王のピラミッドテキスト P.147  サッカーラ、ジェセル王のピラ ミッドコンプレックス　 サッカーラにあるウナス王のピラミッド	 メンフィスにあるアラバ スター製のスフィンクス
	第1中間期	古王国は衰退し始め、国土は混乱、各地方豪族が力 をもつ。特に有力だったのが、ヘラクレオポリスの豪族 とテーベの豪族だ。 これが 次の時代への 足がかり。	地中海： クレタ文明 （紀元前2000年頃）

初期王朝が成立してからローマ帝国の支配下に入るまで、およそ3000年の長きにわたって栄えてきた古代エジプトの世界。そのすべてが紀元前の話だというから、その歴史の厚みは驚くばかりだ。まずはおおまかにアウトラインを知ろう。

ナイル川が肥沃な耕地を育んだ

西暦	時代	エジプトのできごと	世界の動き
紀元前 2050	初期王朝	**エジプト再統一、都はテーベに**	メソポタミア: バビロニア王国 (紀元前1894年)
1990		**テーベからリシュト付近に遷都** 中王国時代は文化的にはそれほど特徴のあるものはなく、ほとんど古王国時代の模倣に終わる。	
1630		第2中間期にはエジプトは混乱し、アジアからヒクソスと呼ばれる人々がデルタ地帯に侵入した。 **ヒクソスが下エジプトに王朝を成立させる**	小アジア: ヒッタイト (紀元前1680頃)

ADVICE

巨大建造物や**壁画**ができたのは**新王国時代**
首都はおもに**テーベ**だったから
ルクソールに古代の史跡が集中

	新王国	新王国時代の王は、国民のヒーロー的な立場にあったものの古王国時代とは違って神性も弱まっており、王だけが神と交信できるわけではなくなった。税金も、神官が神殿の荘園から取り立てることができたため、王自身は徐々に経済力をなくしていった。	
1539		**アフモーゼ1世により第18王朝が成立**	
1493		**トトメス1世、ヌビアやパレスティナに大遠征** ルクソールの王家の谷に初めて墓を造った人。	
1473		**ハトシェプスト女王即位** トトメス1世の娘、ハトシェプスト女王は、ハトシェプスト女王葬祭殿 P.207 などを建築、現在のソマリアであるプントとの交易も積極的に行った。	
1450		**トトメス3世により領土が最大になる** トトメス3世は、ハトシェプスト女王の義理の子供（側室の子）。ふたりの間には確執があったようだが、対外的には多くの軍事遠征を行い、エジプトの国土は最大になる。	ギリシア: ミケーネ文明 (紀元前1500年頃)

ハトシェプスト女王葬祭殿

405

西暦	時代	エジプトのできごと	世界の動き

紀元前 1348 / **新王国**

アクエンアテン王の宗教改革 P.224

この頃になるとテーベのカルナック神殿の神官は、
経済力を背景に政治力をも増してきた。
王の力が弱くなりつつあったため、
アメンホテプ4世（アクエンアテン王）は、
首都をアマルナに移した。
同時にそれまで多神教だったエジプトの宗教が
ここでアテン神と呼ばれる太陽神だけを
信仰する一神教に改革された。

1332

ツタンカーメン即位 P.96

アクエンアテン王の後を継いだのは
ツタンカーメン。
彼は都を再びテーベに戻し、
アムン・ラー神信仰を中心とする
多神教が再開される。
アクエンアテン王の一神教は、
わずか一代で頓挫した。

ツタンカーメンのマスク

1292

ラムセス1世即位 P.208
将軍ラムセスが即位し、第19王朝を開いたのは紀元前
1292年頃。ラムセスの名をもつ王は11世までに及んだ。

1290

セティ1世、アジア遠征 P.212

セティ1世は
ラムセス1世の息子。

1275

ラムセス2世、カデシュの戦い P.262
ラムセス2世は、シリアのカデシュでヒッタイトに戦い
を挑んだ。カデシュの戦いでは、両国の間に和平が
調印され、世界で最も古い和平条約調印文が、アブ・
シンベル神殿内に見られる。

アブ・シンベル大神殿に残
るラムセス2世のレリーフ

ラムセス3世は
ラムセス2世
とは無関係。

ラムセス2世は
セティ1世の息子。

パレスティナ：
モーセの出エジプト
（紀元前1230年頃）

1179

ラムセス3世「海の民」と戦う P.211

1145

ラムセス6世即位

ラムセス6世の墓内部

西暦	時代	エジプトのできごと	世界の動き
紀元前1075	第3中間期	**新王国が衰退し、混乱期に。タニスに新王朝ができる** 中央権力が弱体化し、リビア人やヌビア人などの支配を受けるようになった。 タニスは現在のサーン・イル・ハガル。ここのネクロポリスは未盗掘の状態で発掘された	ギリシア： 都市国家の成立 （紀元前1000年頃） メソポタミア： イスラエル王国 （紀元前10世紀頃）
667	末期王朝	アッシリアの支配が始まる	メソポタミア： バビロン捕囚 （紀元前586年）
525		カンビュセス2世がエジプトを征服	
521		ダレイオス1世のエジプト支配	
404		ペルシア支配より独立	中国：戦国時代 （紀元前403年）
343		ペルシアがエジプトを再征服	
332		**アレクサンドロス大王**がエジプトを征服	インド： マウリヤ朝 （紀元前317年頃）
305	プトレマイオス朝	プトレマイオス1世が即位	アレクサンドロス大王がいよいよエジプトに侵入。やがてエジプトを征服し、部下のひとりであるプトレマイオスがアレクサンドロス大王の死後、エジプト王となる。紀元前30年にクレオパトラ7世が自殺するまで続いたが、やがてローマ帝国の支配下に入った。
196		ロゼッタストーン	
48		ユリウス・カエサルがアレクサンドリア上陸	
31		アクティウムの海戦	
30		クレオパトラ7世自殺	

古代エジプト王名　英語・フランス語・ドイツ語対応表

本書の表記	そのほかの表記	英語	フランス語	ドイツ語
アクエンアテン	イクナートン	Akhenaten	Akhenaton	Echnaton
アメンホテプ	アメンヘテプ	Amenhotep	Aménophis	Amenophis
アレクサンドロス大王	アレキサンダー大王	Alexander The Great	Alexandre le Grand	Alexander der grosse
カフラー	カウラー	Khafra	Chéphren	Chephren
クフ		Khufu	Khéops	Cheops
ジェセル	ジョセル	Djoser	Djéser	Djoser
スネフェル	スネフル	Snefer	Snéfrou	Snofru
セティ		Sety , Seti	Séthi	Sethos
ツタンカーメン	トゥトアンクアムン	Tutankhamun	Toutankhamon	Tutanchamon
トトメス	トゥトモセ	Thutmose	Thoutmosis	Thutmosis
ネフェルタリ	ネフェルトアリ	Nefertari	Nefertari	Nefertari
ネフェルタリ	ネフェルトイティ	Nefertiti	Nefertiti	Nefertiti
ハトシェプスト女王		Hatshepsut	Hatchepsout	Hatschepsut
プトレマイオス	トレミー（英語） プトレミー（フランス語）	Ptolemy	Ptolémée	Ptolemaios
メンカウラー		Menkaura	Mykérinos	Mycerinus
ラムセス	ラメセス	Rameses	Ramsés	Ramses

※ガイドブック、パンフレット、遺跡により、上記の表とは異なる表記の場合もあります。

西暦 紀元後	時代	エジプトのできごと	世界の動き
40	ローマ帝国時代	聖マルコがコプト教会を設立 P.103	
272		パルミラのゼノビア女王、エジプト遠征	
305		聖カタリナがアレキサンドリアで殉教	
313		キリスト教が公認	

シナイ山にある聖カトリーナ修道院（→P.301）

古代アレキサンドリア図書館は学術研究の中心として栄えた

カタリナの遺体は天使によってシナイ山に運ばれたのだとか。その地に6世紀になって聖カトリーナ修道院が建てられた。

朝鮮半島：
高句麗、百済、新羅の三国時代
（4世紀頃）

395		ローマ帝国、東西に分裂	
415	ビザンツ帝国時代	女性学者のヒュパティアがキリスト教徒に虐殺される	
451		カルケドン公会議でコプト教が異端に	

ローマ帝国が東西に分裂すると、エジプトは東ローマ帝国領となり、原始キリスト教であるコプト教の文化が栄えた。

コプト博物館（→P.102）に収蔵されているステンドグラス

日本：
仏教の伝来
（538年頃）

| 550 | | フィラエ島のイシス神殿が閉鎖 P.251 | |

閉鎖後のイシス神殿はキリスト教会として利用された。

最後まで古代エジプトの信仰を守ったイシス神殿に残る十字架

| 618 | | サーサーン朝ペルシアがエジプトを占領 | |
| 641 | 正統カリフ時代 | アラブ軍がエジプトを占領 | |

アムル将軍率いるアラブ軍が641年にカイロを占領。エジプトにイスラームがもたらされ、新たな時代の幕開けに。

カイロ最古のアムル・モスク（→P.104）

| 705 | ウマイヤ朝時代 | ワリード1世即位、ウマイヤ朝最盛期 | |

日本：
奈良時代
（710年）

ワリード1世が建てたダマスカス（シリア）のウマイヤ・モスク。ほかにもエルサレムのエル・アクサ・モスクなども建立した

西暦	時代	エジプトのできごと	世界の動き
750	アッバース朝時代	バグダッドにアッバース朝興る	
828		アレクサンドリアにあった聖マルコの聖遺物がヴェネツィアに運ばれる	
868	トゥールーン朝時代	アッバース朝の総督として派遣された**アフマド・ブン・トゥールーン**がトゥールーン朝を興す	
905		トゥールーン朝が滅亡	
935	イフシード朝時代	ムハンマド・ブン・トゥグジュがイフシード朝を興す	
969	ファーティマ朝時代	将軍ジャウハルがエジプトを征服	
970		カリフ、ムイッズがアズハル大学を創設	
970		カリフ、**ハーキム**即位	
1163		エルサレム王国のエジプト遠征	
1174	アイユーブ朝時代	サラーフッディーン、アイユーブ朝を興す	
1187		ヒッティーンの戦いでエルサレムを奪還	
1250		第7回十字軍をマンスーラで撃退	

イブン・トゥールーン・モスク（→P.121）は879年に完成した

トゥールーン朝滅亡後はアッバース朝が一時期復活した。

アズハル大学はアズハル・モスク（→P.110）に付設された高等教育機関

ハーキムは学問を奨励した名君として知られるがシーア派色を強めて厳格な教義を強制したりもした。

ハーキム・モスク（→P.115）の中庭

サラーフッディーンの時代に建設が開始されたシタデル（→P.123）

12世紀頃の東地中海周辺

コンスタンティノープル
ビザンツ帝国
ルーム・セルジューク朝
アレッポ
モースル
キプロス王国
アンティオキア公国
ダマスカス
バグダッド
アッコン
エルサレム王国
エルサレム
アレキサンドリア
マンスーラ
カイロ
スエズ
アイユーブ朝
メディナ
メッカ

サラーフッディーンの時代にシリアやトルコ、イラクの辺りにまで領土を広げた。

西暦	時代	エジプトのできごと	世界の動き
1250		バフリー・マムルーク朝興る	ヨーロッパ: ワールシュタットの戦い(1241年)
1260		アイン・ジャールートの戦い	
		アジアや東欧でほぼ無敗を誇った最強のモンゴル軍を相手に勝利してイスラーム世界を救った。	小アジア: オスマン朝 (1299年)
1294	マムルーク朝時代	ナースィル・ムハンマド即位	

ADVICE

マムルーク朝時代は紅海とインド洋を結ぶ交易で栄え、カイロはイスラーム世界の中心都市として繁栄した。イスラーム地区に残るマドラサ（神学校）やモスクが多く建てられたのもこの時代。

スルタン・カラーウーンのマドラサ（→P.113）は息子のナースィル・ムハンマドによって建てられた

1347		ペストの大流行	
1382		ブルジー・マムルーク朝興る	ヨーロッパ: 英仏百年戦争 (1339年)
1422		アシュラフ・バルスバイ即位	
1509		インド洋沖でポルトガル軍に敗れる	

ブルジー・マムルーク朝第19代スルタン、アシュラフ・カーイトゥベーイ（位1468〜95）の時代に造られたカーイトゥベーイの要塞（→P.339）

ブルジー・マムルーク朝を復興させた9代目スルタン、バルスバイのマドラサ（→P.113）。

			ヨーロッパ: 大航海時代 (1488年)
1516		シリア北部、マルジュ・ダービクでオスマン朝軍に敗北	
1517		オスマン朝のセリム1世がカイロを征服	インド: ムガル帝国 (1526年)

ヤヴズ（冷酷者）ことセリム1世が建てたヤウズ・スルタン・セリム・モスク。イスタンブールの金角湾を見下ろす丘に立つ

	オスマン朝時代		日本: 安土桃山時代 (1573年)
1798		ナポレオンのエジプト遠征	ヨーロッパ: 三十年戦争 (1618年)
1799		ロゼッタ・ストーンの発見	

ロゼッタ（ラシード）は、オスマン朝時代にアレキサンドリアに代わって貿易港として発展。オスマン朝様式の邸宅が多く建てられた（→P.348）

			ヨーロッパ: ワットの蒸気機関 (1769年)
			アメリカ: アメリカ独立宣言 (1776年)
1801		ムハンマド・アリ、エジプトに赴任	

西暦	時代	エジプトのできごと	世界の動き
1805	ムハンマド・アリ朝時代	ムハンマド・アリ、エジプト総督に	
1818		スーダン遠征	
1869		スエズ運河開通 P.360	
1881		スーダンでマフディーの乱	
1881		アフマド・オラービーの革命運動	
1914		イギリスの保護国となる	
1919		サアド・ザグルールの反英民主化運動	
1922		イギリスから独立	
1939		第2次世界大戦始まる	
1942		エル・アラメインの戦い P.352	
1948		第1次中東戦争	
1952		自由将校団のエジプト革命	
1953	エジプト・アラブ共和国時代	初代大統領にムハンマド・ナギーブが就任	
1956		ナセル大統領就任、スエズ運河国有化宣言	
1956		第2次中東戦争	
1967		第3次中東戦争	
1970		ナセル、心臓発作で死亡	
1970		サダト大統領就任	
1970		アスワンハイダム完成 P.252	
1973		第4次中東戦争 P.365（軍事博物館）	
1975		国民的歌手ウンム・クルスーム没	
1977		サダト大統領、イスラエル訪問	
1978		サダト大統領、ノーベル平和賞受賞	
1979		イスラエルとの和平条約調印	
1981		サダト大統領暗殺	
1981		ムバラク大統領就任	
1982		シナイ半島返還	
1988		ナギーブ・マフフーズ、ノーベル文学賞受賞	
1990		湾岸戦争で多国籍軍に協力	
2011		エジプト革命（1月25日革命）	
2012		ムルスィー大統領就任	
2013		ムルスィー大統領解任	
2014		エルシーシ大統領就任	
2016		エジプトポンドを変動相場制に移行	

カイロのローダ島にあるマニアル宮殿博物館（→P.99）は1929年に完成した

マルサ・マトローフにあるロンメル博物館（→P.354）

ナセル大統領は物流の大動脈であるスエズ運河を国有化し、アスワンハイダム建設資金を賄おうとした

ポート・サイドの駅前広場にあるサダト大統領の像

ムルスィー前大統領のポスター

よくわかる **カルトゥーシュ**

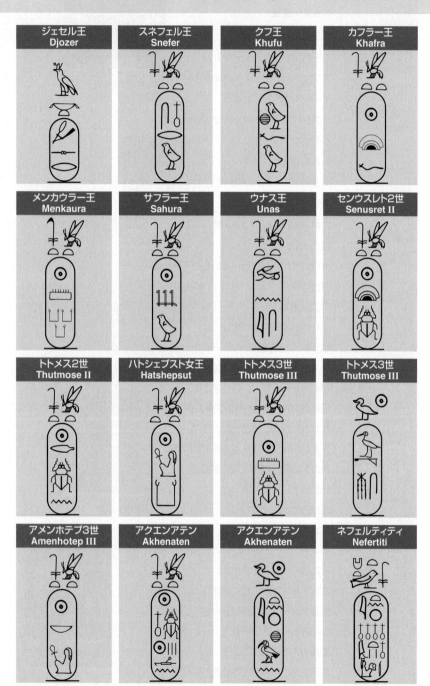

ジェセル王 Djozer	スネフェル王 Snefer	クフ王 Khufu	カフラー王 Khafra
メンカウラー王 Menkaura	サフラー王 Sahura	ウナス王 Unas	センウスレト2世 Senusret II
トトメス2世 Thutmose II	ハトシェプスト女王 Hatshepsut	トトメス3世 Thutmose III	トトメス3世 Thutmose III
アメンホテプ3世 Amenhotep III	アクエンアテン Akhenaten	アクエンアテン Akhenaten	ネフェルティティ Nefertiti

カルトゥーシュに彫られるファラオの名前はひとつだけではない。誕生名や即位名など、いくつもあるのが普通だ。例えばハチが書かれているものは即位名で、上エジプトと下エジプトの王という意味だ。中王国以降のファラオは5つの名前をもっている。

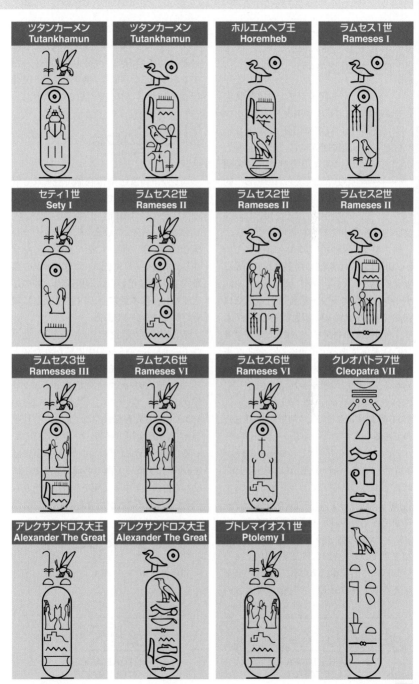

ツタンカーメン Tutankhamun	ツタンカーメン Tutankhamun	ホルエムヘブ王 Horemheb	ラムセス1世 Rameses I
セティ1世 Sety I	ラムセス2世 Rameses II	ラムセス2世 Rameses II	ラムセス2世 Rameses II
ラムセス3世 Ramesses III	ラムセス6世 Rameses VI	ラムセス6世 Rameses VI	クレオパトラ7世 Cleopatra VII
アレクサンドロス大王 Alexander The Great	アレクサンドロス大王 Alexander The Great	プトレマイオス1世 Ptolemy I	

ヒエログリフで自分の名前を書いてみよう

■ ヒエログリフで カルトゥーシュを 読んでみよう！

カルトゥーシュが
デザインされたT
シャツ

古代エジプトの象形文字であるヒエログリフは、メソポタミアの楔形文字から「言語は図式的に表現できる」という考え方を継承し、発明されたと考えられている。約6000文字あるヒエログリフのなかでもよく使用される24文字を基本アルファベットと呼んでいる。

ヒエログリフの解読に最も貢献したのが、現在大英博物館に所蔵されているロゼッタ・ストーンだ。ロゼッタ・ストーンは、ナポレオンがエジプト遠征を行った際に偶然発見されたもの。3段で構成されており、上からヒエログリフ、次にヒエログリフの草書体であるデモティック、そしてギリシア文字となっている。これら種類の異なる3つの文字で書かれた文章が同じ内容であるに違いないと考えたことから、3つを比較することにより解読に成功したのである。

わかりやすい例として、クレオパトラとプトレマイオスの名前の比較がよく取り上げられる。ふたつの異なるカルトゥーシュ（王名枠）をヒエログリフ、ギリシア文字、ローマ字で書いてみると下図のようになる。プトレマイオスの□ とクレオパトラの□ は同じ文字なので、ギリシア文字のΠ（パイ）、つまりローマ字のPにあたる。同じようにクレオパトラの 🐍 は、プトレマイオスの

🐍 と同じ文字なのでギリシア文字のΛ（ラムダ）、つまりローマ字のLにあたる。このようにして解読の手がかりが見つかったのである。ちなみにヒエログリフは、紀元後4世紀までエジプトで使用されていた。

■ こうして ヒエログリフは 解読された！

エジプトの遺跡や博物館で見られる壁画や石碑に描かれている複雑なヒエログリフを読むには訓練が必要であるが、実はカルトゥーシュのなかのヒエログリフを読むことはそう難しいことではない。なぜならカルトゥーシュとは、エジプト王の名前を表す際に用いられる楕円形の枠のことであり、基本的にその内容は王名に限定されているからである。

例えばギザの大ピラミッドを建造したクフ王のカルトゥーシュの中に描かれた文字を我々は簡単に読むことができる。24文字の基本アルファベット対応表から、クフ王の名前は、🌞🐦〰️🐦 という4つのヒエログリフから構成されており、それぞれが"Khwfw"というローマ字に対応していることがわかる（下の図を参照）。我々は4500年以上前の人物の名前を読むことによって古代エジプト文明をさらに身近なものとして感じることができるのである。

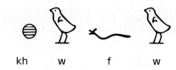

kh　w　f　w

ΚΛΕΟΠΑΤΡΑ
KLEOPATRA

ΠΤΟΛΕΜΑΙΟΣ
PTOLEMAIOS

ヒエログリフで自分の名前を書いてみよう！

　エジプト旅行で大変人気のあるおみやげ品として、自分の名前をヒエログリフでデザインした金製や銀製のペンダントがある。ペンダント職人たちは、24文字の基本アルファベット対応表や下に掲げた50音対応表を用いて作製するため、おおかた正しく、誤りは少ないが、まれに間違った文字が使用されていることがある。

　わざわざエジプトまで行って間違ったおみやげを買って帰るのはまことに残念。このような悲劇を予防するために自分で自分の名前をあらかじめ紙などに書いてお店の人に渡すことをおすすめする。例えば「岩崎」という名字の方ならば下の図左となり、「杉本」という方ならば下の図右のようになる。意外と簡単でしょ！

I W A SA KI

SU GI M O TO

ヒエログリフ50音対応表

ア	イ	ウ	エ	オ
カ	キ	ク	ケ	コ
サ	シ	ス	セ	ソ
タ	チ	ツ	テ	ト
ナ	ニ	ヌ	ネ	ノ
ハ	ヒ	フ	ヘ	ホ
マ	ミ	ム	メ	モ
ヤ		ユ		ヨ
ラ	リ	ル	レ	ロ
ワ		ン		
ガ	ギ	グ	ゲ	ゴ
ザ	ジ	ズ	ゼ	ゾ
ダ	ヂ	ヅ	デ	ド
バ	ビ	ブ	ベ	ボ
パ	ピ	プ	ペ	ポ
シャ		シュ		ショ
チャ		チュ		チョ

24文字の基本アルファベット

文字	音訳	発音
	ȝ	ア
	i	イ／ア
または	y	イ
	ꜥ	ア
または	w	ウ
	b	ブ
	p	プ
	f	フ
	m	ム
	n	ヌ
	r	ル
	h	フ
	ḥ	フ
	ḫ	ク
	ẖ	ク
または	s	ス
	š	シュ
	ḳ	ク
	k	ク
	g	グ
	t	トゥ
	ṯ	チュ
	d	ドゥ
	ḏ	ジュ

415

遺跡&遺物から探る
ツタンカーメンの謎と真実

間近に迫った大エジプト博物館の開館。目玉となるのは
ツタンカーメンの展示だ。あらためてツタンカーメンにま
つわるエピソードを紹介しよう。

文・大城道則 駒澤大学文学部歴史学科教授

episode 1 ツタンカーメンの父

　ツタンカーメンの父はアクエンアテン（アメンホテプ4世）。
アメンホテプ3世と王妃ティの息子として生まれ、古代エ
ジプト王国の新王国時代第18王朝10番目の王となった。
　アクエンアテンは、古代エジプトの伝統的多神教世界に
反旗を翻し、太陽神アテンのみを崇め
る一神教を唱えた革新的な王。王権の
強化を図るため、それを人々に強要し
たことでもよく知られている。
　治世5年目に自らの名前をアメンホテプ（アメン
神は満足する）からアクエンアテン（アテン神に有
益なる者）へと改名する。続いて中エジプトのテル
=エル=アマルナにアケトアテン（アテン神の地平線）
という名の新しい王都を建設した。それゆえ、彼の治世とその直後は
特に「アマルナ時代」と呼ばれている。

太陽が腕を伸
ばしているよう
に王に光を与え
ている

テル・エル=アマルナ遺跡
P.224

長い顔とふっくら
した腹がアクエン
アテン像の特徴

episode 2 父のこだわりアマルナ美術

　アマルナ美術は、新都アケトアテン（アマルナ）
で花開いた美術様式。その特徴は、動植物や人
物描写に見られる写実性といえる。特にアクエン
アテンは異様なほど長い顔と女性的な臀部大腿
部で描かれた。
　またアクエンアテン一家を描く際には、子供た
ちを抱き上げたり、キスしたりする場面が描かれ、
親密性や家族愛が表現されている。

左:妻キヤまたは娘と接吻
するアクエンアテン
右:アクエンアテン

アマルナ王宮を飾っていた写実的な壁画

アクエンアテンのものとされる棺

アクエンアテンの聖堂

episode 3 即位

アクエンアテンの死後、ツタンカーメンはわずか8歳か9歳で王位に就く。一神教にした父王だったが、その死でテーベ（ルクソール）のアメン神官団は権力を取り戻しつつあった。ツタンカーメンはこれに抗えず、唯一神アテンの信仰を止め、アメン神を主神とする伝統的な多神教世界を復活させた。

都もアケトアテンから王宮とともにメンフィスへと遷都。このことはカルナック神殿の復興碑に記されている。

乳母マヤ（マイア）の墓に描かれたツタンカーメン

ツタンカーメンのマネキンといわれるほぼ実物大の木像。王は身長165～170cm、体重55～58kgといわれ現代日本人より少し小柄

アクエンアテンの正妃でアンケセナーメンの母ネフェルティティ。ツタンカーメンにとっては義母にあたる。端正な顔立ちが有名で、彩色された頭像はベルリンにある

episode 4 結婚

ツタンカーメンは、アンケセナーメンを妻とした。アンケセナーメンはアクエンアテンと王妃ネフェルティティ（ネフェルトイティ）の娘で、ツタンカーメンとは異母兄弟。ふたりの間に生まれた子供たちは、死産もしくは幼少の頃に死去しており、そのミイラはツタンカーメン王墓で発見されている。彼女は夫の死後、ライバル国であったヒッタイトへ手紙を送り、王子との結婚を求めた。

ツタンカーメンが血の繋がったアンケセナーメンと結婚したことは王家として一般的なこと。それは神である王や王族とそれ以外の人々とを決定的に区別する神聖なる行為だったのだ。そこに当事者たちの感情は反映されない。ヘリオポリスの創世神話では兄弟姉妹婚によって世界が創られる。王もまた神々の一員だった。

ルクソール神殿にあるツタンカーメンとアンケセナーメン。背面には腰に手を回す仲むつまじい姿が表現されている

episode 5 死亡

18～20歳で亡くなったツタンカーメンの死因については前世紀から暗殺説が有力視されてきた。しかし現在では科学的に否定されている。CTスキャンの結果、おそらく落馬での大腿骨骨折痕が見つかっている点と、DNA鑑定の結果、マラリアにかかっていたことが判明している。このことから骨折後にマラリアになり、合併症で死亡したと考えられる。

ツタンカーメンは王家の谷の62墓に眠っている

episode 6 後継

アイの墓に描かれた壁画

夭逝したツタンカーメンの王位を継いだのはアイ。アイはネフェルティティの父親だろうとされる有力人物だが、すでに80歳を超えた老人。彼は自らの王位継承を確かなものとするために、ツタンカーメン王墓の壁画に開口の儀礼を描かせた。亡き王の葬儀を執り行った人物が次王となる習わしだったからだ。

王家の谷では新たな発見を
求めて発掘が続く　P.208

episode 7　カーターの発掘秘話

　カーナーヴォン卿が我慢できず心配そうに「何か見えるかね」と尋ねたとき、
カーターが「はい、すばらしいものが」と答えた場面は考古学史上に残る逸
話だ。1915年のセオドア・ディヴィスの発掘権放棄から7年の歳月をかけ、考
古学者カーターと発掘資金の出資者カーナーヴォン卿は、世
紀の大発見に成功したのだ。

　1922年11月4日、カーターはツタンカーメン王墓の入口
を発見すると、すぐにイギリスのハイクレア城に滞在中の
カーナーヴォン卿に封印された未盗掘墓を発見したことと
彼のエジプト到着を待つ旨の電報を打った。11月23日に
カーナーヴォン卿がエジプトのルクソールに到着すると発掘
は再開され、その日の午後にツタンカーメンの王名が記された封
印が発見された。そして墓室へとつながる通路の清掃が終了し
た11月26日にふたりはツタンカーメン王墓を開いたのだ。

　古代エジプト史上最も実態が明らかではなかった王が、最も
有名な王となった瞬間だった。

発掘の拠点となったルクソール西岸
にあるカーター・ハウス。執務室（上）
や写真の現像をする暗室（下）のほ
か、寝室や台所が残る
P.212

episode 8　王を守る棺

　ツタンカーメンの埋葬方法は、ときにマトリョーシ
カ風だと称される。実際にツタンカーメンの亡骸は
防腐処理後、包帯で包まれ、黄金のマスクがかぶ
せられ、純金製の人型棺に納められた。

　その人型棺はひと回り大きな金箔を貼った木製
人型棺に納められ、さらにそれは同じく金箔木製
の人型棺に納められ、最後に赤色珪岩製の石棺に
納められたのだ。そのうえ石棺には三重の厨子が
かぶせられた。盗掘者だけではなく、目に見えざる
ものからも王を守護するためだった。

episode ❾ ツタンカーメンの呪い

ツタンカーメン王墓発見の関係者たちが次々と謎の死を遂げたという「ファラオの呪い」は、よい意味でも悪い意味でも王墓発見のハイライトのひとつ。常識的にはありえない話だが、100年たった今でもテレビをはじめマスコミで取りあげられている。

ファラオ村にある発見当時の
墓を再現した模型　P.128

確かに翌年1923年に56歳のカナーヴォン卿が蚊に刺された箇所を誤って傷つけたことが原因で死亡したのは明らかだが、棺開封の際に立ち会った22名のうち10年以内の死亡は2名だけ。ミイラの包帯を外す現場にいた10名に早死にした人はいない。

エジプト学の権威ブレステッドは70歳まで、ヒエログリフの権威ガーディナーは84歳まで存命だった。もし「ファラオの呪い」が存在するのなら、真っ先に呪い殺されるはずのカーターですら64歳まで生きた。付け加えるならば、ツタンカーメンのミイラのCTスキャンやDNA鑑定を行ったザヒ・ハワスは75歳を超えてもなお現役で活躍中だ。ファラオの呪いなど存在しないといえるだろう。

第2の棺。長さは204cmあり、この中に長さ187.5cmの第3の棺が入っていた。このことからツタンカーメンの身長は170cm弱と推察されている

episode 10 黄金のマスク

世界中の訪問者をひき付けてやまない黄金のマスク。くっきりと描かれた眉とアイシャドーはラピスラズリ。高さ54cm、幅39.3cm、重さ11kg

古代エジプト文明の絶対的アイコンであるこの黄金のマスクは、時価300兆円ともいわれている。それはまたこのマスクが単に金の価値だけでは推し量れない、感性に比重を置く芸術的価値と高度で繊細な技法的価値を有していることも意味している。通常、人が仮面をかぶるという行為は、祭祀や儀礼において自分以外の何者かに変身すること。

しかしツタンカーメンの黄金のマスクは、おそらくそのような意味ではなく、死した王を邪悪な存在から守るために作られたものと考えられる。永久不滅に輝きを失うことのない黄金を使用して、理想的に王の顔を描いたマスク。その黄金の性質をそのまま王自身へと投影することで、永遠の命と永遠に衰えることのない肉体をツタンカーメンが得ることを願ったものだったのだ。

さらに王の命を永遠のものにするために、この黄金のマスクにはもうひとつの工夫がなされている。それがマスクの

背面の肩甲骨辺りにヒエログリフで刻まれた「死者の書」の一節だ。そこには、「あなたの手が彼のためにセトの仲間を討つ」と記されている。あなたとはマスク、彼はツタンカーメン、そしてセトは悪の象徴を意味している。つまりこの黄金のマスクは、死後の世界でも敵を倒し、ツタンカーメン自身を守ることを期待して作られたものだったのだ。

しかしながら、彼と彼の周りの人々の願いもむなしく、平穏は3300年間ほどしか続かなかった。マスクを発見したカーターは、マスクが王の頭と肩に遺体保存に用いられた樹脂で貼りついており、取り出すことが困難であると気がついたのだ。そこで彼の取った手段は、ナイフを熱してミイラの頭部から黄金のマスクを剥がすというもの。

現在の遺物保存の観点から考えると、それは文化財の破壊といえるものだったのかもしれないが、100年前にはまだ普通の行為だったのだ。古代エジプトの魔術も、現代人の好奇心には通用しなかったということになるのだろうか。

黄金の玉座の背もたれに描かれたツタンカーメンとアンケセナーメン

episode ——王と王妃の黄金の玉座

木材に金箔と薄い板状の金がかぶせられたこの玉座（写真右下）は、ほぼ完璧な状態で発見された。ライオンの頭と顔を模した脚部、その脚部と座部との間になされた手の込んだ装飾だけでも見事な作品。さらには背もたれに描かれた図像が特に有名だ。そこにはこの玉座と同じ玉座に座るツタンカーメンが描かれている。彼はアテフ冠をかぶり、首飾りを付け、キルトを身に着けている。また右ひじを背もたれにかけ、左手を膝に置き、両足を足置き台に乗せている。彼の正面には王妃アンケセナーメンが立ち、左手に持った銀の器から右手で王の体に香油を塗っているのだ。ふたりの深い愛情が見て取れるものとして知られている。

天からは太陽神アテンの陽光が幾筋も降り注ぎ、彼らはこの図像のなかでいまだアテン神を信仰していることがわかる。穏やかな曲線美で描かれたふたりの図像はアマルナ美術の特徴でもあった。

記された名前がトゥトアンクアメン（ツタンカーメン）ではなく、改名前のトゥトアンクアテンであったことからも、この玉座が治世初期に製作されたものである可能性が高いことがわかる。

さらにこの図像には、注目されている箇所がある。それはツタンカーメンとアンケセナーメンが一組のサンダルを片方ずつ履いている点。この情景はこれまで一組のサンダルを分かち合うふたりの愛情の深さを表現したものだと考えられてきた。しかしながら、片方のサンダルというものは通常世界のバランスを欠いた存在であり、ふたつの世界を行き来する存在、あの世とこの世の狭間にいる者という意味をもつ。ふたりがそれぞれ片足ずつサンダルを履いている描写は、深い愛情では片づけられないのではないか。

古代エジプトでは現世よりも来世が大事だった。死後、魂の拠り所であるミイラを作製し、最後の審判を経て来世（楽園）で復活し、永遠の命を得て生き続けることを何よりも望んだ。ひとつのサンダルを分けあって履くということには、ふたりが死後も一緒にいられるようにという思いが反映されているのかもしれない。

黄金の玉座は肘かけを含め幅53cm

421

episode 12　アヌビス神像付き厨子

厨子の長さは90ｃｍ、高さは54.3ｃｍ、アヌビス神の高さは60ｃｍ

運搬用の持ち手が付いたそりの上に置かれ、全体に金箔が施された塔門の形をした厨子が宝物庫で発見された。そしてその上には死者を冥界へと案内する役目をもつアヌビス神の像が鎮座していたのだ。

アヌビス神の像は、木材を石膏で下塗りし、全身を黒色に塗られ、耳の内側、眉毛とアイライン、首輪とリボンは金箔が施されいる。筋肉質であばら骨がうっすらと浮き出るようにリアルに表現されているのも特筆すべき点だ。両目は黒目の部分に黒曜石と白目の部分に大理石がはめ込まれており、四肢の爪には銀が用いられている。

古代エジプトにおいてアヌビスは、葬礼にかかわる最も重要な神々の一柱だ。そのことから死生観や来世観に関する場面で壁画やパピルスに描かれることが多い。例えば「死者の書」の挿絵にしばしば描かれるのは、死者の裁判として知られる「心臓計量の儀礼」。ここにおいてアヌビスは死者の心臓と正義の羽マアトとを天秤にかける。天秤がバランスを失い、心臓が下に転げ落ちるとそばにいる怪物アメミトに食べられてしまう。それは幸福が待つはずの来世で永遠の生活を送る権利を失う瞬間でもあった。そのことを古代エジプト人は最も恐れる。

またアヌビスは、ベッドに横たえられた死者にミイラ処置を施す場面にもしばしば登場する。「口開けの儀礼」では死者の棺を支えている様子で描かれる場合もある。アヌビス神は死者の再生復活を左右する役割を担っていたのだ。

episode 13　衣服と下着

ふんどしのように着用する下着。大エジプト博物館付属の修復センターにて

古代エジプトで使用された衣服は、身分や季節に応じて変化したし、時代によって流行もあったが、一般的には白色あるいは白っぽい簡素な亜麻布がほとんど。ツタンカーメンも最高品質の亜麻布を使用した衣服を身に着けていたことが副葬品から明らかだ。

なかでも注目すべきは、146枚確認されている下着（パンツ）。これらの下着にはシミ痕があることが確認されており、それらを調べた結果、シミは重曹や塩素であったことが判明している。現在でも重曹は洗濯の際にシミ抜きや消臭のために使用され、塩素は漂白剤として使われる。

新王国時代のテーベにあった職人村デール・イル・マディーナでは、洗濯屋が存在していたことがわかっている。ツタンカーメンの下着もまた清潔に保つために洗濯されていたのだろう。

episode 14　狩猟柄彩色箱

四面と上蓋すべてに彩色されたこの箱は、古代エジプト美術史上、最高傑作と評価されてきたもの。特に両側面に描かれた詳細な図像は、3300年前のものとは思えないほどのできばえだ。

そこには軍隊を率いたツタンカーメンがチャリオットの上に立ちながら弓を引き、狙いを定めて敵を討つ勇猛果敢な姿が描かれている。王は青冠をかぶり、両腕に腕輪をはめ、ドットで彩られた衣装を身に着けている。腰に付けられた箙（えびら＝矢を入れる道具）と足元には複数の矢。チャリオットを牽く巨大な2頭の馬には、馬具のハミが備え付けられ、頭も胴部も豪華に飾り立てられている。

そしてシリア人などの敵兵をチャリオットで蹴散らし、足で踏みつけている。猟犬も倒れた敵兵に襲いかかる。反対側の面には、ヌビア人を討つ場面が、上蓋には動物を狩る場面が描かれている。つまり地上に存在するあらゆる敵を討つ王が表現されているのだ。

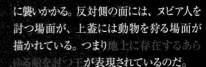
漆喰で下塗りされた木製。高さ44cm

箱のデザインもすばらしいのだが、実はこの彩色箱の中に入っていたものが興味深い。小さな金の星々を散りばめたようなデザインの衣装、サンダル、枕、さらにツタンカーメンが着用したであろう子供用の衣服が収納されていたのだ。

episode 15　スカラベ付き腕輪

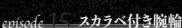

今にも動き出しそうな写実的なラピスラズリ製の大型のスカラベが金の台座にはめ込まれたこの腕輪は、さらにトルコ石、カーネリアン（紅玉髄）、そして色ガラスで装飾されている。なかでもラピスラズリは、エジプト周辺に鉱山が存在しておらず、遠く離れたアフガニスタンで採掘されたもの。長距離交易でメソポタミアを通過し、ナイル世界にまでもたらされたものだ。そのコストを考えれば想像を絶する最高の原材料といえる。

直径5.4cm。スカラベの頭の下には鋭い爪をもつ前足が表現されている

この腕輪には蝶番があり、蝶番を開いて自分の手首を差し込み、反対側の輪につながる留金部分を締めて固定した。少し小さめであることから、幼少期のツタンカーメンが身に着けたものだったと考えられている。

episode 16　異民族が描かれたサンダル

ツタンカーメン王墓からは100点ものサンダルが発見されている。そのなかでもこの寄木細工のサンダルは、金箔が施された樹皮のストラップ部分をはじめとして、保存状態が極めて良好。図柄も興味深く、左右ともに黒い肌が特徴的なヌビア人とあごひげが特徴的な西アジア人とがふたりひと組で背中合わせに立ち、それぞれ後ろ手に縛られている。彼ら4人は捕虜と考えていいだろう。また彼らの上と下には、それぞれ弓が4張ずつ並べられ、古代エジプトで伝統的に敵とみなされていた異民族＝「九弓の敵」を表している。ただ8つしか弓がないことから、対称性というデザインを重視したのか、あるいは弓に挟まれたひと組の異民族をカウントして「九弓の敵」を表そうとしたのかもしれない。

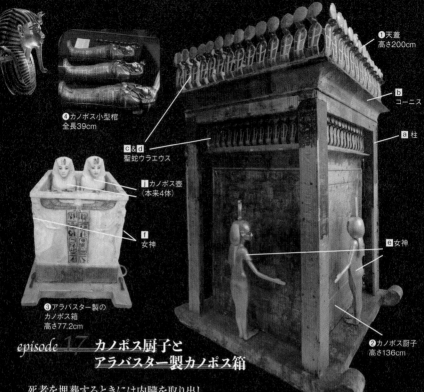

④カノポス小型棺
全長39cm

❶天蓋
高さ200cm

ⓑ コーニス

ⓐ 柱

c&d
聖蛇ウラエウス

ⓙカノポス壺
（本来4体）

ⓕ
女神

ⓔ女神

③アラバスター製の
カノポス箱
高さ77.2cm

❷カノポス厨子
高さ136cm

episode 17 カノポス厨子と アラバスター製カノポス箱

死者を埋葬するときには内臓を取り出してミイラとは別に保管する。古代エジプトでは死者の復活にはミイラと同じように内臓が大切に扱われ、カノポスという容器に入れられた。ツタンカーメンのカノポスは棺同様「入れ子」になっており、幾重にも容器が重ねられている。

いちばん外側にあるのが天蓋をもつ厨子だ。天蓋❶はツタンカーメンの名前や肩書が記された4本の柱ⓐをもち、葦の壁を模したコーニス部分ⓑの上に太陽円盤を頭部に置く青色、赤色、水色で色分けされた聖蛇ウラエウスⓒが並べられている。カノポス厨子❷も同じように金箔が施され、ウラエウスⓓが並べられている。そりの形をした台座部分には、金箔が施された四柱の女神像ⓔがひだの付いた衣装を身に着け、両腕を広げてカノポス厨子を守護している。

西にはイシス、東にはネフティス、北にはネイト、そして南にはセルケトが配置されていた。

厨子の中には、同じような形をしたクリーム色のアラバスター製のカノポス箱③があり、四隅には同じ四柱の女神ⓕが両腕を広げてカノポス箱を守っている。この中には、額にウアジェトとネクベトの二女神を備えた人頭型の上蓋をもつ4体のカノポス壺ⓙが入れられていたのだ。

ツタンカーメンを描いたものなのかどうかは意見が分かれるところだが、唇が赤く塗られ、アイラインもくっきりとした線で引かれている。さらにそれら4体のカノポス壺のなかには、それぞれ小型のカノポス棺④が入っていた。それらは黄金の棺のまさにミニチュア版。そしてその中に防腐処理され、ていねいに布に包まれたツタンカーメンの内臓が入っていたのだ。

これほどまでにあらゆる邪悪な存在から王を守護する「防御」の姿勢が明確に反映されている副葬品は、ほかに存在しないだろう。

episode 18　ライオン型軟膏入れ

　アラバスター製の部材を組み合わせて作られた台座の上に立ち上がったライオンを表現したもの。ライオンは王冠をかぶり、右前足をあいさつするかのように掲げ、「左前脚を保護」を意味するヒエログリフ「サー」の上に左前脚を載せ、右後ろ脚を一歩前に踏み出している。尻尾はバランスを取る役割を果たす。両目は黒い縁取りがなされ、その中は金箔が施され、歯と舌は象牙で作られている。両耳にピアスの穴が開けられ、あごひげや爪なども詳細に表現されている。「サー」からは、彼らが呪術的な機能を期待したこと、そしてライオンが赤い色の舌を出すという動作にも同様の意味があることがわかる。古代エジプトの異形の神ベスは、やはり同じように舌を出して魔を祓う役割をもつからだ。副葬品は、あらゆるデザインで王の保護を願って収められている。

　またライオンの胴体内部は空洞であり、発見時には中に脂肪質のものの痕跡が見られたことから、用途としては軟膏入れだったとされている。通常軟膏は、儀礼などに使用されることが多かったのだが、この軟膏入れの場合、ライオンの胸のあたりにツタンカーメンの即位名と誕生名、そしてアンケセナーメンの誕生名が並んで刻まれており、王と王妃が実際に使用したものであることが想像できる。

舌を出したユニークな表情、高さ60cm

episode 19　小型ゲーム盤

　古代エジプトを含め古今東西、コマとサイコロを使用して遊ぶゲームは広く知られている。ツタンカーメン王墓出土のこのゲーム盤はそのなかでも最も洗練されているといえるだろう。材質は象牙の角材を彫り込んだもので、上面は正方形と長方形のマス目に分けられている。遊ぶ際は骨製のサイコロを振って、自分のコマを進めて競い合ったようだ。

　箱には引き出しがあり、金製の輪に通した象牙製のかんぬきで開け閉めができるように工夫されている。中にはコマとサイコロを収納できるようになっていた。ゲーム盤の側面には、ツタンカーメンの王名と肩書、そして玉座に座る王にアンケセナーメン王妃が花を手向ける様子が刻まれていた。

　このゲーム盤は、古代エジプト人に最も人気があったゲームのセネト(通過)ができるようにデザインされていた。セネトはふたりのプレイヤーが向かい合わせに座って対戦するゲーム。庶民から王族にまで好まれたが、有名なのはラムセス2世の王妃ネフェルタリの墓の壁画に描かれたもの。そこでは彼女が目に見えない相手と対戦している場面が描かれている。

　勝者は来世において豊かな暮らしを獲得すると考えられていたことから、墓に入れる副葬品としてふさわしいものだった。すごろくに近いとしばしば紹介されるが、幸運と不運を通過しながらコマを進める遊び方から考えると「人生ゲーム」のほうがイメージとしては近いのかもしれない。

1本の象牙から掘られた見事な細工

よくわかる
エジプト偉人録

メネス王 Menes
（B.C.3100〜3000頃）

何をした人？
・上エジプトと下エジプトを初めて統一

伝説ではエジプト史上初めて上・下エジプトを統一し、首都メンフィスを建設したとされている。第1王朝を創始、ここから古代エジプト初期王朝時代が始まる。輝かしい時代の幕を開けた人物だ。メネスという名は、後にギリシア人がつけたもので、実際の名前には諸説がある。

関連史跡
・メンフィス ▶P.149

クフ王 Khufu
（B.C.2555頃）

何をした人？
・ギザの大ピラミッドを造営

古代エジプトの古王国時代第4王朝の王。世界最大の墓、ギザの第1ピラミッドを建設した王として有名。これだけ大きなものを建てたのに、どんな人物であったかは、ほとんど知られていない。彼の姿は、エジプト考古学博物館に展示されているアビドス出土の象牙製小座像だけが残っている。

関連史跡
・クフ王のピラミッド ▶P.142

アクエンアテン王 Akhenaten
（在位B.C.1353〜1336）

何をした人？
・太陽神のみを信仰する一神教を創始

古代エジプト新王国時代第18王朝の王。宗教改革を行い、世界初の一神教を創始した。テーベで経済力と宗教力を背景に王権をも脅かし始めた神官たちに対抗するため、首都をテル・エル＝アマルナに移し、アテン神以外の神々を否定した。彼が興したアテン信仰はその後誕生するユダヤ教に影響を与えたと考えられており、さらにキリスト教、イスラームと続く一神教の原点ともいわれている。

関連史跡
・テル・エル＝アマルナ遺跡 ▶P.224

ラムセス2世 Ramesses II
（在位B.C.1279〜1213）

何をした人？
・ヒッタイトと戦って勝利
・神殿など巨大建造物を多数建築

古代エジプト新王国時代第19王朝の王。エジプト各地の神殿に必ず名前を刻んだ自己顕示欲の強い王。正妻4人、側室200人以上。王子や王女は計200人以上にも達する。彼の治世は67年間にもわたり、治世5年目に北の強国ヒッタイトとカデシュの戦いを行い、後に世界最古の和平条約を結んだ。また、モーセが出エジプトを行ったときの王ともいわれる（次王の説もあり）。

関連記事
・建築王ラムセス2世 ▶P.191

アレクサンドロス大王
Alexander the Great
（在位B.C.336～323）

何をした人？
・北アフリカからインドまで征服
・ヘレニズム文化の伝播

ギリシアのマケドニアの王。長期にわたり遠征を行い、ユーラシア大陸からアフリカ大陸にまたがる大帝国を、たった1代で築き上げた。

アレクサンドロス大王は古代エジプト末期王朝の混乱のなか、エジプトを征服し、大都市アレキサンドリアを建設した。古代世界に類を見ない大図書館と博物館を有したこの巨大都市は、世界の学問の中心地として栄えた。

関連史跡
・**アレクサンドロス大王の神殿** ▶P.385

クレオパトラ7世 Cleopatra VII
（在位B.C.51～30）

何をした人？
・ローマと結びプトレマイオス朝の存続を図った

グレコローマン時代プトレマイオス朝最後の女王。クレオパトラは絶世の美女、そして、妖艶な女性として描かれることも多い。だが実際は9ヵ国語を駆使する語学の天才。その会話は人を魅了する力があったといわれている。1990年にアレキサンドリアのカーイトゥベーイの要塞近くの海底で、クレオパトラとアントニウスが過ごしたとされる神殿跡が発見された。

関連史跡
・**ハトホル神殿** ▶P.226

サラーフッディーン（サラディン）
Salah ad-Din
（在位1174～1193）

何をした人？
・十字軍と戦い、領土を拡大

中世カイロにおける、最も輝かしい時代にシタデルやカーヘラの城壁を築いてアラブ世界全体に名を轟かせたアイユーブ朝の初代君主。ヨーロッパの人々にとって十字軍は、聖地防衛のシンボルであったが、アラブ人にとってはまったく逆で、自分たちを脅かす悪魔にすぎなかった。サラーフッディーンはファーティマ朝の宰相になると、しだいに力を増しながら、領土を広げ、十字軍包囲のための体制を築き上げ、ついにはエルサレムの奪回を成し遂げた。

関連史跡
・**シタデル** ▶P.123

バイバルス Baybars
（在位1260～1277）

何をした人？
・十字軍を撃退し、マムルーク朝を創設

黒海北方の草原に生まれ、少年時代にモンゴル軍に捕らえられて奴隷として売られるも後にアイユーブ朝の傭兵となり、軍人として頭角を表す。1250年にはフランスのルイ9世率いる十字軍をマンスーラで撃退。その後1260年には無敵を誇ったモンゴル軍をアイン・ジャールートで勝利。シリアに残っていた十字軍勢力にも勝利を収めた。

関連史跡
・**ザーヒル・バイバルス・モスク** ▶Map P.107A2

ムハンマド・アリ Muhammad Ali
（在位1805〜1848）

・オスマン朝から独立し、近代化を推進

　エジプトの近代化に貢献した英雄で、近代エジプトの父と呼ばれる。オスマン朝統治下のカヴァラ（現ギリシア）に生まれた。ナポレオン占領時代後期の混乱期に力をつけ、1805年に自らのムハンマド・アリ朝を樹立、オスマン朝の支配から独立した。また、富国強兵や殖産興業政策をはじめとする一連の行政・経済改革。さらに農業・教育改革に尽力し、その後のエジプト経済に大きな影響を与えた。

関連史跡
・ムハンマド・アリ・モスク ▶P.124

ナセル Nasser
（大統領任期1956〜1970）

何をした人？
・エジプト共和国を樹立

　ムハンマド・アリ朝を倒し、エジプトを共和制に導いた自由将校団のリーダー。反英民族運動家出身の政治家、軍人。初代ナギーブ大統領失脚後、実質上の最高指導者となる。その後アラブの星として、そのカリスマ的力を充分発揮しながら、非同盟および民族主義の推進者としてアラブ諸国の頂点に君臨した。彼は自分の勢力拡大のために多くの政敵を殺したが、民衆には人気があった。

関連スポット
・ナセル博物館 ▶折込Map 大カイロC2

ウンム・クルスーム
Om Kalthoum
（1904〜1975）

何をした人？
・アラブ世界を代表する女性歌手

　幼少期からアラブ古典音楽の才能があったといわれる。当時普及しはじめたラジオを通じて古典音楽をくだけた形にして歌って大成功を収めた。毎月恒例で行われたラジオコンサートはアラビア語圏に広く放送され、その時間帯は通りから人が消えたといわれるほどの人気だった。死後半世紀近く経つが、彼女のアルバムは今でも売れ続けている。

関連スポット
・ウンム・クルスーム博物館 ▶P.99

ナギーブ・マフフーズ
Naguib Mahfouz
（1911〜2006）

何をした人？
・アラビア語圏で初のノーベル文学賞作家

　カイロのイスラーム地区で最も歴史あるガマレーヤ地区に生まれ、1930年代から役人として働くかたわら、執筆活動を開始。イスラーム地区を舞台とした『夜明け』『欲望の裏通り』『張り出し窓の街』の「カイロ三部作」が代表作。ほかにも多くの小説や短編が映画化されている。1988年にアラビア語圏の作家として初めてノーベル文学賞を受賞した。死後、生家の近くに博物館が開館した。

関連スポット
・ナギーブ・マフフーズ文学博物館 ▶Map P.111B2

Egypt

旅の準備とテクニック

(左)970年に建てられたカイロのアズハル・モスク
(右上)アスワンの東岸と西岸をつなぐ渡し船
(右下)インターネットで予約可能なゴー・バスは旅行者に人気

暦と行事

結婚を祝う人たちのダンス

エジプトはイスラームの国なので、西暦とイスラーム暦のふたつが使われている。通常の生活は西暦に従って行われるが、イスラームの習慣によって、1週間は土曜から始まり、休日は金曜となる。イスラーム暦はおもにイスラームの行事に使われている。

●イスラーム暦（ヒジュラ暦）

ヒジュラ暦と呼ばれる。ヒジュラとは移住という意味で、預言者ムハンマドがメッカからメディナに移住した年（西暦622年）を紀元元年としたもの。

イスラーム暦は太陰暦である。月は29日半かけて地球を1周するので、1ヵ月は29日または30日となる。1年は12ヵ月354日で、太陽暦より11日短い。そうして日がずれていき、1月1日が32年半に1回重なることになる。1日は日没に始まり、その次の日の日没に終わる。

モスクにある1日の5回の礼拝時刻と日の出時刻（上から2つ目）案内板。時計の日付は西暦ではなくイスラーム暦に設定してある

年間の祝祭日は、西暦で祝う固定祝祭日と、イスラーム暦で祝う移動祝祭日に分けられている。観光地ではあまり影響はないが、それ以外の所では、どちらの祝祭日もほとんど休みになってしまうので注意が必要。特にラマダーン明けのイードル・フィトルは3日間の祝日が続く。

イスラーム暦（ヒジュラ暦）→西暦月名対照表

月名	イスラーム暦（ヒジュラ暦）の月名	2024年の該当月1日		2025年の該当月1日		2026年の該当月1日	
第1月	ムハッラム محرم	7月7日	（ヒジュラ暦1446年）	6月26日	（ヒジュラ暦1447年）	6月16日	（ヒジュラ暦1448年）
第2月	サファル صفر	8月5日		7月26日		7月15日	
第3月	ラビーウルアウワル ربيع الأول	9月4日		8月24日		8月14日	
第4月	ラビー・アッサーニー ربيع الثاني	10月4日		9月23日		9月12日	
第5月	ジュマーダ・アルウーラ جمادى الأولى	11月3日		10月23日		10月12日	
第6月	ジュマーダッアーヘル جمادى الآخر	12月2日		11月22日		11月11日	
第7月	ラガブ رجب	1月13日	（ヒジュラ暦1445年）	1月1日	（ヒジュラ暦1446年）	12月21日（'25）	（ヒジュラ暦1447年）
第8月	シャアバーン شعبان	2月11日		1月31日		1月20日	
第9月	ラマダーン（断食月）رمضان	3月11日		3月1日		2月18日	
第10月	シャウワール شوال	4月10日		3月30日		3月20日	
第11月	ズー・アル・カアダ ذو القعدة	5月9日		4月29日		4月18日	
第12月	ズー・アル・ヒッジャ（巡礼月）ذو الحجة	6月7日		5月28日		5月18日	

ヒジュラ暦1445年➡2023年7月19日～2024年7月6日
ヒジュラ暦1446年➡2024年7月7日～2025年6月25日
ヒジュラ暦1447年➡2025年6月26日～2026年6月15日
ヒジュラ暦1448年➡2026年6月16日～2027年6月5日

2024年～2026年の移動祝祭日
おもな祝祭日→P.11

	2024年	2025年	2026年
イードル・フィトル（断食月明けのお祭り）	4月10～12日	3月30～4月1日	3月21～23日
イードル・アドハー（犠牲祭）	6月17～19日	6月7～9日	5月27～29日
マウリド・アンナビー（預言者ムハンマド生誕日）	9月16日	9月5日	8月26日
シャンム・イン・ナスィーム（春香祭）	5月6日	4月21日	4月13日

●ラマダーンの断食

　イスラーム暦のラマダーン月（第9月）は、ムスリムの五行のひとつ、断食が行われる月。この月の29〜30日間、日の出から日没までは一切の飲食を断つ。しかし、日没後は何を食べてもよいので、めいっぱいごちそうを食べる。日没後の食事を終えると、近所の人を訪問し合いお喋りをしたりして夜遅くまでにぎやかに過ごす。そして日の出前に最後の食事をとり、仮眠してから仕事に行くという生活なので、慢性的な寝不足も加わって、会社や役所での仕事の能率はぐんと下がる。

ラマダーン中はアザーンが響くと食事開始。とにかく、たくさん食べる

●ラマダーン時間

　年に1回来るイスラーム暦ラマダーン月が断食月になっているために、生活時間帯がずれるもの。国民の大部分の人が日の出から日没まで断食するため、労働時間は短くなる。レストランのなかには、まる1ヵ月閉店する店も多い。また、神聖な月とされるため、この月はアルコールを御法度にする店もある。

　ラマダーン中のレストランの営業時間は日没後から夜遅くまで（ときには翌3:00頃まで）になるので、スナック類や果物などの軽食を調達しておくといいだろう。外国人観光客の多いホテル内のレストランは、ほぼ通常どおり営業されている。店は10:00〜15:00と20:00〜23:00ぐらい。役所や銀行は10:00〜13:00ぐらいだが、営業中に行っても眠そうな人も多く、業務はあまり行われない。交通機関も時間は不正確になりがち。

カイロのフセイン広場前でイフタール（断食明けの食事）を楽しむ人々

　人々はこの期間、昼と夜が逆になったような生活をしており、子供たちも夜遅くまで遊んでいる。深夜2:00〜3:00頃、家族全員で食事をとり、日の出とともに寝る。

食事を終えてスークを練り歩く。ラマダーン中は夜のほうがにぎやかだ

●イードル・フィトル

　ラマダーンが終わると、イードル・フィトルと呼ばれる断食月明けの祭りが3日間行われる。特別な儀式ではなく、普段離れている親戚に会いに行ったりする。宗教的な意味はまったく異なるが、日本でいえば、帰省ラッシュになるお盆や正月のような雰囲気だ。

●イードル・アドハー

　もうひとつの大きな祭りはイードル・アドハーと呼ばれる犠牲祭で、メッカの巡礼の最終日、第12月（ズー・アル・ヒッジャ月、カイロ方言でズール・ヒッガ）の10日に、巡礼が無事終わったことを神に感謝して、ヒツジやラクダを屠る儀式をする。

マクドナルドのラマダーン限定セット

タマリンドのジュースは食事前のウォーミングアップに

　巡礼者だけでなく、故郷にいる人々もヒツジなどを買ってアッラーの名を唱え感謝しつつ、それをみんなで食べたり、貧しい人に配ったりしている。

●そのほかの祭り

　現在、エジプトで行われている祭りは、イスラームの祭りとコプト教の祭り、さらに公共の祭典に分けられている。コプト教とイスラームの祭りは、特にマウリドと呼ばれている。

イードル・アドハー前になると、ヒツジをよくみかける

●イスラームのマウリド

　イスラームのマウリドは、ムスリムの聖人の誕生日を祝う祭りである。マウリドはイスラーム暦で行われるので、毎年その日は違ってきてしまう。祭りでは、信者たちが聖人を通して神に自分たちの願いを聞いてもらおうとする。

　イスラームのマウリドでは、大きな祭りになると、ガガルと呼ばれる人々が集まり、空気銃やメリーゴーラウンドなどを持ち込み、ミニ遊園地を作る。ここで子供たちはおおいに遊ぶ。特に大きなイスラームのマウリドは、エジプト全土で行われるマウリド・アン・ナビー（預言者の誕生祭）や、エナ、ルクソール、タンタ、カイロ（イッサイイダ・ゼーナブ、ホセインなど）のマウリド。これに参加してみると、とてもおもしろい。地方の大きなマウリドは、エジプト各地からスーフィー（ダルウィーシュ）と呼ばれるイスラーム神秘主義者たちが集まり、盛大な祭りになる。

●コプト教のマウリド

　コプト教の祭りもマウリドと呼ばれるが、これはイスラームとは違い、聖人の死亡日を記念する祭りで、エジプト各地にある修道院で行われる。修道院により、祭りの行われる日は違ってくる。

●イードル・カウミ

　公的な祭典のひとつには、イードル・カウミと呼ばれるものがある。これは各県の記念日で、政治色が強いもの。各県により違い、その県に住んでいる住民たちが伝統の民謡や舞踊などを披露する。シナイ半島のベドウィンのものが興味深い。

ラマダーン期間限定のペプシ・コーラ。アラビア語で「ラマダーン・カリーム（よいラマダーン月を）」と書いてある

お祭り期間中はテントが立つ

ラマダーンランプ

Information
ラマダーン中のエジプト

　太陽が出ている間は一切の食事、水分補給さえも禁じられるラマダーン。空腹からエジプト人はイライラし、そのとばっちりを食う旅行者も少なくない。しかし、陰鬱な日ばかりが続くのかと思いきや、そんなわけでもない。大砲などの日没の合図とともに、イフタールと呼ばれる日没後の食事がいっせいに始まる。日中おなかをすかせていた人たちは早めに仕事を切り上げ、急いで家に帰る。この時期のカイロの帰宅ラッシュはまさに地獄と化す。ただでさえうるさいクラクションもこの時期は想像を絶する騒音の洪水に。家路に急ぐ人たちのイライラも最高潮に達する。この時間にバスやタクシーで移動するのは賢明とはいえないだろう。

　イフタールを食べたあと、町は楽しさいっぱいのワンダーランドと化す。モスクの近くには遊園地、出店もたくさん出て夜遅くまで家族連れでにぎわい、毎日がお祭りのようだ。甘味屋ではラマダーン限定のお菓子も作られ、風物詩となっている。ただし、いくら楽しくてもお酒は厳禁。この時期ばかりは町の酒屋も販売を自粛する。夜遅くまで楽しんだあと、深夜に床につき、そして夜明け前に朝食をとってまた二度寝する。この夜明け前には太鼓を打ち鳴らして夜明けが近いことを知らせる。もしも寝過ごしてこの朝食をとり忘れたら、その日の日没まで何も食べられない。こうしてラマダーンの1日がまた始まっていく。

情報収集と旅の手続き

　エジプトは何が起こるかわからないインシャーアッラー・ワールド。地図のとおりに行っても建物がなかったり、来るはずのバスが来なかったり、開いているはずの博物館が閉まっていたり。だから、行きあたりばったりを楽しめなければ、腹が立つことばかりだ。おおらかな気持ちで旅ができたら最高なのだが……。

　とはいうものの、旅をするには情報収集が必要だ。エジプト旅行を楽しくするための情報源を少し紹介しよう。

■在日エジプト・アラブ共和国大使館（→**P.434**）

🏠153-0042 東京都目黒区青葉台1-5-4

📞(03)3770-8022　🔗egyptembassy.jp

■在日エジプト大使館文化・教育・科学局

🏠152-0021 東京都目黒区東が丘1-19-17

📞(03)5779-8030

🔗egyptcestokyo.jp

■エジプトエアー（→**P.441**）

🏠103-0012 東京都中央区日本橋堀留町1-10-19
第1川端ビル3F

📞(03)6869-5881　🔗www.egyptair.com

アスワンの観光案内所

■在エジプト日本国大使館

سفارة اليابان

Map P.433

折込Map大カイロB4

🏠81 Kornish El-Nil St.,
Maadi, Cairo

٨١ شارع كورنيش النيل , معادي

📞(02)2528 5910

🔗www.eg.emb-japan.go.jp

🕐9:00〜16:00（各種証明書、届け出等の受付窓口）

🚫金・土

日本国大使館周辺図

一般来訪者用の玄関はナイル川と反対側の東側にある

オールドカイロ、カイロ市内中心部へ

ハダーイク・イル・マアーディ駅
Ⓜ Hadaek El Maadi
（地下鉄路線図→P.80〜81）

白いビル

軍病院
مستشفى القوات المسلحة

Street 105

Street 104

Street 9

Street 106

Street 108

شارع ١١٦

マディーニト・ムナッワラ・モスク
مسجد المدينة المنورة

ガソリンスタンド

イティハード広場
ميدان الإتحاد

Kornish El-Nil St.
كورنيش النيل

右下参照

ファミリーランド
Family Land

ギャラクシー・シネプレックス
Galaxy Cineplex

スーパー
Alfa Market

Holiday Inn & Suites
Cairo Maadi Ⓗ

在エジプト
日本国大使館
سفارة اليابان

N　ナイル川

Mosr Helwan Agricultural Rd.
شارع مصر حلوان الزراعى

大使館東玄関
（一般来訪者用）
領事部・広報文化センター

大使館
正面玄関

在エジプト日本国大使館

0　　300m

パスポートの取得

●**まずはパスポート**　パスポート
は海外で身分を証明してくれる大
切な証明書。パスポートには5年間
有効のものと10年間有効のものが
ある。10年間有効のパスポートを
取得できるのは18歳以上のみ。

10年間有効のパスポートは赤色

●**申請先を確認**　申請窓口は都道
府県により申請窓口が異なる。居
住している都道府県庁の旅券課
(パスポートセンター)、または住民
票のある最寄りの役所の窓口へ。

　なお、エジプト入国には入国予定日から数えて6ヵ月間の
残存有効期間が必要。また、余白が見開き2ページ以上が必
要となる。

●**パスポートの申請内容が一部変更に**　2023年3月27日以
降、必要書類として戸籍抄本が認められなくなるなど、旅券
の申請内容が一部変更になった。

　旅券法令改正及び旅券(パスポート)の電子申請の開始
について
URLwww.mofa.go.jp/mofaj/ca/pss/page22_003958.html
　おもな改正内容
URLwww.mofa.go.jp/mofaj/files/100412468.pdf

ビザの取得

●**ビザは空港で簡単に取れる**　エジプトへ入国するには、
必ずビザ(査証)が必要。ビザは、もちろん在日エジプト大
使館で取得できるが、30日有効の観光ビザなら、カイロ国際
空港やスフィンクス国際空港などで、到着の際に簡単にアライ
バルビザが取得できる。

　空港での取得には、写真などは必要ないが、ビザ代とし
て25US$相当が必要。空港でのビザ取得方法に関する詳し
い説明は、入国の項(→P.445)を参照してほしい。

★アレキサンドリアのボルグル・アラブ空港、ルクソール空港、
シャルム・イッシェーフ空港、ハルガダ空港から入国する場合
も、空港でビザを取得することができる。

　シャルム・イッシェーフ空港では、到着時にシナイ半島での
み有効な15日間の滞在許可が付与される(一般旅券所持者の
み)。しかし、その後にシナイ半島以外の地域(カイロなど)に
移動する場合は、同空港でビザを取得する必要があるので
注意しよう。この滞在許可で15日間滞在し、その後出国せ
ずに30日間有効な観光ビザを取ることはできない。

●**オンラインで申請できるeVisaが登場！**

これまでは到着時に空港や国境で取得するか、事前にエジプト大使館に申請していたビザだが、**オンラインでも取得可能**になった。eVisaは発行日から90日の期間内に、最大30日間滞在可能。料金はシングルUS$25、マルチプル（有効期間内に複数回の出入国が可能）US$60。申請は右記ウェブサイトから行うことができる。時期にもよるが、通常は申請から1～3日程度でメールでeVisaが届く。少なくとも7日前までには申請したい。

メールで送られてくるeVisa

まずはメール認証をしてアカウントを作成しよう。サインアップできたら「Create New Application」ボタンを押し、必要事項を記入して、パスポートの個人情報のページの写真をアップロード。最後にクレジットカード（VISAかMastercard）で代金を支払えば、数日中にメールでeVisaが送られてくるので、印刷したものか、もしくはeVisaを表示したスマートフォンの画面を入管職員に見せればOK。

●**ヨルダンから**　アカバからヌエバアへ海路で入国する場合、ビザは入国時にヌエバアで取得できる。ヨルダンで取得する場合、各都市によって費用などの条件が異なる。

■エジプトeVisa申請ページ

URL visa2egypt.gov.eg

トップページの「GET YOUR E-VISA NOW」をクリックすると、サインイン画面になるので、オレンジの「CREATE NEW ACCOUNT」をクリック

サインアップ（アカウント登録）画面。Eメールアドレスなどを入力

申請画面。青い「CREATE NEW APPLICATION」をクリック

渡航情報、申請者情報を入力し、パスポート画像をアップロード

Information

ビザの延長手続き

30日以上滞在する場合、現地で外国人居住カードForeign Residence Cardを取得する必要がある（もしくは再入国ビザを取得）。外国人居住カードの滞在可能期間は3ヵ月、6ヵ月があるが、料金は同じなので自動的に6ヵ月のカードが発給されることが多いようだ。

申請はアッバセイヤにあるパスポート・移民局（→**P.87**）で行う。

●申請前に用意する書類
・パスポート
・写真部分のパスポートのコピー1部
・ビザのページのコピー1部
・申請料相当額の米ドルまたはユーロからエジプトポンドへの両替証明（ミスル銀行、アハリー銀行推奨）

まず3階（日本式の数え方で4階）の37番窓口で申請書をもらい、必要事項を記入。次に2階にある銀行窓口（ここでは両替不可）で両替証明を提出し、申請料2090£Eを払う。ここでもらった領収書とスタンプを押された両替証明、そして記入済みの申請書を、必要書類とともに2階の5番カウンターに提出する。受け取りは2日後以降。午前中に3階の9番窓口で受付番号をもらい、午後に2番窓口でようやくカードを受け取れる。

各窓口はかなり混雑し、いずれの手続きも相当時間がかかる。申請と受領の2日間はおおむね丸一日かかると思っておいた方がいいだろう。

※窓口番号や必要書類、手続き、申請料は2023年10月現在のもので、変更される可能性がある。

■おもな海外旅行保険会社
●損保ジャパン
URL www.sompo-japan.co.jp
●東京海上日動火災保険
URL www.tokiomarine-nichido.
co.jp
●AIG損害保険
URL www.aig.co.jp/sonpo
●三井住友海上火災保険
URL www.ms-ins.com

■「地球の歩き方」ホームページで海外旅行保険について知ろう
「地球の歩き方」ホームページでは海外旅行保険情報を紹介している。保険のタイプや加入方法の参考に。
URL www.arukikata.co.jp/web/article/item/3000681/

■「地球の歩き方」公式LINEスタンプが登場！
旅先で出合うあれこれがスタンプに。旅好き同士のコミュニケーションにおすすめ。
　LINE STOREで「地球の歩き方」と検索！

■国際学生証のオンライン申請に必要なもの
●顔写真のデータ
パスポートに掲載する写真に準じたもの（無背景、無帽、バストショット）で撮影し、データサイズは450×540px以上
●学生証表面の写真
スマートフォンなどで撮影。有効期限が裏面に表示されている場合は裏面も撮影し、アップロードする
●カード代金
2200円（税込み）
※支払いはPayPalのみなので、アカウントを作成しておくこと。クレジットカードでの支払いがスムーズ
URL isicjapan.jp

海外旅行保険

海外での怪我や病気、盗難などの際、損害をカバーしてくれる海外旅行保険に加入しておけば何かと安心だ。

基本補償と特約　海外旅行保険には、基本契約と特約がある。疾病死亡や治療費、傷害死亡・後遺障害、携行品損害や賠償責任といった項目がおもな基本補償。

特約はそれにプラスするオプションで、航空機遅延費用や旅行のキャンセル費用、救援者費用保険（旅行中に遭難またはケガをし、死亡または長期入院した場合の救援者の諸経費を補償する）などがある。また、基本補償と特約がセットになったパッケージ型の商品もある。最近は新型コロナウイルスに罹患した際の補償が組み込まれているプランも各保険会社から販売されている。

インターネット契約限定プラン　従来の海外旅行保険に比べインターネット契約限定プランでは、渡航先、日数、年齢などが細分化され、より現実的な保険料が設定されている。従来型よりも割安なので、契約の主流になってきている。保険証券の送付は別料金のこともある。

国際学生証

エジプトを旅行するときの強い味方が国際学生証（ISIC）。かつてはカードが発行されていたが、現在はスマートフォンなどの専用アプリに表示して使うバーチャルカードのみとなっている。これを提示すれば、ほとんどの遺跡や博物館の入場料が半額になる。特にルクソールの西岸やアスワンなど、見どころが多くチケット代が高いところでは効力を発揮する。

オンライン申請でスピーディ　国際学生証はオンライン申請のみ（12歳以上の学生が対象）。郵送や窓口での申請は2024年4月現在休止中。支払いはPayPal（ペイパル）のみなので、申請前にアカウントを作っておこう。名前や学校などの個人情報を入力した後、顔写真と学生証の写真をアップロードして料金を支払う。専用アプリをダウンロード、インストールしたら券面に記載されている氏名（アルファベット表記）とカード番号を入力すると利用可能となる。手順の詳細はウェブサイトを参照。

ユースホステル会員証

エジプトではユースホステルに泊まるメリットはあまりない。エジプトのユースホステルは国内の学生で満室のことが多く、町の中心部から離れている場合が多いのも難点だ。エジプトだけを旅行する人なら、お金を出してわざわざユースホステル会員証を作る必要はないだろう。

持ち物と服装

●**荷物は軽くコンパクトに**　荷物は軽く。個人旅行ならばこれが旅の第一のコツ。駅に着いてからも観光地に着いたときも「歩く」ことが基本だからだ。最終的な重さとしては10kgぐらいが限度だと思うが、日本を出発する時点で「重い」と感じるようなら一考の余地あり。エジプトでは常に1リットルほどの水が必要だし、これが意外と重い。

　フレーム付きのバックパックは、一定のかさを取り、それ自体重いのでおすすめできない。少し小さめのバックパックか、ショルダーバッグがベスト。バックパックは、フットワークがよいが、荷物の中身をすぐに取り出せない。ショルダーバッグだとそういったことはないが、荷物が重いと疲れが大きい。また、悪路が多いエジプトでキャスター付きのバッグを引いて長い距離を歩くのは現実的ではない。どれを使うかは、重さを目安にするといい。普通に持ってみて腕が疲れるような重さだったら、バックパックを選ぶべきだろう。

　どちらの場合も小さなショルダーバッグやエコバッグを別にひとつ用意しておくと便利。大きな荷物はホテルに置いて、その日必要な荷物だけを小さなバッグに入れて外出する。ウエストバッグはスリに狙われやすいので注意が必要だ。

両手が空いて便利なバックパック

🏜砂漠ツアーの防寒対策

1月末日、バフレイヤ・オアシス発の砂漠ツアーに参加したが夜はかなり冷え込んだ。テントには敷物と寝袋が準備されていたが寒さを凌げず寝れなかった。その時期に参加する方は就寝時の防寒対策まで考慮するべし。
（東京都　田上和重　'23年2月）

🏜マスクとのど飴

コロナに関係なく、マスクを準備しておいた方がいいと思いました。エジプトは埃っぽく乾燥しており、普通に喉をやられます。僕の場合はまだコロナが終わってすぐだったので、念のためマスクとのど飴を持っていましたが、助かりました。
（東京都　M.M.　'23年夏）

旅の服装

●**暑いからこそ気を使おう**　服装は、基本的には夏服。それと、ある程度体温調整ができるものがあるといいだろう。エジプトでは、もちろん夏の間は毎日ひたすら暑いのだが、それ以外は、ある日突然冬になったり、夏になったりと気温の移り変わりが激しい。日本の気候のように、日々少しずつ変化するものではないので、そのつもりで。

　夏は直射日光による極度の日焼けや熱中症を防ぐために、上に羽織れるものを用意するといい。列車やバス、ホテルなどで冷房が効きすぎる(しかも弱くできない)こともある。

　また、特にシナイ山や砂漠のキャンプなどへ行く予定の人は、真夏でも朝夕は冷え込むので万全の準備を。

　冬に旅行する人は、日本の春ぐらいの気温を想定した服装を中心に。カイロ、アレキサンドリアでは、日本から出かけるときに着ている程度のもの(分厚いコートやセーターは除く)が必要。ルクソール、アスワンでは日中は半袖でOKだが、夕方以降は冷え込むので、常に上着は持っていったほうがいい。また、冬にマリンスポーツを楽しむなら、海から上がってからボートの上などで意外に長く過ごすこともあるので、防寒対策を忘れずに。

冬の砂漠ツアーに参加するなら防寒対策をしっかりと

シナイ山の山頂はどの時期も冷える。軽装で登るのはやめよう

洗濯物は、数時間のうちに乾いてしまう。エジプトでは、歩いているだけでも砂ぼこりやら何やらで服が汚れやすいので、ジャブジャブ洗えるものがいい。

靴は、町なかはサンダルでもいいが、遺跡を訪れるときは、砂地を歩くことが多いので、履き慣れた靴がいい。

●**服装には宗教的な配慮も必要**　リゾート地や主要観光地ではどんな格好をしても基本的には問題ないが、いくら暑い国だからといっても、素肌の出すぎる服装は避けるようにしたい。これはイスラームの宗教的意識からいえることだ。特に観光地以外の場所では注意すること。男性は短パンなどひざ以上と、タンクトップなど肩が見えるものはよくないとされている。女性は、スカートなら長いものを着よう。ひざ以上、ひじ以上見える服はいけないとされているからだ。タイトなジーンズやピチピチTシャツ、キャミソールなど、体の線が見えるものもよくないと考えられている。このようなエジプトの生活習慣を乱さないように気をつけよう。

イスラーム教徒の女性はビーチでもなるべく肌を出さないようにしている

旅の必需品

帽子、サングラス（このふたつは特に重要）、スカーフ（日除け、砂除け、寒さ除け）、虫除けスプレー、日焼け止め、リップクリーム、日焼け後のローション、目薬（コンタクトレンズの人）、のど飴、歯ブラシ、バスタブの栓（ないホテルが多い！）など。持病のある人は、念のため日本から薬を持参しよう。シャンプー、歯磨き粉、生理用品などは現地調達が可能。

カメラやスマホなどは、ただ持ち歩いているだけなのに、いつの間にか砂が入って壊れてしまうことがある。チャック付きポリ袋や防水ケースなどを持参するなどして注意して持ち歩くようにしよう。

●**クレジットカードは必携**　現金での支払いがメインだったエジプトだが、近年はエジプト考古学博物館やエジプト文明博物館、ギザのピラミッド地域、ルクソールの主要遺跡など、エジプトを代表する主要な博物館や遺跡での入場料の支払いは**クレジットカードのみで現金での支払いは不可**という所がほとんど。また、**VISA**と**Mastercard**しか対応していない場合が多い。なので、出発前にどちらかのブランドのクレジットカードを最低でも1枚、もしものことを考えて2～3枚は用意しておきたい。ちなみにタッチ決済はエジプトではまだ普及しておらず、PIN（暗証番号）を入力して決済を行う。

スカーフは日除けにもなるし、防寒にもなるので砂漠ツアーでも大活躍

■クレジットカード払いのみのおもな見どころ

URL egymonuments.com

●カイロ、ギザ
・エジプト考古学博物館
・エジプト文明博物館
・ギザのピラミッド地域
・サッカーラのピラミッド地域
・ダフシュールのピラミッド

●ルクソール
・カルナック神殿
・ルクソール神殿
・ルクソール博物館
・ルクソール西岸、王家の谷

●アスワン、アブ・シンベル
・イシス神殿
・切りかけのオベリスク
・カラブシャ神殿
・アブ・シンベル神殿

●紅海、シナイ半島
・ハルガダ博物館
・シャルム・イッシェーフ博物館

●アレキサンドリア
・アレキサンドリア国立博物館
・グレコローマン博物館
・ロイヤル・ジュエリー博物館

長い行列ができるギザのピラミッド地域のクフ王側入口

荷物チェックリスト

◎=必需品　○=あると便利　△=特定の人に必要

品　名	必要度	持っていく予定	カバンに入れた	現地調達予定	備　考
パスポート	◎				入国日から6ヵ月以上の残存有効期間があるか確認
現金（外貨）	◎				米ドルかユーロの現金が一番両替に便利
クレジットカード	◎				主要観光地のほとんどはカード払いのみ。VISAかMasterCardを最低でも1枚
航空券（eチケット）	◎				Eチケットはプリントアウト、または航空会社からのメール（お客様控え）を提示
スマートフォン	◎				UberやCareemを使うなら必須。日本で設定できるe-SIMも便利
海外旅行保険の証書と説明書	◎				インターネット契約の場合はWEB契約書のスクリーンショットを保存
電源タップ	○				海外用にも使えるタイプを用意
変換プラグ	○				エジプトはCタイプ
モバイルバッテリー	○				旅先では電池の減りが早いもの
汗拭きシート	○				ベタつきがち体をリフレッシュ
石けん、シャンプー	○				ホテルにある場合も多い
歯ブラシ	◎				高級ホテルも含め、ほとんどのホテルに置いていない
タオル	○				浴用タオルはたいていホテルにある。外出時に使える薄手のものがあると便利
ヒゲソリ	△				カミソリか電池式のものが便利
ドライヤー	△				高級ホテルには備えられている
ティッシュペーパー	○				旅先で少しずつ買い足そう
常備薬	△				持病薬のほかは現地調達可能
洗剤	△				浴用石けんで代用可能。雑貨店で小袋で売っている
生理用品	△				現地調達もできる
スポーツドリンクの粉末	◎				体力消耗時や暑さ対策に
下着／靴下	○				3〜4日分で十分
着替え	○				旅のスタイルに合わせて。高級ホテルに泊まる人はおしゃれ着も必要
室内着	○				パジャマ兼用になるTシャツやスウェットを日程に合わせて
スリッパ	○				ビーチサンダルなどで代用してもOK
セーター（トレーナー）	○				重ね着できると便利
ウインドブレーカー／防寒具	◎				冬のカイロは寒い。冬に砂漠ツアーに行く人は防寒対策を
日傘、日焼け止め	○				強い日差しから肌を守る。日傘は周りの人の迷惑にならないように使おう
除菌、消臭スプレー	△				気になる旅のニオイ対策に。きりふきタイプがおすすめ
水着	△				高級ホテルにはプールがあることが多い
サングラス	◎				強い日差しから目を守る
うちわ、扇子	○				遺跡の中はけっこう蒸し暑い
水筒	○				水を保冷できる小型タイプがよい
筆記用具	◎				筆談時や入国カード記入時に必要
裁縫用具、ツメ切り＆耳かき	△				小型携帯用のもの（糸、針、ハサミなど）
万能ナイフ、スプーン、フォーク	○				小さくても刃物の機内持ち込みは不可
ビニール袋	○				ジッパー付きなら液体の飛行機客室内持ち込み用に使える
錠	○				ドミトリーや列車内で荷物の管理に
顔写真（4.5×3.5cmぐらい）	△				パスポートの紛失に備え2〜3枚を
蚊取り線香	○				エジプトは1年中蚊が出る。オアシスに行く人は必携
電池	△				高品質の電池はエジプトでは高い
カメラ	△				小型で軽いものを
ガイドブック	○				図を拡大コピーして使いやすくアレンジするのもよい

出発前にインストールしておきたい
エジプト旅行に便利なアプリ

Google 翻訳

アラビア語が入力できなくてもカメラで読み込んで翻訳できる。翻訳ファイルをダウンロードすればオフラインでも利用可能になる。発音が難しいアラビア語の読み上げ機能も便利。

Google Map

現在地がリアルタイムでわかり、タクシー利用時も安心感がある。目的地までのルート検索も可能。

Maps.Me

一度該当の地図を読み込んで保存しておけばオフラインでも使える地図。ナビゲーションやお気に入りスポットなど全機能が無料で利用可能。

Egypt Yellow Pages

カイロなど主要都市でのレストランやショップ探しに便利。ATM やスーパーマーケット、薬局なども検索可能。英語での操作。

WhatsApp

公衆電話がほとんど使えないエジプトで最も普及している。通話アプリ。

Uber

カイロなど主要都市で使えるライドシェア・アプリ。日本語で操作可能。使い方の詳細は→ P.462

Careem

Uber と同じくライドシェア・アプリで Uber よりも利用可能都市が多い。英語での操作。使い方の詳細は→ P.462

> WhatsApp、Uber、Careem などのアプリはアカウント登録時に SMS による認証が必要になる。現地の電話番号がもてないポケット Wi-Fi やデータ通信専用 SIM を利用する場合は日本でアカウントを作成しておこう。

Mwasalat Misr

カイロと周辺で運行されている路線バス。運行状況やルートがわかる。M7 などの路線はピラミッドへの移動に便利。

Book a Way

世界各国の乗り物を手配することができるアプリで、エジプトの鉄道も手数料がかかるが予約可能。英語での操作。ウェブサイトもあり。
URLwww.bookaway.com

Egypt Trains

エジプト国鉄の公式アプリではないが、エジプト鉄道の時刻表を確認することができる。英語での操作。チケット予約は不可（公式アプリでも外国人は不可）

GO BUS

エジプト主要都市を網羅する長距離バス会社。座席予約や e チケットも利用できる。預け荷物のチップは現金で。

外務省海外安全アプリ

渡航先の国をアプリ上に登録すると、スマートフォンの GPS 機能を使用して緊急連絡先や現地の安全情報を確認することができる。海外旅行を思いきり楽しみたいなら必ずインストールしておこう。

出国と入国

エジプトに入国する際にビザが必要なことは、旅の手続きの項（→P.434）で述べたが、ここでは実際の出入国の方法と手順を詳しく説明しよう。

エジプトへの道

●航空会社、便によりターミナルが異なる

カイロ国際空港第3ターミナルの出発ロビー

カイロ国際空港には、3つのターミナルがあり、航空会社によって発着するターミナルが異なる。原則としてエジプトエアーの国際便は第3ターミナルに着くが、変更の可能性もある。いずれにしてもどのターミナルの発着なのかは、事前に必ず確認しておこう。第1ターミナルと第2、第3ターミナルの間はトランスファーバスやAPMと呼ばれるモノレールも運行されている。

●イスラエルから陸路で

陸路でエジプトに入国する場合は、紅海（アカバ湾）沿岸のターバーを越えるルートが現実的。ともにイスラエルの出国税とエジプトの入国税が必要。2024年現在、エジプトとイスラエルの陸路移動は国際情勢により不安定でおすすめしない。

なお、通常は国境ではビザは取れないので、eVisaもしくは、テルアビブのエジプト大使館か、エイラットのエジプト領事館であらかじめ取得しておかなければならない。

●紅海から船で

定期的にエジプトへの便があるのは、ヨルダンのアカバからヌエバアへ紅海を渡るルート。エジプトのビザは船内または上陸時に取得可能だが、事前に確認したほうがよいだろう。

■カイロ国際空港
折込Map大カイロD1
URL www.cairo-airport.com

■国際線の機内へは、液体物の持ち込み禁止
日本を出発するすべての国際線では100㎖以上の液体物は持ち込み禁止（出国手続き後の免税店などの店舗で購入されたものを除く）。化粧水やベビーフードなどの必需品は指定された透明な容器に入れれば機内持ち込みは可能。

■空港で待ち受ける極悪詐欺師に注意！
空港には到着したばかりでエジプトの物価感覚がわからない旅行者に言葉巧みに話しかけ、高額なツアーを売る悪徳な旅行会社の被害があとを絶たない。彼らは「私はガバメントスタッフだ」と胸のバッジを見せ、旅行者を安心させる。しかし、バッジに書かれたアラビア語には空港内立ち入り許可証としか記されていない。彼らは政府と何の関係もないのだ。不安をあおり、ルクソールやアスワンを含めた高額ツアーを売りつける。同様にホテルの勧誘をするケースもある。ツアーに参加したい人は直接旅行会社に行って値段を確かめ、直接交渉するほうがよいだろう。

日本～エジプト間　主要フライト

エジプトエアー (カイロ空港第3ターミナル発着)　URL www.egyptair.com
成田:週1便 (所要約13時間50分)➡カイロ

エティハド航空 (カイロ空港第2ターミナル発着)　URL www.etihad.com
成田:毎日1便 (所要10時間) ／関空:週5便 (所要11時間15分)➡アブダビ:毎日数便 (所要約4時間)➡カイロ

エミレーツ航空 (カイロ空港第2ターミナル発着)　URL www.emirates.com
成田:毎日1便 (所要11時間20分) ／羽田:毎日1便 (所要11時間15分) ／関空:毎日1便 (所要約10時間30分)
➡ドバイ:毎日数便 (所要約2時間50分)➡カイロ

ルフトハンザ航空 (カイロ空港第3ターミナル発着)　URL www.lufthansa.com
羽田:毎日3便 (所要14時間40分)➡フランクフルト:毎日2～3便 (所要約4時間)➡カイロ
羽田:毎日1～2便 (所要14時間20分) ／関空:毎日1便 (所要14時間)➡ミュンヘン:毎日2便 (所要約3時間45分)➡カイロ

エールフランス (カイロ空港第3ターミナル発着)　URL www.airfrance.co.jp
成田:週3便 (所要約15時間) ／羽田:毎日2便 (所要約15時間) ／関空:週5便 (所要約15時間)➡パリ:毎日1便 (所要約4時間20分)➡カイロ

ターキッシュ エアラインズ (カイロ空港第3ターミナル発着)　URL www.turkishairlines.com
成田:毎日1便 (所要約13時間10分) ／羽田:毎日1便 (所要約13時間15分) ／関空:毎日1便 (所要約13時間10分)
➡イスタンブール:毎日数便 (所要約2時間20分)➡カイロ

※上記は2024年3月現在の夏スケジュールの一部。出発時期によってスケジュールは変更されます。

■ターミナル間の移動

第1ターミナルと第2、第3ターミナルは離れているが、空港内であればAPMと呼ばれるモノレールが運行している。しかし、「制限エリア」を越えてしまうと利用することはできない。制限エリア外で移動する場合、シャトルバスを利用しよう。

エジプトに滞在する旅行者はAPMを利用する機会は少なそうだ

空港バスターミナル概略図

軽食スタンド

シャトルバス

356、400、1054、1138番のバス

アレキサンドリア行き

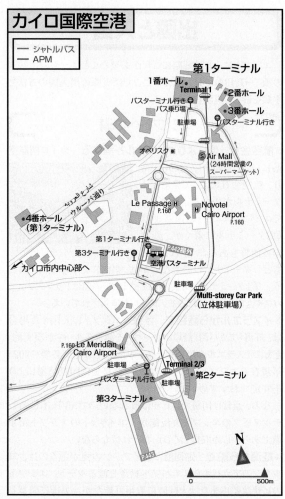

カイロ国際空港

― シャトルバス
― APM

第1ターミナル

1番ホール
Terminal 1
バスターミナル行き
バス乗り場
駐車場

2番ホール
3番ホール
バスターミナル行き

オベリスク ■

Ⓢ Air Mall
(24時間営業のスーパーマーケット)

サルーバ通り

Le Passage Ⓗ
P.160

Novotel
Cairo Airport
P.160
Ⓗ

●4番ホール
(第1ターミナル)

第1ターミナル行き
第3ターミナル行き
空港バスターミナル P.442欄外

カイロ市内中心部へ

駐車場

Multi-storey Car Park
(立体駐車場)

P.160 Le Meridian
Cairo Airport Ⓗ

駐車場
バスターミナル行き

Terminal 2/3
●第2ターミナル
駐車場

第3ターミナル ●

N

0   500m

空港からカイロ市内までのアクセス

目的地	タクシー		公共交通機関
タフリール広場	20km 30分	150〜200£E(昼間)	バス 1時間 356、400番
アフマド・ヘルミ	33km 30分	150〜200£E(昼間)	バス 1時間 1054、1138番
ラムセス駅 (タフリール広場行き)	18km 25分	150〜200£E(昼間)	バス 1時間 356、400番
ハーン・ハリーリ	17km 30分	150〜200£E(昼間)	直通なし
オールドカイロ	24km 40分	200〜250£E(昼間)	直通なし
ザマーレク	21km 40分	200〜250£E(昼間)	直通なし

所要時間は目安

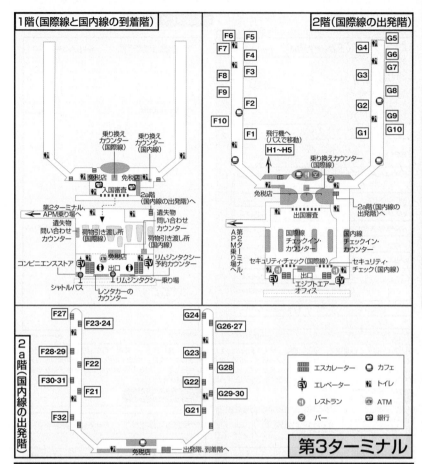

1階（国際線と国内線の到着階）

F6　F5
F7　　F4
　　　F3
F8
F9　　F2
F10　　F1　飛行機へ（バスで移動）　H1〜H5

G4　　G5
　　　G6
　　　G7
G3
　　　G8
G2
　　　G9
G1　　G10

乗り換えカウンター（国際線）　乗り換えカウンター（国内線）

免税店　免税店

入国審査　2a階（国内線の出発階）へ

第2ターミナル、APM乗り場へ

遺失物問い合わせカウンター

遺失物問い合わせカウンター

荷物引き渡し所（国際線）

荷物引き渡し所（国内線）

免税店

コンビニエンスストア　EV　出口　EV　リムジンタクシー予約カウンター

シャトルバス　リムジンタクシー乗り場

レンタカーのカウンター

2階（国際線の出発階）

乗り換えカウンター（国際線）

免税店

出国審査

2a階（国内線の出発階）へ

A第2ターミナルAPM乗り場へ、

国際線チェックイン・カウンター　国内線チェックイン・カウンター

セキュリティ・チェック（国際線）　セキュリティ・チェック（国内線）

EV　出口　EV

エジプトエアオフィス

2a階（国内線の出発階）

F27
F23・24
F28・29　F22
F30・31　F21
F32

G24
G26・27
G23
G28
G22
G29・30
G21

免税店　出発階、到着階へ

エスカレーター　カフェ
EV　エレベーター　トイレ
レストラン　ATM　ATM
バー　銀行

第3ターミナル

航空会社別発着ターミナル一覧

第1ターミナル

エア・アラビア Air Arabia
エア・カイロ Air Cairo
エア・ゴー Air Go
アレキサンドリア Alexandria
アルマスリア・ユニバーサル Almasria Universal
エーエムシー AMC
エリトリアン・エアラインズ Eritrean Airlines
イェメニア・エアウェイズ Yemenia Airways
ヨルダン・アヴィエーション Jordan Aviation
フライ・エジプト Fly Egypt
フライ・ナス Fly Nas
イラク航空 Iraqi Airways
プリビレッジ・スタイル Privilege Style
フライ・バグダッド Fly Baghdad
シリアン・エア Syrian Air
テュニス・エア Tunis Air

ナショナル・エア National Air
ネスマ・エア Nesma Air
ナイル・エア Nile Air
ペトロリウム Petrolium Aviation
タルコ Tarco Aviation
スマート Smart Aviation
スーダン・エアウェイズ Sudan Airways

第2ターミナル

ITAエアウェイズ ITA Airways
エミレーツ航空 Emirates Airlines
エティハド航空 Etihad Airways
ロイヤル・エア・モロッコ Royal Air Moroc
エールフランス Air France
ブリティッシュエアウェイズ British Airways
トランサヴィア・フランス Transavia France
中国東方航空 China Eastan Airllines
エジプトエアー Egypt Air
ガルフ・エア Gulf Air
クエート・エアウェイズ Kuwait Airways

ミドル・イースト・エアラインズ Middle East Airlines
オマーン・エア Oman Air
ロイヤル・ジョルダニアン Royal Jordanian
サウディア Saudia
カタール航空 Quarar Airways

第3ターミナル

ルフトハンザ Lufthansa Airlines
スイス国際航空 Swiss International Airlines
オーストリア航空 Austrian Airlines
エジプトエアー Egypt Air
エチオピア航空 Ethiopian Airlines
ターキッシュ エアラインズ Turkish Airlines
LOTポーランド航空 LOT Polish Airlines
エーゲ航空 Aegan Airlines

入国カード（表）

جمهورية مصر العربية	EGYPTAIR	ختم الوصول
وصول غير المصريين		
A . R . E		
NON EGYPTIAN ARRIVAL		

رقم الرحلة :
TRIP NO: ❶
قادم من
ARRIVING FROM ❷

FAMILY NAME (CAPITAL LETTER) ❸ الاسم /

FORE NAME ❹

DATE & PLACE OF BIRTH ❺ تاريخ ومكان الميلاد / /

NATIONALITY ❻ الجنسية

PASSPORT NUMBER & KIND ❼ رقم الجواز ونوعه

ADDRESS IN EGYPT ❽ العنوان في مصر

الغرض من الوصول □ثقافى □مؤتمرات □دراسة □سياحة
(ضع علامة ✔) □أخرى □تدريب □علاج □أعمال

PURPOSE OF ARRIVAL □ TOURISM □ STUDY □ CONVENTION □ CULTURE
❾ (✔) □ MEDICAL TREATMENT □ BUSINESS □ TRAINING □ OTHER

ACCOMPANIED ON THE PASSPORT & DATE OF BIRTH ❿ أسماء المرافقين وتاريخ الميلاد

1- ١-

← Head of Nefertiti Queen رأس نفرتيتى

入国カード（裏）

ACCOMPANIED ON THE PASSPORT & DATE OF BIRTH	أسماء المرافقين وتاريخ الميلاد
2- ⓫	٢-
3-	٣-
4-	٤-

FOR OFFICIAL USE للاستعمال الرسمى

نتيجة المراجعة :

ختم المراجع وتوقيعه

EgyptAir Press مطابع مصر للطيران

❶フライト番号 ❷乗機地 ❸姓 ❹名 ❺生年月日と出生地 ❻国籍 ❼パスポート番号 ❽エジプトでの滞在予定住所（ホテル名でよい） ❾入国の目的 左上から観光／留学／会議、集会など／文化／療養／商用／研修／そのほか（該当するものにチェックを入れる） ❿パスポートに併記している子供の生年月日と氏名（現在の日本のパスポートは子供を併記できなくなっている） ⓫パスポートに併記している子供の生年月日と氏名（❿の続き）

出国カード（表）

جمهورية مصر العربية	EGYPTAIR	ختم السفر
سفر غير المصريين	A STAR ALLIANCE MEMBER	
A . R . E		
NON EGYPTIAN DEPARTURE		

رقم الرحلة :
TRIP NO: ❶
مسافر إلى :
DESTINATION ❷

FAMILY NAME (CAPITAL LETTER) ❸ الاسم /

FORE NAME ❹

DATE & PLACE OF BIRTH ❺ تاريخ ومكان الميلاد / /

NATIONALITY ❻ الجنسية

PASSPORT NUMBER & KIND ❼ رقم الجواز ونوعه

ACCOMPANIED ON THE PASSPORT & DATE OF BIRTH ❽ أسماء المرافقين وتاريخ الميلاد

1- ١-

← Sphinx & Cairo Tower أبو الهول - برج القاهرة

出国カード（裏）

ACCOMPANIED ON THE PASSPORT & DATE OF BIRTH	أسماء المرافقين وتاريخ الميلاد
2- ❾	٢-
3-	٣-
4-	٤-

FOR OFFICIAL USE للاستعمال الرسمى

نتيجة المراجعة :

ختم المراجع وتوقيعه

❶フライト番号 ❷降機地 ❸姓 ❹名 ❺生年月日と出生地 ❻国籍 ❼パスポート番号 ❽パスポートに併記している子供の生年月日と氏名（現在の日本のパスポートは子供を併記できなくなっている） ❾パスポートに併記している子供の生年月日と氏名（❽の続き）

※入国、出国カードの絵柄や色はしばしば変わりますが、記入内容はほぼ同じです。

日本を出国する

●**チェックイン**　空港へは出発時刻の2時間前には到着しておきたい。空港での手続き方法はおもに3つ。

①**チェックイン・キオスクで手続き**　空港に設置された機械にパスポートを読み取らせてボーディングパスを受けとる。荷物預けのタグは自分で出す場合とカウンターに行く場合がある。

②**オンラインチェックイン**　スマホやPCを使って航空会社のサイトやアプリで手続きする。ボーディングパスはスマホに読み込むかプリントして持ち込み、荷物はカウンターで預ける。

③**カウンターでの手続き**

　なお、座席指定は事前に航空会社のサイトでできることが多いので、予約番号等を入力して手続きする。

●**セキュリティチェック**　荷物を預け終えたら、セキュリティチェックへ。混雑することがあるので、早めに通過しよう。

●**出国審査**　日本国のパスポート所持者は指定された機械による出国審査を受ける。

エジプトに入国する

●**空港でのビザ取得**　まずは銀行を目指そう。何時に到着しても、2～3の銀行窓口が開いており、ビザ用印紙の購入ができる。ビザの料金は25US$のほか25€、25GBP（英ポンド）でも支払い可能（€またはGBPで支払うと、US$との差額分として為替に応じてお釣りが戻ってくる）。クレジットカード払いも可。ビザ用印紙はシール式なので、パスポートの空いているページ（見開き2ページの余白があるほうがよい）に貼ってしまおう。ここまできたら、あとは入国審査の列に並ぶだけ。この印紙付きパスポートと記入済みの入国カード（飛行機内で配られる）を職員に渡すと、査証番号の入ったスタンプと日付のスタンプを押してくれる。

●**手荷物検査**　入国審査を終えたら、機内預けの荷物を受け取る。税関では申告する必要のない人はそのまま通過し、出口でX線の手荷物検査を受ける。

エジプトを出国する

●**持ち出せないもの**　エジプトからの文化財の国外持ち出しは、法律で厳しく制限されている。旅行者が文化財を持ち出すときは、文化省考古局の許可を得た古美術商から購入し、出国時に古美術証明を税関に提出する。ただし手続きは大変面倒。事実上持ち出し不可能と考えたほうがよい。

●**出国手続き**　セキュリティチェック後、航空会社のカウンターでチェックインの手続きを終えると、出国カードをくれる。これに記入し、出国審査、搭乗前の手荷物検査となる。

荷物引き取り所

※ビザや入国の条件は変更もあるので最新情報の確認を。

■**イエローカードは必要なし**
日本から直接エジプトに入国するなら、予防注射は不要。しかし、もし近隣諸国で伝染病が発生した場合に、それらの国から入国するときは、イエローカードの提示を求められることがある。

■**国際観光旅客税**
日本からの出国には、1回につき1000円の国際観光旅客税がかかり、原則として支払いは航空券代に上乗せされる。

日本からカイロへの直行便は未明に到着する

■**エジプト入国時の免税範囲**
●**タバコ**
紙巻きタバコのみの場合200本、または葉巻タバコの場合50本、そのほかのタバコ200gまで
●**現金**
現地通貨5000£3まで
外貨1万US$相当まで
●**酒類**
1リットルまで
●**香水**
1リットルまで
●**贈り物**
200US$相当まで

■**エジプトでの手荷物検査**
テロ防止の観点から空港や駅（地下鉄も）への入構時や、大きなホテルへの立ち入り時にX線での荷物検査があることが多い。ショルダーバックは中身が出ないよう、ジッパーなどで確実に閉まるものを用意しよう。機械は砂埃で煤けているので、何度も通しているうちに鞄は汚れてくる。さっと拭けば汚れが落ちる素材がおすすめ。

■検疫

エジプトから日本へは肉加工品は持ち込めない。詳細は動物検疫所のウェブサイトで。

URL www.maff.go.jp/aqs

■日本帰国時の免税範囲

●酒類
3本（1本760ml程度のもの）

●タバコ
紙巻きタバコのみの場合200本、加熱式タバコのみの場合個装等10個、葉巻タバコのみの場合50本、その他の場合250g

（注1）免税数量は、それぞれの種類のたばこのみを購入した場合の数量であり、複数の種類のたばこを購入した場合の免税数量ではない。

（注2）「加熱式たばこ」の免税数量は、紙巻たばこ200本に相当する数量となる。

●香水
2オンス（1オンスは約28ml、オーデコロン、オードトワレは除く）

●そのほかのもの
20万円以下

詳しくは、東京税関や成田税関ウェブサイトで確認できる。

URL www.customs.go.jp

■Visit Japan Web

日本入国時の「税関申告」をウェブで行うことができるサービス。

URL vjw-lp.digital.go.jp

■コピー商品の購入は厳禁！

偽ブランド品や違法に複製した「コピー商品」は絶対に購入しないように。これらの品物を持って帰国すると、空港の税関で没収されるだけでなく、場合によっては損害賠償請求を受けることも。「知らなかった」では済まされないのだ。

■イスラエルへ陸路で行く人へ

再入国ビザ申請の際、イスラエルへ陸路で行く場合には、往復切符の提示を求められることもある。

日本に入国する

　まず、検疫カウンターを通る。健康に問題がある人は質問票に必要事項を記入して提出。その後、入国審査を受ける。なお、税関では、免税範囲を超えていなくても機内で配られる「携帯品・別送品申告書」に記入して、空港の税関に提出しなければいけない。

携帯品・別送品申告書の記入例

ビザの延長（→P.87、435）

●**在留許可と再入国ビザ**　エジプトに1ヵ月以上滞在する場合は、最初の1ヵ月以内に外国人居住カード（Foreign Residence Card）の取得が、また、ビザの有効期限内にエジプトからほかの国に行き、戻ってくる場合には、再入国ビザ（Re-entry Visa）が必要だ。どちらも、エジプト各地にあるパスポートオフィスで申請できる。なお、再入国の際にビザの有効期限が切れる場合は、その国でビザを取り直すことになる。

　カイロの場合は、アッバセイヤにあるパスポートオフィスで発給してくれる。カイロ以外でも、アレキサンドリアやルクソール、アスワン、ハルガダなど主要都市のパスポートオフィスで、ビザの延長や再入国ビザの取得が可能。手続きに必要な費用や書類は、それぞれの都市で若干異なることがある。

カイロで取る各国ビザ

カイロには各国の大使館がほぼ揃っている。ビザ取得に日本大使館のレターが必要な国もあるが、日本大使館のレターは申請当日または翌日に発給される。

2024年3月現在、ビザの発給業務を停止している大使館もあり、状況は流動的。

■在エジプト日本国大使館
折込Map大カイロB4
住81 Kornish El-Nil St., Maadi, Cairo
٨١ شارع كورنيش النيل معادي
TEL(02) 2528 5910
URLwww.eg.emb-japan.go.jp
時9:00〜16:00(各種証明書、届け出等の受付窓口)　休金・土

各国ビザの取得方法

国名	取得方法	大使館の連絡先
ヨルダン الأردن	大使館以外でもマリク・フセイン（アレンビー）橋を除いた国境でのビザの取得が可能。オンラインでも無料のeビザが簡単に取得できる。　URLeservices.moi.gov.jo	折込Mapカイロ中心部A1 住6 Basim El-Kateb St., El-Dokki ٦ شارع باسم الكاتب، الدقى　TEL(02)3748 5566 URLmfa.gov.jo　時9:00〜12:00　休金・土
シリア سوريا	日本国民へのビザの発給は2024年3月現在停止中。日本の外務省からもシリア全土に退避勧告が出ており、特別な事情がない限りビザは発給されない。	折込Mapカイロ中心部A1 住24 Kamel El-Shennawy St., Garden City ٢٤ شارع كمل الشناوى، جردن سيتى TEL(02)27924325　時9:00〜15:00　休金・土
レバノン لبنان	日本国民は国境や空港で観光ビザが取れるため、カイロの大使館ではビザの発給を行っていない。2024年3月現在、日本の外務省から退避・渡航中止勧告が出ている。	Map P.90B1 住22 El-Mansour Mohamed, Zamalek شارع منصور محمد، الزمالك　TEL(02)2738 2824 時9:00〜15:00　休金・土
スーダン السودان	2ヵ月の観光ビザが取れ、申請翌日に発給。パスポートの顔写真とエジプトビザのページのコピーと写真2枚、150US$、ホテル予約証、日本大使館のレターが必要。2024年3月現在、日本の外務省から退避勧告（レベル4）が出ている。	折込Mapカイロ中心部A2 住8 Ahmed Elshatory St., El-Dokki ٨ شارع أحمد الشاطورى، الدقى TEL(02)2794 9661 時9:00〜16:00　休金・土
エチオピア أثيوبيا	ボレ国際空港でアライバルビザを取得できる。手数料は102US$（現金またはクレジットカード）で、30日間滞在可能。オンラインで取得できるeビザもあり、30日間滞在可能なビザが82US$。 URLwww.evisa.gov.et/information/tourist	折込Map大カイロB4 住150 St., Farouq Sq., El-Maddi شارع ١٥٠،ميدان الفاروق, المعادى TEL(02)2358 6584 時9:00〜12:00　休金・土

Information

イスラエルと中東、アラブ諸国を回る人へ

アラブ、イスラーム諸国のなかには、まだイスラエルと外交関係がなく、パスポートにイスラエル入国の痕跡があると自国への入国を認めていない国がある。2024年3月現在で、イスラエルへの入国の痕跡があると入国を認めていないのはイエメン、シリア、レバノン、イラク、スーダン、クウェート、リビアなど。

イスラエル入国は旅程も考慮して　多くのアラブ諸国を旅行するためには、イスラエルを最後の渡航地にするか、空路で移動すること。

イスラエルのイミグレーションでは、出入国スタンプは廃止されているので、一見するとパスポートにイスラエルに入国した証拠は残らないように思える。しかし、イスラエルでビザを取ると、ビザの発行場所の欄にイスラエルの都市が書かれるため、イスラエル入国の証となる。

空路の場合　エジプトの空港から出国したスタンプがあっても、イスラエルの入国スタンプがないので、どこへ行ったのか特定できず、イスラエルに滞在したかどうか、パスポートからは判別できない。したがって問題は発生しない。

陸路の場合　イスラエルとエジプトの国境を通過したということはイスラエルに行ったことになる。たとえイスラエル入国のスタンプがなくても、エジプト側にイスラエルと接するエジプトの国境の名称が書かれた出国スタンプがあれば、イスラエルに入国したことが分かってしまい、ほかのアラブ諸国から入国を拒否される。

※イスラエルは2024年5月現在、全土にレベル2〜4の危険情報が発出されている

200£E紙幣には書記座像が描かれている

■エジプトらしさが詰まった 紙幣をおみやげに

エジプトの紙幣はキタナイ。ボロボロで、ヘタをすると金額が読めないこともある。だけど、絵柄はとてもエジプトらしい。10£Eは2022年、20£Eは2023年からポリマー製の新紙幣が流通している。

200£E、裏は書記座像

100£E、裏はスフィンクス

50£E、裏はエドフのホルス神殿

20£E、裏はクレオパトラとピラミッド

10£E、裏はハトシェプスト女王

5£E、裏はハピ神のレリーフ

1£E、裏はアブ・シンベル大神殿

通貨と両替

●エジプトの通貨はエジプトポンド　エジプトの通貨はエジプトポンド (エジプト英語風に発音するとエジブシャンパウンド)、アラビア語で「ギニー」、市場などでは"＿＿"で表される(本書では£Eと表記した)。補助単位はピアストル。アラビア語で「クルシュ」という。市場などでは"＿＿"で表される(本書ではpt.と表記)。1エジプトポンドが100ピアストルに相当する。紙幣は、50pt.、1 £E、5 £E、10 £E、20 £E、50 £E、100 £E、200 £E。コインは25pt.、50pt.、1 £Eがある。

●数字はアラビア語で覚えてしまおう　コインには、額面が算用数字で書かれていないものもある。つまり、元祖アラビア数字の表記だけなので、間違えないように。アラビア文字の数字を知っていると便利なので覚えておこう(→P.482)。

持って行くお金と両替

●米ドルが便利　エジプトでもともと強いのは米ドルで、次に強いのはユーロ。近年はクレジットカードで支払うことができるところも増えているが、幾分かの米ドルは用意しておいたほうがよい。列車は米ドルかユーロ (クレジットカード決済も可能になる予定) での支払いに限られる。また、ビザを延長する予定の人は米ドルやユーロからエジプトポンドへの両替証明が必須となっている(→P.435)。

●主要な見どころはクレジットカード払いのみに　ギザのピラミッド地域やエジプト考古学博物館、王家の谷、ルクソール神殿など、主要な見どころはクレジットカード (VISA、Mastercard) 払いのみ(現金不可)になりつつある。これを考慮に入れ、両替は最小限に抑えよう(→P.438)。ただし、カードを読み取る機械が壊れていることも多く、現金で払うように言われる場合もある。

●エジプトポンドしか使えない場合もある　バジェット派ならエジプトポンドは必携だ。安宿や食堂はエジプトポンドしか受け付けないところも多い。米ドルしかもっていなければ、チップも最低額が1US$となってしまう。

●外貨で支払える施設もある　観光客向けのレストランやみやげ物屋では米ドル、ユーロをそのまま現金で使えることもある。ただしホテルや店の値段はもちろんエジプトポンドで設定されており、店が便宜的にレートを計算して外貨をそのまま受け取ってくれるので、このとき計算されるレートは銀行より悪いことが多い。ちなみに米ドルは書き込みがあったり汚れていたりすると拒否されることがあるので、1US$、5US$といった小口の新札を用意しよう。

●**銀行での両替** 都市はもちろん、そこそこの規模の町なら、必ず銀行がある。しかし、ひとたびオアシスの町や紅海沿岸、シナイ半島の小さな村に行くと、外貨を扱っている銀行が少なくなる。あらかじめ何日分かを両替してしまったほうがいい。以前はホテルの1階か地下に銀行の両替窓口があったが、現在はほとんどなくなった。両替は町なかの銀行や両替商で行うのが一般的だ。

●**銀行の営業時間に要注意** エジプトの銀行で気を付けたいのは営業時間。日〜木曜の8:30〜15:00というところが多い。また、午後はたとえ開いていても外貨の両替はできないことが多いので注意。なお、金・土曜は休み。観光地の銀行では18:00〜20:00ぐらいの時間帯に外貨両替に限ってオープンするところもある。町なかや高級ホテル内にはATMもあり、クレジットカードでのキャッシングなども可能。

●**銀行以外での両替** 近年カイロをはじめ、アレキサンドリア、ハルガダ、アスワンなどには、EXCHANGEの看板を掲げた両替屋が増えている。観光地の両替屋は銀行が閉まっている時間帯でも開いていることがあるので便利。金曜も開いているところも多い。両替屋といっても闇両替ではなく合法的な施設で、レートは銀行より若干いい場合もある。

●**再両替は非常に困難** 銀行や両替屋でもエジプトポンドから外貨への両替ができるかどうかは店により、時期によりころころ変わり、流動的。

●**両替は少しずつ** 再両替はできないと思って両替はこまめにして、出国するときに余らないようにするのがコツ。出国日が近づいてきたらあといくらぐらい必要なのかを考え、少しずつ計画的に両替するようにしたい。それでも中途半端に余ってしまったら、おみやげを買うなどして使い切るか、旅の記念として持ち帰るという方法もある。

●**両替レシートは捨てないで** 中級ホテルなどでは、エジプトポンドでの支払いの際、まれに両替時のレシートの提示を求められる。必ず取っておこう。

●**小回りが利かない高額紙幣** タクシーやチップの支払い、ミネラルウオーターの購入など、旅行中には5〜20£E札の紙幣を使うことが多く、これらの紙幣を多めにもっておくとなにかと便利。しかし2万円ぐらい両替すると、小額紙幣を要求しても断られることがあり、50〜200£E札で返ってくることが多い。

●**小額の紙幣と小銭は必需品** また、ちょっとした買い物をするときや、町のスタンドなどでは「おつりがない」と言われることがよくある。チップを渡す機会も多いので、なるべく小銭や1〜5£Eの小額の紙幣をためておくようにしよう。特に市内バスやマイクロバス、近距離のタクシーを利用するときは、小額の紙幣が必需品となる。

■**紙幣は確認しながら支払いをしよう**
特にタクシーで起きやすいが、紙幣をしっかり確認せずに支払うと、受け取った紙幣を少額紙幣にすり替えて、お前が渡した紙幣はこれだなどといい、余分にお金を請求する詐欺にひっかかることがありえる。特に高額紙幣での支払いでは、50ポンド、100ポンドなどと、支払う紙幣を読み上げて確認しながら渡すくらいの気持ちでいよう。

両替所のレート表示。表に日本円が記載されているからといって、日本円の両替が可能であるとは限らない

ザマーレクにある両替所は大きなドル札の外観が目印

カラフルな両替屋の看板。両替商はアラビア語で「サッラーフ」という

レシートをもらったらレートと金額をきちんと確認しよう

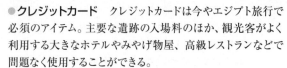

クレジットカード

■カード払いは通貨とレートに注意

カード払いをしたとき、現地通貨でなく日本円で決済されていることがある。これ自体は合法だが、ちゃっかり店側に有利な為替レートになっていたりするので注意したい。サインする前には通貨と為替レートを確認すること。店側の説明なしで勝手に決済されたときは、帰国後でも発行金融機関に相談を。

■クレジットカードは必携
→P.438

■クレジットカードでのキャッシング限度額

クレジットカードでのキャッシングは両替よりもレートがよい。ただし、エジプトではキャッシングに限度額があり、ほとんどの場合4000£Eで、まれに6000£Eや8000£Eのところもある。長期の旅行でたびたびキャッシングしていると、手数料もかさんでしまうので注意したい。ちなみにATMから米ドルを引き出すことはできない。

■クレジットカードをなくしたら

大至急カード発行金融機関に連絡し、無効化すること。万一の場合に備え、カード裏面の発行金融機関、緊急連絡先を控えておこう。現地警察に届け出て紛失・盗難届出証明書を発行してもらっておくと、帰国後の再発行の手続きがスムーズ。

■おもな海外専用プリペイドカード

●トラベレックスマネーカード
Travelex Money Card
トラベレックスジャパン発行
URL www.travelex.co.jp/travel-money-card

●Visaプリペ
三井住友カード発行
URL www.smbc-card.com/prepaid/visaprepaid/index.jsp

●**クレジットカード**　クレジットカードは今やエジプト旅行で必須のアイテム。主要な遺跡の入場料のほか、観光客がよく利用する大きなホテルやみやげ物屋、高級レストランなどで問題なく使用することができる。

カードで決済をする際、端末によって受け付けないこともあるので2〜3枚持参すると心強い。ICチップ付きのカードで決済する際、暗証番号（PIN）の入力が必要なので、番号を覚えていない場合は、日本出発前にクレジットカード会社に確認をしておこう。通用度が高いのは、VISAとMastercard、次いでAmerican Express。

観光地や大都市のATMでキャッシングができるのも心強い。キャッシングには手数料のほかに金利も付くが、「繰り上げ返済」で返済すれば、両替所で両替するよりも有利なレートで現金を引き出せることが多い。申請などの詳細は各カード会社へ。

●**増えつつあるATM**　ATMは近年エジプトでは目に見えて増加の傾向にあり、おもな高級ホテルのほか、銀行、ショッピングセンターなどにも設置されている。

ほとんどのATMにCirrusやPLUS対応の表示があるが、国際キャッシュカードのなかには、カイロ銀行やエジプト銀行のATMでは使えないものもある。

海外専用プリペイドカード

海外専用プリペイドカードは、カード作成時に審査がなく、外貨両替の手間や不安を解消してくれる便利なカードのひとつだ。出発前にコンビニATMなどで円をチャージ（入金）し、入金した残高の範囲内で渡航先のATMで現地通貨の引き出しやショッピングができる。各種手数料が別途かかるが、使い過ぎや多額の現金を持ち歩く不安もない。

バンク・ミスルのATM。MastercardやVISAが利用可能

ダフラ・オアシスにもATMはある

高級ホテルは館内にATMが設置されている

旅の予算

　エジプトの物価は安い。贅沢をしなければ、1日2000円以内で過ごすことも充分可能だ。カイロは大都会だから多少物価が高いけれど、ルクソールやアスワンは観光客プライスというより田舎プライスがまだまだ通用する。つまり、安く快適にエジプトを旅するには、ケチる日と少しリッチな日をうまく使い分けて、メリハリをつけるのがコツなのだ。

●**食事代**　極端な安宿でない限り、たいていのホテルは朝食付き。昼と夜はレストランで肉か魚の定食。これが70〜200 £E（350〜1000円）。マクドナルドやKFCといった外国資本のファストフード店は、セットで約200 £E（1000円）と、エジプトでは安い食事というイメージはない。安く済ませるならばシャワルマサンドやコシャリを食べよう。これなら10 £E〜40 £E（50〜200円）。飲み物では、サトウキビジュースはスタンドで1杯10 £E（50円）。レストランでのソフトドリンクは30 £E（150円）、ビールは100 £E（500円）〜。

●**ホテル代**　平均的な安宿で1泊約200 £E（1000円）。ドミトリーなら100 £E（500円）〜。部屋にホットシャワー、エアコンの付くホテルなら、カイロで500 £E（2500円）〜というのが相場だ。ユースホステルは会員であれば安くなるが、もともとほかの宿が安いので、エジプト旅行のためだけに会員になる必要はないだろう。また、エジプトのユースホステルは、国内の学生が占拠していることが多く、空きが少ないし、町の中心部から離れている場合が多いため利用しにくい。

　プールやプライベートビーチ付きの中級リゾートホテルは、40US$〜。ヒルトンなど、外国資本の高級チェーンホテルであっても、時期と場所によっては、100US$以下で泊まれるところも多い。

●**交通費**　町の見どころを回るためのバスは1回5〜20 £E（25〜100円）と、日本とはケタ違いに安い。タクシーを使ったとしても、近くなら30 £E（150円）ほどだから、あえて計算に入れなくても大丈夫。しかし、エジプトは広いので、長距離移動の予算は必要。カイロからルクソールまで列車で行くなら1等だと40US$（6000円）〜。バスだと250〜520 £E（1250〜2600円）寝台列車は、シングル1泊130US$（1万9500円）。飛行機の場合は、時期や便によって値段の変動があるが、エコノミークラスで40〜162US$（6000〜2万4300円）と場合によっては寝台列車より安上がりだ。

●**遺跡や博物館の入場料**　こんなに物価の安いエジプトだが、旅行者泣かせは遺跡や博物館の入場料。もちろん外国人旅行者料金なのだが、それにしてもほかの物価に比べて

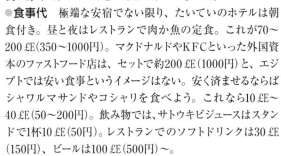
コシャリは安くておいしいエジプト料理の代表格

ルクソールのウィンター・パレス。カイロのメナ・ハウス（2024年5月現在、本館休館中）、アスワンのオールド・カタラクトと並び、約140年の歴史をもつ名門ホテル

■高級ホテルでの支払い
4つ星以上のホテルでの宿泊料金はドル払いが義務付けられている。カード支払いの場合もドル決済となる。

ルクソール西岸にあるチケット売り場の料金表

チケット売り場の表示

ケタ違いに高い。ギザのピラミッドは540 ￡E（2700円）やカイロのエジプト考古学博物館は450￡E（2250円）、アブ・シンベル神殿は600 ￡E（3000円）、ルクソールの場合は、各遺跡ごとにそれぞれ入場料を取られる。多くは100～200 ￡E（500～1000円）だが、なかにはネフェルタリの墓2000 ￡E（1万円）やセティ1世の墓1800 ￡E（9000円）といった超高額の見どころまである。行きたいところをピックアップして、ある程度計算しておいたほうがいい。また、カメラの持ち込みは入場料に含まれる場合がほとんどだ。知っておきたいのは国際学生証の効力。高い遺跡の入場料も、国際学生証（IDカード）を提示すれば半額になることが多い（学生証の取得に関しては（→P.436）。しかし、交通機関には効果はない。

●旅の予算　このようにエジプトの物価は日本より安いので、きちんとした食事をした日でも、1日の予算として、食費が300 ￡E（1500円）、宿泊費が400 ￡E（2000円）、遺跡入場料が300 ￡E（1500円）、ミネラルウオーターや市内移動費などの雑費を50 ￡E（250円）ほど予定しておけばいい。これを滞在日数分合計し、長距離移動費とおみやげ代などを加えれば、おおまかな旅の予算となる。

物価は安いが遺跡の入場料は頻繁に値上がりする

フレッシュジュースで水分とビタミン補給を！

ガンガン観光した20代男性の旅の支出例

●1日目　カイロ市内			水 (1.5ℓ)×2	20￡E
ビザ代	25US$		昼食 (定食)	100￡E
カイロ空港～カイロ市内 (バス)	6￡E		アスワン～ルクソール (2等)	15US$
水 (1.5ℓ)	10￡E		夕食 (ピザ、ビール)	200￡E
エジプト考古学博物館	450￡E		宿泊 (シャワー、トイレ、朝食付き)	250￡E
昼食 (コシャリ)	20￡E		**●5日目　ルクソール西岸**	
タフリール広場～オールドカイロ (地下鉄)	6￡E		遺跡など見どころの入場料 (3ヵ所)	1140￡E
夕食 (コフタ定食)	100￡E		水 (1.5ℓ)×2	20￡E
宿泊費 (個室、シャワー・トイレ共同)	300￡E		レンタサイクル	30￡E
●2日目　ギザのピラミッド～アスワン			昼食 (チキン定食)	90￡E
タフリール広場～ギザのピラミッド (バス)	20￡E		夕食 (コシャリ)	20￡E
ピラミッド地域入場料	540￡E		おみやげ (香水ビン、パピルス)	300￡E
昼食 (ターメイヤ)	50￡E		宿泊 (シャワー、トイレ、朝食付き)	250￡E
音と光のショー	20US$		**●6日目　ルクソール東岸～カイロ**	
水 (1.5ℓ)	10￡E		遺跡など見どころの入場料 (3ヵ所)	1150￡E
カイロのレストランで夕食	250￡E		レンタサイクル	30￡E
寝台列車でアスワンへ	130US$		昼食 (ターゲン)	120￡E
●3日目　アスワン			水 (1.5ℓ)×2	20￡E
朝食 (水、パンを列車内に持参)	30￡E		夕食 (シシカバーブなど)	150￡E
水 (1.5ℓ)×2	20￡E		寝台列車でカイロへ	130US$
遺跡など見どころの入場料 (3ヵ所)	850￡E		**●7日目　カイロ、イスラーム地区**	
ファルーカ (3時間チャーター)	450￡E		ホテル～シタデル (タクシー)	70￡E
昼食 (シャワルマ)	50￡E		水 (1.5ℓ)	10￡E
夕食 (定食)	100￡E		シタデル入場料	450￡E
宿泊費 (シャワー、トイレ、朝食付き)	300￡E		昼食 (ハト)	110￡E
●4日目　アスワン～アブ・シンベル～ルクソール			おみやげ (Tシャツ、ガラベーヤ)	150￡E
アブ・シンベルへのツアーに参加	300￡E		カイロ市内～空港 (タクシー)	150￡E
アブ・シンベル入場料	600￡E			

およその合計9万4460円 (1￡E＝5円で計算)
※2023年10月取材時のレート

452

郵便＆電話＆インターネット

郵便局や電話局などの公共機関では窓口に並ばなければならないが、これがけっこうな労力を要する。きちんと列などは作らず、割り込みはあたりまえ。窓口をたらい回しにされることもエジプトならではの光景だ。

カイロのラムセス駅横にある郵便局庁舎。1階のアズバキーヤ郵便局へは東側の入口から入る

郵　便

●**手紙を送る**　エアメールは、ハガキや20gまでの封書が70 ￡E程度。1週間から2週間で日本に届く。大きなホテルではたいていフロントの横にポストがあり、フロントで切手を買うこともできる。カイロではアメリカン・エキスプレスの事務所などにもポストがある。

●**小包を送る**　小包郵送の取り扱いは、大都市の大きな郵便局のみに限られる。ただし、手続きにはかなりの時間と根気を要する。また、送った物が届かないこともあるので、大切な物は郵送しないほうがいい。カイロやアレキサンドリア、ルクソール、シャルム・イッシェーフといった大都市、観光地には**DHL**や**FedEx**などがあるので、大切なものを送るならこちらを利用しよう。

カイロの考古学博物館からエジプト文明博物館に移送された22体のミイラを記念して発行された切手

電　話

携帯電話の普及によって公衆電話の数は極端に減っており、町なかにあるほとんどの公衆電話は壊れているといっても過言ではない。唯一ともいってよい公衆電話が利用できる場所は空港。ここに設置されてある公衆電話は、クレジットカードで支払いもできる。

●**エジプトから日本に電話をかける**

固定電話から　日本への国際電話は、高級ホテルであれば、室内の電話からダイレクトにかけることができる。高級ホテル以外では、客室にある電話はインターホンで、外部への発信ができないものがほとんど。ホテル以外だと、どの町に電話局というものがひとつはあるので、そこから電話をかけることになる。

空港にある公衆電話。#20を押せばクレジットカード払いができる

■**日本での国際電話 問い合わせ先**

●au（携帯）
TEL157（auの携帯から無料）
URLwww.au.com

●NTTドコモ（携帯）
TEL151（ドコモの携帯から無料）
URLwww.docomo.ne.jp

●ソフトバンク（携帯）
TEL0800-919-0157
TEL157（ソフトバンクの携帯から無料）
URLwww.softbank.jp

日本から現地への電話のかけ方

国際電話識別番号 010 ※	＋	エジプトの国番号 020	＋	市外局番の最初の「0」を除いた 相手先の電話番号

※携帯電話の場合は010のかわりに「0」を長押しして「＋」を表示させると、国番号からかけられる。
※NTTドコモ（携帯電話）は事前にWORLD CALLの登録が必要。

現地から日本への電話のかけ方

国際電話識別番号 00	＋	日本の国番号 81	＋	市外局番の最初の「0」を除いた 相手先の電話番号

通信会社etisalatとweのショップ

高級ホテルに設置されているパソコン

VodafoneのSIMカード

インターネット回線　ノート型パソコンやスマートフォンなどにLINEやWhatsAppなどの通話アプリをインストールしていれば、ネット回線を介して通話することができる。

携帯電話会社の電話回線　エジプトでも携帯電話は非常によく普及しており、旅行者の行く都市のほとんどがカバーされている。日本の携帯電話をそのまま海外で利用することを海外ローミングというが、その方法は各電話会社ごとに異なっている。詳しくは各電話会社に問い合わせを。

エジプトの携帯電話の通信会社はVodafone、orange、etisalat、Telecom Egyptの4社。日本で購入した携帯電話でも、海外でも使用できる機種かつSIMロックが解除されたものあれば、これらの通信会社のSIMカードを挿入して通話することができる。通信料は現地価格なので、格安で国内通話もできる。

● エジプトでの国内電話

エジプトで国内電話をかけるのも、ホテルなどにおいてある固定電話からかけたり、インターネット回線を利用するか、あるいは現地のSIMカードを買って携帯電話でかける方法などがある。

相手の携帯番号が分かっていれば携帯電話の通話アプリが便利。エジプトで最も使用されている通話＆メッセージアプリはWhatsApp（→P.440）で、日本でいうLINEのようなもの。スマートフォン同士であれば通話だけでなく、メッセージの送受信も可能なのでとても便利。

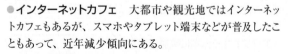

インターネット

● インターネットカフェ　大都市や観光地ではインターネットカフェもあるが、スマホやタブレット端末などが普及したこともあって、近年減少傾向にある。

● ホテルで接続　ほとんどのホテルにはWi-Fiがあり、インターネットに接続することができる。ただし、日本に比べて速度は遅く不安定。ホテルによってはレセプションなどの公共エリアは使えるが、客室は使えないという所も多い。一般的には経済的なホテルは共用エリアのみで、ホテルのランクが上がるにつれて客室でも利用できるところが増えていくが、ハルガダでは5つ星の高級ホテルグループのリゾートホテルであっても客室でWi-Fiがつながらないところも多い。また、共用エリアは無料だが、客室では有料というところもある。客室でも快適にインターネットを利用したい人であれば、SIMカードを購入することを考慮に入れたい。

● ホテルのコンピュータを使う　カイロやルクソール、アスワンなどでは安宿でもホテル内にインターネットコーナーを設けているところもあり、メールのチェックが可能。日本人客

が多い宿では、日本語が入力可能なところもある。

●**公共のWi-Fiを利用** 外資系のカフェやファストフード店を中心に、無料でWi-Fiが使えるところも増えている。多くはパスワードが必要なので、店員に教えてもらおう。また、長距離バスもWi-Fiを備えているものが増えてきている。ナイル川クルーズ船に乗る場合、もちろんWi-Fiは完備しているが、有料で、しかも高額なことが多い。

●**海外用モバイルWi-Fi用ルーターをレンタルする** 事前にインターネットなどで、海外用モバイルルーターのレンタルを申請し、空港で受け取る。現地ではネットワーク（SSID）を検出、パスワードを入力してルーターに接続できる。

●**現地のSIMカードを購入してスマホやタブレットを使う** エジプトの通信会社でSIMカードを購入し、定額パケットのプランに申し込む。スマホの設定変更や定額パケットに申し込む方法などは、アラビア語がわからないとひとりで行うのは難しい。通信会社のオフィスは、カイロ国際空港内にあるので、ここのスタッフであれば、英語を話すことができ、外国人の対応も手慣れているので、利用するつもりの人は、ここで申し込んでしまうのがおすすめ。スマホの言語設定はあらかじめ英語にしておくとスムーズ。手続きや設定にかかる時間は10〜20分ほど。

■**おもな海外用モバイルWi-Fi**
●イモトのWiFi
URL www.imotonowifi.jp
●グローバルWiFi
URL www.townwifi.com
●テレコムスクエア
URL www.telecomsquare.net

OrangeのSIMカードの料金表

■**orangeのSIMカード**
●16GB
料150£E（約750円）
国内通話付き。30日間有効
●40GB
料280£E（約1400円）
国内通話付き。30日間有効

INFORMATION

エジプトでスマホ、ネットを使うには

　スマホ利用やインターネットアクセスをするための方法はいろいろあるが、一番手軽なのはホテルなどのネットサービス（有料または無料）、Wi-Fiスポット（インターネットアクセスポイント。無料）を活用することだろう。主要ホテルや町なかにWi-Fiスポットがあるので、宿泊ホテルでの利用可否やどこにWi-Fiスポットがあるかなどの情報を事前にネットなどで調べておくとよい。ただしWi-Fiスポットでは、通信速度が不安定だったり、繋がらない場合があったり、利用できる場所が限定されたりするというデメリットもある。そのほか契約している携帯電話会社の「パケット定額」を利用したり、現地キャリアに対応したSIMカードを使用したりと選択肢は豊富だが、ストレスなく安心してスマホやネットを使うなら、以下の方法も検討したい。

☆ 海外用モバイルWi-Fiルーターをレンタル

　エジプトで利用できる「Wi-Fiルーター」をレンタルする方法がある。定額料金で利用できるもので、「グローバルWiFi（【URL】https://townwifi.com/）」など各社が提供している。Wi-Fiルーターとは、現地でもスマホやタブレット、PCなどでネットを利用するための機器のことをいい、事前に予約しておいて、空港などで受け取る。利用料金が安く、ルーター1台で複数の機器と接続できる（同行者とシェアできる）ほか、いつでもどこでも、移動しながらでも快適にネットを利用できるとして、利用者が増えている。

▼グローバルWiFi

　海外旅行先のスマホ接続、ネット利用の詳しい情報は「地球の歩き方」ホームページで確認してほしい。
【URL】http://www.arukikata.co.jp/net/

国内交通

国土が広いエジプトでは飛行機で移動すると時間が短縮できる

エジプトには、さまざまな交通機関がある。うまく使いこなせば、自分のスタイルに合った効率のよい旅ができるだろう。例えば、徹底的に安く旅行したいのなら、長距離移動にはバスを、市内の移動にはバスや地下鉄などの公共交通機関を利用すればよい。逆に、費用はかかっても早くて楽なほうがいいという人なら、長距離移動には飛行機を利用し、市内のホテルへはリムジンかタクシーで移動するのがいい。

飛行機

国土の広いエジプトを短時間で快適に移動するなら、飛行機が最も便利。エジプトエアーの国内線が、エジプト国内の主要都市をカバーしている。

●国内線　エジプトエアーの場合、カイロ国際空港の第3ターミナルに発着する。ただし、使用するターミナルは変更されることもあり、状況は流動的なので必ず現地で確認するようにしたい。また、チェックインは出発時刻の1時間前には済ませよう。エジプトエアー以外にナイル・エアNile Airやエア・カイロAir Cairo、フライ・エジプトFly Egyptといった格安航空会社も国内便を運航。格安航空会社は通常第1ターミナルを利用。

カイロからエジプト南端のアブ・シンベルまでは所要約2時間20分。特にアスワン〜アブ・シンベルは人気の路線。そのほかにも、カイロ〜ルクソール、カイロ〜アスワン、カイロ〜ハルガダ、カイロ〜シャルム・イッシェーフの路線は便数が多い。

■エジプトの主要航空会社
●エジプトエアー
URL www.egyptair.com
●ナイル・エア
URL www.nileair.com
●エア・カイロ
URL aircairo.com
●フライ・エジプト
URL www.flyegypt.com

エジプトエアー路線図

MUH マルサ・マトローフ
アレキサンドリア
（ボルグ・イル・アラブ国際空港 HBE）
CAI カイロ
SSH シャルム・イッシェーフ
AIZ アスユート
HMB ソーハーグ
ハルガダ HRG
LXR ルクソール
※ルクソール〜アスワンは運休中
RMF マルサ・アラム
アスワン ASW
ABS アブ・シンベル
N
0　200km

■エジプト国鉄
TEL 0127 442 2925

■ルクソール〜アスワンの移動手段
2024年3月現在、ルクソール〜アスワンは長距離バス、飛行機ともに運行しておらず、列車が唯一の公共交通機関になっている。外国人旅行者は、VIP車両とスパニッシュ車両、エアコン付きの3等車両の3種類が利用でき、VIP車両が最も高額。VIPとスパニッシュにはどちらも1等車と2等車がある。切符は出発直前まで窓口で購入できるが、窓口は混みあっていることが多いので、できるだけ早く購入しておくこと。

長距離鉄道

エジプトの鉄道はバスに比べてやや利用しづらい。2022年12月から、すべての便に外国人特別運賃が適用され、カイロ〜ルクソール間のエアコン付きの豪華列車は、2等30US$〜、1等40US$〜とバスに比べてかなり高くなっている。1〜2時間の遅延もたびたびおこる。また、外国人旅行者はすべての便やクラスに乗れるわけではなく、事前に駅員に確認が必要な場合もある。

しかし運賃の高さと遅延さえ気にしなければ、近年新たな車体も導入されているので、カイロ〜アレキサンドリア、カイロ〜ルクソール／アスワンなどの主要路線なら快適に旅ができる。旅行者に人気の寝台列車も運行されているので、選択肢のひとつとして考慮に入れるといいだろう。

エジプト鉄道路線図

Integrated Reservation Ticket

日付 出発時刻	出発地		
Dep. 09/02/2020 18:10			
ASWAN → LUXOR	到着地（ルクソール）		
AC 1	Special		
1等エアコン付き	列車番号		
Full Fare	Train 2009		
Price (L.E.)	Coach 1号車		
90.00	Seat 02B		
料金	席番号		

18:10アスワン発ルクソール行き1等列車の切符

券売機は英語にも対応しており、クレジットカードで決済する

■外国人が利用しやすいVIP列車

【下り】カイロ→アスワン

便名	カイロ発	ルクソール発／着	アスワン着
980	8:00	18:55発	22:25
2006	17:15	3:05発	6:00
2014	21:00	6:40発	9:40
976	21:30	7:55着	
2008	23:00	8:40発	11:45

【上り】アスワン→カイロ

便名	アスワン発	ルクソール発／着	カイロ着
981	5:30	9:10	19:35
935		12:40	22:05
2007	15:15	18:30	4:20
2015	16:00	19:10	5:00
977		19:20	5:30
2009	18:10	21:20	6:45

※2023年10月現在

■快適な寝台列車の旅

カイロ～ルクソール～アスワン間にはAbelaという会社が運行する寝台列車がある。コンパートメント方式で、各室とも温水と冷水が出るようになっている。朝・夕食付きで車掌も親切に世話してくれる。オフィスはカイロ、ギザ、ルクソール、アスワンなど停車駅にある。インターネットでも予約可能。カイロ～ルクソールまたはアスワンは、均一料金でシングル130US\$、ツインが180US\$。支払いはUSドル、ユーロ、あるいはクレジットカードで。キャンセルは乗車前日まで受け付けている。

URL abelatrains.com

●**時間を調べる**　まずはどの列車に乗るか。2024年3月現在、国鉄ホームページには時刻表の掲載がなく、国鉄のアプリもエジプト人向けのみ（外国人も使えるようになる予定）。どの列車に乗るかを事前に調べるにはBook a WayやEgypt Trainsなどのアプリ（→P.440）が便利だ。Book a Wayは、カイロ～ルクソール／アスワン間、およびカイロ～アレクサンドリア間のエアコン付き特急列車の1、2等席、カイロ～ルクソール/アスワン間の寝台列車の時刻を確認できる。予約も可能だが、手数料がかかるので、購入は駅の窓口のほうがお得だ。

●**チケットを買う**　チケットは各駅にある外国人専用窓口もしくは券売機で購入する。カイロのラムセス駅は、かつては1階の窓口で購入できていたが、2023年から2階に外国人専用カウンターが設置された。駅ホールからエスカレーターで2階に上がり、フードコートを左に進み、廊下を右に曲がって突き当たりの部屋だ。カイロ～ルクソール／アスワン間は人気なので、前日までに購入したい。運賃は米ドル建てで、米ドルやユーロで支払う（今後クレジットカード決済も可能になる予定）。

寝台列車は2023年8月からAbelaという会社が運営しており、ラムセス駅の北口と南口（→Map P.77）、ルクソール、アスワンなどに窓口がある。こちらはAbelaのウェブサイトやアプリで予約が可能。

地下鉄と路面電車

●**地下鉄**　カイロに3路線ある。ショハダーッ（ラムセス）～ヘルワーンは40分ほどかかる。タフリール～ラムセスは約5分。

●**路面電車（トラム）**　アレクサンドリアで運行されている。安いが、遅くて不便。カーイトゥベーイやカタコンベなどの遺跡を回るときに便利。

長距離バス

鉄道路線がない西方砂漠、東方砂漠、シナイ半島をはじめエジプト全土を網羅しており、その守備範囲は長距離交通機関のなかで最大。主要バス会社は運行する地域ごとに分かれている。**アッパーエジプト（EGバス）**は上エジプトや西方砂漠、紅海沿岸などカイロから南側のエリア、**ウエスト・アンド・ミドルデルタ**はデルタ地帯～アレクサンドリア～スィーワ・オアシス、**イーストデルタ**はシナイ半島全域をカバーしている。

これら3つのバス会社以外に、**ゴーバス、スーパージェット、ブルーバス、ハイジェット**といったバス会社がある。これら

の会社は、おもにカイロとアレキサンドリア、ハルガダ、ダハブ、シャルム、ルクソールといった観光地、リゾート地を結ぶ路線を中心に運行。地域ごとに分かれたバス会社に比べて、車両は新しく、サービスも優れていることが多い。特にゴーバスはウェブサイトまたは専用アプリもあり、英語で予約が可能。

シャルム・イッシェーフ発ダハブ行きイーストデルタバスのチケット

●**チケットの買い方** 長距離バスのチケットはバスターミナルにあるチケット窓口で買う。窓口が閉まっているときはバスの車内でも購入可。

●**大きな荷物はトランクに** 大きな荷物は車体側部にあるトランクに入れる。5〜10 £Eのバクシーシを要求されることもあるが、払わない人も多い。

■**オンライン予約ができる長距離バス会社**
●スーパージェット
URL www.superjet.com.eg
（アラビア語のみ）
●ゴーバス
URL go-bus.com
（専用アプリあり）
●ブルーバス
URL bluebus.com.eg
●ハイジェット
URL highjet-eg.com

市内バス

市内バスは、カイロ、アレキサンドリアをはじめとして主要都市にある便利な交通機関。バスは路線ごとに番号が決まっている。市内バスは1回6 £E（約30円）から。この2大都市では、5:00から真夜中まで運行、料金は6〜8 £E。エアコン付きだと15〜20 £E。

●**乗るバスを見つける** 目的地へ行くバスを見極めるには、アラビア文字で書かれたバスの番号を読み取ることから始まる。アラビア文字といっても、1〜10を覚えれば、数字の順序は変わらないので、読もうと思えば読むことができる。番号は出入口の横やフロントガラスの上に書かれている。しかし、バス停で自分の行きたい場所を叫び続ければ、周りのエジプト人が、乗るべきバスを教えてくれる。

●**バスに乗り込む** バスがバス停の前を通り過ぎる前に、即座にその数字を読み取り、それが目的のバスなら、運転手に乗る意思をオーバーに伝える。ここで、エジプト式「ちょっと待った」のジェスチャーをするとよい（→P.483）。客が乗り込むのを待っていてくれることはまずないので、ゆるゆると走っているバスを追いかけながら、しがみついて乗り込まなくてはならない。また、バスターミナルの場合は、起点で待っていても乗れないほど混むことが多いので、バスターミナルに入ってくるバスを狙って飛び乗ったほうが楽。

●**バスの中はエジプトの縮図!** バス後部のドアから中に入ったら、乗車口の右側に座っている車掌に料金を払う。前のドアが降車口になっているので、車内が混んでいるときは動きがとれなくなるが、その場合は車掌の横の座席と座席の間、最後部の一段高くなった場所などに避難するとよい。また、込み合っているときは、前から降りるのは無理なので、なるべく後ろのドアの近くに潜んでいよう。

カイロ空港からタフリール広場を結ぶ356番のバス。エアコン付きで快適

バス停標識がなくても、人だかりができていたらバス停の可能性が高い

バスターミナルに停車するバスでも決まった場所に停車しないこともあるので、目的のバスを見つけたらダッシュで乗り込む人もいる

降りるときは近いほうのドアからで構わない

● **バスを降りる**　すいていれば前から降りればよい。混雑しているときや、バス停以外の場所で降りる場合は、後ろのドアから飛び降りる。

● **ミニバス**　市内バスのひとつだが、小型。料金は5£E程度と、同一路線を走る大型バスより少し高めだ。原則として満席になると客は乗せない。

● **マイクロバス**　バンを改造して造った私営の交通機関。車体に「TAXI」と表示されている。料金は2〜6£E。市内大型バスルートのうち主要ルートを走る。マイクロバス乗り場では行き先を連呼している。手を挙げればどこでも停まってくれるが、大声で行き先を叫ぼう。行き先が同じで空席があれば停まってくれる。満席なら乗車を拒否される。料金は決まっているので、周囲の人に確認しよう。また、料金は前の人に渡せば、乗客伝いで運転手に渡してくれる。おつりが必要な場合は、前もって周囲の人たちと精算してからドライバーに渡そう。

セルビス（中・長距離マイクロバス）

セルビス乗り場では同じ行き先の車が集まって待機していることが多い

決まった路線を走り、定員に達するまで乗客を集めてから走るワゴン車またはライトバン。マイクロバスと同じように「TAXI」と書いてあることが多いが、マイクロバスとの違いはおもに中・長距離を走ること。料金は100kmの移動につき30£E（約150円）から。夜間は最後部の席が楽。前の席なら、ふたり分の料金を払って広く使うと楽だ。

アブ・シンベル発アスワン行きのセルビス。同路線の長距離バスは1日2便のみなので重宝する

セルビスは途中で降りることができるけれど、途中乗車はできない。猛スピードで飛ばすことでも有名で、事故も起こるというリスクも考慮しよう。また、チャーターすることもできるので、一定区間内の遺跡を見て回るのに便利だ。もちろん値段や行き先は事前に交渉しよう。

タクシー

旅行者にとって最も便利な足はタクシーだ。エジプトのタクシーの利用スタイルは大きく分けてふたつ。ひとつは市内を縦横無尽に走る**流しのタクシー**と、もうひとつは観光地などをチャーターして回る**観光用タクシー**だ。

● **流しのタクシー**　旅行者にとっては身近な存在である流しのタクシーだが、乗りこなすには経験とテクニックが必要だ。タクシーに乗るときには以下のことをぜひ心がけたい。

ハルガダのタクシーは青とオレンジのカラーリング

　相場を知る　相場を知ることは何よりも大切。最初のうちは、これもなかなか難しいが、ホテルのスタッフやツーリストインフォメーションなどで聞いておくと役に立つ。時間帯や運転手にもよるが、カイロなら1kmでだいたい**5£E〜**と思っておけば間違いない。

おつりをもってないこともある　エジプトのタクシー運転手はおつりを用意していないこともあるので、たとえ50 £E札や100 £E札を渡しても、「ショクラン（ありがとう）」という言葉しか返ってこない。近距離なら10 £E札を何枚か、少し遠ければ20 £E札を多めに用意しよう。

片手を斜め前方に下げる　エジプトでタクシーを停めるときはこの方法が一般的。運転手が気づいてスピードを落としたら、運転手に向かって行き先を叫ぶ。行き先が一致すれば停まってくれる。ポイントは走ってくるタクシーの運転手の顔をしっかり見て、「今から乗るよ」という意思を伝えること。

キーワードはインシャッラー　さて、車に乗ったら「○○○（目的地）＋インシャッラー」と言って行き先を告げる。ホテルの名前だけではわからないことが多いので、通りや広場の名前も覚えておくほうがよい。シートベルトの着用が義務化されており、罰金も高額。助手席に乗ったらシートベルトを締めよう。降りるときは「ヘナ、クワイエス（ここで）」と言えばよい。

料金はさりげなく窓越しに　車を降りたら、最後に窓越しに料金を払うわけだが、メーター式でない場合、これが最大の難関。運転手にいくらかと尋ねると必ず高額を請求されるので、自分が思った金額を払うか、事前に料金を確認してから乗車すること。料金交渉が苦手な人はウーバーやカリームなどの**ライドシェア・アプリ（→P.462）**で手配するほうが無難。

抗議はお金を払う前に　車内でお金の話はしないこともひとつの手段だ。多額の料金を請求されかねない。多少の距離で50 £Eや100 £Eはあまりにも高すぎる。納得のいかないときはお金を払う前にきっちり抗議しよう。

●メーター式タクシー　料金交渉が苦手な人におすすめ。運行しているのはおもにハルガダとカイロ。ただし、メーター式を採用していない車両もある。日本のタクシーと同じように、降りる際にメーターに表示された金額を払えばよいので料金交渉は必要ない。しかし、こちらからメーターを使うように言わないと、あとで高額な料金を請求される場合もあるので、乗車する際は必ず確認しよう。

近年ではメーターを改造して、少しの距離でも莫大な金額を請求する悪質なドライバーもいる。面倒だがメーターの料金の上がり方はときどき確認しよう。

●観光用タクシー　おもな観光地や空港、ホテルの前には客待ちしいる観光客専門のタクシーがいる。ルクソールやアスワンではほとんどが観光用タクシーだ。ある程度は英語が通じるので便利だが、料金は高い。事前に行く場所やチャーターする時間、料金などを交渉する。頼んでもいないのにみやげ物屋に連れていったりする悪質なドライバーもいるので気をつけよう。

■そのほかの乗り物

●船　水上交通にもいくつかの種類がある。ナイル川クルーズ船はルクソール～アスワンを航行する豪華客船（→P.236）が有名だ。ファルーカ（→P.247）とは帆掛け船のこと。ナイル川での夕涼みや移動に使う。

水上バス（→P.82）は、カイロ市内のナイル川流域を移動する船のバスだ。ほかにもローカルフェリー（→P.198）というルクソールの東岸と西岸を結ぶフェリーや、アスワンの渡河用ボート（→P.247）などもある。

●レンタカー　国際運転免許証と日本の運転免許証があれば、レンタカーを借りられる。ただしエジプトの交通事情に不慣れな日本人には危険。利用するなら運転手付きがおすすめ。

●レンタサイクル　ルクソールやスィーワ・オアシスにはレンタサイクル（ホテルでも借りられる）店が多く、周辺の観光に役立つ。古い自転車が多いので、借りる際にサドルやブレーキなどの確認を忘れずに。

●馬車　観光地では高額を請求される可能性大。値段交渉は乗る前に必ずすること。ルクソール東岸を回るときに便利。ギザやサッカーラのピラミッドでも多く見かける。

●ロバ&ラクダ　エジプトならではの交通機関。特にギザのピラミッド付近やサッカーラやルクソール西岸（ラクダはない）、ダハブのビーチなどが有名なスポット。値段交渉は乗る前にすること。バクシーシも高く要求される。ラクダやロバは徒歩と変わらないほどゆっくり進む。ノミでかゆくなったり、すれてお尻が赤くはれたりと、一風変わった旅の思い出になる。

エジプトで使える2大ライドシェア・アプリ

ウーバー　　　　　　　　カリーム

UberとCareem

　スマホと現地SIMカードまたはポケットWi-Fiがあれば、ライドシェア・アプリを使い、ライドシェアやタクシーの手配ができる。タクシーの運転手に目的地を説明したり料金交渉の必要がなく、旅行者にとって重宝する存在だ。エジプトで人気のライドシェア・アプリは、欧米で広く普及しているウーバー Uberとおもに中東諸国で利用されているカリームCareemのふたつ。

利用に必要なもの

❶**スマートフォン** ❷**現地の SIM カードまたはポケット Wi-Fi**　利用にはインターネット環境が必須
❸**アプリのインストール**　下記の QR コードか App Store、Google Play でダウンロードする

おもな都市の利用可否状況

	Uber	Careem
カイロ	○	○
ファイユーム	×	×
ルクソール	×	○
アスワン	×	○
アブ・シンベル	×	×
ハルガダ	○	○
シャルム・イッシェーフ	×	×
アレキサンドリア	○	○
マルサ・マトルーフ	×	○
ポート・サイド	×	○
イスマエーレーヤ	○	○
スエズ	○	×
西方砂漠のオアシス	×	×

ウーバー Uber

iPhone　android

日本語での操作に対応しており、支払いには日本で発行されたクレジットカードが利用可能。カリームに比べて利用可能都市が限られる。

カリーム Careem

iPhone　android

英語またはアラビア語で操作する。日本で発行されたクレジットカードは利用不可。多くの主要都市で利用可能。

アラビア語の数字を覚える

　エジプトでは車のナンバーは通常アラビア文字3文字と数字4桁からなる。ただし、数字はスマホの画面上では算用数字なのに対し、実際の車のナンバープレートはアラビア語の数字が使われている。手配した車を確認するためにもアラビア語の数字は覚えておこう。

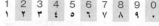

ظ 2494

スマホ画面で表示される車のナンバー例。2494はアラビア語では٢٤٩٤

利用者登録　スマホにアプリをダウンロードして携帯番号を入力すると、その携帯番号宛てに4桁の認証コードが届くので、その番号をアプリに入力し、次いでeメールアドレス、任意の暗証番号、名前の順に入力する。ウーバーでは次いでクレジットカード情報も登録できるが、現金払いの場合はスキップしてよい。日本で事前登録しておこう。

車の手配【Uber】

「行き先を入力」と書いてあるスペースに行き先を文字で入力するか、地図上でピンを配置し、次に車に乗る場所を同様に指定する。乗る場所と目的地を決定したら、利用できる車の種類、料金、到着予想時刻が出てくるので、確認した上で、配車を確定させる。

車の手配【Careem】

カリームの場合は、まず乗車場所を指定する。青い丸印が現在地でピンを指定するか地名を入力。ついで行き先を指定したら支払い方法を選択。配車を確定するにはYALLA!（レッツゴーの意）のボタンをタップする。

車がつかまりにくい場所

　カイロやアレキサンドリア、ハルガダなど大都市の中心部では車は簡単に見つかるが、中心部から車で30分以上離れた見どころや、郊外にあるリゾートホテルからは、近くを走る車が圧倒的に少ないため、車がつかまえられないこともある。郊外の見どころまでライドシェア・アプリで行く場合は、事前にその見どころから戻るときにライドシェア・アプリで車がつかまりやすいか調べておき、難しいようだったら、ドライバーに待機してもらうか、迎えにきてくれるよう頼んでおいたほうがよい。

カリームの支払い画面

電話がかかってくることも

　配車を確定すると、ドライバーから電話がかかってくることがある。アラビア語しか話せないドライバーも多いが、大抵は乗り場の確認の電話なので、（○○ホテル、○○広場）など、自分が乗る場所を告げるとよい。

車を確認して乗車

車が来たら、まずはナンバープレートを確認し、車に乗り込む。荷物がある場合はトランクを開けてもらおう。目的地の情報はすでにドライバーにもアプリで伝わっているが、念のため口頭で告げてもよい。車に乗り込んだら、スマホの画面も乗車モードになる。

支払い

目的地に到着したら、料金が表示されるので、その金額を払えばよい。この際クレジットカード払いの場合は自動的に引き落とされる。現金払いのときにはおつりはくれるときもあるが、ドライバーがおつりをもってないときは、おつりの分をポイントにしてもらい、次回利用するときに、そのポイントを引いた分だけ払う。最後にドライバーを5段階で評価する。

移動距離が長いと料金の幅も大きくなる

現金払いの方がよい場合も

まれな例だが、ライドシェア・アプリを始めたばかりのドライバーのなかには、クレジットカード払いができることを知らない人もいる。またアラビア語しかできないドライバーの場合、いくらこちらがカードで払ったと主張しても意思疎通できず、わかってもらえない。とりあえず二重払いして、あとでアプリ会社に連絡して払い戻してもらうのも手間なので、無用なトラブルを極力さけたいのであれば、現金払いにすることも考慮に入れよう。

料金トラブル

ウーバー、カリームともに事前に表示される乗車料金は5〜20£Eぐらいの幅がある。料金がその中に収まっていれば問題ないが、払うときになって事前の表示料金以上請求されることがある。

　そもそも料金の算出は移動距離とかかった時間に加え、有料道路の通行料などを加えたもの。そのため、回り道をされると、事前に表示された料金以上になってしまう。ただし、回り道をされた場合、ドライバーが意図的に回り道をしたのか、道路工事などでそうせざるを得なかったのかのふた通りがあり、どちらか判別するのは難しい。また、有料道路の料金は事前の乗車料金に入っていない場合もある。さらに、アプリを不当に操作して、最初の表示料金の数倍の料金を請求する悪徳ドライバーも確認されている。

乗車前にはカイロ空港からトルゴマーン・バスターミナルは110〜129£Eと表示

払い戻しの方法

料金に疑問がある場合は、アプリ上の自分の乗車情報の欄にヘルプのページがあるので、そこからアプリ会社のスタッフに相談しよう。不当に過大請求されたと判断されたら、ポイントなどで、その分の払い戻しをしてくれる。ただし、カリーム、ウーバーともに現地のスタッフが対応するため、基本的に英語でのやりとりとなる。

着いてビックリ、請求額が3倍以上の385£E！　よく見ると113kmの距離を34分（時速約200km！?）で移動したことになっている。その後アプリを通してカリームに連絡し、ポイントとして差額を返金してもらった

カイロの経済的ホテル

部屋やホテルの掃除をしてくれる女性スタッフ

高級ホテルには貴重品を入れるセーフティボックスが備わっている。客室の中にある場合と、レセプションにある場合がある

快適ホテル利用術

何ごとも両極までいかないと気の済まないのがエジプトだが、ホテルについても、まったく同じことがいえる。遺跡周辺に目を見張るばかりの超豪華ホテルがあるかと思えば、ほこりっぽい通り沿いには簡素な安宿が並んでいる。まるで別世界だ。

●ホテルの星の数は参考程度に　エジプトのホテルは、高級な5つ星から星なしの安宿まで、6つのランクに分かれている。このランクは政府系のエジプトホテル協会が定めているものだが、またこれが、とてもいいかげん。できたときは4つ星だったとしても、改装もしないまま20年以上も過ぎ、「これで4つ星?」というのもよくあることだ。3つ星クラスにいたっては、星の数はあまり意味をなさない。設備の古い3つ星ホテルは料金だけ高くて、星なしの新しい安宿のほうがよかったなんてこともしょっちゅうある。よほど有名な外資系ホテルや新築のホテル以外は、星の数などあまり意味がない場合も多い。

●安くてよいホテルを見つけるコツ　高級ホテルは別として、安宿は予約などいらない。ランクの低いホテルほど、設備やサービスに差があり、よいホテルに当たるかどうかは、自分の足で丹念に探し回る根気と運がものをいう。めぼしいホテルを見つけたら、決める前に必ず部屋を見せてもらおう。部屋によって大きさや眺めも相当違うので要チェックだ。バスルームのお湯が出るかどうかも必ず確かめよう。給湯タンクの目盛りなども判断基準のひとつだ。

部屋を決めても、払う前に値段交渉をしてみること。エジプトでは夏がオフシーズンになるため(ただしアレキサンドリアなどは冬)、この時期は割引も期待できる。

■停電に注意
2024年3月現在、カイロや上エジプト地域(ルクソールやアスワンなど)では電力の供給が滞ることが多く、停電がしばしば起きる。高級ホテルでは予備電力を使うので電灯が消えることは少ないが、安宿では真っ暗になる。1時間以内に復旧することが多いが、町全体が暗いので外へ出るのは控えること。

5つ星ホテルの落ち着いた部屋

部屋代を払うときの注意

●高級ホテルは外貨払い　2024年3月現在、4～5つ星の高級ホテルはエジプトポンドでの請求でも、米ドルやユーロなどの外貨で支払うこととされている。クレジットカードでも外貨建ての支払いとなる。中級ホテルの場合はエジプトポンドで支払えることが多いが、まれに両替レシートの提示を求められることがある。中級以下のホテルは、エジプトポンドの現金(または米ドル現金)払いが基本。クレジットカードが使えないところも多い。また、高級ホテルではチェックイン時にクレジットカードの登録をすることが多いが、このとき100US$程度デポジット(保証金)を預託することがある。クレジットカードはMastercardやVISAが主流だ。

5つ星ホテル

　世界の一流ホテルと同じレベル。100以上の客室数、レストラン、バー、24時間営業のカフェ、ルームサービスなどが利用できる。ツアーなどを手配できる旅行会社、ナイトクラブ、プール、スポーツクラブ、銀行、みやげ物屋、美容院などの付属施設がある。カイロでは、ギャンブル用カジノをもつホテルもある。客室は、冷暖房、テレビ、ミニ冷蔵庫付き。1泊100US$以上。

　このクラスのホテルではインターネット予約専用の割引料金を設定していることが多い。旅程がすでに決まっているなら、ホテル欄で紹介されているウェブサイトやオンライン旅行予約サイトにアクセスしてみよう。

ルクソールのウィンター・パレス内のレストラン「1886」で優雅なひとときを

4つ星ホテル

　近代的で新しいホテルと、ややくたびれたホテルが混在する。古いホテルの場合は近年の観光客の減少で設備投資が進まず、暗かったり、インテリアがいまいちだったりするが、レストランや銀行窓口（またはATM）などの必要な設備は整っている。みやげ物屋、ツアーデスクなどは、5つ星よりもリーズナブルなことが多く、使いようによっては役に立つ。全室とも冷暖房完備、ほとんどの客室がバスタブ付きで朝食はビュッフェ形式。 1泊40〜80US$くらい。

リゾートホテルは4つ星でもプールを完備していることが多い。写真はアブ・シンベルのセティ

3つ星ホテル

　4つ星とあまり変わらないが、付属施設が少ない。客室の冷暖房、個室バスのある確率は4つ星よりは少ないが、おおむね室内の設備は良好。ホテル全体は清潔でよく管理されているところが多い。1泊30〜50US$で、値段はホテルの新しさや立地条件によって大きく変わってくる。部屋代はエジプトポンドでも支払いが可能だが、ホテルによっては外貨での支払いを要求されることも多い。

テレビ付きの3つ星ホテルの部屋

2つ星ホテル & 1つ星ホテル

　このふたつのランクは極めて似通っている。だいたいは都市の中心部にあり、公共交通機関の発着点にも近くて便利なことが多い。しかし、付属施設は、朝食用レストランだけのところが多い。客室のタイプもエアコン付き、扇風機のみ、バス付き、バスなしなどさまざま。2つ星が1泊300〜450£E、1つ星は1泊200〜300£E。このクラスの宿はエジプトポンドで支払いが可能。むしろエジプトポンドしか受け付けないところのほうが多い。

　また、このクラスの新しいホテルには、3つ星並みにきれい

中級クラスのホテルの朝食だとアエーシのほかに野菜やチーズが付くことが多い

安いホテルの典型的な朝食例

安宿でも人気のところは朝食の内容も充実している

465

シャワーのタンクはお湯の目盛りを確認しよう。スイッチを入れてから1時間ぐらい待てば目盛りが上がってくる。外出の前にスイッチをオンにしていこう

シンプルなドミトリーの室内。清潔度と同室者との相性がポイントだ

高級ホテルのシャワーは日本とあまり変わらない

安いホテルでもシーリングファンは付いていることが多い

シーリングファンのスイッチとコントローラー。1の目盛りが最強だったりするのでいろいろ試してみよう

なところもある。これは、星を3つにすると、それに見合った料金設定が義務付けられてしまうため、客を呼ぶために星の数を減らして料金を安くしているからだ。そういうところを探せば安くて快適なホテルを見つけることができるだろう。

星なしホテル

安宿といわれているところは、トイレットペーパーや石鹸、タオルなどの備品は備え付けていないことがほとんど。だが、殺風景だけれども掃除された部屋、清潔なシーツが期待できる宿も多い。冬場に行く人は、部屋に毛布だけということもあるので、防寒対策をすること。またノミやダニ、南京虫がいることもよくある。皮膚の弱い人や、虫に刺されやすい人は防虫スプレーをかけてから寝よう。蚊は季節を問わず飛んでいるので、蚊取り線香も役に立つ。

星なしのホテルも、設備によって微妙にランク分けができる。料金は地方都市へ行くほど安くなるが、ここではカイロの場合をみてみよう。基本的に部屋代はエジプトポンドでの支払いが可能。

90〜150£E ドミトリー形式の1ベッドの料金 (3〜4人でひと部屋を共有する場合)。トイレとシャワーは別 (付いていることも)。共同キッチン付きもある。朝食付き。

150〜350£E 朝食付き。トイレ、シャワーは共同だが、たいてい熱いお湯が出る。

180〜400£E 快適なシングル、あるいは狭めのダブル。トイレ、ホットシャワーまたはバス付き。朝食付き。

400£E以上 エアコン付きで、ロビーや食堂にはある程度の雰囲気が期待できる。このクラスになると、もはや安宿とはいえず、中級ホテルといった感じだ。

ホテルが決まったら忘れずに

エジプトのホテルには、停電がときどきあるので、小さな懐中電灯などを持参するとよい。また、田舎の安ホテルでは、水圧が低く夏の日中には水が出ないこともある。水が出る時間を聞いて効率よく使おう。タンク式のホットシャワーは水量が少なくなると水温が下がる。寒い思いをしないようにメーターを確認しながらシャワーを浴びよう。

ホテルによってはエアコンが別料金の場合がある。チェックアウト後の荷物預かりは普通無料のことが多いが、なかには料金を請求してくるところもある。

●**料金トラブル** スタッフの記入ミスで二重に料金を請求されることもたまにある。何泊分かの料金を前払いした場合は手書きのものでよいから何かレシートか、支払いの証明になるものを書いてもらうとよいだろう。

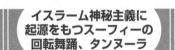

ミニ特集 本場エジプトのベリーダンスを体験しよう

ベリーダンスは中近東が発祥の地で（インド北部という説もある）、古代エジプトのクレオパトラも踊ったと伝えられる。

腹部（belly）の特徴的な動きからベリーダンスbelly danceと名付けられた。オリエンタル・ダンスOriental Dance、またはラッカス・シャルキー Raqqas Sharqiとも呼ばれ、中近東諸国ではベリーダンスと言っても通じにくい。

この踊りには子孫繁栄の意味があり、結婚式でよく踊られ、大衆娯楽としてのショーも盛んだ。また、カイロ市内ではクルーズ船や高級レストランでベリーダンスを観賞することができる。

バンド演奏とともに踊る豪華なベリーダンス

イスラーム神秘主義に起源をもつスーフィーの回転舞踊、タンヌーラ

スーフィズムと呼ばれるイスラーム神秘主義は、7世紀頃から始まり各地で多くの神秘主義教団が形成された。

スーフィーダンスの名前でも知られる旋舞は、スーフィーの修行のひとつ。トルコのメヴレヴィー教団のセマーが有名だ。回転することで陶酔の極致に達し、神により近づくことを目的としている。この旋舞はエジプトではタンヌーラと呼ばれており、ベリーダンスショーの幕あいなどでもショーアップされた旋舞を観ることができる。ドーナツ状のスカートをくるくると回しながら上下に移動させ、頭にすっぽりとかぶる技は神秘主義の修行というよりは名人芸に近いのかもしれない。ハーン・ハリーリ近くのスルタン・ゴーリー廟（→P.112）で行われるタンヌーラも有名だ。

スカートをひるがえして踊るタンヌーラ

カイロでベリーダンス・ショーが楽しめるクルーズ船＆レストラン

ナイル・マキシム（クルーズ船）Nile Maxim	Map P.90C2	☎(02)2738 8888
毎日20:00発　料40〜65US$　※手配先、プランにより料金は異なる		
ベリーダンス・ショーのほか、スーフィーダンスや歌謡ショーなどもある。約2時間のクルーズ。電話予約可。		

ナイル・ファラオ（クルーズ船）Nile Pharaoh	折込Map大カイロB3	☎(02)3570 1000
毎日19:00、21:00発　料1100£E　※手配先、プランにより料金は異なる		
クルーズの所要時間は約2時間		

エジプト人は人なつっこい人が多い
からすぐに打ち解けられるかも!?

夏時間と冬時間の変わり目に旅行す
る場合には特に注意が必要

生活習慣

エジプトは観光大国であっても、イスラームの国。人々も敬虔なムスリムが多い。もちろん、イスラームに基づいた生活を送っている。エジプトを旅行するときはイスラーム教徒、つまりムスリムの生活習慣を知らないと、あちこちでヒンシュクをかってしまう。特に、服装や飲酒などに気をつけて行動しよう。

時差

日本との時差はマイナス7時間。つまり日本の17:00が、エジプトでは10:00となる。また、2023年4月から一時廃止されていたサマータイムが再導入されている。サマータイム実施時には時差はマイナス6時間となるので注意が必要だ。

バクシーシとチップ

エジプトを旅行中に頭を悩ます問題のひとつが、このバクシーシだ。バクシーシとは、チップと考えてもよいが、その性格はかなり違う。もともとイスラームには「喜捨」、つまり金持ちがお金のない人にお金または物を与えるという考えがある。これがねじれた形でできたのがバクシーシだ。喜捨が、持つものが持たぬものに与える行為であるのに対して、バクシーシは持たぬものが持つものに積極的に要求する形になる。

旅行者の頭を悩ませる、チップタイプのバクシーシは、いってみれば小さなサービスに対する謝礼という感覚。日本にはない習慣だが、エジプトでは人間関係をスムーズにする潤滑油になっている。これを払うか払わないかで、またいくら払うかでエジプト旅行の楽しさに大きな差が出る。問題はその場面と額。少なすぎるバクシーシを払うと、エジプト人はバカにされたと怒り、多く払うと金払いがいいと思われ、しつこく要求されるので何とも難しい。でも、適当な額を支払ったときには、サービスが急によくなり、店に忘れ物などをしても届けてくれたりする。つまり、払わなければ良質なサービスは期待できない。

金を人間関係の潤滑油にするとは不純だと考えるのは日本的な考え。イスラームでは神が積極的にこの行為を認めており、悪いことではない。でもムスリムの心理はなかなかわからないもの。そこで、だいたいの相場を考えてみよう。

●**レストラン、コーヒー店にて**　庶民の店では、おつりの端数をおく程度。中・高級店では料金の5〜10%をテーブルの上に置いておこう。これはすでにサービスチャージが請求されていても払うのが普通。

●**トイレで**　日本では公衆トイレは無料という意識が強い

中級以上のレストランではチップが
必要

■**ポーターサービス**
エジプトには、まだまだポーターという職業が残っている。高級ホテルではチェックインの際もチェックアウトの際も、大きな荷物はポーターが管理し運ぶ。部屋に荷物が届いたとき、チェックアウトなら荷物をタクシーなどに運び込んでくれたときにチップを渡す。長距離列車のターミナルで列車から運び出してくれる人にもチップが必要だ。

が、エジプトの公衆トイレは利用者の支払ったお金で清掃者や管理人の給料をまかなっていることがほとんど。つまり、トイレで払うのは使用料であって、チップでもバクシーシでもない。ただし、場所によっては無料のトイレもあり、そこでもチップを要求されることもあるので話はややこしくなる。有料か無料かの明確な見極め方はないが、管理人用のカウンターがあるものは有料と考えてよい。一方カウンターがなくても有料のトイレもあるので、あとは現地の人が払っているかどうかを見て判断するしかない。トイレの使用料、チップともに5£Eが相場。

●**ホテルにて**　小さなホテルには、必ず小間使いのスタッフがいるので、この人を上手に使うのが快適に過ごすコツ。紅茶や食事を部屋に運んでもらったり、お湯を沸かしてもらったり、買い物など何でも頼もう。そして10〜20£Eほどを、サービスの度合いによって払う。適正金額+αぐらいを払うともっとよく働いてくれる。

●**観光地で**　バクシーシを求められてもやたらに払わないように。遺跡などを係の人や警察の人が一緒に回ってくれたら、5〜20£E払うのが普通。もちろんひとりで回りたい場合にはそのように言えばよい。また、通常入ることのできない王家の墓を開けてくれたり、ミナレットに上らせてもらったり、イスラーム寺院の入口で靴にカバーをかけてくれたら当然、相応のバクシーシが必要となる。ただ、向こうからバクシーシ

「トイレ掃除にチップを与えないで」という注意書き

いいサービスを受けたら気持ちよくチップを払おう

観光地の遺跡。こんなシチュエーションでシャッターを押せば間違いなくバクシーシを要求される

Information

エジプト流の口ゲンカ

　料金が決まっているのに高額を要求されたり、適当な額のバクシーシを払ったのにしつこくねだられたり、といった不当行為に対しては口ゲンカするしかない。

　エジプト式の口ゲンカは、大人がガンガンやり合うストレス解消法。ルールに沿って行われ、サラッとしている。ケンカのあと、お互いに抱き合い、キスし合ったりすることも多い。路上での口ゲンカは、日本と違い恨みは残らない。

　まず、ムカついたら大声を出してケンカを始める。ただし手を出してはいけない。これはルール違反だ。もちろん相手も決して手を出さない。大声を張り上げていると必ず第三者が仲介に入ってくれ、「ハラース、ハラース（終わりだ、終わりだ）」と言ってくる。でもそこでやめてはいけない。ある程度ヤジ馬が集まったら、仲介者とヤジ馬に向かって相手がどんな悪いコトをしたかをブチまける。すでに相手もそうしているはずで、

あなたは相手にどんなことを言われても取り合わず、全面的にヤジ馬にアプローチしなければならない。なぜならケンカの勝負は、仲介者と

チケット売り場の前で口論を始める人。口ゲンカは日常茶飯事だ

ヤジ馬が決めるのだから。しばらくすると、ヤジ馬が採決を下してくれる。よほどこちらに不当なことがない限り客である外国人に有利に判定する。もっともお金に関する口ゲンカでは、払ってしまってからではダメ。払う前にケンカをしないと、勝っても返ってこない。そしてとりあえずケンカが終わったら「マーレーシュ（気にするな）」と言って相手と友達になろう。これがエジプト式なのだ。

欲しさに話を持ちかけられることがあっても、遺跡保護の観点から本来入れない場所もあるので慎重に行動しよう。

●**旅人としてのバクシーシ**　サービスの代償ではなく、ただせびられる場合。最近は少なくなったが、観光地の村でプロのもの乞いや子供たちがバクシーシと言って迫ってくる場合があるが、観光客は無視して構わない。イスラーム教徒の間では、もの乞いにお金や物をあげることは徳を積むことだとされているので、何がしかのお金をあげるエジプト人が多い。だからこそもの乞いはプロの場合が多く、実際は金持ちだったりすることも。一方、子供の場合は、バクシーシを求めることを親から禁じられており、せびった子供は、大人やほかの子供から責められることもある。

トイレの使い方

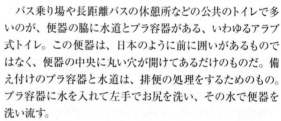

バス乗り場や長距離バスの休憩所などの公共のトイレで多いのが、便器の脇に水道とプラ容器がある、いわゆるアラブ式トイレ。この便器は、日本のように前に囲いがあるものではなく、便器の中央に丸い穴が開けてあるだけのものだ。備え付けのプラ容器と水道は、排便の処理をするためのもの。プラ容器に水を入れて左手でお尻を洗い、その水で便器を洗い流す。

ホテルに関しては、最近は安宿でも水洗トイレが普及している。用を足した後は、紙ではなく備え付けのウオーターガンでお尻を洗う。あるいは便器の中に穴が空いていて、脇にある蛇口をひねればそこから水が出てくる、エジプト版ウォシュレットのようなものもよく見られる。水洗の場合に気をつけたいのが、トイレットペーパーを備え付けのゴミ箱に捨てること。流すと必ず詰まる。観光客が出入りするホテルやレストランなどはほとんど水洗なので、アラブ式トイレにはお目にかからないで済んでしまうかもしれない。ただし、安宿などの西洋式トイレには、便座がないこともある。

ところで処理をする左手は、アラブ世界では不浄とされている。素手でパンを食べるときは右手だけを使うことになっているが、実際にはみな、平気で両手を使って食べている。旅行者なら、別に気にする必要もないけれど、握手するときだけは必ず右手を出すこと。

階数の数え方

エジプトの階数の数え方は、旧英領ということもあって、イギリス式のところがほとんど。つまり1階がグランドフロアで、2階が1Fとなる(本書では原則として日本式で記している)。エレベーターのボタンでは1階がGやRと表示されていることが多い。

また、カイロやアレキサンドリアのエレベーターは安宿の

トイレはアラビア語ではハンマーム（ダウラ・メーヤともいう）だが、上の写真のようにトワーレートと書くこともある

ツマミを上に引っ張ると水が流れるタイプの水洗トイレ

水洗式の清潔なアラブ式トイレ。和式とは反対側を向いて構える。慣れるまでが難しい

水洗式の公衆トイレもある

トイレットペーパーは備え付けのゴミ箱に捨てること

場合建物が古いことが多く、急発進したり、中の電気がつかなかったりすることも多い。自分で扉を開けるタイプのものも多いが、降りたあとはきちんと扉を閉めよう。扉が閉まっていないとエレベーターが動かないので、次の人が使えないからだ。

電圧とプラグ

エジプトの電圧は220Vで、日本は100V。100-240V対応でない電気製品を使うには変圧器が必要となる。最近は海外対応のものがほとんどだが、念のため、使用可能電圧は確認しておこう。コンセントの形は日本のものより少し大きく、先が丸いふたつ穴。ヨーロッパで広く使われているものと同じCタイプだ。変換プラグを用意するのも忘れずに。安宿など、場所によっては3つ穴のこともあるが、丸いふたつ穴のプラグで大丈夫。高級ホテルやクルーズ船は、日本のAタイプに対応していることもある。

写真撮影の注意

エジプトの法律では、空港およびバスターミナル、橋、軍事施設での写真撮影は禁止されている。このような場所で写真を撮ると、当局に画像を消去させられるなどトラブルに発展する。カメラを構えて、警官や軍人が「マムヌーァ（ダメ）」と言ってきたら素直に撮るのをやめよう。

もうひとつ、法律で禁止されているわけではないが、写真に撮られるのを嫌う女性がいることに注意しよう。これは、土地の習慣で、未婚の女性が外国人の男性に写真を撮られたという話が村に広がると、軽蔑されたり親にしかられたりする場合があるからだ。年輩の女性でも写真を嫌がる人は多い。撮影時に相手が少しでもいやな顔を見せたら、強引にシャッターを押したりせず、自粛すること。

宗教上のタブー

エジプトはイスラームの国。イスラーム寺院などの宗教施設に入るときは、肌を露出しないこと。また、西方砂漠など保守的な地域では、当地の習慣に従い、町を歩くときにも肌を露出した格好は避けてほしい。

イスラームでは飲酒を禁止しているが、エジプトではビールやワインも生産されており、中東の国々のなかでは、緩やかなほうだ。観光客がよく利用するレストランではアルコール類を置いてあることも多く、高級ホテル内にはバーなども多い。カイロやアレキサンドリアには町なかにもいくつか酒屋があり、ここでも入手が可能。とはいえ、エジプトでは飲酒をしない人が圧倒的に多い。

■モスクなど宗教施設での写真撮影
写真撮影の可否は、明確な基準はなく、管理人によって異なる。撮影後にバクシーシを要求される場合もある。また、お祈りの時間中の撮影はマナー違反なので、状況を判断してから撮影しよう。

✍ヘアドライヤー
日本からヘアドライヤーを持参しましたが、電圧の違いで、使えませんでした。
（東京都　モー　'22年1月）

■写真撮影について
エジプトでは、長らく公の場での写真撮影が制限されていたが、2019年に観光地での携帯電話での撮影であればOKというルールが適用された。その後、2022年には、観光地や路上での非営利目的のカメラ撮影が認められている。気をつけておきたいのは、公共施設の撮影は変わらず禁止ということ。バスターミナルや駅、空港などでは、たとえ携帯電話であっても写真撮影は控えよう。

ステラとサッカーラはエジプトを代表するビールの銘柄

トラブルの傾向と対策

ツーリストポリス

■ガイドブックに載ることのデメリット

金払いがよく、文句を言えない日本人をつかまえる手っ取り早い方法が、ガイドブックを利用すること。本に載っているホテルに案内しよう、というのも彼らの手だ。実際についていくと別の店だったりする。また、本当に掲載店であっても、掲載されたことで日本人客が集中し、不当な料金を請求したり、サービスの質が落ちたりすることもある。

本書では改訂版を発刊するにあたって、追跡調査の結果、悪質な業者は除外または注意を喚起している。もし、掲載施設に関する情報があれば、編集室までご一報ください。

■渡航先で最新の安全情報を確認できる「たびレジ」に登録しよう

外務省の提供する「たびレジ」に登録すれば、渡航先の安全情報メールや緊急連絡を無料で受け取ることができる。出発前にぜひ登録しよう。
URL www.ezairyu.mofa.go.jp

📖カイロにおけるUber利用時の注意

カイロ空港に到着後、Uberを手配しました。空港到着口から道を挟んで、階段を降りた駐車場B5がUberの乗車エリアとなっていました。乗車エリアでは乗客を狙い、運転手を装って車に乗車させようとする人がいます。乗車してしまうと、車を走らせ、すぐ近くのバイパス（一通の大通り）に入り、すぐに降車できないようにしたあとに目的地を聞いてきます。怪しいと思ったらすぐにアプリに記載されている運転手の名前を確認してください。そして、すぐに空港へ引き返すように言ってください。
（東京都　NOBUHIRO　'23年1月）

エジプトに限らず、海外旅行では何かとトラブルが起こりがち。しかしその多くは、現地の生活習慣を考慮に入れて旅をしたり、あらかじめ治安情報に気を付けているだけで回避できる。エジプトで多いトラブルは、ツアーや買い物にまつわる金銭トラブル。その原因のひとつは日本とエジプトの経済格差にある。日本では30円ではほとんど何も買えないが、エジプトではバスにも乗れるし、ちょっとしたお菓子くらいなら買える。しかし、観光客の財布には何百ドルも入っているとなれば失業率も低くないこの国で、観光客相手の商売がときに行き過ぎるのも自明の理だ。トラブルが発生したら必ず怒ること。そしてきっちり抗議する。日本語でもかまわない。

そのほか、ここではエジプトならではのトラブルと注意点を列挙してみた。出発前に一読して安全な旅を心がけよう。なお、外務省邦人保護課・海外安全相談センターやカイロの日本大使館では、最新安全情報を入手することができる。

カイロの治安

2014年6月のエルシーシ大統領の就任以降、カイロの政治情勢は徐々に安定に向かっているように見えるが、2019年にも大規模なデモが何度も起き、いまだ流動的。特にタフリール広場でのデモや集会は多くの群衆が集まる。そのようなときは近づかないようにしよう。

爆弾テロや誘拐など

砂漠地帯およびシナイ半島では、武装グループなどによるテロ活動が散発しており、エジプト国軍と警察の特殊部隊が武装グループの掃討作戦を行っている。2015年9月には、西方砂漠でメキシコ人観光客らの乗っていた車両がテロリストと誤認され発砲され、12人が死亡、10人が負傷するという痛ましい事故も発生した。旅行会社を通じての砂漠およびオアシスへの入境は当局の許可が必要となっており、現実的には難しい状況だ。

日本の外務省は、西方および南部の砂漠地帯（地中海に面したマルサ・マトローフからアレキサンドリアまでの沿岸地域を除く）にはレベル2の「不要不急の渡航は止めてください」、

北シナイ県、南シナイ県（アカバ湾に面したダハブからシャルム・イッシェーフまでの沿岸地域を除く）にはレベル3の「渡航は止めてください」（渡航中止勧告）をそれぞれ発令している。またリビアとの国境付近もレベル3、上記以外のすべての地域にはレベル1の「十分注意して下さい」が発令されている。

　これらの事情から、本書の今年度版は、日本の外務省がレベル3を発令している地域であるシナイ半島の聖カトリーナ（→P.297）、ヌエバア（→P.319）、ターバー（→P.321）の取材は見合わせている。該当地域の本書情報は一部を除き2014年の取材による。

2024年5月現在

カイロ空港

　カイロ空港には、入国したばかりで、現地の物価がわからない旅行者をターゲットに高額なツアーを売りつける旅行会社のスタッフがいる。特に狙われるのは、深夜に到着してバスも探せず困っている旅行者。今夜の宿くらいは、と妥協して1泊分の宿代を支払ってしまいがちなのだ。さらに、彼らが提携するホテルの多くは、ツアーなどの勧誘がしつこくトラブルが多発している。

●**深夜に空港に着いたらどうするか**　バスの便はなくても、タクシーを使えばカイロ中心部まで300£E〜。予約したホテルに到着便名を知らせて迎えに来てもらうのもよい方法だ。

ピラミッド周辺のラクダ引き

●**乗ったら降りられない!?**　ピラミッドの周りをラクダで回る、というのはエジプトならではの楽しみだ。しかし、料金に関するトラブルが絶えない。そもそもラクダは乗ってしまうと自分では降りられない。意外に背が高くて、ラクダ引きがラクダを座らせないと乗り降りができないのだ。つまり、言葉は悪いが乗ってしまったら人質状態になってしまい、最初に交渉した料金の何倍ものお金を要求される。また、誘うのはラクダ引きだけではない。バス停からの道すがら親切そうに声をかけてきた人が、実はラクダ引きの客引きだったということも。

　ピラミッド地域へは、できる限り送迎（ガイド）付きの現地ツアーを使ってほしい。タクシーで行った観光客が、ピラミッド地区の手前（メナ・ハウスのあたり）でいわれのない料金をドライバーから請求されたり、途中で降ろされて客引きにつかまるという事例もある。エリア内では、みやげ物屋やラクダ引きに声をかけられても相手にしないこと。

📖**ラクダに乗る際の注意**
ギザのピラミッドでラクダに乗りました。350£E/1時間の公定料金の看板があります。親ふたり子供ふたりで、2頭に分かれて1時間乗りました。350×2頭＝700£Eのはずが、降りる時の支払いになって、350×2頭×4人＝2800£Eと言ってきました。ツーリストポリスに行きましたが、ラクダ主、私たちのどちらにも静観するのみ。すごい剣幕でラクダ主は言いましたが、私たちも看板のことを主張し、看板通りの支払いをしました。乗る前にしっかり確認することをおすすめします。
（東京都　ひろぽん＆たかぽん
'19年12月）
※2023年10月現在、公定料金は500£E/1時間

ラクダに乗るときはキチンと交渉してからにしよう

観光馬車に注意

ルクソールとアスワンで移動手段として馬車を利用しました。現地ガイドには「馬車には乗らない方がいい」と忠告されたのに、暑いのでついつい乗ってしまいました。そして結果は大失敗！ 15分程度乗るだけで、「予定より遠いから100£Eではなくて200£E出せ」と言われましたし、しまいにはきちんと200£E支払ったのに、お金をすり替えて「20£Eしか払っていない、ちゃんと200£E払え」とすり替えた20£E紙幣を見せながら、お金を騙そうとする人がいました。どうしても乗りたい場合は「100£E以下しか払わない」くらいの身構えで利用したほうがいいです。
（東京都　Yangjie　'23秋）

買い物をする店選びは慎重に

ATMで現金を引き出す際は周囲に気を配ろう

■恐喝や強盗に注意

エジプトはスリや強盗などの犯罪の少ない国だったが、民主化運動後、政府の弱体化や観光客の激減を受けて、観光客相手の犯罪が報告されるようになった。日本人も現金や携帯電話などを狙った恐喝や強盗の被害に遭っている。在エジプト日本国大使館のウェブサイトでは事例も掲載されているので、最新情報は必ずチェックしておこう。
URL www.eg.emb-japan.go.jp

みやげ物屋でのトラブル

　エジプト旅行の思い出にと、みやげ物屋でパピルスや香水ビン、カルトゥーシュなどの貴金属を買う人も多いだろう。ところが、何かとトラブルが多いのも、このようなみやげ物屋。そもそもみやげ物には定価がないので、いくらふっかけたとしても、こちらがお金を払ってしまったら交渉成立と見なされ問題にならないのだ。ところが、近年は商品の値段はもとより、店に連れてくる客引きに少々問題があるようだ。カイロの中心部で親切そうに声をかけ、案内を買って出たり、ときには食事までごちそうしてくれる。こちらが「いい人だ」と思い込むまで徹底的に親切。気が付くと彼の店で高額の買い物をしている……、という寸法だ。「買わない」と断ると「友達だろう」とすごまれたり、数人に取り囲まれたりするケースもある。

クレジットカードのトラブル

　クレジットカードの支払いには万全を期すこと。身に覚えのない請求が来たという事例がまれにある。気付くのが帰国後だけに対処も難しい。通貨単位はドルなのか、エジプトポンドなのか、イギリスのポンドなのかチェックすること。ATMでキャッシングをするときは、暗証番号を見られないように。

日本人女性がエジプトでモテるワケ

　エジプトはイスラーム国家。このため男女関係に関する倫理観は日本とはずいぶん違う。例えば、恋愛しても婚前交渉などもってのほか。デートでさえ弟や妹のお目付け役がついてきて、ふたりっきりにすらなれないのがあたりまえだ。そのうえ、男性が女性に支払う結納金も高く、30歳過ぎて独身の男性も珍しくない。そんな国では、外国人女性がどうしても自由奔放に見える。エジプト人がとてもできないような肌を露出した格好をしていれば、アプローチしてもいいという幻想をいだかせてしまうのだ。

　日本人女性が特にモテるのは、こういった倫理観のうえに「ヤリやすい」という風評もあることも残念ながら否めない。「Noを言わない」「大騒ぎしない」「多少強引でも訴えない」など、あとくされないから、というのが彼らの言い分だ。

　こんな被害を少なくするためには、きっぱりと「No」を言うこと。たいていの場合、毅然とした態度をとっていれば、暴力的な態度をとったり、しつこくすることはない。

日本以上にチカンが多い

　親しくなると手を握ったり、腕を組んだりとスキンシップの多いエジプトだが、チカンは当地でも軽蔑される行為。

チカンが多く発生するのは混雑しているバスの中やスークなど。現地の女性もチカンには悩まされていて、ラッシュのバスを避けている。防止法といっても、日本と同じで決定的なものはない。常にスキをつくらず、周りに気を配ることぐらいだ。スークで下半身を押し付けてきたり、いきなり胸を鷲づかみにされたりと露骨なこともある。そんなときは「何すんのよ!」などと、日本語でOKだから、ちゃんと抗議すること。

現地の女性と同じような格好をするとウケもいいし、多少のセクハラ防止になる

親切そうに話しかけてくる人にも注意

エジプトでのトラブルの多くは「声をかけられてついていったら……」というものだ。「ついていったら香水屋だった」「ついていったらチカンされた」など。つまり、ついていかなければ被害は避けられるものも多い。被害の多い例を挙げてみよう。
●**カイロ**　中心部の広場周辺で声をかける人は100%下心あり。彼らを介することで値段は何倍にも膨れ上がる。
●**ホテルの客引き**　ルクソール、アスワン、ハルガダ、ダハブなどではホテルの客引き合戦が熾烈。料金を低く提示して強引に客を引き、料金トラブルとなる。また、自分が泊まりたいホテルの名前を言うと、「そのホテルは同系列」「そこはもう閉鎖された」「そこは満室だ」と言うのも常套手段だ。
●**タクシー**　急に停まって「どこへ行くんだ?」と声をかけるタクシーや、ホテルの前で客待ちしているタクシーはたいてい不当請求するし、メーターも改造されている可能性が高い。

露出の多い服装をしているとチカンの格好の標的になる。リゾート地では男性たちも見慣れているが、それ以外の場所ではできるだけ控えめな服装を心がけよう

■絶対に手を出してはいけない麻薬
エジプトでも麻薬は社会問題になっており、当局は麻薬犬などによる取り締まりをより強化している。麻薬の売買密輸入に対しては、死刑を含む厳しい刑罰が科せられる。特に旅行者が注意したいのはシナイ半島の南東部で売人も多い。ベドウィンにも広く蔓延している。

パスポート(旅券)をなくしたら

まず現地の警察署へ行き、紛失・盗難届証明書を発行してもらう。次にカイロの**日本大使館**(→折込Map大カイロB4、Map P.433)で旅券の失効手続きをし、**新規旅券の発給**(※1)または、帰国のための渡航書の発給を申請する。旅券の顔写真があるページと航空券や日程表のコピーがあると手続きが早い。コピーは原本とは別の場所に保管しよう。

必要書類および費用	旅券の失効手続き	●紛失一般旅券等届出書　大使館来館時に記入する
		●写真1枚　6ヵ月以内に撮影、縦4.5cm×横3.5cm
	新規旅券の発給	●一般旅券発給申請書　大使館来館時に記入する
		●戸籍謄本(※4)
		●紛失・盗難届証明書　現地の警察署で発行してもらう
		●写真1枚　縦4.5cm×横3.5cmで6ヵ月以内に撮影(※3)
		●手数料　10年用旅券1万6000円、5年用旅券1万1000円(※1)(※2)
	帰国のための渡航書	●渡航書発給申請書　大使館来館時に記入する
		●紛失・盗難届証明書　現地の警察署で発行してもらう
		●写真1枚　縦4.5cm×横3.5cmで6ヵ月以内に撮影(※3)
		●戸籍謄本(※4)　●手数料　2500円(※2)
		●旅行日程が確認できる書類　旅行会社にもらった日程表または帰りの航空券

※1 改正旅券法の施行により、紛失した旅券の「再発給」制度は廃止。　※2 支払いは現地通貨の現金で。
※3 IC旅券作成機が設置されていない在外公館での申請では、写真が3枚必要。
※4 発行から6ヵ月以内。帰国のための渡航書の場合は原本が必要。
必要書類の詳細や「IC旅券作成機が設置されていない在外公館」は外務省のウェブサイトで確認を。
URL www.mofa.go.jp/mofaj/toko/passport/pass_5.html

エジプトの病気と受診情報

海外旅行では、環境の変化、疲労、ストレスなどからさまざまな病気にかかる可能性がある。ここでは、エジプトを旅するときによく問題となる病気を簡単に解説した。

食中毒／旅行者下痢

海外旅行中の下痢に関して多い誤りは、水分を取るとさらに下痢するからといって、飲水を控えること。下痢で失った水分を補給しないと、脱水に陥る。下痢は腸内の有害物質を体外へ押し出そうとする生体防御反応なので、**下痢止めを乱用するのも考えもの。**

脱水がひどく、朦朧とした受け答えしかできない場合は、至急病院で受診すべき病態と心得よう。下痢症状が軽くても、**血性の下痢（血液が変性して、黒褐色のこともある）**の場合も、ただちに医師の診察を受けるのがよい。

薬局で抗生剤を入手するためには医師の処方箋が必要。しかし一般的には、旅行中の下痢で抗生剤治療が必要な場合は少ない。

下痢が消失するまでは、おなかを冷やさない温飲料のほうがよい。コーヒーは胃を刺激するので避ける。スポーツドリンクの粉末をお湯に溶かして飲めば、栄養分も補給できるので持参しておくといい。

❗ 予防策

下痢を予防するためには、不衛生な食べ物や水を取らないこと。エジプトではミネラルウオーターを飲んだほうがよい。生焼けの肉類や、不衛生な屋台でのなまものには注意が必要だ。

高病原性鳥インフルエンザ（HPAI）

トリに感染し、大量死をもたらす感染症。2003年末より確認されたインフルエンザA/H5N1型が主要な病原ウイルスで、トリからヒトへ散発的に感染し、将来的なヒトからヒトへの感染が懸念されている。

❗ 予防策

H5N1ウイルスは接触感染するので、**病気の鳥と不用意に接触しないことだ。**かつてエジプトでもトリの感染が確認されている。食肉市場や路上で売られている生きたハトやニワトリに安易に近寄らないほうがよい。鶏肉や卵は充分熱したものを食べれば心配ない。

ウイルス性肝炎

肝炎は現在A〜E型の5つが知られているが、旅行者が用心しなければならないのは、**経口感染するA型とE型**。感染後4〜6週間ほどで急激な発熱、下痢、嘔吐などがあり、数日後には黄疸が出る。

A、E型ウイルスは、汚染された食品や水を通して感染することが多い。A型肝炎は、**カキなど生鮮魚介類**に、E型は**シカやイノシシの生肉**に注意する。

ロングフライト症候群
（下肢深部静脈血栓症＋肺静脈血栓塞栓症）

この病気は、水分が不足した状態で機内のような低湿度の環境下で長時間同じ姿勢を取っていると起こりやすい。下肢の奥のほうにある静脈に血栓ができ、体動時に剥がれて肺に到達し、肺静脈を詰まらせて**突発性の呼吸困難**が起こり、心臓機能を低下させる。重症の場合死にいたることもある。日本とエジプトの飛行時間は約14時間で、この病気のリスクは高い。機内では1時間に80cc程度の水分が失われるので、それ以上の**水分を補給**する。イオン飲料ならば効果的。ビールは利尿作用があり、他の酒類もアルコール分解に水分が必要なため逆効果である。血栓予防には**適宜体を動かす**ことも効果がある。

狂犬病／破傷風

狂犬病と破傷風は、ともに中近東、アフリカ全体に蔓延しており、特に狂犬病の場合発病したら全例死亡するので注意が必要だ。狂犬病は犬だけではなく、スカンク、プレーリードッグ、コウモリなどいろいろな動物に見られる。動物には不用意に接近しないようにしよう。

破傷風は、土との接触が多いトレッキングなどをするときに感染リスクが高い。

予防としては、どちらも予防接種を受けておくのが最善だ。破傷風トキソイドは過去5〜6年接種歴がない場合、**追加接種**を1回受けておこう。狂犬病ワクチンは充分な予防効果を上げるまでに3回以上接種することが必要なので、発病頻度からすれば旅行前に必ず受けるべき予防接種とはいえない。動物に安易に手を出さないことが現実的予防法だ。

パーソナル・データ PERSONAL DATA

名前 name　姓 surname　名 first name

生年月日 date of birth　日 date ／　月 month ／　年 year（西暦）

血液型 blood type　O　A　AB　B　RH　−　＋　性別 sex　男 male　女 female

身長 height　　cm（　　ft）　体重 weight　　kg（　　pd）

持病 chronic disease

飲んでいる薬 current medication

アレルギー allergy　☐ あり yes　☐ なし no

食べ物 food allergy

薬 medicine allergy

妊娠の可能性 pregnancy　☐ なし no　☐ しているかもしれない possibly　☐ あり yes

滞在地 present address

電話番号 phone number

治療費の支払い方法 payment　☐ クレジットカード credit card　☐ 現金 cash　☐ 海外旅行保険 insurance　会社名／証券番号

海外旅行保険

海外では日本の健康保険は使えないので、旅行期間を満たす**海外旅行保険**に必ず加入しよう。治療費の補填のほか、提携病院の紹介や通訳サービスなどが受けられることもある。インターネットからも加入できる。

URL www.arukikata.co.jp/web/article/item/3000681/

外国人の扱いが多い病院

アングロ・アメリカン病院
Anglo American Hospital
مستشفى الأنجلو أمريكان بالزمالك

折込Mapカイロ中心部A1

住El-Borg St., Zamalek
TEL(02) 2735 6162

ミスル国際病院
Misr International Hospital
مستشفى مصر الدولي

折込Mapカイロ中心部A1

住12 El-Saray St.　TEL(02) 3760 8261
URLmisrhospital.org

症状を伝えるためのシート

※該当する症状があれば、チェックをして医者に見せよう

☐ 吐き気 nausea	☐ 悪寒 chill	☐ 食欲不振 poor appetite
☐ めまい dizziness	☐ 動悸 palpitation	☐ 痙攣 convulsion
☐ 熱 fever	☐ 脇の下で計った armpit ＿＿＿＿ ℃／℉	
	☐ 口中で計った oral ＿＿＿＿ ℃／℉	
☐ 下痢 diarrhea	☐ 便秘 constipation	
☐ 水様便 watery stool	☐ 軟便 loose stool	☐ 1日に　回　times a day
☐ 時々 sometimes	☐ 頻繁に frequently	☐ 絶え間なく continually
☐ カゼ common cold		
☐ 鼻詰まり stuffy nose	☐ 鼻水 running nose	☐ くしゃみ sneeze
☐ 咳 cough	☐ 痰 sputum	☐ 血痰 bloody sputum
☐ 耳鳴り tinnitus	☐ 難聴 loss of hearing	☐ 耳だれ ear discharge
☐ 目やに eye discharge	☐ 目の充血 eye injection	☐ 見えにくい visual disturbance

その他特記事項 others　下記を参考に必要事項を記入しよう

●思い当たる原因を説明する
例1）昨日、屋台で生魚を食べた　I ate raw fish at the stand yesterday.
例2）蜂に刺された　A wasp stung me.

●食べた、飲んだ
水　water
氷　ice
ジュース　juice
果物　fruit
野菜　vegetable
肉　meat
魚　fish
卵　egg
チーズ　cheese

●どんな状態のものを
生の　raw
野生の　wild
油っこい　oily
よく火が通っていない
　uncooked
調理後時間が経った
　a long time after it was cooked

●ケガをした
刺された・噛まれた　bitten
切った　cut
転んだ　fall down
打った　hit
ひねった　twist
落ちた　fall
やけどした　burn

●原因
蚊　mosquito
ハチ　wasp
アブ　gadfly
毒虫　poisonous insect
サソリ　scorpion
くらげ　jellyfish
毒蛇　viper
リス　squirrel
（野）犬　(stray)dog

●いつ
今日　today
昨日　yesterday
～日前に　~day(s) ago
～時間前に　~hour(s) ago
朝食に　breakfast
昼食に　lunch
夕食に　dinner, supper

●どこで
ホテル　hotel
レストラン　restaurant

●何をしているときに
ジャングルに行った　went to the jungle
ダイビングをした　diving
キャンプをした　went camping
登山をした　went hiking (climbing)
川で水浴びをした　swimming in the river

病気の伝え方

熱がある
عندي حرارة
アンディ・ハラーラ

頭が痛い
عندي صداع
アンディ・スダア

熱中症
ضربة الشمس
ダラブト・イッシャムス

救急車を呼んで下さい
نادي الإسعاف
ナーディー・イル・イスアーフ

近くに薬局はありますか？
فى صيدلية قريب من هنا؟
フィー・サイダリーヤ・オラァイブ・ミン・ヘナ

カゼをひいた
عندي برد
アンディ・バルド

脱水症状
جفاف
ジャファーフ

下痢
إسهال
イスハール

食中毒
تسمم غذائي
タサンモム・ガダーイー

怪我
مجروح
マグルーフ

骨折
مكسور
マクスール

トラブルのときに

あなたは嘘つきだ إنت كاذب インタ・カッザーブ

すでにお金は払っている دفعت ダファアトゥ

バクシーシはいらないと言ったはずだ

إنت قلت مش عاوز بقشيش
インタ・ウルトゥ、ミシュ・アーウィズ・バアシーシ

助けて إنقذني インキズニー

触るな！　この変態！ ما تلمسنيش قليل الأدب
マー・ティルミスニーシュ　カリール・イル・アダブ

うるさい！ دوشة / اسكت ドーシャ/ ウスクトゥ

警察を呼んで！ نادى البوليس ナーディー・イル・ボリース

●トラブルの際に
役立つ基本単語

警察署 الشرطة イッショルタ

日本大使館
سفارة اليابان
スィファーラト・イル・ヤバーン

病院 مستشفيات ムスタシファ

泥棒 لص リッス

スリ نشال ナッシャール

財布 محفظة ミフファザ

カバン شنطة シャンタ

アラビア語で書かれた薬局の看板。サイダリーヤ・アブダッラーと書かれている。文字の隣にはロゴマークが入っている

メントスのパッケージもアラビア語（ミントゥース）になっている

スターバックス・コーヒーもアラビア語（スタール・バクス・カフィヤ）で書くとエキゾチックに感じる

チェーン系スイーツ店「ビー・ラバン」の看板。慣れないとアラビア語として認識できないかもしれない

アラビア語と英語が併記されている場合もあるが、英語はつづりが間違っていることも

現代アラビア語事情

　現地の人たちと仲よくするには、別にこちらからそれほど努力することはないかもしれない。なぜなら向こうが積極的に話しかけてくるからだ。カイロをはじめ観光地を歩いている限りけっこう英語が通じるが、ほんの2言3言のアラビア語を知っているだけで、向こうの対応だってずいぶん違ってくる。言葉は文化の基礎。相手の言葉を知ろうとすることほど、異文化理解に対する積極的な姿勢を物語っているものはないからだ。

　言葉はあなたを単なる通りすがりの受動的旅行者から、能動的エジプト探求者に変身させてくれる。つたないアラビア語に相好をくずしたスークの店員が値段をまけてくれるかも、なんて下世話な期待はともかく、エジプト体験がこれによって数倍積極的になることは間違いない。

Column エジプシャン イングリッシュ

　エジプトでは日本よりずっと英語が通じる。これは旅行者にとってはとてもありがたいことだ。しかし、問題はその文法と発音。英語を話しているのに文法がアラビア語になってしまい、発音もアラビア語ということもありうる。

●**基本は巻き舌**　そのままローマ字読みして、Rの音を思いっきり発音する。例えば、World。これをエジプト風に発音するなら「ウォルリッド」。ほかにも34がサーティー・フォーではなく、エジプトではセルティ・フォルである。WhereがウェールになりInternationalはインテルナショナルとなる。

●**PがBになる**　アラビア語のアルファベットには原則としてPを表す文字がない。だから、Pの発音はBになることが多い。例えばピラミッドがベラメッド。「ベン、ベン、ベン」と言ってくる人は、つまりペンを欲しがっているのだ。ほかにもジャパンがジャバン。ペイ（Pay）がベイ。パスポートがバサポルト、日本の某人気キャラはビカシューとなる。

●**CHがSHになる**　アラビア語には「チャ行」のアルファベットがなくシャ行に変わる。彼らがよく言うジャキシャーンとはジャッキー・チェンのこと。

●**ヤーニ**　ヤーニはアラビア語で「えーと」とか「だから」を表す間投詞。英語で話していても間にこの「ヤーニ」が入ってしまうことが多い。

　以上の点に気を付けていれば、お互いの意思疎通も図りやすくなる。もし1回目でわからなくても何回か繰り返してもらえば、基本的に英語であればなんとか理解することはできるだろう。

アラビア語ってどんな言葉？

アラビア語は東はイラクやアラビア半島、西は北アフリカのモロッコにいたる20余ヵ国の公用語である。"アラブ人"とは、このアラビア語を母語とする人たちのことだ。

●**フスハー（文語）とアンミーヤ（口語）** アラビア語はフスハーと呼ばれる正則アラビア語と、アンミーヤと呼ばれる口語のアラビア語のふたつに大別できる。同じアラビア語といってもこのふたつ、外国語ほど違う。それもそのはず、フスハーはクルアーン（コーラン）が書かれた7世紀当時のアラビア語、かたやアンミーヤは現代の言葉、両者の間には1000年以上もの隔たりがある。ちょうどラテン語（フスハー）とイタリア語（アンミーヤ）の関係に例えることができるかもしれない。ただし、ラテン語は、現代では宗教儀礼などを除いて死語となっているが、アラビア語は1000年以上も前の砂漠のベドウィンの言葉であったフスハーが、今日まで、同じ文法体系で使われている。

フスハーは、宗教だけでなく新聞、テレビのニュースなど公式の場面で用いられる、アラブ世界すべての共

オールドカイロにあるアムル・モスク入口の上には「アッラーフ・アクバル（神は偉大なり）」と書かれた看板が

インタビューは標準語のカイロ方言で行われることも多い

ケンタッキーフライドチキンはアラビア語で「ダジャージュ・ケンターキー」と表記されている

Information

アラブ世界のIBM

アラブ世界のIBMとはインシャーアッラー Inshallah（神が望み給うならば）の**I**、ボクラ Bukra（明日）の**B**、マーレーシュ Maalesh（気にしなさんな）の**M**。それぞれの単語の頭文字をとってアラブ世界のIBMという。

誰かに何かを頼んで「インシャーアッラー」なんて言葉が返ってくると（百発百中そうなんだけど）、「神さまじゃなくてキミはどうなんだい、やる気があるのかね、ないのかね」と日本人としては聞き返したくなる。

●**人間の能力には限りがある**

例えば、友人のエジプト人に、「日本から××を送ってあげるから」と言うと「インシャーアッラーと付け加えなさい」と優しくさとされた。いわく、「人間の能力には限りがある。未来のことは神さまだけがご存じなのだから、どんなにささいなことを約束する場合でも、インシャーアッラーとムスリムは言うのですよ」。これは、人間が己の分際をわきまえずに力を過信することを戒めている、

極めて宗教的かつ論理的な言葉だったのである。

●**「ごめんなさい」**

さて、「マーレーシュ」。「人の足を踏んでおいて、気にするなとはなんだ！」とカッとくるけど、発想を180度転換して、「マーレーシュ」は「ごめんなさい」なんだ、と思ってしまえば何てことはない。

日本人だってしょっちゅう「すいません」というけど、どの程度すまなく思っているかはずいぶんとあやしいものだ。

●**何でもないヨ！**

むしろこちらが何か失敗したとき、それをとがめだてするエジプシャンはまずいない。みな間髪入れず「マーレーシュ（気にしなくていいよ）」と言ってくれる。その言葉に救われることだってけっこう多いのだ。だから、足を踏まれて「マーレーシュ」と言われたら、すかさず「マーレーシュ（何でもないよ）」と答えるだけの鷹揚さをもちたいものだ。

通語。一方のアンミーヤは、そのフスハーをベースに発達した口語方言で、国により、または地方により異なり、アラビア半島方言、シリア方言、エジプト方言、マグリブ方言などがある。同じエジプトのアンミーヤでも、カイロ方言、アスワン方言は違う。例えばアラビア半島方言とマグリブ方言（モロッコなど北アフリカ）では意思疎通が困難なほど。津軽弁と東京弁と薩摩弁が違うのと同じことだ。しかし、ちょうど東京弁がNHKのおかげで日本のどこでもわかってもらえるように、カイロ方言もエジプトのどこでも通じる。そればかりか、エジプトの映画やテレビドラマはほかのアラブ諸国でも人気があるため、今やカイロ方言は、アラブ世界で日本語の関西弁のようにとてもポピュラーな方言なのだ。

　学校で公的に習得しなければならない、いってみれば「背広を着た言葉」のフスハーに対して、口語方言のアンミーヤは「ガラベーヤを着た町のオジサンたちの言葉」。大統領と会見しようと思っている人は別として、そうでない旅行者にぜひ覚えてもらいたいのは、もちろん「ガラベーヤ言葉」、アンミーヤのほうだ。

　一方、アラブの異国情緒を盛り上げているのは、アラビア文字ではないだろうか。見た人は必ず「ミミズがのたくったような」なんて形容をするアラビア文字でも、見慣れるとこんな美しいミミズはほかにないんじゃないかと思えてくる。モスクを飾る模様にも、クルアーンの言葉を美しく文字で描いたものが見られる。

　このアラビア文字は英語と同じアルファベット（表音文字）だが、英語とは反対に右から左へ書いていく。母音は、長母音を除いて普通表記されない。つまり、子音だけ表記するわけだ。短期間で旅行者が習得するにはちょっと難しい。本書では地図や見どころにアラビア語表記も併記した。カタカナ読みでは通じないことが多いが、発音しながら該当単語を指してみよう。

24時間営業のマクドナルドの表記。英語とそれぞれ対応している

コシャリの容器に値段が表記されているお店。上から10 £E、13 £E、18 £E、25 £E、40 £E

●基本単語 そのほかの数詞

半分	نص	ノッス
4分の1	ربع	ロブウ
1番目	أول	アウウィル
2番目	ثاني	ターニ
最後	اخير	アヒール

知らなきゃ困るアラビア語の数字

数	アラビア数字	読み		数	アラビア数字	読み		数	アラビア数字	読み
1	١	ワーヘド		14	١٤	アルバターシャル		70	٧٠	サブイーン
2	٢	イトネーン		15	١٥	ハムサターシャル		80	٨٠	タマニーン
3	٣	タラータ		16	١٦	スィッターシャル		90	٩٠	ティッスィーン
4	٤	アルバア		17	١٧	サブアターシャル		100	١٠٠	ミーア
5	٥	ハムサ		18	١٨	タマンターシャル		150	١٥٠	ミーア・ワ・ハムスィーン
6	٦	スィッタ		19	١٩	ティスアターシャル		200	٢٠٠	ミティーン
7	٧	サブア		20	٢٠	アシュリーン		300	٣٠٠	トゥルトゥミーア
8	٨	タマニヤ		25	٢٥	ハムサ・ワ・アシュリーン		1000	١٠٠٠	アルフ
9	٩	ティスア		30	٣٠	タラーティーン		2000	٢٠٠٠	アリフェーン
10	١٠	アシャラ		40	٤٠	アルバイーン				
11	١١	ホダーシャル		50	٥٠	ハムスィーン				
12	١٢	イトナーシャル		60	٦٠	スィッティーン				
13	١٣	タラターシャル								

実用アラビア語「旅の会話」は→P.44参照

旅のジェスチャー

身振り手振りでもコミュニケーションできる。
動作は「これでもかっ」というぐらいにオーバーに！

ちょっと待った！

用途

この手の形を覚えておくと便利。タクシーを停めるときにも使える。少し揺らすと気持ちが伝わる。

ベリーグッド

用途

「ちょっと待った」の手を口元に持っていきチュッとする。「ヘルワ！」と付け足すと完ペキ！

なんで？　どうしたの？

用途

手の形をそのままで手首を左右に回すと気持ちが出る。「おいおい」と突っ込むときにも使う。

もうおしまい

用途

手のひらを下に、野球の「セーフ」を小さくするような感じ。「ハラース」と付け足すとさらに効果的。

タクシー、停まって！

用途

人差し指を下に向け、上下に揺らす。タクシーの運転手と目があったら目的地を叫ぶといい。

一緒に

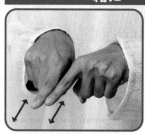

用途

人差し指を立てて両手でこすり合わせる。「一緒に行く」を意味する。アラビア語で「サワサワ」と言う。

男の人に呼びかけるときの言葉

ハッグ

敬虔なイスラーム教徒。ヒゲと帽子がポイント

アンミー

普通のおじさん。おやっさん！と元気に

スィーディ

ヨ、お金持ちの旦那！という感じ

キャプテン

青年実業家風。英語で話しかけると喜ぶ

切って使える単語帳

アラビア語がわからなくても、単語を組み合わせれば、充分知りたいことを聞くことができる。どこ、いつ、などの疑問詞に続ければ完璧だし、単語を指さして見せるだけでもOK。

地名、地形

شارع 通り
シャーリャ　Street

ميدان 広場
ミダーン　Square

نهر 川
ナフル　River

جبل 山
ガバル　Mountain

بحر 海
バフル　Sea

شاطئ ビーチ
シャーティ　Beach

بركة 池、湖 (小)
ビルカ　Lake, Pond

بحيرة 湖 (大)
ブヘーラ　Lake

صحراء 砂漠
サフラー　Desert

واحة オアシス
ワーハ　Oasis

جزيرة 島
ゲズィーラ　Island

وادي 谷
ワーディ　Valley

مدينة 市
メディーナ　City

قرية 村
カルヤ　Village

施設名

バスターミナル
محطة الأتوبيس
ムハッティット・イル・オトビース
Bus Terminal

バス停
موقف الأتوبيس
モウイフ・イル・オトビース
Bus Stop

محطة 駅
マハッタ　Station

مستشفى 病院
ムスタシファ　Hospital

薬局
صيدلية / اجزاخانه
エグザハーナまたはサイデリーヤ
Pharmacy

حديقة 公園
ハディーカ　Park

سوق 市場
スーク　Market

مطعم レストラン
マトゥアム　Restaurant

書店、文房具屋
مكتبة
マクタバ　Bookshop

السينما 映画館
イッスィーネマ　Cinema

حمام トイレ
ハンマーム　Bathroom

ホテル **فندق** フンドゥク Hotel	ユースホステル **بيت الشباب** ベート・イッシャッバーブ Youth Hostel	観光案内所 **معلومات السياح** マアルーマート・イッスィヤーハ Tourist Information
銀行 **بنك** バンク Bank	郵便局 **مكاتب بريد** マクタブ・バリード Post Office	**تليفون** 電話 ティリフォーン Telephone
空港 **مطار** マタール Airport	旅行会社 **شركة سياحه** シャリキト・スィヤーハ Travel Agency	航空会社 **شركة طيران** シャリキト・タヤラーン Airline
警察 **شرطة** ショルタ Police	大使館 **السفارة** イッスィファーラ Embassy	県庁 **المحافظة** イル・モハーフェザ Prefectural Office
見どころ	イスラーム寺院 **جامع / مسجد** ガーマ、マスギド Mosque	教会 **كنيسة** ケニーサ Church
博物館 **متحف** マトゥハフ Museum	遺跡 **أثار** イル・アーサール Ruins	ピラミッド **الاهرام** イル・アフラーム Pyramids
宮殿 **قصر** アスル Palace	動物園 **حديقة الحيوان** ハディーキト・イル・ハヤワーン Zoo	神殿 **معبد** マアバドゥ Temple
交通機関	タクシー **تاكسي** タクスィ Taxi	乗合タクシー **سرفيس** セルビス Collective Taxi
鉄道 **سكة حديدية** スィッキト・ハディード Railway	列車 **قطر** アトル Train	路面電車 **ترام** トラーム Tram
バス **أتوبيس** ウトゥビース Bus	ミニバス **ميني باس** ミニバース Mini-Bus	マイクロバス **ميكروباس** ミクロバース Micro-Bus

船、フェリー **معدية** マアディーヤ　Ferryboat	ファルーカ **فلوكة** ファルーカ　Felucca	飛行機 **طيارة** タイヤーラ　Airplane
ロバ **حمار** ヒマール　Donkey	ラクダ **جمل** ガマル　Camel	自動車 **عربية** アラベーヤ　Car
チケット **تذكرة** タズカラ　Ticket	1等 **درجة أولى** ダラガ・ウーラ　1st Class	2等 **درجة ثانية** ダラガ・タニヤ　2nd Class
窓側の席 **مقعد الشباك** マカアド・イッシッバーク Window Seat	通路側の席 **مقعد المسط** マカアド・イル・ワサト　Aisle Seat	エアコン **مكيف** ムカイヤフ　Air-conditioned
寝台車 **قطر النوم** アトル・インノーム Sleeper Train	出発時刻 **مواعيد المغادرة** マワイード・イル・ムガーダラ Departure Times	到着時刻 **مواعيد الوصول** マワイード・イル・ウスール Arrival Times
地名などでよく使われる単語	ゲーシュ （国軍） **جيش** ゲーシュ　Army	ラムセス （人名） **رمسيس** ラムスィース　Ramses
タフリール （解放） **تحرير** タフリール　Tahrir	タラアト・ハルブ （人名） **طلعت حرب** タラアト・ハルブ　Talaat Harb	ガマル・アブデル・ナセル （人名） **جمال عبد الناصر** ガマル・アブデル・ナセル Gamal Abd el Nasser
ゴムホレーヤ （共和国） **جمهورية** ゴムホレーヤ　Gomhoreya	サラーフッディーン （人名） **صلاح الدين** サラーフッディーン Salah El Din	10月6日 **٦ اكتوبر** シッタ・オクトーベル　6th October
7月26日 **٢٦ يوليو** シッタ・ウ・アシュリーン・ヨリヨ 26th of July	7月23日 （革命記念日） **٢٣ يوليو** タラーラ・ワ・アシュリーン・ヨリヨ 23th of July	イン・ニール （ナイル） **النيل** イン・ニール　El Nil
サアド・ザグルール （人名） **سعد زغلول** サアド・ザグルール Saad Zaghloul	コルニーシュ （河岸、海岸） **كورنيش** コルニーシュ　Cornich	ショハダー （殉教者） **شهداء** Martyr

※ここに挙げた単語は、人にものを尋ねるときに使ってください。看板などは表記が異なる場合もあります。

おもな都市名	カイロ القاهرة イル・カーヘラ　Cairo	ギザ الجيزة イル・ギーザ　Giza
ルクソール الأقصر イル・オッソル　Luxor	アスワン أسوان アスワーン　Aswan	アブ・シンベル أبو سنبل アブ・スィンベル　Abu Simbel
ハルガダ الغردقة イル・ガルダア　Hurghada	シャルム・イッシェーフ شرم الشيخ Sharm El Sheikh	ダハブ دهب Dahab
アレキサンドリア الإسكندرية イスカンダレーヤ　Alexandrea	スエズ السويس イッスウェース　Suez	ポート・サイド بورسعيد ボール・サイード　Port Said
スィーワ・オアシス واحة سيوة ワーヒト・スィーワ Siwa Oasis	バフレイヤ・オアシス الواحات البحرية イル・ワーハート・イル・バハレーヤ Bahariya Oasis	ダフラ・オアシス الواحات الداخلة イル・ワーハート・イッダフラ Dakhla Oasis

指さし会話

切って使える単語帳と組み合わせて
相手に見せると便利

○○はどこですか？
○○　フェーン
○○ فين؟

○○へ行きたい
アーウィズ　アルーフ　○○
عويز اروح ○○

○○はありますか？
フィー　アンダック　○○
في عندك ○○ ؟

○○までいくらですか？
リハッド　○○　ビカーム
لحد ○○ بكام؟

この住所へ連れて行ってください
ワッディーニー　イルアヌワーン　ダ
وديني العنوان ده

ホテルやレストランの名刺、スマートフォンの画面を見せながら

INDEX 索引

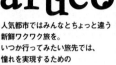
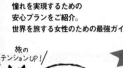

地球の歩き方 シリーズ一覧

2024年6月現在

*地球の歩き方ガイドブックは、改訂時に価格が変わることがあります。＊表示価格は定価（税込）です。＊最新情報は、ホームページをご覧ください。www.arukikata.co.jp/guidebook/

地球の歩き方 ガイドブック

A ヨーロッパ

A01	ヨーロッパ	¥1870
A02	イギリス	¥2530
A03	ロンドン	¥1980
A04	湖水地方＆スコットランド	¥1870
A05	アイルランド	¥2310
A06	フランス	¥2420
A07	パリ＆近郊の町	¥2200
A08	南仏プロヴァンス コート・ダジュール＆モナコ	¥1760
A09	イタリア	¥2530
A10	ローマ	¥1760
A11	ミラノ ヴェネツィアと湖水地方	¥1870
A12	フィレンツェとトスカーナ	¥1870
A13	南イタリアとシチリア	¥1870
A14	ドイツ	¥1980
A15	南ドイツ フランクフルト ミュンヘン ロマンチック街道 古城街道	¥2090
A16	ベルリンと北ドイツ ハンブルク ドレスデン ライプツィヒ	¥1870
A17	ウィーンとオーストリア	¥2090
A18	スイス	¥2200
A19	オランダ ベルギー ルクセンブルク	¥2420
A20	スペイン	¥2420
A21	マドリードとアンダルシア	¥1760
A22	バルセロナ＆近郊の町 イビサ島／マヨルカ島	¥1760
A23	ポルトガル	¥2200
A24	ギリシアとエーゲ海の島々＆キプロス	¥1870
A25	中欧	¥1980
A26	チェコ ポーランド スロヴァキア	¥1870
A27	ハンガリー	¥1870
A28	ブルガリア ルーマニア	¥1980
A29	北欧 デンマーク ノルウェー スウェーデン フィンランド	¥2640
A30	バルトの国々 エストニア ラトヴィア リトアニア	¥1870
A31	ロシア ベラルーシ ウクライナ モルドヴァ コーカサスの国々	¥2090
A32	極東ロシア シベリア サハリン	¥1980
A34	クロアチア スロヴェニア	¥2200

B 南北アメリカ

B01	アメリカ	¥2090
B02	アメリカ西海岸	¥2200
B03	ロスアンゼルス	¥2090
B04	サンフランシスコとシリコンバレー	¥1870
B05	シアトル ポートランド	¥2420
B06	ニューヨーク マンハッタン＆ブルックリン	¥2200
B07	ボストン	¥1980
B08	ワシントンDC	¥2420
B09	ラスベガス セドナ＆グランドキャニオンと大西部	¥2090
B10	フロリダ	¥2310
B11	シカゴ	¥1870
B12	アメリカ南部	¥1980
B13	アメリカの国立公園	¥2640
B14	ダラス ヒューストン デンバー グランドサークル フェニックス サンタフェ	¥1980
B15	アラスカ	¥1980
B16	カナダ	¥2420
B17	カナダ西部 カナディアン・ロッキーとバンクーバー	¥2090
B18	カナダ東部 ナイアガラ・フォールズ メープル街道 プリンス・エドワード島 トロント オタワ モントリオール ケベック・シティ	¥2090
B19	メキシコ	¥1980
B20	中米	¥2090
B21	ブラジル ベネズエラ	¥2200
B22	アルゼンチン チリ パラグアイ ウルグアイ	¥2200
B23	ペルー ボリビア エクアドル コロンビア	¥2200
B24	キューバ バハマ ジャマイカ カリブの島々	¥2035
B25	アメリカ・ドライブ	¥1980

C 太平洋／インド洋島々

C01	ハワイ オアフ島＆ホノルル	¥2200
C02	ハワイ島	¥2200
C03	サイパン ロタ＆テニアン	¥1540
C04	グアム	¥1980
C05	タヒチ イースター島	¥1870
C06	フィジー	¥1650
C07	ニューカレドニア	¥1650
C08	モルディブ	¥1870
C10	ニュージーランド	¥2200
C11	オーストラリア	¥2750
C12	ゴールドコーストとケアンズ	¥2420
C13	シドニー＆メルボルン	¥1760

D アジア

D01	中国	¥2090
D02	上海 杭州 蘇州	¥1870
D03	北京	¥1760
D04	大連 瀋陽 ハルビン 中国東北部の自然と文化	¥1980
D05	広州 アモイ 桂林 珠江デルタと華南地方	¥1980
D06	成都 重慶 九寨溝 麗江 四川 雲南	¥1980
D07	西安 敦煌 ウルムチ シルクロードと中国北西部	¥2090
D08	チベット	¥2090
D09	香港 マカオ 深圳	¥2420
D10	台湾	¥2090
D11	台北	¥1980
D13	台南 高雄 屏東＆南台湾の町	¥1980
D14	モンゴル	¥2420
D15	中央アジア サマルカンドとシルクロードの国々	¥2090
D16	東南アジア	¥1870
D17	タイ	¥2200
D18	バンコク	¥1980
D19	マレーシア ブルネイ	¥2090
D20	シンガポール	¥1980
D21	ベトナム	¥2090
D22	アンコール・ワットとカンボジア	¥2200
D23	ラオス	¥242
D24	ミャンマー（ビルマ）	¥209
D25	インドネシア	¥242
D27	バリ島	¥220
D27	フィリピン マニラ セブ ボラカイ ボホール エルニド	¥220
D28	インド	¥264
D29	ネパールとヒマラヤトレッキング	¥220
D30	スリランカ	¥18?
D31	ブータン	¥198
D33	マカオ	¥176
D34	釜山 慶州	¥154
D35	バングラデシュ	¥209
D37	韓国	¥209
D38	ソウル	¥187

E 中近東 アフリカ

E01	ドバイとアラビア半島の国々	¥209
E02	エジプト	¥253
E03	イスタンブールとトルコの大地	¥209
E04	ペトラ遺跡とヨルダン レバノン	¥209
E05	イスラエル	¥209
E06	イラン ペルシアの旅	¥220
E07	モロッコ	¥198
E08	チュニジア	¥209
E09	東アフリカ ウガンダ エチオピア ケニア タンザニア ルワンダ	¥209
E10	南アフリカ	¥220
E11	リビア	¥220
E12	マダガスカル	¥198

J 国内版

J00	日本	¥330
J01	東京 23区	¥220
J02	東京 多摩地域	¥202
J03	京都	¥220
J04	沖縄	¥220
J05	北海道	¥220
J06	神奈川	¥242
J07	埼玉	¥220
J08	千葉	¥220
J09	札幌・小樽	¥220
J10	愛知	¥220
J11	世田谷区	¥220
J12	四国	¥242
J13	北九州市	¥220
J14	東京の島々	¥264

地球の歩き方 aruco

●海外

1	パリ	¥1650
2	ソウル	¥1650
3	台北	¥1650
4	トルコ	¥1430
5	インド	¥1540
6	ロンドン	¥1650
7	香港	¥1320
9	ニューヨーク	¥1650
10	ホーチミン ダナン ホイアン	¥1650
11	ホノルル	¥1650
12	バリ島	¥1650
13	上海	¥1320
14	モロッコ	¥1540
15	チェコ	¥1320
16	ベルギー	¥1430
17	ウィーン ブダペスト	¥1320
18	イタリア	¥1760
19	スリランカ	¥1540
20	クロアチア スロヴェニア	¥1430
21	スペイン	¥1320
22	シンガポール	¥1650
23	バンコク	¥1650
24	グアム	¥1320
25	オーストラリア	¥1760
26	フィンランド エストニア	¥1430
27	アンコール・ワット	¥1430
28	ドイツ	¥1760
29	ハノイ	¥1650
30	台湾	¥1650
31	カナダ	¥1320
33	サイパン テニアン ロタ	¥1320
34	セブ ボホール エルニド	¥1320
35	ロスアンゼルス	¥1320
36	フランス	¥1430
37	ポルトガル	¥1650
38	ダナン ホイアン フエ	¥1430

●国内

北海道	¥1760
京都	¥1760
沖縄	¥1760
東京	¥1540
東京で楽しむフランス	¥1430
東京で楽しむ韓国	¥1430
東京で楽しむ台湾	¥1430
東京の手みやげ	¥1430
東京おやつさんぽ	¥1430
東京のパン屋さん	¥1430
東京で楽しむ北欧	¥1430
東京のカフェめぐり	¥1480
東京で楽しむハワイ	¥1480
nyaruco 東京ねこさんぽ	¥1480
東京で楽しむイタリア＆スペイン	¥1480
東京で楽しむアジアの国々	¥1480
東京ひとりさんぽ	¥1480
東京パワースポットさんぽ	¥1599
東京で楽しむ英国	¥1599

地球の歩き方 Plat

1	パリ	¥1320
2	ニューヨーク	¥1320
3	台北	¥1100
4	ロンドン	¥1650
6	ドイツ	¥1320
7	ホーチミン/ハノイ/ダナン/ホイアン	¥1320
8	スペイン	¥1320
9	バンコク	¥1540
10	シンガポール	¥1540
11	アイスランド	¥1540
13	マニラ セブ	¥1650
14	マルタ	¥1540
15	フィンランド	¥1320
16	クアラルンプール マラッカ	¥1650
17	ウラジオストク/ハバロフスク	¥1430
18	サンクトペテルブルク/モスクワ	¥1540
19	エジプト	¥1320
20	香港	¥1100
22	ブルネイ	¥1430
23	ウズベキスタン サマルカンド ブハラ ヒヴァ タシケント	¥1650
24	ドバイ	¥1320
25	サンフランシスコ	¥1320
26	パース／西オーストラリア	¥1320
27	ジョージア	¥1540

地球の歩き方 リゾートスタイル

R02	ハワイ島	¥1650
R03	マウイ島	¥1650
R04	カウアイ島	¥1870
R05	こどもと行くハワイ	¥1540
R06	ハワイ ドライブ・マップ	¥1980
R07	ハワイ バスの旅	¥1320
R08	グアム	¥1430
R09	こどもと行くグアム	¥1650
R10	パラオ	¥1650
R12	プーケット サムイ島 ピピ島	¥1650
R13	ペナン ランカウイ クアラルンプール	¥1650
R14	バリ島	¥1430
R15	セブ＆ボラカイ ボホール シキホール	¥1650
R16	テーマパークinオーランド	¥1870
R17	カンクン コスメル イスラ・ムヘーレス	¥1650
R20	ダナン ホイアン ホーチミン ハノイ	¥1650

地球の歩き方 関連書籍のご案内

エジプトと周辺諸国への旅を「地球の歩き方」が応援します!

※表示価格は定価(税込)です。改訂時に価格が変更になる場合があります。

あとがき

本書はエジプトをこよなく愛する人たちによって書かれています。古代エジプトに関しては、駒澤大学教授の大城道則さんに監修・ご執筆いただきました。ご協力いただいたすべての皆様に御礼申し上げます。

STAFF

制　作：由良暁世	Producer：Akiyo Yura	
編　集：どんぐり・はうす	Editors：Donguri House	
大和田聡子	Akiko Ohwada	
柏木孝文	Takafumi Kashiwagi	
黄木克哲	Yoshinori Ogi	
表　紙：日出嶋昭男	Cover Design：Akio Hidejima	
デザイン：シー・パラダイス	Design：Sea Paradise	
アート・ワーク	Art Work	
地　図：どんぐり・はうす	Maps：Donguri House	
校　正：三品秀徳	Proofreading：Hidenori Mishina	

協力：JICAエジプト事務所　在日エジプト大使館文化・教育・科学局

大城道則　岩間幸司　河野哲也　島崎美春　杉原まゆみ　高橋鉄也　田中謙一郎　山崎育子　嶋津智恵
阿部桂子　土屋 明　参木玲子　峯水 亨　Sky Bird Travel　©iStock　shutterstock.com

本書についてのご意見・ご感想はこちらまで
読者投稿 〒141-8425　東京都品川区西五反田2-11-8
　　　　　株式会社地球の歩き方
　　　　　地球の歩き方サービスデスク「エジプト編」投稿係
　　　　　https://www.arukikata.co.jp/guidebook/toukou.html
地球の歩き方ホームページ（海外・国内旅行の総合情報）
　　　　　https://www.arukikata.co.jp/
ガイドブック『地球の歩き方』公式サイト
　　　　　https://www.arukikata.co.jp/guidebook/

地球の歩き方 E02
エジプト 2025〜2026年版

2024年7月2日　初版第1刷発行

Published by Arukikata. Co., Ltd.
2-11-8 Nishigotanda, Shinagawa-ku, Tokyo, 141-8425, Japan

著作編集	地球の歩き方編集室
発 行 人	新井 邦弘
編 集 人	由良 暁世
発 行 所	株式会社地球の歩き方
	〒141-8425　東京都品川区西五反田2-11-8
発 売 元	株式会社Gakken
	〒141-8416　東京都品川区西五反田2-11-8
印刷製本	TOPPAN 株式会社

※本書は基本的に2022年7月および2023年9〜10月の取材データに基づいて作られています。
発行後に料金、営業時間、定休日などが変更になる場合がありますのでご了承ください。
更新・訂正情報：https://www.arukikata.co.jp/travel-support/

●この本に関する各種お問い合わせ先
・本の内容については、下記サイトのお問い合わせフォームよりお願いします。
　URL ▶ https://www.arukikata.co.jp/guidebook/contact.html
・広告については、下記サイトのお問い合わせフォームよりお願いします。
　URL ▶ https://www.arukikata.co.jp/ad_contact/
・在庫については Tel ▶ 03-6431-1250（販売部）
・不良品（落丁、乱丁）については Tel ▶ 0570-000577
　学研業務センター 〒354-0045　埼玉県入間郡三芳町上富 279-1
・上記以外のお問い合わせは Tel ▶ 0570-056-710（学研グループ総合案内）

※本書は株式会社ダイヤモンド・ビッグ社より1986年8月に初版発行したもの（2020年8月に改訂第23版）の最新・改訂版です。
学研グループの書籍・雑誌についての新刊情報・詳細情報は、下記をご覧ください。
学研出版サイト　URL ▶ https://hon.gakken.jp/